ey Agenda

용

원가 관리

전략적 활용

운영적 관리

전략적 관리

기 (Short term)

- 등원가계산 **(10장)**
- 석성 분석 (8장)

단 기 (Short term)

- 표준원가계산 **(9장)**
- ABM **(11장)**
- 품질코스팅 **(11장)**
- 카이젠코스팅 **(12장)**
- 시간관리 (13장)

단 기 (Short term)

- 타겟코스팅 **(12장)**
- 가격결정과 제품믹스결정 (5장)

장 기 (Long term)

- 본예산(신규투자) (11장)

장 기 (Long term)

- ABM **(11장)**
- 품질코스팅 **(11장)**
- 카이젠코스팅 **(12장)**
- 캐퍼서티 관리 (13장)
- 생산성관리 (12장)

장 기 (Long term)

- 수명주기원가계산**(12장)**
- (장기)타겟코스팅**(11장)**
- 전략적 성과관리 (10장)
- 지속가능경영 (13장)

3판

전략적 원가관리를 위한 회계정보 창출 활용 입문서

新 원가회계

신홍철 | 이주원 | 강대준

經文社

3판 머리말

원가회계 개정판을 출간한 지 벌써 4년이 경과하였다. 개정판에서는 초판의 오탈자와 어색한 부분 등을 수정 보완하여 나름대로 체계를 갖췄다고 자평했으나 그간 강의를 통해 몇 가지 변화의 필요를 느꼈다.

첫째, 독자의 눈높이를 맞추기 위한 변화이다. 본문의 예제와 연습문제 간의 유기적인 연계를 위해 다소 난이도가 높다고 판단되는 (가령, 2차 시험 준비용) 문제는 과감히 생략하고 교수용 참고자료로 배치를 달리했다. 요즈음 수강생들의 특징을 감안해 CPA나 CTA 1차 시험에서 출제되는 문제를 풀 수 있는 수준의 지식을 쌓게 하는 것을 원가회계 교재의 목표로 삼았다. 최근 기출 경향을 파악하고 대비할 수 있도록 교재에 충분히 담았다. 또한 본문에서 강조한 토픽 관련 문제들을 연습문제에 추가하였다.

둘째, 제1장의 환경변화에 대한 내용을 일부 추가하고 제7장 부록에 소개했던 TDABC를 대폭 보완하였다. 아울러 종합예제 성격의 문제를 추가하여 전통적 ABC와의 차이를 완벽히 이해할 수 있도록 하였다.

셋째, 추가 참고문헌에 대한 업데이트이다. 그간의 강의 경험을 통해 아쉽게도 숙제하기에도 바쁜 학생들이 참고문헌을 읽는 것이 쉽지 않음을 알게 되어 대표 참고문헌의 핵심 내용을 ppt 슬라이드에 담아 동 문헌을 소개한 배경을 이해할 수 있도록 하였다.

넷째, 문제에 병기된 (난이도를 반영한) ★ 표시를 보다 현실화하였다. 이로써 담당 교수가 학생들의 눈높이를 감안해 적절한 수준의 숙제를 부과할 수 있음은 물론, 수강생 스스로도 자신의 실력이 어느 정도인지를 가늠할 수 있도록 했다. 또한 꾸준히 제기되었던 학생들의 질문을 참고해 다소 미진하다고 느꼈던 본문의 설명을 보완하고 해답집의 풀이를 수정해 독자 스스로 이해할 수 있도록 하였다.

다섯째, 강의용 파워포인트의 대폭 보완이다. 수업에의 몰입도를 높이기 위해 교재에 소개된 예제의 일부 수치를 빈칸으로 남겨 강의 중 함께 채워나갈 수 있게 하였고, 연습문제에 대한 풀이를 ppt로 만들어 필요한 경우 피드백 차원에서 사용할 수 있도록 하였다.

여섯째, 3판 개정작업을 준비하면서 공저자들은 본서를 교재로 사용하는 교수님들께 유용한 자료를 지속적으로 제공하는 것이 좋겠다는 의견의 일치를 보았다. 스터디가이드처럼 담당 교수가 보다 유연하게 강의에 활용할 수 있도록 각 장 요약 및 추가 선택 가능한 참고자료(가령, 간단한 퀴즈, 기출 중간고사나 기말고사 등)를 제공함은 물론, 함께 알면 바람직하다고 판단되는 기사, 참고문헌 등을 함께 공유할 수 있는 채널을 활용하기로 의견을 모았다.

이번 3판 출간을 계기로 다시 한번 교재의 중요성과 원가회계 강의의 보람을 깨닫게 되었다. 본서가 더욱 좋은 교재로 사랑받을 수 있도록 독자 여러분 및 강의 담당 교수님들의 비판을 겸허히 받아들이고 교재에 담지 못한 유익한 내용을 함께 공유하는 채널을 적극 활용하여 미력이나마 회계학 교육에 일조할 것을 공저자 두 분과 함께 다짐하는 바이다.

2019년 1월 연구실에서
공저자를 대표하여 신홍철 씀

2판 머리말

『전략적 관점을 강조한 관리회계』를 분리 출간하는 첫 단추로 지난 여름 『新원가회계』를 출간하고 후속서인 『新관리회계』를 금년 초에 출간한 바 있다. 『新관리회계』는 이왕이면 강의담당 교수와 수강생이 좋아할 새로운 형태로 출간하자는 공저자의 끈질긴 설득이 결실을 맺어 4도 색상 및 와이드 편집 등을 포함한 파격적인 스타일로 탄생할 수 있었다.

새로운 스타일의 『新관리회계』에 대한 독자들의 반응은 저자들로 하여금 작년에 출간한 『新원가회계』 역시 『新관리회계』와 동일한 판형으로 개정하지 않을 수 없게 만들었다. 이러한 독자와 공저자의 염원을 반영하여 출간하게 된 것이 『新원가회계』 개정판이다.

구체적으로 이번 개정판에 반영된 변화는 다음과 같이 요약할 수 있다.

첫째, 초판에서 드러난 오류와 어색한 부분의 수정과 연습문제 및 실무에서의 전개 사항에 대한 보완이다.

둘째, 『新관리회계』 스타일이 갖는 장점을 대부분 반영하였다. 이 중에는 각 장 도입부분에 추가한 ***Intro***와 ***Storytelling***이라는 제목으로 해당 장의 핵심 내용이 무엇인지를 암시하는 내용과 기업 실무 및 일상생활 속의 이슈와의 연계를 강조한 것, 다양한 그림 및 시원한 편집의 활용, 다양한 ***Tip*** 박스의 활용, 추가 문헌의 활용 등이 포함된다.

셋째, 보다 참신한 형태의 강의용 파워포인트와 추가 문헌을 공개하여 담당교수 및 수강생의 학습효과를 높일 수 있도록 하였다.

넷째, 표지 안쪽에 전체 원가회계에서 배우는 다양한 토픽에 대한 전체적인 그림을 ***Key Agenda***로 요약하였다. 이로써 원가회계 전반에 대한 큰 그림 속에서 각 장의 토픽들을 바라볼 수 있게 하였다.

이번 개정판 출간을 계기로 비로소 오랜 숙원이었던, 국내 실정에 맞는 수강생 눈높이를 감안한 한국형 원가회계 및 관리회계 교재를 마무리할 수 있었다. 개정판 출간에도 여러 차례 회의 및 교정 모임에 참석하여 저자 못지않은 열정과 헌신을 보여준 이상철 한기대 교수에게 감사드린다. 본서가 더욱 좋은 교재로 사랑받을 수 있도록 독자 여러분 및 강의를 담당하실 교수님들의 비판과 질책을 겸허히 받아들이고 이를 성심성의껏 반영하는 개정작업을 게을리 하지 않을 것을 공저자 두 분과 함께 다짐하는 바이다. 끝으로 무더운 날씨에도 불구하고 개정판 작업에 애써주신 경문사 한헌주 사장님을 비롯한 영업부 김재홍 부장님과 편집부 한지윤 대리에게도 감사를 드리는 바이다.

2014년 6월 말 더운 여름 연구실에서
공저자를 대표하여 신홍철 씀

초판 머리말

2001년 기존 교과서와는 차별화된 새로운 관리회계 내용들을 충실히 소개하고자 출간했던 『전략적 관점을 강조한 관리회계』는 두 학기용이었다. 원래는 원가계산을 포함한 관리회계의 기초를 (관리회계 과목으로) 먼저 다루고 다소 난이도가 높은 관리회계 토픽은 후속 과목(원가회계)에서 다루는 것을 전제로 한 것이다. 그러나 대부분의 국내 대학들이 원가회계를 먼저 개설하고 후속 과목으로 관리회계를 개설하고 있다. 따라서 위 책은 분량이 많다는 점 그리고 원가회계를 먼저 강의할 때 교재 중에서 일부 토픽만을 선택하여 강의하고 나머지는 관리회계에서 다루는 것이 불편하다는 아쉬움을 가졌다.

교재로서의 이러한 불편을 감안하여 오래전부터 위 책을 원가회계와 관리회계로 나누어 출간하겠다고 결심했었다. 그러나 그동안 이런 저런 이유로 작업을 미루다가 드디어 연구년을 맞이해 실천에 옮기게 되었다. 책이 출간된 지 상당한 시간이 경과된 점, 그리고 학계 및 실무계에서 강의하고 있는 교수의 입장에서 학생들의 눈높이를 최대한 반영하여 (학생 및 담당 교수 모두로부터) 사랑받는 새로운 교재를 출간하고자 필진을 늘렸다. 풍부한 실무 경험 및 젊은 감각의 강대준 회계사 그리고 특유의 여성적 감성으로 학생들 눈높이를 살리는 데 탁월한 이주원 교수가 필진으로 참여하여 저자의 오랜 숙원이었던 알기 쉽고 이해하기 쉬운 교재를 출간할 수 있게 되었다.

외부보고를 다루는 재무회계와 달리 내부 경영자를 지원하기 위한 회계정보의 창출과 활용을 다루는 관리회계는 다양한 접근이 가능하다. 기업이 처한 상황 및 취급하는 제품이나 서비스의 종류가 다양할 뿐만 아니라 전략을 비롯한 업무수행방식 또한 다르기 때문이다. 관리회계의 일부를 다루는 원가회계 또한 마찬가지이다. 따라서 한 학기용 원가회계에 어떤 내용을 어떤 순서로 담아내는 것이 최선인지를 결정하기가 쉽지 않다. 이런 점을 감안하여 원가회계에서 다루어야 할 내용은 무엇이며 어디까지를 다루어야 할 것인가에 신경을 썼다. 후속 과목인 관리회계에서 다룰 내용과의 중복을 피해야 하기 때문이다.

이런 현실적 제약을 감안하여 본서는 집필시 다음과 같은 점을 유념했다.

첫째, 후속 과목에서 배울 관리회계와의 조화를 감안하였다. 본서는 관리회계의 입문서이자 관리회계의 기초 지식을 쌓는 것을 목적으로 삼았다. 원가 정보의 산출 및 활용 관련 지식 쌓기, 즉 원가 지능 높이기에 초점을 맞추었다.

둘째, 학생들이 읽어서 이해할 수 있도록 가급적 설명을 충분히 했다. 알기 쉬운 예화나 사례로 각 장을 시작하고 장 끝에는 종합예제를 소개함으로써 학생들 스스로 학습내용을 정리할 수 있도록 하였다. 또한 요즘 대학생들의 학습패턴을 반영하여 가급적 그림과 도표로 원가회계 내용을 정리 요약하였다.

셋째, 원가정보의 산출(원가계산)과 활용(의사결정지원)에 균형을 취하였다. 자칫 원가계산만을 강조하기보다는 원가정보 활용의 기초 토픽(가령, CVP분석 및 학습곡선)을 앞부분에 배치해 학생들의 흥미를 끌고자 했다.

넷째, 일부 대학교의 경우 경영학 전공생들이 원가회계나 관리회계 한 과목만 수강하고 졸업한다. 이런 현실을 감안하여 원가정보가 어떻게 다양한 경영의사결정에 활용되는지에 대한 이해를 넓히기 위한 목적에서 경영과의 연계 측면을 강조하였다.

다섯째, 전통적인 토픽과 새로운 토픽간의 조화를 꾀했다. 제7장의 ABC, 제4부에서 소개하는 전략적 원가관리 기법에 대한 소개를 통해 경영환경이 바뀌면 원가회계 또한 변하지 않으면 안 됨을 주지시키고자 하였다.

여섯째, 한 학기 동안의 강의 분량 및 관리회계에서의 강의 가능성 등을 감안하여 일부 토픽은 각 장의 부록으로 소개하여 담당 교수들이 재량을 갖도록 하였다.

본서는 크게 4부로 구성되었다. 제1부에서는 원가회계의 기초 개념과 제조업의 원가흐름을 소개하였다. 제2부에서는 업종별 고유한 원가계산 기법을 소개하고 역사적 발전 과정에서 대두된 새로운 원가계산 기법(ABC)을 소개한다. 제3부에서는 원가정보의 활용 측면을 다룬다. 단기의사결정 모델인 CVP(제8장) 및 관리 목적에서 태동한 표준원가계산(9장), 변동원가계산(10장) 등이다. 제4부에서는 품질코스팅, ABM, 타겟코스팅, 제품수명주기원가계산과 같은 전략적 원가관리기법을 소개한다.

『전략적 관점을 강조한 관리회계』를 두 교재로 분리하는 과정에서 탄생한 본서에 소개된 내용의 상당 부분은 위 책에 소개된 내용이다. 다만 그동안 강의에서 얻은 피드백을 토대로 불필요한 부분은 과감히 삭제하고 보다 참신한 예제나 문제들로 대체하였다. 또한 학생들의 이해를 돕기 위해 각 장 도입 부분에 질문을 제시하거나 대화 형태의 예제나 실무 사례를 추가하였다. 본서 또한 예전 책 서문에서 언급했던 많은 책과 논문으로부터 도움을 받았다. 그 외에도 최근 공저자들과 출간한 『IFRS 회계학원론』(2013), 『지금 당장 회계공부를 시작하라』(2012), 그리고 저자의 『관리회계의 혁신』(1993)에서 소개했던 내용 중 본서에 적합하다고 판단된 부분을 반영하였다.

본서가 출간되기까지 여러 사람들의 도움을 받았다. 특히 일부 챕터의 초안을 작성하고 교정에도 적극적으로 애써준 박사과정의 이상철 선생에게 감사를 표한다. 그리고 본서의 출간이 지연됨에도 묵묵히 기다려 주신 경문사의 한헌주 사장님과 이 책의 출간을 위해 많은 수고를 해주신 편집부 직원 여러분께도 감사드린다. 이들 모두의 도움이 없었더라면 이 책은 출판될 수 없었을 것이다. 저자는 본서가 더욱 좋은 교재로 사랑받을 수 있도록 독자 여러분 및 강의를 담당하실 교수님들의 비판과 질책을 겸허히 받아들이고 이를 성심성의껏 반영하는 개정작업을 게을리 하지 않을 것을 공저자 두 분과 함께 다짐하는 바이다.

2013년 8월 폭염이 한창인 더운 여름

공저자를 대표하여 신홍철 씀

총목차

차례

PART 01 원가회계의 기초

01 원가회계의 세상 속으로

CONTENTS

02 원가와 원가계산의 기본

03 원가흐름과 원가추정

PART 02 원가정보의 산출 : 원가계산시스템의 활용

04 개별원가계산

CONTENTS

05 종합원가계산

06 결합원가계산

07 ABC 활동기준원가계산

PART 03 원가정보의 활용: 관리적 목적의 원가정보시스템

08 CVP(원가-조업도-이익) 분석

CONTENTS

PART 04 원가관리 목적의 정보 활용: 전략적 원가관리

11 전략적 원가관리(Ⅰ): 품질코스팅 및 ABM

CONTENTS

COST ACCOUNTING

PART 01

원가회계의 기초

제1부에서는 원가회계의 기초 개념을 소개한다. 원가회계라는 숲을 전체적으로 파악하기 위한 이정표에 대한 설명과 더불어 이정표를 읽는 방법, 용어를 설명하는 부분이다.

제1장에서는 원가회계의 특성 및 발전과정을 경영의사결정에서의 원가회계의 역할로 설명하고, 원가회계의 학문적 체계와 핵심이슈, 그리고 **전략적 원가회계**의 중요성을 다룬다.

제2장에서는 원가의 개념과 분류를 설명하고, 기본적인 원가계산의 절차를 소개한다. 특히 **원가대상, 원가동인, 직접원가/간접원가, 고정비/변동비**에 대한 이해는 후속 장(chapter)에서 다룰 다양한 원가계산기법과 원가정보 활용을 위해 필수적인 부분이다.

제3장은 제조업의 원가흐름과 **제조원가명세서** 작성법을 다룬다. 또한 원가정보활용의 기초가 되는 원가추정방법들을 소개한다.

이상의 내용들을 통해 원가회계에 대한 전반적인 흐름파악과 원가회계지능을 갖추게 될 것이다.

01 원가회계의 세상 속으로

Learning Objectives

1 경영에서의 원가정보의 중요성을 이해
2 회계의 분야로서의 원가회계의 정의 및 특징을 이해
3 회계의 3대 기능을 복습
4 원가계산의 태동과 진화를 이해
5 원가회계의 핵심개념을 배움
6 재무회계와 원가회계의 차이를 학습
7 경영활동과 원가정보 간의 상호관계 파악

Intro

회계는 **'측정에 기초한 의사결정을 지원하는 정보시스템'**으로 정의된다. 기업의사결정에서는 다양한 정보가 필요하다. 그중 대표적인 정보가 **원가(cost)**이다. 원가란 우리에게 매우 친숙한 용어이지만 이를 제대로 이해하고 실무에서 활용하기 위해서 필요한 지식 또한 상당한 편이다.

제1장에서는 외부 보고 목적의 재무회계와 달리 기업 내부 정보이용자를 지원하기 위한 관리회계의 기초 분야로서의 원가회계를 다룬다, **관리회계**는 각종 단기계획 및 통제와 관련된 다양한 의사결정에 유용한 정보를 제공하는 것을 목적으로 한다. 또한 각종 대안간의 비교분석에 적합한 정보를 창출하고 활용하는 것을 다룬다. 이러한 관리회계 전개과정에서 원가정보를 산정하고 활용하는 것을 중점적으로 다루는 과목이 **원가회계**이다.

원가회계를 제대로 활용하기 위해서는 **경영**과 관련된 지식이 중요하다. 경영관련 지식은 전략, 생산, 마케팅, 인사조직, 재무관리에 이르기까지 실로 다양하다. 또한 오늘날의 경영환경 변화를 예의주시하면서 원가회계를 공부할 필요가 있다.

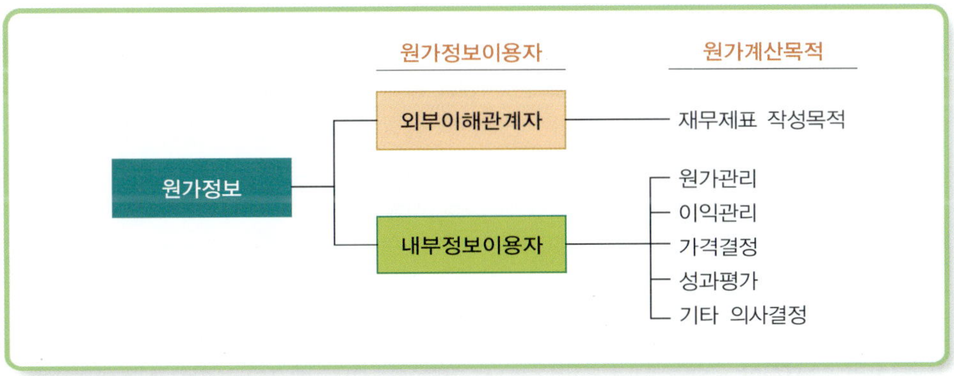

Storytelling

- 새로이 개발한 장난감이 불티나게 팔리는데 왜 남는 것이 없지? **(사례 #1)**
- 현재 우리가 진행중인 1차 대수로공사에 추가로 리비아 정부가 2차 5개년 공사 입찰을 공개했다. 과연 우리 **동아건설**은 얼마로 응찰해야 할까? **(사례 #2)**

- 거래처에서 제품 A의 가격을 20% 할인해 주면 주문량을 2배로 늘리겠다고 연락해 왔는데 과연 이 요구를 받아들여야 하나? **(사례 #3)**
- 고유가로 인해 수익성에 타격을 입을 것으로 예상되는 항공사가 최근 원가절감정책 대신에 항공기 추가구매와 신규노선 개척이라는 매출확대 전략을 쓰고 있다. 과연 이러한 전략은 타당한 것인가? **(사례 #4)**

- 건설업체로 하여금 아파트 분양원가를 공개하도록 해야 할까? **(사례 #5)**
- 휘발유가격 인하요인이 발생했는데도 왜 가격을 낮추지 않을까? 규제가 필요한가? 그렇다면 휘발유 원가는 어떻게 알 수 있을까? **(사례 #6)**
- 재료비가 몇 백 원이라고 알려진 **스타벅스** 커피 한 잔의 원가는 어떻게 구성될까? **(사례 #7)**

기업이나 사회가 한정된 자원의 최적배분 목적으로 각종 판단 및 의사결정을 내리려면 다양한 **정보**가 필요하다. 그 중 대표적인 정보는 자원을 통해 달성하고자 하는 최종 성과 및 자원 소비를 수치화한 원가이다. 그만큼 원가는 현대인의 생활에 밀접히 관련을 맺고 있다. 상기 4가지 사례 #1~#4(수익성 분석, 단기 의사결정, 가격결정, 신규 전략)는 기업의 전형적인 의사결정 사례이다. 이밖에도 물류대행업체 선정에서 공장자동화 검토 및 기업인수합병(M&A)에 이르기까지 기업의 운영적, 전략적 의사결정에는 이런저런 **원가정보**를 필요로 한다.

공공부문 역시 다양한 원가정보를 이용한다. 5, 6번째 예로 든 아파트 분양원가 및 휘발유 제조원가는 정부가 가격규제 목적으로 궁금해 하는 핵심 정보이다. 지자체가 추진하는 각종 프로젝트(가령, 경전철이나 유료 터널 등)의 타당성 검토에는 미래 예상되는 이용객 수와 더불어 프로젝트 건설 및 유지보수에 발생할 원가정보가 필수적이다. 최근에는 은행수수료 적정성 판단을 위해 각종 **수수료 원가분석** 프로젝트를 금융감독원이 주관한다고 보도된 바 있다. 이밖에도 병원의 적정 **의료수가산정**에서 반값등록금을 둘러싼 **교육원가**에 이르기까지 사회에서 원가가 차지하는 바는 실로 다양하다.

제1절 기업 경영과 원가회계

1.1 경영의사결정을 위한 원가정보

우리 일상생활에서도 원가는 깊숙이 자리잡고 있다. 유료 터널비나 동창회비 수준을 감안하여 돌아가거나 참석여부를 결정한다. 추가 비용을 들여 비행기 좌석 승급을 요청하거나 수량할인을 받기 위해 필요 수량 이상으로 구입하는 것 등 모두 온갖 개인 의사결정에서도 원가가 핵심 요소이다. 요컨대 기업이나 사회 그리고 우리 모두 항시 그만한 돈(즉, 원가)을 들일 만한지를 원가-효익 차원에서 분석하고 최종 결정을 내린다. 글로벌 세상에선 원가 때문에 국가 간의 갈등이 빚어지기도 한다. 이전가격세제가 그것이다. 가령, 국내 제조업체가 국내에서 제조하고 미국으로 수출한 제품의 원가가 과장되었다고 미국 국세청이 판단할 경우(그 결과, 미국에서 판매되는 제품의 이익이 과소계상되어 미국정부에의 세금이 줄어듦) 추가 세금 추징 조치를 내린다. 이러한 조치의 정당성 여부 또한 해당 제품의 제조원가가 핵심 역할을 수행한다.

현명한 판단 및 의사결정을 위해서는 정보의 뒷받침이 필수적임을 부인할 수 없다. 이처럼 의사결정을 지원하는 전문분야가 곧 회계임은 회계원리 과목에서 배운 바 있다. 그때 회계는 간략히 '측정에 기초한 의사결정 지원을 위한 정보 창출 활용학'이라고 소개한 바 있다. 참고로 ASOBAT의 학술적인 정의는 다음과 같다.

> "회계는 정보 이용자가 사정을 잘 알고서 판단이나 의사결정을 할 수 있도록 경제적 정보를 **식별**하고 **측정**하여 **전달**하는 과정이다."(Accounting is the process of identifying, measuring, and communicating economic information to permit informed judgements and decisions by users of the information.)

회계의 정의에서 의미하는 의사결정 지원용 정보란 재무 및 비재무 정보 양자를 포함하는 것이다. 다만 회계원리에서는 재무제표 작성 및 활용에 초점을 두어 주로 (현금 흐름을 포함한 자산, 부채, 자본, 수익, 비용 등) 재무 정보를 염두에 둔 반면, 원가회계에서는 제조업의 원가 산정 및 경영과정에서 당면하는 각종 대안 간의 비교를 원가-효익 관점에서 수행할 때 필요한 원가정보에 초점을 맞춘다.

1.2 생존부등식을 통해 본 기업경영과 원가

경영(經營)이란 '조직이 추구하는 바를 달성하기 위해 온갖 방안을 강구하는 것'이다. 경영은 곧 수많은 선택의 집합이라 할 수 있다. 따라서 선택의 핵심은 특정 대안이 기업에 미칠 효익을 원가와 비교하는 것이다. 즉, 어떤 대안을 수행할 때 소요되는 원가보다 얻을 수 있는 효익이 커야 좋은 선택이 되는 것이다. 예를 들어 공장을 자동화하겠다고 결정할 때는 자동화를 통해 얻을 수 있는 장점이 최소한 원가보다는 커야 하는 것이다.

이처럼 간단한 논리에 의해, 기업이 지속적으로 이익추구를 할 수 있으려면 최소한 다음과 같은 '생존부등식'을 충족할 수 있어야 한다. 여기서 V는 고객이 느끼는 가치(Value), P는 가격(Price), C는 원가(Cost)를 지칭한다.

V(가치) ≥ P(가격) ≥ C(원가)

생존부등식의 요지는 간단하다. 기업이 제공하는 재화나 용역의 판매가격은 이를 실행하기 위한 원가(비용)보다 커야 하며, 그 가격을 지불하는 고객은 최소한 자신이 지불한 가격 이상의 가치는 느낄 수 있어야 한다는 것이다.

경영은 미래 지향적이며 미래는 불확실하다. 따라서 경영의사결정시 특정 대안을 수행할 때 소요되는 자산 규모나 동 대안으로부터 기대되는 향후 현금 흐름 등을 사전에 측정하는 것은 쉽지 않다. 가령 기존 공장의 일부 확장, 신제품 추가 및 신규 지점 개설 등이 그것이다. 어느 경우든지 상이한 대안(현재 상태를 그대로 유지하는 현상 유지안 포함)의 원가를 측정하지 않고서는 올바른 의사결정을 내릴 수 없다. 물론 대안이 가져올 효과를 포함해서이다. 그만큼 경영에서 원가의 중요성은 아무리 강조해도 지나침이 없다.

1.3 전략실행을 지원하는 원가회계

기업의 성과는 어떠한 전략을 수립하고 실행하느냐에 따라 좌우된다. 전략은 간략히 '승리를 위한 각종 선택의 집합(a set of choices for playing to win)'으로 정의할 수 있다. 이런 정의는 기업 경영은 물론 야구와 같은 스포츠에도 적용가능하다. 학술적으로 전략은 "남들과 차별화된 포지셔닝을 확보하는 것" 혹은 "기업이 비전을 달성하기 위한 일련의 비즈니스 가설"로 정의된다.

기업에서 승리(winning)란 곧 이익을 실현하는 것이다. 전략 수립 및 실행 차원에서 온갖 다양한 활동을 수행하게 된다. 이러한 활동은 반드시 자원의 소비, 즉 원가를 발생시키게 마련이다. 이런 점에서 과연 기업이 승리를 거두었는지, 즉 기업 경영 성과를 파악함에 있어서는 경영수행 과정에서 발생하는 원가에 대한 체계적인 기록 및 분석이 필수적이다.

전략에 대해 지나치게 겁을 내거나 어렵다고 생각할 필요가 없다. 전략경영 등의 과목에서 자세히 배우겠지만 제4부 전략적 원가관리에서 소개하는 전략은 보다 장기적, 전사적, 통합적 관점을 강조한다고 이해하면 된다.

제2절 학문으로서의 원가회계

2.1 내부 정보이용자를 위한 원가회계

회계원리에서 소개한 회계의 정의는 재무회계는 물론, 기업 내부 의사결정을 지원하는 관리회계 및 회계감사와 세무회계를 아우르는 것이었다. 회계원리에서는 재무회계에 초점을 맞추어 외부보고에 필요한 재무제표 작성에 필요한 수치, 가령 수익 및 비용(포괄손익계산서), 자산, 부채, 자본(재무상태표) 등에 초점을 맞추어 회계순환 과정을 집중적으로 다루었다. 재무회계는 일반적인 정보 이용자의 유형(<그림 1.1> 참조)인 주주, 채권자 및 투자분석가 등을 비롯한 외부정보 이용자를 염두에 둔 것이다. 그러나 또 다른 정보이용자인 경영자를 비롯한 내부 구성원 그리고 납품업체 및 협력업체를 포함한 거래처 등의 의사결정 지원을 위한 정보 산출 및 활용을 다루지는 못했다.

이제부터는 경영을 지원하기 위한 내부회계에 초점을 맞춘다. 따라서 재무회계에서 제외했던 정보이용자들까지 지원대상으로 삼는다. 재무회계 후속 과목으로 관리회계가 원가회계에 앞서 개설되는 경우 내부회계 소개 차원에서는 경영지원 회계의 성격으로 관리회계를 소개하는 것이 바람직하다. 그러나 원가회계가 먼저 개설될 경우 재무회계와 대비되는 관리회계의 기초와 더불어 다양한 의사결정 지원 정

그림 1.1

회계 정보이용자 유형 : 정보 이용 목적

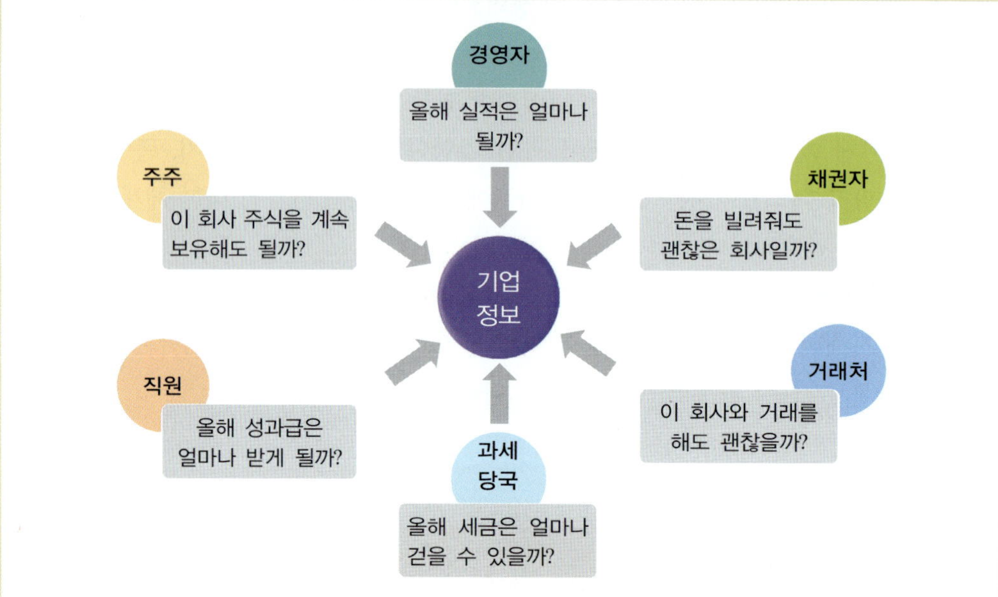

보 중 원가에 초점을 맞추어 원가정보의 산출 및 활용을 중점적으로 다루는 것이 일반적이다.

회계원리에서 다루는 조직은 대부분 상기업 또는 서비스업에 국한된다. 흔히 제조업의 재무제표 작성에 필요한 원가의 산정 및 활용은 생략되거나 그나마 다루더라도 부록으로 소개하는 것이 일반적이다. 그러나 가장 복잡하다고 할 제조업의 재무보고를 위한 원가산정 및 이들 경영 수행과정에서 필요한 회계정보의 활용을 다루는 것이 원가회계의 학습목표 중의 하나가 되어야 한다. 이 책에서는 제3장에서 제조업의 원가흐름이라는 주제로 다룬다.

이 책은 원가정보가 어떻게 조직 경영에 기여하는지를 이해하는 데 필요한 원가정보 산출 및 활용에 관한 기본 지식을 다룬다. 이미 회계원리에서는 수익, 비용 등과 더불어 원가를 배운 바 있다. 상품의 구입원가 혹은 기계나 차량운반구 등 유형자산의 취득원가 등이 대표적인 것이다. 회계원리에서 배운 상기업의 경우, 판매를 목적으로 상품을 구입할 때 상대방에게 지급한 대가가 곧 상품의 (매입)원가였다. 구입시 재고자산(상품 또는 매입계정)으로 기록된 후 판매되면 매출액이란 수익과 동시에 매출원가라는 비용으로 기록되어 매출총이익이 계산됨은 회계원리에서 배운 바 있다. 그만큼 원가는 낯선 용어라기보다는 친숙한 용어이다. 다만 외부보고 목적의 재무제표 작성 및 활용에 초점을 맞춘 재무회계에서는 잠시 관심에서 벗어났을 뿐이다. 이제 본서에서는 '재화나 서비스를 창출하기 위해 소비된 경제적 자원을 화폐가치로 측정한 것'으로 정의되는 원가에 대해 본격적으로 다룬다.

2.2 관리회계 일부로서의 원가회계

어떤 조직이든 당초에 정한 목적을 달성하기 위해 경영은 반드시 필요하다. 경영(經營)은 간략히 '사람을 통해 목표 달성하기(Getting Things Done Through People)'로 정의된다. 학술적으로는 '조직이 보유한 인적 · 물적 자원을 효율적 · 효과적으로 활용하여 조직이 추구하는 목표를 달성하기 위한 체계적 프로세스 및 수단'이라고 정의된다.

경영학원론에서 배웠듯이 경영의 주된 관심사는 추구한 목적을 달성했는지 여부와 한정된 자원을 효율적으로 활용했는지의 여부이다. 이는 효과성과 효율성으로 측정된다. 물론 추구하는 목적이 정당한지에 대한 검토가 이루어졌다는 전제하에서이다. 참고로 효율성은 투입과 산출을 비교해서 측정할 수 있다. 자동차의 연비나 야구의 타율은 대표적인 효율성 지표이다. 반면에 효과성은 설정한 목적을 달성했는지 여부로 측정된다.

> **TIP!**
> **[상식늘리기] 자동차 연비**
> 대표적인 효율성 측정치로는 자동차 연비(燃比: gas mileage)를 꼽을 수 있다. 휘발유 1리터를 이용해 운행가능한 거리로 측정되는 연비는 높을수록 바람직하다. 이를 위해 정부는 모든 자동차업체로 하여금 표준연비를 공시하도록 한다. 이를 계기로 보다 높은 연비 모델 개발경쟁을 촉진하는 것이다.

경영의 본질은 수많은 선택(choice) 또는 의사결정의 집합이다. 자동화를 할까 말까? 특정 기업을 인수할까? 비정규직 일부를 정규직으로 전환시킬까?를 비롯해 누구를 납품업체로 선정할 것인가, 가장 성과가 뛰어난 사업부는 어느 사업부인가에 이르기까지 성과평가 등 다양한 판단 및 의사결정을 내려야 한다. 경영진이 세운 전략이나 의사결정에 따라 맡은 바 업무를 수행하는 중간관리자나 일선 구성원들 또한 업무

경영(經營)이란 한자는?

경영이란 한자를 분해해 보면(일명, 破字) 재미있는 사실을 알게 된다. 경영의 **경(經)**자는 왼쪽의 실을 의미하는 사(絲)에 우측 하단의 공장을 의미하는 공(工)자 위에 베틀 모양의 한자로 구성되어 있다. 즉, 실을 베틀(巛)을 이용하여 작업한다는 의미를 담고 있다. 한편 경영의 **영(營)**자 역시 밑에 큰돌 위에 작은 돌을 얹은 후 지붕을 씌우고 굴뚝에서 연기가 나는 모습의 불화(火)로 구성되어 있다. 작업이 이루어지는 공장의 모습을 담아낸 것이다. 이러한 한자를 보면 상형문자를 특징으로 하는 중국에서는 처음부터 **제조업**을 염두에 두고 경영이란 한자를 만든 것이다. 그만큼 제조업의 경영이 가장 난이도가 높다는 것을 그들도 알고 있었다.

그림 1.2
가치사슬 : 경영기능 및 단계

를 수행할 때 정보가 필요하며 이를 기업 내 회계부서들로부터 지원받는다.

경영의 3대 핵심기능은 계획, 조직, 통제로 구분된다. 또는 가치사슬 관점에서 경영은 연구, 디자인(설계), 엔지니어링, 생산, 마케팅 등 기능별로 구분될 수도 있다. 이미 생존부등식에서 설명한 것처럼 기업의 성패는 고객에게 제공한 가치로부터 실현한 총수익에서 이를 달성하기 위해 수행된 가치사슬 전 단계에서 발생한 자원의 소비, 즉 원가와의 차액으로 결정된다. <그림 1.2>는 전형적인 가치사슬 단계를 보여준다. 가치사슬(value-chain)은 "주요 원자재의 공급원에서 고객에게 전달되는 최종제품 또는 서비스에 이르기까지 상호 연결되는 일련의 가치창출활동"으로 정의된다. 전략연구가인 포터(M. Porter)에 의해 제시된 가치사슬 개념은 원가관리 초점을 어디에 맞추어야 하는가(즉, 원가관리 사고의 조직화)에 적지 않은 시사를 했다.

> **TIP!**
> **[실무에서는]**
> **경쟁사와 물류시설 공유하기**
> 비록 경쟁사끼리는 비즈니스 모델의 핵심 노하우를 노출하지 않기 위해서 협조하는 경우란 드물다. 그러나 비경쟁분야(가령, 운송이나 공동 광고 등)에 대해서는 상호 원가절감 목적으로 제휴관계를 맺거나 동반자적 관계로 변신하기도 한다. 국내 양대 전자회사인 삼성전자와 LG전자가 서울에서 구미까지 물건을 싣고 내려간 트럭이 서울로 돌아올 때 빈공간을 방치하는 대신에 LG전자의 물건을 싣고 오면서 운송료를 받아 물류코스트 일부를 회수하는 경우가 한 가지 사례이다.

가치사슬관점은 종전처럼 기업내부의 부가가치활동을 담당하는 생산부문 중심의 효율성 위주의 관리 대신에 제품개발에서 최종고객 서비스에 이르기까지 모든 가치창출활동과 연계되는 원가분석 및 관리를 강조한다. 이러한 가치사슬관점은 관심대상을 어디까지 두느냐에 따라 크게 두 가지로 대별된다. 그 하나는 기업 내부의 경영활동(구매에서 사후서비스)에 국한하는 경우이고, 다른 하나는 공급업체나 고객 등 기업 외부의 파트너에까지 확대하는 경우인데 이는 확대된 가치사슬(extended value-chain ; 일명, 확장가치사슬)이라고 부른다. 이에 관해서는 제12장에서 소개하는 타겟코스팅에서 자세히 다룬다.

어떤 목적으로 탄생했든지 규모가 크든 작든 상관없이 한 조직의 경영 핵심은 보다 나은 성과를 거두는 것이다. 조직의 가장 대표적인 예가 바로 기업이다. 비록 기업을 대표적인 경영 주체로 가정하지만 실제 원가회계는 중앙정부 및 지방자치단체를 비롯한 공공부문은 물론, 비영리단체 등 모든 유형의 조직에 적용가능하다. 다만 책에서는 기업을 중심으로 설명을 한다.

그림 1.3 기업의 3대 경영활동

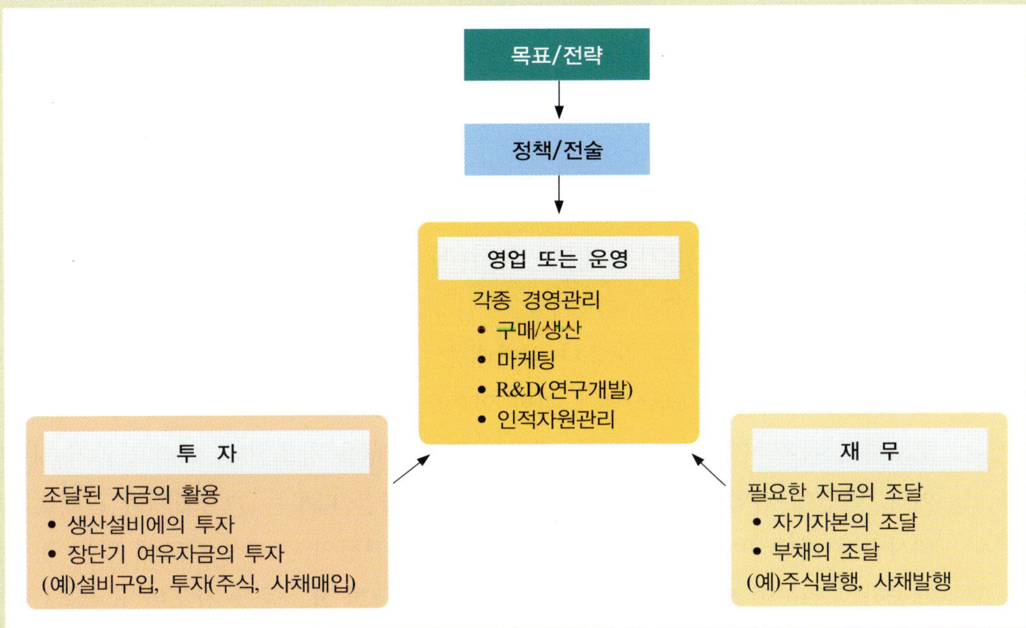

기업이 경영목적상 수행하는 핵심 활동은 크게 세 가지이다. 필요한 자금을 조달하는 **재무활동**, 조달한 자금을 경영 목적상 필요한 자산 획득에 활용하는 **투자활동** 그리고 이렇게 획득된 자원을 활용하여 제품을 생산 판매하고 용역을 제공함으로써 본래 목적을 달성하는 **영업활동** 세 가지로 구분된다. <그림 1.3>은 이를 요약한 것이다. 이런 세 가지 핵심 활동이 어떻게 구성되는지를 살펴보면 기업 성격을 알 수 있다.

이러한 경영 수행과정에서 당면하는 의사결정을 위해 필요한 정보를 제공하는 회계분야를 **관리회계**로 부른다. 원래 **경영회계**로 번역해도 무방했을 관리회계는 위에서 언급한 경영의 3대 기능을 수행하거나, 가치사슬 단계별 의사결정에 필요한 정보를 만들고 지원해야 한다. 참고로 관리회계의 특징은 다음에 소개하는 정의에 잘 반영되어 있다.

> 관리회계란 경영활동을 지원하고, 바람직한 행동을 유도하고, 조직의 전략적 · 전술적 · 운영적 목표달성에 필요한 비재무 및 재무정보 시스템을 기획 · 설계 · 측정 · 운영하는 가치창출 지향 지속적 개선 프로세스이다.
>
> – 미국공인관리회계사협회(IMA) –

위의 정의를 참고하여 원가회계를 정의하면 "원가회계란 경영활동을 지원하고, 바람직한 행동을 유도하고, 조직의 전략적 · 전술적 · 운영적 목표달성에 필요한 원가정보 시스템을 기획 · 설계 · 측정 · 운영하는 프로세스이다."라고 할 수 있을 것이다.

2.3 재무회계와 (원가회계를 포함한) 관리회계의 차이

주주나 채권자 그리고 노조나 일반대중 등 기업 외부의 이해관계자를 대상으로 한 기업경영성과 및 재무상태에 관한 외부보고를 다루는 재무회계는 정보이용자를 보호하기 위한 차원에서 정확성, 객관성 등 신뢰성을 강조한다. 그리고 과거 지향적이다. 반면에 기업내부 관리자를 위한 정보제공을 다루는 원가회계나 관리회계는 의사결정 지향적이다. 즉, 개별 또는 그룹 의사결정의 구체적 니즈에 맞는 정보를 제공하기 위하여 의사결정자가 통제(즉, 관리)가능한 요소들을 강조한다. 특히, 하위 조직계층에서는 계획 및 통제관련 의사결정이 빈번히 이루어지는 바, 이들 의사결정자의 니즈를 충족시키기 위한 정보제공은 다양한 보고서 형태로 월 또는 주(週) 단위로 때로는 하루에도 여러 차례 이루어진다. <그림 1.4>는 내부 경영관리를 지원하는 회계보고서 유형을 잘 요약한다.

그림 1.4
내부 경영관리를 지원하는 회계보고서 유형

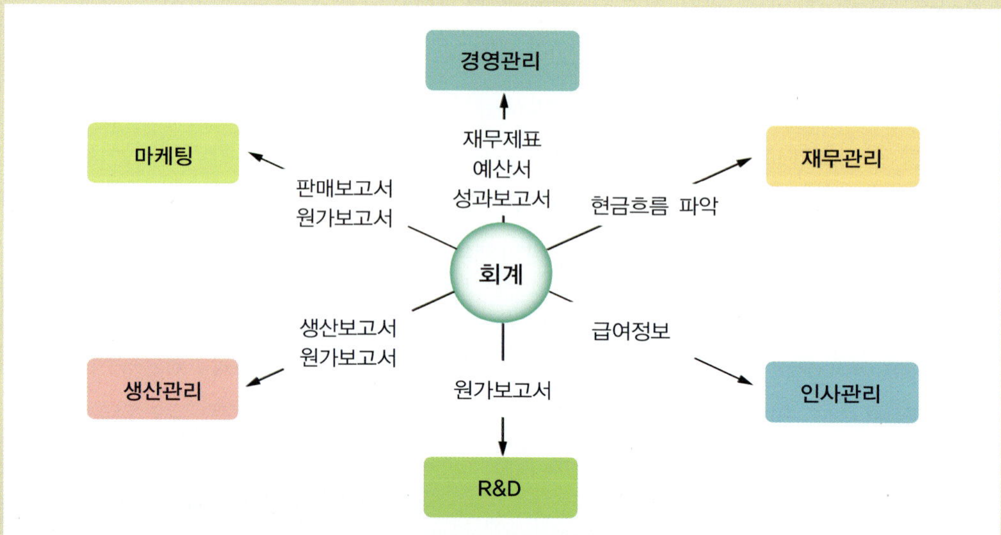

동아건설의 리비아 대수로공사 입찰가격 사례: 원가분석과 원가관리

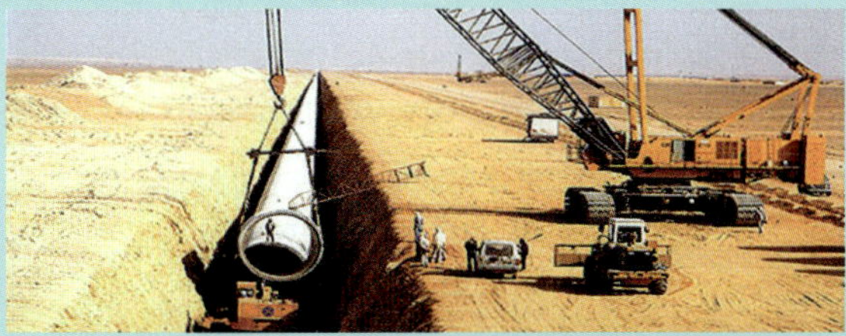

한때 국내 10대 재벌에 속했지만 2001년에 도산했다가 최근 회생하는 등 굴곡을 경험한 동아건설은 1980년대에 오랜 준비와 우여곡절 끝에 리비아사막을 관통하는 대수로를 건설하는 제1차 초대형 프로젝트를 따낸 바 있다. 제1차 프로젝트 진행 중 1990년에 제2차 프로젝트 공개입찰에 참여하기로 결정한 동아건설로서는 과연 얼마의 금액으로 응찰할 것인가가 최대의 관건이었다. 왜냐하면 지나치게 낮은 응찰가는 낙찰확률을 높이지만 그만큼 수익성이 낮아 기업에게 부담이 되고 반대의 경우 입찰에 실패할 가능성이 높기 때문이다.

이러한 초대형 입찰상황에서는 장기간에 걸쳐 발생할 원가의 추정에 상당한 식견이 필요한데 1차 프로젝트 수행경험을 무기로 갖고 있던 동아건설은 원가추정에도 어느 정도 자신이 있었다. 이를 십분 활용하여 초기에 책정한 예정가격보다 상당히 높은 가격으로 응찰하였다. 물론 경쟁업체가 동아건설보다 낮은 금액으로 응찰하였지만 리비아는 동아건설의 프로젝트 수행경험과 신규업체의 경험부족에 따른 위험을 중시한 끝에 동아건설의 손을 들어주었다.

사업을 수주한 것도 기쁜 일이지만 더욱 기쁜 일은 제1차 프로젝트에 투입했던 중장비를 추가적 원가부담 없이 제2차 프로젝트에 이용할 수 있었다는 점이다. 만약 입찰에서 질 경우 이 장비들은 운반비 부담 때문에 국내로 반입하기보다는 현지에 두고 와야 할 형편이었다. 즉, **매몰원가**가 될 뻔한 것이다. 그래서 애초부터 중장비들을 오래 보유하는 자산이 아니라 소모되는 비용으로 간주했던 것이다.

재무회계와 관리회계는 측정 방식도 달리한다. 재무회계가 사전에 정한 회계기준에 따라 측정해야 하는 반면에 관리회계에서는 기업 전략 및 목적에 따라 최선의 측정 방법을 선택한다. 예를 들어 패션기업인 이랜드는 내부 성과평가상 철 지난 의류재고는 장부가액보다 낮은 가액, 즉 시장에서 처분 가능한 시가로 평가한다. 유행에 뒤진 불필요한 재고를 빨리 감축하라는 동기부여 차원에서다.

또한 과거 동아건설은 리비아 대수로 2차 프로젝트 공사에 응찰했을 때 재무제표에서는 자산으로 기록되었던 1차 프로젝트에 투입중인 아직 내용연수가 상당히 남은 중장비들을 응찰 과정에서는 '제로(0) 가치'로 간주하기도 했었다. 왜냐하면 2차 프로젝트를 수주하지 못할 경우 한국으로 가져오는 운반비가 한국 내 처분가치보다 커서 옮겨올 실익이 없기 때문이다. 이처럼 관리회계적 의사결정 차원에서는 재무회계적 측정과 다른 접근을 한다(보다 자세한 내용은 박스 기사 참조).

상기 사례의 시사점은 기업 경영에서는 목적에 따라 기업의 상황에 따라 동일한 대상도 다른 수치를 원가로 계산하여 의사결정을 내릴 수 있다는 것이다. 즉, "상이한 목적을 위한 상이한 원가정보의 활용"이다. <표 1.1>은 재무회계와 (원가회계를

표 1.1 재무회계와의 비교를 통해 본 관리회계의 특징

구 분	재무회계	관리회계(원가회계 포함)
1. 정보이용자	외부이용자(주주, 채권자)	조직 내부구성원 (경영자 및 관리자)
2. 보고서의 구체성 및 형식	일반목적보고서(재무제표) 정형화된 형식 이용	특수목적보고서(경영보고서 등) 임의적이며 천차만별임
3. 시간적 관점	과거지향적	미래지향적
4. 법적 강제성	법에 의해 강요된 외부보고기준(GAAP)에 따라야 함	전혀 강제성이 없음 따라야 할 기준은 없음
5. 외부준거기준	객관적 자료	주관적 자료도 허용됨
6. 강조사항	재무적 자료중심	비재무적 자료도 강조함

포함한) 관리회계와의 차이를 잘 요약하고 있다.

2.4 원가회계와 관리회계의 차이

관리회계에서 다루는 기업내부의 경영계획 및 통제활동을 위한 정보창출은 원가회계(cost accounting)라는 명칭의 과목에서도 소개된다. 일반적으로 두 용어는 혼용하여 쓰인다. 왜냐하면 경영자의 의사결정에 가장 핵심적인 정보가 원가정보이고 관리회계의 발전과정 또한 산업혁명 후 공장제조업에서의 생산제품의 원가파악으로부터 비롯되는 것을 감안할 때 원가계산은 관리회계의 핵심분야이기 때문이다. 다만, 원가계산으로 불렸던 과거 시절의 경우 동 과목이나 교과서에서는 다양한 업종에 속하는 제조업체의 재무제표 작성에 필요한 재고자산 및 매출원가산정을 위한 제품원가계산을 강조한 반면, 관리회계는 재무제표 작성보다는 기업 내에서 이루어지는 장·단기 경영계획 및 통제활동에 관한 의사결정을 지원하는 정보창출 및 활용을 집중적으로 다룬다.

<표 1.1>에 요약된 관리회계의 대표적인 특징은 미래지향적이라는 점을 꼽을 수 있다. 의사결정은 기본적으로 미래에 관한 것이다. 따라서 조직경영상 부닥치는 각종 의사결정에 유용한 정보를 제공하는 관리회계는 주로 미래예측에 관한 정보를 다룬다. 원가를 비롯한 재무적 수치는 물론 품질, 수량 및 시간 또는 고객만족도 등 다양한 유형의 비재무적 측정치를 중요시한다.

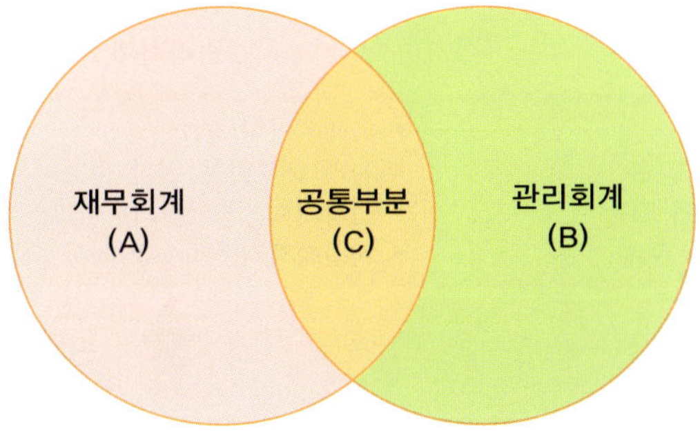

그림 1.5
재무회계와 관리회계 그리고 원가회계

원가회계와 관리회계의 차이를 <그림 1.5>가 잘 요약한다. 즉, 원가회계는 관리회계와 재무회계의 공통분야(C에 해당)로 기업의 성과를 파악하기 위한 제품 또는 서비스 원가계산(재고자산평가 및 매출원가 파악을 통한 이익산정으로 연결됨)은 외부보고목적의 재무제표 작성은 물론 내부경영자의 관리목적상 필요한 성과보고서 작성의 기초가 된다. 이는 아래에서 소개하는 회계정보의 기능 중 기록계산기능(score-keeping)에 해당한다.

또 다른 형태로 세 과목의 차이를 나타낼 수도 있다. <그림 1.6>에서는 원가회계가 관리회계의 일부로서 관리회계는 물론, 재고자산과 매출원가 산정을 위한 재무회계를 동시에 지원하는 토대로서 보여준다.[1)]

요컨대 원가회계는 주로 수치를 다루는 가운데 원가산정(cost-finding)을 강조하는 반면, 관리회계는 목표일치성 등 조직구성원의 의사결정지원을 강조한다. 따라서 원가회계가 전부원가(full costs)를 주로 다루는 반면, 관리회계는 경영자가 처한 상황에 따른 상이한 목적을 위한 상이한 형태의 정보를 다루는 것이 핵심이라고 이해하면 된다.

TIP!

[용어 상식늘리기] 전부원가란?

제2장에서 자세히 배우겠지만 고정비와 변동비를 합친 제조원가를 흔히 **전부원가**(full cost 또는 absorption cost)로 부른다. 지금 시점에서는 **총원가**는 제조원가에 다른 모든 원가를 합친 것으로 이해하면 된다.

---

1) 원가회계(cost accounting)란 명칭을 사용하는 미국의 교과서는 2학기에 걸쳐 강의될 분량으로 (B)와 (C)를 동시에 다룬다. 반면에 국내에서는 과거에 주로 '원가계산'이라는 명칭의 교과서를 통해 주로 (C)를 강조하는 가운데 (B)를 부수적으로 소개했었다. 그러나 의사결정회계가 강조되기 시작한 1990년대부터는 (B)를 강조하기 위해 '관리회계'라는 명칭의 교과서를 선보이고 학과교과과정에서도 '원가계산' 또는 '원가회계'라는 과목을 소개하기 전에 먼저 관리회계를 소개하는 학교들이 늘어나기 시작했다. 다만 최근에 과도기적 입장에서 '관리회계'와 '원가계산'을 합쳐 (B)와 (C)를 동시에 강조하는 교과서임을 강조하기 위해 '원가관리회계'라는 명칭의 교과서가 상당수 출판되고 있다.

그림 1.6

재무회계, 관리회계 및 원가회계의 관계

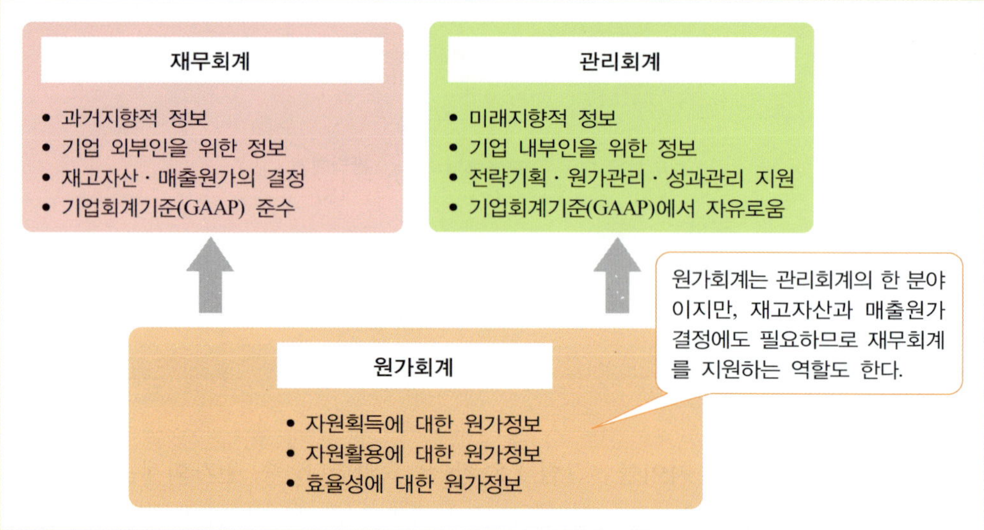

2.5 Simon 교수의 분류에 따른 회계정보의 역할과 관리회계

노벨상 수상자인 사이몬(H. Simon) 교수는 회계의 핵심적 역할을 ① 기록계산기능, ② 주의환기기능, ③ 문제해결기능의 세 가지로 요약한 바 있다. 원가회계에서는 기록계산기능과 주의환기기능이 주로 강조되는 반면에 관리회계에서는 주의환기나 문제해결기능이 강조된다. 이하 이들 세 가지 기능을 간략히 소개한다.

1. 기록계산기능

각 조직단위가 수행하는 영업활동의 성과를 파악하는 것은 기업경영에서 기본적이다. 경영의 실상을 파악해야만 시정조치를 내릴 수 있기 때문이다. 기업에서 이루어지는 온갖 활동을 회계라는 언어로 의미있게 요약한 재무제표는 **기록계산기능**(score-keeping)의 핵심적 산물이다. 외부이해관계자에게 기업의 실상을 알리기 위한 목적에서도 재무제표는 중요하지만 경영자에게도 재무제표는 기업현황을 파악함에 있어서 기본자료가 된다.

자료 없이는 분석이 불가능하다. 또한 분석 없이는 개선을 위한 행동을 실천에 옮길 수 없다. 자재구입이나 판매 등 거래(transaction)의 기록이 원가회계에서 중요한 의미를 갖는 것은 이 때문이다. 경영자는 외부이해관계자를 위한 재무제표 작성에 필요한 기본적 자료 이외에도 경영에 유용한 다양한 자료를 데이터베이스로 만들어 적절히 활용한다. 성과보고서, 판매보고서 및 생산보고서 등 각종 보고서 등(앞의 <그림 1.4> 참조)은 기록계산기능의 결과물이자 동시에 다음에 소개하는 주의환기기능을 위한 수단이다.

2. 주의환기기능

경영자가 일상적인 업무에 일일이 귀한 시간을 할애하기란 어렵다. 따라서 경영자가 예외적으로 발생하는 경영상의 중요한 문제에 주의를 기울여 적시에 시정조치를 취하게 할 목적으로 활용되는 정보가 주의환기적 정보이다. 가령, 예산과 실적을 대비하여 크게 차이나는 항목에 대해 집중적인 원인분석을 행하고 필요한 경우 적절한 조치를 취하는 것이다. Plan(계획) → Do(실행) → See(검토) → Act(시정조치) 네 단계로 요약되는 경영의 순환과정상 3단계의 검토(see 또는 check)에서 수행하는 것이 주의환기기능(attention-directing)이다. 제9장의 표준원가에서 소개하는 표준원가와 실제원가와의 차이를 의미하는 원가차이(cost variance)는 일차적으로 수집된 회계자료를 가공하여(즉, 단순히 차감하여) 구한 대표적인 주의환기 역할의 정보이다. 이러한 차이가 왜 발생하였으며 이를 어떻게 해결할 것인가를 집중적으로 다루는 것이 차이분석(variance analysis)이다.

3. 문제해결기능

기업경영 과정에서 임시 · 예외적으로 발생하는 문제를 해결하기 위해서는 다양한 대안간의 선택이라는 의사결정에 직면하게 마련이다.[2] 이러한 미래지향적인 의사결정에 기업경영에서 이미 수행된 활동결과를 요약한 회계수치는 직접 관련 맺지 않는다. 다만 미래를 예측하는 데 도움이 되는 출발점 또는 참고역할을 수행할 뿐이다. 따라서 당면한 장 · 단기 경영의사결정에 유용한 회계정보를 별도로 수집 · 활용해야 한다.

비교적 단기에 걸친 임시 · 예외적인 의사결정에 유용한 회계정보의 활용은 관

2) 기업경영에 관련된 의사결정은 조직계층에 따라 ① 전략적 의사결정, ② 전술적 의사결정 그리고 ③ 운영적 의사결정으로 구분된다. 때로는 일상적으로 반복되는 정형적(routine) 의사결정상황과 임시 · 예외적인(non-routine) 상황으로 구별되기도 한다.

련원가(relevant cost)의 활용이라는 상황으로 소개되는 관리회계의 핵심분야이다. 한편, 전략적 차원에서 기업의 장기경영계획과 관련된 회계정보는 자본예산편성(capital budgeting)이라는 이슈에서 투자대안의 비교분석을 위한 원가－효익(cost-benefit) 관련 정보형태로 이용된다. 이것은 관리회계에서 다룬다.

제3절 원가회계의 핵심 이슈

3.1 원가정보의 산출 : 원가계산의 태동 및 핵심 목적

원가회계의 본격적 시작은 18세기 후반 영국에서 비롯된 산업혁명이다. 공장제조업 탄생초기에는 공장에서 생산한 각 제품의 판매가격을 결정하기 위해 원가정보가 필요했다. 이러한 원가정보를 산출하는 것이 원가계산(costing)이다. 그 후 공장경영이 안정을 이루게 됨에 따라 공장 내 다양한 활동을 보다 효율적으로 수행하기 위한 목적에서 다양한 원가정보를 필요로 하게 되었는데, 원가정보를 토대로 원가를 관리하는 것이 곧 원가관리(cost management)이다.

이 밖에도 원가정보는 사업범위의 확대 및 축소에 관한 구조재조정 그리고 규모의 경제를 추구하기 위한 대량시설의 타당성 검토 및 단기이익계획 등 다양한 경영관리 및 의사결정에 유용하게 활용된다(일명, 의사결정 지원을 위한 관련원가 활용). 요컨대, 원가계산은 외부보고를 위한 재무제표 작성 목적(재고자산평가를 토대로 한 매출원가 산정)은 물론, 가격결정 그리고 원가관리 및 이익관리, 성과평가 등 다양한 목적으로 수행된다. 다음 <그림 1.7>은 이를 잘 요약하고 있다.

역사적으로 볼 때 외부보고목적용 원가정보의 창출과 활용은 크게 변화하지 않은 편이다. 이에 반해 기업 내부의 의사결정에 유용한 원가정보의 창출을 위한 원가계산은 다양하게 변화·발전해 왔다. 뒤에서 소개하는 각종 원가계산기법(ABC, TDABC, 작업별 원가계산 등)은 종전의 원가계산방식이 갖는 한계점을 보완하기 위한 목적으로 새로이 대두된 것이다. 요컨대 원가계산 목적은 크게 (i) 사후적 원가산정, (ii) 원가관리, (iii) 의사결정 지원으로 요약할 수 있다. 원가관리에 대해서는 제4부에서 그리고 의사결정 지원 목적의 원가정보 활용은 제8장의 CVP분석 및 제6장의 결합원가계산에서 일부 소개하고 보다 자세한 내용은 관리회계에서 배운다.

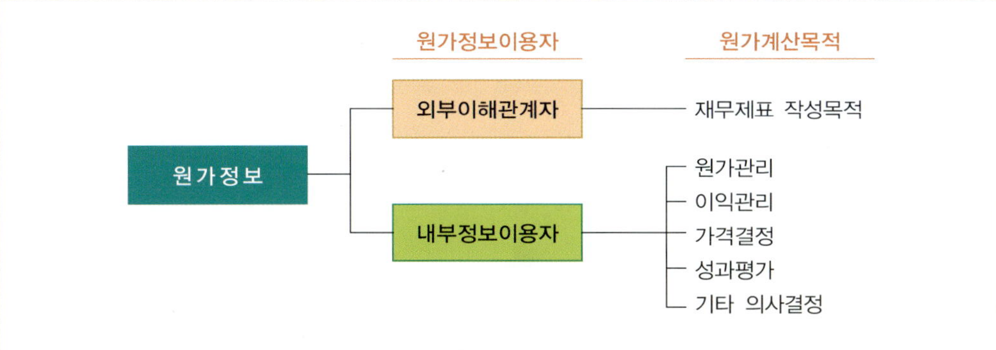

그림 1.7
원가계산의 목적

3.2 원가관리

치열한 글로벌 경쟁상황하에서 원가절감을 비롯한 원가관리는 매우 중요하다. 예전처럼 높은 이익을 실현하고 경쟁이 허술했을 때와 달리 경쟁이 심해지면 자연히 원가관리가 주된 관심사가 된다. 특히 불경기에 접어든 경우 기업들은 온갖 방안을 강구한다.

항공기 세척작업도 항공사의 원가절감을 위한 각종 고육책 중의 하나이다. 참고로 항공사는 항공유 원가를 낮추기 위해 기름을 덜 쓰는 최단거리운항계획을 세우는 것은 물론, 비행기 총무게를 줄이기 위한 노력을 기울여왔다. 불필요한 음식이나 연료를 덜 싣는 것은 물론 항공기를 칠하는 페인트도 가벼운 제품을 썼다. 기내식을 싣고 다니는 카트 무게도 3분의 1가량 줄였다. 하지만 무게를 계속해서 줄이는 데도 한계가 있다. 항공사들이 항공기 엔진 세척으로 연료비 절감에 나선 것도 이 때문이다. 항공업계 관계자는 "엔진 내부를 고압의 물로 세척하면 엔진 수명을 늘릴 뿐 아니라 연료 소모를 줄여 엔진 성능이 향상된다"고 말했다. 엔진 내부에는 압축공기가 흐르는데 이 통로에 낀 미세 먼지를 닦아내면 엔진 출력이 최적의 상태로 유지된다는 것이다. 항공사들은 2005년부터 1년에 한 차례씩 엔진 물청소를 하고 있다. 항공업계 관계자는 "약 100대를 닦았을 때 연간 연료 절감 효과가 28억~30억원에 이른다"고 말했다(연합뉴스, 2012.7.10. 기사 참조).

초대형 항공기 A380 한 대를 세척하기 위해서는 약 20톤의 물과 100ℓ의 세척액이 사용되며, 작업에는 약 5시간이 걸린다. 그럼에도 불구하고 이러한 원가를 투입하는 것은 그로 인한 혜택, 즉 항공유 절감이 더 크기 때문이다.

그림 1.8

항공유 절감을 위한 비행기 세척작업

기업들은 끊임없이 더 나은 성과를 실현하기 위한 목적으로 프로세스 개선 및 혁신을 추구한다. 그 과정에서 추구하는 바가 곧 원가경쟁력 제고이다. 제4부 전략적 원가관리에서 다루는 각종 신규 관리기법이 지향하는 바와 일치한다. 이처럼 원가절감을 포함하는 원가관리(cost management)는 '원가를 기술적으로 다루거나 지휘하는 것' 또는 '기업의 발전에 필요한 원가절감목표를 정하고 그 실시를 위한 계획을 수립하고 이의 실행을 유도하는 일체의 관리활동, 즉 이익관리의 일부'로 정의된다. 따라서 원가관리는 원가의 기록, 분류, 검증 및 보고체계를 의미하는 '원가계산'과 다르며 그 이상을 의미한다. 즉, 기업의 경쟁상의 우위를 확보하기 위한 목적으로 채택하는 다양한 경영수단 중의 하나로 핵심적인 역할을 담당한다.

기본적으로 제조를 비롯한 조직의 운영활동을 계획, 지휘, 통제하는 것과 관련된 의사결정을 지원하기 위한 정보제공을 주목적으로 하는 원가관리는 조직환경 및 운영기술 등과 상호 연계되어 시너지효과가 일어나도록 체계적으로 이루어질 필요가 있다(제12장 참조).

원가관리와 유사한 용어로는 원가통제, 원가절감, 원가분석, 원가기획 등 다양하다. 이 중 원가통제(cost control)는 실적치가 당초 통제된 원가수치와 일치되도록 하기 위하여 수행되는 활동으로 원가관리의 핵심을 이룬다. 원가절감(cost reduction)은 원가관리의 일환으로 기존에 달성된 원가수준 이하로 기업경영이 이루어지게끔 노무비 등 기업경영수행상의 투입요소를 줄이는 것을 말한다. 한편, 원가분석(cost analysis)이란 '각 의사결정대안의 비교 및 성과평가 등 원가관리목적상 수행되는 정보분석'을 지칭한다. 원가분석이 원가관리를 실천하기 위한 필수적인 수단인 점을 감안하여 일반적으로 원가분석과 원가관리는 동일시된다. 원가기획(cost planning)은 원가가 발생하기 전에 원가를 만드는 활동으로 이해하면 된다.

3.3 의사결정을 지원하기 위한 원가정보의 활용 : 관련원가

원가정보는 기본적으로 외부보고목적의 재무제표 작성뿐만 아니라 기업 내부적으로 각종 경영계획 및 통제와 관련된 의사결정상 중요한 역할을 수행한다. 또한 경쟁의 변화, 새로운 제조방식 및 기술의 대두 등 경영자가 처한 환경이 바뀌거나 조직의 장기전략을 수정하게 되는 경우 이들 당면 문제해결과 관련된 원가정보가 적절히 마련되어야 한다.

이처럼 장기 및 단기 의사결정에 처한 경영자가 올바른 판단을 내리고 의사결정을 내릴 수 있도록 지원하는 역할을 수행하는 원가를 관련원가(relevant cost)라고 부른다. 관련원가는 '대안간의 차이를 보일 미래 원가'로 정의된다. 관리회계에서는 자가제작 혹은 외부구입 의사결정, 특별할인, 제약조건하의 의사결정 등 몇 가지 전형적인 단기 의사결정 사례와 자본예산편성에서 장기 대안간의 비교 분석을 관련원가 형태로 다룬다.

원가회계에서는 단기 의사결정 상황하에서 경영자가 너무 상세한 자료에 휘말리지 않고 특정 의사결정목적과 관련되는 원가정보를 적절히 식별하고 분석하는 데 유용한 다양한 원가개념(cost concept)과 이를 이용한 분석기법을 소개한다. 제8장의 CVP분석 및 제6장의 결합원가계산에서 일부 다룰 것이다.

3.4 정보기술을 이용한 자료 수집 및 정보 활용의 질적 제고

오늘날 복잡한 생산작업과 관리업무 대부분이 자동화를 이루게 되었다. 물론 컴퓨터의 급격한 발전과 저렴한 PC의 보급과 인터넷의 발달 덕분이다. 이로써 엄청난 양의 자료가 실시간적으로 집계될 수 있을 뿐만 아니라 상이한 부문(가령, 마케팅,

생산, 구매 및 회계 등)에 관련된 자료가 통합적으로 활용될 수 있게 되었다. 또한 회계정보시스템과 각종 경영기능을 위한 정보시스템(가령, MRP II 및 물류시스템 등)이 상호 유기적으로 연계됨으로써 구성원 및 관리자들은 언제든지 다양한 데이터베이스 및 전사적 정보시스템에 접속하여 구한 자료를 토대로 자신이 필요하다고 판단한 각종 분석 및 전략수립에 집중할 수 있게 되었다.

기업의 실상을 올바로 파악하려면 보다 구체적인 정보가 필요하다. 정보의 원천이 곧 자료(data)이기 때문에 자료가 발생하는 현장(일명, 거래발생 시점)에서 실시간적으로 저렴한 비용으로 자료를 수집하는 것은 매우 중요하다. 물론 회계처리 대상으로서의 재무 정보 이외에 경영과정에서 필요한 온갖 다양한 비재무적 자료(가령, 품질, 시간, 팀워크 등등)를 포함한다. 이처럼 컴퓨터 시스템을 통해 기본 데이터가 집계되는 오늘날의 경영 환경상 컴퓨터 시스템에 대한 정보 지식은 매우 중요하다.

원가계산을 비롯한 원가정보의 활용 분야에서도 정보기술이 차지하는 바는 실로 높다. 추후에 필요한 정보를 미리 염두에 두고 활동이 이루어지는 거래 현장에서 데이터를 미리 잘 확보하면 사후적으로 필요한 분석을 통해 유용한 정보를 구할 수 있다. 이런 점에서 원가회계가 재무회계와 차이난다. 구체적인 예를 들어 두 분야간의 자료 수집 및 활용상의 차이를 설명하면 다음과 같다.

백화점 같은 경우 판매하기 위한 상품을 구입하면 분개장에는 '재고자산의 증가, 현금의 감소 또는 외상매입금의 증가' 등으로 기록된다. 이 자료가 재무제표를 만들기 위한 것일 때는 거래기록상 최소한의 내용만 담아도 무방하다. 어차피 나중에 결산을 통해 손익계산서와 재무상태표에 하나로 합쳐져서 반영될 것이기 때문이다. 그런데 이 자료가 관리 목적으로 활용되려면 보다 자세한 정보가 기록돼야 한다. 물건을 가져올 때 우리 차를 썼는지 아니면 공급업체 차량을 썼는지, 한 번에 가져왔는지 아니면 몇 회에 나누어 가져왔는지, 당초 약속한 시간에 맞춰 지연 없이 입고되었는지, 품질 수준은 적절했는지 등의 정보를 별도로 기록해 두어야 관리에 활용할 수가 있다. 그렇게 인내하면서 기록하는 조직과 그렇지 않은 조직은 차이가 날 수밖에 없는 것이다. 요컨대 재무회계에 비해 원가회계는 미래 의사결정을 지원하고 구성원들에게 동기부여를 하기 위한 정보를 포함하므로 훨씬 범위가 넓다고 볼 수 있다.

3.5 원가회계 지능 높이기

회계원리에서 복식부기를 처음 배울 때는 막상 어려웠지만 이를 터득하고 나서는 결산 과정을 거쳐 작성된 재무제표가 다양한 정보 이용자들을 위한 정보의 나침반 역할을 한다는 점에서 나름 보람을 느낄 것이다. 마찬가지로 여러분이 원가회계를 배우고 나면 같은 보람을 느낄 것이다.

비즈니스에서는 수시로 판단이나 의사결정을 내려야 하는데, 이때 경영정보가 얼마나 중요한지는 경영학 전공 학생이라면 이미 잘 인식하고 있을 것이다. 회계를 '비즈니스에 관한 이야기이자 정보'로 이해한 여러분들이라면 회계지능을 키워야겠다는 생각을 이미 했을 것이다. 실제로 기업 실무에서는 말단사원에서 중간관리자급으로 승진한 사람들 중에는 회계를 공부해야겠다고 생각한 분들이 많다. 그 이유는 기업에서는 어떤 결정이든 결국 회계와 연결되기 때문이다. 회계 중에서 재무제표를 해독하고 활용하는 능력을 갖춘 다음에는 곧 기업 내에서 활용되는 각종 경영 관련 보고서(<그림 1.4> 참조)를 이해하기 위해 우선적으로 **원가지능**(일명, 원가마인드)을 높여야 한다. 단, 원가회계의 구체적 기법을 배우기 전에 비즈니스 세계란 무엇인가, 비즈니스 항해에는 어떠한 능력이 필요한가를 먼저 깨달아야 한다. 즉, 처음부터 숫자를 다루는 구체적 기술을 배우기보다는 회계를 왜 배워야 하는지, 내게 필요한 원가회계지능은 어떤 분야의 어떤 능력인지를 먼저 이해하는 것이 중요하다(『지금 당장 회계공부 시작하라』, 강대준 · 신홍철, 2012).

이 책은 이러한 원가지능을 여러분에게 전달하기 위해 마련된 것이다. 제대로 된 원가지능으로 무장된 경우 기업 실무에서도 뒤처지지 않는 인재로 평가될 것이다.

> "단순반복하는 일로 기업 업무를 시작하더라도 그 업무를 내가 왜 해야 하며, 내가 한 업무는 다음에 어떻게 이어지고, 그것이 회사의 더 큰 업무로 어떻게 연결되고, 이것은 어떠한 **수익성**과 연결이 되는지. 이런 생각을 하면서 지식을 빨아들이려는 생각을 가진 사람은 1년이 지나면 뭘 아는 게 없다가도 '뭘 좀 아는 사람'으로 변합니다. 그러면 금방 차이가 납니다, 리더가 될 사람은."
>
> (〈SBS스페셜〉 197회 중에서 두산그룹의 박용만 회장)

제4절 새로운 경영환경하의 원가회계: 도전과 과제

4.1 세계기업의 경영환경 변화 및 전통적 원가회계의 변화

TIP!

3C 시대

고경쟁(high **c**ompetition), **고변화**(high **c**hange), **고원가**(high **c**ost)로 특징지울 수 있는 1980년 중반 이후의 기업 경영환경을 영어 약자인 C를 감안해 흔히 **3C 시대**라고 부른다.

오늘날의 기업은 범세계적인 기업간의 격심한 국제 경쟁 및 기술진보로 인해 혁신적인 경영관리를 통한 경쟁력 향상 없이는 국제적인 생존경쟁에서 더 이상 살아남기 어려운 입장에 있다. 대부분의 기업이 혁신을 상시화하는 가운데 상대적으로 저렴한 가격을 통해 고품질과 고기능의 제품과 서비스를 제공하는 경쟁우위(competitive advantage)를 확보하고자 낭비제거를 통한 원가절감에 모든 노력을 경주하고 있다.

특히 1980년대를 시점으로 고객 욕구의 다양화와 제품수명주기의 단축경향은 예전의 소품종대량생산 체제에서 다품종소량생산 체제로의 전환을 필연적인 것으로 만들었다. 이밖에도 생산공정에서 자동화 및 컴퓨터를 활용한 첨단생산기술이 도입됨에 따라 종전의 관리방식으로는 더 이상 기업의 당면과제를 해결할 수 없기에 이르렀다.

경영환경이 변화하고 조직 운영방식이 달라지면 원가 및 관리회계 시스템 또한 새롭게 변화되지 않으면 안 된다. 자칫 환경이 변화했는데도 과거의 원가시스템을 고집하면 관리자를 지원하기보다는 오히려 저해하는 입장에 서게 된다. 이러한 기업 현실은 미국의 Johnson과 Kaplan이 1987년에 출판한 『적합성의 상실: 관리회계의 성쇠』라는 책자에서 잘 요약되어 있다.

전통적인 원가회계 및 경영통제시스템이 갖는 최대의 문제점은 이들 시스템이 더 이상 내부에서 수행되는 운영활동에 관한 효율성이나 수익성에 관한 정확한 정보(signal)를 제공하지 못하고 있다는 점이다. 즉, 전통적인 원가회계는 1920년대의 현실에 기초를 두었기 때문에 자연히 직접노무비를 중심으로 제조원가를 분석하고, 간접비를 배부하거나 생산비만을 주된 측정대상으로 삼았다. 그러나 오늘날 생산시간만큼 비용이 많이 드는 비생산시간(예를 들면 고객상담, 설계변경, 복리후생 관련 시간)을 측정하지 않는다거나, 비록 비용절감은 피부에 와 닿아도 혁신에 의한 제품의 질적 향상 등이 가져올 제반 혜택을 재무적 측정치로 파악하기 곤란하다는 이유 등으로 이를 등한시하는 것은 중대한 문제다.

4.2 전략적 원가분석의 중요성 대두

1980년대에 들어서서 훨씬 더 치열해진 경쟁환경은 곧 원가관리시스템에 상당한 영향력을 미치게 되었으며 결과적으로 종전에 비해 훨씬 정확한 제품원가정보, 탁월한 원가관리 및 기업목표와 일치되는 성과측정치들이 중요성을 갖게 되었다. 이제는 더 이상 모든 기업들이 낮은 원가로 제품을 생산하여 타 회사와 경쟁하는 것이 바람직하지 않게 되었다. 또한 고객이 가치있게 생각하는 특별사양이나 서비스를 제공하는 소위 차별화 전략을 추구하는 기업에서도 이들 추가 편익을 제공함에 따른 증분원가를 가격상승을 통해 충분히 회수할 수 있음을 확신할 필요가 있게 되었다.

마이클 포터(M. Porter) 교수가 『경쟁우위(Competitive Advantage)』라는 책자에서 기업전략에 상관없이 원가를 제대로 파악하는 것이 중요함을 설파한 이후로 원가동인(cost driver) 및 가치사슬(value chain) 등 전략적 원가분석상의 주요 개념들은 여러 학자에 의해 애용되어 왔다. 그의 주장에 따르면 기본적인 경쟁우위라고 할 수 있는 낮은 원가나 차별화 전략을 실시하는 기업의 강점 및 약점이 갖는 중요성 정도는 궁극적으로 동 강점 및 약점이 상대적인 원가 또는 차별화에 어느 정도 영향을 미치는가에 달려 있다고 한다.

제4부 제12장에서 상세히 다룰 전략적 원가분석의 필요성은 제품의 다양성이 그다지 심하지 않았던 20세기 초기만 해도 대두되지 않았다. 당시에는 가장 중요한 생산요소였던 노무비 관리가 주된 관심사였다. 대부분의 비용 또한 변동비적 성격을 지녔던 바, 단기간의 이익측정상 왜곡 정도는 별로 심하지 않은 편이었다. 그러나 1980년대에 들어서 조직구조의 변화, 제조기술의 변화, 정부규제의 완화와 더불어 해외로부터의 경쟁이 격심해지면서부터 앞서의 가정은 깨지기 시작했다. 원가구조가 보다 고정비 성격을 띠게 되고 간접비 비중이 커지는 것과 더불어 조직 전체의 입장에서도 장기적 성격의 편익을 가져오는 투자가 늘게 되어 종전과 다른 원가배분이나 기간손익 산정이 이루어지지 않으면 안 되게 되었다.

이처럼 경영환경 변화에 적절히 대응키 위한 목적에서 새로운 원가 및 관리회계시스템을 구축하고자 할 때 고려해야 할 점은 현재 기업에서 발생하고 있는 문제에 관리자 및 경영자의 주의를 집중시키는 소위 전통적인 원가관리 측면을 제품배합, 가격결정, 신규 설비취득 및 제조방식의 변경 등 주요 전략실행 수단의 선택을 위한 분석과 연계시킬 필요가 있다는 것이다.

4.3 디지털 경영환경과 4차 산업혁명

TIP!

제4차 산업혁명

2016년 세계경제포럼(WEF)에서 주창된 제4차 산업혁명은 정보통신 기술(ICT)의 융합으로 이루어낸 18세기 초기 산업혁명 이후 네 번째로 중요한 산업시대를 말한다. 이 혁명의 핵심은 **빅데이터 분석, 인공지능, 로봇공학, 사물인터넷, 무인 운송 수단**(무인 항공기, 무인 자동차), 3D 프린팅, 나노 기술과 같은 6대 신기술 혁신이다. 제4차 산업혁명은 물리적, 생물학적, 디지털적 세계를 빅데이터에 입각해서 통합시키고 경제 및 산업 등 모든 분야에 영향을 미치는 다양한 신기술로 이해할 수 있다. (위키피디아 참조)

TIP!

스마트 팩토리(smart factory)

스마트 팩토리란 종전의 사람에 의해 돌아갔던 공장 대신에 공장 내 설비와 기계에 센서(IoT)가 설치되어 데이터가 실시간으로 수집, 분석되어 스스로 제어되는 공장을 말한다. 제조업 경쟁력을 유지하기 위해 2011년 **'Industry 4.0' 플랜**을 발표하고 스마트 공장 확산에 나선 독일(가령, 지멘스)은 이후 엄청난 생산성 향상을 기록했다.

최근 몇 년 사이에 매스컴에 자주 등장하는 단어는 제4차 산업혁명, 빅데이터, 로봇기술, 인공지능(AI), 블록체인, 사물인터넷(IoT: Internet of Things) 등이다. 특히 제4차 산업혁명이란 용어는 방적업을 중심으로 한 영국의 제1차 산업혁명(1750~1830년)에서 대기업의 기술혁신으로 요약되는 제2차 산업혁명(1870~1920년) 그리고 정보 주도와 서비스 지향의 디지털 정보 혁명으로 특징지울 수 있는 제3차 산업혁명에 이은 초연결, 초지능의 새로운 변화 시대를 상징하는 용어이다. 빅데이터, 로봇, 인공지능(AI), 블록체인, 드론, 사물인터넷 등의 제4차 산업혁명의 핵심 기술은 기존의 제조, 물류, 사무 등 경영 전반에 걸쳐 획기적인 변화를 가능하게 한다. 글로벌 선도 기업들은 이들 3가지 영역에 집중적으로 디지털 기술을 활용해 원가구조를 획기적으로 변경(즉, 거래비용의 제로 및 파괴적인 원가절감 추구)하기 위한 노력을 강구하고 있다. 대표적으로 자동쇼핑 및 무인운송을 표방하는 아마존, 그리고 IoT 등과 같은 다양한 디지털 기술을 이용해 데이터를 모으고 효율적인 생산을 위한 자원배분 등 혁신적인 공장(가령, 스마트 팩토리) 운영 방안들을 강구하는 지멘스와 같은 제조업이 대표적인 경우이다. 이 밖에도 우버나 에어비앤비 등과 같은 플랫폼 기반의 기업들이 보다 거래비용을 줄이기 위한 노력이 다양한 실무를 통해 목격된다.

4.4 요약 : 환경변화하의 새로운 원가회계의 전개

오늘날의 경영환경 변화가 요구하는 새로운 원가회계의 전개는 다음 몇 가지로 요약할 수 있다.

첫째, IT의 발달은 원가계산에 필요한 자료 수집 비용은 물론, 원가계산의 비용을 획기적으로 줄이게 되어 종전보다 훨씬 적은 부담으로 보다 정교한 원가계산 시스템을 구축할 수 있게 하였다.

둘째, 글로벌 경쟁의 심화, 생산공정의 변화에 따라 보다 높은 원가경쟁력 등이 필요하여 종전보다 상세한 원가분석에 기초한 수익성 분석 및 원가절감이 필요하게 되었다. 이를 계기로 제7장의 ABC(활동기준원가계산) 및 제4부 제11장에서 소개하는 ABM(활동기준원가관리)가 도입된 것이다.

셋째, 글로벌 기업의 확대와 더불어 원가계산 범위 또한 단일 기업에서 글로벌 자회사를 포함한 넓은 범위로 확장되었다. 확장가치사슬 개념이 그것이다. 또한 핵심성공요인은 종전의 원가에서 품질 및 시간, 디자인 등으로 인해 확대되어 원가계산 및 원가관리 영역 또한 종전의 제품에서 프로세스를 중심으로 확대되었다. 이하 관련된 품질코스팅, 타겟코스팅, 수명주기원가계산 등을 비롯한 전략적 원가관리기법은 제4부에서 소개한다.

4.5 본서의 구성 및 핵심 이슈

이 책의 구성은 크게 4부로 나뉜다. 크게 제1부에서는 원가회계의 기초 개념을 소개한다. 제2장에서 원가의 정의, 분류 등 후속 장(chapter)에서 다룰 기초 내용을 소개한다. 아울러 제3장에서는 제조업의 원가흐름을 통해 제조업의 재무제표 작성에 필수적인 제조원가명세서 작성원리를 소개한다.

제2부에서는 다양한 업종별 고유한 원가계산 기법 및 역사적 발전 과정에서 대두된 원가계산 기법을 소개한다. 개별원가계산과 종합원가계산은 업종 성격상(제조공정 및 원가집계의 특성상) 대조되는 대표적인 원가계산 기법이다. 그리고 특수한 상황의 결합원가계산과 다품종 소량생산 방식으로의 변화에 따라 대두된 작업별 원가계산을 제6장에서 다룬다.

제3부에서는 원가정보의 활용 측면을 다룬다. 고정비와 변동비 구분에 기초한 단기의사결정 모델인 CVP를 제8장에서 배운다. 회계정보의 속성상 의사결정이전 정보 vs 의사결정이후 정보로 대별되듯이 원가계산 또한 정보이용 시점에 따라 사후적 원가계산과 사전적 원가계산으로 구분된다. 흔히 우리가 말하는 원가계산은 재무제표 작성에 필요한 원가계산, 즉 실제원가계산으로 일명 사후적 원가계산이다. 경영과정에서 발생하는 원가를 체계적으로(복식부기 원칙에 따라) 기록하여 산출한다.

이러한 실제원가를 산정하는 과정에서 원가집계의 용이성 및 정보 이용자의 니즈를 감안하여 자원소비 형태별 원가발생을 분리하여 측정하는 것이 일반적이다. 이처럼 자원 소비 형태를 파악하도록 원가수치를 집계하는 방식을 요소별 원가계산(공공부문에서는 비목별 혹은 성질별 원가계산으로 칭함)이라 한다.

또한 경영과정에서 수행되는 각종 활동은 책임을 부여받은 조직단위에서 수행된다. 따라서 관리목적상 효율적인 작업을 유도하기 위해 책임회계가 작동되는 경우 부분별로 발생되는 원가를 집계하는 과정을 거치기도 한다. 이러한 원가계산을 부문별 원가계산이라고 한다. 제조부문과 보조부문의 구분 및 보조부문에서 발생한 원가를 제조부문으로 다시 배분하고 이렇게 집계된 원가를 최종 원가목적물인 제품으로 집계하는 것이 전통적인 원가계산의 전형적인 절차였다. 그러나 제7장에서 소개하는 ABC에서 보는 것처럼 굳이 부문을 거칠 필요는 없다. 활동을 중심으로 자원의 소비, 즉 원가발생을 집계하고 최종 원가대상에 부과하는 것이 바람직하기 때문이다. 부문별 원가계산의 개념은 필히 간접비 배분을 수반한다. 이는 제4장에서 다룬다.

사후적 원가계산은 의사결정 타이밍상 치명적인 한계를 갖는다. 이를 보완하기 위한 목적으로 등장한 것이 사전적 원가계산이다. 제4장에서 소개하는 정상원가계산 혹은 예정원가계산이 이에 해당한다. 가격결정 목적상 필요한 원가정보 산출을 떠올리면 쉽게 이해된다. 또한 사전원가계산이 필요한 이유는 동일한 제품이더라도 원가수치는 매번 달라질 수 있다. 고정시설에 대한 활용도(조업도)의 차이 때문이다. 이러한 원가의 변동성을 적극적으로 관리할 필요성 때문에 새로운 원가계산 기법이 등장했다. 변동원가계산(제10장)이 그것이다. 또한 원가관리 차원에서 정상적인 상황에서 기대되는 원가를 사전에 정한 후 이를(일명, 표준원가) 실제 원가와 비교하여 차이(일명, 원가차이)를 계산하고 그 차이 발생 원인을 분석하는 원가관리 기법은 제9장 표준원가계산에서 다룬다. 차이분석에 기초한 표준원가계산은 대표적인 원가관리목적의 원가계산기법이다.

제4부에서는 전략적 원가관리기법을 소개한다. 제11장에서는 전략적 원가관리 개념 소개 및 대표적인 품질코스팅과 ABM을 다룬다. 전자는 핵심성공요인 중의 하나인 품질을 중심으로 품질경영의 성공을 위해 새로이 대두된 원가계산 기법이다. ABM은 제7장에서 다룬 ABC의 원가동인 개념을 원가관리로 확장하여 비부가가치적 낭비를 제거하기 위한 기법이다. 제12장에서는 전향적인 원가관리 기법인 타겟코스팅과 장기적 관점의 원가계산 기법인 수명주기원가계산을 다룬다.

부록 원가회계의 진화와 발전

원래 원가회계의 출발은 18세기 영국에서 시작된 산업 혁명 당시 가내수공업에서 제조된 제품의 가격 결정을 위한 원가산정이었다. 즉, "내가 만든 물건의 원가는 얼마일까?"를 궁금해 한 공장 주인은 가격결정을 위한 원가정보가 궁금했던 것이다. 즉, 원가계산의 니즈가 본격적으로 탄생한 시기가 산업혁명을 계기로 공장제공업이 태동한 시기이다. 이후 가내 수공업이 점차 규모가 커지고 (취급하는 품목이 증가하면서) 복잡해짐에 따라 원가계산 또한 점차 정교해질 필요가 생겼다. 원가정보 산정이 어느 정도 안정을 취하고 고정비와 변동비라는 원가행태에 대한 지식이 쌓이게 되자 이제는 보다 효율적인 작업을 통한 원가절감에 대한 니즈가 생겨났다. 즉, 원가관리에 대한 관심이 대두된 것이다. 제3부에서 소개할 표준원가계산이 대표적인 예다.

그후 기업이 수직적 계열화를 행하고 복수 사업부 조직으로 변화함에 따라 오늘날에 보편화된 관리회계로서의 원가정보 활용이 자리잡게 된다. 이를 잘 요약하는 것이 1920년대의 '상이한 목적을 위한 상이한 원가정보의 활용(Different costs for different purposes)'이라는 캐치프레이즈이다. 즉, 기업은 성장해 가면서 여러 변화된 환경에 직면하고 새로운 의사결정을 내려야 된다. 이때 의사결정에 근거가 되는 것이 회계정보인데 이러한 정보는 항상 의사결정에 적합한 방식으로 제공되어야 한다는 것이다.

이렇게 기업 경영의 발전과 더불어 진화되어 오던 원가회계는 1920년대 중반에 이르러서는 오늘날 대부분의 기업들이 수행하는 기법들을 거의 도입하여 그후 약 60여 년간은 그다지 변화가 없는 정체기에 이른다. 원가회계는 3고(고경쟁, 고변화, 고원가)시대로 불리는 1980년대 중반부터 커다란 변화를 맞이하게 된다. 일본기업들로부터의 품질경쟁을 비롯한 경영환경의 변화 때문이다. 대표적으로 이 시기부터 과거 활용해 오던 원가회계는 더 이상 쓸모가 없어질 정도로 새로운 관리기법이 필요하게 되었다. 이렇게 해서 등장한 새로운 원가계산 및 관리기법을 전략적 원가관리라고 부른다. 이에 관해서는 제4부에서 자세히 소개한다.

요 약

1. **원가회계**는 기업경영전략을 지원하고, 경영성과를 파악하기 위한 원가정보를 시스템을 기획, 설계, 측정, 운영하는 프로세스이다.
2. 원가회계는 관리회계와 재무회계의 공통분야로 외부보고목적의 **재무제표** 작성은 물론 내부경영자의 관리목적상 필요한 성과보고서 작성의 기초가 되는 제품 또는 서비스 원가계산에 초점을 둔다.
3. 회계정보의 역할 중 원가회계는 기록계산기능과 주의환기기능이 주로 강조되는 반면에 관리회계에서는 **주의환기**나 **문제해결기능**이 강조된다.
4. 1980년대에 들어서서 치열해진 경쟁환경은 원가회계에 상당한 영향을 미쳐 과거에 비해 훨씬 더 정확한 제품원가정보, 탁월한 원가관리, 전략적 원가분석이 중요성을 갖게 되었다. 본서에서는 전통적인 원가회계기법과 더불어 활동기준원가계산, 품질코스팅, 타겟코스팅, 수명주기원가계산 등은 **전략적 원가관리** 기법을 다룬다.

핵심 용어

- 원가회계
- 원가정보
- 생존부등식
- 가치사슬
- 재무회계
- 관리회계
- 기록계산기능
- 주의환기기능
- 문제해결기능
- 원가관리
- 경영
- 효율성
- 효과성
- 확장가치사슬
- 타겟코스팅
- 원가차이
- 차이분석
- 관련원가
- 경쟁우위
- 원가동인

Reading materials

원가회계 전문가되기
http://cafe.naver.com/newcosting.cafe

- '이케아 가격'의 비밀… 나사 무게 0.1g도 줄인다. (키워드: 가격, 비용절감) 조선일보, 2014.06.23.
- '빅 블러(Big Blur · 경계 소멸 현상)' 시대…業의 경계가 무너진다. (키워드: 원가절감, DM 및 DL 절감, 고정비 절감) 매경이코노미, 2016.11.04.
- 망한 항공사끼리 극적인 합병…세계1위로 (키워드: 생존전략, 원가절감, 고객만족) 조선일보, 2012.06.01.

단답식 개념문제

01. 생존부등식의 요지는 간단하다. 기업이 제공하는 재화나 용역의 판매가격은 이를 실행하기 위한 □□보다 커야 하며, 그 가격을 지불하는 고객은 최소한 자신이 지불한 가격 이상의 □□는 느낄 수 있어야 한다는 것이 생존부등식의 요지다.

02. 판매를 목적으로 상품을 구입할 때 상대방에게 지급한 대가가 곧 상품의 (매입)원가였다. 구입시 재고자산(상품 또는 매입계정)으로 기록된 후 판매되면 매출액이란 수익과 동시에 □□□□라는 비용으로 기록되어 매출총이익이 계산된다.

03. □□□□는 '대안간의 차이를 보일 미래 원가'로 정의된다.

04. 회계는 간략히 "□□에 기초한 □□□□을 지원하기 위한 □□창출 활용학"으로 정의된다.

05. Simon 교수에 의하면 회계정보의 역할은 크게 (1) □□□□기능, (2) □□□□기능, (3) □□□□기능으로 분류된다.

06. 의사결정 지원을 위한 원가정보의 중요성 및 유용성은 "상이한 □□을 위한 상이한 □□정보의 활용"이라는 캐치프레이즈로 요약된다.

[문1] "원가회계는 관리회계에 재무회계의 성격이 약간 첨가된 것이다." 이 말을 설명하시오.

[문2] 관리회계와 재무회계간의 차이를 ① 보고서의 주이용자, ② 보고서의 빈도, ③ 보고서의 목적 등의 관점에서 설명하시오.

[문3] 타당성, 효과성, 효율성의 차이를 설명하시오.

[문4] 일상생활 속의 계획 및 통제활동 : 제1장에서 다룬 계획 및 통제개념이 다음 각 활동과 어떻게 연관되는지를 설명하시오.

(1) 예습, 복습 및 시험을 치르고 시험결과를 평가하는 것 등을 포함한 대학교의 수업
(2) 자동차를 이용한 장거리여행
(3) 자신의 방이나 아파트를 장식하는 것
(4) 운동부를 코치하는 것

[문5] ‘시작은 반이다’라는 속담의 영어표현은 ‘*Well purchased is half sold*’이다. 이 속담은 계획수립(planning)과 통제(control) 중 어떤 것을 강조한 것일까?

[문6] 재무회계보다 원가회계에서 목적적합성이 더 중요한 기준이 되는 이유는 무엇인가?

[문7] 회계정보의 3대기능을 설명하시오.

[문8] 기업경영의 3대기능을 요약하면?

[문9] “원가회계를 포함한 관리회계에서의 측정대상은 재무회계보다 넓다”라는 주장에 동의하는가?

[문10] 본문에서 소개한 동아건설의 리비아 대수로공사 입찰가격 사례의 핵심인 매몰원가 사례를 주위 일상생활에서 한 가지 이상 들어보세요.

[문11] 원가절감, 원가통제, 원가분석, 원가관리 중 가장 넓은 용어는?

연습문제

객관식

[문1] 다음 보기 중 회계정보의 3대기능에 속하지 않는 것은? (★)

① 문제해결 ② 주의환기
③ 원가절감 ④ 기록계산

[문2] 다음 보기 중 원가계산 목적에 해당하지 않는 것은? (★)

① 재무제표 작성 ② 가격결정
③ 조세회피 ④ 원가관리

[문3] 다음 보기 중 그동안의 원가회계 환경의 변화 및 오늘날의 일반적인 원가회계 환경의 특징을 잘못 기술한 것은? (★)

① 1920년대 중반부터 1980년대 중반까지 거의 60여년간은 그다지 큰 변화는 없었다.
② 1980년대 중반 이후 (고경쟁, 고변화, 고원가의) 3고 시대를 맞이하여 커다란 변화를 맞이하게 된다.
③ IT의 발달은 원가계산에 필요한 자료 수집 비용은 물론, 원가계산의 비용을 획기적으로 줄이게 되어 종전보다 훨씬 적은 부담으로 보다 정교한 원가계산 시스템을 구축할 수 있게 하였다.
④ 글로벌 경쟁의 심화, 생산공정의 변화에 따라 종전보다 상세한 원가분석에 기초한 수익성 분석 및 원가절감이 필요하게 되었다.
⑤ 원가계산 범위 또한 넓은 범위로 확장되었고 원가계산 및 원가관리 영역 또한 종전의 프로세스에서 제품 중심으로 확대되었다.

[문4] 회계정보의 3대 기능인 (a) 기록계산기능, (b) 주의환기기능, (c) 문제해결기능 중 원가회계에서 주로 강조되는 2 기능의 올바른 조합은? (★)

① a, b ② b, c ③ a, c

주관식

[문1] 기록계산, 주의환기, 문제해결 (★★)

회계담당자가 수행하는 다음의 업무는 ① 기록계산기능, ② 주의환기기능, ③ 문제해결기능 중 어느 것에 해당하는가?

(1) IBM회사의 판매담당부사장을 위한 호주지역 월별 매출명세서 작성
(2) 스탠포드대학교 구매처의 성과보고서에서 예산과의 차이 설명
(3) Hewlett-Packard사 스코틀랜드공장의 수납부문에서 짐운반트럭의 감가상각비 계획표 작성
(4) 미쓰비시 국제생산부장을 위해 자동차부품의 한국생산 타당성 분석
(5) 버밍햄 주물공장이 생산일정을 지키지 못하는 이유 분석
(6) 절단부문의 성과보고서 설명
(7) U.S. Steel 공장의 생산통제부장을 위해 두 개의 전산화된 생산통제시스템의 원가비교 실시
(8) 도요타 부품공장 마무리 부문의 작업폐기물보고서 작성

[문2] 기록계산, 주의환기, 문제해결 (★★★)

다음 각각은 회계의 3대기능 중 어디에 해당하는가?

(1) 공장보조부문원가를 생산부문에 배분한다.
(2) 제품생산에 필요한 특정 부품을 외부에서 구입할지 아니면 자체 생산할 것인가에 필요한 수치를 마련한다.
(3) 이번 달 초과근무수당이 증가한 이유를 분석하기 위한 기초자료를 마련한다.

[문3] 경영환경 변화와 원가 이슈 (★★)

다음 질문에 대해 간단히 답하거나 T(진)/F(위) 중 옳은 답을 선택하시오.

① 1980년대 중반 이후 고객의 요구가 다양해지면서 종전의 생산방식은 소품종 대량방식과 다품종 소량 방식 중 어느 방식으로 바뀌었는가?
② 그 결과, 제조원가 중 간접원가의 비중은 늘어날까? 줄어들까?
③ 공장자동화나 무인공장과 같은 제조환경의 변화는 노무비의 비중을 줄이는 대신에 경비의 비중을 늘린다. T( )/F( )
④ '*시작이 반이다(Well-purchased is half-sold)*'라는 영어 속담은 당초 구매가 핵심성공요인(CSF)인 상기업을 염두에 둔 표현이었다면 디자인이 중요하게 된 오늘날은 어떻게 바뀌어야 할까?

Cost Accounting

02 원가와 원가계산의 기본

Learning Objectives

1 원가의 정의를 숙지
2 원가계산의 정의 및 절차를 파악
3 원가의 요소별 분류를 배움
4 직접원가와 간접원가의 차이를 이해
5 고정원가와 변동원가의 차이를 이해
6 원가동인의 개념을 학습

Intro

우리가 접하는 여러 정보 중에 **원가정보**만큼 기업경영 및 의사결정에서 차지하는 비중이 큰 것은 없다고 해도 과언이 아니다. 물론 일상생활에서도 원가는 매우 유용하게 활용된다. 그만큼 친숙한 용어이기 때문에 잘 알고 있는 것처럼 오해하기도 쉽다. 그러나 비록 원가의 개념은 매우 단순하지만 실제로 정확히 이해하고 실무에서 제대로 활용하는 기업과 조직은 의외로 많지 않다.

이 장에서는 원가의 정의와 기본적 원가의 분류를 소개한 후에 제품 또는 서비스 원가를 파악하기 위한 원가계산의 목적 및 절차를 설명한다.

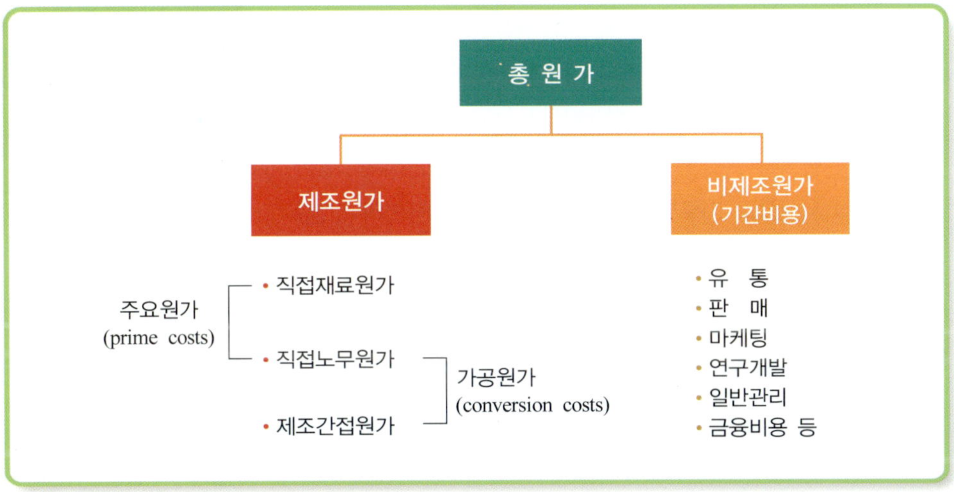

Storytelling

그동안 영화투자만을 했던 투자회사 스타&무비는 최근 인기가 높은 뮤지컬공연에도 투자를 하기로 하고 프랑스 뮤지컬 '**노트르담 드 파리**'와 브로드웨이 전통 뮤지컬인 '**그리스**' 두 작품을 두고 이 중 한 작품의 국내 공연판권을 구입하기로 하였다. 다음은 CEO 홍회장과 CFO 강이사의 전략회의 내용이다.

홍회장 : 강이사, 어느 작품을 선택하든지 뮤지컬 공연판권의 금액이 약 100억 원 정도네요. 곧 결산일이 되는데 이 투자금액이 올해 우리 회사 손익계산서에 비용으로 반영되면 당기순손실이 예상됩니다. 그렇다면 주주들이 가만히 있지 않을 텐데 걱정입니다.

강이사 : 회장님 그건, 걱정 안 하셔도 됩니다. 현금지출은 100억 원이지만 아직 공연 전이므로 투자자산으로 재무상태표에 기록이 됩니다. 이는 곧 제조기업에서 **제조원가**를 투입해 만든 제품이 판매가 되지 않으면 결산일에 재고자산으로 남아 있는 것과 같은 것입니다.

홍회장 : 그렇다면, 계속 재무상태표 자산으로 기록이 되는 것인가요? 이해가 잘 안 되는군요.

강이사 : 자산으로 기록되어 있던 **원가**(cost)가 공연이 진행됨에 따라 **비용**(expense)으로 손익계산서에 기록이 될 것입니다. 공연이 2년에 걸쳐 20회로 예정이 되어 있으니 내년 결산시점에는 공연이 10회 진행되었으므로 50억 원은 손익계산서에 비용으로, 아직 공연 전인 나머지 10회분의 공연원가 50억 원은 재무상태표에 투자자산으로 기록이 되지요.

홍회장 : 아, 이제 이해가 되는군요. 그런데 첫해 공연 예정분 10회는 무난히 진행이 되겠지만 나머지 10회 공연이 모두 다 진행이 될지는 의문입니다. 이 경우에는 어떻게 되지요?

강이사 : 만약에 당초 예상되었던 공연을 다 채우지 못하고 취소가 되는 경우에는 재무상태표에 잔여 공연원가로 투자자산 분류가 되어 있는 원가를 전액 감액조치를 하여야 합니다. 이 경우 손익계산서에 일시에 **손실**(loss)로 기록이 되지요.

홍회장 : 그런 경우는 있으면 안 되겠지요. 두 작품 중에 어떤 작품을 선택해야 수익을 많이 창출할지 고민이 되는군요.

강이사 : 저도 지금 두 작품에 대한 타당성 분석을 하고 있지만 두 작품 모두 투입되는 원가와 예상 수익이 비슷해서 결정하기 힘이 듭니다. 회사의 투자자금에 여유가 있다면 두 작품 모두 투자하고 싶지만 그렇지 못해 한 작품을 포기해야 하는 **기회비용**이 발생하는 것이 아쉽습니다.

홍회장 : 기회비용이라 기회비용 하니까 생각이 나는데 홍보팀에서 첫 공연 때 너무 많은 기자들을 초청한 것 같은데 강이사 생각은 어떻습니까?

강이사 : 첫 공연은 아직 소문이 많이 나지 않아서 여유좌석이 많이 있습니다. 여유좌석만 많다면 기회비용은 없는 것이라고 볼 수 있지요. 뮤지컬 공연은 관객 한 명당 **변동원가**는 거의 들지 않고 거의 **고정원가** 성격의 원가구조를 가지고 있기 때문에 여유좌석에 기자들과 관계자들을 초청하면 적은 원가로 큰 홍보효과를 누릴 수 있어 일석이조 전략이지요.

홍회장 : 음, 고정원가, 변동원가, 원가, 비용, 손실, 기회비용…… 정말 원가는 카멜레온 같군요. 다음 회의 때는 이번 프로젝트와 관련한 원가용어들을 분류해서 파악할 필요가 있겠군요.

(물음1) 원가와 비용, 손실은 어떻게 다른 것일까?

(물음2) 재무제표에 표시가 되지 않는 원가정보도 이용가능한 원가정보일까?

제1절 원가 그리고 원가계산

1.1 원가에 대한 기초개념

1. 원가의 정의

기업이든 개인이든 의사결정을 하기 위해서 가장 필요한 정보를 꼽으라고 하면 원가정보가 반드시 포함된다. 그만큼 원가정보는 기업경영뿐만 아니라 일상생활에서도 매우 중요하다. 최근에는 오디션 프로 슈퍼스타K에 나온 참가자에게 심사위원이 유학을 포기하고 가수에 도전하는 기회비용(opportunity cost)을 물어볼 정도로 다양한 원가용어가 상식처럼 사용되고 있다. 그만큼 원가란 용어는 우리에게 친숙한 것일 뿐만 아니라 매우 다양하게 쓰이는 중요한 개념이다.

대학 동아리에서 MT를 가려고 예산을 세우는 것도 비용이 얼마나 필요한지를 계산하여 산출한 원가정보를 이용하여 회비를 얼마로 결정해야 하는 의사결정 과정이다. 원가를 모르면 우리는 의사결정 자체를 할 수 없을지도 모른다.

원가(cost)란 간략히 "특정 재화나 용역을 창출하기 위하여 희생된 경제적 자원을 화폐액으로 평가한 것(monetary sacrifice)"으로 정의내릴 수 있다. 참고로 위의 정의와 유사한 정의를 소개한 회계 관련 단체의 공식적 정의 두 가지를 소개하면 다음과 같다.

> "특정 목적을 달성하기 위하여 발생한 또는 발생할 희생(foregoing)을 화폐단위로 측정한 것이다"
>
> －1951년 미국회계학회(AAA)의 「원가개념 및 기준위원회」－

> "유형·무형의 경제적 제 자원을 취득하거나 창조함에 있어서 일정한 목적을 위하여 포기된 또는 포기될 가치측정에 관한 용어이다"
>
> －1955년 미국회계학회(AAA)의 「경영관리 목적을 위한 보고서의 토대가 되는 원가개념 시안」－

위에서 소개한 두 공식적인 정의는 공통적으로 원가의 정의를 내림에 있어서 일정한 목적을 강조하고 있다. 그러나 원가의 본질을 제대로 이해하기 위해서는 다음 두 가지 점을 유념해야 한다.

첫째, 원가란 자원의 소비에 기인한다는 것이다. 위에서 소개한 정의에서는 희생

(sacrifice 또는 foregoing) 또는 포기(release)라는 용어를 사용하였으나 본질적으로 원가는 개인 또는 조직이 보유하고 있는 자원의 소비로 인해 발생한다.

그렇다면 자원의 소비는 왜 그리고 어떻게 이루어지는가? 그것은 한 마디로 활동(activity) 때문이라고 할 수 있다. 활동이 이루어지면 자원이 소비된다. 그리고 자원을 가지고 어떤 활동을 한다면 필연적으로 원가가 발생한다. 원가회계를 공부하고 있는 활동을 하고 있다면 지금 이 순간에도 원가는 발생할 수 있다. 교재를 구입한 금액이나 수업을 듣고 있다면 수업료가 원가다. 공부를 하기 위한 활동을 해야 하기 때문에 아르바이트를 포기한다면 시간이라는 자원을 사용한 기회비용이라는 원가까지 발생한다.

둘째, 원가란 파악하고자 하는 대상, 즉 의사결정상 관심을 갖는 '대상(object)'과 관련지어 파악해야 한다는 것이다. 이처럼 경영자가 파악하고자 하는 원가집계의 목적물을 원가대상(cost object)이라고 부른다. 가령, 경영자의 경우 신제품 생산 또는 새로 구입하는 기계 그리고 종종 특정 부문이나 공정의 원가를 궁금해 한다. 이처럼 경영자를 비롯한 정보이용자가 궁금해 하는 그 무엇(thing)을 원가대상이라고 부르는데 대학생 커플이 사귄지 100일 축하 이벤트를 하나의 프로젝트라고 본다면 '이벤트' 또한 원가대상이라고 할 수 있다. 원가대상의 대표적인 예는 <표 2.1>에 잘 요약되어 있다.

<표 2.1>에서 보는 바와 같이 원가대상은 매우 다양하다. 뿐만 아니라 원가대상의 선정은 각 조직이 처한 상황 및 분석목적 또는 원가계산절차에 따라 차이를 보인다. 기업의 경우 가장 일반적인 원가대상은 제품과 서비스 그리고 고객 및 부문을 꼽을 수 있다. 그러나 이러한 최종 원가집계를 위해 활용하는 기본적인 원가대상은 활동(activity)이라고 할 수 있다. 왜냐하면 활동이 곧 자원소비를 초래하고 이것이 곧 원가로 귀결되기 때문이다.

> **TIP!**
> **3대 핵심 원가대상**
> 기업에서 수행하는 활동의 유형을 감안하여 핵심적인 원가대상은 ① 제품(articles manufactured), ② 서비스(services rendered), ③ 기능(functions performed) 등 세 가지로 분류하기도 한다.

예를 들어 기업의 '신입사원 연수 과정'을 하나의 원가대상으로 볼 때 세부적으로 신입사원 선발에서부터 교육, 평가, 합숙 등 여러 가지 활동이 집약된 원가대상으로 볼 수 있다.

또한 원가회계나 관리회계 과목에서는 제품원가계산이라는 용어가 자주 등장한다. 이 경우 제품원가란 제조업을 염두에 두고 이들 조직에서 수행되는 다양한 활동의 최종 결과물인 제품을 대표적인 원가대상으로 간략히 표현한 것에 불과할 뿐이다. 이하 이 책에서 제품원가라고 지칭할 때에는 분석기업을 제조업체로 가정하는 것으로 이해하면 된다.

표 2.1 원가대상의 예

원가대상	예
• 제　품	스타벅스 커피 2,000cc 승용차(가령, 소나타) 갤럭시노트4, 아이폰6
• 고　객	컨설팅사에게 사업타당성 분석을 의뢰한 기업 대우조선해양에 잠수함 건조를 의뢰한 대한민국 해군
• 서비스	서울-LA 왕복 항공서비스(이코노미 또는 비즈니스 클래스) 회계법인의 정기 감사서비스
• 프로젝트	KTX 고속전철 건설 용산국제업무단지 건설
• 상　표(brand)	'자이', '푸르지오', '래미안' 등 아파트 브랜드
• 활　동	생산된 스마트폰의 품질검사 자재주문 제품배송
• 부　문	삼성물산의 건설부문 대학교에 속한 IT전담 부문
• 프로그램	지방자치단체의 장애인 재활능력 향상을 위한 교육/훈련 기업의 신입사원 연수

자료 : HFD(1997)에서 일부 발췌 · 수정.

2. 원가는 도대체 누가 발생시키는가?(원가동인)

앞서 원가의 발생은 자원의 소비를 요하는 활동(activity)에 기인하며 궁극적인 원가대상에의 원가집계를 위한 목적으로 중간(잠정적) 원가대상으로 '**활동**'이 이용됨을 언급했다. 그 이유는 활동이 대표적인 원가발생요인(또는 장본인)이기 때문이다. 이처럼 총원가의 변화를 '초래하는 요인' 또는 요소(factor)를 **원가동인**(cost driver)이라고 부른다.

가장 대표적인 원가동인은 조업도동인이다. **조업도**(volume)라는 표현은 기업이 보유한 시설능력의 활용도를 의미하는 것으로 생산활동수준(즉, 생산량)을 달리 표현한 것에 불과하다. 생산량의 증가 또는 감소(즉, 조업도)에 따라 재료비와 전기료 등은 비례적으로 변화한다. 이 경우 생산량은 재료비와 전력비라는 원가의 변화를 초래한 요인, 즉 원가동인에 해당한다. 이를 감안하여 생산량(또는 이의 대용치로서의 직접노동시간)이나 판매량과 같은 수량요인을 **조업도동인**(volume driver)이라고 부른

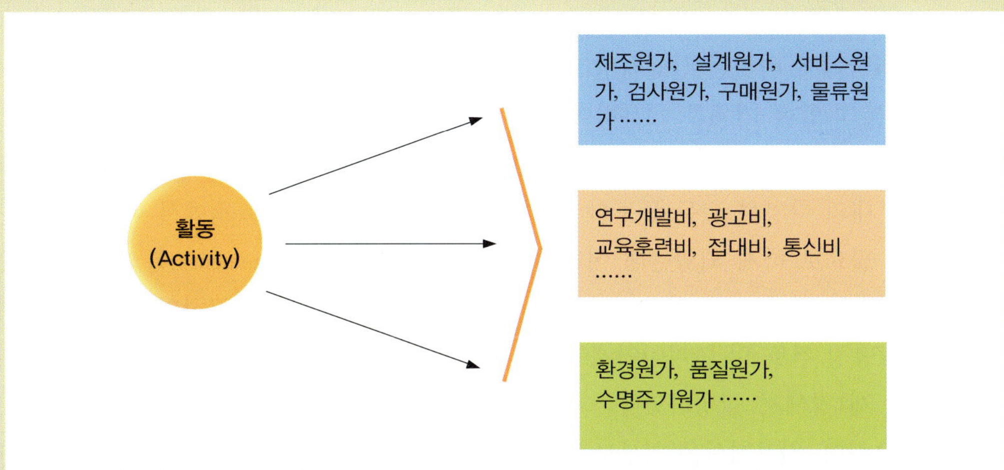

그림 2.1
원가동인

다. 말 그대로 볼륨을 늘렸다 줄였다 하면 원가가 변화한다는 것이다. 그 조업도가 극장에서는 관객 수가 될 것이고 병원에서는 환자 수라고 보면 된다.

1.2 원가계산의 의의 : 정의, 목적, 절차

1. 원가계산의 정의

경영자가 관심을 갖는 원가대상과 원가동인이 파악되면 이제는 원가대상에 관련 맺는 원가(즉, 자원의 소비)를 원가대상별로 계산(costing)하는 것이 필요하다.

지금까지의 설명을 종합할 때 원가계산은 '제품이나 서비스와 같은 목적물[1]을 만드는 데 소요된 원가를 파악하는 기법'이라고 정의할 수 있다.

원가계산은 제품원가계산(product costing), 서비스원가계산, 프로젝트원가계산, 프로그램원가계산 등 목적물의 종류에 따라 다양한 명칭으로 표현된다. 가령, 어떤 기업이 호주 광산에 투자를 하기 위해서 소요되는 원가를 파악한다면 투자를 목적으로 하는 프로젝트원가계산에 해당한다.

---

1) 독일식 표현에 의하면 경제적 급부(給付)에 해당한다.

2. 원가계산의 목적

영국에서 비롯된 산업혁명 이후 공장제공업(factory system)의 발전과 더불어 초기에는 다양한 기계를 이용하여 공장에서 생산한 각 제품의 판매가격을 결정하기 위한 기초자료로 원가정보가 필요했다. 그후 공장경영이 안정을 이루게 됨에 따라 공장 내의 다양한 활동을 보다 효율적으로 수행하기 위한 목적에서 다양한 원가정보를 필요로 하게 되었는데 이것이 곧 원가관리(cost management) 목적이고 사업범위의 확대 및 축소에 관한 구조조정 그리고 규모의 경제를 추구하기 위한 대량시설의 타당성 검토 및 단기이익계획 등 다양한 경영관리 및 의사결정에 유용하게 활용됨을 제1장에서 설명하였다.

요컨대, 원가계산은 외부보고를 위한 재무제표 작성 목적은 물론, 가격결정 그리고 원가관리 및 이익관리, 성과평가 등 다양한 목적으로 수행된다. 이는 제1장의 <그림 1.7>에서 요약 설명하고 있다.

외부보고목적용 원가정보의 창출과 활용은 크게 변화하지 않은 편이다. 이에 반해 기업 내부의 의사결정에 유용한 원가정보의 창출을 위한 원가계산은 다양하게 변화·발전해 왔고 앞으로도 그럴 것이다.

3. 원가계산의 절차

원가계산은 원가집계(cost accumulation)와 원가부과(cost assignment)의 절차를 거친다. 이를 자세히 알아보자.

첫째, 원가집계이다. 원가집계(cost accumulation)란 조직 내에서 수행되는 다양한 활동으로 인한 자원의 소비(즉, 원가)를 파악하는 것으로 원가계산을 위한 첫 단계이다. 원가집계는 회계시스템을 통해 체계적으로 파악되어야 한다. 백화점 등 상품매매업에서 손님의 상품 구입 활동 등에 따라 체계적으로 원가를 기록·분류·요약하는 것처럼 제조업도 생산공정에서의 원가흐름을 체계적으로 추적·파악하는 기록계산기능(score-keeping)이 필요한데 원가집계는 이에 해당한다. 쉽게 표현하자면 여자친구의 생일파티 이벤트를 기획한 남자친구가 지출한 선물구입비용, 롯데월드 자유이용권 이용료, 레스토랑 비용 등을 집계한 후 데이트 후에 얼마가 들었는지 계산을 할 것이다. 결국, 원가집계는 원가대상이나 원가계산 목적에 상관없이 어느 조직에서든 반드시 필요한 활동이다.

둘째, 원가부과(cost assignment)이다. 원가부과는 집계된 원가를 원가대상에 적

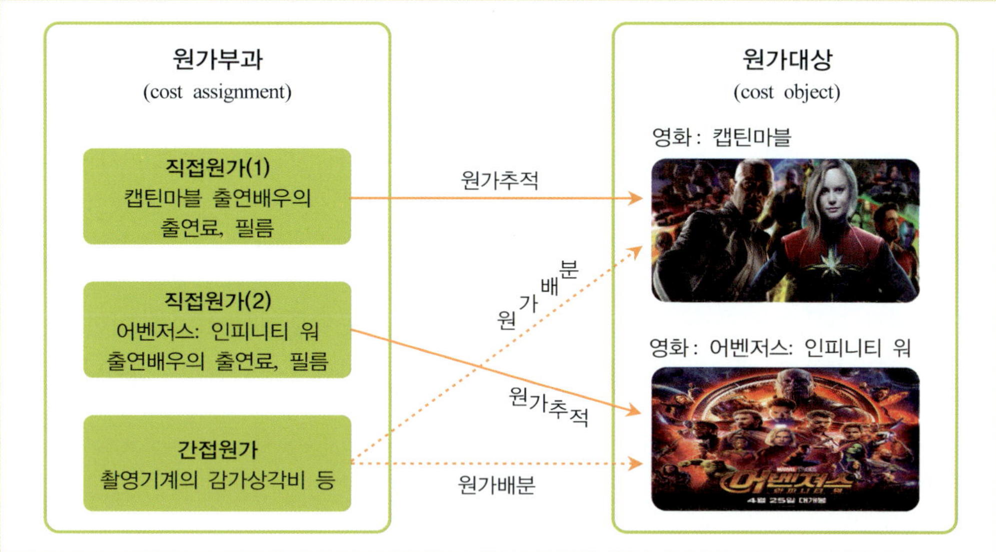

그림 2.2 원가계산의 과정 : 추적과 배분

절히 부여(즉, 할당)하는 것이다. 원가부과는 다시 두 가지 개념으로 세분된다. 그 하나는 원가추적이고 다른 하나는 원가배분이다. 원가추적(cost tracing)은 자원의 소비, 즉 원가가 특정 원가대상 때문에 발생했음을 확인하는 것을 말한다. 원가배분(cost allocation)은 자원의 소비가 여러 원가대상을 위해 공통으로 이루어져 발생한 원가를 관련원가대상에 적절히 나누는 것을 의미하는 것이다(<그림 2.2> 참조). 이에 관해서는 뒤에서 소개하는 직접원가 대 간접원가에서 자세히 설명한다.

그러나 실무상 원가계산의 핵심과정인 원가집계와 원가부과가 반드시 순차적으로 이루어지는 것은 아니다. 즉, 원가집계가 먼저 이루어지고 나서야만 원가부과가 이루어지는 것이 아니라 직접원가의 경우 두 단계가 동시에 이루어질 수 있다. 예를 들어, 바코드를 이용한 자료입력이 컴퓨터시스템을 통해 사전에 정의된 여러 원가대상에 동시에 집계되도록 설계될 경우에는 원가집계와 원가부과가 동시에 이루어지는 것이다.

가령, 아시아나항공으로부터 항공기(가령, 747) 2대를 주문받은 보잉사가 항공기에 필요한 승객용 좌석 600개를 시트(seat) 제작업체로부터 구입했다고 하자. 보잉사가 주문한 시트가 조립부문에 도착하여 생산에 투입되는 순간 시트구입원가는 재료원가로 집계되는 동시에 전산시스템 내에서 사전에 정의한 세 가지 원가대상, 즉 부문(조립부문), 제품(주문받은 747항공기) 및 고객(아시아나항공)에 동시에 부과된다.

cost의 사전적 의미

cost란 단어를 영어사전에서 찾아보면 '원가' 또는 '비용'이라는 의미의 명사용법 이외에 타동사로서 "……의 원가를 계산하다"라는 용법이 있다. 따라서 '**costing**'은 '……의'에 해당하는 목적물(즉, 원가대상)의 원가를 계산하는 것을 의미하는 바 **product costing**은 제품원가계산을 그리고 **service costing**은 서비스 원가계산으로 번역되는 것이다.

경영자가 필요로 하는 원가정보를 산출하기 위한 원가계산은 기본적으로 두 가지 핵심단계를 거쳐 이루어진다.

위에서 부문은 원가관리 목적에서, 고객은 과연 주문이행에서 이익을 실현했는지를 그리고 제품은 재고자산평가를 위한 목적에서 원가대상으로 삼은 것이다.

4. 원가측정시스템의 네 가지 핵심요소

회계란 의사결정자에게 유용한 정보를 창출하는 정보시스템으로 정의된다. 마찬가지로 회계정보의 일종인 원가정보의 창출은 원가측정시스템(cost measurement system)이라고 불리는 정보시스템에 의해 이루어진다.

흔히 원가측정시스템은 측정이란 용어 대신 계산이라는 용어를 사용하여 원가계산시스템으로 불린다. 최근에는 원가계산시스템이라는 명칭에서 계산을 생략한 원가시스템이라는 표현이 일반적이다. 본서에서도 가급적 원가시스템이라는 용어를 사용한다.

기업의 원가시스템은 최소한 법이나 기준 등에서 요구하는 원가정보(가령, 재무보고를 위한 재고자산평가 등)를 산출할 수 있어야 한다. 또한 다양한 분석목적(가령, 원가관리 및 제품 또는 고객수익성 분석 등)에 유용한 정보를 제공할 수 있어야 한다. 어떠한 원가시스템을 구축할 것인가는 경영자의 선택사항이다. 제1장에서 설명한 원가-효익 분석하에 기업에 적합한 원가시스템이 결정되는 것이다. 때로는 추가비용을 들여서라도 보다 정교한 원가시스템을 구축할 필요가 있다.

조직 내·외부의 정보이용자에게 유용한 정보를 제공하는 원가시스템은 기본적으로 다음 네 가지를 핵심요소로 삼고 있다.

첫째, 원가계산 목적에 대한 고려이다. 정보이용자가 누구이며 어떤 목적을 위해 이용되는가를 염두에 두어야 한다. 본서에서는 내부목적의 원가시스템에 초점을 맞춘다. 가격결정이나 고객별 수익성 분석 등이 이에 해당한다. 목적에 따라 상이한 원가개념이 선택, 적용되어야 한다.

둘째, 원가대상(cost object)의 파악이다. 무엇을 원가집계대상으로 삼는가에 따라 직접원가와 간접원가의 분류가 달라지며 원가계산의 정확성이 달라진다는 점을 감안할 때 원가대상의 중요성은 아무리 강조해도 지나치지 않는다. 전형적인 원가대상은 제품, 부문, 고객 또는 주문 등이며 제7장에서 다룰 ABC(활동기준원가계산)에서는 '활동(activity)'이 원가대상이 된다.

셋째, 원가요소의 파악이다. 원가요소란 원가대상에 부과되는 원가의 형태, 즉 자원의 소비유형을 의미한다. 가령, 재료비, 전기료, 창고료 등이 그것이다. 이처럼 자원의 소비형태를 구체적으로 파악하는 것(즉, 자연적 분류에 따라 원가를 집계하는 것)은 원가관리 차원에서 중요성을 갖는다.

넷째, 원가계산기법 또는 절차의 선택이다. 마치 재무회계에서 유형자산의 감가상각비 계산시 정액법, 정률법 등 다양한 방법이 선택가능했던 것처럼 원가계산의 경우에도 선택가능한 대체안적인 기법이 존재한다. 예를 들면, 실제원가계산 대신에 예정원가계산을 그리고 전부원가계산 대신에 변동원가계산을 적용하는 것이 그것이다. 제4장부터 배울 다양한 원가계산기법은 경영환경변화에 대응하는 과정에서 기업의 필요(즉, 관리목적)에 의해 전통적 방식을 보완하기 위해 등장한 것임을 유념할 필요가 있다.

> **TIP!**
> **목적에 따른 상이한 원가계산**
> 관리회계에서 자세히 배울 관련원가의 핵심은 "상이한 목적별 상이한 원가정보의 활용으로" 요약된다. 가령 재고자산 평가를 위해서는 반드시 고정제조원가가 포함되어야 하지만 특별주문 수락여부와 관련해서는 고정제조원가가 제외되기도 하는 것이다.

원가회계 정보는 법으로 강제되는 것이 아니다. 따라서 내부관리목적을 위한 관련된 원가정보의 제공은 이로 인한 효과가 동 정보의 측정 및 처리에 소요되는 비용을 상회하는 경우에만 이루어져야 한다. 따라서 의사결정에 유용한 정보창출에 필요한 자료수집비용을 줄이기 위해 가급적 외부보고용 원가정보와 내부보고용 원가정보의 공동 데이터베이스를 최대한 활용하는 방안을 모색할 필요가 있다. 왜냐하면 현실적으로 상당한 부분의 관리회계 정보는 재무회계 정보시스템으로부터 제공될 수 있기 때문이다.

구매원가 정보를 예로 들어보자. 실제 구입시 발생한 구매원가는 재무제표 작성에 필요한 매출원가 계산에 이용됨과 동시에 구매부서의 성과평가목적으로 차이계산에 이용된다. 즉, 실제원가는 허용원가(가령, 예산 또는 표준원가)와 대조되어 차이정보를 만들어내고 필요시 경영자의 주의를 끌어들여 적절한 조치를 취하게 된다. 즉, 예외관리원칙이 적용되는 것이다.

현실적으로 원가회계목적으로 활용되는 원가정보는 외부보고목적의 원가정보에 비해 보다 세분화되어야 한다. 이를 감안할 때 원가시스템은 보다 상세한 정보를 필요로 하는 관리회계 정보를 창출할 수 있는 시스템을 설계한 후 (정기적으로 외부보고목적에 맞게끔) 이들 정보를 통합하거나 일부 수정하여 보고하는 것이 바람직하

기업에 원가계산 시스템이 중요한 이유

Q 20년 이상 기업을 경영하면서 직접 원가관리도 하시고 주변의 회사 사정도 잘 아실 텐데요, 기업의 원가계산 시스템에 대하여 이야기해 주시겠습니까?

기업이 처음부터 다양한 제품으로 시작하는 경우는 많지 않습니다. 회사가 지속되는 경우에도 한두 아이템에 의존하는 경향이 크지요. 원가배분도 경영자의 직관에 의존하는 경우가 많습니다. 그러다 보니 중소기업 마인드에 체질적으로 벗어나지 못하는 경우가 많이 있습니다.

성장이 빠른 회사는 원가계산 시스템을 쉽게 구축할 것 같지만, 매출이 계속 늘어나면서 현금은 계속 들어오기 때문에 오히려 제품원가에는 상대적으로 관심을 적게 갖고, 영업이나 마케팅에만 신경을 씁니다. 그러다 수익성이 나빠진 뒤에야 제품원가를 들여다보는데, 그러면 이미 손을 쓰기 힘든 상태가 되어 있지요. 원가계산 시스템 구축이 하루아침에 되는 것은 아니기 때문입니다.

따라서 안정적으로 성장하는 동안에 미리 합리적인 원가계산 시스템을 잘 구축해야 대기업과의 납품단가도 합리적으로 산출하고, 현실적인 원가절감 목표액을 산출할 수 있습니다. **원가계산 시스템**은 중소기업이 중견기업으로 도약하기 위한 필수절차라고 할 수 있겠습니다.

〈동일디앤엠 박인환 사장〉

다. 최근에 통합정보시스템인 **ERP**(Enterprise Resource Planning)가 부각되고 세련된 경영관리를 실시하고 있는 우량기업들 대부분이 ERP 도입시, 보다 상세한 원가정보창출을 가능하게 하는 원가시스템 모듈을 함께 도입하는 경향을 보이는 것은 이를 뒷받침한다.

이 장 이후에 소개되는 몇몇 후속 장에서는 외부보고를 위한 원가측정시스템과 관련된 이슈(가령, 원가대상, 원가요소 및 원가계산기법)가 다루어질 것이다. 제3장에서는 외부보고(즉, 재무회계)와 내부보고(즉, 원가회계)에 공통으로 이용되는 원가데이터베이스를 제조원가명세서 중심으로 소개한다.

제2절 원가의 분류 및 개념체계

원가는 기준에 따라 다양한 유형으로 분류된다. 먼저 각 개념을 살펴본 후 사례를 통해 차근차근 알아보기로 하자.

표 2.2 원가의 분류

분류기준	원가 항목
경영기능별 분류	제조원가 / 비제조원가
가치사슬 단계별 분류	연구개발비부터 고객서비스원가까지
자원 **소비행태**별 또는 요소별 분류	재료비 / 노무비 / 경비
추적가능성에 따른 분류	직접원가 / 간접원가
변동가능성에 따른 분류	변동원가 / 고정원가
수익과의 **대응**관계에 따른 분류	제품원가 / 기간비용
자산성의 유지 여부에 관한 분류	소멸원가 / 미소멸원가
의사결정과의 **관련성**에 따라	관련원가 / 비관련원가 기회원가 / 매몰원가
통제가능성에 따라	통제가능원가 / 통제불능원가

2.1 경영기능별 분류 및 가치사슬 단계별 분류

전통적으로 기업 경영활동은 일반적으로 ① 영업활동, ② 투자활동, ③ 재무활동 등 세 가지로 분류된다. 그러나 외부보고목적을 위한 손익계산서 작성목적으로는 크게 (i) 제조원가(manufacturing cost)와 (ii) 비제조원가(non-manufacturing cost)로 대별된다. 제조원가는 회사의 제품원가를 구성하고 판매가 되었다면 손익계산서상 매출원가로, 판매가 되지 않거나 생산 중이라면 재무상태표에 재고자산으로 기록된다. 후자인 비제조원가는 다시 ⓐ 판매활동에 따른 원가(판매비)와 ⓑ 일반관리활동에 따른 원가(관리비) 그리고 ⓒ 투자 및 재무활동에 따른 원가(가령, 이자비용)로 세분된다.

매출액에서 매출원가를 차감하여 매출총이익을 구한 후 판매비와관리비를 차감하여 영업이익을 구하는 식으로 작성되는 손익계산서상의 원가는 기능별 방식을 따

그림 2.3
가치사슬에 따른 제품원가의 계산범위

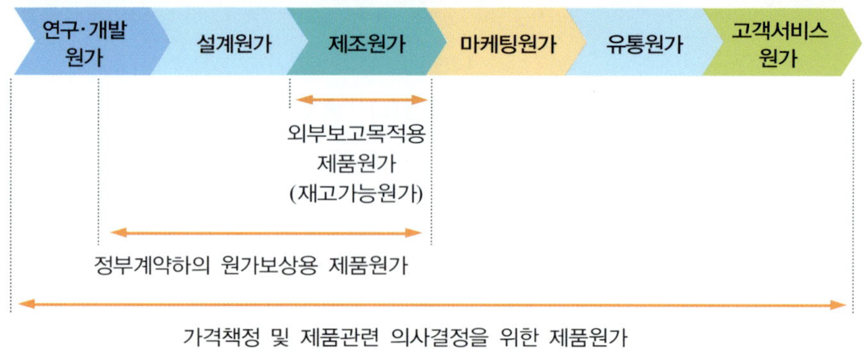

르는 것이다. 이는 영업이익에 가감되는 영업외수익 및 비용은 세 번째 유형인 투자 및 재무활동에 관련된 것임을 보더라도 쉽게 이해된다.[2)]

TIP!

기능별 손익계산서

지금까지 외부보고 목적으로 작성되는 손익계산서는 전형적인 **기능별** 분류체계를 따른다. 제조업의 경우 제조기능을 매출원가에 담고 그 후 판매 및 일반관리기능을 고려하고, 끝으로 자금조달(financing)기능을 이자비용 명목으로 영업외비용에 담아 당기순이익을 구한다. 이에 비해 관리회계에서 강조하는 공헌이익계산서는 **원가행태별** 접근을 따른다.

손익계산서

1. 매출액
2. 매출원가
3. 매출총이익
4. 판매비와관리비
5. 영업이익
6. 영업외수익(비용)
7. 법인세비용
8. 당기순이익

기업경영에서 원가와 관련된 의사결정은 연구개발, 제조, 판매, 물류 및 애프터 서비스 등 가치사슬 전반에 걸친 다양한 경영활동에서 발생하는 것이 일반적이다. 따라서 때로는 원가를 가치사슬 단계별로 구분하여 집계하고 분석하기도 한다. 가령, 제품별로 연구개발비나 물류원가를 비교하는 것이 한 가지 예이다.

이 경우 제품원가는 제품이 고객의 손에 건네질 때까지 가치사슬 전반(가령, 연구개발 및 물류 등)에 걸쳐 발생한 원가를 포함하여 측정되기 때문에 제조원가보다

2) 비제조활동에 소요되는 자원의 소비는 발생 즉시 수익에 대응되는 비용을 의미하므로 엄밀한 의미에서는 원가로 부르는 것은 무리이다.

범위가 넓다. 이러한 원가는 제품원가보다는 제품관련원가(product-related cost)라는 명칭이 더 적합하다.

2.2 자원 소비형태별 또는 요소별 분류

형태별 분류는 가장 오랜 역사를 갖는 원가분류 중의 한 가지 형태이다. 제조원가를 분류할 경우 재료비, 노무비, 경비로 분류된다. 우리나라의 경우 원가계산준칙에서 소개하는 분류가 이에 해당한다. 반면에 미국은 직접재료비, 직접노무비, 제조간접비 3분류 체계를 따른다. 이러한 분류체계는 요소별 분류와 뒤에서 소개하는 직접비 대 간접비의 분류를 종합한 것으로 형태별 분류와 추적가능성을 동시에 고려하는 분류체계이다.

이 중 재료비(material cost)는 목재나 철강, 원유(原油 : crude oil) 또는 부품 등 유형의 자원 또는 물품을 소비함에 따른 원가의 발생을 의미하며, 노무비(labor cost)는 노동력을 소비함에 따라 발생하는 원가를 말한다. 한편, 경비(other manufacturing costs)는 재료비와 노무비를 제외한 나머지를 지칭한다. 물적 시설 및 수도광열비 등 기타 원자재의 소비에 따른 원가의 발생을 의미하는 경비는 우리말 표현보다는 기타제조원가라는 구체적인 영어표현이 그 성격을 잘 전달한다고 할 수 있다. 이하에서는 이들 각 요소의 특징을 설명한다.

> **TIP!**
> **[한 걸음 더]**
> 실무에서는 '○○원가'라는 용어 대신에 '○○비'라는 용어를 주로 사용한다. 가령, 재료원가 대신에 재료비라고 부르는 것이다. 워낙 오랫동안 재료비, 노무비, 경비라는 용어가 사용되어 온 터라(제조원가명세서상의 용어도 마찬가지임) 현행 교과서에서도 혼용하고 있다. 이론적으로는 제조원가에 속하는 모든 원가는 **원가**라는 용어를 사용하고 이들 제품이 팔려나가 수익과 대응되는 경우에만 **비용**이라는 용어를 사용해야 하지만 실무에서는 매출비용을 **매출원가**로 그리고 각종 '원가'라는 용어 대신에 다소 짧게 느껴지는 '○○비'라는 용어를 주로 사용한다. 본서에서는 원가라는 용어를 강조할 필요가 있을 경우에는 가급적 원가를 사용하고 나머지 경우에는 실무에서처럼 간결한 표현을 택하도록 한다.

1. 재료비

제품의 제조에 소비할 목적으로 보관하고 있는 물품을 의미하는 재료 또는 원료(일명, 원재료)가 생산과정에 투입되어 소비될 때 발생하는 원가를 재료비(material cost)라고 한다. 재료비는 원가대상에의 추적가능성에 따라 직접재료비(direct material cost)와 간접재료비(indirect material cost)로 구분된다. 직접재료비는 다시 주요재료비와 부품재료비로 재분류되는데 부품재료비는 제품에 그대로 부착되어 제품의 실체를 구성하는 재료비를 의미한다.

2. 노무비

노무비(labor cost)는 생산활동에 종사하는 인력의 소비로 발생하는 원가를 말한다. 노무비와 구분되어야 하는 용어로는 임금(wages) 또는 급여(salaries)가 있다. 마치 재료가 장차 생산에 이용될 자산을 의미하듯이 제품생산에 소비할 목적으로 구입한 노동력의 대가를 의미하는 임금 또는 급여는 노동력이 생산에 소비될 때 비로소 원가(즉, 노무비)로 바뀌는 것이다. 단지 일정기간 보관이 가능한 재료와 달리 보관이 불가능하다는 특징을 갖는다. 따라서 편의상 임금은 구입 즉시 소비되는 것으로, 즉 재공품계정으로의 가치이전이 구입즉시 이루어진다고 가정한다.

노무비 역시 재료비처럼 제품에의 추적가능성에 따라 직접노무비와 간접노무비로 구분된다. 간접노무비는 간접재료비 및 경비와 더불어 제조간접비에 속한다.

3. 경 비

경비는 재료비와 노무비를 제외한 나머지 제조원가를 지칭한다. 마치 자본의 정의가 총자산에서 부채를 차감한 잔여지분이라고 간접적인 방식으로 정의되듯 경비 역시 재료와 노동력을 제외한 자원의 소비를 통해 발생하는 원가라고 간접적으로 정의된다.

> **TIP!**
> **대표적인 제조간접비 항목들**
> 직접재료비와 직접노무비를 제외한 모든 제조원가를 지칭하는 **제조간접비**의 대표적인 항목은 다음과 같다.
> - IM(간접재료비)
> - IL(간접노무비)
> - 전력용수비
> - 감가상가비
> - 재산세
> - 보험료 등

이처럼 재료비와 노무비를 제외한 나머지 원가요소로 정의되는 경비에는 다양한 원가항목이 포함된다. 기계시설의 감가상각비를 비롯하여 보험료, 임차료, 전기료, 가스료, 용수비에서 수선유지비에 이르기까지 그 명칭 및 발생형태는 업종 및 규모에 따라 천차만별하다.

경비는 원가대상으로의 추적가능성(traceability)에 따라 직접경비와 간접경비로 구분된다. 또한 원가항목의 종류를 감안하여 단일종류의 원가요소로 구성되어 있는 경우에는 단순경비(가령, 전력비) 그리고 여러 종류의 원가요소로 구성된 경비(가령, 기름소비를 통한 재료비와 난방요원의 인건비가 섞인 난방비)는 복합경비라고 부른다.

경비라는 용어는 직접재료비, 직접노무비와 더불어 가장 대표적인 분류방식인 3대 원가항목 중 한 가지인 제조간접비(manufacturing overhead)와는 다른 개념이다. 제조원가에서 직접재료비와 직접노무비를 제외한 모든 제조원가를 지칭하는 제조간접비는 경비 이외에 간접재료비와 간접노무비를 포함하기 때문에 경비보다는 넓은 개념이다. 참고로 직접재료비와 직접노무비의 합계는 제조원가의 핵심이라는 의미를 담는 주요원가(prime cost ; 일명, 기초원가 또는 기본원가)라고 부른다.

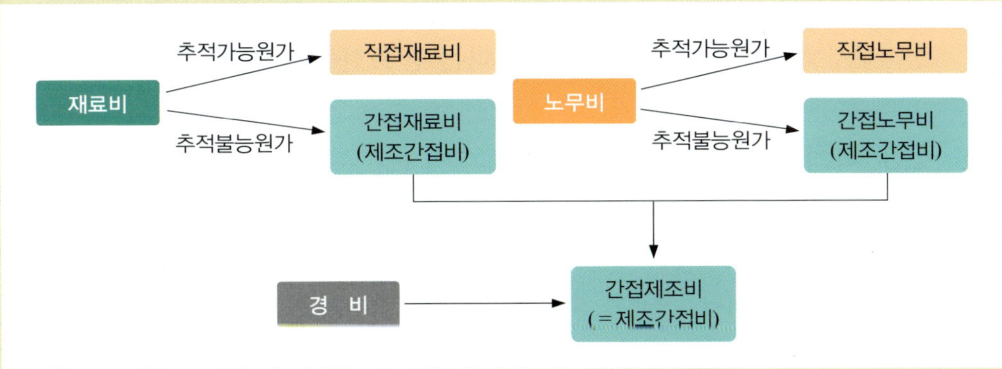

그림 2.4
제조간접비의 구성

4. 제조원가의 3분류 대 2분류

그동안 전통적인 제조원가의 분류는 재료비, 노무비 및 경비를 이용한 요소별 분류형태에서 직접재료비, 직접노무비 및 제조간접비를 이용한 3분류체계로 바뀌어 왔다. 그러나 미국의 휴렛팩커드(HP) 및 할리 데이비슨을 비롯한 상당수의 기업들과 제조공정의 자동화를 이룬 우리나라의 일부 기업들은 노무비가 전체 제조원가에서 차지하는 비중이 점차 낮아질 뿐 아니라 얼마 되지 않는 인력조차 특정 제품생산에 매달리기보다는 여러 제품에 공통으로 관여하는 간접원가(즉, 간접노무비) 성격을 띠는 것이 일반적임을 감안하여 과거와 달리 이를 별개의 원가항목으로 세분하는 대신 제조간접비에 포함시키고 있다. 이 경우 원가는 직접재료비와 가공비라는 2분류체계를 따른다.

이처럼 직접재료비와 가공비(=노무비+제조간접비)로 양분하는 2분류체계는 원가집계 및 분석에 소요되는 비용부담에 비해 정보유용성이 높지 않다는 판단에 근거하여 도입된 것이다. 참고로 미국기업으로는 최초로 2분류체계를 도입한 휴렛팩커드는 3분류체계를 포기함으로써 회사 전체적으로 볼 때 수백여 명에 달하는 회계담당자의 인력절감과 연간 수백만 건에 달하는 분개 건수를 줄여 연간 수백만 달러를 절감할 수 있었다고 보고된 바 있다.

그러나 학부 강의에서는 기업실무상 가장 전형적인 직접재료비(DM), 직접노무비(DL), 제조간접비(OH) 3분류 체계를 이용한다. 거의 대부분의 기출문제가 (제5장 종합원가계산을 제외하고) 3분류 체계를 따라 작성된 것을 경험할 것이다.

문제에서는 직접재료비, 직접노무비, 제조간접비 대신에 직접재료원가, 직접노

TIP!
주요원가와 가공비의 합계는 제조원가와 일치?
주요원가는 DM + DL, **가공비**는 DL + OH임을 감안할 때 두 원가의 합은 제조원가(DM + DL + OH)보다 DL만큼 크다. 이러한 지식은 객관식 문제에 종종 활용된다.

무원가, 간접제조원가(혹은 제조간접원가) 등의 용어를 주로 사용하는데, 이는 마치 고려대학교나 연세대학교 등을 고대, 연대로 줄여서 표현해도 소통상 문제없지만 공식문서에는 연세대학교, 고려대학교라는 긴 표현을 사용하는 것과 일맥상통한다.

2.3 직접원가와 간접원가

특정 원가대상에의 추적가능성에 따른 분류는 원가의 분류체계 중 가장 중요한 분류 중의 하나이다. 자원의 소비(즉, 원가발생)를 특정 원가대상과 관련지어 직접 추적 · 인식할 수 있는 경우는 **직접원가**(direct cost)로 그렇지 않은 경우는 **간접원가**(indirect cost)로 분류한다. 이론적으로는 추적가능성이 존재하더라도 현실적으로(가령, 원가-효익 관점상) 무리가 있는 경우 간접비로 간주된다. 이는 곧 재무회계 실무상 적용되는 중요성의 원칙이 직접비 및 간접비의 구분에 적용된 셈이다.

제조기업의 예를 들어 설명해 보자. 정부에 컴퓨터용 책상을 납품하기로 한 퍼시스(주)의 원가대상은 일정수량의 정부 납품용 책상이 된다. 이러한 원가대상에 직접적으로 추적하여 인식할 수 있는 원목 또는 플라스틱 같은 주재료의 소비원가와 제품생산에 투입된 종업원 인건비(노무원가) 등은 직접원가에 속한다. 이들 제품생산에 소비된 각종 못이나 아교 또는 연마지(sand paper)와 같은 재료(일명, 보조재료) 소비원가 역시 책상생산과 관련지어 제품원가에 집계되어야 한다. 그러나 다른 제품생산에도 사용되는 이들 소액의 보조재료의 소비수량을 일일이 제품과 관련지어 파악하는 것이 현실적으로 쉽지 않거나 의미가 약할 수 있다. 따라서 비록 이론적으로는 추적이 가능하더라도 금액상 중요하지 않다고 판단될 경우 일일이 소비할 때마다 특정 제품에 부과하는 대신 간접비로 처리한 후 일정기준에 따라 배분하여 제품에 부담시킨다.

원가계산에서의 핵심은 간접원가를 어떻게 원가대상에 배분, 즉 부과하는가이다. <그림 2.5>는 이러한 간접원가배분을 포함한 절차를 보여준다.

추적가능성은 원가대상을 전제한 개념이다. 따라서 원가대상이 바뀌면 직접원가와 간접원가의 범위 또한 바뀐다. 대학교의 원가계산을 예로 들어 설명해 보자. 가령, 교육인적자원부에서 요구하는 각 대학교 전공별 교육원가를 파악하기 위해서 각 과(department)를 원가대상으로 설정한다고 가정하자. 경영학과와 회계학과 2과로 구성된 경영대학의 경우 전공교수의 인건비 및 각과별 조교실의 운영원가는 직접 해당 학과로 추적가능한 직접원가이다. 그러나 양과(兩科) 살림을 관리하는 경영

FURSYS

TIP!

원가배분? or 원가배부?

원가배분(allocation)은 간접원가나 공통비를 원가대상에 나눌 때 사용하는 일반적인 용어이다. **원가배부**(application)는 배분을 통해 구한 배분율을 적용(apply)하여 원가대상에 간접원가를 부과(assign)할 경우에 사용한다. 따라서 제조간접비 배분율(가령, 직접노동시간당 ₩10)을 적용해 사전에 제품원가를 구하는 '제조간접비 예정배부'의 경우에는 **제조간접비 예정배부율**이라는 용어가 사용된다. 이처럼 두 용어는 이론적인 차이를 갖고 있지만 실무에서 혼용되고 두 용어의 차이에 큰 의미를 둘 필요는 없다.

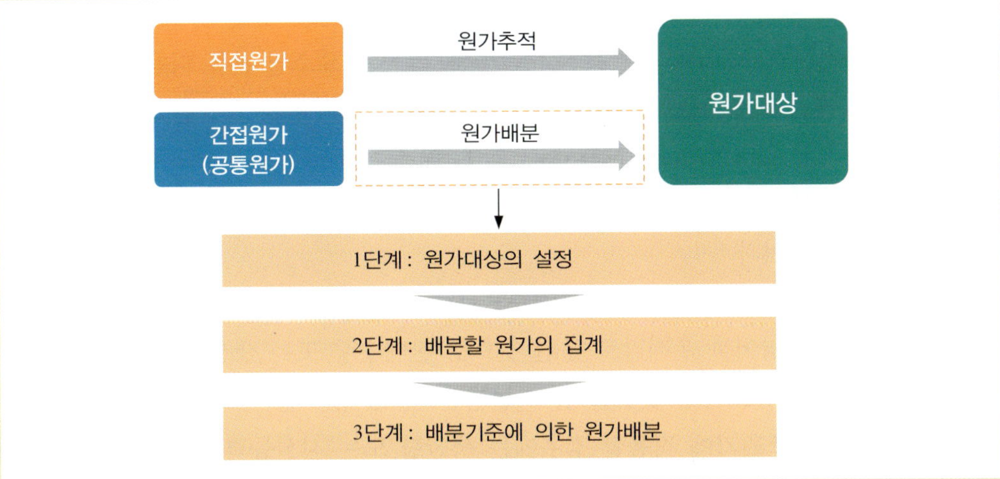

그림 2.5
원가배분의 절차

대학 학장의 보직수당이나 학장을 보조하는 경영대학 소속의 스탭 인건비 및 학장실 운영에 필요한 사무용품비 등의 소비원가는 특정 과에 추적하기 곤란한 간접원가에 해당한다.

제조원가 중 직접원가에 속하지 않는 나머지 원가로 정의되는 제조간접비를 요소별로 분류하면 간접재료비, 간접노무비, 경비로 구분할 수 있다. 제조간접비(일명, 간접제조원가)는 원가계산상 제품에 부담시키기 위해서는 일정한 배분기준을 적용하여 부과하여야 한다. 이처럼 배분된 간접비를 원가대상에 부과하는 것을 줄여서 일반적으로 배부(配賦 : application)라고 부른다.

경영대학 화장실 사용원가는 직접원가인가 아니면 간접원가인가?

앞에서 예를 든 전공별 교육원가계산에서 각 과를 원가대상으로 삼을 경우 각 과의 교육원가를 정확히 파악하기 위해서는 학생들이 화장실을 사용할 때마다 소속과를 체크하고 각자가 소비한 자원(가령, 물 또는 휴지)을 파악하여 해당 과에 부과하는 식으로 가능한 한 **직접원가**의 비중을 높여야 한다.

그러나 이처럼 추적가능성을 높이기 위해서는 별도의 인력(가령, 화장실 입구에서 신분증을 확인하는 요원)이 소요되고 이는 곧 또 다른 **간접원가**의 발생으로 귀결된다. 따라서 비록 이론적으로는 추적가능성이 존재하더라도 금액적으로 중요하지 않은 경우 이들 원가는 집계 후 적절한 배분기준(가령, 재학생 수)을 이용하여 배분하는 것이 현실적이다. 이러한 판단은 제1장에서 설명한 **원가-효익 관점**하에서 이루어진다. 회계원리에서 배운 **중요성의 원칙**이 원가정보의 활용에 적용된 것으로 이해하면 된다.

2.4 고정원가와 변동원가 : 변동가능성에 따른 분류

고정원가(fixed cost)와 변동원가(variable cost)는 요소별 분류 다음으로 가장 오래된 분류체계로 원가관리 및 가격결정의 목적을 위한 경영상의 필요에서 대두된 분류체계이다. 원가행태(cost behavior ; 일명, 원가양태)별 분류라고도 불리는 고정원가/변동원가 분류체계의 핵심은 원가동인(가령, 조업도)의 변화에 따라 총원가가 변화하는가의 여부이다.

고정원가와 변동원가의 구분기준으로 이용되는 대표적인 원가동인인 조업도는 volume이란 영어를 우리말로 옮긴 것으로 판매수량 또는 생산수량 등 기업활동 수준을 압축하여 표현한 것임을 앞서 설명한 바 있다.[3] 일단, 고정비/변동비라는 2분류체계를 제조원가에 적용할 경우에는 생산량 또는 시설능력의 활용도를 원가동인으로 가정한다고 이해하면 된다. 조업도의 변화와의 관계를 염두에 둔 전통적인 원가분류는 고정원가와 변동원가로 구분하는 2분류체계가 일반적이다. 이하에서는 고정원가와 변동원가를 설명하고자 한다.

1. 고정원가

TIP!

장기적으로 보면 모든 원가는 변동원가!

흔히 원가를 고정원가와 변동원가로 구분할 때 암묵적으로 일정한 분석기간을 전제로 한다. 즉, 현재 보유하고 있는 고정시설의 대체나 확장을 고려하지 않고 현행 캐패서티가 유지됨을 전제로 한다. 그러나 길게 보면 수십년 후에는 현행 건물이나 기계를 새로 짓거나 구입해야 하는 바, 변동원가가 된다. 마냥 살지 못하는 인간의 수명도 길게 보면 변동적인 셈이다.

고정원가(fixed cost)는 조업도의 변화에 무관하게 총원가가 일정한 원가를 지칭한다. 가령, 생산량과 무관하게 내용년수를 토대로 계산된 제조시설의 감가상각비, 공장 건물 임대료, 재산세 및 보험료 등이 이에 속한다. 고정원가의 경우 총액이 일정한 반면 단위당 고정원가는 조업도에 따라 변화한다. <그림 2.6>은 이를 잘 나타낸다. 이 그림에서 한 가지 유의할 점은 단위당 고정원가가 선형이 아니라 곡선형태로 줄어든다는 것이다. 왜냐하면 일정액의 총고정원가(일명, 상수(常數))를 변수인 조업도로 나누는 바 $y = 1/x$ 형태가 되기 때문이다.

2. 변동원가

변동원가(variable cost)는 조업도의 증감에 따라 총원가가 증감하는 원가이다. 가령, 제품생산량에 정비례하는 부품원가와 같은 직접재료원가, 직접노무원가 및 판

3) 조직의 유형에 따라 조업도에 대한 적절한 표현은 매우 다양할 수 있다. 가령, 호텔의 경우는 객실판매비율이 그리고 항공사의 경우는 승객 수에 운행거리를 곱한 승객운항거리(passenger-mile)가 흔히 이용된다.

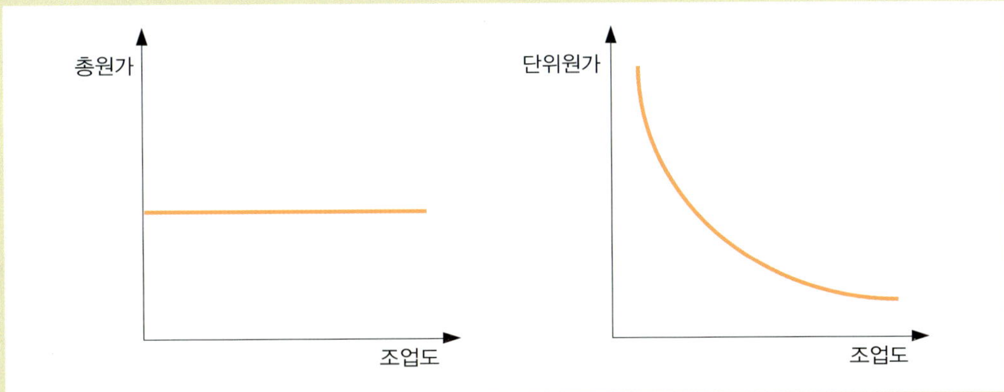

그림 2.6
고정원가의 원가행태

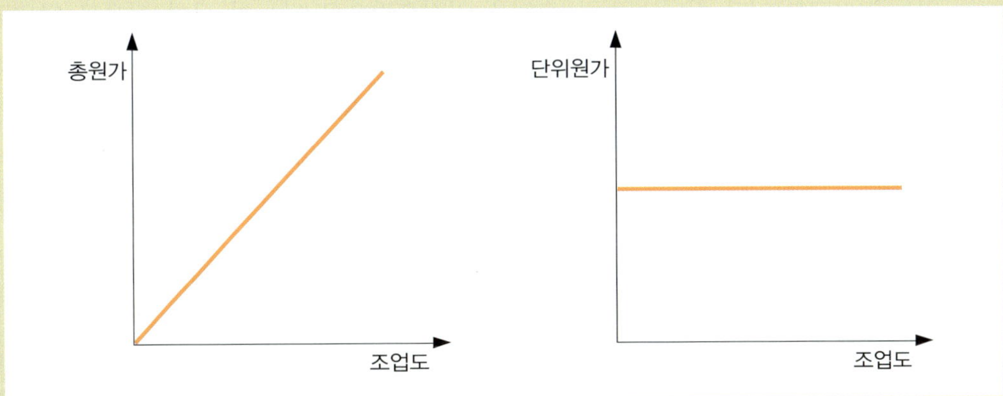

그림 2.7
변동원가의 원가행태

매량에 비례하는 판매수수료 등이 변동원가에 속한다. <그림 2.7>은 변동원가의 원가행태를 잘 요약하고 있다. 단위당 변동원가는 조업도에 상관없이 일정한 것이 특징이다.

<그림 2.6>과 <그림 2.7>에 나타난 고정원가와 변동원가의 특징을 금액의 변화 여부에 초점을 맞추어 대비하면 다음과 같다.

구 분	고정원가	변동원가
총 원 가	일 정	정비례
단위원가	체 감	일 정

그림 2.8

혼합원가의 원가행태

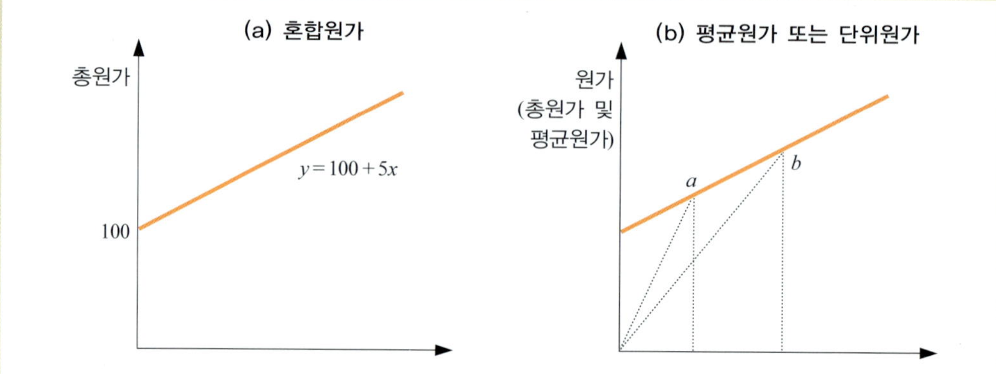

여기서 한 가지 지적할 것은 평균원가(average cost)와 단위원가(unit cost)와의 이동점(異同點)이다. 평균원가란 총액을 일정수량으로 나누어 구한 것으로 단위당 원가에 해당한다. <그림 2.6>과 <그림 2.7>의 우측에 표시된 단위원가는 곧 해당 조업도 수준에서의 평균원가를 의미한다. 참고로 실무에서는 고정원가와 변동원가가 섞여 있는 원가행태를 보이는 것이 일반적인데 이를 혼합원가(mixed cost) 또는 준변동원가(semi-variable costs)라고 부른다. 가령, 기본료와 사용료로 구성된 휴대전화요금이나 전력요금원가 등이 이에 속하는데 <그림 2.8>은 이를 나타낸 것이다.[4)]

<그림 2.8>에서와 같은 혼합원가에서는 평균원가 또는 단위당 원가는 조업도 수준에 따라 변화한다. 이렇게 변화하는 이유는 고정원가의 총액은 일정한 반면 이를 분담하는 수량(즉, 조업도 수준)이 변하기 때문이다. 이처럼 단위원가의 변화가 총액이 일정한 고정원가의 특징에서 비롯된다는 점은 <그림 2.8>의 우측에서와 같이 매 조업도 수준에서 총원가를 나타내는 점(가령, a 또는 b)을 원점(0)과 연결시켰을 때의 기울기가 변화(즉, 체감)하는 것을 보더라도 쉽게 이해할 수 있다. 분모에 해당하는 영어표현은 denominator(디노미네이터)라고 부르는데 이것의 증감에 따라 단위당 원가는 변화하게 마련이다. 연말 망년회나 동아리모임에 활용할 장소를 빌리는 데 소요되는 고정비를 참석자에게 부담 지울 경우 참석자 수에 따라 1인당 회비 또는 분담액이 달라지는 경우가 일상생활에서 흔히 접하는 사례이다.

---

4) 휴대전화요금 산정방식을 떠올리면 원가구조가 이처럼 다양한 형태를 갖는 것을 쉽게 이해할 수 있다.

혼합원가 : 호텔의 하우스키핑 원가

호텔의 하우스키핑(housekeeping) 서비스원가는 보통 **혼합원가**로 분류된다. 그 이유는 고정원가부분과 변동원가부분이 동시에 포함되어 있기 때문이다. 고정원가는 호텔고객 수에 상관없이 호텔복도나 로비 등을 청결하게 유지하기 위해 발생한다. 한편, 시트교체나 청소 등과 같은 하우스키핑원가는 투숙객 수에 비례하여 늘어나는 변동원가의 성격을 갖는다.

2.5 기타 원가분류

1. 제품원가와 기간비용 : 수익과의 대응관계에 따른 분류

원가는 언젠가는 비용으로 바뀐다. 상품매매업의 경우처럼 구입된 상품이 구입시의 취득원가로 재고자산화되었다가 판매와 더불어 매출원가라는 비용으로 바뀌는 경우나 건물과 같은 장기유형자산이 사용과 더불어 감가상각비로 바뀌는 것이 그것이다. 제품원가 또한 상품의 경우와 마찬가지로 판매시 매출원가라는 계정과목으로 비용화된다.

이에 반해 일부 원가는 발생(즉, 자원소비)과 동시에 비용으로 처리되어 수익에 대응된다. 판매비와 일반관리비 등이 이에 해당한다. 이처럼 발생 즉시 비용으로 처리되는 원가는 수익과의 대응관계를 강조하여 기간비용(period cost)이라고 부른다. 한편, 원가발생시 일단 제조원가로 파악되었다가 후일(판매시점에) 비용으로 처리되는 원가는 제품원가(product cost)라고 부른다. 제품원가를 구성하는 제조원가는 판매시까지 원재료, 재공품 또는 완제품 등의 재고자산 형태로 존재하는 특징을 감안하여 재고가능원가(inventoriable cost)라고도 부른다.

기간비용은 한 번이라도 재고자산으로 간주되는 경우 없이 발생 즉시 당해 기간의 비용으로 처리되어 수익에 대응된다. 이러한 수익·비용대응의 특징을 기간적 대응이라고 부른다. 비록 그 효과가 장기간에(최소한 당해 기간 이후에까지) 걸쳐 발생할 것이 거의 확실함에도 불구하고 그 효과의 측정이 주관적이라는 이유로 발생 즉시 비용처리되는 광고비와 교육훈련비 등의 판매비와관리비가 대표적인 기간비용의 예이다.

한편, 재공품 계정을 이용하여 직접재료비 및 직접노무비 등 제조원가를 구체적인 물리적 실체와 대응시켰다가 나중에 판매시점에 수익과 대응되는 제품원가의 특

> **TIP!**
> **광고지출을 발생 즉시 기간비용 처리하는 이유?**
> 회계원리 시간에 미래의 매출증가를 기대하고 투자하는 광고비를 자산으로 처리하는 대신에 발생 즉시 비용(즉, 광고비라는 판매비의 일종)으로 처리하는 것에 의문을 품은 적이 있을 것이다. 이는 **광고지출로 인한 기대효과**(즉, 자산성)에 대한 객관적 검증이 불가능하기 때문인데, 아쉽게도 이런 지출항목은 한 번도 자산에 속해보지 못한 채 처음부터 기간비용으로 처리된다.

그림 2.9
제품원가와 기간비용

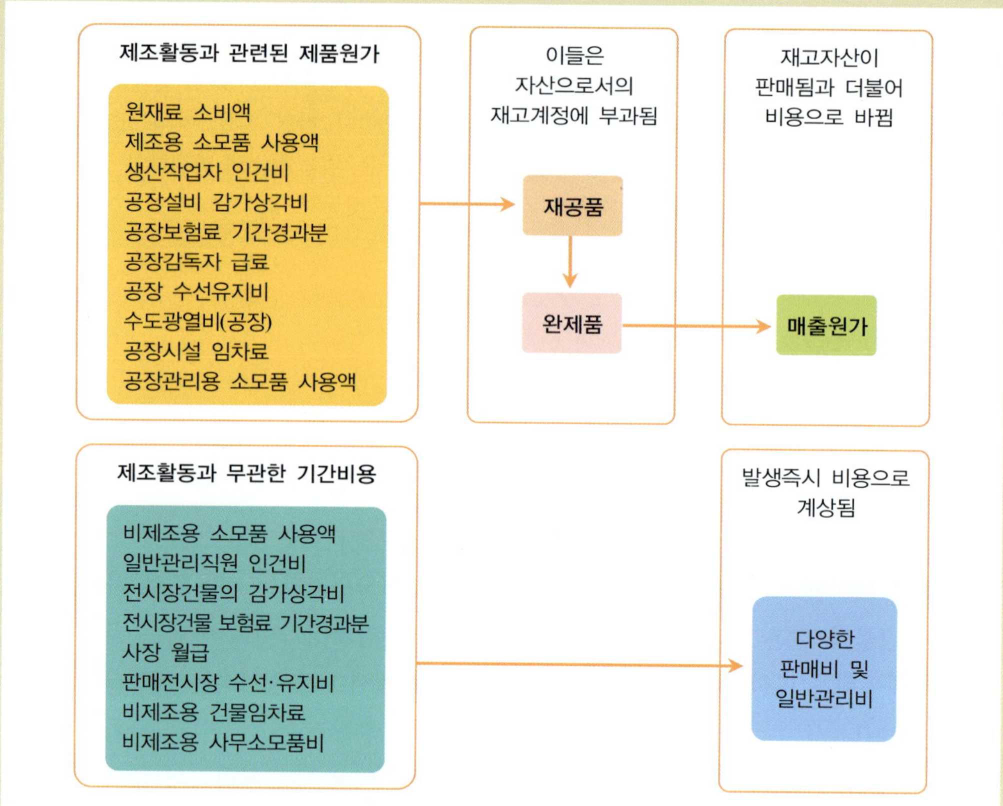

징은 물리적 대응 또는 객체적 대응이라고 불린다. <그림 2.9>는 제품원가와 기간비용의 차이를 잘 대조하고 있다.

제품원가와 기간비용의 구분은 기간이익의 산정에 중요한 영향을 미친다. 가령, 공장종업원을 대상으로 하는 각종 훈련 및 교육에 소요되는 원가를 가정해 보자. 기업이 이러한 교육 및 훈련을 실시하는 이유는 원가절감 및 생산성 향상 등 긍정적인 효과를 기대하기 때문이다. 내부적으로 이러한 지출은 미래의 용역잠재력이라는 자산성(일명, 원가성)을 갖는다. 따라서 기업은 이들 원가를 제품원가로 취급하여 자산화하였다가 그 효익이 발생하는 기간에 걸쳐 비용으로 처리하기를 희망할 수 있다.

그러나 현행 회계처리기준에 따르면 이들 교육훈련원가는 기간비용으로 처리된다. 따라서 동 지출이 갖는 자산성을 감안하여 이들 원가를 제품원가로 처리할 경우(그리고 생산된 제품 일부가 재고로 남게 되었을 경우)의 이익에 비해 보고되는 이익은 작다.

2. 소멸원가와 미소멸원가: 자산성의 유지 여부에 관한 분류

재무회계에서 자산(asset)은 간략히 '용역잠재력(service potential)'으로 정의된다. 모든 자산은 궁극적으로 언젠가는 비용으로 바뀐다.[5] 제조기업의 재고자산에 해당하는 제품이나 재공품 그리고 원재료 등은 언젠가는 비용이 된다. 단지 비용으로 인식되는 시점상 차이를 보일 뿐 제조가 완료된 후 판매가 이루어지면 매출원가라는 비용이 되는 것이다. 공장건물이나 시설 등 감가상각을 통해 비용화되는 자산 또한 사용 정도나 시간의 경과를 토대로 비용으로 인식된다. 이처럼 자산이 본래의 목적을 수행하는 가운데 비용화된 부분은 자산원가가 사라졌음을 강조하는 의미의 소멸원가(expired cost)로 그리고 여전히 남아 있는 자산원가(즉, 미사용 잔액 또는 재고자산 등)는 미소멸원가(unexpired cost)로 부른다.

소멸원가와 미소멸원가란 분류는 앞서 소개한 제품원가와 기간비용의 분류와 일부 공통점이 있다. 만약 기간비용을 수익에 대응되는 특정 기간의 총비용이라는 넓은 의미로 해석할 경우 소멸원가는 곧 기간비용에 속하게 된다.

TIP!

선급보험료의 수정분개

회계원리에서 다룬 선급보험료 수정분개를 상기해 보자. 포괄손익계산서의 보험료는 당해 계상되어야 하는 비용(소멸), 재무상태표(자산)의 선급보험료는 미경과분(미소멸, 향후 보험서비스를 받을 수 있는 권리)을 기록한다.

3. 시설고정원가와 재량고정원가: 생산능력 유지나 의무사항 이행과 관련한 고정원가 분류

현행 서비스 또는 생산능력을 유지하거나 법에서 정한 의무사항을 이행함에 필요한 커패서티를 유지하는 데 소요되는 원가를 커패서티 원가(capacity costs)라고 부른다. 감가상각비, 재산세, 임차료 및 시설구입에 소요된 자금코스트 등이 대표적인 예이다. 커패서티 원가는 또 다른 영어로는 'committed fixed cost(시설고정원가)'라고도 한다. 이러한 영어표현을 사용하는 이유는 기업이 규모나 사업의 성격을 정하는 주요 전략적 의사결정을 내리면 그로 인해 기업의 원가구조가 확정되고 실제로 커패서티의 활용 정도에 상관없이 일정한 원가(즉, 고정비)가 발생하는 두 가지 특징을 감안해서이다. 실무에서는 흔히 인프라 원가(infra cost)로도 부른다.[6]

---

5) 물론 화재나 홍수 등과 같은 재해로 인해 전혀 수익창출에 기여하지 못하고 소멸될 경우에는 이를 **손실**(loss)이라고 부른다.

6) 'commit'란 영어는 일단 저지르면 더 이상 어쩔 수 없다는, 즉 미래의 운명 등이 확정되어버린다는 의미를 갖는 단어이다. 'commit a crime(죄를 저지르다)'와 'commit a suicide(자살하다)'가 대표적인 두 가지 예이다. 범죄를 저지른 후에는 전과자라는 낙인이 찍히고 자살하면 더 이상 살 수 없게 되는 것이다.

커패서티 원가는 공학적 원가(engineered cost) 또는 재량적 원가형태를 띤다. 장기적으로 산출물과 그 산출물 생산에 필요한 커패서티 원가 간에 인과관계가 존재하여 산출물이 늘어날수록 더 많은 커패서티 원가가 발생하게 되어 커패서티 원가는 순수변동비를 의미하는 공학적 원가의 성격을 갖는다. 가령, 홍익공업이 제조 커패서티를 필요시 커패서티를 수시로 확장 또는 축소할 수 있는 장기리스조건으로 임대한 경우 커패서티 활용에 따른 제조간접비는 공학적 원가에 해당한다.

이에 반해 일부 커패서티 원가는 커패서티와 산출물 간에 인과관계를 파악하기가 어렵다. 가령, 기술능력 확보와 관련된 연구개발비가 그것이다. 연구개발비는 인프라 원가로서 재량적 원가의 예이다.

2.6 의사결정과 성과평가 목적의 분류 : 관련원가 개념 및 분석

> **TIP!**
> **원가의 활용과 분류**
> 원가회계는 목적을 위한 수단이지 결코 그 자체가 목적은 아니다. 따라서 실무에서 원가회계의 출발은 원가정보가 기여할 목적에 대한 분석으로부터이다. 이들 원가정보가 활용될 다양한 목적을 분명히 밝히고 관련지움으로써 비로소 필요한 원가자료의 유형을 확정짓고 이를 구하기 위한 원칙과 기법을 선택할 수 있다.
> 〈자료: NACA의 1945년 보고서 중에서〉

앞서 소개한 다양한 원가분류는 주로 재무회계목적 및 원가관리를 중심으로 한 성과평가목적에서 이용되는 분류이다. 특히, 재무회계목적을 위한 원가 개념은 장부상의 재고자산평가를 위한 것으로 앞서 소개한 두 가지 분류(즉, 형태별 분류와 추적가능성에 따른 분류)로 충분하다.

그러나 관리회계 목적상 의사결정을 지원하기 위한 원가분류는 다양한 형태를 띤다. 이와 관련하여 가장 중요성을 갖는 원가 개념으로는 관련원가(relevant cost)를 꼽을 수 있다. '상이한 대안간에 차이를 보이는 미래원가'로 정의되는 관련원가는 현재 경영자가 당면한 의사결정상황이 무엇인가를 분석하는 것이 가장 중요한 선결과제임을 강조한다. 재무회계에서 사용하는 목적적합성(relevancy)이라는 용어가 관리회계에서는 관련성이라는 용어로 사용된다. 이런 의미를 담은 관련원가에는 기회원가와 차액원가, 부가원가 등 다양한 원가 개념이 포함된다.

1. 의사결정 관련성에 따른 분류 : 관련원가와 비관련원가, 기회원가와 매몰원가

의사결정으로 인해 대안 간의 차이를 보이는 원가를 관련원가라고 한다. 예를 들어 최신 스마트폰으로 바꾸기 위해서 갤럭시S9와 아이폰8를 두고 고민하다가 결국 갤럭시S9를 구매했다면, 갤럭시S9를 구입할 때 지불한 구매대금은 의사결정에 따라 달라진 것이므로 관련원가에 포함된다. 하지만 갤럭시이든 아이폰이든 똑같은 통신사의 똑같은 가격제를 이용할 경우 통신요금은 의사결정과는 무관한 비관련원가인 것이다.

매몰원가는 비관련원가에 속하는데, 이미 투입되어 회수할 수 없는 원가이기 때문이다. 갤럭시S9를 구입하기 전에 사용하던 휴대폰 구입가격은 새로운 스마트폰 구입 여부와는 상관없이 이미 회수할 수 없는 매몰원가(sunk cost)이므로 의사결정과는 무관하다. 반면에 기회원가는 의사결정시 어느 한 대안을 택하고 다른 것을 포기했기 때문에 상실되는 것으로, 갤럭시S9를 선택했기 때문에 포기한 아이폰8의 가치라고 볼 수 있다. 기회원가는 매몰원가와 달리 의사결정을 할 때 반드시 고려해야 할 부분이다.

2. 통제가능성에 따른 분류 : 통제가능원가와 통제불능원가

기업이나 조직 안에서 특정 관리자에 의해 일정기간 동안 크게 영향을 받는 원가를 통제가능원가라고 한다. 예를 들어 LG전자의 판매대리점 베스트샵의 점장이 그 지점에서만 단독으로 경품행사를 진행할 경우, 여기에 소요되는 원가는 통제가능원가로 향후 성과평가에 반영할 수 있다. 하지만 LG전자 본사 차원에서 진행하는 기업 이미지 광고의 경우는 베스트샵 점장이 관여할 수 없으므로, 점장 입장에서는 통제불능원가로 분류해야 할 것이다.

2.7 목적에 맞게 활용해야 진짜 정보가 된다

이렇게 다양하게 분류되는 원가는 대체 어떤 목적에서 어떻게 활용되는 것일까? 구체적인 예를 들어보자. 울산 현대자동차 생산공장 중 제3공장에서는 아반떼와 i30의 두 가지 차량이 생산되고 있다.

시장에서 동급으로 분류되는 두 차종은 차체는 다르지만 엔진 등 일부 부품이 같다. 그렇다면 두 차종에 똑같이 들어가는 엔진 구입비는 어떻게 분류할 수 있을까? 일반적으로는 원가요소에 따라 '재료비'로 분류될 것이고, 엔진은 차 한 대를 생산할 때마다 하나씩 꼭 투입되는 것이므로 '변동원가'로도 분류할 수 있다. 또, 구입은 공동으로 했다가 원가를 집계할 때는 각 차량의 생산량을 기준으로 배분할 수 있으므로 이 경우는 '간접원가(제조간접원가)'로 분류될 수 있다.

엔진 외의 다른 원가는 어떨까? 제3공장을 담당하는 공장장의 월급은 어느 한

그림 2.10
아반떼와 i30

▲ 아반떼

▲ i30

차종만 위한 것이 아니므로 '간접원가'이면서, 동시에 '노무비'이다. 또 공장건물의 감가상각비 역시 한 차종만을 위한 것이 아니므로 '간접원가'인 동시에 '경비'로 분류할 수 있으면서, '고정원가'로 분류할 수 있다.

> **TIP!**
> **Clark 교수의 주장**
> "경제학이란 사회과학의 근간은 원가 대비 가치분석이다. 경제학자는 반드시 회계담당자가 원가를 어떻게 바라보는지를 이해해야 한다. 왜냐하면 원가는 비즈니스 전개 및 생산과 가치결정 원칙에 영향을 미치는 경제적 동인이기 때문이다"
> 〈자료: *The Economics of Overhead Costs* 중 일부〉

이처럼 하나의 계정과목이라도 다양하게 분류될 수 있는데, 이렇게 다양한 원가분류를 목적에 맞게 활용하는 것이 중요하다.

제조원가를 집계해서 재무제표를 작성하려면 활용목적에 따라 **재료비**, **노무비**, **경비**로 분류해야 할 것이고, 정확한 원가계산을 통해 차량의 시장가격을 결정하려면 직접원가, 간접원가로 분류해야 할 것이다. 또 **손익분기점**을 뽑아보려면 변동원가, 고정원가로 분류해서 활용해야 할 것이다.

결국 경영자들은 의사결정과 경영관리라는 목적을 위해 똑같이 발생한 원가라도 다양한 측면에서 바라보아야 한다. 그렇게 목적에 맞게 분류하여 이용할 때에만 값어치를 지닌 '정보'로 활용할 수 있는 것이다. 즉 '상이한 목적에는 상이한 원가정보(Different Costs for Different Purposes)'라는 점을 반드시 기억해야 한다.

원가배분기준의 선택

원가배분기준을 선택하는 경우 가장 중요시되는 것은 인과관계(cause and effect relationship)에 대한 고려이다. 특히, 수익성 분석시 강조된다. 이 밖에도 부담능력, 수혜 정도, 공정성과 공평성 등이 기준으로 이용된다. 특정 배분기준이 이미 사용되고 있다면 그것이 채택된 배경과 근거를 이해하는 가운데 새로운 배분기준의 정당성을 평가해야 한다.

쉬운 예를 들어보자. 팀장 한 명과 두 명의 팀원이 호프집에 갔다. 생맥주를 주문하려다 보니 각자 500cc 한 잔을 여러 번 주문하는 것보다는 3,000cc짜리 피처로 주문해 나눠 마시는 것이 더 저렴하므로 피처로 주문하였다. 이제 피처로 주문한 생맥주는 간접(공통)원가라 할 수 있다. 이때 원가(생맥주 값)를 배분하는 방법은 여러 가지가 있을 것이다.

- **공정성과 공평성**(equity & fairness) **기준**
  가장 기본적인 배분방식은 n분의 1로 똑같이 나누는 것이다. '공정성과 공평성 기준'이다. 하지만 이 방법은 왜곡이 일어날 가능성이 크다. 누구는 한 잔을 마셨고, 누구는 다섯 잔을 마셨는데 돈은 똑같이 나눠 내는 것이다. 만약 팀원 중 한 사람이 다이어트를 하는 중이라 생맥주를 거의 마시지 않았다면, 그 팀원은 똑같은 원가를 부담하는 게 억울하다는 생각이 들 것이다.
- **부담능력**(ability-to-bear) **기준**
  연봉도 많고 연장자인 팀장이 생맥주 값을 내는 것이다. '부담능력'이 높을수록 많이 부담하는 것이다. 본사가 기부금 부담액을 사업부별로 배분할 때 이 방법을 많이 활용한다. 매출액 기준으로 배분하는 경우가 일반적이다. 하지만 매출액은 크지만 실속이 없는 사업부장으로서는 억울한 생각이 들 것이다.
- **수혜**(benefits-received) **기준**
  맥주를 마시자고 먼저 말한 사람이 돈을 내는 방식이다. 즉 수혜를 많이 본 사람이 부담하는 방식이다. 예를 들어, 기업 이미지 제고를 위한 광고를 하였다면 가장 수혜를 많이 받는 사업부는 판매를 관할하는 영업본부일 것이다. 이런 점을 감안하여 생산본부보다는 영업본부에 더 많은 원가를 배분하는 방식이다.
- **인과관계 기준**
  그런데 만약 내가 좋아서 생맥주를 주문하기는 했지만, 막상 시켜놓고 보니 '나는 별로 생각 없다'던 다른 팀원이 더 많이 마셨다면? 그러면 가장 많이 마신 사람에게 돈을 부담시킬 수도 있을 것이다. 이것은 '인과관계 기준'에 의한 배분 방식이다. 물론 인과관계 기준을 적용하기 위해서는 누가 생맥주 피처에서 몇 잔을 따라 마셨는지 '활동'을 분석하는 측정과정이 필요하므로 가장 많은 노력이 필요하지만, 그래도 가장 납득할 만한 배분기준이 될 수 있을 것이다.

종합예제 원가의 분류 – 직접원가 vs 간접원가, 변동원가 vs 고정원가

디아이컨설팅사는 B2C 제품을 판매하는 회사들을 위해 출시 예정 상품을 사전에 사용해 보고 의견을 주는 소비자 그룹을 조직하고 결과를 분석해 주는 마케팅리서치 회사이다. 각 **소비자 그룹**은 8명으로 구성되며, 각자 테스트 1회당 50,000원을 받고 신제품에 대한 의견을 내놓는다. 이 소비자 그룹은 호텔에서 모이게 되며 디아이컨설팅사가 고용한 외부 마케팅 전문가가 이들을 주관하여 토의를 진행한다. 각 마케팅 전문가는 고정수수료를 받는데 최소한의 토의 횟수를 채우고 1회당 2,000,000원을 받게 된다. 디아이컨설팅사의 직원은 매 토의에 참석하여 진행이 원만하게 이루어지도록 돕는다.

〈요구사항〉
각각의 원가항목을 다음의 기준으로 분류하라.

(1) 각 개별 소비자 그룹을 원가대상으로 삼아 **직접원가**(D)와 **간접원가**(I)로 분류
(2) 소비자 그룹의 모임횟수가 변화함에 따라 소비자 그룹의 총원가가 어떻게 변화하는가의 관점에서 **변동원가**(V)와 **고정원가**(F)로 분류

	원가항목	D 또는 I	V 또는 F
1	각 소비자 그룹의 개인들에게 지급하는 금액		
2	'소비자조사' 잡지에 내는 연간회비		
3	소비자 그룹 모임에의 참석여부를 파악하기 위해 개인들에게 거는 회사의 전화통화료		
4	디아이컨설팅사의 대표이사 급여		
5	소비자 그룹 참가자에게 제공되는 간식비		
6	사무실 임차료		
7	소비자 그룹 모임에 참석한 개인들의 의견을 촬영하는데 사용되는 촬영비용		
8	직원이 사용하는 회사 소유 자동차의 연료비		

풀 이

원가대상이 개별 소유자 그룹이라는 점을 감안하여 직접 추적하여 귀속시키는 것이 가능하면 **직접원가**로 구분한다. 또한 소비자 그룹의 모임 횟수가 변동됨에 따라 총원가가 변동되는 경우 **변동원가**로 구분한다. 다만 불분명한 경우에는 모임 횟수가 크게 변동됨에 따라 총원가가 변하는지의 여부로 판단하면 된다.

	원가항목	D 또는 I	V 또는 F
1	각 소비자 그룹의 개인들에게 지급하는 금액	D	V
2	'소비자조사' 잡지에 내는 연간회비	I	F
3	소비자 그룹 모임에의 참석여부를 파악하기 위해 개인들에게 거는 회사의 전화통화료	I	V
4	디아이컨설팅사의 대표이사 급여	I	F
5	소비자 그룹 참가자에게 제공되는 간식비	D	V
6	사무실 임차료	I	F
7	소비자 그룹 모임에 참석한 개인들의 의견을 촬영하는데 사용되는 촬영비용	D	V
8	직원이 사용하는 회사 소유 자동차의 연료비*	I	F

* 본 예제에서 소비자 그룹이 호텔에 모일 때 각자 교통편을 이용한다고 해석하면 직원이 사용하는

자동차 연료비는 소비자 그룹의 수에 따라 변하지는 않는다. 따라서 고정비이다. 그러나 일반적으로 회사 차는 많은 목적을 수행한다. 이 많은 목적 중 하나가 **소비자 그룹을 이동**시키는 것이라면 변동비로 분류할 수도 있다.

요 약

1. 원가정보만큼 기업경영 및 관리회계에서 중요성을 갖는 것은 없다고 해도 과언이 아니다. 이 장에서는 원가의 정의와 기본적 원가의 분류를 소개하였고 제품 또는 서비스 원가를 파악하기 위한 원가계산의 목적 및 절차를 설명하였다. 전통적으로는 **재무제표 작성**에 필요한 제조원가의 파악이 원가계산의 주된 목적이었지만 오늘날에는 경영관리목적에의 활용이 강조된다.
2. 대표적인 두 가지 원가분류는 직접원가 vs 간접원가 그리고 고정원가 vs 변동원가이다. 전자는 특정 원가대상에의 **추적가능성**을 그리고 후자는 활동수준의 변화에 따른 **원가변동성**이 분류기준이다. 이들 두 가지 원가분류는 원가회계 전반에 걸쳐 활용되는 매우 중요한 개념이다. 이들 개념을 어떻게 이해하고 활용하느냐에 따라 의사결정의 질이 좌우된다.
3. 특정 재화나 용역을 창출하기 위해 희생된 경제적 재화의 소비금액을 추적하여 파악하는 원가계산은 **원가추적**과 **원가배분**이라는 2단계를 거친다. 이 과정에서 원가발생 장본인인 원가동인 개념과 원가대상 개념이 중요성을 갖는다.

핵심 용어

- 원가
- 원가계산
- 원가대상
- 원가집계
- 원가부과
- 원가추적
- 원가배분
- 원가동인
- 직접원가
- 간접원가
- 고정원가
- 변동원가
- 혼합원가
- 기간비용
- 제품원가
- 소멸원가
- 준변동원가
- 조업도동인
- 목적적합성
- 미소멸원가
- 커패서티 원가
- 인프라 원가
- 공학적 원가
- 재량적 원가
- 관련원가
- 매몰원가
- 기회원가
- 기간적 대응
- 물리적 대응
- 재고가능원가
- 원가측정시스템

Reading materials

원가회계 전문가되기
http://cafe.naver.com/newcosting.cafe

"영화관서 5천원인 팝콘, 원재료가는 613원" (키워드: 원재료비, 판매가격)
연합뉴스, 2014.06.02.

"편의점 커피나 스타벅스 커피나 원두 원가는 400~500원" (키워드: 원가계산, 재료비)
연합뉴스, 2016.02.15.

文盲의 늪보다 무서운 數盲의 늪 (키워드: 측정, 분석능력, 수치와 통계)
동아일보, 2014.06.12.

단답식 개념문제

01. 원가계산은 □□□□와 □□□□의 절차를 거쳐 정보를 산출한다.

02. 기업경영에서 원가와 관련된 의사결정은 연구개발, 제조, 판매, 물류 및 애프터서비스 등 □□□□ 전반에 걸친 다양한 경영활동에서 발생하는 것이 일반적이다.

03. 원가는 변동가능성에 따라 □□원가와 □□원가로 구분한다.

[문1] 원가계산의 두 가지 핵심목적은 무엇인가?

[문2] 제조원가의 3요소는 무엇인가?

[문3] 제조간접비, 주요원가(또는 기초원가) 및 가공비의 의미를 설명하시오.

[문4] 공장제조간접비와 같은 뜻을 갖는 영어용어 네 가지를 들어보시오.

[문5] 초과근무수당(overtime premium)은 초과근무시간 동안에 생산된 제품이 무엇인지를 파악할 수 있는데도 간접원가로 처리된다. 그 이유를 설명하시오.(Why overtime premium is regarded as **indirect manufacturing cost** even if we could identify which particular products were produced during overtime period?)

[문6] '생산이 증가됨에 따라 단위당 고정원가는 감소된다.' 당신은 이 말에 동의하는지 설명하시오.

[문7] 모든 직접원가는 변동원가이다. 이 말에 동의하는지 설명하시오.

[문8] 모든 고정원가는 간접원가이다. 이 말에 동의하는지 설명하시오.

[문9] 제품원가와 기간비용간의 차이를 설명하시오.

[문10] 엄밀히 말하면 매출원가라는 용어는 잘못된 용어이다. 그 이유는 무엇인가?

[문11] 단위원가개념이 회계에서 유용한 이유는 무엇인가?

[문12] 변동제조간접비의 예를 세 가지 들어보시오.

[문13] 고정제조간접비의 예를 세 가지 들어보시오.

[문14] 원가동인을 정의하고 몇 가지 예를 들어보시오.

[문15] 원가대상을 정의하고 몇 가지 예를 들어보시오.

[문16] 원가집합이란 무엇인가? 정의를 내리고 예를 들어보시오.

[문17] 원가정보를 창출하기 위한 원가계산의 두 단계를 설명하시오.

[문18] 제품원가(product cost)란 용어는 의사결정 상황에 따라 그 의미가 다양하게 쓰인다. 몇 가지 경우를 예로 들어 설명하시오.

[문19] 제조업체의 경우 어떤 종류의 원가가 재공품 및 제품에 배분되는가?

[문20] 서비스나 상품판매업의 경우와 달리 제조업부문에서 원가계산이 더 복잡한 이유는 무엇인가?

[문21] 직접원가나 간접원가로 분류되던 원가항목이 시간이 지남에 따라 변하는 이유는 무엇인지 설명하시오.

[문22] 제품에 배부되는 제조간접비항목의 예를 세 가지 이상 들어보시오.

[문23] 소멸원가와 미소멸원가의 분류는 어떤 점을 강조하기 위한 것인지를 재무제표 작성과 관련하여 답하시오.

연습문제

객관식

[문1] 다음 보기 중 제조원가에 포함되지 않는 것은? (★★)

① 원가성이 있는 재고감모손실 ② 공장건물에 대한 임차료

③ 본사건물 감가상각비 ④ 재료매입운임

[문2] 관련범위 내에서 단위당 변동원가의 행태를 바르게 설명한 것은? (★)

① 각 생산수준에서 일정하다.

② 각 생산수준에서 다르다.

③ 생산량이 증가함에 따라 증가한다.

④ 생산량이 증가함에 따라 감소한다.

[문3] 다음 중 원가의 분류 방법과 그 내용이 바르게 연결되지 않은 것은? (★)

① 원가행태에 따른 방법 - 변동원가와 고정원가

② 추적가능성에 따른 분류 - 직접원가와 간접원가

③ 의사결정 관련성에 따른 분류 - 제품원가와 기간비용

④ 통제가능성에 따른 분류 - 통제가능원가와 통제불능원가

[문4] 다음 중 원가회계 용어에 대한 설명으로 틀린 것은? (★★)

① 원가대상이란 직접적인 대응이나 간접적인 원가배분방법에 의한 원가측정을 통하여 원가가 집계되는 활동이나 항목을 의미한다.

② 원가집합에 집계된 간접원가를 일정한 배분기준에 따라 원가대상에 배분하는 과정을 원가배분이라고 한다.

③ 원가동인이란 원가대상의 총원가에 변화를 유발시키는 요인을 말하는 것으로 원가동인은 원가대상에 따라 그 수가 극히 제한되어 있다.

④ 조업도란 기업이 보유한 자원의 활용정도를 나타내는 수치로서 산출량인 생산량, 판매량 등이 조업도가 될 수 있으며, 투입량인 직접노동시간이나 기계가동시간 역시 조업도가 될 수 있다.

[문5] 다음 중 고정원가를 가장 올바르게 설명한 것은? (★★)

① 조업도의 변동과는 무관하게 원가총액이 변동하지 않는 원가

② 조업도 변동과 관련되어 원가총액이 변동하는 원가

③ 단위당 금액이 일정한 원가

④ 관련범위 내에서 원가총액이 일정하게 변동하는 원가

[문6] 다음 빈칸에 들어갈 용어로 적절한 것은? (★)

회사가 보유하고 있는 재고자산의 원가는 보유하고 있는 동안에는 미소멸원가이다. 그러나 판매되면 (　　)(이)라는 비용이 되고 화재 등으로 소실되면 경제적 효익을 상실한 것이므로 (　　)이(가) 된다.

① 매출원가, 매출원가　　② 매출원가, 손실

③ 손실, 매출원가　　④ 손실, 손실

[문7] 푸른들 병원의 경우 간호사의 급료는 월 20일 근무기준으로 일정액이 지급된다. 그러나 월 20일 이상 근무하는 경우에는 초과 근무 일수에 따라 기본급에 1일당 ₩100,000이 추가적으로 지급된다. 이 경우 간호사 급료의 원가행태는 다음 중 어디에 해당하는가? (★★)

① 관련원가　　② 혼합원가

③ 고정원가　　④ 변동원가

[문8] 원가계산의 본질을 파악하기 위해서는 원가계산시스템의 핵심적 구성요소 네 가지를 이해해야 한다. 다음 보기 중 이에 속하지 않는 것은? (★)

① 원가계산 목적의 고려　　② 원가요소의 파악

③ 원가대상의 파악　　④ 원가계산 기법 또는 절차의 선택

⑤ 고정비와 변동비의 구분

[문9] 주요원가와 가공원가의 합계는 곧 당기발생제조원가이다. (T/F) (★)

주관식

[문1] 원가행태 분류 (★)

다음 예시된 원가를 변동비, 고정비, 혼합비로 구분하시오.

(1) 스타벅스 커피 매장의 커피원두 원가 ________

(2) 대한항공 A380 항공기의 감가상각비 ________

(3) 서울대학병원의 응급실에 환자 5명당 1명으로 배치된 간호사의 급여 ________

(4) 던킨도너츠 매장의 **전기료** ________ (주 : x축의 정의에 따라 달라짐)

(5) 교보문고 매장 총책임자의 급여 ________

(6) 기본급과 러닝개런티로 계약을 맺은 CJ엔터테인먼트 소속 유명 배우의 연봉과 성과급 ________

(7) 메리엇트 호텔 접수대에 고객용으로 비치한 고급과자/초콜릿의 원가 ________

[문2] 원가분류 및 원가개념(Ⅰ) (★★)

홍익회사의 인형생산라인에 있어 2019년 한 해 동안 발생한 원가는 다음과 같다.

직접노무비	₩300,000
급료(판매비 · 관리비)	200,000
소모품비(관리비)	40,000
조세공과(판매비)	30,000
고정제조간접비	150,000
직접재료비	260,000
판매수수료(변동비)	90,000
변동제조간접비	120,000

〈요구사항〉

위의 자료를 이용하여 다음의 원가를 계산하시오. 다음 보기 중의 수치로 답할 것. 단 **직접노무비는 변동비로 가정한다.**

① 가공비 ② 재고가능원가 ③ 제조원가
④ 변동제조원가 ⑤ 총고정원가 ⑥ 주요원가(=기초원가: prime cost)
⑦ 제조직접비 ⑧ 총변동원가 ⑨ 제품원가

<자료 : 신홍철, 2001, 제3장 연습문제 1번>

[문3] 원가분류 및 원가개념(II) (★★)

다음은 2019년 한 해 동안 백석전자의 AI스피커 생산 관련 원가이다.

연구개발 · 설계원가	₩1,200,000
직접재료원가	80,000
직접노무원가	50,000
변동제조간접원가	200,000
판매비와 관리비	150,000
유통원가	100,000
A/S비용	30,000

〈요구사항〉

위의 자료를 이용하여 다음의 원가를 계산하시오. 단 **직접노무원가는 고정비로 가정한다.**

(주: 일반적으로 전문자격증시험에서는 직접노무원가처럼 '비'라는 표현 대신에 '원가'라는 용어를 주로 사용한다.)

① 재고가능원가 ② 제조원가 ③ 변동제조원가 ④ 가공원가 ⑤ 제품원가

[문4] 원가분류 : 직접원가, 간접원가, 변동원가, 고정원가 (★★)

H공업의 생산라인에 있어 2019년 한 해 동안 발생한 원가는 다음과 같다.

직접노무비	₩400,000	급여(고정판매관리비)	₩300,000
소모품비(변동판매관리비)	50,000	광고비(고정판매비)	30,000
고정제조간접비	200,000	직접재료비	150,000
판매수수료(변동비)	80,000	제조간접비(변동비)	150,000

〈요구사항〉

위의 자료를 이용하여 다음의 원가를 계산하시오. 단, 공장자동화로 인해 직접노무비는 전액 고정비라고 가정한다.

① 재고가능원가 ② 주요원가(prime cost) ③ 당기총제조원가
④ 총변동원가 ⑤ 가공비 ⑥ 변동제조원가
⑦ 제품원가

03 원가흐름과 원가추정

Learning Objectives

1 제조원가 흐름 파악
2 제조원가명세서 작성법
3 고정비와 변동비 구분방식 및 대표적인 원가추정기법 터득
4 학습효과개념의 이해 및 이를 이용한 원가추정

Intro

원재료의 구입에서부터 제품완성, 판매에 이르기까지 **제품원가의 흐름**을 소개한다. 제조업의 경우 제품제조원가를 재고가능원가로 집계한 후 수익이 실현된 회계기간에 비용(매출원가)으로 처리한다. 어떤 원가항목들이 재고가능한 제품제조원가(자산)로 분류되는지를 파악하고, 기말재고액, 매출원가와 이익에 미치는 영향을 이해한다.

과거의 원가자료를 활용하여 미래의 원가를 **추정**하는 일은 경영의사결정에 매우 중요한 부분이다. 변동비와 고정비로 구분되는 원가행태를 이용한 각종 원가추정방법과 신제품이나 신기술 도입시 경험축적이 노무비나 제조간접비 절감을 가져와 궁극적으로 원가절감을 가능하게 하는 **학습곡선**효과도 소개한다.

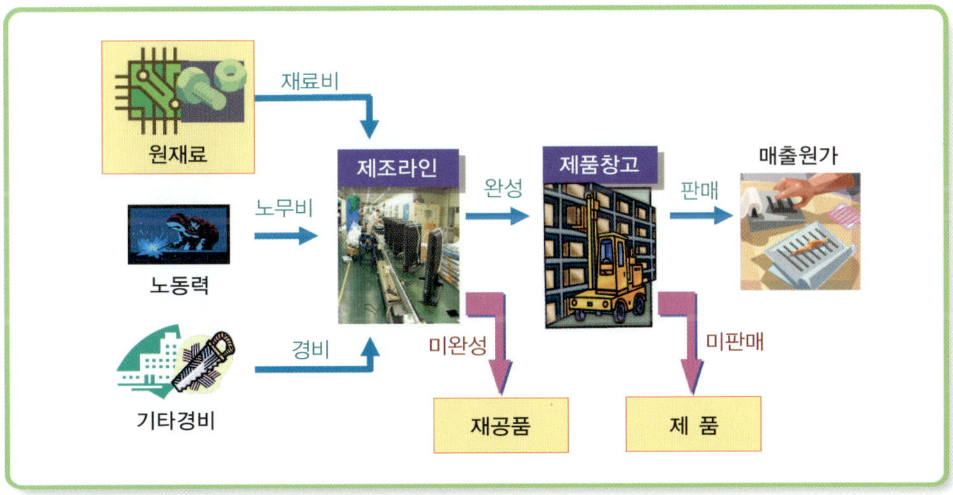

* 원재료, 재공품, 제품은 재고자산으로 분류

Storytelling

제과점을 운영하다가 갑작스런 사유로 폐업을 하게 되었을 때, 처분할 수 있는 제과점의 재산목록은 어떤 것들이 있을까? 오븐, 반죽기 같은 기계장치류, 선반, 쟁반, 식기류 같은 **비품**과 저장창고에 쌓아둔 밀가루, 설탕, 계란 등과 같은 **재료**들 그리고 미리 삶아둔 팥 앙금, 숙성 중인 반죽, 삶아둔 달걀, 숙성과정에 있는 **미완성 빵**과 과자류, 완성하여 냉동시킨 케이크류 등이 떠오를 것이다.

이와 같은 재산목록들은 가게 처분시 상대방과 거래할 때 참고 자료가 된다. 기계장치나 비품 등은 취득원가에 기초한 감가상각 후 금액으로 유형자산 계정에 그리고 밀가루, 설탕과 같은 재료 지출액은 원재료 계정으로 재무상태표에 반영되었을 것이다.

그러나 미리 삶아둔 팥 앙금, 밀가루 반죽, 삶은 달걀과 아직 완성되지 못한 빵과 과자류(일명, **재공품**)에 들어간 재료비, 인건비, 연료비, 보관비 등을 어떻게 파악할 것인가? 또 이미 완성되어 냉동진열칸에 보관된 케이크류(**제품**)의 원가는 어떻게 파악할 것인가?

본 장에서는 이러한 **재고원가** 측정을 재료의 투입, 생산(제조), 완성, 판매에 이르는 제조기업의 원가흐름을 중심으로 설명하고자 한다.

제1절 제조기업의 원가흐름

1.1 조직유형과 재고원가

재고원가측정의 복잡성과 중요성은 조직유형에 따라 크게 차이를 보인다. 특히, 제조기업의 경우 상품매매업과는 달리 직접 원재료를 공정에 투입하여 제품을 생산하기 때문에 최소한 원재료와 재공품 그리고 완제품이라는 재고관련계정을 필요로 한다. 제조업의 재무상태표상 유동자산 속에 이들 재고관련계정이 유동성배열법에 따라 열거되고 있음은 쉽게 목격할 수 있다(<표 3.1> 참조).

또한 이러한 **재고자산원가**의 파악은 매출원가 산정상 필수적이다. 따라서 제조업체의 경우 당기제품제조원가의 산정을 위한 **제조원가명세서** 작성이 중요성을 갖는다.

재고원가계산은 기업의 생산활동특성의 함수라고 할 수 있다. 취급하는 제품수가 다양하고 소요되는 부품 및 원재료 등이 복잡할수록 재고자산원가가 차지하는 비중은 커진다. 또한 기업유형에 따라 재고자산의 존재형태는 차이를 보인다. 이는 크게 다음 세 가지 조직유형으로 구분하여 설명할 수 있다(<그림 3.1> 참조).

표 3.1 제조기업의 재무상태표 예시

재무상태표

2018년 12월 31일 현재

홍익공업(주) (단위 : 원)

자 산		부채 및 자본
Ⅰ. 유동자산		Ⅰ. 부 채
(1) 당좌자산	×××	
⋮		생 략
(2) 재고자산		
1. 상 품	××	Ⅱ. 자 본
2. 제 품	××	
3. 반제품	××	생 략
4. 재공품	××	
5. 원재료	××	
6. 저장품	××	
7. ……	……	

그림 3.1

상이한 조직유형별 재고원가 : 재고자산 명칭과 흐름

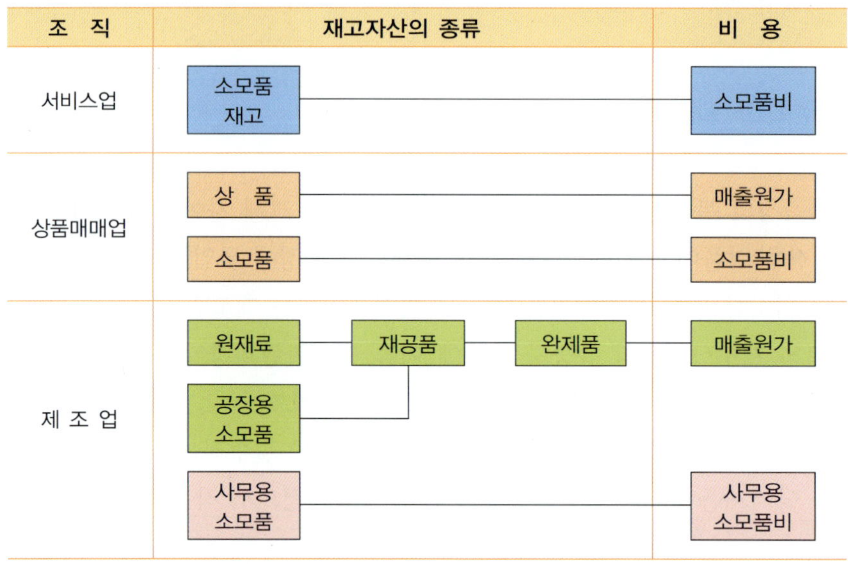

1. 서비스업

남에게 도움이 되는 활동을 수행하는 서비스업(가령, 은행이나 병원, 회계법인 및 학교 등)의 경우 영업활동에 필요한 문방기기 등 소모품(supplies)을 제외하고는 재고자산이 존재하지 않는다. 왜냐하면 서비스 자체가 재고로 보관할 수 있는 대상이 아니기 때문이다.

2. 상품매매업 또는 상기업

백화점이나 식료품점, 제화점 및 도소매 유통업 등과 같은 상기업의 경우 대표적인 재고원가는 소모품 이외에 상품을 들 수 있다. 회계기간 동안 팔려나간 재고자산은 매출원가라는 명칭으로 비용처리되고 판매되지 않고 남아 있는 기말상품은 재고자산으로 재무상태표에 계상됨은 회계원리에서 배운 바 있다.

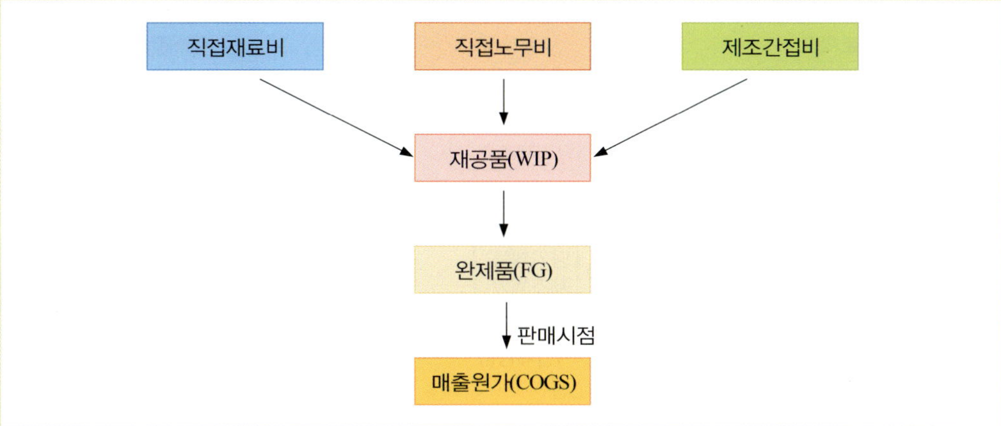

그림 3.2
제조원가의 3요소 및 재고관련계정

3. 제조업

제조업체는 원재료, 재공품 및 완제품은 물론 윤활유 및 공기구 등 각종 공장제조용 소모품 및 관리용 소모품 등 다양한 형태의 재고자산을 보유한다. 제조업체의 재고자산 중 가장 특징적인 것은 재공품(work-in-process)이다. 생산과정 중의 원가발생을 집계하기 위한 수단으로 이용되는 재공품은 직접재료비, 직접노무비 및 제조간접비를 집계하는 가운데 완성시점에 완제품계정으로 대체된다. <그림 3.2>는 이를 잘 요약하고 있다.

재공품은 몸체만 갖춘 채 이제 막 조립이 시작된 자동차에서 거의 마무리단계에 있는 자동차에 이르기까지 다양한 진척도를 갖는 물리적 실체로 구성된다. 그러나 재무상태표에 계상되는 기말재공품은 이들 재공품에 부과된 총원가를 집계한 수치를 반영하는 일종의 원가응집체이다.

> **TIP!**
> **수강생 여러분도 재공품?**
> 현재 대학교에 재학중인 여러분도 엄밀히 따지면 교육공정에 머물고 있는 **재공품**(즉, education-in-process)에 해당된다. 만약 4년에 걸친 교육원가를 집계하기를 희망한다면 제조업의 WIP처럼 EIP 계정을 활용하여 집계하면 된다. 당연히 4학년의 EIP 계정수치가 2학년의 EIP보다는 클 것이다.

1.2 제조업체의 제조원가명세서

1. 당기제품제조원가의 산정

제조업체의 재무제표(가령, 손익계산서) 작성을 위해서는 매출원가산정에 관련된 제조원가명세서가 필수적이다. 회계원리에서는 상품매매업의 경우 다음 식 (3·1)과

그림 3.3

제조기업의 재고 관련계정 상호관계

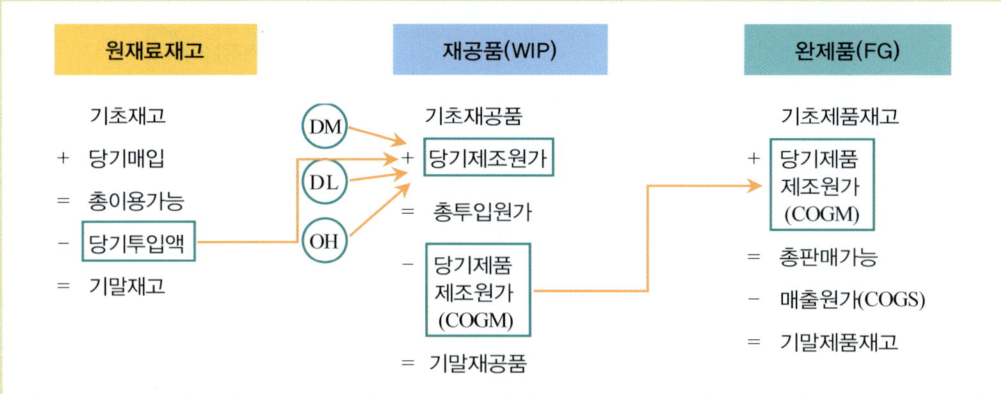

같은 재고등식을 적용하여 매출원가계산이 이루어지는 것을 배웠다.

기초재고 + 당기매입 − 기말재고 = 매출원가 ························· (3·1)

상기업과 마찬가지로 제조업체의 경우 재고등식을 이용하여 매출원가를 산정할 수 있다. 그러나 매출원가산정을 위해서는 최소한 세 차례에 걸쳐 재고등식을 적용하여야 한다. 왜냐하면 상기업에서와 같은 매출원가산정을 위한 재고등식 이외에도 제품생산에 투입된 원재료(즉, 당기투입액)의 파악을 위해, 그리고 **당기제품제조원가**(COGM)의 파악을 위해 재공품 수준의 변화를 반영하는 등식적용이 추가로 필요하기 때문이다. <그림 3.3>은 이를 잘 요약하고 있다.

이하에서는 이에 관한 절차를 구체적으로 설명한다. 단, 이해를 돕기 위해 간단한 수치를 이용한다. 참고로 홍익공업(주)의 2018년 1월 1일 현재의 기초재고가 다음과 같다고 하자.

원재료재고	₩10,000
재공품재고	16,000
완제품재고	22,000

또한 1월 한 달간 원재료구입액은 ₩24,000이고 직접노무비 및 제조간접비가 각각 ₩40,000 및 ₩30,000만큼 발생했다고 가정하자. 회계결산 후 1월 31일 현재의 기말재고잔액은 다음과 같다고 가정한다.

원재료재고	₩14,000
재공품재고	28,000
완제품재고	12,000

위의 자료를 토대로 홍익공업(주)의 매출원가산정을 위한 4단계 절차를 소개하면 다음과 같다.

제1단계 : 생산공정에 투입된 재료원가(직접재료비)의 파악

제조업체의 중요한 재고자산 중의 하나인 원재료(RM : Raw Material)는 구입되어 창고에 보관되어 있는 동안은 상기업의 상품과 마찬가지로 유동자산의 일종이다. 이 중 생산에 투입되어 소비된 부분이 원가로 바뀐다. 해당기간 동안 과연 얼마만큼의 원재료가 소비되었는가를 파악하기 위해서 일차적으로 다음과 같이 재고등식이 적용된다. 즉,

기초원재료재고 + 당기원재료구입 − 기말원재료재고 = 당기투입재료원가 ⋯ (3·2)

또는 위의 수치를 이용할 경우 ₩10,000 + 24,000 − 14,000 = ₩20,000이다.

원재료

기초	10,000	**(제1단계)당기투입**	**20,000**
당기구입	24,000	기말	14,000
	34,000		34,000

한 가지 유의할 사항은 생산에 투입된 재료가 모두 직접적으로 특정 원가대상에 추적가능한 것이 아닐 경우 공정에 투입된 원재료는 직접재료비와 간접재료비로 구분되어 후자는 제조간접비에 포함된다는 점이다. 그러나 재고등식을 적용하게 되는 원재료의 대부분은 직접재료비 성격의 원재료를 지칭하는 것이다.

제2단계 : 직접노무비와 제조간접비를 직접재료비에 합하여 당기투입(또는 발생) 제조원가를 계산함

직접재료비 + 직접노무비 + 제조간접비 = 당기발생제조원가 ············· (3·3)

또는 ₩20,000 + 40,000 + 30,000 = ₩90,000

참고로 직접노무비는 원가의 형태별 분류에서 소개한 바와 같이 특정제품생산에 직접 종사한 인력에 지급된 인건비를 지칭한다. 이 수치는 작업일지 등을 통해

쉽게 파악되는 작업시간에 시간당 임률을 곱하여 계산된다. 반면에 제조간접비는 직접재료비와 직접노무비를 제외한 나머지 제조원가를 지칭하는데 무수히 다양한 원가항목으로 구성된다. 따라서 실제 제조간접비의 파악은 모든 원가항목이 집계될 때까지 다소 시간이 소요되므로 예정원가를 이용하는 경우가 보편적이다.

제3단계 : 재공품계정의 금액을 감안하여 당기제품제조원가(COGM)를 계산함

기초재공품원가 + 당기발생제조원가 − 기말재공품원가 = 당기제품제조원가 ··· (3·4)

또는 ₩16,000 + 90,000 − 28,000 = ₩78,000

재공품

기초	16,000	(제3단계)	
(제2단계)		당기제품제조원가	**78,000**
당기발생제조원가(① + ② + ③):		(COGM)	
①직접재료비	20,000		
②직접노무비	40,000		
③제조간접비	30,000	기말	28,000
	106,000		106,000

TIP!

재공품(WIP)

재공품 계정은 공장 제조과정에 투입되는 모든 자원(가령, 인력, 재료)의 소비로 발생하는 원가(가령, 노무비, 재료비)를 집계하는 계정이다. 따라서 **재공품** 계정 차변에는 직접재료비, 직접노무비, 제조간접비를 집계하게 되고, 제조과정이 끝난 완성품은 **완제품** 계정으로 대체되는 경우 완성된 제품의 원가를 재공품 계정 대변에 적는다.

위에서 소개한 2단계에서 3가지 유형(직접재료비, 직접노무비, 제조간접비)의 당기발생제조원가가 재공품계정으로 집계된 후 기초재공품원가와 합하여 총생산가능원가가 파악되면 기말재공품원가를 차감하여 완성품원가를 계산하게 된다. 앞의 <그림 3.3>의 가운데 박스는 이를 잘 나타낸다.

3단계에서 적용된 재고등식은 총투입(input)은 총산출(output)과 같다는 기본개념을 바탕으로 한 것으로 총투입을 기말재공품과 완성품에 어떻게 안분할 것인가가 주요 관건으로 뒤에 소개할 종합원가계산의 핵심이다.

제4단계 : 완제품재고를 조정하여 매출원가(COGS)를 산정

마지막으로 적용되는 재고등식은 상품매매업에서의 매출원가산정과 동일하다. 상품 대신 완제품이라는 과목을 이용하는 것만 차이를 보인다.

기초완제품재고 + 당기제품제조원가(COGM) − 기말완제품재고 = 매출원가 · (3·5)

또는 ₩22,000 + 78,000 − 12,000 = ₩88,000이다.

완제품

기초	22,000	**(제4단계)매출원가**	**88,000**
당기제품제조원가	**78,000**	기말	12,000
	100,000		100,000

앞의 <그림 3.3>의 우측은 이를 잘 요약하고 있다.

2. 제조원가명세서

일정기간 동안의 제조활동과 관련된 원재료 및 재공품계정의 변화를 포함하여 당기제품제조원가의 계산내역을 요약한 표를 제조원가명세서(statement of cost of

표 3.2 당기제품제조원가명세서 및 손익계산서

제조원가명세서

홍익공업(주)	2018년 1월 1일~1월 31일		
당기발생제조원가(A)(=당기총제조원가)			
• 직접재료비			
기초원재료(2018년 1월 1일 현재)	₩10,000		
+당기매입액	24,000		
총이용가능액	₩34,000		
−기말원재료(2018년 12월 31일 현재)	−14,000	**₩20,000**	
• 직접노무비		40,000	
• 제조간접비		30,000	₩90,000
+기초재공품(2018년 1월 1일 현재)(B)			16,000
=**총투입원가**(=A+B)			**₩106,000**
−기말재공품(2018년 12월 31일 현재)			−28,000
=**당기제품제조원가**(COGM)			**₩78,000**

손익계산서

홍익공업(주)	2018년 1월 1일~1월 31일	
I. 매출액		₩180,000
−II. 매출원가		
기초완제품재고액(2018년 1월 1일)	₩22,000	
+**당기제품제조원가**(COGM)	**78,000**	
=총판매가능액	100,000	
−기말완제품재고액(2018년 12월 31일)	−12,000	88,000
III. 매출총이익		92,000
−IV. 판매비와관리비		−60,000
V. 영업이익		₩32,000

goods manufactured)라고 칭한다. <표 3.2>는 앞서 이용한 수치예를 이용한 제조원가명세서를 나타내고 있다. 만약, 제조원가명세서를 손익계산서상의 매출원가와 포함시킬 경우 동 명세서는 제조원가 및 매출원가명세서(statement of cost of goods manufactured and sold)라고 불린다.

예제 3-1 제조기업의 원가흐름

플라스틱 제조기업의 2019년 6월 한 달 동안의 원가자료가 다음과 같다.

① 직접재료비 기초재고액	₩90,000
② 직접재료 구입액	360,000
③ 직접재료 사용액	375,000
④ 총제조간접비	480,000
⑤ 변동제조간접비	250,000
⑥ 총투입원가	1,700,000
⑦ 기초 재공품 재고액	200,000
⑧ 당기제품제조원가	1,650,000
⑨ 기초 완제품 재고액	125,000
⑩ 매출원가	1,700,000

〈요구사항〉

1. 직접재료비 기말재고액(6월 30일)은 얼마인가?
2. 6월의 고정제조간접비는 얼마인가?
3. 6월의 직접노무비는 얼마인가?
4. 기말 재공품 재고액은 얼마인가?
5. 6월의 판매가능한 제품은 얼마인가?
6. 기말 완제품 재고액은 얼마인가?

풀이

T계정을 이용하여 계산해 보면 다음과 같다.

직접재료비

차변	대변
① 90,000	③ 375,000
② 360,000	기말 **75,000**
450,000	450,000

재공품

차변	대변
⑦ 200,000	⑧ 1,650,000
375,000	
645,000	
480,000	기말 **50,000**
⑥ 1,700,000	1,700,000

완제품

차변	대변
⑨ 125,000	⑩ 1,700,000
1,650,000	기말 **75,000**
1,775,000	1,775,000

직접노무비

차변	대변
645,000	**645,000**

제조간접비

차변	대변
⑤ 250,000	480,000
고정**230,000**	
④ 480,000	480,000

매출원가

차변	대변
⑩ 1,700,000	

1. 기말 직접재료비 재고액 = ₩90,000 + 360,000 − 375,000 = ₩75,000
2. 고정제조간접비 = ₩480,000 − 250,000 = ₩230,000
3. 직접노무비 = ₩1,700,000 − (200,000 + 375,000 + 480,000) = ₩645,000
4. 기말 재공품 재고액 = ₩1,700,000 − 1,650,000 = ₩50,000
5. 판매가능액 = ₩125,000 + 1,650,000 = ₩1,775,000
6. 기말 제품 재고액 = ₩1,775,000 − 1,700,000 = ₩75,000

예제 3-2

다음에 주어진 ㈜한국제조의 손익계산서는 회계지식이 부족한 인턴직원이 작성한 것이다.

손익계산서

㈜한국제조	20X1. 1. 1 ~ 20X1. 12. 31	(단위 : ₩)
매출액		900,000
영업비용 :		
간접노무비(IL)	24,000	
수도광열비	30,000	
직접노무비(DL)	140,000	
감가상각비(공장설비)	42,000	
감가상각비(본사건물)	36,000	
당기 원재료 매입액	330,000	
보험료	8,000	
임차료	100,000	
판매 및 관리부서의 직원급여	64,000	
광고선전비	150,000	924,000
영업이익		(24,000)

그러나 위의 손익계산서에 표시된 매출액 및 영업비용 내역은 모두 올바른 자료이다. 만약 당신이 ㈜한국제조의 20X1년도 손익계산서를 정확하게 작성하고자 하는 경우 필요한 추가 자료는 다음과 같다.

(1) 수도광열비의 60%, 보험료의 75%와 임차료의 80%는 공장설비와 관련된 것이며, 나머지는 판매 및 일반관리활동과 관련하여 발생한 것이다.

(2) 20X1년도 재고자산의 기초 및 기말잔액은 다음과 같다.

구 분	기초	기말
원재료	₩16,000	₩26,000
재공품	₩32,000	₩42,000
제 품	₩80,000	₩120,000

〈요구사항〉

20X1년도 ㈜한국제조의 정확한 당기제품제조원가와 영업이익은 각각 얼마인가?

(KICPA 2015 기출문제)

풀이

(1) 제조간접비와 판매관리비

	제조간접비	판매관리비
간접노무비(IL)	₩24,000	–
수도광열비(₩30,000×60% ; 40%)	18,000	₩12,000
감가상각비(공장설비)	42,000	–
감가상각비(본사건물)	–	36,000
보험료(₩8,000×75% ; 25%)	6,000	2,000
임차료(₩100,000×80% ; 20%)	80,000	20,000
판매 및 관리부서의 직원급여	–	64,000
광고선전비	–	150,000
계	₩170,000	₩284,000

(2) 당기제품제조원가(COGM)

직접재료비(DM)		
기초재고	₩16,000	
+ 당기매입	330,000	
– 기말재고	26,000	₩320,000
직접노무비(DL)		140,000
제조간접비(OH)		170,000
당기발생제조원가		₩630,000
+ 기초재공품(W.I.P)		32,000
– 기말재공품		42,000
= 당기제품제조원가(COGM)		**₩620,000**

(3) 영업이익 = ₩900,000 – (80,000 + 620,000 – 120,000) – 284,000 = **₩36,000**

제2절 원가추정의 의의

2.1 원가추정의 중요성 및 선형가정

소위 '맛집'이라고 방송에 소개되면 찾아오는 고객의 수가 급증한다. 이때 식당 주인은 가게를 확장할 것인지를 고민하게 된다. 현재의 월 매출액, 재료비, 종업원 인건비, 가게 임대료, 연료비 등을 계산하면서, 만약 가게를 확장하여 손님을 지금보다 2배 더 많이 받을 수 있다면, 수익과 비용은 얼마나 증가할 것인가를 추정하여 수익이 비용보다 클 경우 확장을 결정할 것이다. 손님이 2배 증가한다고 반드시 비용이 2배 증가하는 것은 아니다. 조업도 수준에 따른 원가행태 분류에서 우리는 변동비, 고정비의 특성을 알고 있다. 의사결정 범위 내의 적절한 조업도 수준에서(이를테면 최소 월 1,000그릇에서 1,500그릇 판매예측) 변동비와 고정비의 총원가를 추정하는 것이 필요하다.

이와 같은 원가추정치는 특정 대안과 관련 맺는 관련원가에 대한 이해를 도울 뿐만 아니라 다양한 대안이 이익에 미치는 효과를 판단함에 있어서 매우 중요하다. 이를테면 경영계획을 수립할 때 사전원가추정치가 예산편상에 활용되고, 실제자료와의 사후 비교분석을 통한 피드백정보로서 유용하게 사용되기 때문이다. 원가추정의 핵심이 독립변수인 활동수준(또는 조업도)과 원가와의 관계를 (선형 또는 비선형) 함수형태로 파악하는 것임을 감안하여, '과거 원가자료의 함수적 파악'으로 정의된다. 요컨대 관리자들이 원가추정을 활용하는 이유는 이를 이용하여 보다 정확한 미

원가추정치가 기업가치에 미치는 영향

경영자는 원가 추정시 "내가 산출한 **원가추정치**가 기업의 가치에 미치는 영향은 어떠한가?"라는 질문을 종종 하곤 한다. 올바른 원가추정치는 의사결정을 개선하며 반대로 정확하지 않은 추정치는 의사결정의 비능률을 초래하며 비부가가치적 의사결정을 이끈다. 원가의 추정치가 정확하면 정확할수록 의사결정은 더욱더 부가가치를 높이는 데 기여한다.

어떤 회사들은 고객을 확보할 목적으로 변동비만을 간신히 회수할 정도의 낮은 금액으로 입찰에 참여한다. 일단 맡은 일에 대해 자사의 능력을 보여준 후에 상대방의 신뢰를 토대로 미래에 참여하는 계약에서 입찰금액을 올릴 수 있기 때문이다. 요컨대, **원가추정치**는 기업가치를 높이는 방향으로 의사결정을 할 수 있도록 경영자를 지원하는 데 중요한 역할을 담당한다. 원가추정치가 현실성을 갖기 위해서는 관련요원의 경험축적에 기초한 장기적인 데이터베이스 구축이 중요하다.

그림 3.4

원가함수: 경제학적 관점 및 회계학적 관점의 비교

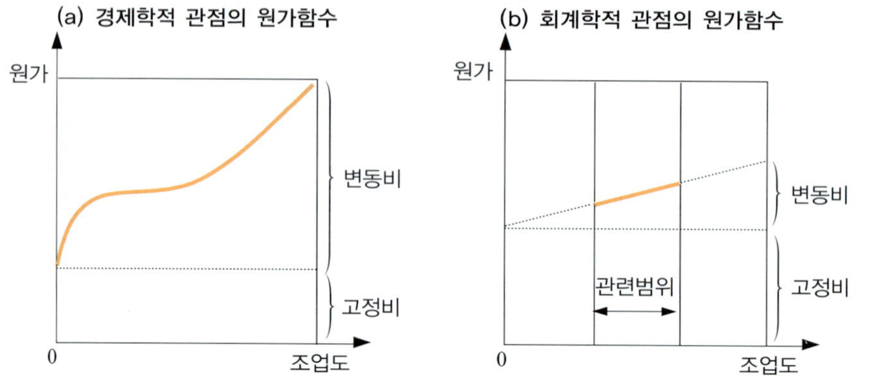

래원가의 예측치를 구하기 위해서이다.

현실적으로 최종원가는 생산량과 같은 수량적 요인은 물론 인플레이션 및 경쟁 상태, 작업자의 사기(morale) 등 온갖 다양한 요인에 의해 영향을 받는다. 그러나 이처럼 원가발생에 영향을 미치는 온갖 변수를 사전에 감안하여 원가추정치를 구하는 것은 현실적으로 불가능하다. 따라서 원가추정치(또는 원가함수)를 구하기 위해서는 원가추정 목적을 감안하여 크게 문제되지 않는 범위 내에서 원가행태를 단순화할 필요가 있다. 이처럼 단순화된 원가추정이 기본적으로 전제하고 있는 가정은 두 가지로 요약할 수 있다.

첫째, 원가함수는 단일원가동인(가령, 조업도)으로 표현될 수 있다는 것이다. 즉, 원가에 영향을 주는 유일한 요인이 조업도라는 것이다.

둘째, 적절한 범위(일명, 관련범위) 내에서 원가함수는 선형(즉, 일차식)으로 표현할 수 있다는 것이다. 총원가(Y) = a(고정비) + b(단위당 변동비)*X(조업도)로 표현할 수 있다. 관련범위 내에서 단일원가동인인 조업도와 원가와의 관계는 경제학적 관점에 따라 규모의 경제효과 및 규모의 불경제효과를 감안하여 비선형형태로 나타낼 수 있다(<그림 3.4(a)> 참조). 그러나 이러한 경제학적 관점을 실무상 도입하기에는 매우 어렵다. 따라서 회계학적 관점에서는 관련범위 개념 및 현실적인 유용성을 감안하여 <그림 3.4(b)>처럼 선형원가함수를 가정한다.

2.2 원가추정기법

원가함수를 파악하기 위한 목적으로 이용되는 원가추정기법은 크게 다음 여섯 가지가 주로 활용된다. 이하에서는 이들 기법을 설명한다.

1. 산업공학적 방법

산업공학적 방법(industrial engineering method)은 물리적 관점에서 투입과 산출간의 관계를 분석하여 원가함수를 추정하는 방법이다. 즉, 생산방법, 투입재료 및 사용인력, 설비 및 동력, 생산효율 등 다양한 생산요인들에 대한 공학적 평가를 근거로 원가행태를 계량적으로 파악하는 방법이다. 산업공학적 방법은 일반적으로 정밀한 작업측정을 기초로 하여 이루어지는데 이런 이유로 작업측정법(work measurement method)이라고도 불린다.

산업공학적 방법은 학습효과의 파악이 중요시되는 신제품생산 또는 생산공정상의 변화가 예상되는 경우의 원가추정에 유용하다. 단순히 과거자료를 이용하는 대신 현행작업에 대한 측정결과를 이용하기 때문에 다른 방법에 비해 정확도가 높지만 시간과 비용이 많이 소요된다.

2. 계정분석법

계정분석법(accounts analysis method 또는 ledger analysis method)은 손쉽게 실무에서 사용할 수 있는 가장 전통적인 원가추정방법이다. 일명, 회계적 접근법이라고 불린다. 원가회계담당자 또는 관련전문가그룹(품질전문가, 산업공학기사 등)이 총계정원장(ledger)상의 각 계정(account)에 기록되어 있는 원가자료를 토대로 각각의 원가요소를 고정비와 변동비 또는 혼합원가로 구분한 다음 이들의 관계를 적절히 고려하여 원가함수를 추정하는 방법이다. 이런 의미에서 계정분석법은 계정분류법(account classification method)이라고도 불린다.

일부 원가항목의 경우 고정비나 변동비로 구분하기가 쉽지 않은데 이 경우에는 다른 추정기법을 이용하여 원가행태를 파악해야 한다. 계정분석법은 원가회계담당자의 주관적인 판단에 크게 의존한다는 단점을 갖는다.

그림 3.5

산포도법을 이용한 원가추정의 예시(제조간접비 대 직접노동시간)

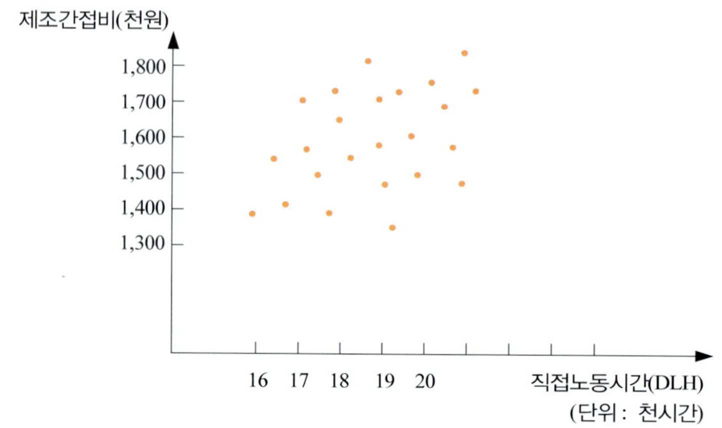

3. 산포도법

산포도법(scatter diagram method ; 일명, 목측법 : 目測法)은 독립변수와 종속변수에 해당하는 조업도와 원가에 관한 과거자료를 각각 X축과 Y축 두 축으로 하는 좌표(점)로 나타낸 후에 이러한 모든 점들을 가장 잘 연결하는 직선식(즉, 회귀선형태로 원가추세선에 해당함)을 찾아내고 이를 토대로 미래의 원가를 추정하는 방법이다. 원가추세선과 Y축(원가)과의 교차점은 고정비로 그리고 원가추세선의 기울기는 단위당 변동비로 해석한다. 산포도법하에서 원가추세선은 주어진 여러 자료(scattered data)를 눈으로 종합하는 전문가의 주관적인 판단(즉, 눈어림)에 결정된다. 이런 점에서 **목측법**(visual fit)이라고도 불린다. 산포도법은 매우 주관적이고 비과학적이다. 따라서 독립된 한 방법으로 존재하기보다는 다른 원가추정기법을 적용하기 전에 참고목적으로 활용하는 소위 예비단계에서의 활용기법이라고 할 수 있다. 즉, ① 원가함수의 선형성 여부를 눈으로 확인하고, ② 혹시 존재할 이상적 예외수치(outlier)를 파악하는 데 유용한 보조기법이라고 할 수 있다.

4. 고저점법

고저점법(高低點法 : high-low points method)은 X축(조업도)과 Y축(원가)을 이용하여 상이한 조업도 수준의 원가자료를 좌표상에 표시하고 이들 중 가장 높은(high :

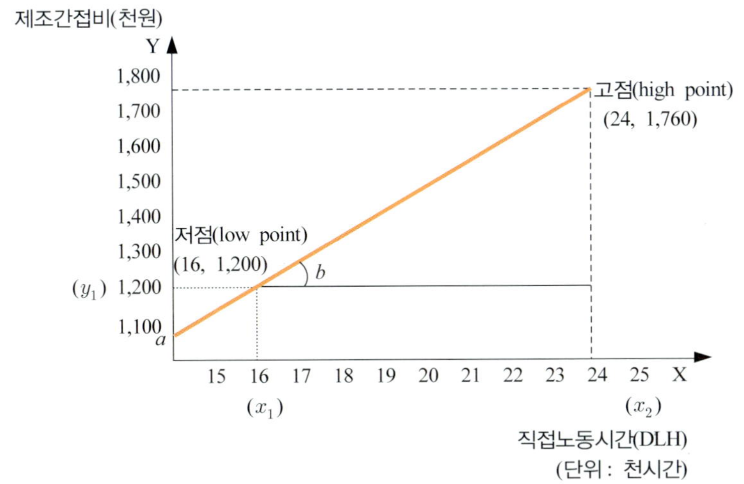

그림 3.6
고저점법을 이용한 원가추정

高) 조업도의 원가자료와 가장 낮은(low : 低) 조업도의 원가자료를 이용하는 수학적 분석방법이다. 즉, 이들 최고조업도와 최저조업도의 두 좌표(two points)를 직선으로 연결한 후 구한 기울기는 단위당 변동비(또는 변동비율)로 그리고 절편은 고정비로 갖는 원가함수로 파악하는 방법이다.

고저점법은 최고조업도와 최저조업도 사이에 위치한 상이한 조업도 수준별 원가의 변화는 100% 변동비에 기인한 것이고 고정비는 일정하다는 가정을 전제로 한다. <그림 3.6>에서 예시하는 바와 같이 고저점을 제외한 나머지 자료는 분석에 반영되지 않는다. 따라서 대표점으로 활용되는 고저점이 모집단을 대표하지 못할 경우 분석결과가 비현실적일 수 있다는 단점을 갖는다. 그러나 상당한 시간과 노력이 필요한 계정분석법보다 객관적이며 자료가 제한적일 경우에도 적용할 수 있다는 장점을 갖는다.

TIP!
고저점법에서 고점과 저점의 선택은 독립변수에 해당하는 **조업도**를 기준으로 이루어진다. 자칫 종속변수인 원가(가령, 제조간접비) 수치를 잘못 활용하는 실수를 범하지 말아야 한다. 일부 학생은 1월부터 12월 자료가 제시될 경우 1월과 12월 자료를 이용하는 잘못을 저지르기도 한다.

고저점법에서 한 가지 유의할 점은 과연 어떤 점을 고점과 저점으로 선정할 것인가이다. 첫 번째 견해는 무조건 자료상의 고 · 저점을 이용하여야 한다는 견해이다. 물론 이 경우에도 조업도와 원가 중 무엇을 기준으로 고저점을 판단할 것인가 하는 선택의 문제가 남아 있다. 두 번째 견해는 100% 자료에 기초한 극단적인 고저점을 이용하는 대신에 기업의 상황을 가장 잘 대표할 수 있는 두 조업도를 선택하여야 한다는 견해이다. 이 견해는 비정상적인 조업상태에서 발생한 예외적인 수치(outlier)는 제외하여야 한다고 주장한다. 그러나 이런 예외성 여부의 판단상 자칫 주관이 개입되어 수학적 방법이 갖는 객관성을 상실할 우려도 있다.

구체적인 수치 예를 이용하여 고저점법을 설명해 보자.

예제 3-3 고저점법을 이용한 원가추정

다음 자료는 와우(주)의 2019년 중에 발생한 제조간접비와 이와 가장 상관관계가 높다고 판단되는 직접노동시간을 월별로 정리한 것이다. 고저점법을 사용하여 원가추정식을 산출하시오.

월	직접노동시간	제조간접비(발생액)
1	18,000	₩1,500,000
2	18,000	1,400,000
3	22,000	1,670,000
4	17,000	1,200,000
5	22,000	1,700,000
6	18,000	1,500,000
7	16,000	1,200,000
8	23,000	1,250,000
9	24,000	1,760,000
10	20,000	1,600,000
11	18,000	1,420,000
12	21,000	1,680,000

풀이

제조간접비 추정방정식을 $Y=a+bX$라고 할 때 절편 a와 기울기 b는 다음과 같이 계산된다. 주어진 자료에 의하면 대표적인 두 조업도는 7월(저 : 16,000시간)과 9월(고 : 24,000시간)이다. 이 두 조업도 수치를 이용하여 기울기 b는 다음과 같이 계산된다(앞의 <그림 3.6> 참조).

$$b = \frac{₩1,760,000 - ₩1,200,000}{24,000 - 16,000} = \frac{₩560,000}{8,000} = ₩70/\text{직접노동시간}$$

따라서 $Y = a + 70X$ ·· (1)

식 (1)에 고조업도 수치를 대입하면(저조업도 수치도 상관없음)

$$₩1,760,000 = a + ₩70 \times 24,000$$

$\therefore\ a = 1,760,000 - 1,680,000 = 80,000$이며 최종적으로 원가추정식은 (2)와 같다.

$Y = 80,000 + 70X$ ·· (2)

5. 회귀분석법

회귀분석법(regression analysis method)은 원가추정기법 중 가장 이론적으로 우수한 방법이며 대표적인 통계기법이다. 통계학에서 가장 일반적으로 이용되는 회귀분석법은 하나(또는 둘 이상)의 독립변수(가령, 조업도)가 한 단위 변화함에 따라 종속변수(가령, 원가)가 평균적으로 얼마만큼 변화하는가를 측정하는 통계적 기법이다.

회귀분석법은 이용하는 독립변수의 수에 따라 단순회귀분석법과 다중회귀분석법으로 구분된다. 단순회귀분석법(simple regression method)은 하나의 독립변수와 종속변수간의 관계를 다루고, 다중회귀분석법은 여러 개의 독립변수와 종속변수간의 관계를 다룬다. 회귀분석법은 독립변수와 종속변수간의 관계를 나타내는 회귀식(regression line)을 실제자료로부터 도출하고, 도출된 회귀식의 타당성을 검정하는 한편, 회귀식을 이용하여 특정 독립변수의 값에 대응하는 종속변수의 값을 예측하는 분석방법이다.

회귀분석법은 원가함수 예측상 이용가능한 모든 자료를 활용한다는 점에서(특히, 고저점법에 비해) 매우 유용한 예측치를 제공한다. 이러한 회귀분석법이 제대로 이용되기 위해서는 통계적 지식은 물론 기업의 운영활동에 관한 지식이 뒷받침되어야 한다. 특히 어떤 회귀함수식이 가장 타당한 것인가를 판단해야 할 경우가 종종 대두되는데, 이 경우 관리회계담당자는 ① 경제적 타당성, ② 회귀식의 적합도, ③ 독립변수의 중요성, ④ 추정을 위한 가정의 구체적 분석 등을 토대로 판단하여야 한다.

회귀분석법에 의한 원가추정은 본서에서는 생략한다.

제3절 학습곡선 : 비선형원가함수를 이용한 원가추정

3.1 학습곡선의 의의 및 기본적 가정

1. 비선형함수형태의 일부로서의 학습곡선

앞에서 다룬 고저점법이나 준평균법, 회귀분석법에서는 선형원가함수를 가정하였다. 그러나 현실적으로 관련범위 내에서 단일원가동인에 기초한 총원가는 종종 선형관계 대신에 비선형함수(nonlinear cost function) 형태를 띤다. 가령, ① 수량할인 혜택을 받아 단위당 원가가 감소하는 직접재료비, ② 일정조업도 수준까지는 동일한 감독자가 필요하지만 특정 조업도 수준을 넘어서면 추가감독자가 필요한 계단식 원가형태를 갖는 간접노무비, ③ 제품의 누적생산량이 증가함에 따라 경험 또는 학습효과에 의해 단위당 평균노무비 또는 노무관련원가가 체계적으로 감소하는 경우 등이 대표적인 비선형관계를 갖는 경우들이다. <그림 3.7>은 위의 세 가지 경우를 그림으로 나타낸 것이다. 이들은 전부 선형형태와는 차이를 보인다.

<그림 3.7>의 세 번째 경우처럼 생산량의 증가와 더불어 산출물 단위당 노동시간이 일정한 선형관계 대신에 점차 줄어드는 비선형관계를 포착하여 원가함수형태로 나타낸 것이 학습곡선(learning curve)이다.

학습곡선이 원가회계 토픽으로 자리잡게 된 것은 원가보상계약방식에 따라 방위산업체로부터 군수물자를 조달해 오던 미국의 국방성이 원가추정의 실효성을 높이기 위한 방안을 강구하던 과정에서 학습현상을 발견하고 이를 수학적 모형으로 정리한 후이다. 즉, 미국의 국방성은 동일한 무기(가령, 탱크) 생산의 경우, 비록 첫 번째 단위의 생산은 방위산업체 작업자들이 도면을 읽고 새로운 조립방식에 익숙해질 때까지 시행착오 등으로 인해 다소 시간이 걸리지만 그 후 경험이 쌓임에 따라 공손 및 작업시간이 감소하게 됨을 파악하였다. 이후 이러한 생산량의 증가와 단위평균노동시간간의 관계를 수학적 모형으로 정리하였는데, 이를 학습곡선모형(learning curve model)이라고 부른다.

학습곡선을 이용하여 미국방성은 원가보상방식에 따른 무기구입대금을 상당히 낮출 수 있었을 뿐만 아니라 방위산업체로 하여금 원가절감을 위한 노력을 기울이도록 동기부여를 꾀할 수 있었다.

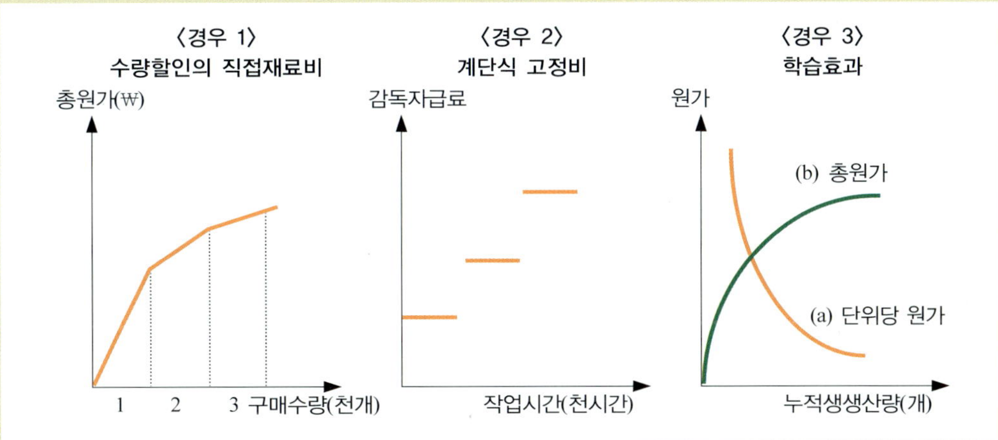

그림 3.7 비선형함수관계를 갖는 경우 : 총원가와 단일원가동인의 가정

2. 학습효과의 발생원인 및 원가감소 형태

그렇다면 과연 학습효과는 무엇 때문에 그리고 어떤 형태로 이루어질까? 먼저 발생원인을 설명해 보자.

① 학습효과는 경험의 누적으로 인한 작업효율의 증가 때문에 발생한다. 즉, 동일한 작업을 반복해서 수행하게 되면(즉, 생산량이 늘어나게 되면) 손에 익숙해져 조립시간이 단축되는 것이다. 이는 마치 여러분이 처음에는 복잡하게 보이던 원가계산문제(가령, CVP분석 또는 종합원가계산문제)를 반복해서 풀다 보면 점차 소요시간이 줄어듦을 경험하는 것과 유사하다. 숙련공과 미숙련공을 구분하는 가운데 숙련공을 우대하는 것은 바로 이러한 학습효과로 생산성이 차이가 나기 때문이다. 또한 경험의 누적과 더불어 보다 나은 새로운 작업방식이나 제조기술을 도입하는 소위 경영혁신(일명, BPR)의 기회가 생기게 마련이다. 심지어는 제품설계를 개선하여 조립시간이나 자재소요량이 대폭 줄어들기도 한다.

② 학습효과는 생산량의 증가에 따른 단위당 고정비의 감소형태로도 발생한다. 일종의 규모의 경제(economy of scale) 효과이다. 비록 규모의 경제효과는 작업자의 경험누적과는 무관하지만 생산량이 증가할 경우 최종단위당 원가가 낮아지게 하는 장본인 중의 하나이다.

위탁생산 전문업체가 경쟁력을 갖는 이유

기업의 위탁을 받아 제품 만들기에 승부를 거는 제조전문업체들(가령, 솔렉트론, 플렉스트로닉스 등)은 1990년대부터 한 해 20~25%의 성장률을 기록하며 엄청난 성장세를 구가했다. 오로지 제조 한우물을 파는 이들 기업이 오늘날 최고의 경쟁력을 갖출 수 있게 된 것은 ① 유연한 생산체제, ② 부품조달의 경제성, ③ **학습효과 활용**, ④ 아이디어의 공유 등의 4가지 강점을 갖췄기 때문인 것으로 분석되고 있다.

이 중 학습효과의 활용에 따른 장점을 설명하면 다음과 같다. 수많은 고객을 위해 엇비슷한 제품을 만들다 보면 유사한 문제점에 봉착하는 경우가 흔하다. 이럴 경우 문제점 해결을 위해 그동안 축적된 경험을 쉽게 적용시킬 수 있다는 점도 제조전문업체의 강점 중 하나이다. **특정 고객을 위한 문제해결책을 유사한 문제에 시달리는 다른 고객에 적용할 수 있다는 것**은 제조전문업체들만이 누릴 수 있는 강점으로 꼽히고 있다.

〈자료 : 매일경제신문, 2000년 5월 15일 기사 발췌·수정〉

위의 설명을 종합하면 학습효과는 반복작업의 증가 및 규모의 경제에 의해 발생한다고 할 수 있다. 그렇다면 장기적 학습효과는 과연 어떠한 형태의 원가를 감소시키는지를 설명해 보자.

① 가장 대표적인 원가감소는 노무비의 감소형태로 이루어진다. 즉, 경험누적 또는 새로운 제조방법 및 기술개선에 기인한 작업시간의 감축은 곧 직접노무비의 감소뿐만 아니라 감독자 급료 등 간접노무비의 감소를 가져온다.

② 공손의 감소 및 제품의 재설계(redesign)로 인한 직접재료비의 감소이다. 작업자의 작업효율 증가 및 설계개선은 (어느 정도까지는) 단위 산출물 생산에 필요한 재료투입량을 줄일 수 있을 뿐만 아니라 작업자의 처리 미숙으로 인한 불량품 발생(공손)을 줄일 수 있게 한다.

③ 제조간접비(특히, 변동제조간접비)의 감소이다. 작업시간을 단축하게 되면 작업시간에 비례하여 발생하는 것으로 간주된 변동제조간접비(가령, 전력비 및 수도료 등)가 비례적으로 줄어든다. 또한 제품의 표준화를 꾀해 공정전환비용이나 가동준비비용(즉, set-up cost)을 줄이게 되면 고정제조간접비 역시 줄어들게 된다.

요컨대 학습곡선현상은 주로 노무비, 동력비, 제조간접비 등 노동시간과 상관관계가 높은 원가에서 주로 발생한다. 한편, 공손효과를 제외하고는 재료비나 포장비 그리고 소모품비처럼 작업시간과는 무관한 원가항목에서는 발생하지 않는다. 마치 아무리 자장면을 많이 팔더라도 자장면 한 그릇당 밀가루 소비량을 줄일 수 없는 것과 마찬가지이다.

3. 학습곡선효과 측정시 유의사항

학습곡선은 원래 작업자의 손길이 중요한 조립산업 등 노동집약적 산업을 대상으로 작업자의 반복작업에 의한 생산성 변화에 초점을 맞추었다. 왜냐하면 학습현상은 노동집약적 생산환경하에서 신제품 생산 및 신규작업자에게 주로 경험의 누적과 더불어 발생하기 때문이다.

그러나 최근의 공장자동화와 더불어 제조환경이 점차 수작업 위주에서 기계화로 탈바꿈하고 장기근속자의 수가 줄어듦에 따라 학습현상은 대폭 줄어들게 되었다. 여전히 존재하는 경우에도 그 형태는 과거와는 사뭇 다른 형태로 발생한다. 즉, 보다 지적능력의 학습형태로 이루어진다.

학습곡선현상은 항상 모든 원가항목에서 발생하는 것은 아니다. 학습곡선현상은 비교적 복잡한 공정을 필요로 하는 제품의 초기단계(가령, 도입기)에 주로 발생하며 성숙단계에서는 거의 발생하지 않는다. 마치 동일한 문제를 반복해서 풀 경우 어느 단계를 넘어서면 거의 시간단축현상이 일어나지 않는 것과 마찬가지이다.

또한 학습곡선현상은 지나치게 단기간에 생산량 증가가 이루어지거나 작업인력의 변경이 수반되는 경우에는 기대하기 어렵다. 왜냐하면 학습효과란 동일 작업자가 장기적으로 경험을 쌓으면서 작업효율을 높임으로써 발생하기 때문이다.

3.2 학습곡선모형(learning curve model)

총생산수량의 증가와 더불어 단위당 생산원가가 체계적으로(즉, 일정비율로) 감소하는 학습곡선은 앞의 <그림 3.7>에서 단위당 원가나 총원가가 비선형형태를 갖는 것으로 나타낸 바 있다. 이를 보다 구체적으로 단위당 원가의 변화와 총변동원가의 변화를 대조하여 나타내면 <그림 3.8>과 같다. 이러한 학습곡선은 체계적 원가감소에 대한 가정에 따라 다음 두 가지 수학공식으로 요약되는 모형으로 구분된다.

1. 누적평균시간 학습모형

흔히 2배수법(double approach)이라고 불리는 누적평균시간 학습모형은 누적생산량이 두 배가 될 때마다 단위당 누적평균작업(=노동)시간은 바로 전단계 누적평균시간의 일정한 비율로 감소한다고 가정하는 모형이다. 따라서 임률이 변하지 않는 한 누적평균노무비 또한 동일한 비율로 감소한다. 이런 점에서 누적평균시간 학습

그림 3.8

학습곡선형태:
누적평균원가모형

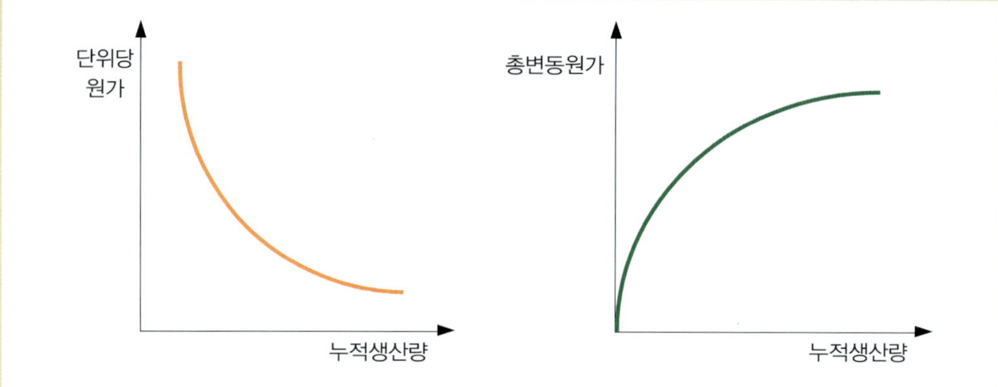

TIP!

누적평균시간

누적평균시간이란 생산량이 2배가 될 때마다 처음부터 지금까지(2배가 될 때까지) 걸린 총시간을 총생산량으로 나눈 평균시간을 말한다.

모형은 누적평균원가모형이라고도 부른다. 일반적으로 실무에서 학습현상은 최종원가 대신에 작업시간의 변화를 포착하는 데 초점을 맞춘다.

누적평균시간 학습모형(2배수법)의 핵심개념은 학습률이다. 학습률(rate of learning)은 누적생산량이 2배가 되었을 때 단위당 누적평균작업시간의 감소비율을 말한다. 즉, k%의 학습률이란 누적생산량이 종전의 X에서 2X로 두 배 증가할 경우 2X 생산의 단위당 (누적)평균작업시간은 X개 생산시 계산된 단위당 (누적)평균작업시간의 k%가 됨을 말한다. 따라서 (100 − k)%만큼 평균작업시간은 단축됨을 말한다. 예를 들어, 학습률이 80%라면 2X 생산의 단위당 (누적)평균작업시간은 X개 생산시 계산된 단위당 (누적)평균작업시간의 80% 수준으로 낮아진다.

<그림 3.9>는 <표 3.3>에서 소개하는 누적평균시간 학습모형의 수치 예를 그림으로 나타낸 것이다.

<표 3.3>의 자료를 이용하여 총 8개 생산에 소요되는 총누적시간을 구하면 두 번째 칼럼에 표시된 단위당 누적평균시간(=51.2)에 생산량=(8)을 곱한 409.6(=51.2×8)이다(세 번째 칼럼 참조). <표 3.3>의 경우 누적생산량이 1, 2, 4, 8, 16처럼 바로 직전 누적생산량의 2배가 되는 경우는 쉽게 손으로 구할 수 있지만 3, 5, 6, 7처럼 중간에 위치한 경우는 다음에 소개하는 학습곡선식을 이용하지 않고서는 구할 수 없다. 바로 이런 이유에서 모든 경우의 생산량을 포착하는 학습곡선식을 소개하는 것이다. 한편, 네 번째 칼럼에 표시된 개별단위시간은 총누적시간(칼럼 3)에서 직전생산량의 누적시간을 차감하여 구한다. 가령, 2번째 단위 한 개를 추가로 생산할 때 소요되는 시간은 2개 생산에 소요되는 총누적시간 160에서 첫 번째 한 단위 생산시간인 100을 차감하여 구한 것이다.

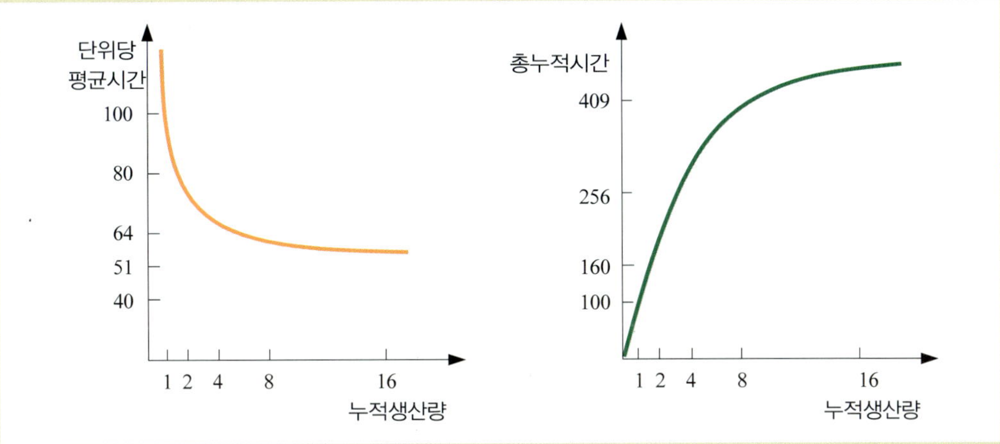

그림 3.9 누적평균시간 학습모형

표 3.3 누적평균시간 학습모형 : 구체적인 수치예(80% 학습률)

(1) 누적생산량(X)	(2) 단위당 누적평균시간(Y)	(3)=(1)×(2) 총누적시간	(4) X번째 생산에 소요된 개별단위시간
1	100.00	100.00	100.00
2	80.00(100×0.8)	160.00	60.00
3	70.21	210.63	50.63
4	64.00(80×0.8)	256.00	45.37
5	59.57	297.85	41.85
6	56.17	337.02	39.17
7	53.45	374.15	37.13
8	51.20(64×0.8)	409.60	35.45
⋮	⋮	⋮	⋮
16	40.96(51.2×0.8)	655.36	28.06

누적평균원가모형에 기초한 학습곡선식은 다음과 같다.

$$y = aX^{-b} \quad \cdots\cdots (3 \cdot 6)$$

여기서 X : 누적총생산량
y : X생산시의 단위평균시간
a : 첫 단위 생산시 소요되는 작업시간
b : 학습지수

위의 식에서 학습률은 b라는 **학습지수**(index of learning)로 표현되어 있다. 학습곡선의 핵심인 b는 학습현상이 일어나는 기간 동안의 생산성 향상 정도를 포착하는 파라메터로 학습률을 달리 표현한 것이다. 참고로 2배수법의 학습률은 다음과 같은 관계식을 이용하여 일정한 수치의 학습지수로 표시될 수 있다.

$$b = -\frac{\log(y'/y)}{\log 2} \quad \cdots\cdots (3\cdot 7)$$

<표 3.3>의 자료를 이용하여 설명해 보자. 만약 학습률이 80%라면

$\frac{y'}{y} = 0.8$이므로 학습지수 $b = -\frac{\log 0.8}{\log 2} = -\frac{-0.09691}{0.30103} = 0.3219$이다.

예를 들어, $X=3$, $a=100$, $b=0.3219$이면

$y = 100 \times 3^{-0.3219} = 70.21$시간이다.

따라서 $X=3$일 때 총누적시간은 $70.21 \times 3 = 210.63$시간이다.

(4) 칼럼의 개별단위시간은 (3) 칼럼의 자료를 이용하여 계산된다. 예를 들어, 셋째 단위에 대한 개별단위시간 50.63은 210.63에서 160.00을 차감하여 계산된다.

<부록>은 학습률과 학습지수의 관계를 일부 보여준다.

예제 3-4 누적평균학습모형의 학습률

제조원가명세서 작성 관련 첫 번째 문제를 푸는 데 100분이 걸렸는데 유사한 두 번째 문제를 푸는 데 80분이 걸렸다.

(1) 이 경우 학습률은 얼마인가?

(2) 그리고 동일한 학습효과가 지속될 것으로 가정할 경우 총 4문제를 푸는 데 소요되는 시간은 얼마인가?

풀 이

(1) 두 문제 푸는 데 소요된 총시간은 180분(=100분+80분)으로 평균소요시간은 90분(=180 ÷ 2)이다. 따라서 학습률은 90%이다. 왜냐하면 평균시간이 100분에서 90분으로 줄었기 때문이다.

(2) 90% 학습률의 경우 2배수법에 의한 총 4문제 풀이에 소요되는 평균시간은 90분 × 0.9 = 81분. 따라서 총소요시간은 81분 × 4 = 324분이다.

추가로 3번째, 4번째 두 문제 풀이에 소요되는 시간은 324분 − 180분 = 144분이다. 물론 3번째 문제풀이에는 72분(144 ÷ 2)보다 약간 긴 시간이 그리고 4번째 문제풀이에는 72분보다 짧은 시간

이 소요되었을 것이다. 2배수법에서는 이들 개별 소요시간을 알 수 없지만 지수모형에서는 그것이 가능하다.

2. 증분단위시간 학습모형

증분단위시간 학습모형이란 누적생산량이 2배가 될 때마다 누적생산량 2X의 마지막 한 단위(일명, 증분단위)를 생산함에 필요한 작업시간, 즉 증분단위시간이 전단계 누적생산량(X)의 마지막 1단위 작업시간(즉, 증분단위시간)의 일정한 비율로 감소한다고 가정하는 학습곡선모형이다. 일정한 비율이란 곧 학습률을 말한다.

증분단위시간 학습모형은 누적평균시간이 아니라 증분단위시간이 일정한 비율로 감소한다고 가정하는 점에서 누적평균시간 학습모형과 차이를 보인다. 따라서 동일한 학습률(가령, 80%)의 경우에도 학습현상이 총작업시간 감축에 미치는 효과는 누적평균시간 학습모형이 증분단위시간 학습모형의 경우보다 훨씬 크다. 그 이유는 누적평균시간 학습모형에서는 80%가 두 배로 증가할 때 추가로 생산한 모든 단위(X)에 적용되는 반면에 증분단위시간 학습모형에서는 마지막 단위만 80%의 학습률이 적용되고 그 이전의 생산분에 대해서는 80%보다 높은 학습률(따라서 더 긴 시간)이 소요됨을 가정하기 때문이다.

증분단위시간 학습모형에 기초한 학습곡선식은 다음과 같다.

$$m = pX^{-q} \quad \cdots\cdots (3\cdot 8)$$

여기서 X : 누적총생산량
m : 마지막 한 단위를 생산하는 데 소요되는 작업시간
p : 첫 단위 생산시 소요되는 작업시간
q : 학습지수

누적평균학습모형과 마찬가지로 학습지수 q는 다음과 같이 계산된다.

$$q = -\frac{\log(y'/y)}{\log 2} \quad \cdots\cdots (3\cdot 9)$$

<그림 3.10>은 <표 3.3>에서 예시한 수치를 이용하여 증분단위시간 학습모형을 그림으로 나타낸 것이며, <표 3.4>는 증분시간 학습모형을 구체적인 수치로 나타낸 것이다.

TIP!

학습률은 낮을수록, 학습지수는 클수록 좋다!

학습곡선모형과 관련하여 학생들이 가장 혼란스러워하는 부분은 긍정적인 의미를 담는 **학습률**이라는 용어이다. 즉, 학습률이 낮을수록 원가절감이 크다는 것이 아이러니컬하다. 이를 위해 등장한 것이 학습지수로 −를 앞에 붙인 것은 학습지수가 클수록 원가절감 효과가 커지도록 하기 위해서이다.

그림 3.10
증분단위시간 학습모형

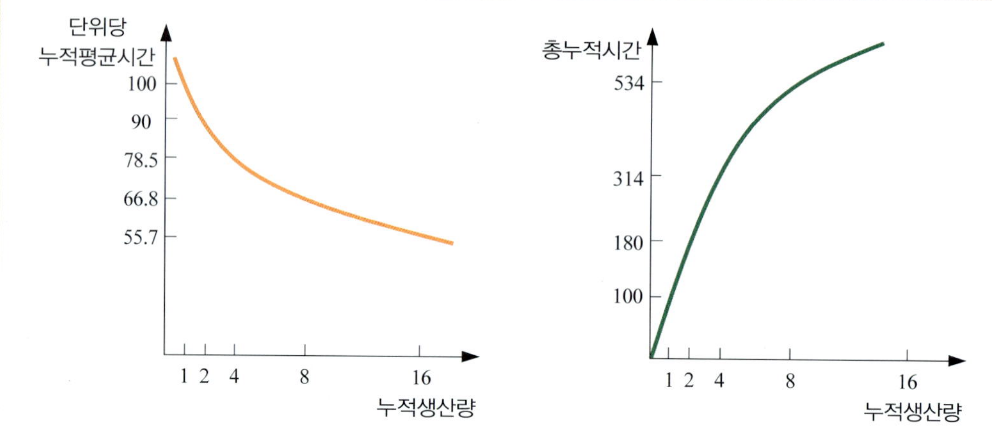

한편, <표 3.4>의 자료에서 가정한 80% 학습률의 경우 q값은 식 (3·10)에 따라 −0.3219로 계산된다.

$$q = -\frac{\log(y'/y)}{\log 2} = -\frac{\log(0.8)}{\log 2} = -0.3219 \quad \cdots\cdots\cdots\cdots\cdots (3\cdot 10)$$

이제 식 (3·8)을 이용하여 특정 생산량에 소요된 총시간을 구할 수 있다. 예를 들어, $x=3$, $p=100$일 경우 80% 학습률에 해당하는 $q=-0.3219$를 이용하면 $m = 100\times 3^{-0.3219} = 70.21$시간이다. 따라서 3단위 생산($X=3$)에 소요되는 총누적시간은 $100+80+70.21=250.21$시간이다.

위의 <표 3.4>를 <표 3.3>과 비교하면 두 번째 칼럼과 네 번째 칼럼의 위치가 바뀌었음을 알 수 있다. 증분단위시간 학습모형에서는 X번째 단위생산에 소요되는 개별단위시간이 먼저 확정되고 이를 합하여 누적시간을 구한 후에 비로소 누적평균시간이 계산된다. 참고로 <표 3.4>의 자료를 이용하여 총 8개 생산에 소요되는 총누적시간을 구하면 534.6으로 누적평균시간 학습모형의 409.6보다 훨씬 크다. 마찬가지로 단위당 누적평균시간은 66.82로 누적평균시간 학습모형의 51.2보다 큰 것을 알 수 있다.

앞서 누적평균시간 학습모형에서 지적한 바처럼 1, 2, 4, 8, 16처럼 바로 직전 누적생산량의 2배가 되는 경우의 X번째 단위생산에 소요되는 개별단위시간은 손쉽게 계산할 수 있지만 3, 5, 6, 7처럼 중간에 위치한 경우는 학습곡선식을 이용하지 않고서는 구할 수 없다.

표 3.4 증분단위시간 학습모형 : 80% 학습률의 경우

(1) 누적생산량(X)	(2) X번째 단위에 대한 개별단위시간(m)	(3) 총누적시간	(4)=(3)÷(1) 단위당 누적평균시간
1	100.00	100.00	100.00
2	80.00(100×0.8)	180.00	90.00
3	70.21	250.21	83.40
4	64.00(80×0.8)	314.21	78.55
5	59.57	373.78	74.76
6	56.17	429.95	71.66
7	53.45	483.40	69.06
8	51.20(64×0.8)	534.60	66.82
⋮	⋮	⋮	⋮
16	40.96(51.2×0.8)	892.00	55.75

TIP!

증분단위시간

증분단위시간이란 매 생산량이 2배로 증가할 때마다 마지막 단위, 즉 두 번째 단위, 4번째 단위, 8번째 단위를 추가로 생산할 때 걸리는 시간을 말한다.

3.3 학습곡선의 응용분야

학습현상을 포착하는 학습곡선은 다양한 의사결정상황에 매우 유용하게 활용된다. 만약 이를 간과하는 가운데 원가추정을 행하면 그릇된 의사결정을 내리기 십상이다. 학습곡선의 주요 응용분야를 요약하면 다음과 같다.

① 입찰가격 등 가격결정 : 학습효과를 간과할 경우 생산원가를 실제보다 높게 산정하고 제품판매가격이나 입찰가격을 너무 높게 책정해 중요한 계약을 놓칠 가능성이 있다.

② 생산일정계획 수립 및 제품납기일 추정 : 일정 산출물 생산에 소요되는 작업시간의 올바른 추정이 가능해야 비로소 한정된 생산자원의 최적활용을 위한 일정수립이 가능할 뿐만 아니라 고객에게 보다 정확한 인도일을 알려줄 수 있다.

③ 표준원가 차이분석 및 성과평가 : 표준원가계산을 도입한 기업의 경우 학습효과를 감안하여 표준작업시간이나 표준노무비를 설정하여야 한다. 학습효과를 도외시한 표준은 지나치게 느슨한 표준이 되어 차이분석이 제대로 이루어지지 못하고 아울러 성과평가 또한 왜곡된다. 따라서 작업자의 숙련도 및 학습효과를 감안하여 학습효과가 비교적 적게 발생하는 초기단계에는 다소 느슨한 표준을 설정하고 학습효과가 크게 기대되는 후반기에는 비교적 엄격한 표준을

TIP!

같은 학습률이면 누적학습모형이 증분학습모형보다 낫다!

동일한 학습률(가령, 80%)이라 하더라도 모형에 따라 학습효과는 차이를 보인다. **누적평균학습모형**의 경우 누적생산량이 2배로 될 때 총누적생산량의 평균이 직전평균의 80%로 줄어든다고 가정하는 반면에 **증분학습모형**의 경우 누적생산량이 2배로 될 때 마지막 단위원가가 80%로 줄어든다고 가정한다. 따라서 원가절감의 효과는 누적평균모형이 훨씬 큰 편이다. 〈표 3.3〉과 〈표 3.4〉의 동일 누적생산량(가령, 16개)의 총누적시간을 비교해도 알 수 있다.

설정하는 것이 바람직하다.

④ 재고자산평가 및 예산편성 : 직접노동시간을 기준으로 제조간접비를 예정배부하는 경우 단위당 배부율을 결정하는 배부기준(예정조업도에서의 직접노동시간)의 추정은 매우 중요하다. 자칫 학습효과를 간과하게 되면 단위당 예정배부율은 지나치게 낮게 책정될 것이다. 왜냐하면 분모의 예상직접노동시간을 지나치게 높게 잡았기 때문이다. 생산량을 기준으로 원가가 발생하는 경우에는 학습효과를 기대할 수 없지만 작업시간을 기준으로 지급하는 원가항목에는 학습효과를 반영해야 함을 유념할 필요가 있다.

예제 3-5 누적평균시간 학습모형

홍익항공은 신형항공기를 개발하여 1대를 생산하였으며 발생한 원가와 관련된 자료는 다음과 같다. 홍익항공의 직접노동시간이 90%의 학습률을 가지는 누적평균시간 학습효과가 존재한다고 가정하는 경우에 5번째 단위부터 8번째 단위까지의 제품을 생산할 때 추가적으로 소요되는 원가는 얼마로 추정되는가?

- 직접재료원가 : 10,000원/대
- 직접노동시간 : 100시간
- 직접노무원가 : 100원/시간
- 변동제조간접원가 : 50원/시간(노동시간에 비례하여 발생)

풀이

(1) 누적 총노동시간

누적 생산량	누적 평균시간	누적 총노동시간
1대	100시간	1대 × 100시간 = 100시간
2대	100시간 × 0.9 = 90시간	2대 × 90시간 = 180시간
4대	90시간 × 0.9 = 81시간	4대 × 81시간 = 324시간
8대	81시간 × 0.9 = 72.9시간	8대 × 72.9시간 = 583.2시간

(2) 추가적으로 소요되는 노동시간 : 583.2시간 − 324시간 = 259.2시간

(3) 추가적으로 소요되는 원가 : ①+②+③ = 78,880원

① 직접재료원가 : 4대 × 10,000 = 40,000

② 직접노무원가 : 259.2시간 × 100 = 25,920

③ 변동제조간접원가 : 259.2시간 × 50 = 12,960

종합 예제 원가행태(cost-behavior) 분석

다음은 상이한 판매수준에서의 홍익피자가게의 원가정보이다.

비용항목 \ 월 판매수량	5,000개	8,000개	10,000개
매출원가	₩5,250	₩8,400	₩10,500
임 금	4,250	4,400	4,500
배달비용	1,250	2,000	2,500
임차료	1,200	1,200	1,200
감가상각비	300	300	300
수도광열비	500	560	600
기타 잡비	150	180	200
관리비	1,300	1,300	1,300
합 계	**₩14,200**	**₩18,340**	**₩21,100**

〈요구사항〉

1. 각 비용항목을 (1)변동비, (2)고정비, (3)혼합비로 구분하시오.
2. 9,500개 판매시에 예상되는 총비용을 구하시오.

풀이

1. (1) 변동비 : 매출원가, 배달비용
   (2) 고정비 : 임차료, 감가상각비, 관리비
   (3) 혼합비 : 임금, 수도광열비, 기타잡비

2. 고정비를 제외한 각 원가의 단위당 원가와 원가함수를 계산한다.
   (1) **변동비**의 단위당 원가 계산(월별 변동비를 월별 판매량으로 나누어 계산한다.)
   - 매출원가 : ₩5,250 ÷ 5,000개 = ₩1.05
   - 배달비용 : ₩2,000 ÷ 8,000개 = ₩0.25

   (2) **혼합비**는 고저점법을 적용하여 원가방정식을 구해야 한다. 판매량의 변화에 따른 원가변동분을 파악하여 단위당 변동비를 구한다.
   - 임금 : (4,500 − 4,250) ÷ 5,000 = 0.05
     원가방정식은 $y = 4{,}000 + 0.05x$
   - 수도광열비 : (600 − 500) ÷ 5,000 = 0.02
     원가방정식은 $y = 400 + 0.02x$
   - 기타잡비 : (200 − 150) ÷ 5,000 = 0.01
     원가방정식은 $\mathbf{y = 100 + 0.01x}$

(3) (1), (2)의 원가방정식을 이용하여 9,500개 판매시의 총원가를 구한다.

비용항목 \ 월 판매수량(개)	원가방정식	9,500
매출원가	0 + 1.05 × 9,500	₩9,975
임금	₩4,000 + 0.05 × 9,500	4,475
배달비용	0 + 0.25 × 9,500	2,375
임차료	1,200 + 0x	1,200
감가상각비	300 + 0x	300
수도광열비	₩400 + 0.02 × 9,500	590
기타잡비	₩100 + 0.01 × 9,500	195
관리비	1,300 + 0x	1,300
계		**₩20,410**

또 다른 해법은 홍익피자 전체의 원가방정식을 구한 후에 9,500개 판매수준에서의 예상원가를 구하는 것이다.

총원가방정식은 **7,300 + 1.38*x***이다. 이를 이용하여 9,500개에서 예상되는 총원가를 구하면 다음과 같다. 즉,

$$TC = 7{,}300 + 1.38x = 7{,}300 + 1.38 \times 9{,}500 = \text{₩}\mathbf{20{,}410}$$

부록 원가회계준칙상의 제조원가명세서(statement of cost of goods manufactured)

제7조(제조원가요소의 분류)

① 제조원가요소는 재료비, 노무비 및 경비로 분류하거나, 회사가 채택하고 있는 원가계산방법에 따라 직접재료원가, 직접노무원가 및 제조간접원가 등으로 분류할 수 있다.

과 목	당 기		전 기	
Ⅰ. 재료비				
1. 기초재료재고액				
2. 당기재료매입액				
계				
3. 기말재료재고액				
Ⅱ. 노무비				
1. 급여				
2. 퇴직급여				
Ⅲ. 경비				
1. 전력비				
2. 가스수도비				
3. 외주가공비				
4. 운임				
5. 감가상각비				
6. 수선비				
7. 소모품비				
8. 세금과공과				
9. 임차료				
10. 보험료				
11. 복리후생비				
12. 여비교통비				
13. 통신비				
14. 특허권사용료				
15. ······································				
16. 잡비				
Ⅳ. 당기총제조비용				
Ⅴ. 기초재공품원가				
Ⅵ. 합계				
Ⅶ. 기말재공품원가				
Ⅷ. 유형자산(또는 타계정)대체액				
Ⅸ. 당기제품제조원가(COGM)				

부록 학습률과 학습지수의 매칭

학습률과 학습지수는 일대일 대응관계로 표시될 수 있는데 이러한 대응관계가 어떻게 생성되는지를 설명하면 다음과 같다.

2배수법의 관심은 당초 생산량이 X에서 $2X$로 2배 증가할 경우 누적평균시간 y가 어떻게 바뀔 것인가이다. 즉, 새로운 누적평균시간 y'와 당초 누적평균시간 y의 상대비율인 y'/y(즉, 학습률)가 관심대상이다. 이를 수식으로 전개하면 다음과 같다.

$y = aX^{-b}$, 그리고 $y' = a(2X)^{-b}$이기 때문에

$$y'/y = \frac{a(2X)^{-b}}{aX^{-b}} = 2^{-b} \quad \cdots\cdots (3 \cdot 11)$$

이다. 요컨대, 식 (3·11) 좌측의 학습률(y'/y)은 ***b***라는 지수형태(일명, 학습지수)로 표시되었는데 반대로 b를 학습률의 함수관계로 나타낸 것이 본문의 식 (3·7)이다. 아래의 <표 3A>는 학습률과 b의 값을 대조한 것이다.

표 3A 학습률과 b의 값

학습률	b의 값	학습률	b의 값
99%	0.0144	89%	0.1681
98%	0.0291	88%	0.1844
97%	0.0439	87%	0.2009
96%	0.0589	86%	0.2176
95%	0.0740	85%	0.2345
94%	0.0893	84%	0.2515
93%	0.1047	83%	0.2688
92%	0.1203	82%	0.2863
91%	0.1361	81%	0.3040
90%	0.1520	80%	0.3219

요 약

1. 직접재료비, 직접노무비, 제조간접비로 분류되어 집계되는 제조업체의 제품원가 흐름은 크게 재고가능원가(재무상태표의 자산항목)와 매출원가(포괄손익계산서의 매출액 대응 비용항목)로 구분된다. 공장에서 발생되는 제조원가를 **재공품** 계정으로 집계하고, 당해 회계기간 동안 매출원가로 비용처리되지 않을 경우 직접재료 재고, 재공품 재고, 완제품 재고 형태로 자산처리된다. **제조원가명세서**는 당기제품제조원가에 소비된 모든 원가를 직접재료비, 직접노무비, 제조간접비로 집계한 후 기초재공품재고액과 기말재공품재고액을 고려하여 당기제품제조원가를 산출하는 구조로 구성되어 있다.
2. 대표적인 원가동인은 산출량과 같은 조업도 동인이다. 이러한 원가동인수준의 변화에 따라 원가가 어떻게 변화하는지를 예측하는 것은 전략수립에서 입찰가격결정이나 예산편성 등 다양한 경영관리목적상 매우 중요하다. 미래지향적인 원가예측에 유용한 개념이 **원가추정**이다. 원가추정은 원가동인으로 표시되는 활동수준과 원가 간의 관계를 파악하는 것으로 핵심은 특정 원가의 변화양상을 지칭하는 원가행태(cost behavior)를 이해하는 것이다. 고정비, 변동비, 준변동비 등이 그것이다. 다양한 유형의 원가행태를 이해하는 것은 올바른 의사결정의 필요조건이자 핵심이다. 왜냐하면 원가정보는 CVP분석을 이용한 이익계획, 관련원가분석 및 예산편성 등 각종 관리적 의사결정의 핵심정보인데 이는 원가행태를 감안한 원가추정을 토대로 이루어지기 때문이다.
3. 원가추정기법에는 계정분석법, **고저점법**, 회귀분석 등 여러 가지가 있다. 이들 각각은 나름대로의 장단점을 갖고 있으며 일부는 상호보완적으로 이용된다. 원가추정방법의 선택은 기업의 상황을 감안한 원가-효익분석 관점에서 이루어져야 한다.
4. 경험축적은 작업시간의 단축을 가져오고 이것이 곧 노무비나 변동제조간접비의 절감을 가져와 궁극적인 원가절감을 가능하게 한다는 가정하에 활동수준과 총원가간의 관계를 수학적 함수로 표현한 **학습곡선**은 비선형원가함수를 이용하는 대표적인 원가추정기법이다. **증분단위시간 학습모형**과 **누적평균시간 학습모형**은 원가절감이 어떻게 이루어지는지에 관한 가정상 차이가 있다. 전자가 후자에 비해 원가절감속도는 낮다고 가정한다.

핵심 용어

- 재고자산원가
- 재공품
- 당기제품제조원가
- 제조원가명세서
- 원가추정
- 원가함수
- 산업공학적 방법
- 계정분석법
- 산포도법
- 고저점법
- 준평균법
- 회귀분석법
- 학습곡선
- 학습률
- 누적평균시간 학습모형
- 원가방정식
- 증분단위시간 학습모형
- 원가추정치
- 학습지수
- 다중회귀분석

Reading materials

원가회계 전문가되기
http://cafe.naver.com/newcosting.cafe

- "갤럭시 S5 제조원가 약 27만원 추정" (키워드: 제조원가, 재료비, 조립비용) 조선일보, 2014.04.16.
- 대중화되는 페트병 와인 (키워드: 운송비, 환경원가) 동아일보, 2009.11.28.
- 최중경 장관 "정유사 원가계산 따져볼 것" (키워드: 제조원가, 정부규제, 영업외비용) 조선일보, 2011.02.10.

단답식 개념문제

01. 외부에서 구입한 원재료를 창고에 보관(입고)했다가, 필요한 만큼 꺼내서 공장으로 투입하여 사용한다. 이때 공장에 투입된 원재료의 원가는 원재료 계정에서 □□□ 계정으로 옮겨진다.

02. 처음 하는 일은 익숙하지 않아서 시간이 많이 걸린다. 하지만 반복하여 숙달이 되면 시간이 많이 단축되는데 이를 □□현상이라고 한다.

03. □□□□은 노무비의 비선형성을 가정한다.

[문1] 원가추정의 기본적 가정 2가지를 설명하시오.

[문2] 대표적인 원가추정방법을 열거하시오. 그리고 이들 각 방법의 장단점을 설명하시오.

[문3] 고저점법을 이용함에 있어서, 독립변수와 종속변수인 원가수치 중 어느 것에 관한 고/저 관찰치를 토대로 해야 하는가?

[문4] 학습곡선의 대표적인 응용분야를 2가지 이상 열거하시오.

[문5] 학습곡선현상은 과거의 수작업 중심의 환경에서는 매우 유용했지만 오늘날과 같은 자동화 중심의 환경하에서는 더 이상 유용하지 않다는 주장에 대한 의견을 제시하시오.

[문6] "학습률은 높을수록 좋다"라는 주장에 동의하는가?

[문7] "학습률이 높으면 학습지수는 낮다"라는 주장은 옳은 것인가?

[문8] 고저점법에서 고점과 저점을 선정할 때 고려해야 할 사항은 무엇인가?

[문9] 동일한 학습률의 경우 누적평균시간 학습모형과 증분단위시간 학습모형 중 어느 모형이 보다 큰 원가절감을 가져올까? 일상생활 예를 한 가지 들어 설명해 보시오.

연습문제

객관식

[문1] 다음 원가추정방법에 대한 설명 중 가장 틀린 것은? (★★)

① 계정분류법은 분류자의 전문가적 식견과 경험이라는 주관성이 개재된다.

② 고저점법은 최고조업도의 비용과 최저조업도의 비용 간에 일차함수가 형성된다는 가정이다.

③ 회귀분석법은 고정비와 변동비에 의한 원가함수가 2차 함수 이상의 곡선에서만 사용된다.

④ 학습곡선에 의한 분류는 대량생산이 이루어질수록 학습에 의하여 제품 생산능률이 학습률에 의하여 향상된다는 가정이다.

[문2] 당기제품제조원가는 850,000원이다. 다음 주어진 자료에 의하여 기말재공품원가를 계산하면 얼마인가? (★)

• 직 접 재 료 비 : 200,000원	• 직 접 노 무 비 : 300,000원
• 변동제조간접비 : 300,000원	• 고정제조간접비 : 100,000원
• 기 초 재 공 품 : 250,000원	• 기 말 재 공 품 : ?
• 기 초 제 품 : 500,000원	• 기 말 제 품 : 400,000원

① 300,000원 ② 350,000원 ③ 400,000원 ④ 450,000원

[문3] ㈜채원은 당기에 영업을 개시하였다. 당기 중 발생한 다음 거래로 인한 주요(기초)원가는 얼마인가? (★★)

• 원재료를 1,000,000원 외상으로 구입하고, 즉시 70%를 생산에 투입하였다.
• 시간당 10,000원인 생산직 근로자 3명이 총 100시간 투입되었다.
• 투입된 원가는 직접비에 해당한다.

① 1,500,000원 ② 1,700,000원 ③ 3,700,000원 ④ 4,000,000원

[문4] 다음 자료를 참고하여 제품매출원가를 계산하면? (★)

원가명세서자료	재 료 비	• 기초원재료재고액 2,000,000원 • 당기원재료매입액 6,000,000원 • 기말원재료재고액 1,500,000원
	노 무 비	• 발생액 3,700,000원
	제조경비	• 발생액 1,800,000원
	재 공 품	• 기초재공품 500,000원 • 기말재공품 600,000원
손익계산서자료	• 기초제품 3,000,000원 • 기말제품 2,000,000원	

① 11,800,000원 ② 12,900,000원 ③ 13,700,000원 ④ 13,900,000원

[문5] ㈜태평로의 제조원가자료이다. 직접노무비의 금액으로 올바른 것은? (★★)

• 기초원재료재고액	1,000,000원	• 기말원재료재고액	1,600,000원
• 당기원재료매입액	5,000,000원	• 당기제품제조원가	25,000,000원
• 기초재공품재고액	3,000,000원	• 기말재공품재고액	2,000,000원

※ 원재료소비액은 모두 직접비에 해당하며, 제조간접비는 직접노무비의 40%로 배부한다.

① 13,500,000원 ② 14,000,000원 ③ 14,500,000원 ④ 15,000,000원

[문6] 다음을 참고로 ㈜대한산업의 2020년 원재료 매입액은 얼마인가? (★★)

원 재 료	• 기초재고 : 700,000원 • 기말재고 : 800,000원
노 무 비	• 전기 미지급액 : 1,000,000원 • 당기 지 급 액 : 4,000,000원 • 당기 미지급액 : 2,000,000원
제조경비	• 3,800,000원
재 공 품	• 기초재공품 : 500,000원 • 기말재공품 : 600,000원
당기 제품제조원가	• 12,800,000원

① 4,100,000원 ② 4,200,000원 ③ 4,800,000원 ④ 4,900,000원

[문7] 다음 자료를 이용하여 당월에 완성된 제품의 단위당 원가를 계산하면 얼마인가? (★★)

• 월초제품수량 : 200개 • 월말제품수량 : 100개 • 당월제품판매수량 : 450개

재 공 품

월초재공품	150,000원		( )
	( )	월말재공품	70,000원
	490,000원		490,000원

① 900원 ② 1,000원 ③ 1,100원 ④ 1,200원

[문8] 다음 자료를 이용하여 매출원가를 구하면 얼마인가? (★★)

• 기초재공품원가 : 60,000원 • 기말재공품원가 : 50,000원
• 기초제품재고액 : 30,000원 • 기말제품재고액 : 25,000원
• 당기총제조비용 : 100,000원 • 기초원재료재고액 : 60,000원

① 105,000원 ② 110,000원 ③ 115,000원 ④ 120,000원

[문9] 제품원가계산 (★★)

㈜국세의 4월 매출액은 ₩20,000이며, 매출총이익률은 30%이다. ㈜국세의 공장에서 4월에 발생한 원가관련 자료는 다음과 같다.

－재고자산 현황

일자	직접재료	재공품	제품
4월 1일	₩1,000	?	₩3,000
4월 30일	2,000	₩3,000	4,000

－4월에 매입한 직접재료금액은 ₩4,500이다.
－4월 1일 미지급임금은 ₩2,000이며, 4월 30일 미지급임금은 ₩4,000이다.
－4월에 지급한 임금은 ₩6,000이다.
－㈜국세의 공장에서 발생한 임금의 50%는 생산직 종업원의 임금이다.
－4월에 발생한 제조간접원가 중 임금을 제외한 나머지 부분은 ₩1,500이다.

㈜국세의 4월 1일 재공품 금액은 얼마인가? (세무사 2011)

① ₩2,500 ② ₩3,000 ③ ₩3,500 ④ ₩4,000 ⑤ ₩5,000

TIP!

미지급임금의 이해돕기
현금주의 vs 발생주의
임금을 현금지급할 때 모두 원가로 처리하면 현금주의, 임금을 해당 월에 지급하지 못하였지만 일단 원가로 처리하고 미지급임금(부채) 증가로 기록하는 것이 발생주의

[문10] 원가흐름 + 원가분류 (★★)

㈜세무는 실제원가계산을 사용하고 있으며, 20x1년 원가자료는 다음과 같다. 20x1년 직접재료매입액은 ₩21,000이었고, 매출원가는 ₩90,000이었다. 가공원가의 40%가 직접노무비라면 주요원가(prime cost)는? (세무사 2013)

	기초잔액	기말잔액
직접재료	₩ 3,000	₩ 4,000
재 공 품	50,000	45,000
제 품	70,000	60,000

① ₩42,000 ② ₩44,000 ③ ₩50,000 ④ ₩53,000 ⑤ ₩55,000

[문11] ㈜세무의 지난 6개월간 기계가동시간과 기계수선비에 대한 자료는 다음과 같다. ㈜세무가 고저점법을 사용하여 7월의 기계수선비를 ₩2,019,800으로 추정하였다면, 예상 기계가동시간은? (단, 기계수선비의 원가동인은 기계가동시간이다.) (세무사 2017) (★★)

월	기계가동시간	기계수선비
1	3,410시간	₩2,241,000
2	2,430	1,741,000
3	3,150	1,827,000
4	3,630	2,149,000
5	2,800	2,192,500
6	2,480	1,870,000

① 2,800시간 ② 3,140시간 ③ 3,250시간 ④ 3,500시간 ⑤ 3,720시간

[문12] ㈜양산은 신제품을 개발하여 첫 25단위를 생산하였는데, 이와 관련된 원가는 다음과 같다.

> **TIP!**
> **묶음식(lot) 생산**
> 누적적으로 접근할 것! 25개 단위로 생산시 100개는 25개 묶음 4개가 필요함.

직접재료원가	1,450,000원
직접노무원가(500시간 @5,500원)	2,750,000원
변동제조간접원가(직접노무원가의 20%)	550,000원
고정제조간접원가	960,000원
합 계	5,710,000원

㈜양산은 직접노무시간이 90% 누적평균시간 학습곡선을 따른다고 가정하고 있다. 추가로 75단위를 생산하는 경우 추가로 발생되는 제조원가 금액은 얼마인가? 단, 고정제조간접원가는 추가로 발생하지 않는 것으로 가정한다. (★★★)

① 11,542,000원 ② 11,642,000원 ③ 11,652,000원 ④ 11,742,000원

주관식

[문1] 주요원가, 매출원가 (★★)

㈜세무의 20×1년 5월 중 자료는 다음과 같다.

	5월 1일	5월 31일
재 공 품	₩30,000	₩25,000
제 품	20,000	10,000

〈요구사항〉

5월 중 기초원가(prime cost)는 ₩325,000이고, 가공원가(conversion cost)가 직접재료원가의 40%이며, 제조간접원가는 ₩25,000이다. ㈜세무의 5월 매출원가는? (세무사 2016)

[문2] 원가흐름, 제조원가명세서와 손익계산서 (★★)

와우(주)의 1월 한 달 동안 생산활동과 관련한 자료는 다음과 같다.

생 산		
완성품수량		1,500개
당기직접재료매입액		₩10,000
당기직접재료사용액		40,000
직접노무비		15,000
제조간접비		30,000
재 고		
	기초재고	기말재고
직접재료	₩50,000	₩20,000
재공품	14,000	9,000
제 품	5,000	15,000
매 출		
매출수량		1,250개
매출액(@₩80)		₩100,000
판매비와 관리비		25,000

〈요구사항〉

1. 1월 동안 와우(주)의 원가흐름을 분개하시오. (반드시 풀어야 할 것은 아님)
2. 이 분개를 T계정에 전기하시오. (반드시 풀어야 할 것은 아님. 회계전공자 참고)
3. 제조원가명세서를 작성하시오.
4. 손익계산서를 작성하시오.

<자료 : 김성기, 1986, 제3장 연습문제>

[문3] 제조원가명세서와 손익계산서 (★★)

와우(주)의 회계책임자인 김정언 부장은 자신의 실수로 인하여 원가기록의 대부분을 분실하였으나 다행히 다음 회계기록을 찾을 수 있었다. 이 자료들은 2019년 한 해 동안의 회계자료이다.

① 총매출액 : ₩120,000
② 기초재고액 : 재공품 ₩15,000, 제품 ₩8,000
③ 직접노무비는 가공비의 55%이다.
④ 재공품재고는 연간 ₩2,500씩 증가하였다.
⑤ 매출총이익은 총매출액의 48%이다.
⑥ 제조간접비 발생액은 ₩27,000이다.
⑦ 직접노무비는 기본원가의 60%이다.
⑧ 당기의 일반관리비는 순이익의 2배이나 판매비의 40%에 불과하다.

〈요구사항〉

김정언 부장을 위하여 제조원가명세서와 손익계산서를 작성하시오.

[문4] 회계적 방법에 의한 원가추정 (★★)

와우(주)는 2019년에 4,000개의 제품을 생산하고, 이에 따라 다음과 같은 제조원가가 발생할 것으로 예상한다.

원가항목	금 액
직접재료비	₩140,000
직접노무비	200,000
변동제조간접비	100,000
고정제조간접비	150,000

〈요구사항〉

회계적 방법을 이용하여 연간 제조원가에 대한 추정방정식을 나타내시오.

<자료 : Morse & Roth, 1989>

[문5] 고저점법(Ⅰ) (★★)

대표적인 두 기간(T_1 및 T_2)에서 입수한 직접노무비, 간접노무비 그리고 간접재료비는 다음 자료와 같다.

	T_1	T_2
직접노무비	₩12,000	₩15,000
간접재료비	4,400	5,000
간접노무비	10,600	11,500

제조간접비는 직접노무비와 선형관계를 갖고 있는 것으로 가정된다. 회사는 이러한 제조간접비들에 대한 예산을 편성하기 위해 고저점법을 이용하려고 한다.

〈요구사항〉

1. 결합된 두 제조간접비에 대한 단위당 변동비는 얼마인가?
2. 각 기간별 고정비는 얼마인가?
3. 직접노무비가 ₩13,200일 경우에 간접노무비와 간접재료비는 각각 얼마인가?

<자료 : Moriarity & Allen, Cost Accounting, 2nd ed. ; 정준수, 1992, 제9장>

TIP!

간접노무비의 고정비 요소란?

노무비 중에는 감독자급여처럼 생산량과 무관하게 일정한 고정비가 포함되어 있다. 물론 이들 감독자가 단일 제품을 감독하면 직접노무비(고정비)가 되지만 여러 제품을 감독하면 간접노무비가 된다.

[문6] 고저점법(II) (★★)

다음 자료는 (주)와우에서 지난 몇 달 동안 발생한 제조간접비를 기계시간과 매치하여 정리한 것이다.

	기계시간	총제조간접비
7월	5,000	₩50,620
8월	8,000	90,040
9월	6,000	54,080
10월	9,000	63,100

(주)와우는 제조간접비를 변동비와 고정비로 구분하기 위하여 원가분석을 실시한 결과, 제조간접비는 전력비, 감독자 급여, 수선유지비로 구성되어 있음을 알게 되었다. 그러나 이들을 완전히 고정비와 변동비로 구분하지는 못했다. 7월의 실제 제조간접비는 다음과 같다.

전력요금(변동비)	₩10,500
감독자임금(고정비)	24,000
수선유지비(혼합비)	16,120
합 계	₩50,620

〈요구사항〉

10월의 제조간접비 중에 포함되어 있는 수선유지비를 추정하면 얼마인가?

[문7] 원가행태 분석 (★)

다음은 상이한 판매수준에서의 방배 버거집의 원가정보이다.

월 판매수량 / 비용항목	1,000개	1,500개	2,000개
재 료 비	₩120,000	₩180,000	₩240,000
인 건 비	400,000	600,000	800,000
수 도 광 열 비	250,000	350,000	450,000
임 차 료	1,000,000	1,000,000	1,000,000
계	₩1,770,000	₩2,130,000	₩2,490,000

〈요구사항〉

1,700개 판매시에 예상되는 총비용은 얼마인가?

[문8] 원가추정 (★★)

홍익(주)는 각 부문에 대한 변동예산을 설정하려고 한다. 수선부문에서는 회사의 시설에 대한 반복적이고 중요한 모든 수선작업을 담당하고 있다. 수선비는 기본적으로 여러 제조부문에서 작업한 기계작업시간의 함수라고 결정되었다. 2019년의 4개월 동안에 작업한 실제기계작업시간과 수선비 발생액은 다음과 같다.

월	기계작업시간	수 선 비
1	800	₩350
2	1,200	350
3	400	150
4	1,600	550

(이 예는 유사한 정보를 결정하기 위하여 이용될 수 있는 방법을 단순히 예시하는 데에 목적이 있다. 이 예의 경우처럼 관측치의 수가 적을 때는 분석결과를 신뢰할 수 있는지를 결정하기 위해 추가적인 분석을 실시하여야 한다.)

〈요구사항〉

1. 산포도를 작성하시오.
2. 고저점법을 사용하여 기계작업시간당 변동수선비와 월별 고정수선비를 계산하시오.

<자료 : HFD, 1991, p.808>

[문9] 누적평균학습모형 (★★)

A회사는 선박 생산에 착수하였고, 직접노동시간 600시간이 소요되어 선박 2채를 생산하였다. 선박을 추가로 6채 생산하는 데 소요되는 추가직접노동시간은 몇 시간인가? 단, 직접노동시간은 누적평균시간학습모형을 따르고, 학습률은 80%이다.

[문10] 누적평균학습모형(로트별 생산) (★★)

㈜국세는 1로트(lot)의 크기를 10대로 하는 로트생산방식에 의해 요트를 생산 · 판매하고 있다. ㈜국세는 최근 무인잠수함을 개발하고 5대를 생산 · 판매하였으며, 관련 원가자료는 다음과 같다.

직접재료원가 (₩2,000,000/대)	₩10,000,000
직접노무원가 (₩30,000/시간)	30,000,000
변동제조간접원가 (₩5,000/직접노무시간)	5,000,000

무인잠수함도 로트생산방식에 의해 생산하되, 1로트의 크기는 5대이다. 무인잠수함의 직접노무시간은 요트 생산과 같이 로트당 누적평균시간 학습곡선모형을 따르며, 학습률도 동일하다. 요트 생산의 누적생산량과 로트당 평균 직접노무시간은 다음과 같다.

누적생산량	누적로트 수	로트당 평균직접노무시간
10	1	1,300
20	2	1,170
40	4	1,053

〈요구사항〉

㈜국세는 무인잠수함 35대에 대한 납품제의를 받았다. 이 납품과 관련된 무인잠수함 1대의 평균 변동제조원가는?

<자료 : 세무사 2015년 1차 기출문제>

[문11] 학습곡선 : 입찰가격 (★★)

SK사가 정부와 미사일 납품계약을 체결하고 시작품(試作品)을 제작시 다음과 같은 원가를 보고받았다고 가정하자. 그리고 직접노무비(DL)에는 93%의 학습률이 적용된다고 가정하자.

DM(직접재료비) : ₩30,000/기	DL(직접노무비) : ₩20,000/기

〈요구사항〉

시작품 생산 후 곧 7기의 미사일제작을 의뢰받았다. 이를 생산할 때 예상되는 SK사의 직접재료비와 직접노무비의 합계는 얼마인가?

[문12] 누적평균시간모형 대 증분시간모형 (★★★)

홍익항공(주)은 대형 항공기를 조립하여 판매하는 회사이다. 당사는 2019년 7월에 처음으로 대형 항공기 1대 조립을 완료하였고 직접노동시간이 학습효과가 있다는 것을 발견하였다. 처음 1대의 생산과 관련된 원가정보는 다음과 같다.

직접재료비	₩750,000
직접노무비(2,500시간×@1,500/시간)	3,750,000
변동제조간접비(2,500시간×@500/시간)	1,250,000

직접노동시간이 누적평균시간모형을 따른다고 할 때 적용되는 학습률은 95%이며 증분시간모형을 따른다고 할 때 적용되는 학습률은 90%이다. X^{-b}는 다음과 같다.

	$y=ax^{-b}$	$m=ax^{-b}$
x	x^{-b}	x^{-b}
1	1.0000	1.0000
2	0.9500	0.9000
3	0.9219	0.8462
4	0.9025	0.8100
5	0.8877	0.7830
6	0.8758	0.7616
7	0.8659	0.7440
8	0.8574	0.7290

$y=ax^{-b}$(누적평균시간모형)

y=단위당 누적평균시간

a =첫 번째 단위 만드는 데 필요한 직접노동시간

$m=ax^{-b}$(증분균시간모형)

m=단위당 증분시간

b=학습률과 관련된 지수

〈요구사항〉

1. 직접노동시간이 증분시간모형을 따른다고 하였을 때 첫 번째 단위부터 4번째 단위까지 단위당 증분시간, 총누적시간, 단위당 누적평균시간을 나타내는 표를 작성하시오.
2. 직접노동시간이 누적평균시간모형을 따른다고 하였을 때 5번째 단위부터 8번째 단위까지 누적평균시간, 총누적시간, 단위당 증분시간을 나타내는 표를 작성하시오.
3. 직접노동시간이 증분시간모형을 따른다고 하였을 때 2번째 단위부터 4번째 단위(총 3단위)까지 생산하는 데 필요한 변동제조비는 얼마인가?
4. 직접노동시간이 누적평균시간모형을 따른다고 하였을 때 6번째 단위와 8번째 단위(총2단위)를 생산하는 데 필요한 변동제조비는 얼마인가?

<자료 : KICPA, 1993년 2차 기출문제>

[문13] 재고등식 (★)

다음 불완전한 자료의 빈칸에 알맞은 숫자를 넣어라(각각의 사례는 독립적이라고 가정).

	사례			
	1	2	3	4
직접재료비	₩4,500	₩6,000	₩5,000	₩3,000
직접노무비		3,000	7,000	4,000
제조간접비	5,000	4,000		9,000
총제조원가	18,500		20,000	
기초재공품	2,500		3,000	
기말재공품		1,000	4,000	3,000
제품제조원가	18,000	14,000		17,500
매출액	₩30,000	₩21,000	₩36,000	₩40,000
기초완제품재고	1,000	2,500		2,000
제품판매가능액				
기말완제품재고		1,500	4,000	3,500
매출원가	17,000		18,500	
매출총이익	13,000		17,500	
운영비		3,500		
당기순이익	₩4,000	₩	₩5,000	₩9,000

PART 02

원가정보의 산출 : 원가계산시스템의 활용

제2부에서는 다양한 업종별 고유한 원가계산 기법과 새로 대두된 원가계산 기법을 소개한다. **개별원가계산**과 **종합원가계산**은 제조공정 및 원가집계의 특성상 대조되는 대표적인 원가계산 기법이다. 그리고 자동화와 다품종 소량생산 방식으로 대두된 개별원가계산과 종합원가계산의 혼합형태인 **작업별 원가계산**을 소개한다. 특수한 상황인 결합원가계산과 정확한 제조간접비 배부를 강조하는 **활동기준원가계산**의 기본가정과 계산절차를 다룬다.

제2부에서 소개하는 원가계산기법들은 제조환경의 발전과 기업경영 환경의 변화에 대응하고 목적적합한 제품원가를 산출하기 위한 기업실무 노력에서 개발된 것이다. 따라서 각각의 원가계산기법을 학습함에 있어서 과거의 제조환경과 현재의 제조환경 차이를 상기하면서, 간접비 배부방법의 변화과정이나 제품원가계산에 필요한 원가분류의 변화에 주의를 기울이길 바란다.

04 개별원가계산

Learning Objectives

1 제2장과 제3장에서 배운 원가의 개념과 원가계산에 대한 이해를 높임
2 원가계산의 정의 및 절차를 파악
3 예정배부율의 필요성을 파악
4 개별원가계산의 특징과 절차를 이해
5 작업원가표의 양식과 내용에 익숙해짐
6 조업도차이의 개념을 배움
7 제조업 이외의 조직에서 개별원가계산이 적용되는 상황을 터득
8 단위당 원가개념의 유의사항 재확인

Intro

제4장에서는 기업경영에서 활용할 수 있도록 원가정보를 산출하는 원가계산에 관한 기초지식을 소개한다. 제2장과 제3장에서 배운 원가의 정의와 기본적 원가의 분류 지식을 토대로 제품 또는 서비스 원가를 파악하기 위한 원가계산의 목적 및 절차를 설명한다.

대표적인 원가계산방식인 개별원가계산과 종합원가계산을 상호 비교하여 원가계산 전반에 대한 이해를 높이고 먼저 개별원가계산을 자세히 설명한다. **개별원가계산**(job-order costing)은 영어 명칭이 시사하는 바와 같이 주문이행에 소요된 원가를 파악하는 것이 목적이기 때문에 직접원가와 간접원가의 구분이 중요성을 갖는다.

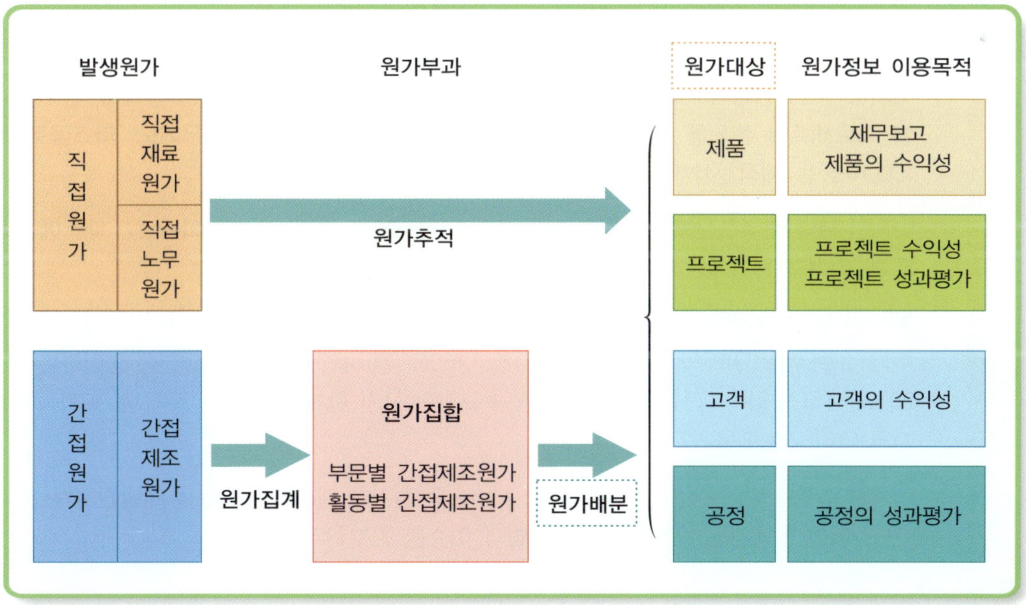

Storytelling

현대중공업, 삼성중공업과 더불어 국내 대표적인 조선회사인 **대우조선해양**은 2012년 9월 부유식원유생산저장하역(FPSO) 설비인 '**파즈플로 호**'를 인도한 '토탈'사로부터 감사 편지를 받았다. FPSO는 바다에 떠서 원유를 채굴·저장하는 대형 플랜트로 '떠다니는 원유공장'으로 불린다.

토탈사는 편지에서 "지난 1년간 설비 운용은 매우 성공적"이라며 "대우조선해양의 공사 수행 능력에 찬사를 보낸다"고 밝혔다.

2011년 1월 경남 거제 옥포조선소에서 출항한 파즈플로 호는 3개월 뒤인 4월 12일 앙골라 현지 해상에 도착했다. 이후 해상 설치 작업을 거친 끝에 4개월여 만에 첫 원유생산에 성공했다.

이는 당초 계획보다 한 달가량 앞선 것으로 토탈사는 역대 최대 금액인 약 600억원의 조기 인도 인센티브를 대우조선해양에 지급했다. 조기 인도 인센티브는 납기를 앞당길 경우 선주가 조선소에 지급하도록 미리 약정하는 방식으로 지급된다.

대우조선해양은 토탈사로부터 또 다른 선박제조 프로젝트인 **CLOV FPSO**(이하, CLOV호)를 수주받아 건조를 마치고 2013년 8월에 인도하였다.

이처럼 **주문생산방식**으로 생산하는 선박의 경우 해당 **프로젝트의 원가**를 정확히 알기 위해 개별 프로젝트별 원가를 계산하여야 한다. 대우조선해양의 사례의 경우에도 '파즈플로 호'와 'CLOV호'는 제작 시기와 선박 형태가 다른 별도의 프로젝트이다.

하지만 분명 대우조선해양의 경우 성공적으로 '**파즈플로 호**'의 생산을 이뤄냈기 때문에 'CLOV호'의 입찰과 원가계산이 훨씬 수월했다. (출처: 조선비즈, 2012.9.3)

2017년 부도위기와 분식회계로 매스컴에 등장했던 대우조선해양이 인도네시아에 잠수함 3척을 추가 수출(수출 규모 약 10억 달러, 즉 1조 1,160억 원)하기 위한 협상을 진행 중이라는 기사가 2019년 1월 13일에 등장했다. 과연 엄청난 규모의 국민 혈세를 밑 빠진 독에 물 붓기식의 정부 지원 없이 가능했을까?

이처럼 **수주**를 받아 생산되는 제품이나 서비스의 원가를 계산하는 방법을 **개별원가계산**이라고 한다. 이번 장에서는 개별원가계산 방법과 이슈를 공부한다.

제1절 원가계산과 원가계산시스템의 선택

1.1 원가계산의 기본 개념

1. 원가계산의 의의

원가계산은 '제품이나 서비스와 같은 목적물을 만드는 데 소요된 원가를 파악하는 기법'이라고 정의된다(제2장 참조). 원가계산은 제품원가계산(product costing), 서비스원가계산, 프로젝트원가계산, 프로그램원가계산 등 목적물의 종류(원가대상)에 따라 다양한 명칭으로 표현된다.

커피전문점에서 5,000원 정도 하는 커피 한 잔의 원가는 과연 얼마일까를 궁금해 했던 경우가 있을 것이다. 이 경우 원가대상인 커피 한 잔의 원가계산을 통해 원가정보를 산출하여 궁금증을 해소할 수 있다.

커피전문점에서 판매하는 커피 한 잔에는 원두만 들어가지는 않는다. 카페라테에는 우유가 들어가고, 마키아토에는 크림을 올리기도 한다. 테이크아웃 종이컵도 재료이고, 시럽 또한 마찬가지다. 얼음이나 물의 가격도 비중이 높지는 않겠지만 어쨌든 '재료비'로 봐야 한다. 또 있다. 커피 한 잔의 원가에는 흔히 인건비라고 부르는 '노무비'가 포함되는데, 커피를 직접 만드는 바리스타뿐만 아니라 매장을 총괄 관리하는 점장과 주방보조 아르바이트생의 월급까지 노무비로 배분되어 커피 한 잔의 원가에 포함되어야 한다.

하지만 재료비와 노무비를 제외하고도 인테리어 비용이나 임차료, 전기료, 인터넷 통신비, 냉난방비 등 다른 비용들도 있다. 이러한 비용 또한 당연히 커피 한 잔의 원가로 고려되어야 한다. 그렇다면 여러분이 지금 마시고 있는 커피 한 잔의 진정한 원가는 과연 얼마일까? 지금부터 원가계산 방법을 제대로 알아보자.

2. 원가계산의 절차

원가계산의 절차를 그림으로 요약하면 다음과 같다. <그림 4.1>은 제2장에서 소개한 바 있는 내용을 보다 간략히 표시한 것이다.

이 그림에서 직접원가와 간접원가는 여러 가지 원가항목을 원가대상에의 추적

그림 4.1
원가계산(일명, 원가부과 : cost assignment)의 절차

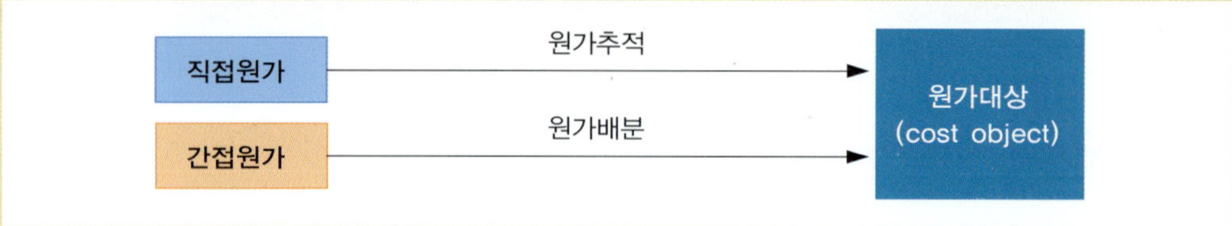

가능성을 염두에 두고 분류한 것이다. 이렇게 분류된 원가는 일종의 광범위한 원가집합(cost pool)이다. 원가집합이란 원가대상에 부과하기 위한 목적에서 상호 유사성을 갖는 원가들의 집합체(collection)를 말한다. 직접원가는 특정원가대상에 직접 추적・부과가 가능하다는 공통점을 갖는다. 이에는 직접재료비, 직접노무비, 직접경비가 포함된다. 간접원가는 원가배분을 통해 원가대상에 집계된다.

앞서 이야기한 커피 한 잔의 원가 또한 재료비와 노무비를 제외하고도 인테리어 비용이나 임차료, 전기료, 인터넷 통신비, 냉난방비 등 다른 비용들도 있다. 이러한 나머지 원가를 경비라 부르는데 경비는 대부분 간접원가로 커피 한 잔의 원가에 배분되어야 정확한 원가가 계산된다.

고급호텔에서 마시는 커피의 경우는 재료비는 일반 커피전문점과 비슷하더라도 멋진 웨이터가 서빙을 하는 만큼 커피 한 잔에 배분되는 노무비가 크고, 고급 인테리어와 라이브 음악 등 각종 경비가 더 많이 발생한다. 그래서 커피 가격도 더 비싸질 수밖에 없다. 반면에 길거리 자판기의 커피 한 잔이 몇 백 원에 불과한 이유는 재료비가 저렴한 이유도 있지만 노무비나 경비 등 간접원가가 거의 없기 때문이다.

1.2 원가계산의 핵심 이슈

결국 정확한 원가계산의 핵심 이슈는 두 가지로 볼 수 있다. 첫 번째는 '과연 어떤 것을 대상으로 계산할 것인가?' 즉 '원가대상'의 파악과 '과연 제대로 원가를 집계하였는가?' 즉 '원가배분'으로 요약할 수 있다.

1. 원가대상

별도의 원가측정이 이루어지는 목적물로 정의되는 원가대상은 주로 제품 및 서

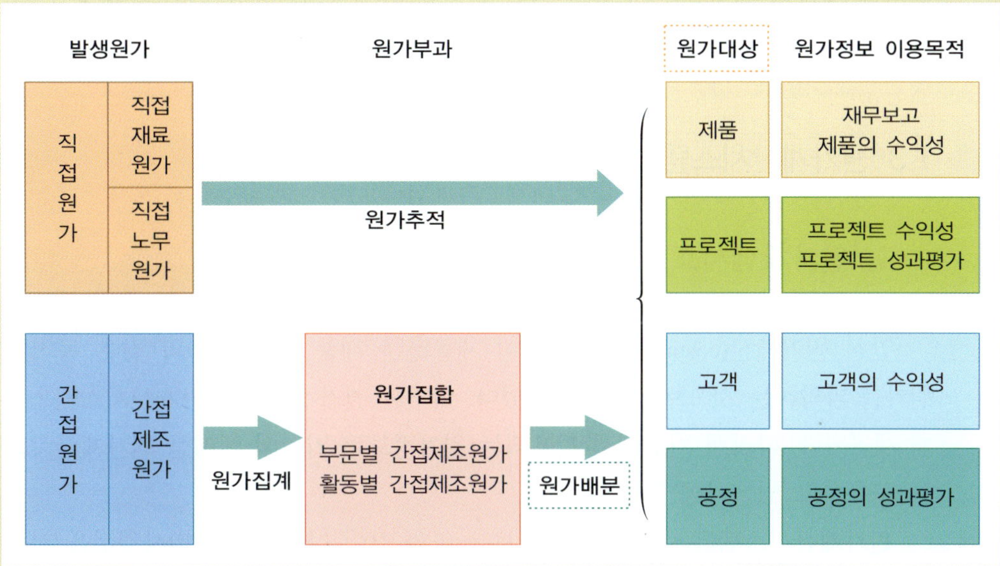

그림 4.2 원가계산의 흐름도

비스가 꼽히는데 원가계산의 목적 및 희망하는 원가정보의 상세함 정도에 따라 원가대상은 매우 다양할 수 있다.

일반적으로 제조업에서의 원가계산은 제품생산에 투입된 자원을 원가요소별로 구분·집계하는 가운데 생산과정(일명, 공정)을 감안하여 '제품'별로 원가를 부과하는 방식으로 이루어진다. 원가집계의 목적물을 의미하는 원가대상으로는 흔히 제품(articles manufactured)과 서비스(services rendered)가 꼽히지만 이외에도 기능(functions performed ; 가령, 진상조사위원회가 수행한 특별조사기능) 등이 포함된다. 미스터피자에서 배달고객과 매장방문고객의 원가를 계산해 가격에 차별을 두는 경우 원가대상은 '고객'이 된다.

요컨대, 올바른 원가계산의 전제조건은 원가대상의 파악이다. 즉, 무엇의 원가를 계산하는 것이 당면과제인가를 제대로 이해하는 것이 원가계산의 첫출발이다.

TIP!

위대한 유산?

"찰스 디킨즈의 소설 중에 『**위대한 유산**(*Great Expectations*)』이라는 작품이 있다. 공통비(즉, 간접비)의 배분문제는 디킨즈의 소설 제목처럼 원가계산 및 관리회계의 연구자와 실무자 모두에게 선인이 남긴 위대한 유산이다."

(출처: 『ABC 회계혁명』, 신홍철·배병한 공역 제1장)

2. 원가배분

직접원가는 추적을 통해 원가대상에 부과될 수 있지만 간접원가는 배분을 통해서만 원가대상에 부과될 수 있다. 간접원가가 존재하지 않는 경우란 거의 없다는 점을 감안하면 원가계산의 핵심은 적절한 원가배분기준을 선택·적용하는 것이라고 해도 지나친 말이 아니다. 제7장에서 배울 활동기준원가계산(ABC)도 이러한 간접원가 배분의 왜곡을 해소하기 위한 목적에서 대두되었음을 상기할 필요가 있다.

1.3 원가계산시스템의 설계 및 선택

1. 원가계산시스템의 설계

앞서 원가계산(costing)이란 기업이 제공하는 제품 및 서비스와 같은 목적물의 원가를 파악하는 것으로 정의한 바 있다. 이러한 원가정보는 원가계산시스템으로부터 제공된다. 따라서 기업에서 활용되는 원가정보는 기업이 어떠한 원가계산시스템을 구축하고 있는가에 좌우된다.

원가계산시스템은 <표 4.1>에서 보는 바와 같이 다양한 경영의사결정을 지원하도록 설계되어야 한다. 그러나 관리자가 미래에 당면할 의사결정 유형을 100% 예측할 수는 없기 때문에 원가계산시스템은 관리자가 흔히 당면하는 의사결정을 지원할 원가정보 제공을 염두에 두고 설계되는 것이 일반적이다. 따라서 앞서 소개한 "상이한 목적을 위해서는 상이한 원가를!"이라는 캐치프레이즈는 "상이한 목적을 위해서

표 4.1 원가정보의 경영의사결정 활용

항 목	구성비율(%)
제품별 원가계산을 통한 원가분석	16.6
제품가격 결정	13.8
가격협상을 위한 원가견적	13.3
제품별 수익성 분석	12.4
손익분기점 분석	11.3
원가절감 추진	7.7
신제품 개발	7.5
경영계획 수립 및 통제	5.8
예산편성	4.7
신설비 도입을 위한 경제성 평가	3.9
세무보고서 관련의 원가자료 제공	3.0
계	100

자료 : 신준용 · 손무성, 회계저널, 한국회계학회, 1995년 12월.

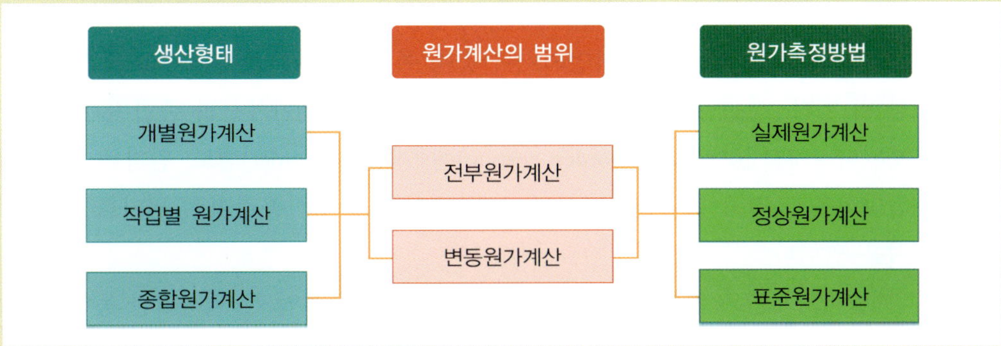

그림 4.3 원가계산시스템의 종류

는 상이한 원가계산시스템의 활용을!"이라는 캐치프레이즈로 바뀌 표현될 수 있다.

2. 원가계산시스템의 선택

기업의 원가계산시스템 설계 및 운영은 과연 기업이 어느 정도로 상세한 원가정보를 필요로 하는가와 원가정보를 어떠한 목적으로 활용하는가에 따라 차이를 보인다. 물론 기본적으로는 기업의 제품이나 서비스 생산과정에 따라 차이를 보이게 마련이다. 이런 점에서 전통적인 원가계산방식은 생산방식에 따른 분류에 해당하는 개별원가계산과 종합원가계산으로 대별되어 왔다.

기업의 생산방식이 원가계산시스템의 설계에 적지 않은 영향을 미치는 것은 사실이다. 이는 1980년대 중반 이후 변화하는 제조환경하에서 새로운 원가계산시스템의 도입이 강조되어 온 것을 보더라도 쉽게 이해할 수 있다. 그러나 생산방식이 원가계산시스템을 결정짓는 것은 아니다. 다만, 주된 영향을 미칠 뿐이다.

기업이 필요로 하는 원가정보의 유형 및 목적은 기업이 처한 상황에 따라 차이를 보인다. 그러나 가장 대표적인 원가정보는 기업이 생산하는 단위당 제품 및 서비스(이하 편의상 제품으로 표현)의 원가이다. 이러한 단위 원가정보는 재무제표작성에 필수적인 재고자산평가는 물론 가격결정 등 기업경영상 다양하게 활용된다.

TIP!
회계법인이나 로펌 등 전문 서비스업에서도 고객(client)과의 서비스 계약체결(가령, 회계감사나 법률검토 등)을 위한 가격결정시 원가정보를 필요로 한다.

원가계산 기법의 선택은 원가계산 목적과 기업의 생산환경 등을 감안하여 이루어진다. 뒤에서 배울 전부원가계산, 변동원가계산, 표준원가계산 등이 이에 해당한다.

1.4 원가계산시스템의 비교 : 개별원가계산과 종합원가계산

앞서 원가계산시스템은 기업의 생산공정 특성에 맞게 설계될 필요가 있다고 강조한 바 있다. 생산공정에 따른 원가계산은 크게 개별원가계산과 종합원가계산으로 구분된다. 개별원가계산(job-order costing)은 개별주문(order)별로 원가를 파악하는 계산방식을 그리고 종합원가계산(process costing)은 생산공정별로 원가를 파악하는 방식을 말한다.

TIP!
영화제작의 원가
영화제작의 경우 비록 의뢰받은 작품은 하나이지만 최종적으로 납품해야 할 산출물은 동시에 여러 곳의 개봉관에서 상영할 때 필요한 수십 벌의 필름이 될 것이다. 따라서 최종원가대상은 **영화**일 수도 있고 **단위필름**일 수도 있다.

개별원가계산은 영화제작, 항공기제작, 건설업, 조선업 등 일정기간 동안에 주문된 단일 또는 복수의 제품을 생산하는 제조환경하에서 채택되는 원가계산방식이다. 주문(order)이 이루어지면 구체적인 작업(job)이 수행됨을 감안하여 미국에서는 **job-order costing**(그대로 번역하면 주문작업원가계산)이란 영어명칭을 사용한다. 반면에 우리나라에서는 개별 작업의 수익과 원가가 별도로 구분되어 기록 · 파악되는 원가계산의 특징을 감안하여 개별원가계산이라고 하고 수주원가계산이라고 부르기도 한다.

종합원가계산은 동질제품을 연속적인 공정(process)을 통하여 생산하는 화학산업, 정유산업 및 제지업 등에서 사용하고 있다. **Process costing**(엄밀히 번역하면 공정별 원가계산)이란 영어명칭은 생산과정이 공정 위주로 이루어짐을 반영하는 반면에 종합원가계산이라는 우리말은 연속해서 생산되는 개별 완성품원가를 별도로 파악하는 대신 일정기간 동안에 발생한 원가를 종합한 후 이를 동기간에 생산된 총산출량과 대응시켜 단위당 원가를 파악하는 원가계산 특징을 반영하는 용어이다.

예를 들어, 우리가 흔히 마시는 사이다캔을 생각해 보자. 과연 롯데칠성음료㈜와 같은 청량음료제조업체가 특정 시점에 생산되는 사이다캔의 제조원가를 별도로 추적하고 있을까? 결코 그렇지 않다. 아마도 일정기간(가령, 한 달 또는 1주) 동안에 생산된 완성품수량과 동기간에 발생한 총제조원가를 대응하는 식으로 계산한 원가만을 파악하고 있을 것이다. 1,300번째 생산된 사이다캔과 1,501번째 생산된 사이다캔의 생산원가를 별도로 파악하고 있지 않을 뿐더러 파악해야 할 하등의 이유를 찾기란 쉽지 않다.

제조업에 속하는 기업은 다음 세 가지 유형 중 하나에 속한다. 첫째, 고객의 개별주문을 받아 생산하는 기업, 둘째, 연속흐름공정으로 제품을 생산하는 기업, 셋째, 개별작업과 흐름공정이 혼합된 방식(작업별 원가계산 : operation costing)으로 제품을 생산하는 기업이 그것이다(<표 4.2> 참조). 이러한 유형은 서비스업(가령, 병원, 건축

표 4.2 생산방식과 원가시스템

원가시스템	개별원가계산	작업별 원가계산	종합원가계산
생산형태	개별작업 • 건설 • 영화제작업 • 병원	배치생산 • 의류 • 자동차 • 컴퓨터 단말기	연속흐름공정 • 정유 • 화학 • 제지업
제품형태	주문된 상품	배치 내에서는 표준화되어 있으나 상이한 배치를 가진 제품	표준화된 제품

* 작업별 원가계산: 개별원가계산과 종합원가계산을 혼합하여 사용하는 원가계산

설계회사, 컨설팅업체)에도 마찬가지로 적용된다.

따라서 제품 및 서비스 원가계산에 앞서 먼저 기업의 생산방식이 어떤 형태를 갖는가를 이해하는 것이 중요하다.

개별원가계산을 사용하는 기업으로는 건설업체, 군수업체, 병원, 영화제작업체, 회계법인 및 출판사 등으로 이들 업체는 특정 고객에 특화된 제품 또는 서비스를 생산한다. 연속적인 흐름공정은 개별작업형태와 반대로 고객과의 연결이 불필요한 표준화된 제품을 생산하는 경우이다. 앞서 예를 든 청량음료 제조업체처럼 연속흐름공정으로 제품을 생산하는 기업이 선택하는 원가계산방식으로 종합원가계산을 사용하는 것이다. 요컨대, 종합원가계산은 동질적인 단위들이 단일형태의 생산절차를 거쳐 생산될 때 사용되는 회계시스템이다.

TIP!
개별원가계산에서는 특정 고객의 주문을 이행할 때 거치는 다양한 작업(job)의 원가를 집계하는 반면, **종합원가계산**에서는 제품이 거쳐가는 생산공정(process)의 단위원가를 집계함에 초점을 맞춘다.

동일 기업 내에서는 반드시 한 가지 원가계산방식만이 채택되는 것은 아니다. 오히려 많은 기업들은 취급하는 프로젝트의 특성에 따라 개별원가계산방식을 사용하기도 하고 종합원가계산방식을 사용하기도 한다. 가령, 주로 규격화된 주택을 짓는 주택건설업체는 종합원가계산을 사용하지만 같은 건설업체라 하더라도 한 고객만을 위해 설계된 주택을 건설할 경우에는 개별원가계산을 사용한다. 마찬가지로 방위산업체의 경우 일반 민간인을 위한 제품(가령, 지게차)에 대하여는 종합원가계산을, 국방계약에 따라 납품되는 방산용 물품(가령, 탱크)에는 개별원가계산을 사용한다(<그림 4.4> 참조).

일부 기업들은 작업별 원가계산(일명, 운영원가계산)이라고 불리는 개별원가계산과 종합원가계산이 혼합된 계산방식을 사용한다. 여기서 작업(operation)이란 제품생산의 표준화된 방식으로서 생산 중에 반복하여 수행되는 활동(가령, 단추달기)을 말한다. 작업별 원가계산의 특징은 제품이 종합원가계산처럼 표준화된 생산방식을 따르지만 각 제품(또는 일정묶음의 제품)에 따라 사용되는 원재료나 소요되는 작업(가

그림 4.4
개별원가계산과 종합원가계산

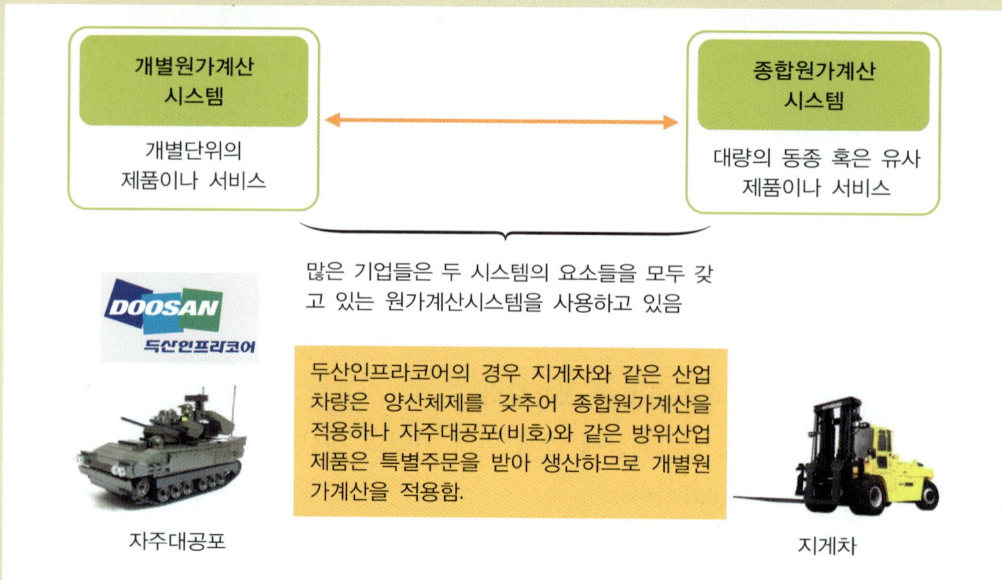

령, 지퍼달기)이 상이할 수 있다는 점이다.

자동차회사를 예로 들어 설명해 보자. 현대자동차는 다양한 모델의 승용차와 트럭을 생산하고 있지만 이들 승용차와 트럭은 반드시 동일 작업(예 : 도색공정)을 거치게 마련이다. 하지만 동일한 도색공정이더라도 모델 종류에 따라 상이한 재료와 부품을 사용하고 있다. 트럭이 승용차와 상이한 차체구조(body)를 갖는 것처럼 말이다.

제2절 개별원가계산

2.1 개별원가계산의 의의

1. 개별원가계산의 특징 및 정의

개별원가계산 방식은 제조업은 물론 상기업이나 서비스업에서도 다양하게 적용됨을 언급한 바 있다. 새로운 주택의 건축이나 선박건조, 고속도로의 보수, 사무용빌딩의 리모델링 혹은 영화제작 현장을 떠올려보자. 이러한 현장에서 수행되는 다양한 활동(가령, 용접, 페인팅, 촬영 등)은 특정 고객으로부터 주문받은 작업(job-ordered) 이행에 필요한 활동들이다. 따라서 이러한 활동으로부터 발생하는 원가는 당연히 주문받은 작업(job)에 집계되어야 한다. 이처럼 특정 고객으로부터 개별적으로 주문받은 작업이행에 소요되는 모든 원가를 집계하는 원가계산방식이 개별원가계산이다.

Job order costing이라는 영어명칭의 핵심단어인 작업(job)이란 다른 단위와의 구별이 용이하게 이루어질 수 있는 산출물(제품 또는 서비스 등) 단위를 말한다. 가령, 여러분이 자신의 주택을 리모델링하거나 새로이 지을 경우 주택신축이나 리모델링은 작업에 해당한다. 왜냐하면 신규주택 자체가 주문(order)이며 다른 건축작업과 쉽게 구별 가능하기 때문이다. 마찬가지로 영화 아이언맨4를 제작 의뢰받은 영화제작업체의 경우 영화 아이언맨4가 주문받은 작업에 해당한다. 아울러 영화 제작에 소요되는 필름 및 출연배우 개런티에서 촬영팀 인건비 및 촬영기자재의 감가상각비에 이르기까지 각종 원가를 집계하는 식으로 영화제작에 따른 개별원가계산이 이루어진다.

이러한 원가집계는 제조업의 경우에도 마찬가지이다. 즉, 특정 고객이 주문한 기계나 가구를 제작하여 공급하는 경우 주문이행에 필요한 모든 원가를 집계하는 식으로 개별원가계산은 이루어진다.

2. 개별원가계산의 필요성

기업이 개별원가계산을 실시하는 이유는 무엇일까? 외부보고를 위한 재무제표 작성을 위한 목적 이외에 기업이 자발적으로 개별작업의 원가를 추적하는 이유는 다음 세 가지로 요약할 수 있다.

(1) 미래 작업원가의 추정

경영자는 개별작업의 원가에 대한 지식을 이용하여 미래에 수행될 작업의 원가를 추정할 수 있다. 미래 작업에 대한 훌륭한 원가추정치는 이와 유사한 작업의 계약 수주시나 입찰시에 유용한 자료이다. 예를 들어, 건설계약에 있어서 입찰가가 높으면 계약을 따낼 가능성이 낮고 반대로 입찰가가 너무 낮으면 손실을 볼 가능성이 높다. 따라서 건설입찰에 참여하는 건설업체나 이와 관련된 사람들은 건설계약의 원가추정치를 토대로 수주가능성과 이익창출 가능성을 동시에 타진해 보는 것이다.

(2) 원가통제

경영자는 원가를 통제하기 위해서 실제작업원가와 추정된 작업원가(가령, 예산)를 비교한다. 만약 작업에 대한 원가정보 없이 계약을 체결했다면 막대한 금액의 원가를 통제하지 못할 가능성이 크다. 예를 들어, 태풍이 전국을 강타하면서 목재가격이 두 배로 상승하는 경우 경영자가 작업에 사용될 목재원가를 사전에 파악하지 못했더라면 태풍이 닥치기 전의 가격과 비교해서 얼마나 목재의 가격이 변동하였는가를 알 수 없었을 것이다. 목재가격이 크게 높아져 불리한 원가차이가 발생하게 되었음을 알게 된 경영자는 목재의 사용이 필수적이지 않은 곳을 찾아 목재사용을 줄이는 식으로 작업을 재설계하여 원가절감을 이룰 수 있는 것이다.

(3) 재계약협상의 기초자료

작업에 소요된 원가정보를 이용하여 경영자는 고객과의 계약을 재협상할 수 있다. 실제작업은 본래 계획했던 것과는 매우 다른 상황하에서 이루어질 수 있다. 추가적인 비용이 크지 않을 경우 계약자는 고객서비스의 일환으로 추가작업을 무료로 해줄 수도 있다. 그러나 실제로는 추가비용이 너무 커서 고객이 추가비용을 부담해야 하는 상황이 종종 발생한다. 이 경우 좋은 원가정보는 계약자에게 ① 추가비용의 수준 및 타당성을 파악하게 해주고, ② 계약을 재협상한다면 어떤 원가의 변화가 주원인이었는지를 알게 해준다.

2.2 개별원가계산하의 원가흐름 및 적용절차

1. 개별원가계산에서의 제조 및 생산요원의 역할

현행 개별원가계산시스템이 효과적으로 운영될 수 있도록 함에 있어서는 제조현장에서의 통제시스템의 가동은 물론 생산활동의 기획과 통제가 매우 중요하다. 이런 활동에 관여한 사람들의 수는 적게는 몇 사람에서 큰 작업의 경우에는 수많은 부서가 관여하게 된다. 관련부서도 엔지니어링설계, 생산통제, 생산기획 및 일정수립에서 자재관리 및 품질관리에 이르기까지 다양하다.

이와 같은 기능을 수행함에 있어서 회계기록을 위한 문서는 필수적이다. 개별원가계산하의 초기문서(특히, 생산량이나 작업시간 같은 수량에 관한 문서)는 제품기획 또는 관련제조부문에서 시작된다. 문서는 현장 관련요원들이 직접 처리하거나 이들 부서가 출발점 역할을 수행하기도 한다.

개별원가계산상 필요한 기록을 위한 핵심문서로는 제조지시서, 재료출고청구서, 작업시간표를 꼽을 수 있다. 이하에서는 이들 핵심문서의 역할에 대한 설명을 중심으로 각 원가요소별 파악이 어떻게 이루어지는가를 설명한다.

2. 관련문서를 중심으로 살펴본 개별원가계산의 절차

(1) 작업원가표

개별원가계산의 출발점은 주로 생산기술부서가 작성하는 제조지시서이다. 물론 판매부서가 고객으로부터 주문을 접수한 후 이를 수행할 생산부문에 의뢰를 하면 생산부문은 작업현장에 제조활동의 개시를 명함과 동시에 제조활동이 효율적으로 이루어지도록 통제목적으로 활용되는 서식이 곧 제조지시서(production order)이다.

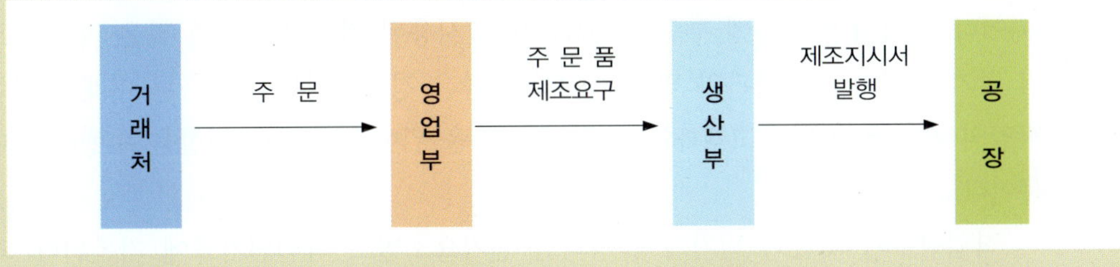

그림 4.5 제조지시서의 발행절차

표 4.3 작업원가표 : 예시

작업번호 :	F-14	주문자 :	홍익리조트
제조착수일 :	2019. 3. 1.	제조완료일 :	2019. 3. 31.
제조명세 :	알루미늄 낚시용 보트 80단위		

직접재료비				
날 짜	청구번호	청구수량	단위가격	원 가
3/1	347	720kg	₩25	₩18,000

직접노무비				
날 짜	타임카드번호	시 간	임 률	원 가
3/1~3/31	다수	60	₩200	₩12,000

제조간접비				
날 짜	배부기준	시 간	배부율	원 가
3/31	기계시간	20	₩900	₩18,000

원가요약	
원가항목	금 액
직접재료비	₩18,000
직접노무비	12,000
제조간접비	18,000
총 원 가	48,000
단위당 원가	600

출하관련 요약내용			
날 짜	출하단위수	미출하된 단위수	미출하잔액
3/31	60	20	₩12,000

제조지시서가 발행되면서부터 개별원가계산의 절차는 시작된다. 즉, 제조지시서 번호는 작업(job)수행에 소요된 직접비와 간접비의 집계를 가능하게 할 뿐만 아니라 구매, 생산, 수송 등과 같은 각종 경영활동을 관리하는 수단이 된다. 이 때 원가를 집계하는 수단이 작업원가계산표(job cost sheet ; 일명, 작업원가표)이다.

<표 4.3>에 예시된 작업원가표에서 볼 수 있듯이 작업원가표는 정보의 보고(寶庫)이다. 왜냐하면 작업에 투입된 재료, 인력, 사용된 기계시간 등과 같은 각종 자료가 담겨져 있어서 원가관리 및 성과평가와 같은 경영관리목적은 물론 미래 유사한 작업의 가격책정(가령, 고객과의 가격인상협상)을 위한 기초자료 역할을 수행하기 때문이다.

작업착수와 더불어 원가가 발생되면 원가요소별로 작업원가표에 기록된다. 직

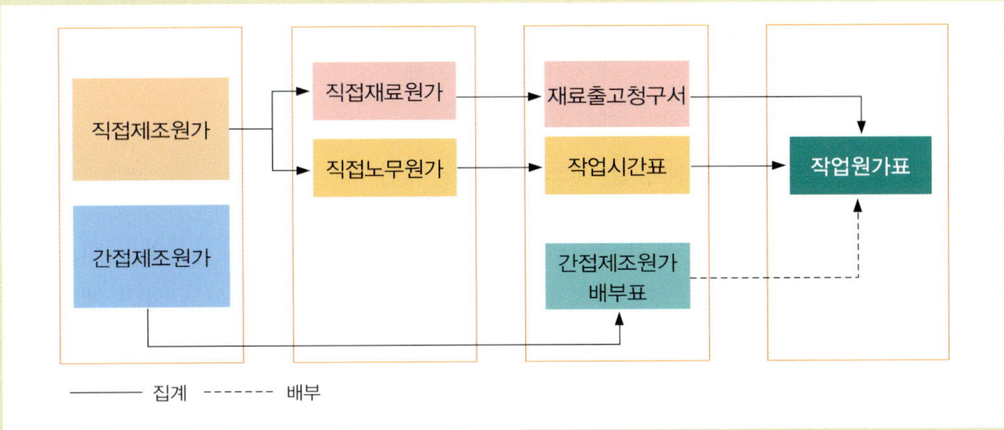

그림 4.6 작업원가표에의 원가집계과정

접재료비와 직접노무비와 같은 직접비는 해당 작업에 직접부과가 용이한 반면, 여러 개별작업에 공통적으로 발생한 간접비는 적절한 배부기준을 이용하여 배부하게 된다.

(2) 개별원가계산의 종류

구체적으로 개별원가계산은 부문별 원가계산이 실시되는가의 여부에 따라 단순 개별원가계산과 부문별 원가계산으로 구분된다. **단순 개별원가계산**은 부문별 원가계산을 생략한 채 이루어지는 방식이고, **부문별 개별원가계산**은 규모가 큰 조직에서 제품원가계산과 원가관리기능을 강조하기 위해 원가발생장소인 부문별로 총원가를 파악한 후에 개별작업별로 원가를 계산하는 방식이다.

(3) 단순 개별원가계산의 절차

단순 개별원가계산방식을 따를 경우의 개별원가계산이 이루어지는 절차는 다음 4단계로 간략히 요약할 수 있다. 물론 이 경우 원가대상은 개별작업(job)이다.

① 원가대상의 식별 : 주문작업
② 직접원가를 제조지시서별로 추적하여 부과(직과)
③ 제조간접비(=간접제조원가)를 제조지시서별로 배부
④ 2단계에서 파악된 직접원가와 3단계에서 파악된 간접비를 합계

이 경우 원가계산의 일반적인 절차를 보다 쉽게 이해시키는 관점에서 제3단계의

간접비 배분단계는 다음과 같이 보다 구체적으로 세분되기도 한다.

③-1 개별작업에 배분될 제조간접비 배분기준을 선정
③-2 위의 배분기준별 제조간접비의 집계
③-3 배분기준 단위당 배부율을 계산
③-4 개별작업에 배분될 제조간접비를 계산

TIP!
원가집합의 수는 선택사항!
구매활동원가를 계산할 때 전체 원가를 단일원가집합으로 파악할 수도 있지만 이를 구매주문활동과 주문품입고확인 및 대금지불활동으로 나눌 수 있다. 또한 구매주문활동은 거래처 선정, 주문서 발송 및 발송독려 등 필요에 따라 세분할 수도 있다.

앞에서 소개한 4단계 또는 7단계 절차는 제조업은 물론 상기업과 서비스업에서의 개별원가계산에도 그대로 적용된다. 7단계 절차에서의 핵심은 과연 제조간접비 원가집합(cost pool)을 몇 개로 설정할 것인가이다. 원가집합수가 많아지면 그만큼 배분기준도 늘어나서 원가계산의 정확성은 높아지지만 노력이 들기 때문이다. 가장 단순한 경우는 단일원가집합을 이용하고 단일기준(가령, 직접노동시간)을 적용하는 것이다. 다소 복잡해지면 부문별로 복수의 원가집합과 배분기준을 적용하는 것이다.

<예제 4-1>은 개별원가계산의 절차에 대한 이해를 도울 것이다.

예제 4-1 개별원가계산

2019년 3월 1일 현재 홍익기업은 작업번호 #101인 작업을 수행하고 있다. 이 작업은 2월 23일에 착수되었으며, 2월중에 발생한 원가는 다음과 같다.

직접재료비	₩5,200
직접노무비	4,300
제조간접비	5,500
합 계	15,000

3월중에 두 개의 작업(#202, #303)이 착수되었고 작업 #101은 완성되었다. 각 작업과 관련하여 3월중에 발생한 직접재료비와 직접노무비는 다음과 같다.

작 업	직접재료비	직접노무비
101	₩4,000	₩8,000
202	11,200	7,600
303	16,800	12,400
합 계	₩32,000	₩28,000

3월중에 발생한 제조간접비 내역은 다음과 같다.

간접재료비	₩4,700
간접노무비	5,600
감가상각비	6,200
수도광열비	3,100
합　계	₩19,600

2019년 3월 1일의 재료계정 잔액은 ₩2,850이며, 3월중 매입한 재료는 ₩46,200이다. 당기제품제조원가는 ₩32,600이며, 이 중 75%가 3월중에 매출되었으며, 3월초에 홍익기업에는 제품재고가 없었다. 이 회사에서는 실제제조간접비를 직접노무비를 기준으로 배부한다.

〈요구사항〉

1. **제조간접비배부율**을 구하시오.
2. 3월중에 발생한 거래를 분개하시오. (선택사항)
3. T계정을 사용하여 3월중의 원가흐름을 작성하시오. (선택사항)
4. **제조원가명세서**를 작성하시오.

풀이

1. 제조간접비배부율 = ₩19,600/₩28,000 = 직접노무비의 70%
2. ① 재료매입

(차)	재　료	46,200	(대) 외상매입금	46,200

② 재료출고

(차)	재공품	32,000	(대) 재　료	36,700
	제조간접비	4,700		

③ 노무비발생

(차)	재공품	28,000	(대) 미지급임금	33,600
	제조간접비	5,600		

④ 기타제조간접비발생을 제조간접비 계정으로 대체

(차)	**제조간접비**	9,300	(대) 감가상각비	6,200
			수도광열비	3,100

⑤ 제조간접비배부

(차)	재공품	19,600*	(대) **제조간접비**	19,600

* ₩28,000×70% = ₩19,600

⑥ 작업 #101 완성

(차)	제　품	32,600*	(대) 재공품	32,600

* ₩15,000 + ₩4,000 + ₩8,000 + ₩5,600(= 0.7×8,000) = ₩32,600

⑦ 매 출

(차) 매출원가 24,450* (대) 제 품 24,450

* ₩32,600×75%＝₩24,450

3. 원가흐름

재료

차변		대변	
기초재고	2,850	②공장투입	36,700
①당기구입	46,200		
기말재고	12,350		

재공품

차변		대변	
기초재고	15,000	⑥당기완성	32,600
②직접재료	32,000		
③직접노무	28,000		
⑤제조간접	19,600		
기말재고	62,000		

외상매입금

차변		대변	
		①재료	46,200

미지급임금

차변		대변	
		③공장투입	33,600

제품

차변		대변	
기초재고	0	⑦매출원가	24,450
⑥당기완성	32,600		
기말재고	8,150		

제조간접비

차변		대변	
②간접재료	4,700	⑤공장투입	19,600
③간접노무	5,600		
④제 좌	9,300		

매출원가

차변		대변	
⑦제 품	24,450		

4. 제조원가명세서

제조원가명세서

2019.3.1.~3.31.

직접재료비		₩32,000
직접노무비		28,000
제조간접비		
간접재료비	₩4,700	
간접노무비	5,600	
감가상각비	6,200	
수도광열비	3,100	**19,600**
당기총제조원가(당기발생제조원가)		**₩79,600**
＋기초재공품		15,000
합 계		₩94,600
－기말재공품		(62,000)*
당기제품제조원가		**₩32,600**

* (#202, #303) 직접재료비 28,000＋직접노무비 20,000＋제조간접비 14,000＝₩62,000

(4) 부문별 개별원가계산의 절차

부문별 개별원가계산의 핵심은 공정의 특성별로 부문을 구분한 다음 부문별 원가동인을 가장 잘 나타내는 기준을 설정하여 각각 배부하는 것이다.

$$\text{부문별 제조간접비 배부율} = \frac{\text{부문별 제조간접비}}{\text{부문별 배부기준}}$$

위와 같은 부문별 제조간접비 배부율을 사용할 경우 각 부문의 특성과 원가발생 간의 인과관계를 반영할 수 있기 때문에 보다 정확한 원가배부를 할 수 있는 장점이 있지만, 원가계산절차가 복잡하다는 단점이 있다.

예제 4-2 공장전체 제조간접비 배부율(단순 개별원가계산)과 부문별 제조간접비 배부율(부문별 개별원가계산)

㈜홍익공업은 X, Y 두 개의 제조부문을 이용하여 제품을 생산한다.
당기의 예산과 원가발생자료는 다음과 같다.

	X 부문	Y 부문	합 계
제조간접원가(예산)	₩3,000,000	₩2,500,000	₩5,500,000
직접노동시간(예산)	1,000시간	1,000시간	2,000시간

한편 당기 중 착수되어 완성된 작업 #101, #102의 직접노동시간은 다음과 같다.

작 업	X 부문	Y 부문	합 계
#101	25시간	10시간	35시간
#102	30시간	20시간	50시간

〈물음〉

1. 공장전체 제조간접비 배부율을 사용하여 제조간접비를 배부한다고 할 때 작업 #101과 #102에 배부되는 제조간접비를 계산하시오.
2. 부문별 제조간접비 배부율을 사용하여 제조간접비를 배부한다고 할 때 작업 #101과 #102에 배부되는 제조간접비를 계산하시오.

풀 이

1. 공장전체 제조간접비 배부율

$$\text{제조간접비 예정배부율} = \frac{₩5,500,000}{2,000\text{시간}} = ₩2,750/\text{직접노동시간}$$

작업 #101의 제조간접비 예정배부액 = 35시간 × ₩2,750 = ₩96,250

작업 #102의 제조간접비 예정배부액 = 50시간 × ₩2,750 = ₩137,500

2. 부문별 제조간접비 배부율

내 용	X 부문	Y 부문	합계
부문별 제조간접비 예정배부율	₩3,000,000 ÷ 1,000시간 = ₩3,000	₩2,500,000 ÷ 1,000시간 = ₩2,500	
작업 #101의 제조간접비 예정배부액	₩3,000 × 25시간 = ₩75,000	₩2,500 × 10시간 = ₩25,000	₩100,000
작업 #102의 제조간접비 예정배부액	₩3,000 × 30시간 = ₩90,000	₩2,500 × 20시간 = ₩50,000	₩140,000

2.3 보조부문의 원가배분

1. 보조부문의 원가배분의 의의

재무제표 작성을 위한 원가계산을 부문별 원가계산절차를 거쳐서 행하는 경우에는 보조부문(즉, 서비스부문) 원가를 제조부문(즉, 이용자부문)에 배분하는 것이 중요성을 갖는다. 그러나 제7장에서 소개하는 ABC방식의 대두와 더불어 활동이 주된 원가집합으로 이용됨에 따라 전통적으로 강조되던 보조부문원가의 배분은 전보다는 중요성이 퇴색되었지만 원가배분의 기본논리를 익히고 실무적으로 활용도가 높으므로 보론을 통해 별도로 알아보도록 하겠다.

전통적인 3단계 원가계산 중 2단계에 해당하는 부문별 원가계산을 통해 기업은 보조부문(즉, 서비스부문) 원가를 제조부문(즉, 이용자부문)에 배분해 왔다. 이처럼 보조부문원가가 제조부문에 배분되는 이유는 제조부문에서 생산하는 제품의 원가를

표 4.4 보조부문원가의 배분기준 예시

보조부문	배분기준
건설관리부문	면 적
전력부문	사용한 전력량 및 전기용량
수선유지부	수선횟수 또는 수선유지시간
식당부문	제조부문의 종업원수
구매부문	주문횟수나 주문비용
창고부문	재료의 사용량
인사관리부	종업원수
시설유지부	점유면적

파악하기 위함과 보조부문 작업자의 원가관리목적에서이다.

2. 보조부문원가의 배분방법

보조부문원가의 배분방법에는 보조부문 상호간의 용역수수에 의한 배분방법과 보조부문원가의 원가행태에 의한 배분방법이 있다.

(1) 보조부문 상호간의 용역수수에 의한 배분방법

보조부문이 상호간에 용역을 주고받을 경우에는 보조부문원가의 배분방법이 복잡해진다. 왜냐하면 보조부문 상호간에 용역수수관계가 존재한다면 다음 중 어느 방법을 적용하느냐에 따라 배분되는 금액이 달라지기 때문이다. 이 때 적용되는 대표적인 배분방식은 ① 직접배부법, ② 단계배부법, ③ 상호배부법의 세 가지이다. 이하에서는 이들 세 가지 방법을 간략히 설명한다.

직접배부법(direct method)은 보조부문 상호간에 서비스를 주고받은 관계(일명, 수수관계)를 무시하고 제조부문에만 제공한 것으로 가정하고 보조부문원가를 제조부문에만 배분하는 방식이다.

TIP!

배분 vs. 배부

일반적으로 교재에서는 배분 대신에 배부라는 용어를 사용한다. 즉, 직접배분법 대신에 직접배부법이라는 용어를 사용한다. **배부**(application)라는 용어는 배분한 결과를 특정 원가대상에 부과하는 것을 의미하기 때문에 특정 원가대상을 염두에 두기 전에는 배부라는 표현보다는 배분이라는 용어가 상식적인 것은 사실이다. 그러나 원가회계에서는 부문이나 제품에의 부과를 염두에 둔 배분을 지칭하는 것으로 생각하여 배부라는 용어를 선호한다.

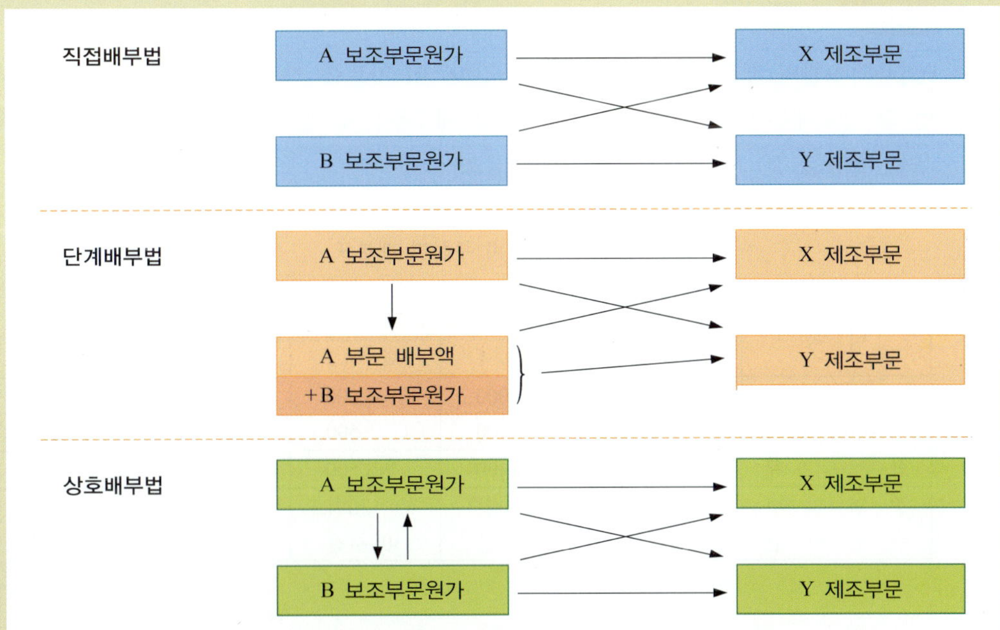

그림 4.7 직접배부법, 단계배부법, 상호배부법

단계배부법(step-down method)은 보조부문 상호간의 용역수수를 일부는 고려하고 일부는 무시하는 소위 절충형 배분방식을 말한다. 즉, 편의상 첫 번째로 배분되는 보조부문(관련 맺는 부문수가 많거나 배분액이 클 경우 일반적으로 먼저 선정됨)의 원가는 다른 보조부문을 포함한 전 부문에 배분되지만 이후 배분되는 보조부문원가는 앞서 배분된 보조부문으로 배분하지 않는다. 이러한 배분절차가 마치 계단형태를 띤다고 해서 단계배부법(일명, 계제식 배부법)이라고 불린다.

상호배부법(reciprocal allocation method)은 보조부문간의 용역수수관계를 감안하여 원가를 배분한다. 실제로 이를 실무에서 적용할 때는 간편법과 연립방정식법으로 구분된다. 간편법은 2차에 걸쳐 배분을 행하는데 1차 배분에서는 보조부문까지 배분하고 2차 배분에서는 보조부문에의 배분을 무시하는 것이다. 한편, 연립방정식법은 각 보조부문의 용역을 사용한 정도를 일차함수식으로 표시한 (보조부문 수만큼의) 연립방정식을 통해 최종 배분결과를 구하는 방식이다. 즉, 특정 보조부문에서 발생한 진정한 원가란 자체 부문에서 발생한 원가뿐만 아니라 자신이 다른 보조부문으로부터 수혜한 용역의 원가를 포함한 것이라는 논리하에 식을 세운 후에 해를 구하는 것이 특징이다.

예제 4-3 보조부문 배부 종합예제

P회사의 9월의 제조간접원가는 다음과 같다. 이 자료를 가지고 직접배부법, 단계배부법 및 상호배부법에 따라 보조부문원가를 제조부문에 배부하시오. (단, 공장사무부를 우선 배부할 것) (출처 : 정준수, 1992 참조)

제조간접비 부문별 배부표

(단위 : 천원)

비 목	합 계	제조부문		보조부문	
		제 1	제 2	수선부	공장사무부
부문개별비	₩8,000	₩4,000	₩3,000	₩300	₩700
부문공통비	1,200	400	500	100	200
합 계	₩9,200	₩4,400	₩3,500	₩400	₩900
종업원수	100인	60인	30인	5인	5인
수선시간	900시간	500시간	300시간	–	100시간

풀이

① **직접배부법**(direct method)

(단위 : 천원)

비 목	합 계	제조부문		보조부문	
		제 1	제 2	수선부	공장사무부
부문개별비	₩8,000	₩4,000	₩3,000	₩300	₩700
부문공통비	1,200	400	500	100	200
부문비계	₩9,200	₩4,400	₩3,500	₩400	₩900
수선부비	400	₩250*	₩150	(400)	
공장사무부비	900	600	300		(900)
제조부문비계	₩9,200	₩5,250	₩3,950		

*400 × 5/(3+5)

② **단계배부법**(step-down method)

(단위 : 천원)

비 목	합 계	제조부문		보조부문	
		제 1	제 2	수선부	공장사무부
부문개별비	₩8,000	₩4,000	₩3,000	₩300	₩700
부문공통비	1,200	400	500	100	200
부문비계	₩9,200	₩4,400	₩3,500	₩400	₩900
공장사무부비	900	₩568*	₩284	₩48	
수선부비	400	280	168	₩448	
제조부문비계	₩9,200	₩5,248**	₩3,952		

*900 × 12/(12+6+1), **소수점 때문에 생기는 차이임.

③ **상호배부법**

연립방정식을 세운 후 구한 값(R=450, A= 900)을 이용해 배분하면 다음과 같다,

R = 400 + 1/19A ·························· (1)

A = 900 + 1/9R ·························· (2)

(단위 : 천원)

비 목	합 계	제조부문		보조부문	
		제 1	제 2	수선부	공장사무부
부문개별비	₩8,000	₩4,000	₩3,000	₩300	₩700
부문공통비	1,200	400	500	100	200
부문비계	₩9,200	₩4,400	₩3,500	₩400	₩900
수선부비	400	₩250	₩150	(₩450)	50
공장사무부비	900	600	300	₩50	(950)
제조부문비계	₩9,200	₩5,250	₩3,950		

(2) 보조부문원가의 원가행태에 의한 배분방법

보조부문에서 발생하는 원가가 고정비와 변동비처럼 상이한 성격을 갖는 원가집합으로 구분될 수 있는 경우 각 원가집합별로 상이한 바람직한 배분기준을 적용하여 보조부문원가를 제조부문에 배분하는 것이 보다 합리적이다. 이처럼 하나의 원가에 대하여 원가행태(즉, 고정비와 변동비)를 감안하여 두 가지로 구분하고 각 원가집합별로 상이한 기준을 이용하여 배분하는 방식을 **이분배부율법** 또는 **복수기준배부법**(dual rate allocation method)이라고 부른다. 이분배부율법에서는 변동비는 실제 사용정도(capacity used)에 따라 그리고 고정비는 제공된 시설능력(capacity provided)을 감안하여 배분한다. 사실상 ABC는 이처럼 원가행태를 감안한 이분배부율법을 4단계 원가계층을 활용하여 확대한 것에 다름 아니다.

TIP!
앞서 소개한 부문별 개별원가계산에서도 이분배부율법을 적용할 수 있다.

이분배부율법이 단일배부법(single rate allocation method)에 비해 갖는 장점은 변동비와 고정비 발생의 인과관계 차이를 분명히 인식하고 이를 경영관리(가령, 성과평가 등)에 활용한다는 점이다. 전산부서의 경우를 예로 들어 설명해 보자. 전산부서의 변동비는 일반부서가 전산부서의 서비스(가령, 프로그램 개발의뢰 및 자료처리)를 활용할수록 늘어난다. 전력비, 토너 및 종이와 같은 소모품이 대표적인 예이다. 이에 반해 전산부서의 고정비는 어떤 규모의 컴퓨터를 확보하는가에 따라 좌우된다. 컴퓨터 감가상각비와 유지보수비가 대표적인 관련항목이다. 이러한 고정비는 각 부서가 전산서비스를 어느 정도로 필요로 하는가를 고려한 후 이를 감당할 수 있는 용량(capacity)의 컴퓨터를 구입함으로써 발생하는 것이지(즉, committed) 이용부서의 실제 전산서비스 사용 정도와는 무관하다.

이러한 고정비와 변동비의 특징을 감안하여 고정비는 서비스 이용부서에게 제공된 시설능력, 즉 커패서티(capacity)에 따라 배부하고 변동비는 이용부서의 실제 사용 정도에 비례하여 배부함으로써 이용자 부서는 자신이 필요로 하는 적정 커패서티만을 신청하게 되어 회사는 과도한 용량의 설비구입으로 인한 낭비를 없앨 수 있다. 또한 제공받은 커패서티에 상관없이 실제 사용한 정도에 따라 변동비를 배부받음으로써 불필요한 소비를 억제하게 하는 동기부여효과도 있다.

제조간접원가 배분액 = 제조간접원가 예정배분율 × 용역의 실제사용량

고정원가 배분액 = 변동예산상의 고정원가 × 최대사용가능량 기준 배분율
변동원가 배분액 = 변동예산상의 변동원가 × 용역의 실제사용량기준 배분율

※ 보조부문 상호간의 용역수수에 의한 배분방법과 보조부문원가의 원가행태에 의한 배분방법은 상호 배타적이 아니라 서로 결합하여 사용할 수 있는 방법이므로 다음 여섯 가지 조합이 있을 수 있다.

용역수수에 의한 배부방법 / 원가행태에 의한 배분방법	직접배부법	단계배부법	상호배부법
단일배부율법	○	○	○
이분배부율법	○	○	○

예제 4-4 단일배부율법과 이분배부율법

㈜홍익공업의 공장에는 하나의 보조부문인 전력부문과 두 개의 제조부문인 조립부문, 가공부문이 있다. 보조부문 전력부문과 두 개의 제조부문 조립부문, 가공부문에 용역을 공급하고 있으며, 각 제조부문의 월간 최대사용가능시간과 당월의 실제사용시간은 다음과 같다.

구 분	조립부문	가공부문	합 계
최대사용가능시간	300시간	300시간	600시간
실제사용시간	200시간	300시간	500시간

당월 중 발생한 원가자료는 다음과 같다.

	보조부문	제조부문		
	전력부문	조립부문	가공부문	합 계
변 동 원 가	₩150,000	₩210,000	₩300,000	₩660,000
고 정 원 가	200,000	120,000	150,000	470,000
합 계	₩350,000	₩330,000	₩450,000	₩1,130,000

〈물음〉

1. 단일배부율법(실제사용시간기준)에 의하여 보조부문원가를 제조부문에 배분하시오.
2. 이분배부율법에 의하여 보조부문원가를 제조부문에 배분하시오.

풀 이

1. 단일배부율법

	보조부문	제 조 부 문		
	전력부문	조립부문	가공부문	합 계
배분전원가	₩350,000	₩330,000	₩450,000	₩1,130,000
전력부문*	(350,000)	140,000	210,000	0
배분후원가	₩0	₩470,000	₩660,000	₩1,130,000

* 전력부문 배분
- 조립부문 : ₩350,000 × $\frac{200}{200+300}$ = ₩140,000
- 가공부문 : ₩350,000 × $\frac{300}{200+300}$ = ₩210,000

따라서 보조부문원가를 배분한 후 제조부문 조립부문, 가공부문의 원가는 각각 ₩470,000, ₩660,000이다.

2. **이분배부율법**

① **변동원가배분**

	보조부문	제 조 부 문		
	전력부문	조립부문	가공부문	합 계
배분전원가	₩150,000	₩210,000	₩300,000	₩660,000
전력부문*	(150,000)	60,000	90,000	0
배분후원가	₩0	₩270,000	₩390,000	₩660,000

* 전력부문 배분
- 조립부문 : ₩150,000 × $\frac{200}{200+300}$ = ₩60,000
- 가공부문 : ₩150,000 × $\frac{300}{200+300}$ = ₩90,000

② **고정원가배분**

	보조부문	제 조 부 문		
	전력부문	조립부문	가공부문	합 계
배분전원가	₩200,000	₩120,000	₩150,000	₩470,000
전력부문*	(200,000)	100,000	100,000	0
배분후원가	₩0	₩220,000	₩250,000	₩470,000

* 전력부문 배분
- 조립부문 : ₩200,000 × $\frac{300}{300+300}$ = ₩100,000
- 가공부문 : ₩200,000 × $\frac{300}{300+300}$ = ₩100,000

그러므로 보조부문원가를 배분한 후 제조부문 조립부문, 가공부문의 원가는 각각 ₩490,000, ₩640,000이다.

2.4 개별원가계산의 유용성 : 제조업 이외의 실무에서의 활용

1. 정부기관에서의 활용

개별원가계산은 정부기관의 가격결정이나 원가통제 목적에서도 유용성을 갖는다. 필요한 서비스를 외부로부터 조달하는 정부기관은 자신들이 발주하는 작업에 소요되는 원가추정치를 알고 싶어 하며 경쟁적인 원가를 토대로 공급자를 결정한다. 이에 따라 공급자는 개별작업에 예상되는 원가가 경쟁력을 갖는지 또는 수익성이 있는지를 정확히 추정할 수 있어야 한다.

2. 서비스기업의 개별원가계산

건축사사무소, 컨설팅회사, 이사업체, 회계법인 등 다양한 서비스기업은 개별작업을 이행하는 형태로 운영되고 있다. 일반적으로 서비스업체가 직접재료를 제조업체보다 덜 사용한다는 점을 제외하면 서비스업체나 제조업체의 개별원가계산절차는 근본적으로 동일하다. 따라서 직접노동시간 등 다양한 배부기준을 이용한 여러 고객에 공통적인 간접비 배분은 다양하게 이루어진다. 서비스업체의 간접비계정 명칭은 제조업의 명칭과는 다소 차이가 있다는 점 그리고 서비스기업의 완성품은 매출원가라는 용어보다는 서비스원가 청구라는 용어가 적합하다는 점 등에서 차이를 보인다.

회계법인의 감사부서는 개별작업(고객)의 수익성에 매우 관심이 있다. 고객별 또는 프로젝트별 원가계산을 위해 회계법인은 개별원가계산을 토대로 각 고객 및 프로젝트의 수익성을 정기적으로 검토한다. 신규고객을 확보하거나 기존고객을 유지하기 위한 입찰 또한 일반적으로 입찰대상작업과 동일한(또는 유사한) 작업의 실제원가를 벤치마크로 삼은 추정원가를 기초로 이루어진다. 이처럼 개별원가계산은 경영자로 하여금 개별작업의 수익성을 평가하는 데 필요한 정보를 제공할 뿐 아니라 장래 입찰에 필요한 원가추정치를 제공한다.

3. 개별원가계산과 가치사슬(value chain)에서의 활용

연구개발, 설계, 생산, 마케팅, 유통 그리고 고객서비스 등 가치사슬의 각 부분에 대한 원가자료를 수집하는 것은 중요하다. 왜냐하면 가치사슬은 상이한 기능부서로 구성된 조직의 원가를 계산하는 데 유용한 경영도구가 될 수 있기 때문이다. 예를 들면, 세무회계법인은 경쟁력 유지를 위하여 최고수준의 세금조사대응기법을 개발하기 위한 투자를 지속적으로 행한다. 이러한 지출은 일반적으로 가치사슬단계상에서 연구개발비나 설계비용으로 분류된다. 또한 마케팅은 새로운 고객확보 차원에서 세무회계법인이 수행해야 하는 중요한 기능 중 하나이다.

제3절 실제원가계산과 정상원가계산

3.1 제조간접비 예정배부의 의의 및 필요성

원가대상에 직접 추적이 가능한 직접재료비나 직접노무비와 달리 제조간접비는 다음과 같은 특징 때문에 원가계산상 가장 신경 쓰이는 대상일 수밖에 없다.

① 용어 자체가 시사하는 것처럼 제조간접비는 간접비이다. 따라서 특정 원가대상에의 직접적인 추적이 불가능하다.

② 제조간접비에 포함되는 원가항목이 매우 다양하다. 원가항목 수가 많을 뿐만 아니라 그 성격 또한 이질적이어서(가령, 재료, 인력 등 원가요소의 수는 물론, 고정비와 변동비가 혼합된 경우가 상당수에 달함) 적정수의 동질적인 원가집합으로 묶어 원가대상에 배분하는 것이 쉽지 않다.

③ 제조간접비의 상당 부분이 생산량의 크기와 무관한 고정비 성격을 띠어 단위당 원가는 실제 생산량에 따라 변동한다.

TIP!
제조간접비의 대표적인 항목으로는 간접재료비(IM), 간접노무비(IL), 수도광열비, 감가상각비, 재산세, 보험료 등이 꼽힌다.

위와 같은 특징을 갖는 제조간접비를 포함한 제품원가계산을 행하는 경우 두

표 4.5 정상원가계산의 필요성

구 분	내 용
(1) 의사결정을 위한 정보제공	다가오는 회계기간의 제조간접비를 사전에 인식함으로써 의사결정의 유용성을 높일 수 있다.
(2) 원가의 합리적 관리	경험을 토대로 미래 제조간접비를 추정하고, 실제로 발생한 제조간접비와 비교한다면 원가발생의 비합리적인 요인과 절감하여야 할 원가를 파악하고, 향후 예산의 설정에도 피드백효과를 거둘 수 있다.

번째 특징과 세 번째 특징 때문에 초래되는 원가정보의 지연과 단위당 원가의 변동성 문제를 해결하기 위해 전형적인 실제원가계산 대신에 등장한 것이 정상원가계산이다.

3.2 실제원가계산과 정상원가계산

실제원가계산(actual costing)은 직접재료비와 직접노무비 그리고 제조간접비의 실제원가를 집계하고 이렇게 구한 총원가를 이용하여 단위당 원가를 구하는 식으로 이루어진다. 실제원가계산은 원가집계 시점상 사전에 이루어지는 표준원가계산 등과 달리 사후적으로 이루어지는 것이 특징이다. 재무제표에 반영되는 매출원가 산정을 위한 제품원가계산이 대표적인 예에 해당한다.

실제원가계산은 정확성 및 신뢰성이라는 장점을 갖지만 앞서 설명한 바와 같이 원가정보의 지연이라는 문제점과 계절적 수요변동에 기인한 단위당 고정제조간접비의 변동성이라는 두 가지 단점을 갖는다. 이러한 문제점을 해소하기 위해 오래전부터 활용되어 온 원가계산방식으로는 정상원가계산(normal costing)방식이 있다. 정상원가계산은 직접재료비와 직접노무비는 실제원가를 이용하지만 제조간접비는 사전에 정한 제조간접비 예정배부율을 이용하여 파악한 수치를 이용하여 원가를 계산하는 방식이다.

표 4.6 실제원가계산과 정상원가계산

	실제원가계산	정상원가계산
정 의	실제 발생한 직접재료비, 직접노무비, 제조간접비를 제품에 배부하는 원가계산방법	직접재료비와 직접노무비는 실제발생액을 제품별로 집계하고, 제조간접비는 실제발생액이 아닌 사전에 결정된 예산과 예정배부율을 사용하여 원가를 계산하는 방법
제조간접비 배부율	$\frac{\text{제조간접비 실제발생액}}{\text{실제배부기준 조업도}}$	$\frac{\text{제조간접비 예산}}{\text{예정배부기준 조업도}}$

생활 속의 정상원가계산의 적용

예정배부에 기초한 정상원가계산을 쉽게 이해하기 위해 다음과 같은 일상적인 예를 이용해 보자.

H대학 경영학과에 재학중인 K는 자신이 회장으로 있는 **동아리**(가령, 관리회계연구회)의 신규회원 영입을 위해 신학기 개강에 즈음하여 신입생을 대상으로 가입권유를 위한 캠페인을 벌인다고 가정하자. 담당교수님의 특별허락을 받아 강의 시작 5분에 걸쳐 동아리에 대한 소개기회를 갖게 된 K회장은 동아리 설명 마무리단계에서 신입생으로부터 연회비는 얼마인가라는 질문을 받은 후 다음과 같이 대답한다.

"연회비가 얼마일지는 사전에 알 수 없습니다. 왜냐하면 1인당 회비는 **총가입 회원수**와 **실제 클럽운영원가**가 확정된 경우에만 계산이 가능하기 때문입니다. 저희 동아리(현재 K회장을 포함하여 기존 회원수는 2명임) 운영에 소요되는 원가항목은 학교 외부 오피스텔 임차에 소요되는 **연간 임차료**(₩1,000,000으로 이미 계약을 체결하였음)와 **플래카드 제작비**(2개 제작에 ₩200,000으로 추정)와 같은 고정비 그리고 분기별로 일 회씩 실시될 야유회 및 MT, 체육대회시 참가자 **1인당 부과될 변동비**(일 회에 ₩10,000으로 예상)로 구성됩니다. 따라서 4회에 걸쳐 실시될 행사비용은 1인당 ₩40,000에 달하겠지만 총고정비(임차료 및 플래카드 제작비) ₩1,200,000의 1인당 부담액은 총회원수가 확정된 시점에 정산하여 결정될 것입니다."라고 자신에 찬 목소리로 대답하였다.

K회장의 답을 접한 신입생 J양은 머릿속으로 만약 자신이 동아리에 가입한 후 더 이상 가입하는 학생이 없을 최악의 경우에는 고정비인 **연간 임차료**를 3인이 부담하게 되어 연회비는 ₩440,000에 달할 것이고 만약 총회원수가 60명에 이를 경우의 연회비는 ₩60,000에 달할 것으로 계산한 후(아래 표 참조) 망설이다가 결국 가입을 포기하고 만다.

	예상 총회원수				
	3명	10명	20명	60명	120명
1인당 고정비 부담액 :	₩400,000	₩120,000	₩60,000	₩20,000	₩10,000
1인당 변동비 부담액 :	40,000	40,000	40,000	40,000	40,000
합 계	₩440,000	₩160,000	₩100,000	₩60,000	₩50,000

위의 예는 일상생활에서 흔히 접할 수 있는 사례이다. 동 사례에서 강조하고자 한 것은 다음 두 가지 점이다. ① 공통비 성격의 **고정비**를 실제발생액이 파악된 후 이를 같이 부담할 총인원수가 확정되는 시점에 배분하면 원가계산이 지연된다는 점과 ② 1인당 부담액이 인원수에 따라 변동한다는 점이다. 이 사례는 제조업 원가계산의 중요 과제인 제조간접비 실제배부가 갖는 두 가지 문제점(즉, **원가계산의 지연**과 **단위당 원가의 변동성**)을 빗대어 설명한 것이다.

이와 같은 상황은 제조업의 경우 다음 표에서 보는 바와 같이 계절적 수요변동에 따라 생산량이 달라짐에 따라 단위당 제조원가가 달라지는 경우와 비슷하다.

	4월	7월	10월	12월
생산량	500개	2,000개	1,000개	200개
변동제조비(단위당)	₩100	₩100	₩100	₩100
고정제조비(월간 총액)	₩500,000	₩500,000	₩500,000	₩500,000
단위당 제조원가	₩1,100	₩350	₩600	₩2,600

앞의 동아리 예에서는 가상의 상황을 다소 과장되게 꾸몄다. 그러나 J양의 질문에 대한 K회장의 답은 다음과 같았을 것이다.

"정확한 1인당 연회비는 총회원수가 파악되는 시점에서야 가능합니다. 그러나 연회비를 사전에 걷기 위해서라도 현재로서는 예상되는 회원수인 60명을 가정하여 1인당 ***고정비****(공통비) 부담액인 ₩20,000과* ***변동비****(개별비) 성격의 ₩40,000을 합친 ₩60,000으로 책정될 것입니다. 그 후 연말에 실제 공통비 발생액과 총회원수를 감안하여 1인당 부담액을 산정한 후* ***정산****할 것입니다."*

K회장의 대답은 제품원가계산상 다음 두 가지를 시사한다. 첫째, 현실적으로 예정원가계산이 필요하며 둘째, 예정원가계산을 도입할 경우 기말에 실제원가계산 수치로 전환하기 위해서 사후 조정이 필요하다는 점이다. 본 사례를 잘 이해하면 원가계산과 관련된 다양한 이슈를 이해할 수 있다. 공통비에 해당하는 고정비는 **제조간접비**로 그리고 총회원수는 **조업도**(volume)란 용어로 대체되어 사용되는 점만이 다를 뿐이다.

3.3 제조간접비 배부시스템의 설계

제조간접비의 예정배부율을 구하기 위해서는 분자에 해당하는 제조간접비 예산액과 분모에 해당하는 예정조업도(일명, 기준조업도)를 알아야 한다. 식 (4·1)은 이를 요약한 것이다.

$$\text{예정배부율} = \frac{\text{제조간접비 예산액}}{\text{기준조업도}} \cdots\cdots (4\cdot 1)$$

식 (4·1)의 핵심은 기준조업도(denominator level 또는 base capacity)이다. 기준조업도란 제조간접비 예정배부에 필요한 배부율산정을 위해 분모(denominator)로 이용될 기준이 되는 조업도를 지칭한다. 마치 동아리 예의 예상가입회원수처럼 기업의 경우 예정생산량(또는 판매량)과 같은 활동수준(activity level)을 말한다. 기업 실무에서는 활동수준은 기업이 보유한 시설능력(capacity)의 활용 정도에 좌우됨을 감안하여 활동수준을 흔히 조업도(ratio of capacity)라고 부른다. 가령, 비행기 좌석점유율이나 공장설비 가동률 등이 대표적인 조업도의 예이다.

TIP!

기준조업도

잠실에서 분당까지 퇴근을 편하게 하기 위해 매일 ₩20,000에 모범택시 기사와 계약을 체결한 경우 4명이 동참하면 1인당 부담액은 ₩5,000이 된다. 이때 기준조업도는 4명이다. 반면에 2명만 참여하면 **기준조업도**는 2명으로 1인당 부담액은 ₩10,000으로 높아진다.

3.4 기준조업도

제조간접비 예정배부의 핵심은 기준조업도 선정이다. 이는 동아리 예에서 1인당 연회비 산정이 어떻게 이루어졌는가를 상기하면 쉽게 이해가 간다. 생산활동을 반

표 4.7 삼성전자의 사업보고서(2012년) 중 가동률에 대한 공시내용

(단위 : 시간)

부 문	품 목	제44기 가동가능 시간	제44기 실제 가동시간	가동률
DS 부문	메모리	58,536	58,536	100.0%
	LCD	93,696	90,768	96.9%

DS 부문의 메모리와 LCD는 24시간 3교대 작업을 실시하고 있으며, 휴일을 포함하여 2012년 누적 가동일은 총 366일이다. 366일×생산라인수×24H으로 실제 가동시간을 산출하여 가동률을 계산하였다.

영하는 기준조업도는 기업에 따라 다양하게 표현된다. 일반적으로는 산출물(output) 척도와 투입물(input) 척도로 구분된다. 산출물 척도는 자동차 대수나 전력 또는 용수공급량과 같은 생산량을 말한다. 한편, 대표적인 투입물 측정치로는 직접노동시간, 직접노무비, 기계시간 또는 재료소비량 및 운행거리 등이 꼽힌다.

(1) 기준조업도 수준의 결정 : 활동수준의 선택

일단 기준조업도 측정치가 정해졌으면 이제는 내년에 적용할 활동수준을 예측하는 일이 남았다. 비록 이떠한 활동수준이든 합리적인 활동수준이라면 기준조업도 후보가 될 수 있지만 가장 일반적으로는 기대실제조업도와 정상조업도가 이용된다.

기대실제조업도(expected actual activity level)란 내년도의 예상활동수준을 예측하여 정한 조업도를 말한다. 기대실제조업도는 1년 동안의 활동수준을 평균하여 구한다. 따라서 계절적 변동이 평준화된다. 예산편성시 주로 활용되는 점을 감안하여 단기평균조업도 또는 예산조업도라고도 불린다. 한편, 정상조업도(normal activity level)는 1년 이상의 장기간에 걸쳐 기업이 경험하는 장기평균조업도를 말한다.

위의 두 조업도 중 정상조업도는 기대실제조업도에 비해 경기변동에 의한 영향을 덜 받는다. 따라서 매년 단위당 제조간접비 계산의 변동폭이 기대실제조업도에 비해 훨씬 적다는 장점을 갖는다. 이들 두 가지 조업도는 소비자수요 규모를 감안하여 조업도수준을 정한다는 점에서 공통적이다.

이와 달리 공급자 입장에서(즉, 판매가능성 등에 대한 고려는 배제한 채) 생산가능 설비능력을 감안한 조업도로는 이론적 조업도와 현실적 조업도(practical activity level ; 일명, 실제적 조업도)가 있다.

이론적 조업도(theoretical activity level)란 기업이 보유한 생산설비능력을 최고의

능률로 운영할 때 달성할 수 있는 최대의 산출수준을 말한다. 이는 현실적으로 실천되기는 불가능한 이상적 조업도로서 다음에 설명하는 현실적 조업도 산정을 위한 참고역할을 수행하는 것이 일반적이다.

한편, 현실적 조업도란 현실적으로 능률적인 작업이 이루어질 경우에 실현될 수 있는 최대산출 수준을 말한다. 능률적인 생산작업은 기계고장에 의한 작업중단, 종업원의 결근 및 수선을 위한 대기 등 어느 정도의 불완전성을 반영한다. 이처럼 현실적 조업도는 이론적 조업도에서 앞에서와 같은 불완전성에 기인한 조업도 감소를 고려한 조업도이다.

(2) 제조간접비 배부의 기초개념 및 절차

식 (4.1)을 이용해 제조간접비 예정배부율이 계산되고 나면 2단계에서는 실제 생산활동수준이 파악되는 순간 식 (4.2)를 이용하여 제품원가에 반영될 정상배부액(applied amount)을 계산한다. 이처럼 특정 시점에 실제 생산물에 부과된 제조간접비를 제조간접비 배부액(applied overhead)이라고 한다. 동아리 예에서 1인당 회비가(비록 추정치로서) 책정된 후 동 회비를 실제 가입하는 회원에게 적용해 징수한 총액이 곧 정상배부액이다.

제조간접비 배부액 = 제조간접비 예정배부율 × 실제 활동수준 ………· (4·2)

식 (4·2)에서의 실제활동수준의 측정단위는 반드시 예정배부율 계산시의 측정단위와 일치하여야 한다. 가령, 직접노동시간을 배부기준으로 삼아 예정배부율을 계산하였다면 제조간접비 또한 실제 직접노동시간을 기준으로 제품에 배부되어야 한다.

세 번째 단계는 제조간접비 배부액과 실제 발생된 제조간접비를 비교하는 가운데 차이분석을 실시하는 것이다. 제조간접비 예정배부의 본질을 제대로 이해하려면 반드시 다음 두 가지 점을 유념할 필요가 있다.

① 제조간접비 배부액은 단위당 제조간접비 계산의 기준이 된다는 점이다. 예정배부를 행하는 목적은 특정 제품단위당 원가를 보다 적시에(빨리) 알기 위한 것이다. 예를 들어, A, B 두 가지 제품을 생산하는 기업의 경우 단위당 제품원가는 실제 제조간접비가 집계되고 각 제품별로 이들 제조간접비가 배분되기 전까지는 단위당 제품원가를 파악할 수 없다. 그러나 예정배부를 이용하는 경우(가령, 직접노동시간을 배부기준으로 선정하고 단위 노동시간당 ₩30의 배부율이

정해진 경우) 해당 제품에 투입된 직접노동시간이 파악되는 즉시 배부액이 계산되고 이를 생산량으로 나누어 단위당 제조간접비를 구할 수 있는 것이다.

	A제품	B제품
제품생산량	2,000개	3,000개
직접노동시간(실제)	5,000시간	6,000시간
제조간접비배부액	₩150,000	₩180,000
단위당 제조간접비	₩75	₩60

② 배부액과 실제 제조간접비가 일치하는 경우란 거의 드물다는 점이다. 이런 이유로 제조간접비 차이분석은 필연적이다. 왜냐하면 재무제표 작성을 위해 최종제품원가는 실제원가로 조정되어야 할 뿐만 아니라 관리목적상 어떤 이유로 실제조업도가 예정조업도와 차이를 보이게 되었는가를 분석할 필요가 있기 때문이다.

(3) 제조간접비 차이분석 : 초과배부 및 배부부족

예정배부율이란 추정치에 근거하여 계산된 수치이기 때문에 배부액이 실제 발생액과 일치하는 경우란 드물다. 이는 원가의 적시성을 위해 정확성을 일부 포기하기로 한 선택상 어쩔 수 없는 부산물이다.

배부액과 실제액이 일치하기 위해서는 기준조업도와 실제조업도가 일치함과 동시에 예산제조간접비와 실제발생 제조간접비가 일치해야 한다. 가령, 동아리 예에서 당초 예상한 60명의 회원수와 실제 회원수가 60명으로 일치하는 동시에 실제발생 공통고정비(즉, 간접비)가 당초 예상한 ₩1,200,000과 일치하는 경우에만 배부부족액이나 초과액은 발생하지 않는 것이다.[1] 비록 임차료는 이미 계약상 확정되어 있어서 차이를 보이지 않겠지만 플래카드의 경우 당초 예상보다 고급스러운 것을 선택하여 단가가 높아지거나(한 개당 ₩150,000으로) 또는 한 개를 추가하여 세 개를 구입하는 경우 실제발생 공통고정비는 예산과 일치할 수 없다.

제조간접비 예정배부액이 실제발생액을 초과하는 경우 그 차이를 배부초과액(over-applied)이라고 한다. 반대로 실제발생액보다 적은 경우 차이를 배부부족액(under-applied)이라고 한다.

배부차이의 원인은 크게 예산차이와 조업도차이로 구분된다. 예산차이(budget variance)는 실제발생액과 예산허용액과의 차이로서 일종의 소비차이에 해당한다.

1) 물론 우연히 일치하는 경우가 있다. 조업도차이를 실제발생액의 변동분이 상쇄하는 경우이다.

마치 동아리 예의 경우 비싼 플래카드를 선택하거나 보다 많은 수량의 플래카드를 사용하는 소위 가격요인과 수량요인으로 인해 차이가 생길 수 있다. 이러한 두 가지 요인으로 인한 차이를 소비차이라고 부르는 이유는 과소비란 용어가 지나치게 자주 외식을 하거나(수량요인) 지나치게 비싼 외식(가격요인)을 하는 두 가지 경우 모두를 지칭하는 것을 떠올리면 쉽게 이해할 수 있다.

한편, 조업도차이(volume variance)는 실제조업도와 기준조업도가 일치하지 않음으로써 발생하는 차이를 말한다. 동아리 예에서는 실제회원수가 예상회원수(즉, 기준조업도에 해당)와 일치하지 않음으로써 발생한다. 가령, 실제회원수가 예상회원수를 초과한 경우 총 징수된 회비(배부액에 해당)는 예산고정비(예산제조간접비에 해당)를 초과하여 배부초과액이 발생한다. 이러한 배부초과액은 유리한 차이이다. 그 이유는 실제 공통고정비를 보다 많은 수의 회원들이 부담하게 되어 1인당 회비가 줄어들기 때문이다. 연말에 동아리 회장인 K가 1인당 실제 회비와 당초 징수한 금액과의 차이(즉, 초과징수액)를 되돌려줌으로써 실제발생액에 맞추는 것처럼 기업에서도 회계기말에 제조간접비 배부차이를 조정하여 실제 제조간접비가 제품원가에 반영되도록 한다.

예제 4-5 예정배부 : 배부초과 및 배부부족액 계산

홍익공업사는 2018년도와 2019년도의 제조간접비와 직접노동시간에 관한 자료를 다음과 같이 구한 바 있다.

	2018년	2019년
제조간접비(OH)	₩23,500	₩32,500
직접노동시간(DLH)	1,500	2,500

<추가정보>

① 경영진은 2020년에 직접노동시간은 2,000시간으로 예상하고 있다.

② 2020년의 실제발생한 직접노동시간은 2,200시간이다.

③ 2020년 실제 제조간접비는 추후 ₩30,000으로 집계되었다.

〈요구사항〉

1. 2020년의 제조간접비 **예정배부율**은 얼마인가?
2. 2020년의 제조간접비 **배부액**은 얼마인가? 그리고 배부초과 혹은 부족액을 계산하시오.

풀이

1. 고저점법에 의해 제조간접비 등식을 구하면 다음과 같다.
   즉, OH = 10,000 + 9DLH
   따라서 2020년의 예상 제조간접비는 ₩28,000(=10,000 + 9 × 2,000)이고, 직접노동시간당 예정배부율은 ₩14(=₩28,000 ÷ 2,000시간)이다.
2. 2020년의 제조간접비 배부액은 예정배부율 × 실제직접노동시간에 따라 ₩14 × 2,200시간=₩30,800이며 ₩800 초과배부이다.

(4) 배부차이의 회계처리

실제원가계산 관점에서 볼 때 배부차이는 곧 원가계산상의 오류를 의미한다. 따라서 결산시점에 재무보고를 위해서는 배부차이를 제품원가에 반영하기 위한 조치를 취해야 하는데 이런 목적으로 행하는 회계처리를 기말조정(end of period adjustment)이라고 한다. 단, 기말이전 시점(기중)에 파악되는 배부차이는 관리목적으로만 활용될 뿐 결코 회계처리(가령, 총계정원장에의 전기 등)가 필수적인 것은 아니다.

기말조정은 배부차이의 원인을 분석하는 경우와 그렇지 않은 경우로 대별되는데 일반적으로 재무보고목적으로는 원인을 분석하지 않는 방법으로 차이조정이 이루어진다. 이런 방식으로 차이조정이 이루어지는 경우에는 흔히 다음 두 가지 중의 한 가지 방법을 따른다.

① **매출원가가감법(일명, 매출원가조정법)** : 매출원가조정법을 따를 경우 제조간접비 과대배부액은 매출원가에서 차감하고 과소배부액은 매출원가에 가산한다. 이런 특징을 감안하여 매출원가조정법은 매출원가가감법이라고도 부른다. 이 방법은 다음에 설명하는 안분법에 비해 매우 단순하다는 장점을 갖는다.

② **안분법(제조관련계정으로의 배분)** : 안분법은 배부차이를 무엇을 기준으로 배분하는가에 따라 총원가기준법과 원가요소기준법으로 구분된다. 총원가기준법에서는 배부차이를 재공품과 제품의 기말잔액 및 매출원가에 비례하여 각 계정에 배분한다. 이로써 최종 집계된 제품원가는 매출원가조정법보다는 훨씬 더 실제원가에 가까워지는 장점이 있다. 한편, 원가요소기준법은 기말 각 계정(재공품, 제품, 매출원가)에 포함되어 있는 제조간접비배부액 비율대로 배부차이를 안분한다. 이 방법이 총원가기준법과 별도로 제시되는 이유는 각 작업별로 부과된 원가요소별 금액이 동일하지 않을 수 있기 때문이다.

종합 예제

제조간접비 배부액 차이조정

㈜백석은 정상개별원가계산을 사용하며, 직접노무시간을 기준으로 제조간접비를 배부하고 있다. 2019년 초에 추정한 연간 예산제조간접비는 ₩5,000,000이며, 연간 예산직접노무시간은 25,000시간이다. 2019년 작업 #101, #102, #103을 진행하였다. 작업 #101은 12월중에 완료되었다.
발생한 원가자료는 다음과 같다. 실제 제조간접비는 ₩4,796,000이다.

	직접재료비	직접노무비(노무시간)	제조간접비
#101	₩1,500,000	₩ 1,000,000(10,000시간)	₩4,796,000
#102	700,000	800,000 (8,000시간)	
#103	500,000	400,000 (4,000시간)	
합계	₩2,700,000	₩2,200,000(22,000시간)	₩4,796,000

〈요구사항〉

1. 제조간접비의 예정배부율은 얼마인가?
2. 각 작업지시서의 작업원가표에 기재되는 원가는 얼마인가?
3. 제조간접비 총배부차이는 얼마인가?
4. 제조간접비를 예정배부한 결과 ₩396,000이 과소배부된 것으로 나타났다. 다음과 같은 자료가 주어졌을 때 (1) 매출원가조정법, (2) 총원가기준법, (3) 원가요소기준법에 따라 배부차이를 조정하시오.

	기말재공품	기말제품	매출원가
직접재료비	₩50,000	₩220,000	₩1,100,000
직접노무비	50,000	180,000	1,400,000
제조간접비	300,000	200,000	1,500,000
합계	400,000	600,000	4,000,000

TIP!

꼭 구분해야 할 제조간접비 3가지

① **실제 제조간접비**: 실제로 기업에서 발생한 제조간접비

② **예산 제조간접비**: 예정배부율을 계산하기 위해 연초에 기업이 추정한 예산 제조간접비

③ **배부된 제조간접비**: '예정배부율 x 실제활동수준'으로 계산한 제조간접비 배부액

풀이

1. 제조간접비 예정배부율 = ₩5,000,000 ÷ 25,000시간 = ₩200/시간

2.

	직접재료비	직접노무비	제조간접비	합계
#101	₩1,500,000	₩1,000,000	₩2,000,000	₩4,500,000
#102	700,000	800,000	1,600,000	3,100,000
#103	500,000	400,000	800,000	1,700,000
합계	₩2,700,000	₩2,200,000	₩4,400,000	₩9,300,000

3. 제조간접비 총배부차이 = 총제조간접비 실제발생액 − 제조간접비 배부액
= ₩4,796,000 − 4,400,000
= ₩396,000 (과소배부)

4. (1) **매출원가조정법**
매출원가 + 과소배부액 = ₩4,000,000 + 396,000 = ₩4,396,000
매출원가를 ₩4,396,000으로 조정한다.
(차) 매출원가 396,000 (대) 제조간접비 396,000

(2) **총원가기준법**

	기말재공품	기말제품	매출원가	합계
합계	₩400,000	₩600,000	₩4,000,000	₩5,000,000
비중	8%	12%	80%	100%
차이조정액	396,000×0.08 = 31,680	396,000×0.12 = 47,520	396,000×0.8 = 316,800	396,000

(차) 매출원가 316,800 (대) 제조간접비 396,000
제 품 47,520
재 공 품 31,680

(3) **원가요소기준법**

	기말재공품	기말제품	매출원가	합계
제조간접비	₩300,000	₩200,000	₩1,500,000	₩2,000,000
비중	15%	10%	75%	100%
차이조정액	396,000×0.15 = 59,400	396,000×0.1 = 39,600	396,000×0.75 = 297,000	396,000

(차) 매출원가 297,000 (대) 제조간접비 396,000
제 품 39,600
재 공 품 59,400

요 약

1. 제품(또는 서비스)원가계산은 직접재료비와 직접노무비 그리고 제조간접비를 산출물이자 원가대상인 제품(또는 서비스)에 수집·분류·집계하는 과정을 말한다. 대표적인 원가계산방식으로는 **개별원가계산**과 **종합원가계산**으로 대별된다. 이 장에서는 개별원가계산을 소개하였다.
2. 개별원가계산은 고객이 주문한 제품이나 서비스를 생산하기 위하여 소요된 원가를 파악하는 것이 목적이다. 따라서 직접원가와 간접원가의 구분과 각 부문에서 수행된 여러 주문과 관련 맺는 간접활동을 파악하는 것이 중요하다. 종전에는 이를 부문별 원가계산형태로 다루었으나 ABC에서는 주요 활동을 중심으로 파악한다.
3. 실무적 관점에서 볼 때 개별원가계산의 핵심은 주문이행에 소요된 재료나 인건비 등을 추적·집계하는 매개체인 **제조지시서**이다. 구체적으로 직접재료비나 직접노무비와 같은 제조직접비는 제조지시서에 직과되고 제조간접비는 적절한 기준에 따라 배부된다.
4. 개별원가계산은 경영자가 전략적 의사결정을 내리는 데 유용한 원가정보를 제공한다. 가령, **제품이나 고객의 수익성 분석, 작업방식을 비롯한 원가통제, 가격결정** 등이 그것이다. 따라서 원가계산시스템의 설계는 앞서 예를 든 정보이용목적을 염두에 두고 설계되어야 한다.
5. 제품원가의 변동성과 원가정보의 지연이라는 실제원가에 기초한 개별원가계산의 두 가지 단점을 보완하기 위하여 예정배부율을 이용한 **정상원가계산**이 이용된다. 예정배부율을 이용할 경우 기준조업도를 파악하는 것이 핵심이다. 그러나 현실적으로 실제조업도와 기준조업도가 일치하기란 매우 드물며 결과적으로 조업도차이가 발생한다.

핵심 용어

- 안분법
- 원가집합
- 원가대상
- 원가배분
- 예산차이
- 소비차이
- 기준조업도
- 정상조업도
- 예정배부율
- 배부초과액
- 배부부족액
- 조업도차이
- 개별원가계산
- 종합원가계산
- 정상원가계산
- 실제원가계산
- 총원가요소법
- 제조지시서
- 이론적 조업도
- 현실적 조업도
- 작업별 원가계산
- 기대실제조업도
- 원가요소기준법
- 작업원가계산표
- 단순개별원가계산
- 제조간접비배부액
- 직접배부법
- 단계배부법
- 상호배부법

Reading materials

원가회계 전문가되기
http://cafe.naver.com/newcosting.cafe

- 두산의 미운 오리들, 백조로 (키워드: 개별원가계산) 조선경제, 2018.10.23.
- 대우조선해양, "인도네시아에 10억 불 규모 잠수함 수출 협상 진행"(키워드: 개별원가계산) 글로벌 이코노믹, 2019.01.13.
- 싱가포르항공, 한발 빠른 감가상각…새 비행기로 고객 끌어들어 (키워드: 원가구조, 주문생산 전략) 한국경제, 2013.12.12.

부록 그림으로 보는 제품원가계산

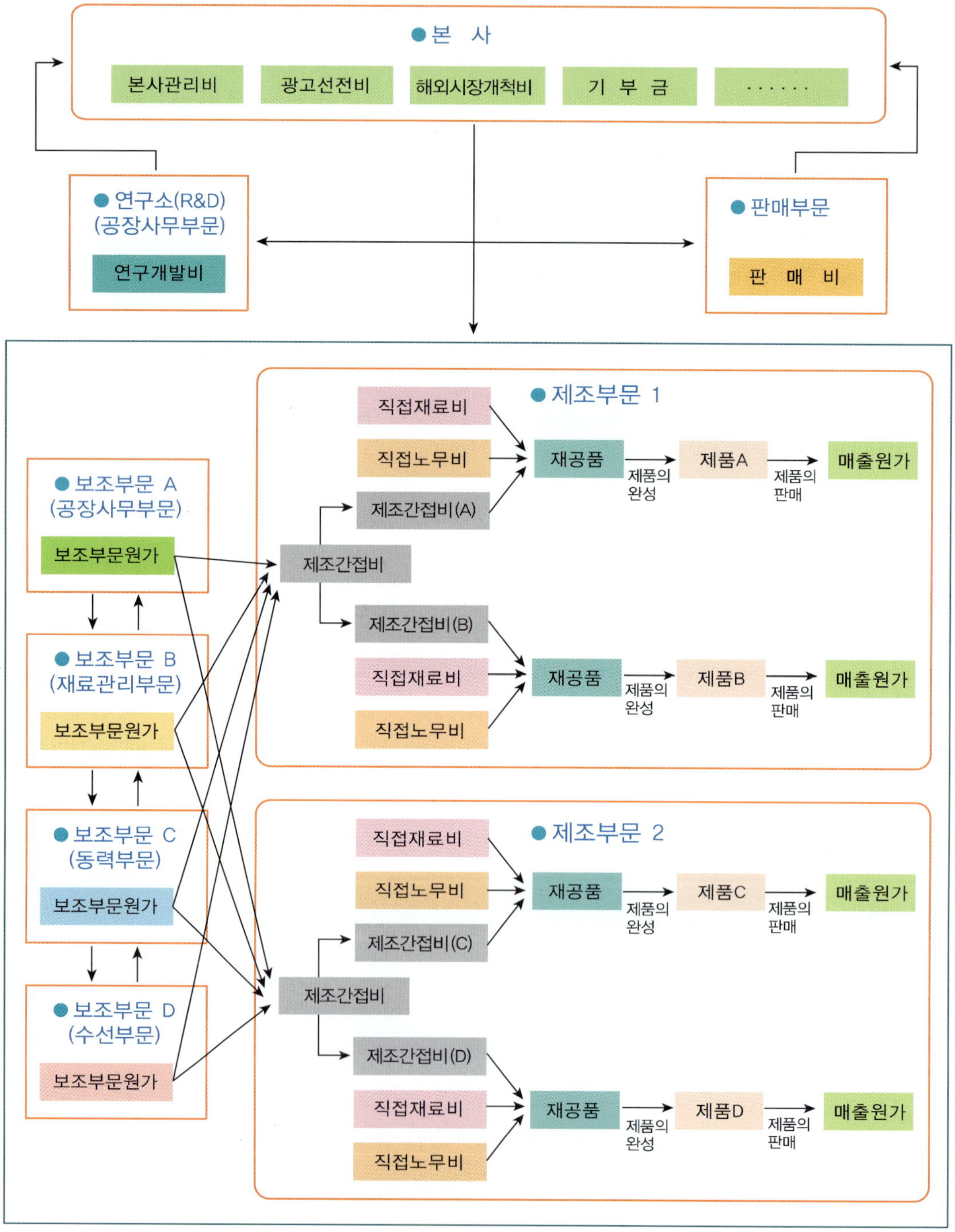

단답식 개념문제

01. 개별원가계산은 개별 □□별로 원가를 파악하는 계산방식을 말한다.

02. 개별원가계산과 종합원가계산이 혼합된 계산방식을 □□□원가계산이라 한다.

03. 실제원가계산의 문제점을 해소하기 위해 제조간접비를 실제발생액이 아닌 사전에 결정된 예산과 예정배부율을 사용하여 원가를 계산하는 방식을 □□원가계산이라 한다.

04. 제조간접비 배부차이의 원인은 크게 □□차이와 □□□차이로 구분된다.

[문1] 제품원가계산의 목적을 설명하시오.

[문2] 전통적인 원가계산시스템의 대표적인 두 가지는 무엇인가?

[문3] 개별원가계산시스템의 두 가지 중요한 목적은 무엇인가?

[문4] 개별원가계산의 정의와 대표적인 적용산업을 예로 드시오.

[문5] 개별원가계산시스템에 따라 제품원가를 계산하는 데 사용되는 두 가지 증빙서류는 무엇인가?

[문6] 개별원가계산에서 제조간접비 배부기준의 역할에 대해 설명하시오.

[문7] 개별원가계산에서 제조지시서의 역할에 대해 설명하시오.

[문8] 회계연도말에 제조간접비가 과대배부 또는 과소배부되는 이유는 무엇인가? 두 가지로 답하시오.

[문9] 과소배부, 과대배부된 제조간접비를 기말에 수정하는 데 이용될 수 있는 세 가지 방법을 설명하시오.

[문10] 병원이나 회계법인 같은 서비스업에서는 주로 어떠한 원가계산방법을 채택할 것으로 생각합니까?

[문11] 제조간접비 배부기준으로 흔히 사용되는 것은 무엇인가? 몇 가지 예를 드시오.

[문12] 보조부문이란 무엇인가? 보조부문을 지칭하는 다른 용어는 무엇인가?

연습문제

객관식

[문1] 다음 중 개별원가계산제도를 이용하는 것이 가장 적합한 업종은? (★)

① 자동 공정화된 자동차 제조업
② 도소매업
③ 특별주문에 의해 소량을 수작업으로 제작, 판매하는 시계 제조업
④ 패스트푸드 제조 판매업

[문2] 다음 중 개별원가계산에 대한 설명으로 틀린 것은? (★)

① 여러 가지 제품을 주문에 의해 생산하거나 동종의 제품을 일정 간격을 두고 비반복적으로 생산하는 업종에 적합한 원가계산제도이다.
② 조선업, 기계제작업 등과 같이 수요자의 주문에 기초하여 제품을 생산하는 업종에서 주로 사용한다.
③ 종합원가계산에 비해 각 제품별로 원가를 집계하기 때문에 직접원가와 간접원가의 구분이 더욱 중요한 의미를 갖는다.
④ 개별원가계산은 제조간접원가의 배부절차가 반드시 필요하므로, 개별원가계산을 사용하면서 변동원가계산제도를 채택하는 것은 불가능하다.

[문3] 개별원가계산에서 제품계정으로 대체되는 재공품계정의 금액은 무엇을 의미하는가? (★)

① 당기에 완성된 모든 작업의 원가
② 당기에 투입된 모든 작업의 원가
③ 당기에 지급된 모든 작업의 원가
④ 당기에 완성된 작업 중 당기에 투입된 원가

[문4] ㈜홍익은 개별원가계산제도를 채택하고 있으며, 레몬티와 홍차 제품을 생산하고 있다. 기초재공품은 없으며 레몬티와 홍차는 기말에 완성되었다. 관련자료는 아래와 같고, 제조간접원가를 직접노무원가 발생액에 비례하여 배부하는 경우 제품 레몬티

의 제조원가는 얼마인가? (★★)

	레몬티	홍 차
직접재료원가 :		
기초재고액	₩200,000	₩150,000
당기매입액	500,000	220,000
기말재고액	150,000	110,000
직접노무원가 :		
전기말 미지급액	₩220,000	₩200,000
당기지급액	450,000	670,000
당기말 미지급액	180,000	120,000
당기발생된 제조간접원가 : ₩200,000		

① ₩993,000　② ₩1,042,000　③ ₩1,332,000　④ ₩1,360,000

[문5] ㈜세무는 개별원가계산방법을 적용한다. 제조지시서#1은 전기부터 작업이 시작되었고, 제조지시서#2와 #3은 당기 초에 착수되었다. 당기 중 제조지시서#1과 #2는 완성되었으나, 당기말 현재 제조지시서#3은 미완성이다. 당기 제조간접원가는 직접노무원가에 근거하여 배부한다. 당기에 제조지시서#1 제품은 전량 판매되었고, 제조지시서#2 제품은 전량 재고로 남아 있다. 다음 자료와 관련된 설명으로 옳지 않은 것은? (세무사 2016) (★★)

구 분	#1	#2	#3	합 계
기초금액	₩450	−	−	
[당기투입액]				
직접재료원가	₩6,000	₩2,500	₩( )	₩10,000
직접노무원가	500	( )	( )	1,000
제조간접원가	( )	1,000	( )	4,000

① 당기제품제조원가는 ₩12,250이다.
② 당기총제조원가는 ₩15,000이다.
③ 기초재공품은 ₩450이다.
④ 기말재공품은 ₩2,750이다.
⑤ 당기매출원가는 ₩8,950이다.

※ [문제 6~7] 다음 자료를 이용하여 답하시오.

㈜백석은 직접노동시간을 기준으로 제조간접원가를 예정배부하고 있으며 연간 제조간접원가는 ₩600,000, 직접노동시간은 30,000시간으로 예상하고 있다. 5월 중 작업지시서 #111과 #112를 시작하여 #111이 완성되었다.

	#111	#112	합 계
직접재료원가	₩25,000	₩30,000	₩55,000
직접노무원가	18,000	22,000	40,000
직접노동시간	500시간	600시간	1,100시간

[문6] 제조간접원가 예정배부율을 구하면? (직접노동시간당) (★)

① ₩20 ② ₩30 ③ ₩60 ④ ₩110

[문7] 월초에 재공품이 없다면 5월말의 재공품원가는 얼마인가? (★★)

① ₩43,000 ② ₩50,000 ③ ₩64,000 ④ ₩70,000

[문8] 제조간접비 배부차이 (★★)

㈜세무는 정상개별원가계산을 사용하며, 직접노무시간을 기준으로 제조간접원가를 배부하고 있다. 2019년 연간 제조간접원가 예산은 ₩5,000,000이다. 2019년 실제 발생한 제조간접원가는 ₩4,800,000이고, 실제직접노무시간은 22,000시간이다. 2019년 중 제조간접원가 과소배부액이 ₩400,000이라고 할 때 연간 예산직접노무시간은? (세무사 2013)

① 22,000시간 ② 23,000시간 ③ 24,000시간 ④ 25,000시간 ⑤ 26,000시간

[문9] 제조간접비 배부차이 조정 (★★)

㈜국세는 정상개별원가계산제도를 채택하고 있다. ㈜국세는 제조간접비를 예정배부하며, 예정배부율은 직접노무비의 60%이다. 제조간접비의 배부차이는 매기 말 매출원가에서 전액 조정한다. 당기에 실제 발생한 직접재료원가는 ₩24,000이며, 직접노무비는 ₩16,000이다. 기초재공품은 ₩5,600이며, 기말재공품에는 직접재료비 ₩1,200과 제조간접비 배부액 ₩1,500이 포함되어 있다. 또한 기초제품은 ₩5,000이며, 기말제품은 ₩8,000이다. 제조간접비 배부차이를 조정한 매출원가가 ₩49,400이라면, 당기에 발생한 실제 제조간접원가는 얼마인가? (세무사 2011)

① ₩7,200 ② ₩9,600 ③ ₩10,400 ④ ₩12,000 ⑤ ₩13,200

[문10] 제조간접비 배부차이 조정 (★★★)

㈜국세는 정상개별원가계산제도를 이용하여 제조원가를 계산하고 있다. 기계시간은 2,500시간, 직접노무시간은 3,000시간으로 예상하고 있으며, 회귀분석법을 이용하여 연간 제조간접원가예산을 수립하는데 필요한 원가함수를 다음과 같이 추정하였다.

총제조간접원가 = ₩500,000 + ₩300 x 기계시간

㈜국세의 기초재고자산은 없으며 당기에 세 가지 작업(#1, #2, #3)을 시작하여 작업 #1, #2가 완성되었다. 이 세 가지 작업에 대한 당기 원가자료는 다음과 같다.

	#1	#2	#3	합계
직접재료원가	₩150,000	₩150,000	₩200,000	₩500,000
직접노무원가	250,000	150,000	100,000	500,000
기계시간	1,000시간	600시간	400시간	2,000시간
직접노무시간	1,300시간	800시간	400시간	2,500시간

기말에 확인한 결과 당기에 발생한 실제제조간접원가는 ₩1,100,000이며, 당기에 작업 #2만 판매되었다. ㈜국세가 제조간접원가 배부차이를 매출원가에서 전액 조정할 경우 재무제표에 인식될 매출원가는 얼마인가? (세무사 2012)

① ₩650,000 ② ₩700,000 ③ ₩800,000 ④ ₩900,000 ⑤ ₩1,080,000

[문11] ㈜세무는 가공부문(도색 및 조립)과 보조부문(수선 및 동력)으로 구성된다. 다음의 서비스 공급량 자료를 이용하여 상호배부법으로 보조부문의 원가를 가공부문에 배부한다.

	보조부문		가공부문	
	수 선	동 력	도 색	조 립
수 선		75시간	45시간	30시간
동 력	200kw		100kw	200kw

수선부문과 동력부문에 각각 집계된 원가는 ₩300,000과 ₩200,000이다. 가공부문에 배부된 원가는 도색 횟수와 조립시간에 비례하여 각각 제품 A와 제품 B에 전액 배부된다. 제품 A와 제품 B에 사용된 도색 횟수와 조립시간이 다음과 같을 때, 제품 B에 배부되는 보조부문의 총원가는? (세무사 2017) (★★★)

	제품 A	제품 B
도색 횟수	10회	13회
조립시간	200시간	100시간

① ₩210,000 ② ₩220,000 ③ ₩240,000 ④ ₩250,000 ⑤ ₩280,000

[문12] 보조부문원가계산 (★★★)

㈜갑은 현재 보조부문의 원가를 생산부문의 부문직접원가를 기준으로 배부하고 있다. 생산부문과 보조부문의 관련자료는 아래와 같다.

	생산부문		보조부문	
	A	B	C	D
부문직접원가	500만원	400만원	300만원	600만원
서비스 제공비율				
보조부문 C	40%	50%	-	10%
보조부문 D	30%	60%	10%	-

㈜갑은 보조부문 C의 원가를 우선 배부하는 단계배부법으로 보조부문의 원가배부방법을 변경하고자 한다. 이 변경이 생산부문 A에 배부되는 보조부문원가에 미치는 영향은? (KICPA 2012)

① 90만원 감소 ② 120만원 증가 ③ 150만원 증가
④ 170만원 감소 ⑤ 190만원 증가

주관식

[문1] 개별원가계산(I) (★)

마포㈜는 개별원가계산을 실시하고 있다. 제조간접비는 직접노무비의 120%이다. 작업 #201에서 발생한 직접재료비는 ₩1,764,000이며, 제조간접비는 ₩1,058,400이다. 또한 작업 #301에서 발생한 직접재료비는 ₩294,000이며, 직접노무비는 ₩735,000이다. 작업 #201에서 발생한 직접노무비 및 작업 #301의 총원가는 얼마인가?

<자료 : 2000년 CTA 기출문제>

[문2] 개별원가계산 : 예정배부 (★★★)

㈜세무는 기계시간 기준으로 제조간접원가를 예정배부하는 정상원가계산방법을 적용한다. 20×1년에 실제 제조간접원가는 ₩787,500이 발생되었고, 기계시간당 ₩25로 제조간접원가를 예정배부한 결과 ₩37,500만큼 과대배부되었다. 20×1년 실제조업도가

예정조업도의 110%인 경우, ㈜세무의 제조간접원가 예산액은? (세무사 2016)

[문3] 개별원가계산(II) (★★)

홍익공업은 개별원가계산제도를 채택하고 있는데 직접노무비의 150%를 제조간접비로 예정배부하고 있다. 제조간접비의 과소 또는 과대배부액은 월말의 매출원가에 가감하여 처리한다. 2월중의 원가자료는 다음과 같다.

- 2월 1일 현재 생산이 진행되고 있는 것은 오직 제품 Q뿐이고, 이의 원가는 다음과 같다.

직접재료비	₩4,000
직접노무비	2,000
제조간접비 예정배부액	3,000
	₩9,000

- 제품 R, S, T는 2월중에 제조가 시작되었으며, 2월중에 발생한 직접재료비는 ₩26,000, 직접노무비는 ₩20,000이다.
- 2월중의 제조간접비 실제발생액은 ₩32,000이다.
- 2월 28일 현재 생산진행 중에 있는 것은 오직 제품 T뿐이고, 이의 직접재료비는 ₩2,800, 직접노무비는 ₩1,800이다.

〈물음〉

1. 2월중의 완성품 제조원가는 얼마인가?
2. 2월중의 제조간접비 과대 또는 과소배부액은 얼마인가?

[문4] 예정배부율 및 배부액 계산 (★★)

홍익공업사는 2018년과 2019년의 제조간접비 및 직접노동시간 그리고 기계시간에 관한 자료를 다음과 같이 구한 바 있다.

	2018	2019
제조간접비	₩23,500	₩32,500
직접노동시간	1,500	2,500
기계시간	3,000	4,500

〈추가정보〉

① 과거 10년간의 원가분석 결과에 의하면 제조간접비와 직접노동시간간의 상관계수는 0.43인 반면, 기계시간과 제조간접비간의 상관계수는 0.93으로 밝혀진 바 있다.

② 경영진은 2020년에 직접노동시간은 2,000시간, 기계시간은 4,000시간으로 예상하고 있다.

TIP!

본 문제는 교재 〈예제 4-5〉와 매우 유사한 문제임.

③ 2020년의 실제발생된 직접노동시간은 2,200시간, 기계시간은 4,200시간이다.

〈요구사항〉

1. 제조간접비 예정배부율 산정시 채택되어야 할 기준은 직접노동시간인가 아니면 기계시간인가?
2. 2020년의 제조간접비 배부액은? 제조간접비 예정배부율을 구하여 계산하시오.

[문5] 개별원가계산 : 제조간접비의 예정배부 (★★)

와우공업㈜는 제조간접비를 배부하는 데 있어서 A부문에 대해서는 노무비, B부문에 대해서는 기계작업시간을 각각 기준으로 하여 제조간접비 예정배부율을 적용하고 있다. 2020년에 이 회사는 다음과 같은 활동이 이루어질 것으로 예정하고 있다.

구 분	A부문	B부문
직접노무비	₩256,000	₩70,000
제조간접비	₩288,000	₩300,000
직접노동시간	32,000시간	10,000시간
기계작업시간	2,000시간	40,000시간

〈요구사항〉

1. A부문과 B부문에 적용할 제조간접비 예정배부율은 각각 얼마인가?
2. 1월중에 제조지시서 No. 400에 나타난 바에 의하면 다음과 같은 활동이 수행되었다.

구 분	A부문	B부문
재료청구액	₩40	₩80
직접노무비	₩64	₩42
직접노동시간	8시간	6시간
기계작업시간	2시간	26시간

   이 경우에 제조지시서 NO. 400의 제조간접비 총액은 얼마인가?
3. 제조지시서 No. 400은 제품 20단위를 생산하도록 되어 있다. 이 경우에 제품단위당 원가는 얼마인가?
4. 2020년 말에 A부문에서 발생한 실제제조간접비는 ₩320,000이고, B부문에서 발생한 실제제조간접비는 ₩276,000이었다. 이 경우에 A, B 두 부문에서 나타난 제조간접비의 과대 또는 과소배부액은 각각 얼마인가? 또한 전체로서의 과대 또는 과소배부액은 얼마인가? 단, 실제의 총노무비와 기계작업시간은 처음에 예상했던 것과 같았다고 가정한다.
5. 제조간접비를 예정배부하는 이유는 무엇인가? 필요한 이유를 설명하시오.
6. 제조간접비배부차이가 차변에 나타날 경우에 이것이 의미하는 바를 설명하시오.

<자료 : KICPA, 1977, 2차 수정>

[문6] 상호배부법 (★★)

서교공업사는 두 개의 생산부문 A, B의 생산활동을 돕기 위해 두 개의 보조부문 S_1, S_2를 두고 있다. 각 보조부문에서 생산된 서비스의 사용비율은 다음과 같다.

공급부서 \ 사용부서	S_1	S_2	A	B	서비스생산량
S_1	0	2	4	4	10,000단위
S_2	3	0	3	4	20,000단위

S_1 부문과 S_2 부문의 변동비는 각각 ₩180,000과 ₩200,000이었다. 당기중 생산부문 A, B의 생산량은 각각 1,000,000개와 1,200,000개이다.

〈요구사항〉

1. 상호배부법(reciprocal method)에 의하여 보조부문의 변동비를 배분한다면, 생산부문 A에 배부된 보조부문의 변동비는 얼마인가? <자료 : 1985년 CPA 1차 기출문제>
2. S_2 부문의 서비스를 서교공업사내에서 생산하는 대신 외부로부터 구입한다면 몇 단위의 S_2 서비스를 구입하여야 하는가? 단, 생산부문의 생산량은 항상 일정하다고 가정한다.

[문7] 보조부문원가의 제조부문에의 배부 (★★★)

자동차부품을 생산하는 홍익기업은 와우산 부근에 제조공장을 설립하였다. 제조공장은 2개의 제조부문(제조부문 A, B)과 3개의 보조부문(용수, 보일러, 전력부문)으로 구성된다. 3개의 보조부문은 제조공장에서 사용할 공업용수, 동력 및 연료 등을 자체적으로 조달할 목적으로 제조공장 설립과 함께 설치하게 되었다.

① 용수부문(W) : 근처의 호수에서 물을 끌어들여 여과한 후에 제조부문에 공급함.
② 보일러부문(H) : 공정에 필요한 스팀을 생산하여 일부는 제조활동을 위해서 그리고 나머지는 전력을 생산하는 데 사용됨.
③ 전력부문(E) : 필요한 전력을 자체적으로 생산함.

이들 3개 보조부문의 활동을 분석한 결과 공업용수의 60%는 스팀생산에 사용되며 나머지 40%는 각각 제조부문 A에 20%, 제조부문 B에 20%가 공급된다. 생산된 스팀의 50%는 전력을 생산하기 위하여 공급되며 나머지 50%는 제조부문 A에 20%, 제조부문 B에 30%가 공급된다. 전력의 20%는 공업용수 생산에 사용되며 나머지 80%는 제조부문 A에서 40%, 제조부문 B에서 40% 사용된다.
2019년 중 3개 보조부문에서 발생한 원가 및 부문 간의 용역수수관계는 다음과 같다. 이를 토대로 주어진 질문에 답하라.

	보조부문			제조부문	
	용수(W)	보일러(H)	전력(E)	A	B
용 수(W)		60%		20%	20%
보일러(H)			50%	20%	30%
전 력(E)	20%			40%	40%

발생원가	변동비	고정비	합 계
용 수(W)	₩2,000	₩8,000	₩10,000
보일러(H)	18,000	12,000	30,000
전 력(E)	6,000	9,000	15,000

〈요구사항〉

전부원가계산방식으로 제품원가를 결정해야 하는 상황에서 다음 각 방법을 사용하여 보조부문원가를 각 제조부문에 배분하시오. (자료 : D. Green)

1. 직접배부법
2. 단계배부법(배분순서는 용수, 보일러, 전력 순으로 한다)
3. 상호배부법

05 종합원가계산

Learning Objectives

1 종합원가계산시스템이 적용되어야 하는 상황에 대한 이해
2 종합원가계산의 5단계 절차 이해
3 완성품환산량 개념의 이해
4 평균법, 선입선출법에 의한 계산 터득
5 종합원가계산시 표준원가 이용에 대한 이해
6 종합원가계산시 원가구분에 대한 필요성을 확인
7 공손 발생시 원가계산 및 회계처리의 이해

Intro

제5장에서는 두 번째 대표적인 원가계산방식인 **종합원가계산**을 설명한다. 영국의 산업혁명과 더불어 공장제공업이 대두된 이래로 가장 역사가 오래된 원가계산방식일 뿐만 아니라 지금도 대부분의 제조업에 적용되는 원가계산방식이다.

처음에는 다소 생소해 보일지 모르지만 **완성품 환산량** 개념을 터득하면 쉽게 이해할 수 있는 토픽이다. 더욱이 연속공정을 갖는 제조업의 원가계산은 회사에 가장 적합한 제품별 원가계산시스템이 정착되면 좀처럼 바뀌지 않기 때문에 원가계산 자체를 겁낼 필요가 없다. 단지 원가흐름을 이용한 논리적 사고의 훈련에 충실하면 된다.

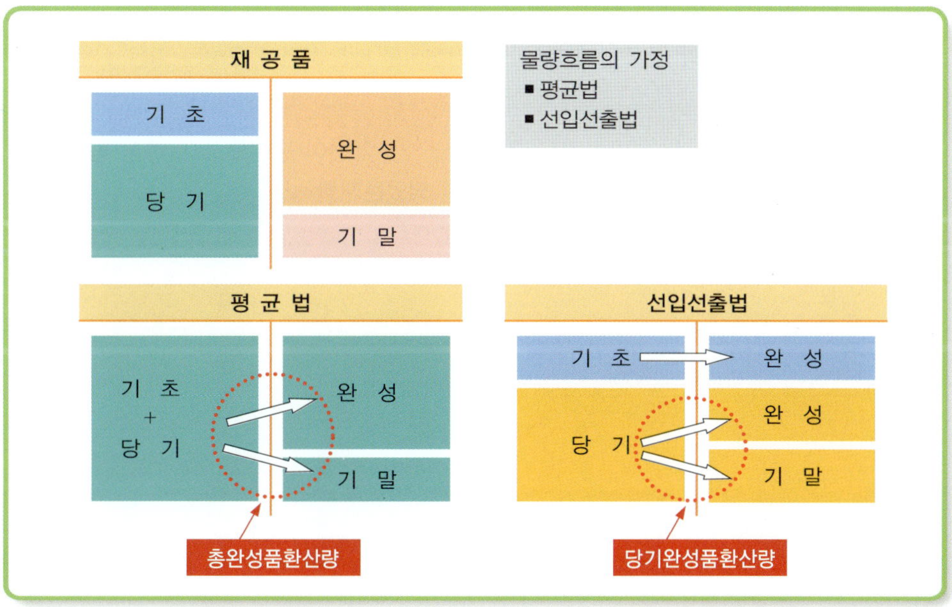

Storytelling

현재 다양하게 불리워지는 병마개의 명칭을 보면 왕관(王冠, CROWN), CAP, 덮개, 마개, 뚜껑 등이 있으며 이를 총칭하여 클로져(CLOSURE)라 부린다. 미국에서는 병마개를 윌리엄 페인터가 그 형상이 왕관(CROWN)과 흡사하다고 하여 "크라운"이라 부르기도 한다. 국내의 병마개 생산업체 1위인 (주)삼화왕관의 경우에도 이 회사의 이름을 처음 들을 때는 병마개보다는 왕이 쓰는 왕관이 우선 떠오른다.

그렇다면 삼화왕관의 경우 병마개가 제품이므로 병마개의 **원가**를 하나하나 계산하고 있을까? 만약 새로 부임한 경영진이 황당하게도 병마개 원가를 하나하나 계산하기 위한 시스템을 구축하라고 지시한다면 직원들은 모든 업무를 멈추고 그 일에 매달려야 할지도 모르겠다. 연속으로 **대량생산되는 병마개의 원가**를 개별적으로 간접비를 배분하면서 구하는 일은 쉬운 일이 아니기 때문이다.

연속으로 동일 제품이 생산되는 경우 굳이 개별적인 계산이 불필요하다. 해당 공정별로 전체 원가를 계산한 다음에 이번에 몇 개나 생산이 되었는지를 보고 생산량으로 나누어 **1단위당 평균원가**를 구하면 된다.

제1절 종합원가계산

"전형적인 원가회계교재에서 소개되고 있고 오늘날 기업에서 사용하고 있는 거의 모든 원가회계절차의 개발은 1925년경에 종료되었다고 할 수 있다. 동 기간 초반에 수행된 원가계산은 주로 엔지니어가 담당했으며 주된 관심사항은 공정관리 및 제품원가계산이었다."

–존슨과 카플란(Johnson & Kaplan), Relevance Lost–

1.1 종합원가계산의 특징과 원가흐름

1. 종합원가계산의 개관

제4장에서 종합원가계산은 동일제품을 연속해서 반복적으로 생산하는 대량생산 형태에 적합한 원가계산방식이라고 정의한 바 있다. 종합원가계산이 제대로 이루어지기 위해서는 기업의 생산과정을 올바로 이해하는 것이 매우 중요하다. 왜냐하면 종합원가계산이란 제조공정에서 발생하는 각종 원가를 집계한 후 이를 완성품과 기말재공품이란 산출물에 안분(按分)하는 것이고, 이러한 안분이 제대로 이루어지기 위해서는 생산과정에 대한 이해가 전제되어야 하기 때문이다.[1)]

과연 종합원가계산은 개별원가계산과 어떠한 차이를 보일까? 어느 계산이 보다 쉬울까? 이는 기업의 생산과정이 어떻게 이루어지는가에 따라 달라진다고 답할 수 있다.

종합원가계산은 본래 동종 유사제품을 대량으로 반복생산하는 업종에 적합한 원가계산방식이다. 따라서 만약 기업이 취급하는 제품이 한 종류이고 생산공정이 하나에 불과할 경우 제품원가계산상 직접비와 간접비 구분의 필요성은 존재하지 않는다. 단지 미완성품인 재공품과 완성품으로의 배분(이를 안분이라는 용어를 사용함) 이슈만이 있을 뿐이다. 왜냐하면 일정기간 동안에 발생한 총원가는 동 공정에서 생산된 산출물에 부과될 직접원가이기 때문이다. 그러나 만약 공정이 다수이고 비록 대량으로 반복생산하더라도 취급하는 제품이 복수일 경우에는 상황이 다소

1) 제조공정을 이해하기 위해서는 대표적인 제조업체인 현대자동차의 홈페이지(http://www.hyundai.com/) 기업정보(H Tour)에서 공정흐름을 참고해 보자.

표 5.1 개별원가계산과 종합원가계산의 비교

	개별원가계산	종합원가계산
적용생산 형태	• 고객의 주문에 따라 제품을 생산하는 주문생산형태에 적용됨.	• 시장생산(예측생산)형태, 즉 표준규격제품을 연속적으로 대량 생산하는 형태에 적용됨.
적용생산 형태의 특징	• 제조과정을 통하여 특정제품이 다른 제품과 구분되어 가공됨. • 동일한 제품이 재생산되는 경우가 없거나 혹은 재생산 여부를 예측하기 어려움.	• 제품이 동일규격이기 때문에 제조과정을 통하여 동일하게 가공됨. • 동일규격의 제품이 반복하여 생산됨.
원가계산 방법	• 주문을 받은 개별제품별로 작성된 작업원가표에 집계함. • 제품단위당 원가는 작업원가표에 집계된 제조원가를 작업한 수량으로 나누어 계산함. • 재고자산의 평가에 있어서 작업이 완성된 것은 제품계정으로 대체되고, 미완성된 작업은 재공품이 됨.	• 발생한 원가는 공정별·부문별 재공품 계정에 집계됨. • 일정기간에 발생한 총원가를 총생산량으로 나누어 단위당 평균제조원가를 계산함. • 제품은 완성수량에, 재공품은 기말재공품완성품환산량에 단위당 평균제조원가를 곱하여 계산함.
원가보고서의 작성	• 각 작업별로 작성함.	• 각 공정별로 작성함.

달라진다.

일정기간(가령, 일주일 또는 한 달 등)에 걸쳐 동종 제품을 반복생산하는 경우 외부보고를 위한 제품원가 계산상 특정 시점에 생산되는 제품을 다른 시점에 생산되는 제품과 구분하여 원가를 계산할 이유는 없다. 원가관리목적이 아닌 경우 하루에도 수없이 반복생산되는 자동차(동일 모델)나 시멘트 그리고 라면 등과 같은 제품은 제조순서에 따라 원가의 차이가 날 것으로 가정하기보다는 표준적인 재료와 작업공정을 거쳐 생산되는 점을 감안하여 평균원가를 이용하여 제품원가를 계산한다.

이처럼 종합원가계산은 일정기간 동안에 발생한 제조원가를 집계한 후 이를 동기간 동안에 생산된 생산량으로 나누어 단위당 원가를 구하는 계산방식이다(식 (5.1) 참조).

$$\text{제품단위당 제조원가} = \frac{\text{원가계산기간의 종합원가}}{\text{원가계산기간의 생산량} } \quad \cdots\cdots\cdots\cdots (5\cdot1)$$

요컨대, 종합원가계산에서는 원가계산 기간개념이 중요하고 궁극적으로 구해지는 제품원가는 평균원가 성격을 갖는다. 다만, 산출물 중에는 완성품 이외에 미완성품(재공품)이 존재하기 때문에 어떻게 이들 미완성품원가를 계산하여 완성품원가계산을 마무리지을 것인가가 과제이다.

2. 프로세스에 기초한 생산

종합원가계산은 제조업에만 적합한 것은 아니다. 제조업이든 서비스업이든 프로세스(process : 제조업에서는 공정 그리고 서비스업에서는 과정이란 용어로 흔히 사용됨)를 통해 산출물이 생산되는 경우 적용가능하다. 단지 서비스업의 경우에는 기말에 프로세스에 머물러 있는 재공품원가의 평가이슈가 존재하지 않는다는 점만이 제조업과 차이날 뿐이다. 즉, 제조업이 다소 복잡하다. 이 점을 감안하여 일반적으로 교과서에서는 제조업을 염두에 두고 종합원가계산을 설명한다.

공정을 통해 제품을 생산하는 제조업의 경우 전형적으로 일련의 단계 또는 공정을 거쳐 제품이 생산된다. 이때 각 공정(process)에서는 하나 혹은 복수의 작업이 이루어지는 가운데 점점 더 완성품에 다가가게 된다. 즉, 완성도가 높아지는 것이다. 각 공정에서는 재료와 인력이 투입되고 시설사용에 따른 기타 감가상각비나 전력비와 같은 경비가 발생하는 것이 일반적이다. 일반적으로 각 공정에서 가공되는 개별 생산단위는 매우 유사한 제조원가를 발생시키는 것으로 가정된다.

여러 공정을 거쳐 생산이 이루어지는 경우의 패턴은 ① 순차적으로 거쳐야 하는 순서가 정해져 있는 연속공정(sequential processing) 형태와 ② 몇 개의 공정이 동시 병행적으로 진행되는 것이 가능한 평행공정(parallel process)으로 대별될 수 있다. 복수공정을 거치는 종합원가계산의 경우에는 전공정(前工程)까지 발생한 원가(즉, 전공정대체원가 : transferred-in costs 일명, 전공정비)가 다음 공정의 입장에서는 첫 공정의 원재료 투입처럼 간주된다는 특징을 제외하면 단일공정의 종합원가계산과 크게 차이를 보이지 않는다.

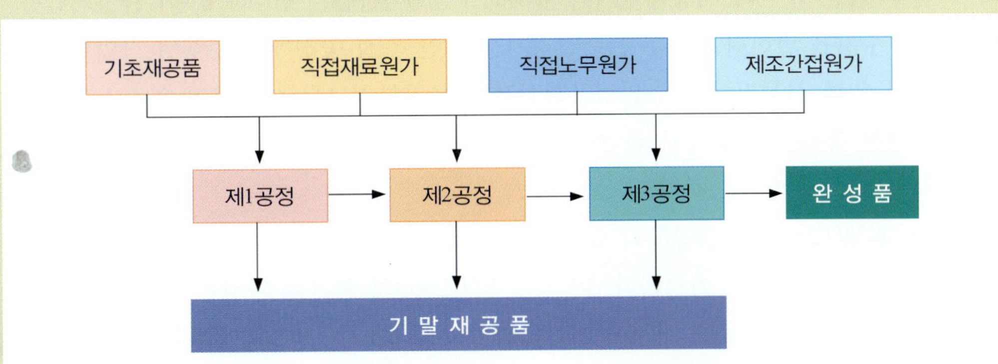

그림 5.1 종합원가계산 흐름도

3. 원가집계 : 생산보고서

종합원가계산에서 일정기간 동안 특정 부서(공정)에서 발생한 원가집계목적으로 작성하는 문서는 생산보고서(production report)라고 부른다. 생산보고서는 개별원가계산의 작업원가표와 마찬가지로 재공품계정의 보조원장으로서의 상세한 정보를 담고 있다. 마지막 공정을 책임지는 부서의 생산보고서는 재공품계정원가를 완성품계정(finished goods)원가로 대체하는 역할을 수행한다.

생산보고서의 핵심정보는 특정 부서가 가공한 물리적 생산단위와 동 생산을 위한 원가정보이다. 생산보고서는 총투입은 총산출과 동일하다는 등식을 이용하여 작성된다. 즉, 전공정 또는 외부에서 구입한 투입에 자체 공정에서 추가한 총투입물은 후속공정에(또는 완성품형태로 창고에) 대체되는 완성품과 공정에 머물러 있는 기말재공품의 형태로 있는 총산출물과 일치함을 물리적 단위와 원가수치로 확인시켜 주는 것이다.

1.2 종합원가계산에서의 산출물 측정 : 환산량 개념

종합원가계산의 핵심은 안분(按分)계산이다. 일정기간 동안 총산출물 생산을 위해 발생한 총원가를 두 가지 유형의 산출물인 완성품과 미완성품(기말재공품)으로 나누는 안분계산의 핵심개념은 환산량(換算量 : equivalent units)이다.

환산량이란 비교대상이 되는 수치로 바꾼(환산한) 수량을 의미한다. 종합원가계산에서는 완성품을 비교기준으로 삼기 때문에 완성품환산량이라고 부른다.

완성품환산량이란 특정 공정에서 일정기간 동안 투입된 총원가가 전부 완성품만을 생산하는 데 사용되었더라면(따라서 기말재공품은 전무하게 됨) 완성되었을 완성품수량을 말한다. 이 수치는 일정기간 동안 특정 공정에서 수행된 작업량을 측정하기 위해 사용된다. 즉, 완성품환산량이란 공통척도를 이용하여 일정기간 동안에 발생한 총원가를 수행된 작업량에 배분하면 궁극적으로 원하는 완성품과 기말재공품으로 안분이 가능하다.

> **TIP!**
> 기초와 기말의 재공품, 완제품 재고가 별 의미를 갖지 않는 **JIT 환경**에서는 **완성품 수량**과 **완성품환산량**과는 별반 차이를 보이지 않는다. 성공적인 JIT 시스템에서는 공정간에 재고가 거의 제로에 가깝게 되며, 작업은 연속해서 다음 작업으로 연결되며, 전체적으로 제조공정이 단순화된다. 따라서 종합원가계산에서 설명하는 가공원가의 완성품환산량 계산은 자동화 시스템과 JIT 생산환경으로 변모한 공장에서는 거의 사용하지 않는다. 본 장에서는 연속공정의 제품원가계산을 위한 지적 훈련의 한 방편으로 **완성품환산량** 계산을 연습한다.

총 ₩12,000을 투입하여 40개의 완성품과 50%의 완성도를 지닌 기말재공품 80개를 생산하였다고 가정하자. 이 경우 ₩12,000의 원가를 완성품과 기말재공품으로 배분하는 방법은 여러 가지가 가능하다. 그 중 하나는 생산량에 따라 1 : 2로 나누는 방법이다. 그러나 기말재공품 한 단위가 완성품 한 단위와 동일한 원가를 발생시켰

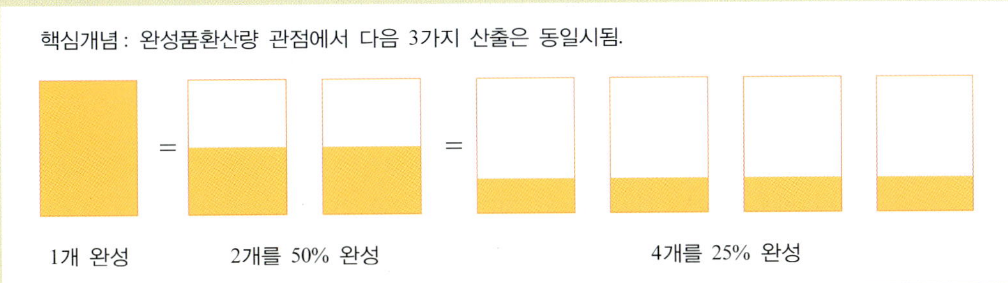

그림 5.2 완성품환산량의 도시적 예시

다고 가정하는 것은 무리이다. 그 대신 기말재공품의 완성도(degree of completion ; 일명, 진척도)에 비례하여 원가가 발생한다고 가정하고 생산수량에 완성도를 곱하여 환산량을 계산한 후 이 수치와 완성품 수치의 상대비율로 제조원가를 배분하는 것이 합리적이다. 즉, 위 사례에서는 1 : 1로 나누는 것이다.

완성품환산량 계산에서 완성도는 매우 중요하다. 한 가지 명심할 점은 완성도란 물리적인 관점에서가 아니라 원가투입 관점을 반영한다는 것이다. 가령, 자동차생산에서 차체와 타이어와 같은 외양이 완성되었다 하더라도 엔진이나 트랜스미션 같은 주요 부품이 탑재되기 전이라면 비록 물리적인 진척도나 경과된 시간적 관점에서는 거의 완성단계에 도달했다 하더라도 원가발생면에서는 완성품의 원가에 비해 훨씬 못 미치기 때문에 상대적으로 낮은 완성도로 표현된다.

종합원가계산에서 k%의 완성도란 완성품 한 단위 생산에 소요되는 원가의 k%가 이미 발생되어 기말재공품에 투입(즉, 집적)되었음을 의미한다. 한 가지 유의할 점은 기말에 미완성된 상태로 공정에 머물러 있는 재공품은 각기 다양한 완성도를 갖지만 원가계산목적으로는 평균적인 완성도를 이용한다는 점이다. 즉, 다양한 완성도를 갖는 재공품 전체에 적용될 수 있는 평균완성도가 계산상 이용된다. 이는 마치 반 평균점수를 이용하여 학급별 성적을 비교하는 것과 유사하다. 특정 시점(가령, 2학기말)의 대학교에는 다양한 완성도를 갖는 (교육공정상의) 재공품에 해당하는 1학년(25%), 2학년(50%), 3학년(75%) 학생 등이 재학생으로 머물러 있는 것과 마찬가지이다.

완성품환산량은 결국 원가라는 관점에서 '당기에 수행한 과업'과 '전기에 수행한 과업'을 구분하는 데에도 유용하게 활용된다. 이는 뒤에서 설명할 선입선출법과 평균법의 차이를 이해하는 데 핵심이다. 다음에 설명하는 종합원가계산의 5단계 절차에서 자세히 설명될 것이다. 완성품환산량은 등가생산량(equivalent production)

또는 유효생산량(effective production)이라고도 불린다.

1.3 종합원가계산에서의 원가행태의 구분

종합원가계산에서의 원가분류는 직접재료비와 가공비(=직접노무비+제조간접비)라는 2분류체계를 따른다. 물론 복수공정의 경우에는 전공정비라는 원가항목이 추가될 것이다. 직접비와 간접비의 구분이 중요한 개별원가계산(직접비, 간접비, 제조간접비라는 3분류체계를 따름)과는 달리 종합원가계산의 경우 직접비와 간접비의 구분은 의미가 없다. 왜냐하면 일정기간 동안에 특정 공정에서 발생한 제조원가는 모두 원가대상에 해당하는 산출물(즉, 완성품 또는 기말제공품)에 부과될 직접비이기 때문이다.

그렇다면 종합원가계산의 핵심인 완성품환산량 역시 재료비와 가공비란 2분류체계를 따라야 하는가? 반드시 그렇지는 않다. 제조공정에서 작업수행시 자원투입형태는 원가요소에 따라 차이를 보이기 마련이다. 따라서 원가집적도를 의미하는 완성품환산량은 작업수행형태를 감안하여 계산되는 것이 보다 합리적일 뿐이다. 즉, 재료비는 특정 시점에 묶음단위로 발생하는 반면에 가공비는 일의 진척 정도(완성도)에 따라 비례적으로 발생하는 것이 일반적이기 때문에 재료비와 가공비로 구분하는 것이 실무적으로 관행으로 자리잡았을 뿐이다. 참고로 직접재료비와 직접노무비를 합쳐서 주요원가(prime cost)라고 분류하기도 한다.

그러나 만약 직접노무비와 제조간접비의 발생시점이 상이할 경우(따라서 두 원가항목의 상관관계가 낮을 경우)에는 별도로 환산량을 계산하는 것이 바람직하다. 원가

그림 5.3
종합원가계산에서의 제조원가의 구분

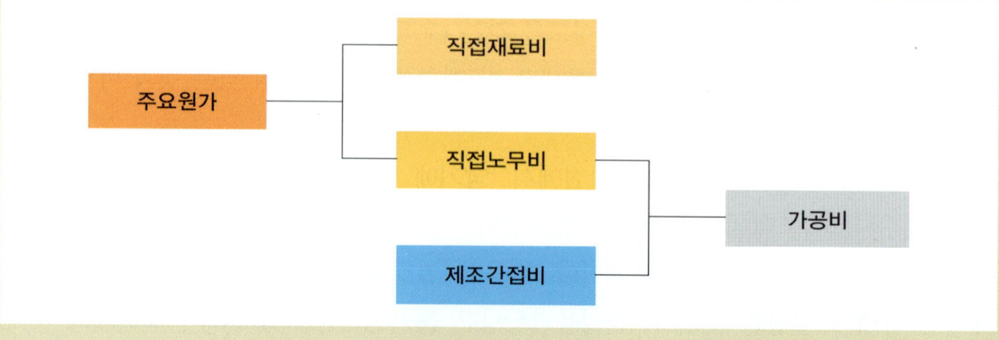

계산의 정교화 정도는 원가-효익 관점하에 결정된다는 원칙은 환산량계산에서도 예외가 아니다.

참고로 복수공정을 거쳐 제품을 생산하는 기업의 경우 후속공정의 입장에서 볼 때 전공정비(transferred-in cost)는 기초시점 이전에 전공정에서 완성되어 대체된 것으로 이번 기에 새로이 투입되는 재료비처럼 간주된다. 따라서 환산량은 후속공정의 가공작업이 얼마나 진척되었는가에 상관없이 100%로 계산된다.

TIP!
복수공정의 경우(가령, 2개의 공정으로 제품이 완성되는 경우), 첫째 공정의 완성품도 제2공정을 마무리 짓지 못한 경우 기말재공품에 해당된다. 진척도에 상관없이 제1공정의 기말재공품에 비해 제2공정의 기말재공품 원가가 높은 이유는 이미 **전공정**(즉, 제1공정)을 100% 거쳤기 때문이다.

1.4 종합원가계산의 절차

종합원가계산 중 가장 이해하기 쉬운 방법은 5단계법이다. 미국의 대표적인 관리회계 교과서의 저자인 Horngren 교수가 일찍이 개발한 5단계법은 종합원가계산을 모르는 일반사람도 쉽게 이해할 수 있게 하는 장점을 지닐 뿐만 아니라 계산과정에서 저지를 수 있는 오류를 줄인다는 장점을 갖는다.

1. 단일공정의 종합원가계산

계산에 익숙해진 다음에는 간편법을 이용하여 원하는 수치를 파악할 수 있지만 초반에는 5단계법을 따르는 것이 바람직하다. 이하에서는 5단계법에 의한 종합원가

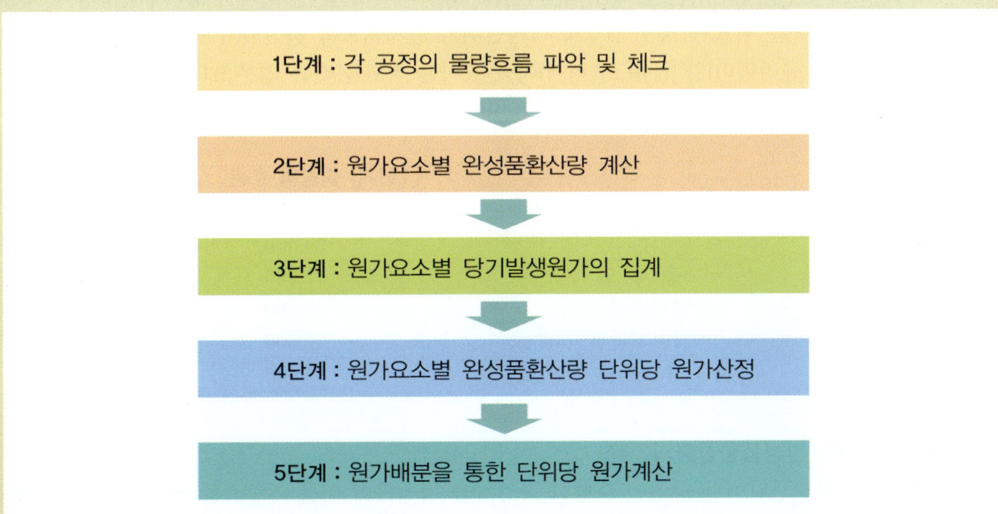

그림 5.4
Horngren의 5단계법

계산법을 예제를 이용하여 설명한다.

예제 5-1 5단계법에 의한 종합원가계산법

㈜홍익테크는 종합원가계산을 이용하여 제품의 원가를 측정하려 한다. 다음은 2019년에 발생한 원가자료이다. 이를 이용하여 완성품원가와 기말재공품원가를 계산하라.

기초재공품 :	3,000단위(완성도 60%)	당기착수량	29,000단위
재료비	₩19,000	당기완성량	25,000단위
가공비	₩13,000	기말재공품	7,000단위(완성도 40%)
당기투입원가			
재료비	₩173,000		
가공비	₩ 98,200		

풀이

(1) 1단계 : 물량흐름(physical flow) 파악 및 체크

물량흐름 파악은 투입량과 산출량을 비교하여 **총투입＝총산출** 등식(다음 식 (5·2) 참조)이 성립하는지를 확인하는 것이다. 물량흐름 파악을 통해 전체적인 원가계산의 윤곽을 파악할 수 있을 뿐만 아니라 다음 단계에서 구할 환산량계산의 기본자료가 마련된다.

$$\underbrace{\text{기초재공품수량}+\text{당기투입수량}}_{\text{총투입(input)}} = \underbrace{\text{완성품수량}+\text{기말재공품수량}}_{\text{총산출(output)}} \quad \cdots\cdots\cdots\cdots (5\cdot 2)$$

식 (5·2)에서의 측정단위는 완성품 측정단위로 통일되어야 한다. 따라서 당기투입수량에 해당하는 재료투입량은 필요한 경우 완성품 측정단위와 일치되도록 환산되어야 한다. 가령, 투입량이 천연가스(㎥, 큐빅미터)와 원유(ℓ, 리터)처럼 상이한 척도를 갖는 경우 BTU과 같은 공통 열량단위로 환산되어야 한다.

> **TIP!**
> **BTU(British thermal unit, 영국열량단위)**
> **영열량**(英熱量)이라고도 한다. 물 1lb(파운드)를 표준기압하에서 60.5°F로부터 61.5°F까지 높이는 데 필요한 열량을 말한다. **1BTU**는 252.161cal에 해당하며, MKS 단위계의 1,055.04J(줄)과 같다.
> (출처 : 두산백과)

	[1단계] 물량의 흐름
기초재공품 (60%)	3,000
+ 당기착수	29,000
= **총 투 입**	**32,000**
당기완성	25,000
+ 기말재공품 (40%)	7,000
= **총 산 출**	**32,000**

(2) 2단계 : 완성품환산량의 계산

앞서 완성품환산량이란 당기에 수행한 작업량을 지칭하며 이를 기준으로 제조원가를 완성품과 기말재공품에 안분한다고 설명한 바 있다. 따라서 어떠한 원가흐름법을 가정하는가에 따라 완성품환산량의 계산, 즉 당기에 수행한 작업량계산은 달라진다.

평균법에서는 전기에 수행한 기초재공품 가공작업이나 당기에 새로이 수행한 작업을 구분하지 않고 이들 전체작업(일명, 당기까지의 작업 : year-to-date)이 산출물 생산을 가능케 했다는 가정하에 완성품수량과 완성품으로 환산한 기말재공품수량을 합하여 완성품환산량총계를 구한 후 이를 토대로 총원가(기초재공품원가+당기발생원가)를 완성품과 기말재공품에 안분하는 것이다.

TIP!

평균법의 환산량을 계산하기 위한 핵심질문은 "***지금까지 들인 돈으로 무엇을 했는가?***(What did we do with cumulative costs?)"이다. 즉, 지난 기와 이번 기에 투입한 전체의 원가를 토대로 만들어낸 산출물을 완성품 수량으로 표현하는 것이다.

	[1단계] 물량의 흐름	[2단계] 완성품환산량		(평균법)
		재료비	가공비	
기초재공품(60%)	3,000			
당기착수	29,000			
총 투 입	**32,000**			
당기완성	25,000	25,000	25,000	
기말재공품(40%)	7,000	7,000	2,800	(=7,000×0.4)
총 산 출	**32,000**	**32,000**	**27,800**	

반면에 **선입선출법**은 기초재공품을 마무리하는 작업이 먼저 수행된 후에 새로운 제품생산을 위한 제조작업이 시작된다는 가정하에 당기투입원가가 수행한 작업은 곧 ① 기초재공품 미완성분의 마무리, ② 당기에 새로이 투입된(일명, 당기착수분) 일부를 완성시킴, 그리고 ③ 당기 착수 일부를 일정수준(기말재공품 완성도)까지 완성시키는 세 가지로 구성된다고 가정하고 완성품환산량을 계산한다. 이렇게 계산된 환산량 수치를 토대로 당기에 발생한 제조원가를 세 가지 상이한 작업에 배분함으로써 제품원가를 계산한다. 평균법에 비해 선입선출법의 계산이 다소 복잡하지만 완성품환산량이 위의 세 가지로 구성된다는 점만 유념하면 결코 어려운 것이 아니다.

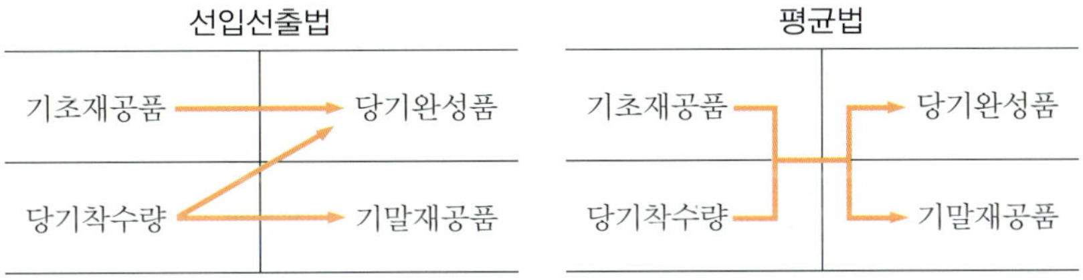

상품매매업의 매출원가 산정시 원가흐름방법이 선입선출법(FIFO)나 후입선출법(LIFO)에 따라 매출원가가 달라지듯이 종합원가계산에서도 어떠한 방법을 택하는가에 따라 계산은 달라진다. 이때 제조업에서 후입선출법이라는 원가흐름을 가정함은 비현실적이다. 실무에서는 주로 평균법과 선입선출법을 가정하여 계산하고 국제회계기준(IFRS)에서도 사용을 하지 않으므로 이하에서는 계산이 단순한 **평균법**을 가정한 계산과정을 소개한 후 **선입선출법**에 따른 계산결과는 뒤에서 소개한다.

앞서 소개한 원가흐름 가정 중 평균법보다 선입선출법이 복잡한 이유는 기초재공품 때문이다. 만약, **기초재공품이 존재하지 않는다면 평균법과 선입선출법은 하등 차이를 보이지 않는다**. 이를 보다 자세히 설명해 보자. 계산상의 복잡성을 감안할 때 종합원가계산은 기초재공품이나 기말재공품의 존재 유무에 따라 다음과 같은 세 가지 유형으로 구분될 수 있다.

① **기초재공품이나 기말재공품이 전혀 존재하지 않는 경우** : 이는 가장 단순한 경우로 당기 투

입원가가 전부 완성품원가가 되어 단위당 완성품원가는 총원가를 완성품수량으로 나누면 된다. 평균법과 선입선출법 중 어떤 원가흐름을 택할 것인가가 불필요한 상황이다.

② **기초재공품은 존재하지 않고 기말재공품만 존재하는 경우** : 기초재공품이 존재하지 않기 때문에 당기발생원가만 고려하면 된다. 따라서 평균법이나 선입선출법이나 동일한 결과를 갖는다. 단지, 당기발생원가를 완성품과 기말재공품에 안분하는 것만이 과제이다.

③ **기초재공품과 기말재공품이 동시에 존재하는 경우** : 평균법에서는 기초재공품원가와 당기투입원가를 구분하지 않기 때문에 비교적 단순하다. 그러나 선입선출법에서는 두 원가를 달리 취급하기 때문에 가장 복잡한 경우이다.

(3) 3단계 : 당기발생원가의 집계

앞의 두 단계가 안분을 위한 배분기준을 계산하는 준비단계라면 본 단계와 다음 4단계는 안분될 원가집계의 첫 단계이다. 집계대상의 원가는 어떠한 원가흐름법을 가정하는가에 따라 달라진다. 평균법에서는 당기발생원가에 기초재공품원가를 합친 당기까지의 원가가 집계되는 반면, 선입선출법에서는 당기발생원가만이 집계대상이 된다.

[3단계] 총원가의 요약 **(평균법)**

	재료비	가공비	합 계
기초재공품원가	₩19,000	₩13,000	₩32,000
당기발생원가	173,000	98,200	271,200
	₩192,000	₩111,200	₩303,200

(4) 4단계 : 완성품환산량 단위당 원가의 산정

뒤의 <표 5.2>에서 보는 바와 같이 평균법에서의 단위당 원가는 총원가(당기까지의 누적원가)를 누적완성품환산량으로 나누어 구한다. 반면에 선입선출법에서는 당기발생원가만을 완성품환산량으로 나누어 계산한다.

	재료비	가공비	합 계
[3단계] 총원가의 요약(평균법)			
기초재공품원가	₩ 19,000	₩ 13,000	₩ 32,000
당기발생원가	173,000	98,200	271,200
	₩192,000	₩111,200	₩303,200
[4단계] 환산량 단위당 원가			
완성품환산량	**÷32,000**	**÷27,800**	
환산량 단위당 원가	₩6	₩4	

(5) 5단계 : 원가배분을 통한 단위당 원가계산

제1, 2단계에서 구한 환산량 수치를 토대로 원가흐름에 대한 가정을 감안하여 완성품과 기말재공품에 대한 안분계산이 이루어진다. 평균법의 경우 총원가를 완성품환산량 총량으로 나누어 계산한 **환산량 단위당 원가**를 이용하여 계산한 결과나 완성품과 기말재공품환산량 비례대로 총원가를 직접 배분한 결과는 동일하다. 그러나 일반적으로는 첫 번째 방식이 보다 이해하기 쉽다(<표 5.2>의 예시 참조).

[2단계] 완성품 환산량	재료비	가공비
당기완성	25,000	25,000
기말재공품(40%)	7,000	2,800

[5단계] 원가의 배분

완성품원가	25,000 × ₩6 + 25,000 × ₩4 =	₩250,000
기말재공품원가	7,000 × ₩6 + 2,800 × ₩4 =	53,200
		₩303,200

표 5.2 제조원가보고서(평균법)

	[1단계] 물량의 흐름	[2단계] 완성품환산량		합 계
		재료비	가공비	
기초재공품(60%)	3,000			
당기착수	29,000			
총 투 입	32,000			
당기완성	25,000	25,000	25,000	
기말재공품(40%)	7,000	7,000	2,800	
총 산 출	32,000	**32,000**	**27,800**	
[3단계] 총원가의 요약				
기초재공품원가		₩19,000	₩13,000	₩32,000
당기발생원가		173,000	98,200	271,200
		₩192,000	₩111,200	₩303,200
[4단계] 환산량 단위당 원가				
완성품환산량		**÷ 32,000**	**÷ 27,800**	
환산량 단위당 원가		₩6	₩4	
[5단계] 원가의 배분				
완성품원가		25,000 × 6 + 25,000 × 4 =		₩250,000
기말재공품원가		7,000 × 6 + 2,800 × 4 =		53,200
				₩303,200

한 사람의 스크랩이 타인에게 원재료가 되는 방법

수년 전에 미국에서 실제로 있었던 일이다. 제재소에서는 목재가공에서 발생하는 일종의 **스크랩**(scrap : 작업폐물)인 나무껍질을 태워버리거나 매립지에 버리곤 하였다. 우연히 이를 목격한 사람은 "나무껍질을 조경에 이용하거나 혹은 뿌리덮개로 활용할 수 있지 않을까"라는 생각을 하였다. 이것은 한 사람에게는 스크랩이 되는 것이 타인에게는 원재료가 될 수 있음을 시사하는 사례이다.

페타이어에도 유사한 활용사례를 들 수 있다. 미국 폐타이어관리위원회의 자료에 의하면 폐타이어의 약 75%가 신규제품 생산에 사용된다고 한다. 폐타이어를 이용한 원료생산이 폐타이어 사용증가를 주도하게 되어 1994년에 1억1백만 개에서 1995년에는 1억3천만 개로 폐타이어 사용이 증가하였다. 미국 플로리다주에 총길이가 46마일에 달하는 **Withlacoochee** 놀이동산 철도는 폐타이어의 부스러기 고무를 이용하여 만들었다.

위의 두 사례는 혁신적으로 스크랩을 재활용하는 몇 가지의 예에 지나지 않는다. 여러분도 또한 스크랩의 혁신적인 재활용으로 기업의 가치를 증가시키거나 사회의 재활용분위기에 동조할 수 있을 것이다.

지금까지 소개한 5단계 방법 대신에 간편하게 계산하는 방법을 소개하면 <표 5.3>과 같다.

표 5.3 간편법을 이용한 종합원가계산 : 평균법

	기초재공품원가		당기발생원가
재료비 :	₩19,000	재료비 :	₩173,000
가공비 :	13,000	가공비 :	98,200
합 계 :	₩32,000	합 계 :	₩271,200

기초 3,000 (재료 100%, 가공비 60%)	당기착수 29,000	투입량 =32,000개
당기 완성량 25,000	기말 7,000 (재료 100%, 가공비 40%)	산출량 =32,000개

▣ 평균법에 따른 완성품 및 기말재공품원가

- 재료비 :

완성품	$(₩19,000 + ₩173,000) \times \dfrac{25,000}{25,000 + 7,000}$	= ₩150,000
기말재공품	$(₩19,000 + ₩173,000) \times \dfrac{7,000}{25,000 + 7,000}$	= 42,000
합 계		₩192,000

- 가공비 :

완성품	$(₩13,000 + ₩98,200) \times \dfrac{25,000}{25,000 + 7,000 \times 0.4}$	= ₩100,000
기말재공품	$(₩13,000 + ₩98,200) \times \dfrac{7,000 \times 0.4}{25,000 + 7,000 \times 0.4}$	= 11,200
합 계		₩111,200

〈결론〉

	완성품원가	기말재공품원가	
재료비	₩150,000	₩42,000	
가공비	100,000	11,200	
합 계	₩250,000	₩53,200	₩303,200

2. 선입선출법을 이용한 단일공정의 종합원가계산

선입선출법의 경우 당기완성품원가의 구성이 두 가지라는 것을 이해하는 것이 매우 중요하다. 즉, 당기완성품은 기초재공품완성분과 당기투입완성분으로 구분·계산된다. 기초재공품완성분 원가는 기초재공품원가(=전기말 기말재공품원가)에 당기에 수행된 마무리작업(일명, 당기가공분)에 소요된 원가를 합하여 구하게 된다. 만약 재료는 전부 공정초기에 투입된다고 가정하면 기초재공품완성분에는 추가로 재료비가 발생하지 않는다. 따라서 당기가공분은 환산량 관점에서 볼 때 다음과 같이 계산된다.

> **TIP!** 한편, 선입선출법의 환산량을 계산하기 위한 핵심질문은 "***당기에 들인 돈으로 무엇을 했는가?*** (*What did we do with current costs?*)"이다. 즉, 지난 기에 발생한 원가는 환산량 계산시 고려하지 않는다.

당기가공분 원가 = 기초재공품 수량 × (1 − 완성도) × 환산량 단위당 가공비 ·· (5·3)

한편, 당기투입완성품원가는 당기투입완성품수량에 환산량 단위당 제조원가(=재료비+가공비)를 곱하여 계산된다. 이를 종합할 때 완성품원가는 결국 기초재공품원가+당기가공분원가+당기투입완성품원가의 합계로 계산된다.

기말재공품원가는 당기발생원가 일부가 기말재공품에 투입되어 있다는 가정하에(만약 당기완성품 수량이 기초재공품 수량보다 크다면) 기말재공품환산량에 환산량 단위당 원가를 곱함으로써 계산된다.

<예제 5-1>에서 소개한 평균법 대신에 선입선출법을 이용한 5단계 절차에 따른 계산결과는 <표 5.4>에 제시되어 있다. 한편, 간편법을 이용한 계산방식은 <표 5.5>에 제시되어 있다.

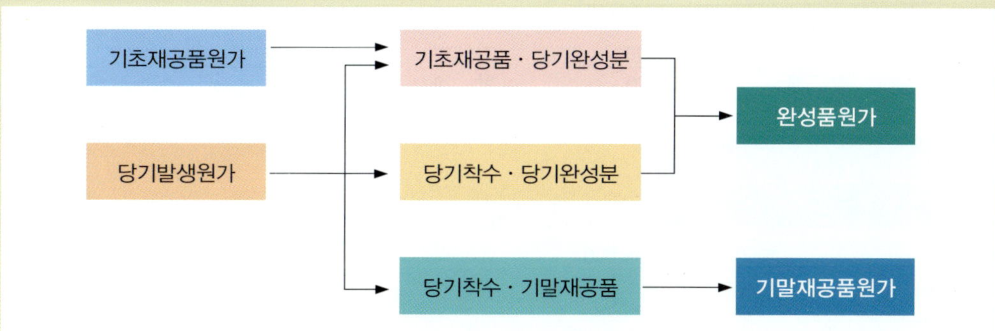

그림 5.5 선입선출법의 원가흐름

표 5.4 선입선출법(FIFO)에 따른 종합원가계산(제조원가보고서): 〈예제 5-1〉

	[1단계] 물량의 흐름	[2단계] 완성품환산량		
		재료비	가공비	합 계
기초재공품(60%)	3,000			
당기착수	29,000			
총 투 입	32,000			
당기완성				
기초재공품	3,000	–	1,200(=3,000×0.4)	
당기착수	22,000	22,000	22,000	
기말재공품(40%)	7,000	7,000	2,800(=7,000×0.4)	
총 산 출	32,000	29,000	26,000	
[3단계] 총원가의 요약				
기초재공품원가		–	–	₩32,000
당기발생원가		₩173,000	₩98,200	271,200
				₩303,200
[4단계] 환산량 단위당 원가				
완성품환산량		÷29,000	÷26,000	
환산량 단위당 원가		₩5.966	₩3.777	₩9.743
[5단계] 원가의 배분				
완성품원가	₩32,000+22,000×₩5.966+23,200×₩3.777 =			₩250,870*
기말재공품원가	7,000×₩5.966+2,800×₩3.777 =			52,330
				₩303,200

* 완성품원가는 완성품환산량 단위당 재료비와 가공비의 합계인 ₩9.743을 이용하여 다음과 같이 계산될 수 있다(환산량 단위당 원가 소수점자리 반올림으로 끝자리 수를 총원가와 맞추었음).

₩32,000+22,000×₩9.743+1,200×₩3.777 = ₩250,870

표 5.5 간편법을 이용한 종합원가계산 : 선입선출법(FIFO): 〈예제 5-1〉

기초재공품원가		당기발생원가	
재료비 :	₩19,000	재료비 :	₩173,000
가공비 :	13,000	가공비 :	98,200
합 계 :	₩32,000	합 계 :	₩271,200

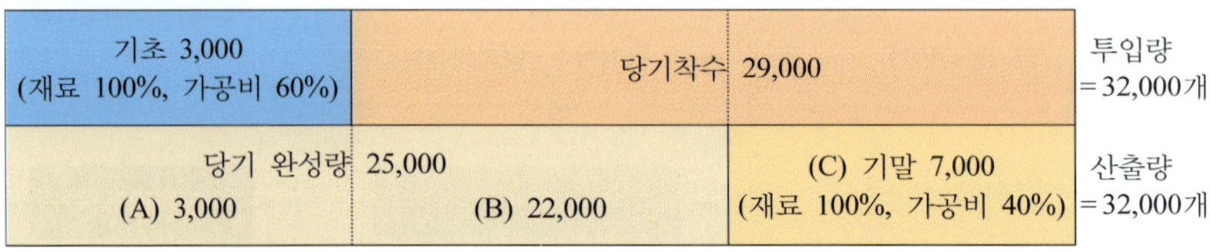

A : 기초재공품완성분 B : 당기착수완성분 C : 당기착수 미완성분

▣ 선입선출법(FIFO)에 따른 완성품 및 기말재공품원가

• 재료비

완성품	$₩19,000 + ₩173,000 \times \frac{25,000 - 3,000}{25,000 - 3,000 + 7,000}$	=	₩150,240
기말재공품(40%)	$₩173,000 \times \frac{7,000}{25,000 - 3,000 + 7,000}$	=	41,760
합 계			₩192,000

• 가공비

완성품	$₩13,000 + ₩98,200 \times \frac{25,000 - 3,000 \times 0.6}{25,000 - 3,000 \times 0.6 + 7,000 \times 0.4}$	=	₩100,630
기말재공품(40%)	$₩98,200 \times \frac{7,000 \times 0.4}{25,000 - 3,000 \times 0.6 + 7,000 \times 0.4}$	=	10,570
합 계			₩111,200

<결론>

	완성품원가	기말재공품원가	
재료비	₩150,240	₩41,760	
가공비	100,630	10,570	
합 계	₩250,870	₩52,330	₩303,200

주) FIFO 안분계산의 핵심은 당기발생원가로 과연 얼마의 작업을 수행했는가를 완성품환산량의 개념으로 파악하는 것이다.

TIP!
기초와 기말 재공품이 존재하더라도 만약 전기와 당기의 제조원가가 변하지 않을 경우 **평균법**과 **선입선출법**에 의한 완성품원가는 동일하다. 왜냐하면 두 방법상 차이는 전기의 재료비 단가가 당기의 재료비 단가와 다르거나 생산성(즉, 노동시간이나 재료처리상의 능률) 차이에서 비롯되기 때문이다.

1.5 종합원가계산의 특수이슈

1. 실제원가계산 vs 정상원가계산

개별원가계산에서 실제원가계산이 갖는 원가지연 문제를 해결하기 위한 대안적 방법으로 정상원가계산을 설명한 바 있다. 즉, 실제 제조간접비를 집계하는 대신에 예정배부율을 이용하여 구한 제조간접비 배부액을 제품원가에 반영하는 것이다. 이러한 정상원가계산은 종합원가계산에서도 마찬가지로 적용될 수 있다. 즉, 가공비에 포함되는 제조간접비를 실제원가로 적용하는 대신에 배부율 산정시 이용된 배부기준수(가령, 직접노동시간)가 파악되는 즉시 계산될 수 있는 제조간접비 배부액을 이용하여 계산하는 것이다. 정상원가계산을 이용할 경우 개별원가계산의 경우에서처럼 기말시점에 실제원가와 배부액의 불일치로 인한 배부초과나 배부부족이 존재하기 마련이다. 배부부족액이나 초과액은 완성품과 기말재공품원가에 비례하여 조정·반영하거나 매출원가에 직접 가감될 수 있다.

2. 제조투입물의 비일관적 배부 : ABC와의 관련성

종합원가계산은 일반적으로 직접재료비와 가공비라는 2분류체계를 따른다고 앞에서 공부했다. 전형적인 원가분류방식과 달리 직접노무비와 제조간접비를 가공비로 묶는 2분류체계는 다음과 같은 암묵적인 가정에 기초한다. 가공비 구성항목인 직접노무비와 제조간접비가 직접노동시간과 같은 동일한 원가동인(cost driver)에 의해 설명될 수 있고 비례적으로 변화할 것이라는 점이다.

이를 토대로 완성도는 흔히 예정배부시 배부기준으로 이용될 원가동인(가령, 직접노동시간)의 크기를 감안하여 파악된다. 가령, 완성품생산에 소요되는 노동시간이 100인 반면에 지금까지 60노동시간이 투입된 경우 60%의 공정(즉, 가공작업)이 진행된 것으로 가정하는 것이다.

만약 정상원가계산을 이용한 종합원가계산에서 제조간접비를 보다 다양한 배부기준을 이용하여 예정배부를 행한다면 제조간접비는 별도의 배부기준으로 설명될 것이며 이는 환산량 계산시에도 그대로 적용될 수 있다. 가령, 제조간접비가 직접노무비와 함께 가공비라는 계정 속에 포함되는 대신에 기계시간을 토대로 배부된다고 가정하자. 이 경우 재료는 공정 초기에 100% 전량 투입된다면 40%의 기계가공작업이 진행된 상태로 현재 공정에 머물러 있는 재공품 100단위의 완성도는 세 개의 원가항목별로 상이하게 파악되고 이를 토대로 환산량단위는 다음과 같이 계산될 것이다.

물리적 수량	완성품환산량		
	직접재료비	직접노무비	제조간접비
100단위	100(=100×100%)	60(=100×60%)	40(=100×40%)

제2절 종합원가계산의 현실적 고려사항 : 공손회계

1. 공손, 재작업품, 작업폐물, 감손

경영자를 비롯한 조직 구성원은 모두 품질에 대한 관리에 신경을 쓰고 불량을 최소화하려고 노력하지만 현실은 그렇지 못하다. 품질이 낮은 제품이 고객에게 납품된다면 이는 각종 클레임의 원인이 되고 고객을 잃을 수도 있으므로 기업들은 엄격한 품질검사를 하고 있다. 이러한 검사결과 발견된 불량품이나 그로 인한 재작업, 또는 제조과정에서 발생되는 작업폐물의 처리 또한 원가계산에서 신경을 써야 한다.

공손(spoilage)은 고객의 요구사항을 충족하지 못해 폐기되거나 헐값으로 매각되는 생산품을 말한다. 재작업품(rework)은 불합격된 생산품이나 차후에 재작업을 거쳐 합격될 완성품이다. 작업폐물(scrap)은 보통 영어발음과 같이 스크랩이라고 말한다. 생산과정에서 나오는 찌꺼기라고 하면 이해하기 쉽다. 재작업품은 금액이 큰 경향이 있기 때문에 발생할 때 회계처리를 하지만, 작업폐물은 일반적으로 금액이 크지 않기 때문에 판매 등으로 처분하기 전까지 특별한 회계처리를 하지는 않는다.

한편 감손(waste)은 가공중에 증발, 수축, 마모 등에 의하여 공정에 투입된 원재료의 수량이 감소하여 나타나는 손실을 말한다. 이러한 감손은 잔존가치가 전혀 존재하지 않는다는 점에서 작업폐물이나 재작업품과는 구분된다.

이번 절에서는 여러 가지 현실적 고려사항 중 공손원가에 대해 자세히 알아보기로 하겠다.

> **TIP!**
> **변화하는 환경하의 파손품 처리**
> JIT와 TQM이 성공적으로 실행되어 파손품과 불량품이 대폭 줄어들면 종합원가계산상 **파손품비용**을 별도로 추적·계산하는 것이 불필요해진다. 즉, 정상 또는 비정상(異常) 파손품의 구별 대신 이제는 모든 파손품을 비정상적으로, 즉 당초부터 관리를 제대로 했더라면 회피가능한 것으로 시스템이 허용하지 않게 된다.

2. 공손의 유형과 회계처리

공손 등이 없다면 기초재공품에 당기의 투입량을 가산한 수량은 당기중에 완성한 완성품수량에 기말재공품 수량을 가산한 수량과 일치하여야 하는 것이 원칙이나 공손으로 인해 실제로는 후자가 전자보다 적게 되기도 한다.

공손은 정상공손과 비정상공손으로 구분하여 회계처리를 달리 하고 있다. 이는 논리의 문제로 정상공손의 경우 모든 제품을 100% 완성시킬 수 없기 때문에 불가피하게 발생하는 경우를 의미한다. 예를 들어 와인을 생산하는 공장에서 오크통에서 와인병으로 와인을 옮겨 담는 경우 100개의 와인병 중 오크통에 남은 찌꺼기가

그림 5.6
공손의 회계처리

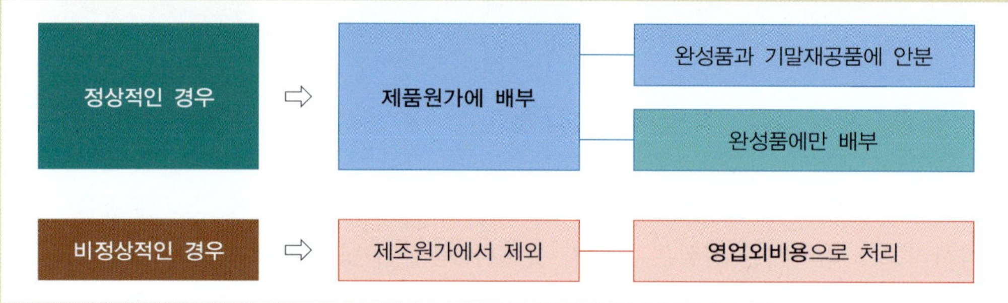

들어가는 2개의 와인은 공손으로 처리되는 경우이다. 이는 98개의 정상적인 와인을 생산하기 위한 불가피한 희생으로 볼 수 있다.

비정상공손은 회피 가능했던 공손을 말한다. 앞서 예를 든 와인 공장의 경우 작업자의 부주의로 와인병을 깨트린 경우나 숙성과정에서 보관상의 잘못으로 맛이 상한 경우가 이에 해당한다. 이는 제조활동을 정상적으로 수행하면 충분히 회피할 수 있는 공손이므로 비정상공손원가는 전액 손실(loss)로 손익계산서에는 영업외비용 항목으로 처리한다.

3. 검사시점에 따른 정상적 공손원가의 완성품과 기말재공품의 배부

제조공정이 흘러감에 따라 여러 단계에서 공손이 발생한다. 하지만 실제로 공손은 품질 검사가 행해지는 시점에서 발견된다. 따라서 원가계산 목적상 공손원가는 검사시점까지 발생되는 모든 원가라고 가정한다. 공손품이 처분가치를 가질 경우, 검사시점까지 누계한 공손원가에서 처분가치를 차감하여 순공손원가를 계산한다.

정상적 공손과 비정상적 공손이 같은 검사시점에서 발견되는 경우에는 정상, 비정상을 불문하고 단위당 원가는 같다고 본다. 그러나 비정상적 공손이 정상적 공손과 다른 시점에 발견되는 경우에는 예를 들어, 오크통의 마지막 찌꺼기 때문에 발생하는 와인의 정상적 공손은 마지막 단계에서 발생하지만, 작업자의 실수로 중간단계에서 병의 파손 등 비정상적 공손이 발생했다면 비정상적 공손의 단위원가는 공정 중간 시점까지 발생한 원가에 근거하여 계산되는 바 공정 끝까지 발생한 원가에 근거한 정상적 공손의 단위원가와는 다른 수치를 보인다.

비정상 공손원가는 해당 기간의 손실로 처리하지만 정상적 공손원가는 합격품의 원가에 가산한다. 즉, 제품의 제조원가에 부과하는 방식은 다음 세 가지로 분류할 수 있다.

(1) 완성품에 부담
(2) 기말재공품에 부담
(3) 완성품과 기말재공품에 안분하여 부담

이에 대한 일반적인 방법은 정상적 공손이 제조과정의 검사시점에서 발생한다고 가정하여 이 원가를 검사를 통과한 모든 물량에 부담하는 것이다. 다시 말하면 공손의 수량을 결정하는 방법은 실제물량의 흐름을 반영하는 선입선출법과 동일하다고 볼 수 있고, 공손의 가공비 완성도는 검사시점과 동일하다고 생각하면 된다.

TIP!

도외시법 vs 비도외시법

A, B, C 세 명이 함께 식사한 후 최근 실직한 C의 비용을 A, B가 공동부담할 경우 C가 부담할 금액을 산정하고 각자의 부담분을 계산하는 대신에(일명, **비도외시법**) 처음부터 총비용을 A, B 두 명이 부담하는 것을 **도외시법**이라고 한다.

예제 5-2 공손품의 처리

㈜홍익공업은 종합원가계산방법을 사용하고 있는데 재료는 공정초기에 전량이 투입되며 가공비는 공정전반에 걸쳐 발생한다. 2019년의 원가자료는 다음과 같다.

기초재공품 :	수　　량	4,000개	**당기완성량 :**		8,000개
	재 료 비	₩100,000	**공 손 수 량 :**		1,000개
	가 공 비	₩80,000	**기말재공품 :**	수　　량	1,000개
	완 성 도	20%		완 성 도	60%
당기발생원가 :	착 수 량	6,000개			
	재 료 비	₩180,000			
	가 공 비	₩830,000			

㈜홍익공업은 공정의 50% 시점에서 검사를 하며 **검사에 합격한 수량의 10%를 정상공손으로 간주**하고 있다.

〈요구사항〉
1. 정상공손수량과 비정상공손수량을 계산하시오.
2. 평균법에 의한 제조원가보고서를 작성하고 회계처리하시오.
3. 선입선출법에 의한 제조원가보고서를 작성하고 회계처리하시오.

풀 이

1. (1) **정상공손수량** : 당기에 검사시점을 통과한 수량의 10%
   (4,000개 + 4,000개 + 1,000개) × 10% = 900개
   (2) **비정상공손수량** : 총공손수량 − 정상공손수량
   1,000개 − 900개 = 100개

2. (1) **평균법**

제조원가보고서(평균법)

	[1단계]	[2단계] 완성품환산량	
	물량의 흐름	재료비	가공비
기초재공품	4,000(20%)		
당기착수	6,000		
	10,000		
당기완성	8,000	8,000	8,000
정상공손	900(50%)	900	450
비정상공손	100(50%)	100	50
기말재공품	1,000(60%)	1,000	600
	10,000개	10,000개	9,100개

[3단계] 총원가의 요약			합 계
기초재공품원가	₩100,000	₩80,000	₩180,000
당기발생원가	180,000	830,000	1,010,000
합 계	₩280,000	₩910,000	₩1,190,000

[4단계] 환산량 단위당 원가		
완성품환산량	÷10,000개	÷9,100개
환산량 단위당원가	@28	@100

[5단계] 원가의 배분

(1차배분)

완성품원가	8,000개×@28 + 8,000개×@100 =	₩1,024,000
정상공손원가	900개×@28 + 450개×@100 =	70,200
비정상공손원가	100개×@28 + 50개×@100 =	7,800
기말재공품원가	1,000개×@28 + 600개×@100 =	88,000
합 계		₩1,190,000

(2차배분)

	배분전원가	정상공손원가배분	배분후원가
완성품원가	₩1,024,000	₩62,400*	₩1,086,400
정상공손원가	70,200	(70,200)	0
비정상공손원가	7,800		7,800
기말재공품원가	88,000	7,800*	95,800
합 계	₩1,190,000	₩ 0	₩1,190,000

* **정상공손원가**는 검사시점을 통과한 물량을 기준으로 완성품과 기말재공품에 배분한다.

완성품배분액 : ₩70,200×8,000개/(8,000개 + 1,000개) = ₩62,400

기말재공품배분액 : ₩70,200×1,000개/(8,000개 + 1,000개) = ₩7,800

(2) 회계처리

(차)	제 품	1,086,400	(대) 재 공 품	1,094,200
	비정상공손원가	7,800		

3. (1) **선입선출법**

제조원가보고서(선입선출법)

	[1단계]	[2단계] 완성품환산량	
	물량의 흐름	재료비	가공비
기초재공품	4,000(20%)		
당기착수	6,000		
	10,000		
당기완성			
┌ 기초재공품	4,000		3,200
└ 당기착수	4,000	4,000	4,000
정상공손	900(50%)	900	450
비정상공손	100(50%)	100	50
기말재공품	1,000(60%)	1,000	600
	10,000개	6,000개	8,300개

[3단계] 총원가의 요약			합 계
기초재공품원가			₩ 180,000
당기발생원가	₩180,000	₩830,000	1,010,000
합 계			**₩1,190,000**

[4단계] 환산량 단위당 원가		
완성품환산량	÷6,000개	÷8,300개
환산량 단위당원가	@30	@100

[5단계] 원가의 배분

(1차배분)

완성품원가	₩180,000 + 4,000개×@30 + 7,200개×@100 =	₩1,020,000
정상공손원가	900개×@30 + 450개×@100 =	72,000
비정상공손원가	100개×@30 + 50개×@100 =	8,000
기말재공품원가	1,000개×@30 + 600개×@100 =	90,000
합 계		**₩1,190,000**

(2차배분)

	배분전원가	정상공손원가배분	배분후원가
완성품원가	₩1,020,000	₩64,000*	₩1,084,000
정상공손원가	72,000	(72,000)	0
비정상공손원가	8,000		8,000
기말재공품원가	90,000	8,000*	98,000
합 계	₩1,190,000	₩ 0	₩1,190,000

* **정상공손원가**는 검사시점을 통과한 물량을 기준으로 완성품과 기말재공품에 배분한다.

완성품배분액 : ₩72,000×8,000개/(8,000개+1,000개)=₩64,000

기말재공품배분액 : ₩72,000×1,000개/(8,000개+1,000개)=₩8,000

(2) 회계처리

(차) 제　　품	1,084,000	(대) 재 공 품	1,092,000
비정상공손원가	8,000		

정상공손원가의 배분 : 합격품 기준의 경우

(1) 기말재공품 완성도 < 검사시점 ;

☞ 전액을 완성품에만 부과

(2) 기말재공품 완성도 > 검사시점 & 기초재공품 완성도 < 검사시점 (= 당기에 검사통과) ;

☞ 총물량기준으로 완성품과 기말재공품에 안분

(3) 기말재공품 완성도 > 검사시점 & 기초재공품 완성도 > 검사시점 (= 전기에 검사통과) ;

☞ Case 1(선입선출법) 기초재공품 정상공손원가는 완성품에 그리고 당기정상공손원가는 당기 물량기준으로 완성품과 기말재공품에 안분

Case 2(평균법) 기초재공품 정상공손원가+당기정상공손원가를 총물량기준으로 완성품과 기말재공품에 안분

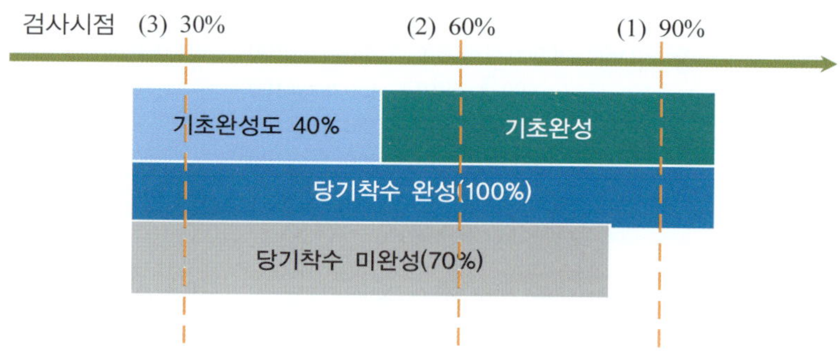

요 약

1. **종합원가계산**은 동종 유사제품을 대량으로 단일 또는 복수 공정을 통해 반복생산하는 원가계산방식을 말한다. 일정기간 동안에 발생한 총원가와 생산량을 대조하여 단위당 완성품원가를 계산하는 종합원가계산에서는 **환산량 개념**이 중요성을 갖는다. 종합원가계산에서 총원가를 완성품과 기말재공품에 안분하는 방식은 평균법, 선입선출법, 후입선출법으로 구분되지만 실무에서 후입선출법은 거의 사용되지 않고 평균법과 선입선출법이 일반적으로 사용된다.
2. 제조공정에서는 완성품과 기말재공품 이외에 또 다른 산출물로 **공손** 또는 감손이 발생할 수 있다. 이 경우 총발생원가 일부를 이들에게 어떻게 안분할 것이며 과연 이들이 원가성을 갖는지가 또 다른 종합원가계산의 이슈이다.

핵심 용어

- 완성도
- 평균법
- 환산량
- 연속공정
- 5단계법
- 생산보고서
- 종합원가계산
- 선입선출법
- 공정별 원가계산
- 완성품환산량
- 공손품 원가
- 정상공손
- 비정상공손
- 전공정대체원가(전공정비)
- 정상원가계산

Reading materials

원가회계 전문가되기
http://cafe.naver.com/newcosting.cafe

- ‘싼 옷’ 팔아 ‘비싼 몸’ 된 유니클로 제국의 황제 (키워드: SPA, 제조직접판매형 의류) 한국경제, 2012.04.26.
- 年産 없는 위스키의 비밀 (키워드: 감손, 제조원가) 헤럴드 경제, 2016.02.11.
- 모나미 “국내생산 중단…유통기업 변신” (키워드: OEM 생산) 한국경제, 2010.05.03.

단답식 개념문제

01. 종합원가계산에서 이용되는 원가의 분류는 직접재료비와 □□□라는 2분류체계이다.

02. □□□□□□이란 특정 공정에서 일정기간 동안 투입된 총원가가 전부 완성품만을 생산하는데 사용되었더라면 완성되었을 수량을 말한다.

03. 선입선출법을 이용하여 완성품환산량을 계산할 때는 □□재공품 중에서 완성된 제품과 □□에 착수되어 완성된 제품을 구별하는 것이 핵심이다.

04. 단일공정 대신 복수의 공정을 통해 제품을 생산하는 기업에서 종합원가계산을 할 경우에 추가적으로 사용되는 원가용어는 □□□□□원가이다.

[문1] 종합원가계산을 사용하는 산업의 예를 세 가지 이상 들어보시오.

[문2] 종합원가계산을 사용하는 기업의 전형적인 특징들은 무엇인가?

[문3] 완성품환산량의 개념을 정의하고 그것이 필요한 이유를 설명하시오.

[문4] 종합원가계산과 개별원가계산의 주된 차이를 설명하시오.

[문5] 종합원가계산의 5단계를 설명하시오.

[문6] 종합원가계산에서 흔히 사용되는 3가지 재고자산 평가방법을 열거하고 그 중 계산이 가장 간단한 방법은 무엇인지를 그 이유와 함께 답하시오.

[문7] 평균법으로 완성품환산량을 계산하는 경우 기초재고품의 완성도가 불필요한 이유는 무엇인가?

[문8] 재료가 공정전반에 걸쳐 평균적으로 투입되는 대신에 공정초기에 투입되거나 기말에 투입되는 경우 환산량 계산에는 어떠한 영향을 미치는가?

[문9] 어떤 조건하에서 종합원가계산시 평균법을 적용하는 것이 타당하지 않은지를 답하시오.

[문10] 종합원가계산에서 기말재공품의 평가가 중요하다는 주장에 동의합니까? 이에 관해 당신의 의견을 개진하시오.

[문11] 원가통제의 관점에서 볼 때 선입선출법이 평균법보다 우월하다는 주장에 동의합니까? 이유를 들어 답하시오.

연습문제

객관식

[문1] 종합원가계산의 경우 선입선출법에 의한 당기제품제조원가(COGM)와 평균법에 의한 당기제품제조원가가 동일한 경우를 제대로 모은 것은? (★★)

> a. 생산된 제품의 성격이 동질적일 때
> b. 기초재공품이 없을 때
> c. 기말재공품이 없을 때
> d. 기초재공품과 기말재공품의 완성도가 다 같이 50%일 때
> e. 공정 초기에 직접재료비가 전량 투입될 때

① a, b ② c, d ③ b, c ④ c, d, e ⑤ a, b, c

[문2] ㈜나라는 연속적인 공정을 통해 단일의 제품을 대량으로 생산하고 있다. 당사는 제품원가의 정확한 계산과 효율적인 원가관리를 위해 가장 적합한 원가계산방법으로 종합원가계산방법을 선택하였다. 다음의 설명 가운데 그 특징을 모두 열거한 것은? (KICPA 2013) (★★)

> (가) 모든 제품단위가 완성되는 시점을 별도로 파악하기가 어려우므로 인위적인 기간을 정해 원가를 산정한다.
> (나) 원가계산에서 가장 중요한 서류는 작업된 단위, 부서에 할당된 원가, 작업된 단위원가, 부서에서 이전될 원가 및 기말재공품원가 등이 요약보고된 작업원가집계표이다.
> (다) 각 공정별로 원가가 집계되므로 원가에 대한 책임소재가 명확해진다.
> (라) 주어진 상황에 따라 직접재료원가, 직접노무원가 및 제조간접원가로 구분하여 원가를 계산하지만, 일반적으로 원가를 재료원가와 가공원가로 구분하여 원가계산을 실시한다.

① (가), (나) ② (다), (라) ③ (나), (다), (라)
④ (가), (다), (라) ⑤ (가), (나), (다), (라)

[문3] 다음 설명 중 옳은 것들은? (★★)

> 가. 기초재공품이 존재하는 경우에 선입선출법에 의한 완성품환산량은 평균법에 의한 완성품환산량보다 항상 적다.
> 나. 평균법에서의 완성품환산량 단위당 원가에는 전기와 당기의 원가가 포함되어 있는 반면에, 선입선출법에서의 완성품환산량 단위당 원가에는 당기의 원가만 포함된다.
> 다. 투입요소 단위당원가가 전기에 비해 당기에 상승하는 경우, 평균법에 비하여 선입선출법에 의한 완성품원가는 낮게, 기말재공품원가는 높게 계상된다.
> 라. 계획 및 통제 목적을 위해서는 평균법이 유용하다.

① 가, 나 ② 나, 라 ③ 나, 다, 라 ④ 가, 나, 다 ⑤ 나, 다, 라

[문4] 평균법을 이용하여 종합원가계산을 수행하는 회사에서 기말재공품 완성도를 실제보다 과대평가할 경우, 과대평가 오류가 완성품환산량, 완성품환산량 단위당 원가, 당기완성품원가 그리고 기말재공품원가에 각각 어떠한 영향을 미치겠는가? (★)

	완성품환산량	완상품환산량 단위당원가	당기완성품원가	기말재공품원가
①	과대평가	과소평가	과소평가	과대평가
②	과소평가	과대평가	과소평가	과소평가
③	과대평가	과소평가	과대평가	과대평가
④	과소평가	과대평가	과대평가	과소평가
⑤	과소평가	과소평가	과대평가	과대평가

[문5] 제조과정에서 발생한 정상공손원가를 처리하는 다음 여러 방법 가운데서 완성품 제조원가를 상대적으로 가장 크게 만드는 방법은? (★★)

① 정상공손원가를 완성품원가 및 재공품원가로부터 분리하여 영업외 비용으로 하는 방법
② 정상공손원가를 재공품에만 부담시키는 방법
③ 정상공손원가를 완성품과 재공품에 안분하여 부담시키는 방법
④ 정상공손원가를 완성품에만 부담시키는 방법
⑤ 정상공손원가의 처리방법과 제조원가의 크기와는 무관하다.

[문6] 평균법과 선입선출법 (★★)

㈜국세는 단일제품을 생산하고 있으며, 종합원가계산제도를 채택하고 있다. 직접재료는 공정이 시작되는 시점에서 100% 투입되며, 가공원가는 공정 전체에 걸쳐 균등하게 발생한다. 평균법과 선입선출법에 의한 가공원가의 완성품환산량은 각각 85,000단위와 73,000단위이다. 기초재공품의 가공원가 완성도가 30%라면, 기초재공품 수량은 몇 단위인가? (세무사 2011)

① 12,000단위 ② 21,900단위 ③ 25,500단위
④ 36,000단위 ⑤ 40,000단위

[문7] 평균법과 선입선출법 (★★)

다음 자료를 이용하여 평균법과 선입선출법에 의한 완성품원가를 계산하면 각각 얼마인가?

기초재공품	2,500단위	기말재공품	2,000단위
완성도 : 60%		완성도 : 40%	
재료비	₩25,000	당기투입원가	
가공비	₩10,500	재료비	₩120,000
		가공비	₩133,900
당기착수량	10,000단위		
당기완성량	10,500단위		

	평균법	선입선출법
①	₩289,400	₩289,400
②	255,977	254,470
③	255,977	218,970
④	255,150	248,500
⑤	244,000	248,500

[문8] 종합원가계산 평균법 (★★★)

다음은 종합원가계산을 채택하고 있는 ㈜국세의 당기 생산활동과 관련된 자료이다.

- 기초재공품 수량	없음
- 당기착수량	1,000단위
- 당기투입원가	
직접재료원가	₩100,000
직접노무원가	81,000
제조간접원가	60,500
- 기말재공품 수량	500단위

㈜국세는 단일공정을 통해 제품을 생산하며, 모든 제조원가는 공정 전반에 걸쳐 균등하게 발생한다. 완성품 단위당 제조원가가 ₩420이라면, 기말재공품의 완성도는 몇 %인가? (단, 공손 및 감손은 발생하기 않는 것으로 가정한다.) (세무사 2012)

① 10% ② 15% ③ 20% ④ 30% ⑤ 45%

[문9] 평균법과 공손 (★★)

㈜세무는 평균법하의 종합원가계산을 적용하고 있으며, 당기 생산관련 자료는 다음과 같다.

	물량
기초재공품	500 (완성도 80%)
당기착수량	2,100
당기완성량	2,100
기말재공품	400 (완성도 60%)

품질검사는 완성도 40%시점에서 이루어지며, 당기 검사를 통과한 정상품의 2%를 정상공손으로 간주한다. 당기의 정상공손수량은? (세무사 2013)

① 32단위 ② 34단위 ③ 40단위 ④ 50단위 ⑤ 52단위

[문10] ㈜국세는 두 개의 연속된 제조공정을 통하여 제품을 생산하며, 제1공정의 완성품은 전량 제2공정으로 대체된다. 재고자산의 단위원가 결정방법으로 가중평균법을 사용하며, 공손은 없다. 제2공정의 완성품의 원가는? (세무사 2015) (★★)

제1공정			
	기초재공품 수량		없음
	당기착수량		25,000단위
	기말재공품 수량		7,000단위
	완성품 단위당 제조원가		₩200
제2공정			
	(1) 기초재공품	수량	12,000단위
		전공정원가	₩3,000,000
		직접재료원가	₩1,440,000
		전환원가(가공원가)	₩2,160,000
	(2) 당기완성품	수량	20,000단위
	(3) 완성품 단위당 제조원가	전공정원가	?
		직접재료원가	₩120
		전환원가(가공원가)	₩180

① ₩8,268,000 ② ₩10,400,000 ③ ₩10,812,000 ④ ₩12,720,000 ⑤ ₩14,628,000

주관식

[문1] 종합원가계산 + 완성품환산량 (★)

마포사는 종합원가계산제도를 채택하고 있으며, 기말재공품의 평가에는 선입선출법을 사용한다. 모든 원재료는 공정의 시초에 투입된다. 당기의 제조활동에 관한 자료는 다음과 같다.

기초재공품수량(가공비의 완성도 40%)	500단위
당기착수량	2,000
당기완성품수량	2,100
기말재공품수량(가공비의 완성도 25%)	400

〈요구사항〉

당기의 원재료 및 가공비에 대한 완성품환산량은 각각 몇 단위인지 답하시오.

<자료 : AICPA 1976. 5. ; 1983. 11. 기출문제 수정>

[문2] 완성품환산량 개념 (★★)

풀무원의 수원공장은 샐러드 드레싱을 생산한다. 2019년 생산관련자료는 다음과 같다.

		완 성 도	
	수 량	직접재료비	가공비
기초재공품(1월 1일)	20,000kg	80%	60%
기말재공품(12월 31일)	15,000kg	70%	30%

2019년 동안에 풀무원은 120,000kg의 재료를 공정에 투입하였다.

〈요구사항〉

1. 가중평균법을 이용한 직접재료비와 가공비의 환산량을 계산하기 위한 물리적 흐름도를 작성하시오. 본문의 제5단계 절차도를 참조할 것.
2. 앞에서와 같은 물리적 흐름도를 선입선출법에 의해 작성하시오.

[문3] 완성품환산량 개념 (★★)

이건산업은 건축에 필요한 나무를 직접 심고 육성하고 가공한다. 다음 자료는 이건산업의 제재공장 관련자료이다.

기초재공품(7월 1일)	
직접재료비	₩6,500,000
가공비	₩18,000,000
당기 발생원가(7월중)	
직접재료비	₩42,500,000
가공비	₩69,000,000

이건산업의 7월 완성품환산량은 다음과 같다.

	가중평균법	선입선출법(FIFO)
직접재료비	7,000	4,250
가 공 비	1,740	1,000

〈요구사항〉

1. 평균법을 이용하여 이건산업의 7월중 직접재료비와 가공비의 환산량단위당 원가를 계산하시오.
2. 선입선출법에 의해 환산량단위당 원가를 계산하시오.

[문4] 종합원가계산(Ⅰ) (★★)

홍익사의 다음 자료를 이용하여 ① 평균법, ② 선입선출법에 의한 종합원가계산을 하시오. 5단계법에 의한 종합원가계산방식에 따라 제조원가보고서를 작성하시오.

기초재공품	3,500단위	기말재공품	7,000단위
완성도 : 60%		완성도 : 40%	
재료비	₩19,000	당기투입원가	
가공비	₩13,500	재료비	₩173,000
		가공비	₩98,200
당기착수량	28,500단위		
당기완성량	25,000단위		

[문5] 종합원가계산(Ⅱ) (★★)

홍익사의 다음 자료를 이용하여 ① 평균법, ② 선입선출법에 의한 종합원가계산을 하시오. 5단계법에 의한 종합원가계산방식에 따라 제조원가보고서를 작성하시오.

기초재공품	400단위	기말재공품	1,000단위
완성도 : 25%		완성도 : 75%	
재료비	₩116,000	당기투입원가	
가공비	₩23,200	재료비	₩384,000
		가공비	₩316,000
당기착수량	1,600단위		
당기완성량	1,000단위		

[문6] 종합원가계산(Ⅲ) (★★)

홍익사의 다음 자료를 이용하여 ① 평균법, ② 선입선출법에 의한 종합원가계산을 하시오. 5단계법에 의한 종합원가계산방식에 따라 제조원가보고서를 작성하시오.

기초재공품	400단위	기말재공품	1,200단위
완성도 : 20%		완성도 : 60%	
재료비	₩1,000	당기투입원가	
가공비	₩300	재료비	₩26,200
		가공비	₩22,260
당기착수량	7,600단위		
당기완성량	6,800단위		

[문7] 선입선출법하의 완성품원가계산(공손 포함) (★★★)

홍익공업은 단일제품을 시장생산하고 있으며 선입선출법에 의한 종합원가계산제도를 운영하고 있다. 제품의 제조과정에서 두 가지 재료가 투입되었는데 **재료 A**는 가공비완성도 25% 시점에서 공정에 투입되고, **재료 B**는 75% 시점에서 공정에 투입된다. **제품의 검사**는 재료 B의 투입 직전에 실시하고, 검사를 통과한 합격품에만 재료 B가 투입된다. **정상공손은 검사를 통과한 합격품의 2%이다.**

2019년 8월의 생산활동과 관련된 사항은 다음과 같다.

(1) 월초재공품수량은 2,500단위이고, 가공비완성도는 40%이다.

(2) 월말재공품수량은 1,900단위이고, 가공비완성도는 900단위는 10%, 1,000단위는 80%이다.

(3) 당월에 착수된 수량은 3,520단위이며, 완성된 수량은 4,000단위이다.

(4) 8월에 발생한 원가는 다음과 같다.

재료 A의 원가	₩524,000
재료 B의 원가	415,000
가공비	1,194,000
기초재공품원가	677,000

TIP!
재료 A와 재료 B의 투입시점(25%와 75%)과 검사시점 완성도 75%를 고려하여 **완성품 환산량**을 계산해야 한다.

〈요구사항〉
완성품원가와 월말재공품원가 및 비정상 공손원가를 구하시오.

<자료 : KICPA, 1990년 2차 수정>

[문8] 공손품 원가 (★★)

종합원가계산을 사용하고 있는 ㈜다봉의 3월 생산 및 원가자료는 다음과 같다.

- 월초 재공품에 포함된 가공원가는 ₩190,000이며, 3월 중에 투입된 가공원가는 ₩960,000이다.
- 가공원가는 공정 전체를 통해 균등하게 발생하며, 그 밖의 원가는 공정 초기에 발생한다.
- 3월 생산관련 물량흐름 및 가공원가 완성도

구분	수량	가공원가 완성도
월초 재공품	500개	?
당월 완성품	800	100%
월말 재공품	240	?
공손품*	160	80%

*공손품은 전량 비정상공손이다.

원가계산결과, 3월 완성품에 포함된 가공원가는 **평균법**에 의하면 ₩920,000이며, 선입선출법에 의하면 ₩910,000이다. **선입선출법**에 의할 경우, 공손품에 포함된 가공원가는 얼마인가? (KICPA 2011)

[문9] 종합원가계산과 개별원가계산 (★★★)

㈜카이는 고객의 주문에 따라 고급 카메라를 생산하고 있다. 고객은 외부표면재료 및 도료 등을 선택할 수 있지만, 카메라의 기본적인 조립 및 가공작업은 주문별로 차이가 없다. 이러한 점을 감안하여 ㈜카이는 재료원가에 대해서는 주문별로 집계하는 개별원가계산 방식을 적용하고, 가공원가에 대해서는 종합원가계산방식을 적용하는 소위 혼합원가계산을 사용하고 있다. 가공원가는 공장 전체를 통해 균등하게 발생하며, 동 원가에 종합원가계산방식을 적용할 때 원가흐름가정은 선입선출법이다.
㈜카이의 4월 생산 및 원가 관련자료는 다음과 같다.

(1) 월초 재공품

주문번호	#101
수량	200개
직접재료원가	₩1,500,000
가공원가	₩960,000
가공원가 완성도	80%

(2) 당월 주문 및 생산착수

주문번호	#105	#106	#207
수량	200개	100개	150개

(3) 당월 발생원가

주문번호	#101	#105	#106	#207	합계
직접재료원가	₩500,000	₩1,800,000	₩3,200,000	₩2,400,000	₩7,900,000
가공원가	?	?	?	?	₩4,092,000

(4) 월말 재공품

주문번호	#105	#207
수량	200개	150개
가공원가 완성도	50%	60%

4월 완성품 원가는 얼마인가? (KICPA 2011)

06 결합원가계산

Learning Objectives

1 결합제품의 개념과 특징을 이해
2 결합원가계산시스템의 구조를 이해
3 결합원가의 배분방법의 이해와 연습
4 부산물의 개념과 회계처리방법을 이해
5 결합제품의 추가가공여부의 의사결정방법 터득
6 작업별 원가계산의 개념과 원가계산 방법을 이해

Intro

한 개의 생산공정에 투입된 원재료를 토대로 동시에 둘 이상의 제품이 생산되는 경우가 존재한다. 이처럼 분리될 수 없는 동일공정(즉, 결합공정)에서 생산된 제품을 **결합제품**이라 하며 주제품, 부산물 및 작업폐기물로 분류된다. 정유업과 도축업을 떠올리면 된다.

이 장에서는 결합제품이 분리되기 이전에 발생한 원가를 각 결합제품에 어떻게 배분하고 회계처리를 하는 방법을 배운다. 또한 기업이 현실에서 직면하는 결합제품 추가가공 여부 의사결정방법을 익힌 다음에 결합원가계산과 작업별 원가계산의 차이를 알아본다. 이 장에서 익혀야 할 중요한 개념은 **분리점**(split-off point), **결합원가**(joint cost) 및 **추가가공원가**(separable cost)이다.

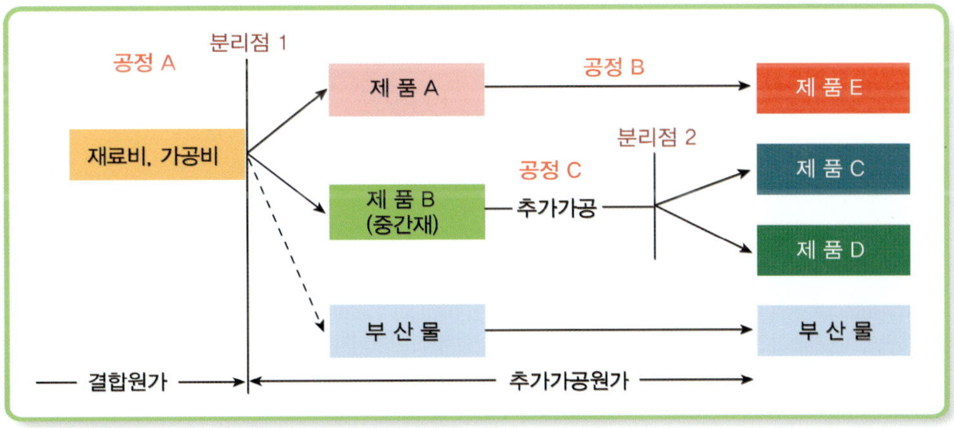

Storytelling

휴대전화 사용자의 80%가 자신이 내는 요금을 정확히 알지 못하고, 65%는 사용중인 요금제를 모른다고 한다. 스마트폰 요금이 세계 7대 도시 중 서울이 가장 싸다는 통계보고서도 있지만, 한국의 가계통신비가 세계 최고수준이라는 상반된 보고서도 있다. 휴대전화 요금이 미로처럼 뒤얽힌 데는 단말기 보조금, 공동 통신망 부담금 분담, 정부의 규제 등의 영향이 크다.

2011년 기름값이 연일 고공행진을 기록할 때 '기름값이 묘하다'라는 대통령의 한마디에 당시 지식경제부 장관이 '휘발유 원가계산을 해보겠다'며 몇 달간 정유업체와 주유소를 압박했었지만 별 소득이 없었다. 정유사들의 가격 결정체계와 유가구조가 복잡하였음은 물론 인과관계에 기초한 원가계산이 **결합원가계산**에서는 당초부터 불가능했기 때문이다.

본 장은 휴대폰 통신사들이 공동으로 사용한 통신망을 어떻게, 무슨 기준으로 배분하는 것이 합리적일까? 원유구입에서 최종 석유류 제품생산까지 공동으로 발생하는 원가를 휘발유, 경유, 등유 등에 어떻게 배분하는 것이 올바른가에 대한 물음에서 출발한다.

"**공통비의 배분문제**는 찰스 디킨즈의 『위대한 유산』이라는 소설 제목처럼 우리 모두에게 선인이 남긴 위대한 유산이라고 할 수 있다. 뿐만 아니라 이 문제는 어떻게든 해결했으면 하는 바램이 오랫동안 지속되어 온 긴 세월에 걸친 위대한 유산이기도 하다." (출처 : 『ABC 회계혁명』(요시카와 다케오), 제1장 중에서)

* 저자 주 : 결합원가는 결코 배분에 대한 정답이 없는 가장 특수한 형태의 공통비에 해당한다.

제1절 결합원가계산이란?

1.1 결합원가계산의 의의

S-oil, SK, GS-Caltex 또는 현대오일뱅크와 같은 정유업의 경우, 원유(crude oil)를 정유공정에 투입하면 일정 단계에서 나프타, 휘발유, 등유, 경유, 중유(벙커C유) 및 아스팔트 등과 같은 다양한 석유제품이 동시에 분리 · 생산된다.

또 다른 예로는 소나 돼지 등을 도축하는 경우를 들 수 있다. 닭 한 마리에서는 날개, 가슴살, 다릿살, 닭발 등이, 돼지의 경우 삼겹살, 갈비살, 뒷다리살, 앞다리살, 비계, 가죽 등이, 그리고 소는 안심, 등심, 선지, 가죽 등이 분리되어 나온다. 이들 살코기를 추가가공하면 햄, 소시지, 베이컨 등이 생산된다. 젖소에서 짜낸 우유를 추가가공하여 치즈, 분유, 요구르트를 생산하거나, 콩을 불려서 가공하여 일반두부, 순부두, 연두부, 두유, 비지 등을 생산하는 경우도 결합제품 생산에 해당된다.

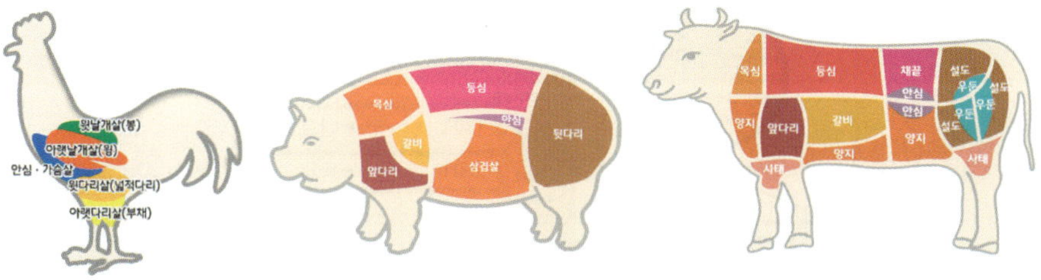

이처럼 동일공정을 거쳐 분리점(split-off point)에서 동시에 생산되는 제품을 연산품 또는 결합제품(joint product)이라고 한다.

결합제품의 특징은 원유에서 휘발유만 생산할 수 없고 정류탑의 끓는점에 따라 등유, 경유, 나프타, 가스도 함께 생산할 수밖에 없다는 점이다. 아무리 원해도 닭 한 마리를 잡아 다른 부위들(가령, 가슴살 등)은 빼고 닭날개나 닭다리만을 몇 개씩 생산할 수는 없다. 즉 동일한 재료와 가공절차를 통해 분리점에서 나눠지는 결합제품들은 필연적으로 함께 생산된다는 것이 첫 번째 특징이다. 따라서 분리전까지 투입된 모든 원가(결합원가)를 분리점에서 각각의 제품(결합제품)에 배부해야 한다.

결합제품은 분리점에서 곧바로 판매가 되거나 추가가공이나 운반 후 판매된다.

그림 6.1

정유과정 흐름도

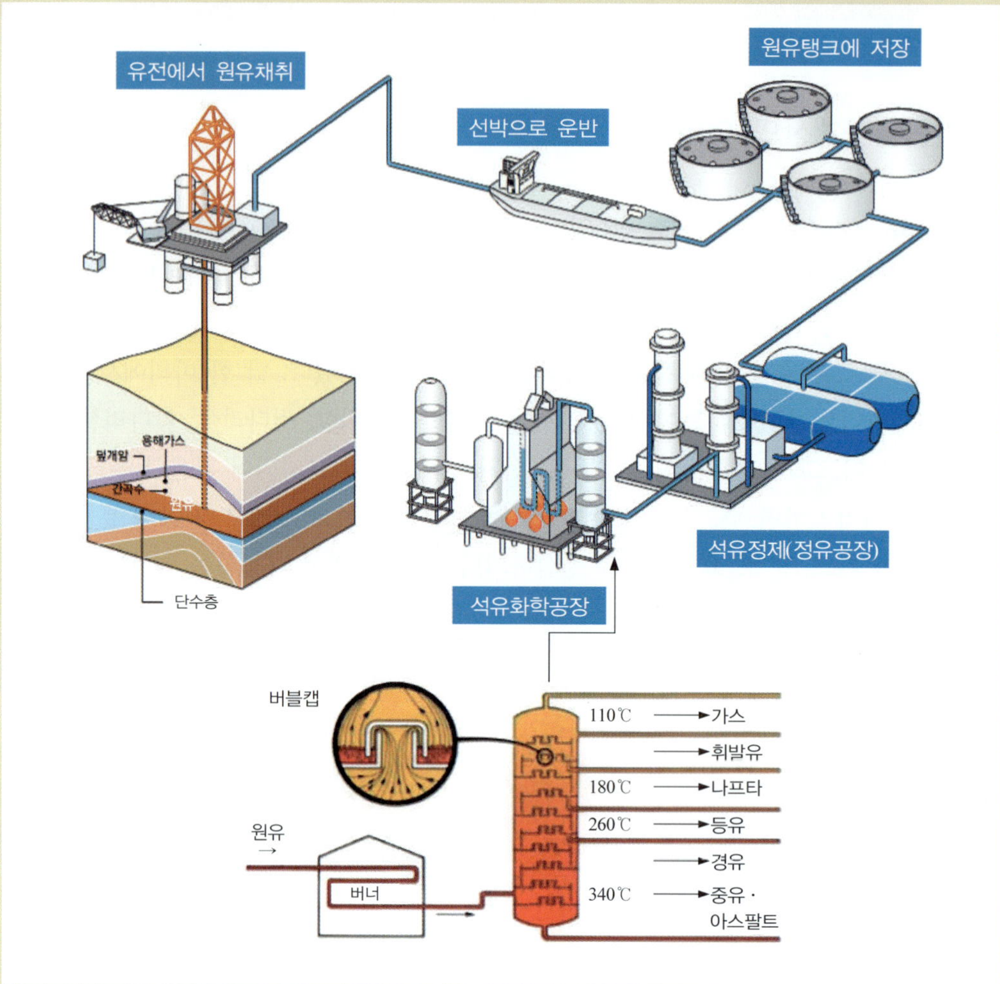

여수공장에서 생산된 휘발유를 서울 주유소에서 판매하기 위해서는 배송 등의 추가 원가가 발생한다. 또한 정육점에서 정육한 살코기를 그냥 판매할 수는 없고 등급을 분류하고 포장하는데 추가가공원가가 발생한다. 결합제품의 두 번째 특징은 추가가공 여부를 결정해야 한다는 점이다. 추가가공을 할 경우, 분리점이 또 생길 수 있다. 가령, 첫 번째 분리점에서 생산된 나프타를 추가 공정을 통해 각종 석유화학 제품 원료인 에틸렌, 프로필렌 등을 생산하는 것이 그것이다. 따라서 추가가공 후 또 다른 분리점을 통해 나눠지는 경우 복수의 분리점별 결합원가를 계산해야 한다.

마지막으로 결합제품은 주산물과 부산물 구분이 필요하다. 부산물은 그냥 버려지는 콩찌꺼기(비지)나 돼지기름(비계) 같은 것인데, 이를 고객에게 덤으로 그냥 주거나 소액을 받고 팔 수도 있을 것이다. 따라서 부산물에도 결합원가를 배부할 것인가를 고려해야 한다.

결합제품은 일정한 제조(공정)단계에 이르기 전까지는 개개의 제품으로 식별되지 않는다. 또한 결합제품의 제품구성(product mix)을 인위적으로 조정할 수가 없다. 따라서 공정에 투입된 원재료와 가공원가를 논리적인 방법으로 배분하여 각각의 결합제품의 제조원가를 산출하는 원가계산 과정이 필요하다. 이러한 결합제품의 원가계산을 결합원가계산(joint costing)이라 한다.

1.2 결합원가계산 관련 기본개념

결합원가계산을 이해하기 위하여 익혀야 할 기본개념은 다음과 같다.

1. 결합제품, 주제품, 부산물 및 작업폐기물

결합제품(joint product, 또는 연산품)은 동일한 공정에서 동일한 원재료를 투입하여 동시에 생산되는 서로 다른 둘 이상의 제품을 말한다. 정유업의 예를 들면, 동일한 원재료인 원유가 투입되어 생산되는 나프타, 휘발유, 등유, 경유, 중유(벙커C유) 및 아스팔트를 결합제품이라 할 수 있다. 이와 같이 생산된 각각의 제품은 판매가치가 있는 결합제품과 판매가치가 없는 결합제품으로 구분되며 판매가치가 있는 제품을 결합제품이라 한다.

하나의 공정에서 동시에 생산된 결합제품 중에서 다른 결합제품에 비하여 상대적으로 판매가치가 높은 제품을 주제품(main product)라고 하고, 판매가치가 상대적은 낮은 제품을 부산물(by-product)라고 한다. 정유처리공정에 생산되는 부산물인 '아스팔트'처럼 일반적으로 부산물은 주제품과 비교하면 판매가치가 상대적으로 낮다. 반면 생산에 사용된 원재료부터 남아 있는 찌꺼기나 부스러기와 같이 판매가치가 없는 것을 작업폐기물(scrap)이라 한다. 그러나 결합제품을 대상으로 한 주제품, 부산물, 작업폐기물의 구분이 절대적인 것은 아니며 회사의 성격에 따라서 어떤 회사에서 부산물로 간주된 제품이 다른 회사에서는 주산물일 수도 있다.

그림 6.2

결합제품 생산과정의 흐름도

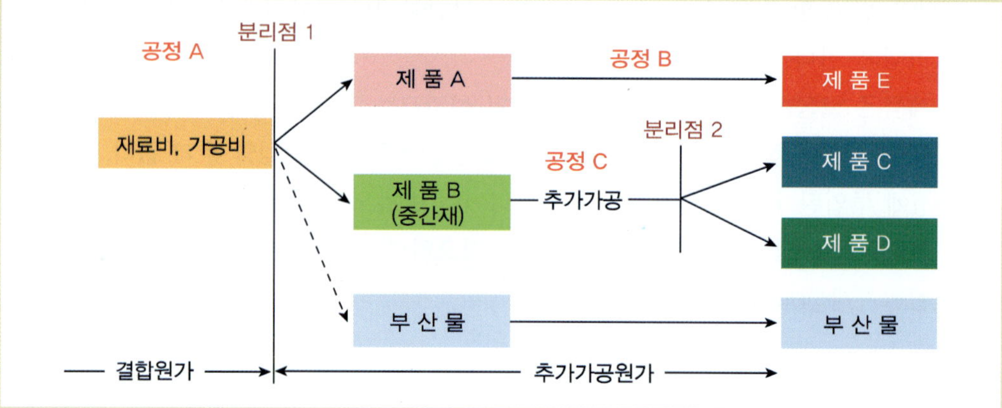

2. 분리점, 결합원가, 추가가공원가

분리점(split-off point)은 결합제품이 분리되어 개별적으로 제품의 형태를 구별할 수 있는 공정상의 시점을 말한다. 결합원가(joint cost)는 결합제품을 생산하기 위하여 분리점 이전에 투입 또는 발생한 재료비, 노무비 및 제조간접비 등 결합제품의 제조원가를 밀한다. 결합원가는 논리적인 방법에 따라서 개별 제품에 인위적으로 배분하게 된다. 추가가공원가(separable cost)[1] 또는 개별원가는 결합제품이 추가가공을 요하는 경우, 분리점 이후에 발생한 원가로 당해 결합제품에 직접 추적이 가능한 원가를 의미한다. 결합제품이 추가가공을 거치는 경우, 결합제품의 원가는 분리점에서 배분된 '결합원가배분액'에 추가가공 과정에서 발생한 '추가가공원가'를 더한 금액이 된다.

분리점, 결합원가 및 추가가공원가를 그림으로 표시하면 <그림 6.2>와 같다.

1) 결합제품의 추가가공 과정에서 발생하는 **추가가공원가**(가령, 재료비 또는 가공비)를 결합원가와 달리 결합제품별로 분리가 가능하여 **분리가능원가**(separable cost) 또는 개별원가로 번역하고 있으나 의미전달이 '추가가공원가'가 더 적절하여 본 교재에서는 추가가공원가로 사용함.

제2절 결합원가(joint cost)의 배분

결합원가에 대한 회계처리는 분리점 이전에 발생한 결합원가를 각각의 제품에 논리적인 방법으로 배분하는 것이다. 결합원가계산에서 개별원가계산 또는 종합원가계산에서 강조하였던 추적 또는 인과관계에 의한 결합원가의 배분을 사용하는 것은 쉽지 않다. 결합원가계산은 재무보고를 목적으로 하는 원가통제목적의 일반적인 원가계산과는 달리 결합제품의 판매가치를 반영하는 의사결정의 목적이 더 강하기 때문이다. 오히려 비유동자산(유형자산)을 일괄 취득한 경우에 비유동자산의 일괄취득원가를 논리적인 방법으로 각각의 비유동자산에 배분하는 과정과 유사하다고 할 수 있다.

결합원가의 배분방법은 결합제품의 수량, 무게, 부피 등과 같은 물리적 측정치를 기준으로 결합원가를 배분하는 물량기준법(physical measure method)과 생산된 결합제품의 판매가치(화폐금액)를 기준으로 결합원가를 결합제품에 배분하는 가치기준법(value measure method)의 두 가지로 구분된다. 결합제품에 결합원가를 배분하는 방법 및 계산과정 등을 사례를 들어 설명하고자 한다.

예제 6-1 결합원가의 배분

신촌정유㈜의 정유공정 A에서는 보통휘발유와 등유를 생산하고 있다. 이 **보통휘발유**는 추가공정 B를 거치면 **고급휘발유**로 판매 · 생산되고, **등유**는 추가공정 C를 거치면서 **항공유**로 생산 · 판매된다. 2월 중 **정유공정 A**의 제조원가는 ₩1,000,000이다. **추가공정 B**의 제조원가는 ₩40,000이고, **추가공정 C**의 제조원가는 ₩160,000이다. 2월 중 고급휘발유는 400ℓ를 생산하여 ℓ당 ₩1,900으로 판매되었다. 항공유는 600ℓ를 생산하여 ℓ당 ₩2,400으로 판매되었다. 회사는 **분리점1**에서 생산한 보통휘발유와 등유를 시장에서 직접 판매할 수도 있으나 고수익 창출을 위하여 추가가공 후 고급 제품으로 생산하여 판매하고 있다. 회사의 생산 및 판매정보는 다음과 같다.

표 6.1 신촌정유의 생산 및 판매정보

제 품	무게(ℓ)	분리점 판매가	추가가공원가	최종판매가
고급휘발유	400	₩1,200	₩40,000	₩1,900
항 공 유	600	1,300	160,000	2,400
계	1,000		₩200,000	

〈요구사항〉

위 자료를 가지고, 물량기준법, 분리점의 판매가치 기준법, 순실현가치법 및 균등이익률법에 의한 각각의 제조원가를 구하시오. 참고로 문제를 도표로 표시하면 아래와 같다.

그림 6.3

신촌정유㈜의 결합제품 생산과정 및 흐름도

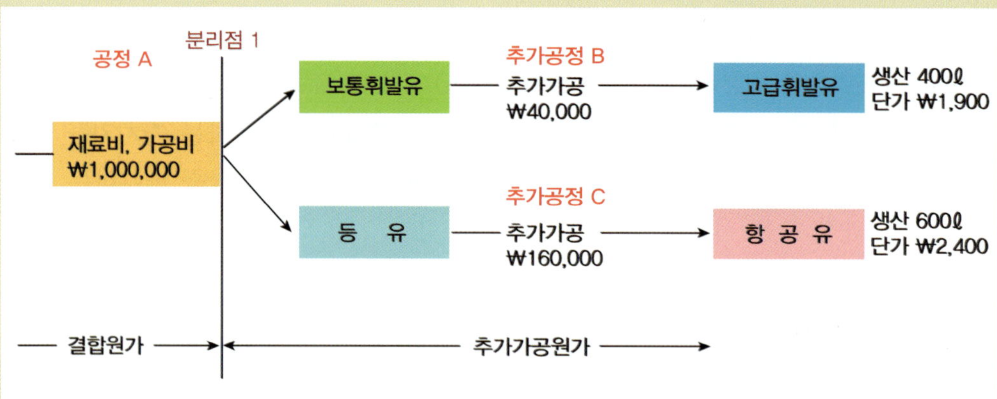

1. 물량기준법(physical measure method)

분리점에서 식별할 수 있는 물량단위, 가령 개별제품의 수량이나 무게, 부피 또는 면적과 같은 물리적 단위를 기준으로 결합원가를 배분하는 방법이다(모든 수량은 가치가 동일하다는 논리). 물량기준법은 배분방법이 단순하나 결합제품의 판매가치가 반영되지 않고, 물량단위당 동일한 결합원가를 배분하므로 원가왜곡이 발생하여 잘못된 의사결정을 유도할 수 있는 가능성이 있다. (판매가치를 고려하지 않고, 생산량이 더 많은 제품에 더 많은 원가가 배분되기 때문이다).

배분될 결합원가 ₩1,000,000은 <표 6.2>와 같이 배분한다.

TIP!

A, B 두 결합제품의 생산량은 동일하지만 판매가치는 B가 A의 10배(즉, $P_A = 0.1P_B$)일 경우 **물량기준법**을 적용하여 결합원가를 배분하면 어떤 현상이 벌어질까?

답 생산량기준으로 배분하면 결합원가는 제품 A에 과대배분(결합원가의 1/2)되어서 제품 A는 판매를 많이 하면 할수록 손실이 발생하게 된다.

표 6.2 물량기준법하의 결합원가의 배분

제 품	생산량 (ℓ)	배분 비율	배분금액	추가 가공원가	총원가	단위당 원가
고급휘발유	400	0.4	**₩400,000**	₩40,000	₩440,000	₩1,100
항 공 유	600	0.6	**600,000**	160,000	760,000	1,267
계	1,000	1.0	**₩1,000,000**	₩200,000	₩1,200,000	

위의 배분결과를 적용하여 회사의 재무보고 목적상 포괄손익계산서에 표시되는 각 결합제품의 부문별 포괄손익계산서는 아래와 같다.

구 분	고급휘발유	항 공 유	전 체
판매수량(생산량 모두 판매가정)	400 ℓ	600 ℓ	1,000 ℓ
단위당 판매가격	₩1,900	₩2,400	
매 출 액	760,000	1,440,000	₩2,200,000
매 출 원 가	(440,000)	(760,000)	(1,200,000)
매 출 총 이 익	320,000	680,000	1,000,000
매 출 총 이 익 률	42.11%	47.22%	45.45%

2. 가치기준법

물량기준법과는 달리 제품의 시장판매가액과 같은 제품의 시장가치에 근거하여 결합원가를 배분하는 방법이다. 가치기준법은 판매가치를 반영하므로 물량기준법보다 결합공정에서의 이익의 발생원인을 잘 반영하며, 분리점에서의 **판매가치법**(sales value at split-off method), **순실현가치법**(NRV: Net Realizable Value method) 및 **균등이익률법**(constant gross-margin percentage method)의 3가지가 있다. 각각의 배부방법 및 계산사례는 다음과 같다.

(1) 분리점 판매가치 기준법(sales value at split-off method)

분리점에서 각각의 제품의 판매시장이 존재하고, 제품의 판매가치를 알 수 있는 경우에 사용할 수 있는 방법이다. 결합원가의 배부는 분리점에서의 개별 제품별 생산량이 갖는 판매가치(=총판매가치)를 기준으로 배부하는 방법이다.

표 6.3 분리점 판매가치 기준법하의 결합원가의 배분

제 품	생산량 (ℓ)	분리점 판매가치*	배분 비율	배분금액	추가 가공원가	총원가	단위당 원가
고급휘발유	400	₩480,000	0.38	₩380,000	₩40,000	₩420,000	₩1,050
항 공 유	600	780,000	0.62	620,000	160,000	780,000	1,300
계	1,000	₩1,260,000	1.0	₩1,000,000	₩200,000	₩1,200,000	

* 분리점의 판매가치는 생산량 × 분리점의 판매가격으로 산출한다.

TIP!
분리점에서 판매되는 결합제품의 판매가치는 수량과 가격이 각각 다르기 때문에 '생산량 × 가격'으로 계산된다.

위의 배분결과를 적용하여 회사의 재무보고 목적상 포괄손익계산서에 표시되는 각 결합제품의 부문별 포괄손익계산서는 아래와 같다.

구 분	고급휘발유	항공유	전 체
판매수량(생산량 모두 판매가정)	400 ℓ	600 ℓ	1,000 ℓ
단위당 판매가격(P)	₩1,900	₩2,400	
매 출 액	760,000	1,440,000	₩2,200,000
매 출 원 가	(420,000)	(780,000)	(1,200,000)
매 출 총 이 익	340,000	660,000	1,000,000
매 출 총 이 익 률	44.74%	45.83%	45.45%

(2) **순실현가치법**(Net Realizable Value method, NRV)

TIP!
결합제품의 원가배분은 원칙적으로 **판매가치기준법**을 따른다. 판매시장이 형성되어 있지 않다면 판매가치기준을 적용할 수가 없다. 이러한 단점을 보완하기 위한 배분방법이 **순실현가치법**(NRV)이다.

순실현가치법은 결합제품의 순실현(가능)가치를 기준으로 결합원가를 배분하는 방법이다. 순실현가치법은 분리점 판매가치기준법의 보완방법이며, 분리점에서 판매시장이 없어 판매가치를 알 수 없는 경우에 활용할 수 있는 방법이다. 여기서 제품의 순실현가치는 정상적인 경영활동에서 예측할 수 있는 제품의 최종판매가치에서 분리점 이후에 부가로 발생한 추가가공원가 또는 판매비를 차감한 가치를 말한다.

즉, 순실현가치(NRV) = 최종판매가치 − 추가비용(추가가공원가와 판매관리비)이다. 순실현가치를 구하면 아래와 같다.

제 품	생산량 (ℓ)	최종 판매가격	최종 판매가치	추가 가공원가	순실현가치 (NRV)
고급휘발유	400	₩1,900	₩760,000	₩40,000	₩720,000
항 공 유	600	2,400	1,440,000	160,000	1,280,000
계	1,000		₩2,200,000	₩200,000	₩2,000,000

그 다음 단계는 산출한 각 결합제품의 순실현가치를 기준으로 각 결합원가에 대한 배부비율을 적용하여 결합원가를 배분하고, 각 결합제품의 추가공정에서 발생하는 추가가공원가, 즉 분리가능원가를 가산하여 결합제품별 총원가를 산출한다. 그 결과는 <표 6.4>와 같다.

표 6.4 순실현가치 기준법하의 결합원가의 배분

제 품	생산량 (ℓ)	순실현가능 가치(NRV)	배분 비율	배분금액	추가 가공원가	총원가	단위당 원가
고급휘발유	400	₩720,000	0.36	**₩360,000**	₩40,000	₩400,000	₩1,000.00
항 공 유	600	1,280,000	0.64	**640,000**	160,000	800,000	1,333.33
계	1,000	₩2,000,000	1.0	**₩1,000,000**	₩200,000	₩1,200,000	

위의 배분결과를 적용하여 회사의 재무보고 목적상 포괄손익계산서에 표시되는 각 결합제품의 부문별 포괄손익계산서는 아래와 같다.

구 분	고급휘발유	항 공 유	전 체
판매수량(생산량 모두 판매가정)	400 ℓ	600 ℓ	1,000 ℓ
단위당 판매가격(P)	₩1,900	₩2,400	
매 출 액	760,000	1,440,000	₩2,200,000
매 출 원 가	(400,000)	(800,000)	(1,200,000)
매 출 총 이 익	360,000	640,000	1,000,000
매 출 총 이 익 률	**47.37%**	**44.44%**	**45.45%**

(3) 균등매출총이익률법(constant gross-margin percentage method)

균등매출총이익률법은 각각의 결합제품에 대하여 최종 판매가치를 기준으로 모두 동일한 매출총이익(gross margin)을 실현하도록 결합원가를 배부하는 방법이다. 균등매출총이익률법은 앞서 설명한 분리점에서의 판매가치기준법 또는 순실현가치법과는 달리 결합원가와 이익(gross margin)을 동시에 배부한다. 이는 결합제품의 판매가치는 추가가공과 관계가 밀접하고, 각각의 제품 모두가 동일한 이익률을 실현한다고 가정하기 때문이다.

균등매출총이익률법에 의한 결합원가의 배분은 먼저 총원가를 구한 후, 여기서 추가가공원가를 차감하여 결합원가의 배부액을 구한다. 즉, 결합원가배부액 = 총원가 - 추가가공원가이다.

우선 예제의 신촌정유㈜의 결합제품 전체에 대한 매출총이익률을 구하면

매출액은 최종 판매가치이므로 ₩2,200,000 ·································· 1)
매출원가는 총원가(결합원가+추가가공원가의 합)이므로 ₩1,200,000 ······· 2)

따라서 매출총이익은 ₩1,000,000, 매출총이익률은 45.45%가 된다.

균등매출총이익률법은 동일공정에서 생산된 결합제품 모두 동일한 매출총이익률을 갖도록 인위적으로 결합원가를 조정하는 것이므로 <표 6.5>와 같이 결합원가를 배분한다.

> **TIP!**
> **평균매출원가율**
> 다음의 방법으로 균등매출총이익률법에 의한 결합원가 배분액을 구할 수 있다.
> 1) **평균매출원가율**을 구한다. 전체 평균매출원가=(총결합원가+분리가능원가 총액)÷총매출액
> 2) 전체 평균매출원가를 적용하여 각 **제품별 매출원가**를 구한다. 즉, 제품별 매출원가=제품별 최종매출액×평균매출원가율이다.
> 3) **제품별 결합원가**를 구한다. 제품별 결합원가는 2)에서 구한 제품별 매출원가에서 추가공정의 분리가능원가를 차감하여 구한다.

표 6.5 균등매출총이익률법에 의한 결합원가의 배분

구 분	고급휘발유	항 공 유	전 체
매 출 액	₩760,000	₩1,440,000	₩2,200,000
차감: 매출총이익(마진율 45.45%)*	345,455	654,545	1,000,000
매출원가	(414,545)	(785,455)	(1,200,000)
차감 : 분리가능원가	40,000	160,000	200,000
결합원가 배분액	**374,545**	**625,455**	**1,000,000**
총 원 가	₩414,545	₩785,455	₩1,200,000

* 매출총이익(마진율 45.45%)은 단수로 인한 차이를 줄이기 위하여 10/22를 적용하여 산출

위의 배분결과를 적용하여 회사의 재무보고 목적상 포괄손익계산서에 표시되는 각 결합제품의 부문별 포괄손익계산서는 아래와 같다.

위에서 설명한 다른 배분방법의 경우, 제품별 매출총이익률[고급휘발유(42.11%－47.37%), 항공유(44.44%－47.22%)]이 모두 다르지만, 균등매출총이익률법에 의한 매출총이익률은 45.45%로 동일한 것을 확인할 수 있다.

구 분	고급휘발유	항공유	전 체
판매수량(생산량 모두 판매가정)	400 ℓ	600 ℓ	1,000 ℓ
단위당 판매가격(P)	₩1,900	₩2,400	
매 출 액	760,000	1,440,000	₩2,200,000
매 출 원 가	(414,545)	(785,455)	(1,200,000)
매 출 총 이 익	345,455	654,545	1,000,000
매 출 총 이 익 률	45.45%	45.45%	45.45%

3. 복수의 분리점이 있는 경우의 결합원가의 배분

결합제품을 생산하는 과정에 둘 이상의 분리점이 존재하는 경우를 말한다. 이러한 복수의 분리점이 존재하는 경우의 결합원가의 배부는 1) 순실현가치는 마지막 분리점부터 최초 분리점의 순서로 구하고, 2) 결합원가의 배부는 최초의 분리점부터 마지막 분리점의 역순으로 구한다. 복수의 분리점이 있는 경우의 결합원가 배분 연습을 위해 신촌정유㈜의 생산 및 판매정보를 아래와 같이 수정한다.

제 품	분리점 판매가	추가가공원가	제품	무게(ℓ)	최종판매가
휘 발 유	₩1,200	₩40,000	고급휘발유	400	₩1,900
등 유 (중간재)	1,300	240,000	항 공 유	300	2,400
			선 박 유	300	3,500
계		₩280,000	계	1,000	

앞의 예제를 조금 더 확장하여 보자. 만약 등유를 처리하는 공정에서 추가가공원가를 좀 더 지출하면 판매가치가 훨씬 높은 항공유와 선박유를 생산 및 판매할 수 있다고 한다. 즉, 복수의 분리점이 있다고 가정하고, 각 결합제품의 결합원가 배분을 계산하면 아래와 같다. 결합원가의 각 배분방법을 모두 적용이 가능하지만 순실현가치법을 사용하여 결합원가를 배분한다.

첫째, 분리점 2가 있는 공정 C의 결합제품인 항공유와 선박유의 순실현가치를 구한 후 공정 C의 추가가공원가(₩240,000)의 배분비율을 결정한다.

둘째, 위의 항공유 및 선박유의 순실현가치를 고려하여 중간재인 등유(항공+선박)의 순실현가치와 고급휘발유의 순실현가치를 구한 후 공정 A의 결합원가(₩1,000,000)의 배분비율을 결정한다.

셋째, 결정된 배분비율을 이용하여 결합원가를 앞 공정에서 뒤의 공정의 순서로 배분하면 된다. 이를 도표로 표시하면 <그림 6.4>와 같다.

TIP!

어떠한 방법으로 결합원가를 배분하든지 자의적인 결과에서 벗어날 수 없다. 왜냐하면 처음부터 인과관계가 존재하지 않기 때문이다. 따라서 성과평가나 추가가공을 위한 경제적 의사결정을 내릴 경우 결합원가 배분결과에 좌우되어서는 안 된다.

TIP!

정부에 의한 가격규제대상

제품이 결합제품의 성격을 가질 경우(가령, 휘발유) **결합원가배분**은 필연적으로 자의적인 특징을 갖는다. 따라서 경제적 요소보다는 정치적 요소(가령, 300%의 휘발유세)가 강하게 적용된다.

그림 6.4

복수의 분리점이 있는 경우의 생산과정 흐름도

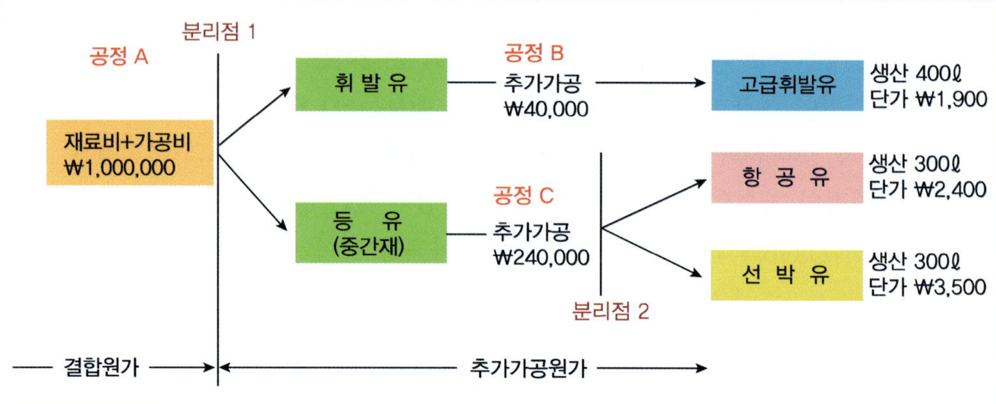

표 6.6 복수의 분리점이 있는 경우의 배분비율의 결정

구 분		판매가치	1단계 NRV 및 배분비율		2단계 NRV 및 배분비율	
			NRV 계산	%	NRV 계산	%
등유	항공	₩720,000	₩720,000 (=720,000−0)	0.41	**₩1,530,000** (=1,770,000−240,000)	0.68
	선박	1,050,000	1,050,000 (=1,050,000−0)	0.59		
	소계	₩1,770,000	₩1,770,000			
고급휘발유		760,000			**720,000** (=760,000−40,000)	0.32
계		₩2,530,000			₩2,250,000	1.0

- 항 공 유 = (₩1,000,000 × 68% + ₩240,000) × 41% = ₩377,200
- 선 박 유 = (₩1,000,000 × 68% + ₩240,000) × 59% = ₩542,800
- 고급휘발유 = ₩1,000,000 × 32% + ₩40,000 = ₩360,000

제3절 부산물(by-product)의 회계처리

부산물(by-product)은 결합제품 중 주제품(main product) 이외에 부수적으로 생산되고, 판매가치가 상대적으로 낮고, 생산수량도 상대적으로 적은 결합제품을 말한다. 때문에 부산물의 회계처리가 회사의 수익에 기여하는 정도도 주제품에 비하여 적은 것이 사실이다. 부산물의 재무보고 목적, 즉 회사의 이익과 제품의 재고자산의 평가를 위한 회계처리방법은 주제품의 회계처리와 다르지 않다. 부산물의 회계처리와 가치평가는 생산시점에서의 부산물의 가치평가의 불확실성 여부, 부산물을 다른 생산과정에 투입하거나 주제품의 대체품으로 이용여부 가능성과 (수익 및 비용에 대한) 통제목적으로 주제품과 부산물의 회계처리를 구분하고자 하는 회사의 정책에 따라서 영향을 받는다. 따라서 회사는 이러한 상황에 적합한 부산물 회계처리 방법을 선택하여야 한다.

TIP!

주산물과 부산물은 항상 고정되어 있는가?

답 아니다. 소의 우족은 90년대 까지도 시장수요도 많고 값도 비싼 주산물이었으나 지금은 홀대받는 부산물이다. 환경이 바뀌면 주, 부산물이 역전될 수 있다.

부산물의 회계처리 방법은 생산된 부산물을 재무제표에 인식하는 시점을 기준으로 생산기준법(원가차감법)과 판매기준법(잡이익법)의 2가지 방법이 있다.

3.1 생산기준법

생산기준법은 분리점에서의 부산물의 순실현가치(NRV)를 인식하는 방법이다. 생산기준법은 부산물의 가치가 크고, 재고자산 또는 수익에 미치는 영향이 클 때 사용하는 것이 적합하다. 이 경우 부산물의 결합원가는 주제품(main product)을 생산하는데 발생한 원가로 간주하여 부산물에서 발생한 수익은 포괄손익계산서에서 주제품의 제조원가에서 차감하는 방식으로 기록하는 것이 일반적이다. 부산물의 회계처리를 생산기준법으로 기록하는 경우, 부산물에서 발생한 수익을 주제품에서 차감하기 때문에 주제품의 원가를 과소하게 계상할 수 있다는 단점을 가지고 있다.

생산기준법을 사용하는 경우, 분리점에서 부산품에 대해서도 결합원가를 배분방법에 따라서 결합원가를 배분하되 부산물의 순실현가치 금액을 먼저 부산물에 결합원가를 배분하고, 그 나머지 결합원가를 다른 결합제품(주제품)에 배분하고, 생산된 부산물은 판매되기 전까지는 재고자산으로 인식한다. 차후에 부산물의 처분(판매)이

되는 시점에서 부산물 판매수익은 부산물과 상계처리하고, 포괄손익계산서에서는 매출원가에서 차감하여 표시한다.

3.2 판매기준법

판매기준법은 분리점에서 부산물이 발생하더라도 부산물의 판매가 이루어지기 전까지는 수익을 인식하지 않는 방법이다. 분리점 이전의 결합원가는 부산물에는 배부하지 않으며, 부산물의 총원가는 부산물의 추가가공원가가 된다. 판매기준법은 생산기준법과 달리 부산물의 가치가 상대적으로 작고, 수익 또는 재고자산에 미치는 영향이 미미할 때 적합한 방법이다. 이 경우 회사는 부산물이 생산되고, 판매가치가 있음에도 판매시점 이전에는 부외자산의 형태로 존재하며, 판매시점에 수익을 인식하므로 경영자가 임의로 판매시점과 수익을 조절할 수 있는 단점을 가지고 있다.

> **TIP!**
> **부외자산(asset out of books)이란** 정상적인 회계장부에 나타나지 아니하는 자산으로, 재무상태표의 자산항목에는 표시되어 있지 않지만 사업에 실제로 사용되고 있고, 매각가액이 인정되어 있는 유형자산을 말한다.

판매기준법을 사용하는 경우, 부산물이 발생하는 분리점에서 결합원가를 부산물에 배분하지 않으며, 재고자산으로 인식하지 않고, 부외자산으로 별도 관리하게 된다. 차후에 부산물이 판매되는 시점에서 기타수익으로 수익을 인식한다. 그러나 일부 기업의 경우, 부산물의 판매수익(기타수익)을 매출원가에서 차감하여 포괄손익계산서에 표시하기도 한다.

부산물의 회계처리 방법 2가지를 요약하면 <표 6.7>과 같다.

표 6.7 부산물의 회계처리 방법의 비교

구 분	생산기준법	판매기준법
부산물의 수익인식	생산시점	판매시점
결합원가 배부여부	부산물의 NRV까지 배부함	결합원가를 배부하지 않음
부산물의 총원가	부산물의 NRV+추가가공원가	추가가공원가
주제품에 배부할 결합원가	결합원가−부산물의 NRV *주제품 재고의 과소계상	결합원가 전액 **주제품 재고의 과대계상
적용상황	부산물의 가치가 크고, 중요성이 높은 경우	부산물의 가치가 적고, 중요성이 낮은 경우

3.3 생산기준법과 판매기준법의 비교

다시 앞의 <예제 6-1>에서 생산공정에서 다른 결합제품에 비하여 판매가치는 작지만 부산물인 아스팔트가 생산되고, 동 아스팔트는 시장에서 단위당 ₩100에 판매할 수 있고, 생산된 아스팔트는 모두 판매되었다고 가정한다면 신촌정유㈜가 추가로 얻을 수 있는 수익은 ₩10,000이다. 그리고 회사는 결합원가의 배분방법은 순실현가치법을 사용한다. 이를 그림으로 표시하면 <그림 6.5>와 같다.

먼저 생산기준법에 의한 부산물의 회계처리를 알아보자. 생산기준법은 부산물에 대하여도 결합원가를 배분하고, 재고자산으로 인식한다. 예제에서는 순실현가치법을 사용하므로 분리점에서 부산물에 배분된 결합원가는 ₩10,000이고, 산출과정은 <표 6.8>과 같다. 주의할 점은 생산기준법을 사용하는 경우의 결합원가의 배분은 부산물의 순실현가치와 동일한 금액을 먼저 부산물에 결합원가를 배분한 후 나머지 미배분 결합원가를 주제품에 배분하여야 한다. 즉, 부산물의 순실현가치 ₩10,000을 결합원가 ₩1,000,000에서 차감한 ₩990,000을 주산물인 고급휘발유와 항공유에 각각 배부비율인 0.36과 0.64를 곱하여 배부한다. 부산물이 판매된 시점에 부산물의 판매수익은 부산물과 상계하여 인식하고, 포괄손익계서에서는 주제품의 매출원가에서 차감하여 표시하면 된다.[2)]

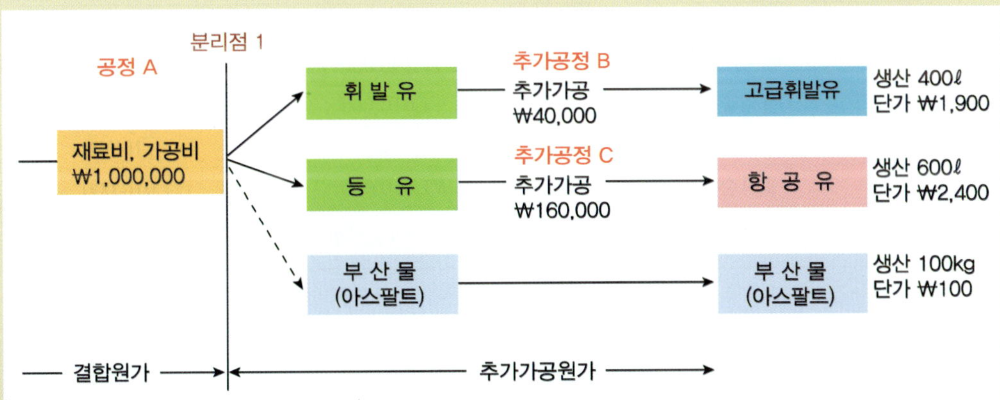

그림 6.5
부산물이 발생하는 경우의 생산과정 흐름도

---

2) 부산물의 회계처리를 생산기준법으로 기록하는 경우의 분개는 다음과 같다.

생산시점 :	차변) 부산물-아스팔트	10,000	대변) 결합원가	10,000
판매시점 :	차변) 현금	10,000	대변) 부산물-아스팔트	10,000

표 6.8 순실현가치법을 사용하는 경우의 결합원가의 배분예시

제 품	생산량	순실현가능 가치	배분 비율	배분금액	추가 가공원가	총원가	단위당 원가
고급휘발유	400 ℓ	₩720,000	0.36	₩356,400	₩40,000	₩396,400	₩991.00
항 공 유	600 ℓ	1,280,000	0.64	633,600	160,000	793,600	1,322.67
부 산 물	100kg	10,000	–	10,000		10,000	100.00
계	1,100	₩2,010,000	1.00	₩1,000,000	₩200,000	₩1,200,000	

부산물의 회계처리를 판매기준법에 의한 경우, 분리점에서 부산물에 대한 결합원가의 배분은 이루어지지 않을 뿐만 아니라 재무상태표의 자산계정에 재고자산으로 표시하지 않는다. 위의 예제에서 주제품의 결합원가 배분은 주제품들의 순실현가치에 비례하여 전체 결합원가를 배분한다. 부산물은 처분(판매)되는 시점에 기타수익으로 인식하여 포괄손익계산서에 표시한다.3)

부산물의 회계처리 방법 2가지를 반영한 요약 포괄손익계산서는 <표 6.9>와 같다.

표 6.9 부산물의 회계처리방법 별 요약 정리

구 분	생산기준법	판매기준법
매출액(생산량 모두 판매를 가정)	₩2,200,000	₩2,200,000
매 출 원 가	(1,190,000*)	(1,200,000)
매출총이익	1,010,000	1,000,000
기 타 이 익	–	10,000
당기순이익	₩1,010,000	₩1,010,000

* 생산기준법에 의한 매출원가 = 총원가 – 부산물판매수익(순실현가치)

3) 부산물의 회계처리를 판매기준법으로 기록하는 경우의 분개는 다음과 같다.
생산시점 : 분개 없음
판매시점 : 차변) 현금 10,000 대변) 기타수익-부산물 판매 10,000

제4절 결합원가와 결합제품의 추가가공 의사결정

동일한 생산공정에서 생산된 각각의 결합제품(joint product)은 분리점에서 생산된 형태, 반제품 또는 완제품의 형태로 판매를 하거나 추가가공절차를 거쳐서 좀 더 가치(판매가치)가 높은 제품의 형태로 판매할 수도 있다.

정유업을 예로 들면, 분리점에 생산된 등유(결합제품)를 그대로 시장에 판매하거나 추가가공절차를 거쳐서 등유를 항공유로 전환하여 더 높은 가격으로 판매하는 것 등이다. 그러나 이 경우, 추가가공 과정에서 추가가공비가 발생하게 된다. 경영자는 분리점에서 결합제품을 그대로 판매하는 것이 유리한지 아니면 추가가공하여 판매하는 것이 유리한지에 대하여 시장상황 및 관련원가를 고려하여 의사결정을 해야 한다. 이러한 의사결정을 추가가공 의사결정(sell or process further)이라 부른다. 회사의 단기적인 운영상황에서 뿐만 아니라 회사의 장기적인 전략에서 매우 중요한 의사결정이다.

1. 추가가공 의사결정의 핵심

결합제품의 추가가공 또는 판매에 대한 의사결정은 결합제품 전체 또는 개별 결합제품 차원에서 이루어질 수 있다. 왜냐하면 추가가공의 경우, 결합제품 전체, 즉 회사 차원에서는 추가가공으로 인한 판매가치가 증가하지만 개별 결합제품별로 구분하면 추가가공 이후에도 가치가 증가하지 않거나 음(−)의 가치 증가가 발생할 수 있기 때문이다. 결합제품의 추가가공 여부와 관련된 의사결정에서 올바른 의사결정을 내리기 위해서는 다음과 같은 점에 유의하여야 한다.

첫째, 분리점까지 발생한 결합원가(joint cost)는 미래의 의사결정, 즉 추가가공 여부에 무관하다. 결합원가는 매몰원가이므로 의사결정에서 고려할 필요가 없다. 즉 결합원가는 비관련원가이다.

둘째, 의사결정의 관련요소는 (i) 분리점에서의 판매가격, (ii) 추가가공원가, (iii) 추가가공 후의 판매가격의 3가지이다. 이들 관련요소를 종합적으로 검토하여 전사적 입장에서 최대의 미래의 순현금유입액을 가져오는 대안을 선택하는 것이 곧 올바른 의사결정이다.

> **TIP!**
> **매몰원가**
> 매몰원가란 과거에 이미 발생한 원가로 의사결정 여부에 관계없이 변화될 수 없는 원가를 말한다. 결합원가는 분리점 이전에 이미 발생한 원가이므로 매몰원가이고, 추가가공의사결정과 관련이 없다.

2. 추가가공의 타당성 검증

결합제품의 추가가공 여부 의사결정시 또 한 가지 유의할 점은 추가가공에 관한 타당성 검토가 요구되며, 동 타당성 검토는 추가가공 대안을 포함한 결합제품 전체를 총괄한 평가에서 결합제품의 생산이 처음부터 경제적 타당성을 지녀야 한다는 것이다. 결합제품의 생산 자체가 적자일 경우에는 추가가공 자체가 유리한 것으로 판명되더라도 이를 그대로 실행할 수 없기 때문이다.

결합제품의 추가가공여부의 의사결정에 대한 타당성 검토는 다양한 방법으로 수행될 수 있다. 그러나 일반적으로 공헌이익법(contribution margin method)을 이용하여 검증한다. 즉, 추가가공으로 인한 증분수익(예, 매출액의 증가)에서 증분비용(가공비용의 증가)을 차감한 증분이익을 토대로 검토하면 된다. 추가가공이 타당성을 가지려면 증분이익이 반드시 0(zero)보다 커야 한다.

예제 6-2 결합제품의 추가가공 의사결정

하와이초콜릿㈜은 카카오매스를 가공하여 두 종류의 중간제품인 카카오버터와 카카오파우더를 생산한다. 1월 중에 100kg의 **카카오매스**를 가공하여 **카카오버터** 40kg와 **카카오파우더** 50kg를 얻었다. 하와이초콜릿㈜은 생산된 카카오버터와 카카오파우더를 다른 초콜릿생산업자에 판매를 하거나 추가공정을 거쳐서 **다크초콜릿**과 **핫초코가루**로 가공하여 판매를 하고 있다. 1월 중에 생산된 카카오버터 40kg는 추가가공을 하면 다크초콜릿 40kg을 생산하여 판매할 수 있고, 카카오파우더 50kg는 추가가공을 거치면 핫초코가루 60kg을 생산하여 판매할 것으로 예상하고 있다. 각 제품별 판매가격은 다음과 같다.

• 카카오버터 : ₩2,500/kg	• 다크초콜릿 : ₩15,000/kg
• 카카오파우더 : ₩4,000/kg	• 핫초코가루 : ₩10,000/kg

1월 중 분리점까지 발생한 결합원가는 ₩3,600,000이었고, 카카오버터를 다크초콜릿으로 가공하는 데 추가로 발생한 비용은 ₩400,000이고, 카카오파우더를 핫초코가루로 가공하는 데 추가로 발생한 비용은 ₩600,000이다.

〈요구사항〉

1. 분리점에서의 상대적 판매가치법을 사용할 때 카카오버터에 배분되는 결합원가를 산출

하시오.

2. 카카오버터를 추가 가공하여 다크초콜릿으로 생산하여 판매하는 경우의 증분손익은 얼마인가? 결합제품의 추가가공 여부(sell or process further)의 의사결정을 먼저 하고, 증분손익을 구하시오.

풀 이

위의 자료를 토대로 그림으로 그려보면 다음과 같다.

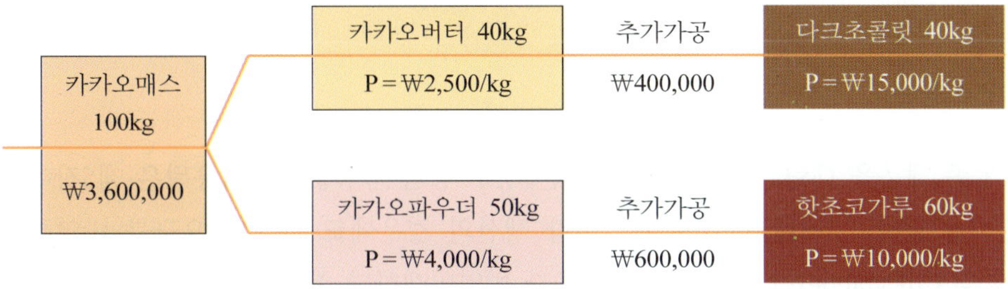

먼저 분리점에서 상대적 판매가치법에 의한 카카오버터와 카카오파우더에 배분되는 결합원가를 계산하면 다크초콜릿의 결합원가 배분액은 ₩1,200,000이고, 카카오파우더는 ₩2,400,000이고, 추가가공을 거치는 경우의 예상되는 각 결합제품인 초콜릿의 총원가는 다음과 같다.

표 6.10 분리점에서의 판매가치법에 의한 결합원가의 배분

제 품	생산량	분리점 판매가치	배분 비율	배분금액	추가 가공원가	총원가
카카오버터	40kg	₩100,000	1/3	₩1,200,000	₩400,000	₩1,600,000
카카오파우더	50kg	₩200,000	2/3	₩2,400,000	₩600,000	₩3,000,000
계	90kg	₩300,000	1.0	₩3,600,000	₩1,000,000	₩4,600,000

그 다음 카카오버터 상태로 시장에서 판매할 것인가 아니면 추가가공을 거친 다크초콜릿으로 생산하여 판매할 것인가에 대한 미래의 의사결정은 분리점의 판매가치, 분리가능원가 및 추가가공 후의 판매가격으로 결정한다. 여기서 카카오버터에 배분된 **결합원가** ₩1,200,000은 결합제품의 추가가공 여부 의사결과는 무관한 **비관련원가**(매몰원가)임을 잊지 말아야 한다. **공헌이익법**(contribution margin)을 이용한 의사결정 및 검증결과는 다음과 같다.

카카오버터를 추가가공하여 다크초콜릿을 생산하는 경우의 증분손익은

1. 증분수익 : (40kg × ₩15,000) − (40kg × ₩2,500)	₩500,000
2. 증분비용 : 추가가공원가	400,000
3. 증분이익 :	₩100,000

카카오버터를 추가가공을 하여 생산·판매하는 경우, 추가가공을 하지 않고 카카오버터로 판매하는 경우보다 ₩100,000의 증분이익, 즉 현금흐름이 증가하므로 추가가공을 하여 생산 및 판매한다.
참고로 카카오파우더의 경우, 추가가공을 하여 생산·판매하는 경우 ₩200,000의 증분손실이 발생하므로 카카오파우더 상태로 판매하는 것이 유리하다.

제5절 작업별 원가계산(operation costing)

동종 제품을 대량으로 반복 생산하는 경우 종합원가계산이 적용됨은 제5장에서 배운 바 있다. 그러나 현실에서는 대량 생산의 경우에도 고객의 요구를 반영하여 추가 작업(operation)이 이루어지는 경우가 비일비재하다. 대표적인 예로는 버튼다운 셔츠(button-down shirt)를 꼽을 수 있다(<그림 6.6> 참조). 전형적인 셔츠에 비해 아메리칸 트래디셔널의 셔츠에서 볼 수 있는 롤이 작게 된 칼라는 단의 여밈으로 되어 있고, 독특한 모양을 만들기 위해서 넥타이를 매거나 매지 않아도 착용할 수 있다. 참고로 버튼다운 셔츠는 1920년대에 영국에서 폴로경기 때에 칼라가 바람에 펄럭이지 않도록 단추로 여민 것이 계기가 되었다고 한다(네이버 지식백과 참조).

TIP!
시중에서 팔리는 일반셔츠와 버튼다운 셔츠의 가격차이는 ₩10,000 이상이다. 〈그림 6.6〉과 같이 단순한 2개의 추가공정을 거치면 제품의 가치가 급증한다는 얘기이다. 작업별 생산방식은 고객의 요구를 충족시킬 목적뿐만 아니라 부가가치의 증대 목적에서도 활용되고 있다.

버튼다운 셔츠를 생산하려면 종전의 셔츠에 비해 두 개의 단추가 더 소요됨은 물론, 단추를 칼라 하단부위에 꿰매고(sewing) 상단 칼라 부분에 단추 구멍을 뚫는(punching) 두 가지 추가작업이 필요하다. 따라서 버튼다운 셔츠의 제조원가는 전형

그림 6.6
일반 셔츠와 버튼다운 셔츠 (button-down shirt)

적 셔츠원가(가령, 한 벌당 4,200원)에 2개의 단추 재료비(가령, 100원)와 두 가지 추가 작업원가를 합친 것이 된다. 가령 셔츠 한 벌당 추가 단추 sewing 작업이 150원이고, punching 작업이 50원일 경우 버튼다운 셔츠 제조원가는 4,500원이 된다.

이처럼 제품생산시 일부는 유사한 프로세스를 그리고 일부는 상이한 프로세스를 거쳐 생산되는 제품의 원가를 프로세스 내 작업별로 총원가를 산정하고 단위 작업당 원가를 계산한 후 이들 작업을 누적하여 총 제품원가를 계산하는 방식을 작업별 원가계산(operation costing)이라고 부른다. 물론, 재료비는 개별원가계산처럼 제품에 직접 추적하여 부과한다. 작업별 원가계산은 종합원가계산에 개별원가계산의 개념을 합한 것으로 일종의 혼합원가계산(hybrid costing)이다.

<예제 6-3>에서 소개하는 오토바이 튜닝 사례도 같은 맥락으로 이해할 수 있다. 현실에서 고객의 개별 요구를 반영하고 있음은 표준제품만이 존재하지 않는 점을 감안하면 쉽게 이해할 수 있다.

예제 6-3 오토바이 제품과 작업별 원가계산 예시

오토바이를 생산하는 삼천리 오토바이㈜는 2019년 3월에 두 고객으로부터 각각 고급형 오토바이 50대(주문 #101)와 표준형 100대(주문 #102) 납품 주문을 받아 생산을 착수한 후 다음과 같은 원가계산결과를 보고받았다.

삼천리 오토바이(주)
2019년 3월 주문별 원가계산 결과 (단위: 천원)

	제조지시서 #101	제조지시서 #102
생산수량 및 모델	**고급형 50대**	**표준형 100대**
주문별 원가		
• 직접재료비		
- 엔진 부품원가	₩15,000	₩20,000
- 엔진 이외의 부품원가	20,000	30,000
• 가공비(직접노무비 + 제조간접비)		
- 엔진조립	5,000	10,000
- 최종조립	10,000	20,000
- **특수마무리**	**5,000**	-
총원가	₩55,000	₩80,000

앞의 수치에서 유념할 점은 두 가지이다. 첫째, 단위당 재료비의 경우 고급형 오토바이 [(₩15,000,000 + ₩20,000,000) ÷ 50대 = ₩700,000]가 표준형[(₩20,000,000 + ₩30,000,000) ÷

100대=₩500,000]에 비해 높다. 그러나 단위당 가공비는 모델이 관계없이 일정하다. 예를 들면, 엔진조립가공비의 경우 고급형(=₩5,000,000÷50대)과 표준형(=₩10,000,000÷100대)이 대당 ₩100,000으로 동일하다. 이런 결과는 원가계산의 절차상 당연한 것이다. 즉, 엔진조립작업에서 발생한 총원가(₩15,000,000)를 동 작업을 거쳐간 150대에 배분한 결과이기 때문이다. 최종조립가공비도 엔진조립가공비와 동일한 방법으로 배분한 것이다.

둘째, 특수마무리에서 발생한 가공비는 고급형에만 적용되었다. 따라서 고급형의 가공비가 표준형에 비해 높은 결과를 보인다. 본 예시에서는 직접노무비와 제조간접비를 묶어서 가공비로 명명하였는데, 경우에 따라서는 이들 두 원가를 별도로 구분하여 표시할 수도 있음은 종합원가계산에서 설명한 바 있다. 참고로 위 사례의 작업별 원가계산의 개관은 <그림 6.7>과 같다.

그림 6.7

작업별 원가계산의 개관

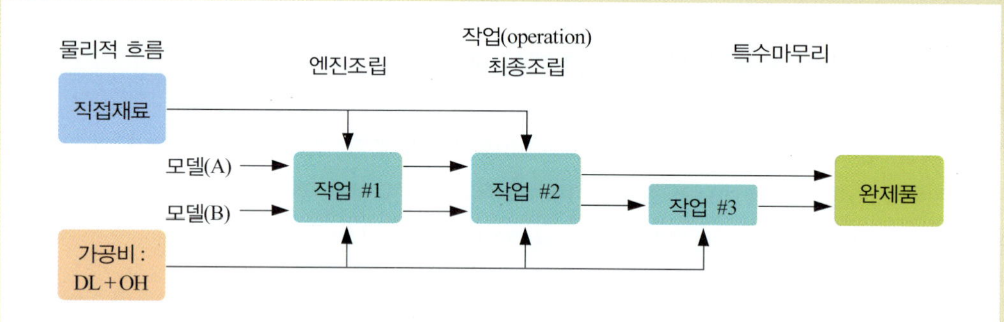

예제 6-4 **작업별 원가계산**

홍익유리는 강화공장에서 다양한 유리창을 제조한다. 부문 A에서는 순수한 유리판을 생산하고 이들 중의 일부는 반제품으로 판매된다. 나머지는 색상유리판을 만들기 위해 부문 B에서 금속산화물이 첨가된다. 이들 색상유리판의 일부분은 반제품으로 팔리고 다른 나머지는 그림을 새겨 넣기 위해 부문 C로 이동된다. 그리고 그림이 새겨진 후 최종제품으로 판매된다. 홍익유리는 작업별 원가계산을 사용하고 있는데 5월 동안에 제품에 배부된 제조원가는 다음과 같다. 편의상 5월 동안의 월초재공품과 월말재공품은 없다고 가정한다.

원가요소	부문 A	부문 B	부문 C
직접재료비	₩450,000	₩72,000	₩0
직접노무비	38,000	22,000	38,000
제조간접비	270,000	68,000	73,750

제 품	단위	부문 A의 직접재료비	부문 B의 직접재료비
부문 A에서 생산하여 팔린 순수유리판	11,000	₩247,500	₩0
부문 B에서 가공하여 팔린 색상유리판	4,000	90,000	32,000
부문 C에서 가공하여 팔린 그림유리판	5,000	112,500	40,000

〈물음〉

1. 부문 A의 단위당 가공비는 얼마인가?
2. 부문 B의 단위당 가공비는 얼마인가?
3. 순수유리판의 원가는 얼마인가?
4. 색상유리판의 원가는 얼마인가?
5. 그림유리판의 원가는 얼마인가?

<자료 : 이동욱(1997), 제3장>

풀 이

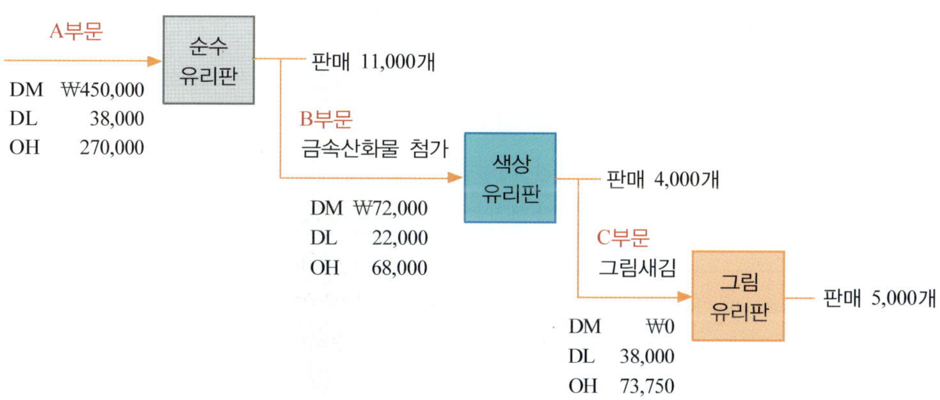

문제의 핵심은 **첫 공정에 해당하는 부문에서 가공된 유리판 수는 20,000개**(부문 A, B, C에서 가공되어 팔린 수량의 합계)라는 점이다. 마찬가지로 제2공정인 부문 B에서 가공된 수량은 9,000개(부문 B+부문 C의 판매량)이다. 또한 **그림유리판**은 부문 A와 부문 B 두 곳에서 투입된 재료비와 세 곳에서 수행된 작업원가(가공비)의 합으로 원가가 계산된다.

1. 부문 A의 단위당 가공비 $= \dfrac{\text{직접노무비} + \text{제조간접비}}{\text{생산수량}}$

$$= \frac{₩38,000 + ₩270,000}{11,000 + 4,000 + 5,000} = ₩15.4$$

2. 부문 B의 단위당 가공비 $= \dfrac{\text{직접노무비}+\text{제조간접비}}{\text{생산수량}}$

$= \dfrac{₩22,000+₩68,000}{4,000+5,000} = ₩10$

3. 순수유리판의 원가 = 부문 A의 단위당 직접재료비 + 부문 A의 단위당 가공원가
= ₩450,000/20,000 + ₩15.4 = ₩37.9

4. 색상유리판의 원가 = 순수유리판의 단위당 원가 + 부문 B의 단위당 직접재료비 + 부문 B의 단위당 가공비
= ₩37.9 + ₩72,000/9,000 + ₩10 = ₩55.9

5. 그림유리판의 원가 = 색상유리판의 단위당 원가 + 부문 C에서의 단위당 가공비
= ₩55.9 + (₩38,000 + ₩73,750)/5,000 = ₩78.25

<검증> = 부문 A의 재료비 + 부문 B의 재료비 + 부문 A, B, C의 가공비
= ₩22.5 + ₩8 + ₩15.4 + ₩10 + ₩22.35
= ₩78.25

종합예제 결합원가계산과 추가가공여부 의사결정

홍익제조㈜에서는 동일한 공정에서 갑, 을, 병의 3가지 제품과 부산물 A를 생산하고 있다. 각 제품은 분리점에서 판매될 수도 있고, 추가가공을 거쳐 판매될 수 있다. 단, 부산물 A는 분리시점에서 판매할 수 없고 추가가공 후 판매할 수 있다. 추가가공을 위한 원가는 모두 변동원가이며, 또한 해당 제품에 추적이 가능하다. 2019년도 각 제품에 대한 정보는 다음과 같으며 결합원가는 ₩61,000이다.

제품	생산량(단위)	분리점에서 판매가치(매출액)	추가가공비	최종판매가격 (매출액)
갑	3,000	₩28,000	₩10,000	₩40,000
을	3,000	30,000	9,000	35,000
병	2,000	24,000	6,000	30,000
A	1,000	–	500	1,500

〈요구사항〉

1. 홍익제조㈜는 물량기준법을 적용하여 결합원가를 제품에 배분한다면 **제품 갑**에 배분되는 결합원가는 얼마인가? 단, 부산물의 회계처리는 생산기준법을 적용하고 있다고 가정한다.
2. 위의 요구사항 1에서 산출되는 **부산물에 배분되는 결합원가**는 얼마인가?

3. 만약 홍익제조㈜가 순실현가치법(NRV)을 적용하여 결합원가를 배분한다면 **제품 을**에 배분되는 결합원가는 얼마인가?
4. 기업의 이익을 극대화하기 위하여 하나의 제품을 선택해야 한다면 어떤 제품을 추가가공을 하여야 하는가?

풀이

1. **물량기준법**에 의한 결합원가의 배분

 부산물의 순실현가치(NRV)는 ₩1,500 − ₩500 = ₩1,000이므로
 우선 각 결합제품에 배부될 결합원가는 ₩60,000(= ₩61,000 − 1,000)이고
 제품의 갑의 배부율은 37.5%(= 3,000단위/8,000단위)이므로
 제품 갑에 배부되는 결합원가는 ₩22,500(= ₩60,000×0.375)

2. **부산물의 NRV**는 ₩1,000(위 1번 참조)

3. **NRV에 의한 결합원가의 배분**

 각 제품의 순실현가치(최종판매가치 − 추가가공원가)와 배분비율은 다음과 같다.
 갑제품 : ₩30,000 = 40,000 − 10,000 배분비율 : 37.5%(= 30,000÷80,000)
 을제품 : ₩26,000 = 35,000 − 9,000 배분비율 : 32.5%(= 26,000÷80,000)
 병제품 : ₩24,000 = 30,000 − 6,000 배분비율 : 30.0%(= 24,000÷80,000)
 ∴을에 배분되는 결합원가는 ₩19,500(=60,000×32.5%)

4. **추가가공 여부 의사결정**

각 제품별 추가가공에 따른 손익을 계산하면 아래와 같다.

제품	최종 판매가격(P)	분리점에서 판매가치 (매출액)	추가가공에 따른 추가수익	추가가공비	추가가공에 따른 손익
갑	₩40,000	₩28,000	₩12,000	₩10,000	₩2,000
을	35,000	30,000	5,000	9,000	−4,000
병	30,000	24,000	6,000	6,000	0
A	1,500	−	1,500	500	1,000

위 표에서 알 수 있듯이 추가가공에 따른 손익이 제품 갑이 제일 크므로 제품 **갑**을 추가가공하여 판매한다. 결합제품의 추가가공여부의 의사결정시 **결합원가의 배분액은 관련원가가 아니다**.

요 약

1. 이 장에서는 결합제품을 주제품, 부산물 및 작업폐기물로 분류하고, 각 결합제품이 분리되기 이전에 발생한 원가를 개별 제품에 배분하는 방법, **부산물**이 생산되는 경우 부산물의 회계처리, 분리점에서의 결합제품 추가가공여부 의사결정방법을 소개하였다.

2. **결합원가의 배분방법**은 물량기준법, 분리점 판매가치기준법, 순실현가치법 및 균등매출총이익률법 등이 있다. 각 배분방법은 다른 배분방법과 비교하면 각기 장점과 단점을 가지고 있으며, 어떤 상황에서는 특정 배분방법은 사용할 수 없음을 설명하였다. 그러므로 기업의 생산환경을 이해하고 적절한 결합원가 배분방법을 선택하여 실무에 적용할 수 있는 지식을 익히는 것이 중요하다.

3. 주제품에 비하여 상대적으로 판매가치는 떨어지지만 동일한 공정에서 부산물이 발생하는 경우, 당기손익에 미치는 효과는 같지만 생산기준법과 판매기준법에 의한 회계처리방법이 포괄손익계산서의 어떤 항목에 영향을 미치는지도 이해해야 한다. 분리점에서 결합제품 추가가공 또는 그대로 판매에 대한 의사결정에서 결합원가는 **매몰원가**(sunk cost)임을 꼭 기억해 두어야 한다.

4. **작업별 원가계산**은 몇 개의 제품라인을 통해 대량으로 생산되는 제품의 생산에 필요한 유사작업별로 원가를 파악한 다음 이들 작업을 필요로 하는 제품에만 원가를 배분하는 방식을 따른다. 작업별 원가계산은 종합원가상황에서 고객의 특별요구를 이행하는 데 필요한 추가재료나 가공작업에 소요된 원가를 별도로 파악하는 원가추적이 가미된 방식으로 이해할 수 있다.

핵심 용어

- 결합제품
- 주제품
- 부산물
- 작업폐기물
- 분리점(slpit-off point)
- 결합원가
- 추가가공원가
- 분리점 판매가치기준법
- 순실현가치기준법
- 균등매출총이익률법
- 생산기준법
- 판매기준법
- 매몰원가
- 추가가공여부 의사결정
- 작업별 원가계산

Reading materials

원가회계 전문가되기
http://cafe.naver.com/newcosting.cafe

최중경 장관 "정유사 원가 계산 따져볼 것" (키워드: 제조원가, 정부규제, 영업외비용)
조선일보, 2011.02.10.

"치킨값 투명해진다지만, 시장 자율성 훼손" (키워드: 결합원가계산, 규제, 가격결정)
조선일보, 2017.09.01.

닭가슴살, 닭다리, 닭날개의 원가는? (키워드: 결합원가계산, 연산품)
조세일보, 2009.07.31.

단답식 개념문제

01. 동일한 공정에서 동일한 원재료를 투입하여 동시에 생산되는 서로 다른 둘 이상의 제품을 □□□□이라고 한다.

02. □□□□원가는 분리점 이후에 발생한 원가로 당해 결합제품에 직접 추적이 가능한 원가이다.

03. 물량기준법은 단순하고, 계산이 쉽지만 결합제품의 □□□□가 반영되지 않고, □□□이 더 많은 제품에 결합원가를 배분하므로 원가의 왜곡이 발생할 수 있는 단점을 가지고 있다.

[문1] 결합원가가 적용되는 산업 두 가지를 예로 들고 결합제품의 종류를 설명하시오.

[문2] 결합원가와 추가가공원가(separable cost)의 차이를 설명하시오.

[문3] 부산물과 결합제품(주제품)은 어떻게 구분되는지를 간략하게 설명하고, 부산물의 예를 2가지 들어보시오.

[문4] 분리점(split-off point)의 의미를 간략히 설명하시오. 결합제품의 생산공정에서 분리점은 반드시 1개만 존재해야 하는지에 대한 의견을 적어보시오.

[문5] 결합원가를 개별 제품에 배분하는 방법 4가지를 간단히 설명하시오.

[문6] 결합제품의 생산량 또는 수량, 무게, 부피 또는 면적과 같은 물리적 단위를 기준으로 결합원가를 배분하는 물량기준법이 갖는 단점 2가지 이상을 설명하시오.

[문7] 결합원가 배분시 분리점에서의 판매가치기준법을 사용할 수 없는 상황에 대해 설명하고 어떤 배분방법을 사용할 수 있는지를 설명하시오.

[문8] 순실현가치법에 대하여 간략하게 설명하시오.

[문9] 균등매출총이익률법은 결합원가(joint cost)와 이익(gross margin)을 동시에 배부한다고 한다. 그 이유를 간략하게 설명하시오.

[문10] 부산물의 대한 두 가지의 회계처리방법에 대하여 설명하시오.

[문11] 분리점에서 결합제품의 추가가공여부 의사결정시 결합원가는 의사결정과정에서 반드시 고려되어야 하는지에 대한 본인의 의견을 제시하시오.

[문12] 공정에서 발생한 작업폐기물을 처분하는 데 처분비용이 발생한다면 그 처분비용은 어떻게 회계처리를 해야 하는가?

[문13] 작업별 원가계산과 결합원가계산의 차이를 간략하게 설명하시오.

연습문제

객관식

[문1] 결합원가 개념: 이론 (★)

결합원가와 관련된 설명으로 옳지 않은 것은 무엇인가? (세무사 2008, 2016)

① 분리점이란 연산품과 부산품 등 결합제품을 개별적인 제품으로 식별할 수 있게 되는 제조과정 중의 한 점을 말한다.

② 균등이익률법에서는 조건이 같다면 추가가공비가 높은 제품에 더 많은 결합원가가 배부된다.

③ 분리점판매가치법에서 분리점의 판매가치를 계산할 때에는 판매량이 아닌 생산량을 이용한다.

④ 분리점판매가치법은 분리점에서 모든 연산품의 매출총이익률을 같게 만든다.

⑤ 균등이익률법과 순실현가치법은 추가가공을 고려한 방법이다.

[문2] 부산품 회계처리: 이론 (★★)

부산물에 대한 회계처리에서 다음 중 이론상 가장 옳은 것은?

① 결합원가는 부산물 계정에 배부되어야 한다.

② 부산물의 판매수입은 매출원가에 가산한다.

③ 부산물의 순실현가치는 주생산물의 원가에서 차감한다.

④ 아무런 회계처리를 하지 않는다.

⑤ 부산물은 정상적인 생산활동이 아니므로 판매수입은 특별이익으로 처리한다.

[문3] 판매가치기준법에 의한 결합원가의 배분 (★★)

대한정유는 수입한 원유를 정제하여 제품 X, Y, Z를 생산하고 있다. 다음은 2019년 1월 한 달간 정제공정에 투입된 총 공통원가와 X, Y, Z의 생산량에 관한 자료이다. 공통원가는 각 제품이 공정에서 분리되는 시점에서의 상대적 판매가치에 비례하여 배분한다. Y에 배분된 공통원가는 얼마인가? 단, 2019년 1월 1일 현재 기초 재공품은 없다.

1월 한 달 동안 정제공정에 투입된 재료비(원유)	₩150,000,000
1월 한 달 동안 정제공정에 투입된 노무비와 제조경비	130,000,000

제품 X, Y, Z의 생산량과 단위당 판매가격은 다음과 같다. (세무사 2007)

제품	생산량	판매가격/단위당
X	20,000 ℓ	₩15,000
Y	16,000	12,000
Z	12,000	9,000

① ₩150,000,000　② ₩100,000,000　③ ₩108,000,000
④ ₩89,600,000　⑤ ₩85,714,280

[문4] 순실현가치법에 의한 결합원가의 배부 (★★★)

㈜대구는 결합공정을 통해 중간재 X를 생산하고, 이를 추가가공하여 결합제품 A와 B를 생산한다. 2019년 결합공정에서 기초재공품은 없었고, 완성품은 8,000kg, 기말재공품은 1,000kg(완성도 40%)을 생산하였으며, 공손 및 감손은 없었다. 결합제품과 관련된 자료는 다음과 같다.

제품	기초제품 수량	생산량	기말제품 수량	분리점 이후 추가가공원가	단위당 판매가치
A	100개	4,000개	700개	₩20,000	₩50
B	500	2,000	125	40,000	80

당기 중 결합공정에 투입된 직접재료원가는 ₩72,000이었고, 가공원가는 ₩33,600이었다. 결합공정에서 재료는 공정 초에 모두 투입되고, 가공원가는 공정 전반에 걸쳐 균등하게 발생한다. 순실현가치법으로 결합원가를 배부할 때 결합제품 A에 얼마가 배부되는가? 단, 원가의 흐름은 평균법을 가정하며, 분리점 이후 추가가공 공정에서 재공품은 없었다. (세무사 2010)

① ₩440,000　② ₩46,200　③ ₩48,000　④ ₩55,400　⑤ ₩57,600

[문5] 순실현가치법 (★★)

㈜세무는 결합원가 ₩15,000으로 제품 A와 제품 B를 생산한다. 제품 A와 제품 B는 각각 ₩7,000과 ₩3,000의 추가 가공원가(전환원가)를 투입하여 판매된다. 순실현가치법을 사용하여 결합원가를 배분하면 제품 B의 총제조원가는 ₩6,000이며 매출총이익률은 20%이다. 제품 A의 매출총이익률은? (세무사 2017)

① 23%　② 24%　③ 25%　④ 26%　⑤ 27%

[문6] 균등매출총이익률법 (★★)

㈜국세는 동일 공정에서 세 가지 결합제품 A, B, C를 생산하고 있으며, 균등이익률법을 사용하여 결합원가를 배부한다. A와 B는 추가가공을 거치지 않고 판매되며, C는 추가가공원가 ₩200,000을 투입하여 가공한 후 판매된다. 결합제품의 생산량 및 단위당 최종 판매가격에 대한 자료는 다음과 같다.

구분	생산량	단위당 최종 판매가격
A	2,000kg	₩200
B	2,000kg	₩100
C	2,500kg	₩160

C제품에 배부된 결합원가가 ₩120,000인 경우, 총결합원가는 얼마인가? (단, 공손 및 감손은 발생하지 않았고, 기초 및 기말재공품은 없는 것으로 가정한다.) (세무사 2011)

① ₩600,000 ② ₩620,000 ③ ₩640,000 ④ ₩660,000 ⑤ ₩680,000

[문7] 판매기준법에 의한 부산물의 회계처리 (★★)

H사는 주산품 A, B와 부산품 X를 생산하며, 이와 관련된 자료는 다음과 같다.

	주산품 A	주산품 B	부산품 X	합계
생산수량	15,000	9,000개	6,000개	30,000개
결합원가 배분액	?	?	?	₩264,000
분리점에서의 판매가치	₩290,000	₩150,000	₩10,000	₩450,000

H사가 상대적 판매가치법을 사용하여 결합원가를 배분하고 있으며 부산품은 판매시점에서 잡이익으로 처리한다. 이 경우 각 주산품에 배분되는 결합원가는 얼마인가?

	주산품 A	주산품 B		주산품 A	주산품 B
①	₩184,000	₩79,200	②	₩176,000	₩88,000
③	₩174,000	₩90,000	④	₩165,000	₩99,000
⑤	₩290,000	₩90,000			

[문8] 순실현가치법과 부산물 (★★)

㈜세무는 단일 재료를 이용하여 세 가지 제품 A, B, C와 부산품 X를 생산하고 있으며, 결합원가계산을 적용하고 있다. 제품 A와 B는 분리점에서 즉시 판매되나, 제품 C는 분리점에서 시장이 존재하지 않아 추가가공을 거친 후 판매된다. ㈜세무의 2019년 생산 및 판매관련 자료는 다음과 같다.

구분	생산량	판매량	리터당 최종 판매가격
A	100리터	50리터	₩10
B	200	100	10
C	200	50	10
X	50	30	3

2019년 동안 결합원가는 ₩2,100이고, 제품 C의 추가가공원가는 총 ₩1,000이다. 부산물 X의 단위당 판매비는 ₩1이며, 부산물 평가는 생산기준법(순실현가치법))을 적용한다. 순실현가치법으로 결합원가를 배부할 때 제품 C의 기말재고산 금액은? (단, 기초재고와 기말재공품은 없다.) (세무사 2013)

① ₩850 ② ₩1,050 ③ ₩1,125 ④ ₩1,250 ⑤ ₩1,325

[문9] 작업별 원가계산 (★★)

서울공업사는 세 가지 형태의 제품 A·B·C를 생산하고 있다. 이들 제품은 두 가지의 가공작업 甲·乙을 거쳐 최종제품으로 완성되는데, C제품은 반제품형태로 판매되기 때문에 乙작업이 불필요하다. 가동작업 甲·乙의 원가는 각 제품의 수량에 비례하여 균등하게 발생한다.

(1) 당월 중의 생산량 및 재료원가

구분	생산량	직접재료비
제품 A	9,000개	₩2,070,000
제품 B	4,000	1,320,000
제품 C	6,000	1,740,000

(2) 당월 중의 가동비 발생액

	작업 甲	작업 乙
직접노무비	₩500,000	₩1,000,000
제조간접비	70,000	300,000

기초 및 기말의 재공품은 없다고 가정할 때, 당월 중 B제품의 단위당 제조원가는 얼마로 계산되는가?(원 미만은 반올림할 것)

① ₩400 ② ₩414 ③ ₩428 ④ ₩460 ⑤ ₩474

주관식

[문1] 물량기준법에 의한 결합원가의 배분 (★)

㈜상수는 결합공정에서 제품 X, Y 그리고 Z를 생산하고 있다. 2019년 9월 중의 결합원가는 ₩60,000이고, 추가적인 원가정보는 다음과 같다.

(단위: 개, 1,000원)

제품	생산	분리점의 판매가치	추가가공원가	최종 판매가치
X	6,000	₩40,000	₩9,000	₩55,000
Y	4,000	35,000	7,000	45,000
Z	2,000	25,000	5,000	30,000

〈요구사항〉

1. ㈜상수는 물량기준법에 의하여 결합원가를 배분하고 있다는 가정하에 2019년 9월의 제품 X, Y 및 Z에 배분될 결합원가 금액을 결정하시오.
2. ㈜상수는 판매가치기준법에 의하여 결합원가를 배분하고 있다면 2019년 9월의 제품 X, Y 및 Z에 배분될 결합원가 금액을 결정하시오.

<출처: MDH, 2000, pp.523~524 문 12~24 변형>

[문2] 물량기준법+판매가치기준법에 의한 결합원가 배부 (★★)

페트로-켐㈜는 소규모(low-volume) 생산유정에서 고급원유(high grade crude oil)를 생산하는 소기업이다. 생산된 원유는 단일 정제공정을 거치면 Two oil, Six oil과 불순물이 섞인 원유(impure distillate)가 생산된다. 페트로-켐㈜는 이들 제품을 추가가공 할 수 있는 기술이나 수용력(capacity)을 가지고 있지 않으며 거의 모든 제품을 매월 대규모 정유업체에 팔고 있다. 11월 1일에 기초 제품재고와 재공품은 없다. 11월 중의 페트로-켐㈜의 제품의 원가 및 생산정보는 다음과 같다.

생산 및 공정에 투입된 원유	$5,000,000
직접노무비 및 관련원가	2,000,000
생산 및 판매관련 제조간접비	3,000,000

- Two-oil, 300,000배럴이 생산되고, 80,000배럴이 단위당 $20에 팔렸다.
- Six-oil, 240,000배럴이 생산되고, 120,000배럴이 단위당 $30에 팔렸다.
- 불순물 섞인 원유(distillates), 120,000배럴이 생산되고, 모두 단위당 $15에 팔렸다.

〈요구사항〉

1. 페트로-켐㈜가 물량기준법을 사용하여 결합원가를 배분한다고 가정라면, 결합제품 Six-oil에 배분된 결합원가는 얼마인가?
2. 만약 생산시점의 상대적 판매가치법(relative sales value of output)을 사용한다면, Two-oil에 배분된 결합원가는 얼마인가?

<출처: CMA 수정>

[문3] 종합원가계산과 결합원가계산 (★★)

㈜갑은 종합원가계산과 결합원가계산을 혼합하여 사용한다. 결합공정은 완료하면 연산품 A와 연산품 B가 분리된다. 결합공정에서 발생한 직접재료원가는 ₩8,000이고, 가공원가는 ₩2,220이다. 직접재료원가는 결합공정의 초기에 투입된다. 결합공정에서 기초재공품은 없고, 기말재공품은 100톤이며, 가공원가의 완성도는 40%이다. 공손과 감손은 없다. 연산품 A와 B의 관련자료는 아래와 같다.

구 분	연산품 A	연산품 B
결합공정 완성량	300톤	400톤
톤당 예산판매가격	₩100	₩50
톤당 추가가공원가	₩60	0

순실현가치법 결합원가에 의한 연산품 A의 예상 톤당 영업이익은 얼마인가? (KICPA 2012)

[문4] 판매가치기준법: 결합원가의 역산 (★★)

㈜명성은 결합제조 공정에서 A와 B제품을 생산하고 있다. ㈜명성은 제품 A 5,000개와 제품 B 4,000개를 생산하였으며, 분리시점에서 단위당 판매가치는 A제품은 @₩1,600, B제품은 @₩1,000이다. 판매가치법에 따라 제품 A에 배분되는 결합원가가 ₩2,400,000이었다면 총결합원가는 얼마인가?

[문5] 상대적 판매가치 기준과 추가가공여부 (★★)

㈜국세는 동일한 원재료를 투입해서 하나의 공정을 거쳐 제품A, 제품B, 제품C를 생산하며, 분리점까지 총 ₩40,000의 원가가 발생한다. ㈜국세는 분리점까지 발생한 원가를 분리점에서의 상대적 판매가치를 기준으로 결합제품에 배분한다. 결합제품의 생산량, 분리점에서의 단위당 판매가격, 추가가공원가 및 추가가공 후 단위당 판매가격은 다음과 같다.

제품	생산량(단위)	분리점에서의 단위당 판매가격	추가가공원가	추가가공 후 단위당 판매가격
A	1,500	₩16	₩6,300	₩20
B	2,000	8	8,000	13
C	400	25	3,600	32

㈜국세가 위 결합제품을 전부 판매할 경우에 예상되는 최대 매출총이익은 얼마인가? (단, 결합공정 및 추가가공과정에서 재공품 및 공손은 없는 것으로 가정한다.) (세무사 2012)

[문6] 생산기준법에 의한 부산물의 회계처리 (★★★)

㈜영남은 동일한 원료를 결합공정에 투입하여 주산물 X, Y와 부산물 B를 생산한다. 결합원가는 순실현가능가치(net realizable value)를 기준으로 제품에 배부한다. 당기에 결합공정에 투입된 총원가는 ₩150,000이고, 주산물 X, Y 및 부산물 B의 분리점에서의 순실현가능가치의 상대적 비율은 6 : 3 : 1이었다. 주산물 X에 배부될 결합원가가 ₩80,000이었다면, 부산물 B의 순실현가능가치는 얼마인가? 단, 부산물은 생산된 시점에서 순실현가치로 평가하여 재고자산으로 계상한다. (KICPA 2009)

[문7] 복수분리점의 경우 결합원가 배분 (★★)

㈜한국화학은 20×1년 2월초 영업을 개시하여 당월에 제1공정에서 원재료 R을 가공하여 결합제품 A와 B를 생산한다. 제품 A는 제2공정에서 추가가공을 거쳐 판매되고, 제품 B는 제3공정에서 결합제품 C와 D로 분리된 후 각각 제4공정과 제5공정에서 추가가공을 거쳐 판매된다. 20×1년 2월의 각 공정에서 발생한 원가자료는 다음과 같다.

• 제1공정 : 제품 A, B의 결합원가	₩100,000
• 제2공정 : 제품 A의 개별원가(분리원가)	₩15,000
• 제3공정 : 제품 C, D의 결합원가	₩70,000
• 제4공정 : 제품 C의 개별원가(분리원가)	₩50,000
• 제5공정 : 제품 D의 개별원가(분리원가)	₩20,000

20×1년 2월 ㈜한국화학의 제품별 생산량과 kg당 판매가격은 다음과 같다.

제품	생산량	kg당 판매가격
A	500kg	₩120
C	1,000kg	₩200
D	800kg	₩150

㈜한국화학이 순실현가능가치를 기준으로 결합원가를 배부하는 경우, 20×1년 2월 제품 D의 총제조원가는 얼마인가? (KICPA 2016)

[문8] 작업별 원가계산 (★★)

농구공을 생산하는 홍익스포츠㈜의 2019년 7월 생산은 배치 P25(2,000개의 프로용 농구공 생산)와 배치 S33(4,000개의 일반용 농구공 생산) 두 개의 배치(batch)로 이루어졌다. 각 배치는 7월에 개시되고 같은 달에 완료되었다. 따라서 기말재공품은 제로이다. 7월에 발생한 원가는 다음과 같다. 배치 P25는 작업준비, 마무리, 포장 부문을 거쳐 완성되고, 배치 S33은 작업준비, 마무리 부문만 거쳐 완성된다.

- **직접재료비**
  - 두 배치의 직접재료비는 다음과 같다.
    배치 P25 : ₩42,000,000(₩2,500,000의 포장비 포함)
    배치 S33 : ₩45,000,000
- **가공비**
  - 가공작업이 이루어지는 세 부문의 예정제조간접비 배부율은 다음과 같다.
    작업준비부문 : 개당 ₩7,500
    마무리부문 : 개당 ₩6,000
    포장부문 : 개당 ₩500

〈요구사항〉

1. 홍익스포츠㈜의 배치 생산공정도를 작성하시오(힌트 : 직접재료는 배치별로 직과되고 가공비는 부문별 예정배부율을 이용하여 배분함을 참고할 것).
2. 홍익스포츠㈜의 7월 제품별(프로용 및 일반용 농구공) 단위당 원가는 얼마인가?

07

ABC 활동기준원가계산

Learning Objectives

1 전통적 원가계산시스템의 문제점에 대한 이해
2 4단계 원가계층구조를 배움
3 활동분석의 개념과 특징을 배움
4 ABC계산절차, 활동원가배부율 계산과정에 대한 이해
5 전통적 원가계산과 ABC의 차이에 대한 이해
6 ABC 원가정보의 활용에 대한 이해

Intro

이 장에서는 1980년대 후반 이후에 새롭게 대두된 ABC를 소개한다. **ABC**는 활동원가를 평가한 후에 이들 활동을 소요한 제품이나 서비스와 같은 원가대상에 원가를 추적함에 있어서 보다 인과관계를 강조하는 원가계산기법을 말한다. ABC의 기본전제는 **활동**이 곧 **자원**을 소비하고 이것이 곧 **원가**로 귀결되기 때문에 활동을 유발한 고객 또는 부문에 일차적으로 원가가 부과되어야 한다는 것이다.

종전의 **수량 중심의 간접비 배분**이 갖는 문제점을 해결하기 위한 방안으로 대두된 ABC는 결코 개념적으로는 새로운 것은 아니지만 실무적으로는 제품 및 고객별 원가계산을 한 차원 높여 전략적 의사결정을 지원하는 유용한 도구로 자리잡았다. 원가동인 개념은 비부가가치적 활동을 줄이는 **ABM**으로 이어져 전략적 원가관리를 가능하게 한다.

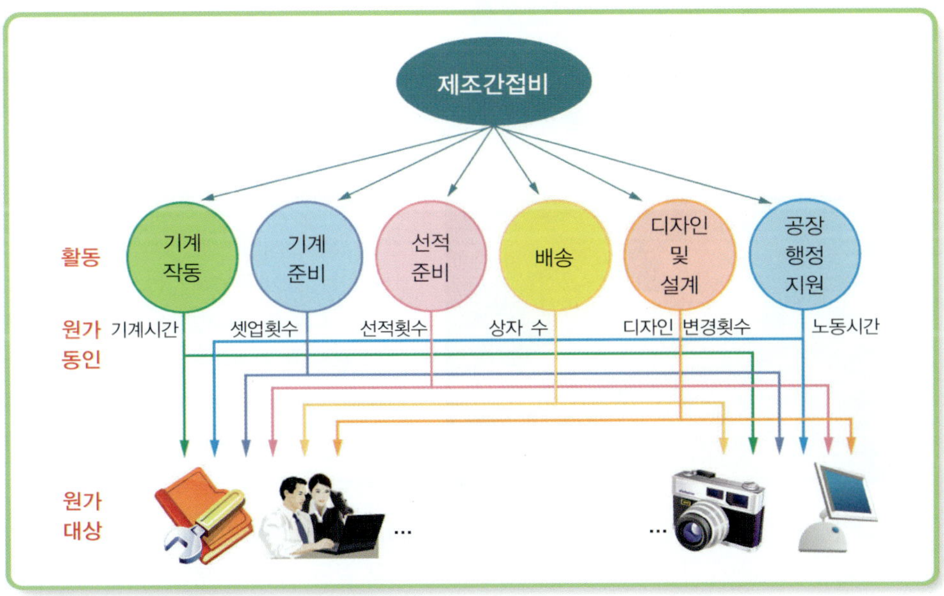

Storytelling

아파트 관리비 중에는 **공동전기료** 항목이 있다. 공동전기료에는 동별 엘리베이터 가동에 소비된 전력비가 많은 비중을 차지하고 있다고 가정한다면 공동전기료를 각 세대에 어떤 기준으로 배부하는 것이 합리적일까? 대부분의 아파트 관리사무실에서는 공동전기료를 각 세대수로 나누어 배부하고 있다. 암묵적으로 모든 세대가 평균적으로 비슷한 횟수로 엘리베이터를 타고 다닌다는 가정을 한 것이다. 그러나 엘리베이터의 가동 횟수는 각 **세대의 가족수**와 연령에 따라(저학년의 자녀가 많은 세대가 맞벌이 부부로만 구성된 세대보다 훨씬 더 출입을 많이 함) 달라진다. 따라서 세대수로 공동전기료를 배부하면 맞벌이 부부 세대가 학생자녀가 많은 세대의 공동전기료의 일부를 대신 납부하고 있다고 볼 수 있다.

또 다른 예를 들어보자. 1톤 트럭에 초코파이와 자일리톨껌을 같이 적재하여 여러 편의점에 배달하는 경우, **배달트럭 운행비용**을 초코파이와 자일리톨껌에 배부한다면 무슨 기준으로 하는 것이 바람직할까? 매출액 기준으로 할 경우, 아마도 개당 판매가격이 상대적으로 높은 자일리톨껌에 더 많은 배달트럭 운행비용이 배부될 것이다. 그러나 껌이 차지하는 면적이 초코파이보다 적고, 초코파이의 경우 상자가 너무 눌리거나 한다면 내용물이 부서질 수 있어서 트럭 적재시 특별히 신경을 써야 하고 차지하는 면적 또한 상대적으로 크다. 따라서 배달트럭 운행비용을 **적재면적** 기준으로 배부한다면 초코파이에 더 많이 배부될 것이다.

만두가게에서 한 달 동안 사용한 **가스요금**을 왕만두와 김치만두에 배부할 때 어떤 기준을 사용하는 것이 좋을까? 한 달 동안 팔린 만두 개수로 나누어 배부할 수도 있지만, 만약 한 개의 찜통에 왕만두는 10개씩 들어가고 김치만두는 30개씩 들어간다고 한다면? 한 달 동안 만두를 익히기 위해 사용한 **찜통의 개수**가 더 좋은 배부기준일 수 있다.

이처럼 기업실무나 일상생활에서는 여럿이 부담해야 할 공통비나 간접비를 적절한 배분기준을 이용하여 배분해야 하는 상황이 흔히 발생한다. 이와 같은 경우 각 부담주체는 (특히, 자신이 부담할 비용의 규모가 상당하다고 판단할 경우) 공통비가 어떠한 배분기준에 따라 계산되는지를 예의 주시하게 마련이다.

제1절 ABC의 개요

1.1 ABC의 의의

1. ABC의 정의 및 대두 배경: 단일원가동인의 실패

앞에서 소개한 다양한 간접비 배분상황에 있어서 가장 바람직한 배분방식은 무엇일까? 그것은 한마디로 인과관계(cause & effect relationship) 기준일 것이다. 따라서 필요한 경우 단일배분기준(가령, 세대수나 매출액 등) 대신에 복수배분기준을 이용할 필요가 있다. 물론 이 경우 원가시스템의 설계에서 지적한 바와 같이 원가－효익분석에 입각하여 적절한 수의 배분기준을 이용하는 것이 중요하다.

여러 제품을 취급하는 기업의 경우 개별제품생산에 소요되는 직접재료비나 직접노무비는 해당 제품에 부과하지만 여러 제품에 공통적으로 발생하는 간접비는 그동안 대부분의 경우 생산수량이나 직접노동시간 등과 같은 단일수량기준을 이용하여 배분되어 왔다. 그러나 실상 이러한 간접비가 어떻게 그리고 무엇 때문에 발생하는지를 면밀히 분석해 보면 결코 생산량과 같은 조업도(volume)만이 간접비 발생의 장본인이 아님을 알 수 있다. 일반적으로 생산량보다는 셋업횟수, 검사시간, 공정설계변경 건수와 같은 다양한 활동측정치가 오히려 제조간접비 발생의 대표적인 원인, 즉 원가동인(cost driver)에 해당한다. 보다 구체적으로 설명하면 다음과 같다. 생산공정 중간중간에 까다로운 검사를 해야 하고 한 번의 셋업(set-up ; 일명, 가동준비)에 고작 몇 개씩밖에 생산하지 못하는 소량 생산품과 간편한 검사를 하고 한 번의 셋업으로 대량생산이 가능한 대량제품을 생산하는 기업에서 발생하는 제조간접비를 생산량(또는 이와 거의 비례하는 직접노동시간 등)에 따라 두 가지 유형의 제품에 배분하는 경우는 소량품에는 실제보다 적은 간접비가 그리고 대량품에는 실제보다 큰 간접비가 배분되어 결국 (원가계산측면에서 볼 때) 대량품이 소량품을 교차보조하는 셈이 된다. 이를 ABC에서는 간접비 배분의 왜곡(cost distortion)이라고 부른다.

> **TIP!**
> 전통적 원가계산 시스템의 대표적인 문제점은 인과관계에 대한 고려가 약해 제조간접비를 포함한 **간접비의 왜곡현상**(cost distortion)으로 요약된다. 흔히 단순대량품은 과대계상되고 소량 까다로운 제품은 과소계상된다.

이러한 원가왜곡현상은 공장자동화를 비롯한 새로운 제조기술의 도입과 다품종 소량생산의 보편화와 더불어 간접비가 증가함에 따라 더욱 커지게 되었다. 이에 수량위주의 단일(또는 소수)의 배분기준을 이용한 제조간접비 배분이 초래하는 원가왜곡

문제가 심각해지는 과정에서 등장한 것이 ABC(Activity-Based Costing: 활동기준원가계산)이다.

ABC는 간접비 발생의 장본인인 활동(activity)에 초점을 맞추었다. 제2장에서 강조한 바와 같이 원가는 결코 스스로 발생하는 것이 아니라 무엇에 의해 야기되는 것(…… not just occur …… but caused by something)이며, 이때 핵심(즉, something)은 곧 활동(activity)이라고 할 수 있다. 자재이동, 검사, 재작업, 분류, 포장, 운반 등이 제조업에서 수행되는 대표적인 활동들이다. 이들 활동이 수행되면 자원이 소비되고 그 결과 원가가 발생한다. 수행된 활동의 목적과 소비된 자원의 형태에 따라 제조원가나 판매관리비 그리고 재료비, 노무비 등으로 구분됨은 제2장에서 이미 설명한 바 있다.

TIP!
피넛버터 코스팅(peanut-butter costing)
자원소비를 유발한 정도를 무시하고 골고루 배분하는 원가계산을 마치 한쪽에 몰린 땅콩버터를 고루 바른 후 먹는 것을 빗대어 peanut-butter costing이라고 부른다.

활동이 어떻게 수행되는가에 따라 원가가 달라짐은 일상생활에서도 흔히 목격된다. 가령, 중국집의 경우 일정량의 음식을 한꺼번에 주문받아 배달한 경우와 이를 몇 차례에 나누어 주문받아 매번 배달한 경우 총배달(delivery)이라는 활동의 수는 물론, 결과적으로 발생한 배달원가 측면에서 크게 차이날 것이다. 같은 100페이지의 복사물을 손에 쥐는 데 있어서 낱장으로 된 10페이지 원본을 10부 복사하는 경우와 100페이지 분량의 책을 1부 복사하는 데 소요되는 활동(책 넘기기 및 복사버튼 누르기 등)이 현격히 차이나는 것과 마찬가지이다. 자동분류장치를 갖춘 신형복사기를 이용할 경우 10페이지 원본을 10부 복사하는 과업은 단 한 번의 준비작업(셋업활동)으로 손쉽게 이루어지고 심지어 작업자는 복사가 진행되는 동안 다른 일을 진행할 수도 있다.

기업에서 발생하는 간접비는 곧 이러한 다양한 활동 때문에 발생하는 것이다. 따라서 생산프로세스의 변화를 통해 일부 활동(가령, 공정간 재공품 이동)이 불필요해진다면 더 이상 이들 활동에 기인한 간접비는 발생하지 않게 되는 것이다.

TIP!
더치페이(dutch-pay)
모든 자원의 소비를 직접원가처럼 간주하여 부담짓는 방식이 소위 말하는 dutch-pay이다. 동창회에서 총비용을 1/n 하는 대신에 각자 먹은 만큼 부담하는 것은 곧 개별적으로 추적하여 직접비화하는 것이다.

활동이 자원의 소비를 유발하여 궁극적으로 원가(특히, 간접비)를 발생시키는 소위 원가발생의 장본인이라는 점을 감안하여 ABC는 특정 원가대상(가령, 제품 또는 고객)이 각종 활동을 얼마만큼 필요로 했는지에 초점을 맞추어 원가를 배분하는 것이 핵심이다. 예를 들면, 일정기간 동안 검사활동에 소요된 원가를 수행된 검사활동의 정도를 감안하여 각 제품에 검사원가를 배분하는 것이다. 이 과정에서 ABC는 앞서 설명한 복수의 배분기준 선정시 각 활동에 적합한 활동측정치(activity measure)를 배분기준으로 이용한다. 이러한 배분기준으로 선정된 활동측정치를 ABC에서는 원가동인(cost driver)이라 함은 제2장에서 설명한 바 있다.

요컨대, ABC는 점차 증가하는 간접비를 보다 효과적으로 관리하기 위한 목적에

표 7.1 전통적 원가계산과 ABC원가계산의 비교

구 분	전통적 원가계산	ABC원가계산
기본가정	제품이 자원을 소비	활동이 자원을 소비
원가대상	부문, 제품	활동, 제품
배부기준	조업도(예, 기계시간, 노무비 등)	활동(예, 셋업, 검사회수 등)

서 종전의 단순한 수량중심의 간접비 배분기준(가령, 직접노동시간 또는 기계가동시간) 내신 간접비 발생원인이라고 할 수 있는 활동을 기준으로 간접비를 제품에 배분하는 새로운 원가계산시스템이다. ABC는 좁은 의미에서의 단순히 새로운 방식의 제품 또는 서비스 원가계산만을 지칭하는 것이 아니라 원가관리를 포함한 경영전반에 걸친 전략수행에 유용한 정보를 창출·활용하는 정보시스템이다.

ABC는 결코 갑자기 등장한 개념은 아니다. 앞서 지적한 바와 같이 ABC는 기존 원가시스템이 갖는 한계점, 즉 제조간접비 배분의 왜곡이나 부서 간 또는 기능 상호간의 관계포착 및 원가절감영역의 지적이 약하다는 단점을 보완하기 위하여 대두된 것이다. 즉, 원가는 스스로 발생하는 것이 아니고 무엇인가(즉, 원인)에 의해 야기된다는 사실을 재인식하고 왜 그런 수준의 결과가 발생하게 되었는가를 설명해 주는 원가동인 개념을 활용하여 종전보다 훨씬 인과관계에 기초한 원가배분을 꾀할 필요성이 오늘날 크게 부각되었기 때문이다.

TIP!

구조적 원가동인 vs 실행적 원가동인

원가동인은 크게 구조적 원가동인과 실행적 원가동인으로 구분된다. 전자는 규모, 범주, 경험, 복잡성 등 반드시 많다고 좋은 것이 아닌 것들을 지칭하고, 후자는 종업원 몰입, 배치 효율 등 많거나 높을수록 좋은 것들을 지칭한다. 제11장의 〈표 11.2〉와 관련 설명 참조.

2. 전통적 원가시스템의 문제점과 ABC

ABC에 대한 이해를 돕기 위해 먼저 전통적 원가계산시스템의 문제점을 설명해 보자.

전통적으로 요소별, 부문별, 제품별 3단계를 거치는 것으로 설명되어 온 제품원가계산은 일반적으로 두 번의 배분과정을 필요로 한다. 첫 번째 배분은 수도광열비, 자재운반비, 재고관리비, 공장소모품비 등과 같은 특정 원가부문(보조부문)에서 발생한 간접비를 다양한 배부기준(가령, 기계시간, 작업시간, 종업원수 등)을 이용하여 제조부문에 배분하는 것이다. 두 번째는 제조부문에 집계된 원가를 직접노동시간 또는 기계시간 등을 기초로 동 부문을 거쳐간 제품에 부과하는 것이다(<그림 7.1> 참조).

첫 번째 단계에서는 인과관계를 비교적 잘 감안하는 식으로 원가배분이 이루어

그림 7.1

전통적 원가계산하의 2단계 원가배분과정

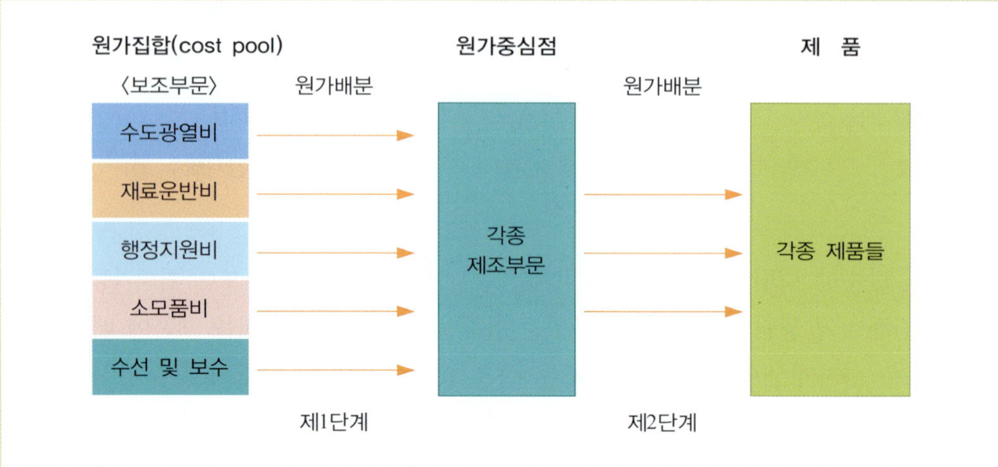

져 왔기 때문에 그다지 문제가 되지 않았다. 각 생산부문의 기계마력수를 이용하여 전력부라는 보조부문에서 발생한 전기료를 배분해 온 것이 한 가지 예이다.

오히려 제조부문에 집계된 원가를 동 부문 내에서 발생한 원가의 장본인격인 각 제품에 제대로 부과되지 못하는 두 번째 단계가 문제이다. 동일한 노동시간이 소요되는 동일수량의 생산이라 하더라도 단 한 번의 셋업을 이용하여 생산하는 경우와 수십 번의 셋업을 거쳐 소량 · 반복 생산하는 경우의 제조간접비가 동일할 것이라고 생각하는 식으로 생산량 또는 노동시간에 따라 배분하는 것은 무리이다.

> **TIP!**
> **셋업(setup)이란**
> 여러 가지 종류의 작업준비를 통칭하는 용어이다. 가령, 조리를 위해 오븐을 예열하는 활동, 미용실에서 염색약을 혼합하는 활동, A4용지를 B4용지로 확대비율을 맞춰보는 활동 등 생활에서 접할 수 있는 준비활동들을 떠올려보자.

요컨대, 직접노동시간과 같은 **조업도 중심의 단일배분기준**을 이용하여 제조간접비를 배분하는 전통적 원가계산방식은 간접비 발생의 인과관계를 포착하는 데 실패하여 앞서 설명한 원가왜곡현상을 초래한다.

ABC는 이러한 전통적 방식의 한계점을 극복하기 위해 대두한 것이다. 즉, ABC는 조직에서 수행되는 제반 활동을 일차적인 원가대상으로 삼아 이들 활동별로 원가를 집계하고 활동별로 적절한 배분기준(주로 셋업수 등과 같은 활동측정치)을 이용하여 단위활동(가령, 1회의 셋업)당 원가를 계산한 후 최종원가대상(가령, 특정 주문 또는 제품, 고객 등)이 각종 활동을 필요로 한 정도(활동측정치로 파악됨)를 감안하여 활동원가를 최종 원가대상에 배분함으로써 원가를 계산하는 방식이다(<그림 7.2> 참조). 요컨대, ABC는 전통적 원가계산에 비해 보다 인과관계를 강조하는 정보시스템이라고 할 수 있다.

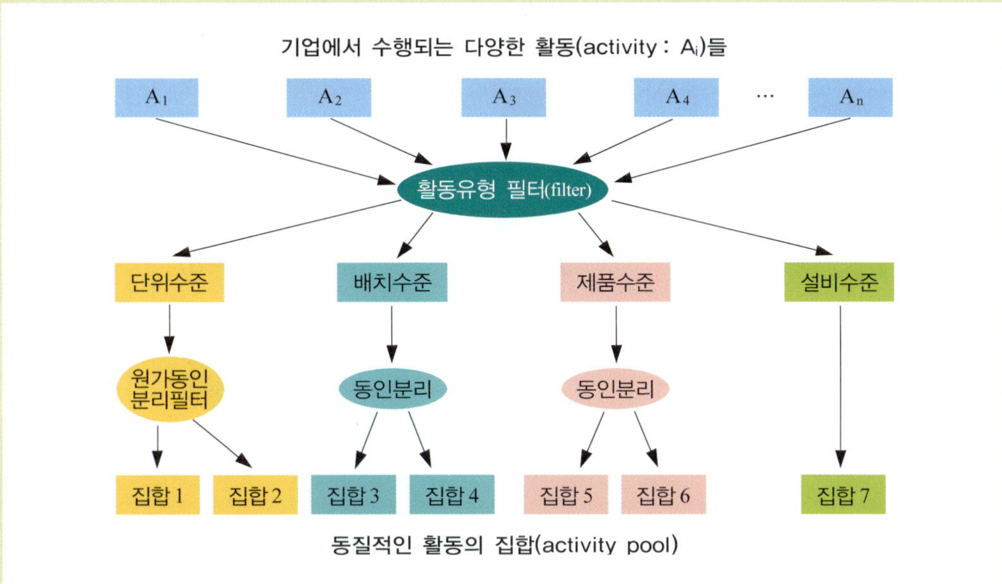

그림 7.2 활동분류모델

3. ABC의 특징 및 효과

ABC는 "모든 원가는 스스로 발생하는 것이 아니라 무엇인가에 의해 야기된다"라는 인식하에 원가를 발생시키는 장본인, 즉 원가동인(cost driver)을 이용하여 보다 인과관계에 충실한 원가정보 산출을 강조한다.

종전에 비해 보다 다양한 (주로 활동측정치를 이용한) 배분기준을 이용한 인과관계에 기초한 원가계산방식인 ABC로부터 기대되는 효과는 다음과 같이 요약할 수 있다.

① 이익발생 원천 및 구조에 대한 이해를 높인다. 이익은 수익과 원가를 대조하여 계산되는데 원가동인 개념을 수익으로 확대하여 무엇이 수익의 변화를 좌우하는 가를 수익동인(revenue driver)으로 파악하면 최종이익에 영향을 미치는 요인들에 대한 종합적인 분석이 가능해진다. 이로써 (제품 및 고객) 수익성분석이 한 차원 높아진다.

② 원가발생은 활동수행의 함수관계임을 이해하게 된다. 종전의 조업도에 기초한 원가추정과 달리 활동을 이용하면 원가추정이 한 차원 높아질 뿐만 아니라 예산편성 또한 보다 현실성을 갖게 된다.

그림 7.3

ABC 개요 : 활동과 다른 주요 개념과의 연결관계

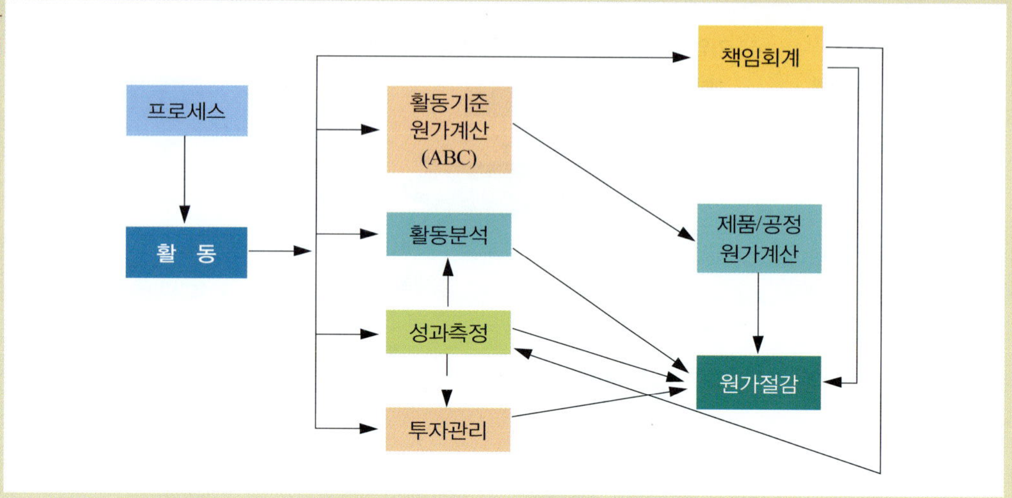

③ 미래의 기업성과를 개선할 수 있는 영역 및 동 개선의 효과를 파악할 수 있다. 즉, ABC는 지속적인 개선을 추적하고 개선추세의 파악을 가능하게 하는 소위 원가관리기능을 수행한다(<그림 7.3> 참조).

ABC가 종전 시스템에 비해 갖는 새로운 측면은 다음 세 가지로 요약할 수 있다(<그림 7.4> 참조).

① ABC는 근본적으로 자원의 소비를 초래하는 다양한 활동을 원가동인으로 포착함으로써 종전의 조업도 중심의 회계가 갖는 제품원가계산상의 부정확성을 해소시켜 줄 수 있는 토대를 만들었다.

② ABC는 종전의 조업도를 중심으로 한 고정비/변동비의 구분 대신 보다 정교한 원가분류체계를 이용한다. 4단계의 계층구조가 그것이다. 단위수준, 배치수준, 제품수준, 공장설비수준의 네 가지로 구분하는 4단계 분류체계를 이용하는 ABC는 기업에서 발생하는 대부분 원가는 변동비임을(즉, 작업준비 및 자재이동들과 같은 활동의 증가와 더불어 원가가 증가함을) 강조함으로써 보다 장기적인 관점에서의 분석을 장려한다. 이에 관해서는 별도로 설명한다.

③ ABC는 종전의 원가시스템이 제공하지 못하던 조직에서 수행되는 제반 활동에 관한 다양한 정보를 주로 비재무적 측정치의 형태로 제공한다. 이들 정보는 원가정보와 더불어 성과평가 및 전략적 의사결정 등에 유용하게 활용된다.

그림 7.4

ABC의 계층체계 : 제품관련원가의 측정

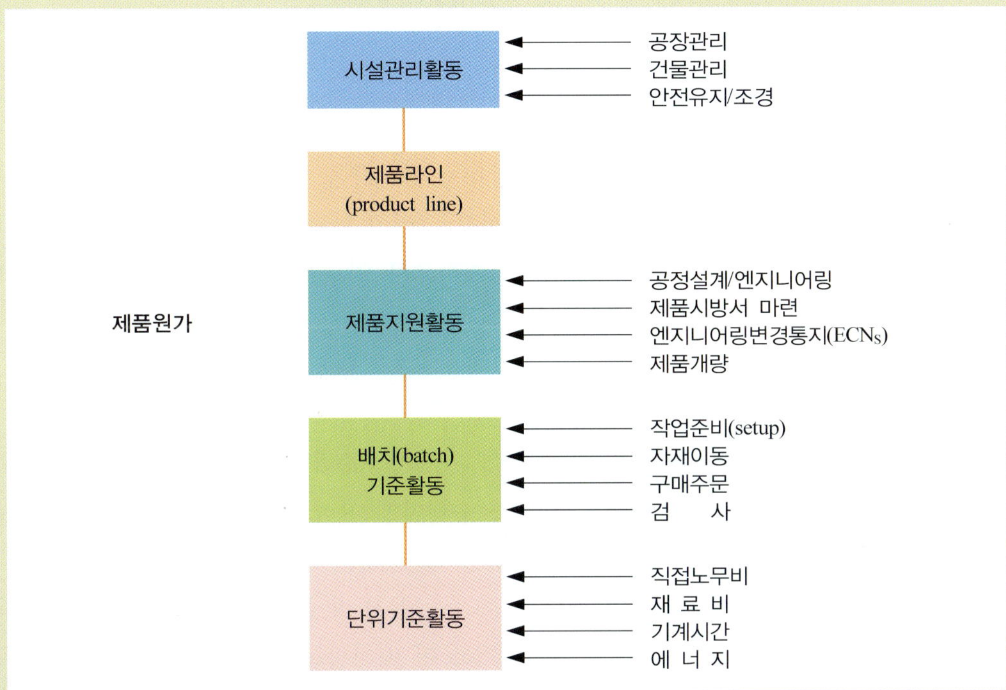

4. ABC의 4단계 원가계층구조

Cooper 교수는 ABC에 있어서 활동을 네 가지 유형으로 분류함으로써 각 활동 범주가 별도로 보고될 뿐만 아니라 고정비를 관리함에 있어서 보다 뛰어난 통찰력을 얻을 수 있다고 한다. <그림 7.4>는 앞의 구분에 따른 원가의 계층적 구조(cost hierarchy) 및 동 유형별로 제품수준에서의 원가발생을 야기시키는 주된 활동을 잘 요약하고 있다.

<그림 7.4>는 거의 전적으로 생산량과 같은 단위기준에 근거하여 원가를 배분하는 전통적 원가시스템과 달리 ABC시스템하에서는 보다 다양한 배부기준이 필요함을 강조한다. 즉, ABC에서는 중요한 부류의 원가들이 생산량의 단기적 변동에 따라 변화하는 것이 아니라 제품의 설계 및 배합(mix) 그리고 제품 및 고객의 다양성 등 제반 요소에 따라 변화한다는 사실을 인식하고 있다.

(1) 단위수준원가

TIP!
수강생에게 나누어 주는 유인물 복사 관련 원가는 수강생 수에 따라 변하는 단위수준원가이다.

단위수준원가(또는 단위기준원가)에는 직접노무비, 재료비, 에너지비 등 전통적으로 단기변동비로 불리던 원가와 기계시간을 원가동인으로 삼아 직접 부과될 수 있는 시설원가(가령, 기계감가상각비), 기계수선유지비 및 소모품비 등이 포함된다. 이들 원가를 단위수준원가로 분류하는 이유는 생산량을 10% 늘릴 경우 생산량의 증가와 동일한 10%의 노동시간 및 기계시간 그리고 에너지가 추가로 필요하기 때문이다. 단위수준원가는 생산수량에 정비례적으로 이루어지는 자원소비원가를 의미하는 것으로 수량기준원가라고 부를 수 있다.

(2) 배치수준원가

TIP!
강의를 위해 연구실에서 강의실로 이동하거나 파워포인트를 이용하기 위한 컴퓨터 셋팅 등은 배치수준에 해당한다.

어떤 자원은 생산수량과는 상관없이 기계가동준비나 작업지시 등 배치(batch ; 일명, 정량묶음식) 생산에 필요한 활동을 수행함에 따라 소비된다. 배치활동은 주로 셋업시간이나 셋업횟수로 표현된다. 가령, 1,000개를 주문하든 10개를 주문하든 1회에 동일한 노력이 소요되는 구매주문(또는 주문서 작성)은 대표적인 배치활동에 속한다. 이처럼 배치수준원가는 일정한 투입물이 배치활동수에 따라 소비되는 것으로 가정할 수 있는 원가를 말한다.

(3) 제품수준원가

TIP!
대학교수의 경우 담당과목 수에 따라 변하는 강의요목 작성, 강의준비, 시험문제 출제 등은 제품수준에 해당한다.

세 번째 유형의 활동은 공정기술변경통지(ECN : Engineering Change Notice)나 공정설계 등과 같이 특정 제품을 제품라인에 추가하거나 특정 제품이 계속 생산될 수 있도록 하기 위한 지원활동을 의미한다. 개별제품생산에 있어서 자재청구, 생산일정수립, 특별검사방식의 개발, 공정기술변경통지 등은 필수적일 뿐만 아니라 이들 활동이 어떤 제품들 때문에 유발되었는지를 쉽사리 파악할 수 있다. 이러한 제품지원활동에 소요되는 제품수준원가는 제품생산량이나 배치수와 무관하며 단지 제품수가 증가할 때 늘어난다는 점에서 앞서 설명한 두 유형의 원가와 구분되는 것이다.

(4) 설비수준원가

공장에 보유하고 있는 일반설비가 계속해서 작동할 수 있도록 하기 위한 활동(유지보수)과 관련된 설비수준원가는 기업이 취급하는 다양한 제품에 공통적으로 관련 맺는다. 따라서 조경, 경비 등과 같은 설비수준원가는 대개 기간비용으로 간주되거나 다소 주관적인 방법(가령, 제품별 주요원가)에 의해서 제품에 배분된다.

제2절 ABC를 이용한 원가계산

ABC를 이용한 원가계산의 절차를 S전자에 스마트폰 케이스를 제작하여 납품하고 있는 홍익케이스㈜의 사례를 통해 알아보자.

홍익케이스㈜는 S전자에 기본형 케이스를 단위당 ₩80에 납품을 하다가 최근에 S전자에서 고급형 스마트폰이 출시됨에 따라 고급형 케이스도 생산하여 단위당 ₩140에 납품하기로 S전자와 합의했다. 납품단가 결정은 두 제품의 단위당 원가를 기준으로 산정이 되었다.

일반형 케이스보다 단위당 이익이 큰 제품인 고급형 케이스의 납품에 처음에는 기분이 좋았던 홍익케이스㈜의 경영진은 점점 고민에 빠지기 시작했다. 이상하게도 고급형 케이스 제품을 납품하면 할수록 회사의 현금잔고는 줄어들고 있다는 보고를 받은 것이다.

홍익케이스㈜의 경영진은 원가계산에 근본적인 문제가 있다고 판단하고 이에 대한 대처를 위해 원가보고서를 재검토하고 ABC를 도입하기로 결정하였다.

고급형 제품이 처음으로 출시된 지난달 원가보고서는 다음과 같다.

	기본형	고급형	합 계
생산량	5,000개	1,000개	6,000개
직접재료비	₩120,000(@24)	₩40,000(@40)	₩160,000
직접노무비	60,000(@12)	13,000(@13)	73,000
제조간접비	180,000(@36)	72,000(@72)	252,000
합계(단위당원가)	₩360,000(@72)	₩125,000(@125)	₩485,000
직접노동시간	**3,000시간**	**1,200시간**	**4,200시간**

제조간접비의 경우 여러 원가항목으로 구성되었지만 홍익케이스㈜의 경우 원가계산의 편의성을 고려하여 단일배부기준인 직접노동시간당 ₩60의 배부율로 각 제품에 배부하고 있다. 원가대상인 기본형과 고급형 케이스에 제조간접비를 배부하는 절차를 그림으로 나타내면 <그림 7.5>와 같다.

그림 7.5
단일배부기준에 의한 제품단위원가 계산

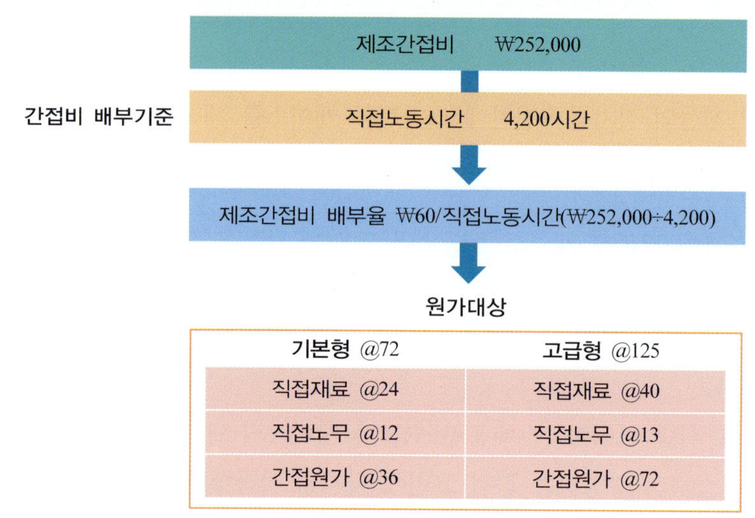

1. 1단계 : 활동의 그룹핑과 원가배분

ABC의 첫 단계는 기업에서 수행되는 온갖 활동을 식별하고 이들 개별활동에 관련된 원가를 파악하는 것이다. 활동의 식별을 위해서는 상이한 작업(재료처리, 검사, 공정엔지니어링 등)의 목록을 작성한다. 이렇게 작성된 결과는 **활동목록** 또는 **활동사전**이라고 부른다.

> **TIP!**
> ABC 도입을 주저하거나 기 도입한 시스템을 포기하는 주된 이유는 상당 수에 달하는 활동원가의 집계 및 이를 원가대상에 배분하기 위한 배분기준(즉, 원가동인) 선정이 부담스럽기 때문이다.

활동이 정의되면 그 활동을 수행하는 원가를 파악해야 한다. 이 단계에 이르게 되면 각 활동과 관련된 원가동인이 결정된다. 따라서 활동원가가 집계되고 사전에 정한 각 활동별로 적용할 원가동인 수치가 파악되면 원가동인 단위당 배부율, 즉 각 활동별 간접비배부율이 계산된다. 이 과정에서 지나치게 많은 수의 활동을 이용하게 되면 각 활동의 간접비율을 일일이 계산해야 하는 복잡성 때문에 오히려 제품원가계산에 마이너스가 될 수 있다. 이러한 계산의 복잡성을 감안하여 가급적 동질적 성격을 갖는 활동 및 활동관련원가를 그룹으로 묶어(그룹핑) 적정수의 **활동원가풀**(activity pool)을 이용하는 것이 바람직하다.

간접비배분이 능률적으로 이루어지도록 하기 위해 가급적 활동원가풀의 수를 줄일 목적으로 활동을 그룹핑함에 있어서는 다음 세 가지 기준을 감안하여야 한다. 첫째는 간접원가의 추적가능성, 둘째는 활동간의 논리적 연관성(인과관계), 셋째는 제품에 대한 동일한 간접비 소모(사용)율이다. 이러한 기준을 적용하여 동질적인 활동을 함께 묶게 되면 원가동인을 적용할 활동원가 수가 줄어든다. 그 결과 원가계산 결과의 해석이 용이해지며 일선종업원에게도 이해가 쉬워 운영활동과 관련된 피드백 정보로서의 역할을 수행할 수 있다.

활동집합에 속하는 개별활동의 원가를 모두 합한 것을 동질적 활동원가집합(homogeneous cost pool)이라 한다. 동질적 활동원가집합 내의 여러 활동은 간접비 발생이 동일하게 이루어진다는 가정으로 그룹핑되었기 때문에 이들 활동원가 역시 단일원가동인에 의해 변화하는 것으로 설명할 수 있다. 따라서 활동원가집합이 결정되면, 개별활동원가별로 사전에 정해진 원가동인 단위당 활동원가가 계산된다. 이를 활동원가배부율(pool rate: 간접비배부율)이라고 부른다. 활동원가배부율의 계산으로 1단계를 마치게 된다.

$$\text{개별활동원가배부율(pool rate)} = \frac{\text{활동원가별 원가집계액}}{\text{활동원가별 원가동인 합계}}$$

1단계 절차인 활동의 그룹핑과 원가배분은 다음 4가지 세부적 과정으로 나눌 수 있다.

> ① 활동의 식별 : 기업에서 수행되는 각종 활동의 파악
> ② 활동에 원가집계 : 개별활동으로 인해 발생한 원가의 집계
> ③ 유사한 성격의 활동을 묶어 동질적 활동원가풀을 정의하고 이의 원가를 파악
> ④ 개별활동원가풀별로 간접비배부율(즉, 활동원가배부율)을 계산

이 과정을 정확한 제품원가 계산을 위해 ABC도입을 결정한 홍익케이스㈜ 사례를 통해 살펴보기로 하자.

홍익케이스㈜에서 제조간접비 ₩252,000을 발생시키면서 수행되는 활동들(활동사전)은 다음과 같다.

① 제품과 생산프로세스 설계 및 디자인 활동 : 주로 제품별 디자인 변경 횟수에 따라 설계, 디자인 활동이 발생한다.

② 기계준비 활동 : 한 번 기계를 가동하기 위해 재료는 준비하는 것으로 기본형은 500개, 고급형은 50개 묶음단위로 준비된다. 그리고 한 번 기계준비를 하는 데 소요되는 시간은 고급형이 기본형보다 복잡하여 더 길다.

③ 기계작동 : 몰딩기계 가동시간은 제품수량에 비례하여 소요된다.

표 7.2 홍익케이스(주)의 활동수준별 분류

구분	수준	활동	금액	합계
직접원가로 재분류		④ 기계세척 활동 (기본형 ₩12,000과 고급형 ₩15,000으로 직접추적 가능)		₩27,000
간접원가	단위수준	③ 기계작동	₩63,000	
	배치수준	② 기계준비	35,000	
		⑤ 완제품 선적준비	8,000	
		⑥ 배송	50,000	
	제품수준	① 제품 디자인 및 설계	48,000	
	설비수준	⑦ 공장행정지원	21,000	225,000
합　계			**₩252,000**	**₩252,000**

④ 기계작동 후 기계세척 활동 : 기본형보다 고급형 제작한 후에 몰딩기계를 더 깨끗하게 세척해야 하기 때문에 세척시간이 더 많이 소요되고, 더 자주 해야 한다.

⑤ 완제품 선적 준비 : 선적 횟수에 따라 달라진다.

⑥ 배송 : 고객에게 배송되는 제품포장 상자의 개수에 따라 배송비용이 달라진다.

⑦ 공장행정지원 활동 : 공장장 급여, 공장의 인사, 회계, 총무 등 공장운영에 관한 행정지원비용이다.

이들 활동들 중 기계세척 활동(④)은 기본형과 고급형에 직접추적가능한 것으로 분류하여 직접원가로 재분류하고, 나머지 활동들은 간접원가로 분류하여 단위수준, 배치수준, 제품수준, 시설수준별로 활동원가를 집계하면 <표 7.2>와 같다.

활동원가풀을 결정하고 동 원가를 집계한 후에는 활동원가배부율(원가동인별 간접비배부율)을 계산해야 한다. 단위수준로 분류된 기계작동 활동의 원가의 배부기준은 제품수량이나 기계가동시간이 될 수 있다. 만약 총기계가동시간이 1,260시간이라고 하면, 기계가동시간기준의 기계작동 활동원가 ₩63,000의 배부율은 ₩50으로 계산된다.

한편, 배치수준로 분류된 기계준비(셋업)활동 원가 ₩35,000은 한 번의 기계준비에 투입되는 케이스 수량(배치크기)과 기계작업준비에 소요되는 시간에 따라 달라진다. 셋업활동과 관련된 자료가 다음과 같다면, 총셋업시간은 350시간으로 계산된다. 총셋업 활동원가 ₩35,000을 총셋업시간 350시간으로 나누면 배부율 ₩100이 계산된다.

	기본형	고급형	합 계
생산량	5,000개	1,000개	6,000개
÷ 배치크기	500	50	
= 배치수	10	20	
× 배치별 셋업시간	10시간	12.5시간	
총 셋업시간	**100시간**	**250시간**	**350시간**

이와 같은 방법으로 활동별 인과관계에 기초한 원가동인을 선정하여 각각의 활동별 원가배부율을 계산하면 <표 7.3>과 같다.

표 7.3 홍익케이스(주)의 활동원가배부율 계산

활 동		총원가	배부기준	배부율
단위수준	③ 기계작동	₩63,000	1,260 기계시간	₩50
배치수준	② 기계준비	35,000	350 셋업시간	100
	⑤ 완제품 선적준비	8,000	200 선적횟수	40
	⑥ 배 송	50,000	5,000 상자 수	10
제품수준	① 제품 디자인 및 설계	48,000	10 디자인변경 횟수	4,800
시설수준	⑦ 공장행정지원	21,000	4,200 직접노동시간	5
합 계		**₩225,000**		

2. 2단계 : 제품에의 원가배분

2단계에서는 제품별로 앞에서 계산된 각 활동별 원가가 부과된다. 이 때 1단계에서 구한 활동원가배부율(간접비배부율)과 각 제품이 소모한 활동자원 측정치가 이용된다. 이 때 측정치는 각 제품이 소모한 원가동인의 수량을 말한다. 즉, 각 제품이 소요한 셋업시간, 기계시간, 선적횟수, 디자인변경 횟수 등이다. 따라서 각 활동원가풀에서 제품으로 배분될 간접비는 다음과 같이 계산된다.

간접비배부액 = 활동원가배부율 × 사용한 원가동인수 ············· (7·1)

먼저 기본형의 원가계산을 살펴보자. <표 7.3>을 통해 디자인 및 설계활동(①)의 배부율은 디자인변경 1회당 ₩4,800임을 알고 있다. 기본형의 디자인 변경횟수는 3회이다. 따라서 제품수준의 활동원가인 디자인 및 설계원가는 ₩14,400(₩4,800×3회)이다. 다른 활동원가배부나 다른 제품에의 부과 역시 이와 동일하게 이루어진다(<표 7.4> 참조).

> **TIP!**
> 활동원가배부율은 항상 원가동인과 대응된 형식으로 표현해야 한다. 예를 들어 기계준비 활동 배부율 100원이라고 하지 말고, **셋업시간당 100원**이라고 표현해야 한다. 그래야만 활동원가를 원가대상에 배부할 때 100원을 실제 사용된 셋업시간과 곱하여 계산하게 된다. 착각하여 생산량을 곱하는 실수를 하지 않게 된다.

표 7.4 홍익케이스(주)의 활동원가 제품별 배분

활 동	배부율	기본형		고급형		합 계
③ 기계작동	₩50	900시간	₩45,000	360시간	₩18,000	₩63,000
② 기계준비	100	100시간	10,000	250시간	25,000	35,000
⑤ 선적준비	40	100회	4,000	100회	4,000	8,000
⑥ 배송	10	3,000개	30,000	2,000개	20,000	50,000
① 디자인 및 설계	4,800	3회	14,400	7회	33,600	48,000
⑦ 공장행정지원	5	3,000시간	15,000	1,200시간	6,000	21,000
합 계			**₩118,400**		**₩106,600**	**₩225,000**

표 7.5 ABC를 이용한 제품별 원가계산 결과표

	기본형(5,000개)		**고급형**(1,000개)		합 계
	총원가	단위당 원가	총원가	단위당 원가	
직접재료비	₩120,000	₩24	₩40,000	₩40	₩160,000
직접노무비	60,000	12	13,000	13	73,000
기계세척(직접 부과)	12,000	2.4	15,000	15	27,000
기계작동	45,000	9	18,000	18	63,000
기계준비	10,000	2	25,000	25	35,000
선적준비	4,000	0.8	4,000	4	8,000
배 송	30,000	6	20,000	20	50,000
디자인 및 설계	14,400	2.88	33,600	33.6	48,000
공장행정지원	15,000	3	6,000	6	21,000
합 계	**₩310,400**	**62.08**	**₩174,600**	**174.6**	**₩485,000**

TIP!
ABC계산에서 다소 복잡한 제조간접비 배부에 집중하다 보면, 학생들이 단위당 제품원가를 계산하는 데 있어서 직접재료비 + 직접노무비 + 제조간접비를 합쳐야 한다는 것을 잠깐 잊는 경우가 있다.

활동원가풀에서 개별제품으로의 간접비배분이 완료되면 이를 생산된 단위수로 나누어 단위당 간접원가를 계산할 수 있다. 단위당 간접원가에 단위당 직접원가(직접재료비 + 직접노무비 + 기계세척활동원가)를 합하면 단위당 제조원가가 계산된다. <표 7.5>는 ABC를 이용하여 계산한 단위당 제조원가를 보여주고 있다. ABC를 이용한 제품원가 계산 절차를 그림으로 나타내면 <그림 7.6>과 같다.

3. 제품원가의 비교

기존에 홍익케이스㈜가 사용하던 단일배부기준에 의한 제품별 원가계산을 보여주는 <그림 7.5>와 ABC를 이용한 제품별 원가계산을 보여주는 <그림 7.6>을 참조

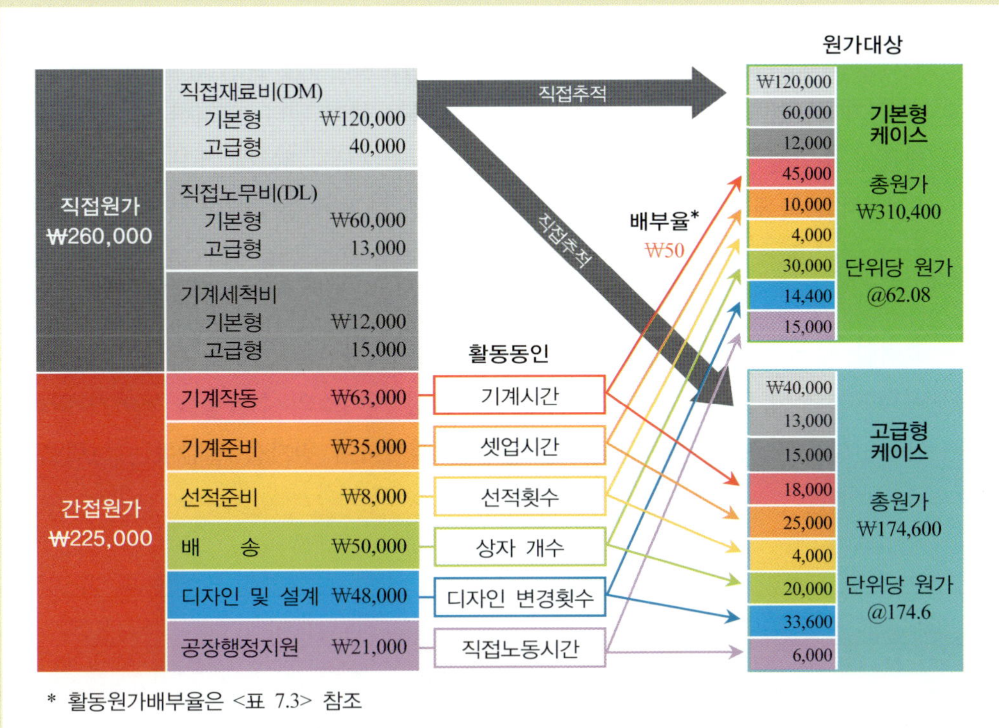

그림 7.6 홍익케이스(주)의 ABC 계산

하여 비교하면 <표 7.6>과 같다. 이 비교를 통해 단일배부기준을 이용한 전통적 원가계산 결과와 ABC 결과가 어떻게 차이날 수 있는지를 잘 알 수 있다.

표 7.6 제품 단위당 ABC 대 전통적 원가계산 비교

		기본형	고급형
ABC(1)	직접재료비	₩24	₩40
	직접노무비	12	13
	제조간접비	26.08	121.6
	단위당 제품원가	₩62.08	₩174.6
기존방식(2)	직접재료비	₩24	₩40
	직접노무비	12	13
	제조간접비	36	72
	단위당 제품원가	₩72	₩125
차이(3)=(1)−(2)		−₩9.92	₩49.6

<표 7.6>에 의하면 기존의 단일배분기준 원가계산이 활동기준원가계산(ABC)에 비해 고급형 케이스의 제조원가를 ₩49.6이나 과소평가하고 기본형 케이스의 제조원가를 ₩9.92만큼 과대평가하고 있음을 보여준다. 이는 곧 전통적 방식을 따를 경우 원가계산상 한 제품이 다른 제품을 보조하는 셈이 된다. 이러한 보조효과는 특정 제품의 수익성 분석을 그르치게 할 뿐만 아니라 다른 제품의 가격결정 등에 악영향을 미쳐 결국에는 기업경쟁력을 약하게 한다. 이것이 홍익케이스㈜가 당면한 문제였던 것이다.

결국 상대적으로 간접활동을 많이 소비한 고급형 케이스의 제품원가 ₩174.6을 고려할 때 S전자와 현재 합의된 가격인 ₩140으로 판매할수록 이익은커녕 제품당 ₩34.6 손실이 발생한 것이다. 따라서 고급형 케이스의 수익성을 높이기 위해서는 가격인상을 고려하거나, 불필요한 활동을 제거하여 원가를 절감하는 노력을 해야 할 것이다.

제3절 ABC 정보의 활용과 한계점

3.1 ABC 정보의 활용

ABC를 이용하여 조직의 제반 운영활동을 개선하는 것을 활동기준관리(ABM: Activity-Based Management)라고 부른다. ABC가 활동이 원가를 발생시키는 장본인임에 맞추어 보다 인과관계에 충실한 원가를 계산하는 데 비해, ABM은 활동을 관리함으로써 원가를 절감시키는 것에 중점을 둔다.

일반적으로 원가절감은 활동의 변화를 통해서 이루어진다. 따라서 경영진이 구성원에게 원가를 절감하도록 요구를 해도 실제로 활동이 변화되지 않고서는 원가절감이라는 목표를 달성할 수 없다. ABM은 ABC에서 구한 원가정보를 토대로 활동의 변화가 미칠 효과를 파악하는 가운데 바람직한 형태와 수준으로 원가가 발생하도록 하는 대표적인 원가관리기법이다.

ABM은 가치사슬과 밀접한 관련을 맺는다. 왜냐하면 가치사슬이란 연구개발에서 물류에 이르기까지 경영 전반에 걸친 부가가치활동의 묶음을 의미하고 ABM은 제반 운영활동에 대한 분석을 통해 과연 특정 활동이 부가가치 활동인지를 검토하는 식으로 전개되기 때문이다. 이 과정에서 비부가가치적 활동으로 파악된 활동을 대상으로 이를 배제하거나 최소화하려는 변화를 꾀하게 되는데 이런 변화를 통한 원가관리가 곧 ABM에 해당한다.

3.2 활동기준 원가절감

원가를 절감하는 것은 ABM의 주요 관심사항의 하나이다. 이를 달성하는 최선의 방법은 활동들의 활용 및 수행 방법을 변화시키고 나서(즉, 먼저 활동관리가 이루어진 후) 개선의 결과 생긴 잉여자원을 재배치하는 것이다.

과거 전통적인 원가절감은 주로 인력감축이나 부문폐쇄 등 자원감소를 위한 직접적인 해결책을 선호해 왔다. 그러나 이와 같은 해결은 비록 단기적으로 효과가 있을지 모르나 장기적으로는 대개 실패하게 된다. 활동관리, 즉 ABM을 통한 진정한 원가절감을 꾀하는 방법으로는 다음 5가지가 제시된다.

① 시간과 노력의 감축이다. 공구배치, 교육훈련의 개선 등을 통해서 기계작동 준비시간 등 활동수행에 필요한 시간과 노력을 줄인다.

② 불필요한 활동을 없앤다. 자재의 보관, 이동 등 비부가가치활동은 최대한 줄인다(제11장 참조).

③ 저원가활동의 선택이다. 제품이나 생산공정의 설계 및 기획단계에서 가급적 최저원가를 소요하는 활동(가령, 자동부품삽입 등)을 택하는 것이다.

④ 가능한 부품 및 활동을 공유한다. 부품수를 줄이기 위해 신제품의 디자인에 공통부품을 사용하는 것이 일례이다.

⑤ 활용되지 않는 자원을 재배치한다. 아무리 활동의 양을 줄인다고 해도 그 자체로 동 활동에 투입되는 설비나 인원이 감축되는 것은 아니다. 따라서 미활용되는 자원을 처리하는 의사결정(가령, 다른 활동에의 재배치 또는 해고 등)이 의도적으로 뒷받침되어야 효과를 볼 수 있게 된다.

3.3 ABC시스템의 한계

ABC라고 결코 완벽한 것은 아니다. 또한 ABC는 전통적인 원가계산방식이 갖는 간접비 배분의 한계점을 극복하기 위해 대두되었지만 자신 역시 배분에서 자유롭지는 못하다. 왜냐하면 ABC도 결국은 원가동인을 이용하여 활동원가를 배분해야 하며 최종원가의 정확성은 이러한 원가동인의 선정의 적절성과 수치의 신뢰성에 의해 좌우되기 때문이다. 또한 특정 원가동인을 이용한 일부 원가배분은 여전히 제품원가계산상 왜곡을 가져올 수도 있다. 가령, 셋업(set-up)이 제품이나 제조상의 순서에 따라 변화할 때 '셋업수'를 원가동인으로 삼아 배분하는 경우 등이 이에 해당한다.

요컨대 ABC시스템을 채택한다고 해서 더 이상 수정을 요하는 사항이 없는 것은 아니다. 여전히 수정이 필요한 까닭은 기업의 원가함수가 선형이라고 가정하는 데 있다. 예를 들면, 제품들이 공통적 요소를 갖는 경우, 제품계열을 추가하거나 폐기해서 반드시 공통요소의 생산을 위한 배치(batch)수의 증감이 이루어지는 것은 아니기 때문이다.

종합 예제 **ABC와 전통적 원가계산 비교**

홍익슈퍼마켓에서는 매장확장을 고려하고 있다. 어떤 상품라인을 확대하고 축소할 것인지를 파악하기 위해, 상품들을 음료, 청과물, 포장식품으로 3분류하여 각 상품라인별 작년 2019년 한 해 동안의 자료를 다음과 같이 분석하였다.

	음 료	청과물	포장식품	합 계
매출액	₩320,000	₩840,000	₩500,000	₩1,660,000
매출원가	₩240,000	₩600,000	₩360,000	₩1,200,000
공병회수 비용	₩4,000	₩0	₩0	₩4,000
구매주문 횟수	150건	350건	150건	650건
상품 배달	100건	720건	180건	1,000건
창고적재 및 진열에 소요된 시간	220시간	2,200시간	1,080시간	3,500시간
판매된 품목(개수)	50,000개	441,000개	114,000개	605,000개

추가적으로 2019년 매출원가외의 슈퍼마켓 지원원가를 활동별로 집계한 자료는 다음과 같다.

활 동	활동내용	총원가	원가동인
1. 공병회수	공병회수	₩4,000	음료라인에 직접추적
2. 주 문	구매주문	65,000	650 구매주문 건수
3. 배 달	상품배달	100,000	1,000 배달건수
4. 진 열	상품진열 및 창고적재	70,000	3,500시간(소요시간)
5. 고객지원	계산 및 상품포장 서비스	121,000	605,000개(품목 수)
합 계		**₩360,000**	

〈요구사항〉

1. 홍익슈퍼마켓 지원원가(매출원가를 제외한 모든 원가)를 매출원가 기준으로 상품라인에 배부할 경우, 각 상품라인별 영업이익과 영업이익률을 계산하시오.
2. 홍익슈퍼마켓 지원원가를 ABC방식으로 상품라인에 배부할 경우, 각 상품라인별 영업이익과 영업이익률을 계산하시오.
3. 홍익슈퍼마켓의 사장 입장에서 어떤 원가정보를 신뢰할 것인가? 또한, 수익성을 개선하기 위한 매장확장 방안을 생각해 보시오.

<자료: HDF, 2006, pp. 153~155>

풀 이

1. 단일배부기준(매출원가)

지원원가 배부율 = ₩360,000 ÷ ₩1,200,000 = 30%

	음 료	청과물	포장식품	합 계
①매출액	₩320,000	₩840,000	₩500,000	₩1,660,000
②매출원가	240,000	600,000	360,000	1,200,000
③지원원가 배부액 (=② × 0.3)	72,000	180,000	108,000	360,000
④총원가(=②+③)	**₩312,000**	**₩780,000**	**₩468,000**	**₩1,560,000**
⑤영업이익(=①-④)	₩8,000	₩60,000	₩32,000	₩100,000
⑥영업이익률(=⑤÷①)	2.5%	7.14%	6.4%	6.02%

2. ABC

공병회수 원가 ₩4,000은 음료라인의 직접원가이다. 따라서 활동원가별로 집계하여 제품라인에 배부해야 할 활동은 주문, 배달, 진열, 고객지원 4가지이다.

활 동	원가수준	총원가	원가동인	배부율
1. 주 문	배치	₩65,000	650 구매주문 건수	100/건수
2. 배 달	배치	100,000	1,000 배달건수	100/건수
3. 진 열	단위	70,000	3,500시간(소요시간)	20/시간
4. 고객지원	단위	121,000	605,000개(품목 수)	0.2/개수
합 계		**₩356,000**		

	음 료	청과물	포장식품	합 계
①매출액	₩320,000	₩840,000	₩500,000	₩1,660,000
②매출원가	240,000	600,000	360,000	1,200,000
③공병회수비용	4,000	0	0	4,000
④주문활동원가	100×150건 =15,000	100×350건 =35,000	100×150 =15,000	65,000
⑤배달활동원가	100×100건 =10,000	100×720 =72,000	100×180 =18,000	100,000
⑥진열활동원가	20×220시간 =4,400	20×2,200시간 =44,000	20×1,080시간 =21,600	70,000
⑦고객지원원가	0.2×50,000개 =10,000	0.2×441,000개 =88,200	0.2×114,000개 =22,800	121,000
⑧총원가	**₩283,400**	**₩839,200**	**₩437,400**	**₩1,560,000**
⑨영업이익	₩36,600	₩800	₩62,600	₩100,000
⑩영업이익률	11.44%	0.1%	12.52%	6.02%

3. 단일배부기준방법에 의한 상품라인별 수익성 분석결과는 청과물 7.14%, 포장식품 6.4%, 음료 2.5% 순이다. 반면, ABC에 의하면 포장식품 12.52%, 음료 11.44%, 청과물 0.1%로 나타났다. 슈퍼마켓지원 활동원가를 인과관계에 의해 배부한 ABC 정보가 더 신뢰할 만하다고 생각할 때 청과물의 수익성 분석결과가 상반되게 나온 이유는 무엇일까? 청과물의 경우 다른 상품라인보다 빈번한 주문과 배달활동이 요구되었고, 진열에 많은 시간이 소요되었기 때문이다.
   요컨대, 홍익슈퍼마켓의 경우 매장을 확대할 경우, 수익성이 높은 포장식품과 음료라인의 비중을 더 크게 하는 방향으로 진행하는 것이 바람직할 것이다.

부록 Time-Driven ABC

전통적인 ABC의 (이론적 흠결이 아니라 **실무 적용**상의) 주된 단점은 조직별 활동 수가 너무 많고 이들 활동동인 파악 목적으로 실시하는 구성원 대상의 인터뷰와 설문조사에 지나치게 많은 시간과 노력이 소요된다는 점 그리고 이들로부터 구한 활동 측정치의 오류 가능성이 꼽힌다. 또한 프로세스 변경 등으로 ABC시스템을 변경(update)하는 경우에도 상당한 비용이 소요되고 유휴캐패시티(설비능력)의 식별이 간과된다는 점도 문제점으로 지적된다.

이러한 단점을 보완하기 위해 Kaplan 교수가 Anderson과 함께 제시한 모형이 Time-Driven ABC(시간기준 ABC: 이하, TDABC)이다. TDABC는 기본적인 원가동인으로 '시간'을 사용한다. 즉, 제품, 서비스 및 주문 등 최종 원가대상에 원가를 부과할 때 시간을 사용하여 부과한다. 또한 원가 구조가 바뀌거나 기존 활동(가령, 셋업)의 세분화가 필요한 경우 기존 ABC에서처럼 구성원을 대상으로 인터뷰나 설문조사를 추가로 실시하는 대신에 관리자 또는 실무자의 예측을 이용하거나 ERP(전사적 자원관리시스템)를 비롯한 기존 시스템 자료를 통해 활동별 소비시간을 측정한다는 것을 장점으로 꼽힌다. 요컨대 (뒤에서 설명할) 시간방정식을 이용해 손쉽게 업데이트할 수 있는 새로운 원가계산 방법이다(<표 7A.2>의 ABC와 TDABC 비교 참조).

> **TIP!**
> **거래동인 vs 시간동인**
> 원가동인은 셋업 횟수, 자재이동 건수 등과 같은 **거래동인**(transaction cost driver), 셋업시간이나 제조주기 등의 **시간동인**(duration driver) 그리고 **강도동인**(intensity driver)으로 분류된다. 시간과 노력 차이에 대한 고려를 배제한 **거래동인**은 이용하기 용이하다는 장점을 갖지만 반면에 정확성이 떨어지는 단점이 있다.

구체적인 수치 예를 들어 설명해 보자. 만약 사무실에서 발생되는 활동을 (1) 고객주문처리활동, (2) 고객문의 상담활동, (3) 결재처리의 3가지로 구분할 경우 전통적 ABC시스템에서는 원가동인별 배부율을 다음 <표 7A.1>처럼 계산한다.

표 7A.1 전통적 ABC의 원가동인 배부율 계산

활동①	소요시간비중②	집계원가③	원가동인④	원가배부율 ⑤ = ③÷④
(1) 고객주문처리	60%	₩90,000	10,500건	₩8.57/건
(2) 고객문의상담	10%	15,000	450건	33.33/건
(3) 결재처리	30%	45,000	900개 청구서	50/개
합 계	100%	₩150,000		

참고로 <표 7A.1>에서 세 가지 활동의 상대적 소요시간 비중(60%, 30%, 10%)은 구성원의 인터뷰 혹은 설문조사를 통해 구한 수치이다. 물론 이 수치는 유휴커패서티(unused capacity)를 고려하지 않은 수치인 셈이다. 따라서 만약 고객 갑(甲)을 위해 수행된 지원활동이 주문처리 20건, 문의상담 3건, 결재용 청구서가 2개라고 가정할 경우 고객 갑에게 총부과될 원가는

₩8.57 × 20 + ₩3.33 × 3 + ₩50 × 2 = ₩281.4이다.

TDABC의 핵심 구조 및 계산 절차

위에서 설명한 것처럼 ABC는 활동을 원가집계 대상으로 삼아 활동원가를 구한 후 활동동인 수로 나누어 구한 활동동인 단위당 원가율에 동 활동을 소요한 원가대상의 활동량에 곱하여 최종원가를 계산한다. 이에 반해 TDABC는 활동원가계산을 생략하여 그만큼 단순하다. 아래에서 이를 보다 자세히 설명한다.

TDABC에서 자원원가를 원가대상에 직접 부과하기 위해서는 먼저 부서(또는 프로세스)에 공급되는 모든 자원원가(cost of capacity provided)를 파악하고 동 원가를 해당 부서(또는 프로세스)의 노동시간이나 기계시간과 같은 시간측정치로 표현되는 커패서티로 나누어 커패서티 단위당 원가율(cost of capacity rate), 즉 단위 시간당 배부율을 산출한다. 여기서 커패서티 공급원가란 부가가치 창출을 위해 한 부서 또는 프로세스에 공급되는 모든 자원의 투입으로 인해 발생하는 원가를 지칭한다. <표 7A.1>에서의 ₩150,000이 그것이다.

커패서티 단위당 원가율이 확정되면 최종적으로 시간방정식 모델(식 7A.1 참조)을 구축하는데 이 과정에서 부서별 작업 및 업무프로세스를 확정하여 최종원가대상(가령, 생산제품)의 실제원가와 미사용 커패서티(유휴조업도)에 의한 유휴원가가 산출될 수 있도록 한다.

$$\text{프로세스 시간(process time)} = \beta_0 + \beta_1 X_1 + \beta_2 X_2 + \beta_3 X_3 + \ldots\ldots + \beta_i X_i \qquad (7A.1)$$

β_0 : 한 프로세스에서 기본적 활동에 필요한 표준시간

β_i : 추가되는 활동 i에 대한 소요시간

X_i : 추가되는 활동 i의 횟수

두 번째 단계에서는 원가대상이 소요한 시간동인 수치에 커패서티 단위당 원가율을 곱하여 원가대상에 부과할 금액을 계산한다. 구체적인 수치를 이용하여 설명해 보자. <표 7A.1>에서처럼 월간 사무실 비용이 ₩150,000이고, 사무직원의 업무시간이 총 250,000분이라면, 시간기준배부율은 ₩150,000/250,000분 = **₩0.6/분**이 된다. 그리고 사전에 사무실 관리자가 각 활동별 표준 소요시간을 각각 15분/건, 50분/건, 70분/개로 파악했을 경우 각 지원별 활동건수에 표준소요시간을 곱해 <표 7A.2>처럼 총소요시간이 계산되고 여기에 시간기준배부율을 곱하면 각 지원활동별 총원가가 산정된다. 참고로, TDABC에서는 월간 미사용시간(유휴커패서티)의 ₩4,200은 원가대상에 배부되지 않고 기간비용처리한다. 만약 **고객 갑**을 위해 수행된 지원활동 원가를 TDABC에서 계산한다면 고객 갑에게 부과될 원가는 고객 갑을 위해 투입된 총소요시간에 시간당 원가를 곱하여

590분(= 20 × 15분 + 3 × 50분 + 2 × 70분) × **₩0.6/분** = **₩354**이다.

이 수치는 전통적 ABC 수치와 다소 차이를 보인다. 요컨대 TDABC는 특정 활동에 필요한 소요시간과 단위시간당 원가동인율 두 추정치(즉, 파라메타)만으로 자원원가를 최종 원가대상(가령, 제품이나 고객)에 부과하는 형태로 구조화되어 있다.

표 7A.2 TDABC의 활동원가계산

활동①	원가동인②	활동별 표준소요시간③	총소요시간 ④ = ②×③	시간기준 배부율 ⑤ = ③×0.6	총배부액 ⑥ = ②×⑤
(1) 고객주문처리	10,500건	15분/건	157,500분	₩9	₩94,500
(2) 고객문의상담	450건	50분/건	2,500분	₩30	₩13,500
(3) 결재처리	900개 청구서	70분/개	63,000분	₩42	₩37,800
총소요시간			243,000분		₩145,800
총가용가능시간			250,000분		₩150,000
미사용시간			**7,000분**		₩4,200

또한 TDABC는 업무 중 불가피하게 발생하는 업무외적 소요시간을 고려할 수 있도록 이상조업도(즉, 100% 가동 전제)가 아닌 실질조업도(practical capacity: 일명, 현실적 조업도)[1)]를 적용하여 단위시간당 원가동인율을 계산하고 이를 토대로 원가계산을 행한다. 실질조업도란 자원의 투입에 의하여 부가가치를 창출할 수 있는 실

표 7A.3 ABC와 TDABC의 비교

핵심 이슈	(전통적) ABC	TDABC
핵심 구조	• 자원 → 활동원가 → 원가 대상 관계를 이용한 인과관계의 강조	• 부문비용을 프로세스를 매개로 삼아 원가대상에 부과
	• 단위, 배치, 제품, 설비 수준의 4단계 원가계층 구조를 이용	• 시간방정식(time equation)을 이용하여 복잡성을 원가추정에 반영
주된 장점 및 정확성	• 활동의 세분화 정도에 따라 정보의 정확성 제고(원가 vs 효익 분석)	• 시간측정을 이용한 단순 모델링 + ERP와의 연계를 통한 자료 확보
	• 고객 수익성 분석 등이 가능	• 인터뷰 및 서베이 불필요
미사용 커패서티의 식별 및 관리	• 초기에는 관심이 낮았지만 후반기에는 ABM과 연계하여 중요성을 강조	• 실질 커패서티의 활용을 공식적으로 강조함
	• MeNair(1998) 및 CAM-I 모델이 대표적	• 미사용 커패서티 식별 및 관리를 핵심 장점 영역으로 강조
시스템의 유지 및 보수, 업데이트	• 활동의 추가 및 관련 원가동인의 선정 등 자료 수집 및 업데이트가 보완된 데이터베이스 용량 확보가 관건임	• 시간방정식의 보완을 통한 업데이트가 용이함
		• ERP 시스템과의 연동이 장점

제 능력으로서 제조업에서 의미하는 생산능력뿐만 아니라 영업활동, 연구활동 등 비제조부문의 능력도 포함한다. 불가피한 작업중단에 따른 조업도의 감소를 고려하는 실질조업도를 토대로 산정된 원가동인율은 그만큼 현실성을 갖는다.

실질조업도는 각 부서가 희소자원별로 사용가능한 총시간을 말하며 실제활동에 의해 발생한 프로세스 시간을 제외한 나머지가 미사용(즉, 유휴)시간이 된다. 유휴시간 때문에 유휴원가가 발생하며 제품별 원가계산에서는 유휴원가를 제외한 실제 프로세스 시간에 의한 원가만을 반영하게 된다. 만약 프로세스 시간이 실질조업도와 동일할 경우 유휴조업도는 발생하지 않는다.

TDABC에 의한 모형 업데이트

TDABC에서 활동별 표준소요시간은 매일매일 수행하는 업무의 특성(난이도)을 반영한 원가방정식을 사전에 모델링하여 구한다. 즉, 원가방정식에 'if-then' 조건항목이나 추가변수 등으로 원가방정식을 세우거나 수정할 수 있다. 이를테면 고객주문처리 활동원가를 계산시 신규고객의 경우 표준시간에 3분을 더 가산하고 물류활

1) 일부 논문은 실제조업도로 번역하는데 '현실적인'이라는 의미의 practical은 실질로 번역하고 예정조업도와 대비되는 actual capacity는 실제조업도로 번역하여 구분하는 것이 옳다.

동의 경우 포장 유무 및 창고에서의 운반 유형(박스 형태 vs 팔렛 형태) 그리고 운송 차량의 유형(소형 트럭 vs 트레일러)로 하는 경우 각각 소요 시간을 달리 적용하는 것이 그것이다. 가령, 보험회사에서의 업무처리 프로세스의 시간 방정식을 예로 들면, 기존 고객의 경우 20분의 시간 단축이 그리고 감독자 승인 불필요한 경우 15분이 절약되는 것을 식 (7A.2)에서 알 수 있다.

$$\text{보험처리} = 20 \times (\text{신규 고객}) + 5 \times (\text{서류 복사}) + 12 \times (\text{자료수집}) + 20 \times (\text{문서 확인 및 검증}) + 15 \times (\text{감독자 승인}) + 5 \times (\text{자료 입력}) \quad (7A.2)$$

과연 TDABC는 전통적 ABC와 전혀 다른 새로운 모델인가?

초창기 ABC시스템은 생산가동횟수, 셋업횟수, 선적, 구매 주문 및 고객 주문 건수 등과 같은 다수의 거래동인들을 사용했었다. 그러나 각 활동에 소요된 자원의 양이 상이할 경우(1회 셋업당 소요 인력이나 시간이 상이할 경우) 복잡성 고려 차원에서 ABC시스템에 활동별 소요시간을 측정하는 '시간동인'[2] 개념을 도입해야 한다고 주장한다. 예를 들어, 특정 장비의 셋업활동이 다른 장비에 비해 까다롭고 복잡한 경우 또는 일부 유형의 고객 주문이 다른 일반적인 주문보다 더 많은 시간과 노력을 필요로 하는 경우에는 이들 차이를 시간적 차원에서 감안해야 한다는 것이다. 대표적인 시간동인의 예로는 직접노동시간과 기계운전시간, 셋업시간, 원자재처리시간 등이 꼽힌다. 시간동인을 사용할 경우 거래동인을 사용할 때에 비해 보다 정확한 원가정보를 제공하지만 그만큼 측정에 더 많은 비용이 소요되는 단점을 갖는다. 따라서 중요성의 관점상 거래동인을 사용하는 것이다. 그러나 시간 측면이 중요한 경우에는 이를 활용할 필요가 있으며 TDABC의 원가방정식은 이를 해결하는데 매우 효과적이다. 시간동인 개념이 이미 존재했음을 감안할 때 TDABC는 (업데이트 및 유휴조업도 식별 등 현실적 문제를 해결하기 위한 차원에서) 시간동인을 보다 집중적으로 활용하는 ABC의 변형 모델이라고 생각하면 될 것이다.

<자료 : 신홍철(2015), Szychta(2010) 참조>

---

2) 원래는 **duration driver**로 소개되었으나 추후 TDABC에서 **time driver**로 사용되기 시작하였음.

요 약

1. 제품과 고객은 활동을 소비하고, 활동은 자원을 소비한다는 가정하에 **ABC**는 인과관계에 기초한 원가배분을 강조한다. 특히 제조간접비를 단일배부기준(수량중심)으로 원가대상에 배부하였던 전통적 원가계산의 문제점을 해결하는 방안으로 대두되었다. ABC는 장기적 관점에 거의 모든 원가를 변동비로 간주하고, 제조간접비를 **단위수준, 배치수준, 제품수준, 설비수준** 등의 4단계로 구분하여, 수준별 적합한 원가동인을 파악하도록 한다.
2. 활동분석과 원가동인을 식별하고 동질적인 활동원가풀을 관리하다 보면, 제품 및 고객별 **수익성 분석**뿐만 아니라 불필요한 활동을 줄이는 **ABM**으로 이어져 전략적 원가관리를 가능하게 한다.

핵심 용어

- ABC
- 원가동인
- 단위수준원가
- 배치수준원가
- 제품수준원가
- 설비수준원가
- 활동원가풀
- 활동원가배부율
- 활동기준원가관리(ABM)
- 활동측정치

Reading materials

원가회계 전문가되기
http://cafe.naver.com/newcosting.cafe

"초코파이보다 껌이 효자라니…" (키워드: ABC, 원가항목, 제품별/공정별/라인별 원가) 동아일보, 2002.05.29.

많이 팔아도 수익이 별로?…'숨어 있는 원가' 찾아라. (키워드: 이익기반, TDABC) 한국경제, 2013.03.07.

"명성황후 장례비 100만 달러… 언덕배기는 촛불로 타올랐다" (키워드: 활동기준계산, 활동, 기능별원가계산) 동아일보, 2016.12.19.

단답식 개념문제

01. 여러 제품에 공통적으로 발생하는 간접비를 생산수량이나 직접노동시간 등과 같은 단일수량기준으로 배분할 경우, 자칫 소량품에는 실제보다 적은 간접비를, 대량품에는 실제보다 더 큰 간접비를 배분하게 되는데, 이러한 문제를 간접비 배분의 □□이라고 한다.

02. "모든 원가는 스스로 발생하는 것이 아니라 무엇인가에 의해 야기된다"라는 인식하에 원가를 발생시키는 장본인을 □□□□(cost driver)이라고 한다.

03. ABC에서는 원가의 계층구조를 단위수준원가, □□수준원가, □□수준원가, 설비수준원가로 4분류한다.

> **TIP!** 종종 '수준'이라는 용어 대신에 '기준'이라는 용어로 번역되기도 한다. 가령, 단위기준이 그것이다.

04. 교수의 강의 준비와 관련된 자원소비를 묻는 질문은 "*How many hours do you teach?*(몇 시간 강의하나요?)"보다 "*How many preps do you have?*(몇 과목 가르치나요?)"로 묻는 것이 바람직하다는 지적을 ABC의 4단계 계층구조와 관련해 분석하면 전자는 □□수준을 그리고 후자(두 번째 질문)는 □□수준 유형에 해당한다.

[문1] 원가동인을 정의하고 적절한 예를 특정 상황과 결부하여 답하시오.

[문2] 활동기준원가계산(ABC)은 기존의 전통적인 개별원가계산시스템과 어떻게 차이나는지를 설명하시오.

[문3] ABC에 의한 4단계 원가계층구조를 적당한 예와 함께 설명하시오.

[문4] ABC가 대두된 배경은 전통적인 원가계산이 어떠한 문제점을 가졌기 때문인가? 이를 간략히 답하시오.

[문5] 경영자들이 제품원가의 과대 혹은 과소계산을 걱정해야 하는 이유는 무엇인가?

[문6] ABC방식과 기존의 전통적인 작업별 원가계산이 차이나는 점은 무엇인가?

[문7] ABC에서 이용될 원가집합의 수를 결정하는 데 원가집합의 동질성이 어떤 역할을 수행하는가?

[문8] "ABC는 기업들로 하여금 원가배분에서 해방시키는 장점을 갖는다"라는 주장에 동의하는가?

[문9] 조업도(가령, 직접노무비나 노동시간)에 기초한 전통적인 원가계산은 ABC에 비해 단순대량품에 제조간접비를 과대계상하는가 아니면 과소계상하는가?

[문10] "업종이나 조직규모에 상관없이 ABC는 항시 전통적 원가계산방식보다 우월하다"라는 주장에 대한 귀하의 코멘트는?

[문11] ABC가 ABM으로 확대될 수 있음은 기업경영 '활동' 중 어떠한 활동들에 초점을 맞추기 때문인가?

[문12] ABC를 도입함으로써 기대되는 대표적인 성과향상 분야로는 어떤 것들이 있는가?

연습문제

객관식

[문1] 활동기준원가계산에 관한 다음 설명 중 올바르지 않은 것은? (★★)

① 표준원가계산제도와 같이 사전원가계산 제도이다.

② 제조간접원가에는 생산량 이외의 다른 원가 동인에 의하여 발생하는 원가가 많이 포함되어 있다.

③ 각 활동별로 인과관계를 추적하여 원가를 배분하므로 제품원가가 정확하게 계산되며 이를 토대로 경영자가 제품수익성에 대한 올바른 의사결정을 할 수 있다.

④ 기업이 수행하는 수많은 활동을 정의하고 구분하기 위한 명확한 기준이 현재까지 정립되어 있지 않은 점이 활동기준원가계산제도의 단점으로 볼 수 있다.

⑤ 활동이 자원을 소비하고 제품이 활동을 소비한다.

[문2] 다음 중 〈활동원가계층구조 분류－해당 원가의 예－원가동인〉의 조합으로 틀린 것은? (★)

① 단위수준 활동원가 － 기계동력원가 － 기계작동시간

② 제품유지 활동원가 － 제품설계원가 － 제품의 종류 수

③ 배치(batch)수준 활동원가 － 전수검사원가 － 검사횟수

④ 단위수준 활동원가 － 소모품원가 － 제품의 생산량

⑤ 배치(batch)수준 활동원가 － 자재이동원가 － 자재이동횟수

[문3] 활동기준원가계산(Activity Based Costing)시스템은 조업도기준원가계산(Volume Based Costing)시스템에 비하여 보다 정확한 제품원가를 제공할 수 있다. 다음 중에서 활동기준원가계산시스템을 도입함에 따라서 그 효과를 크게 볼 수 있는 기업의 일반적 특성에 해당되지 않는 것은? (★)

① 생산과정에 거액의 간접비가 발생하는 경우

② 제품, 고객 및 생산공정이 매우 복잡하고 다양한 경우

③ 회사가 치열한 가격경쟁에 직면한 경우

④ 제품의 제조원가와 마케팅원가에 대해서 생산작업자와 회계담당자 사이에 심각한 견해차이가 있는 경우

⑤ 생산과 판매에 자신 있는 제품의 이익은 높고 생산과 판매에 자신 없는 제품의 이익이 낮은 경우

[문4] 다음 중 활동기준원가계산이 추구하는 목적과 가장 거리가 먼 것은? (★★)

① 다양한 원가유발요인(cost driver)을 인식하여 적정한 가격결정에 이용한다.
② 정확한 제품원가를 계산하고자 한다.
③ 제품별 또는 고객별로 보다 정확한 원가분석을 할 수 있다.
④ 직접재료비 외에는 고정원가로 처리하고자 한다.
⑤ 제품별 또는 부문별 성과평가를 신뢰성 있게 할 수 있다.

[문5] 다음 네 가지 보기 중 배치(batch) 수준 활동의 예만을 제대로 모은 것은? (★)

a. 기계 준비(setup)	b. 자재 이동
c. 설비보험(equipment insurance)	d. 설비 감가상각

① a ② b ③ c ④ a, b ⑤ a, c

[문6] 활동기준원가계산(ABC)에 관한 설명으로 옳지 않은 것은? (★★)

① 간접원가의 비중이 높을수록 ABC의 도입효과가 크다
② 일반적으로 전통적인 간접원가 배부방법에 비해 다양한 배부기준이 이용된다.
③ 판매관리비에는 ABC를 적용하지 않는다.
④ 전통적인 간접원가 배부방법에 비해 인과관계를 반영하는 배부기준을 찾아내는데 많은 노력을 기울인다.
⑤ 조업도 수준의 변화나 제품 수 변화, 프로세스 변경 등으로 인해 ABC시스템을 업데이트하는데 너무 많은 시간과 노력이 든다.

(세무사 2017 1차, 수정)

[문7] 홍익㈜은 갑, 을의 두 가지 제품을 생산하고 있다. 갑 제품의 연간 생산 및 판매량은 5,000단위이고 을 제품은 3,000단위이다. 홍익㈜은 세 가지의 활동을 수행하고 있으며 이에 관한 정보는 다음과 같다. 활동기준원가계산 방법에 의한 갑 제품의 단위당 제조간접비는 얼마인가? (★)

활동집합	제조간접비	원가동인의 수	
		갑 제품	을 제품
검 사	₩30,000	100	400
이 동	₩37,000	800	200
포 장	₩91,200	800	3,000

① ₩24 ② ₩37 ③ ₩10.96 ④ ₩19.78 ⑤ ₩18.27

[문8] 상수기업은 활동기준원가계산을 사용하며, 제조과정은 다음의 3가지 활동으로 구분된다.

활 동	원가동인	연간 원가동인 수	연간 가공원가 총액
세 척	재료부피	300,000리터	₩900,000
압 축	압착기계시간	50,000시간	₩1,000,000
분 쇄	분쇄기계시간	21,000시간	₩1,050,000

분쇄활동의 원가 중 ₩504,000은 고정원가이다. X제품 한 단위당 재료부피는 20리터, 압착기계시간은 30시간, 분쇄기계시간은 10시간이다. X제품의 단위당 판매가격과 단위당 재료비는 각각 ₩2,000, ₩500이면 제품의 단위당 제조공헌이익은 얼마인가? 단위당 공헌이익 = 가격 − 변동비 식을 이용한다. (★★)

① ₩560 ② ₩540 ③ ₩580 ④ ₩340 ⑤ ₩360

※ 다음은 문제 [9~10]에 관련된 자료이다.

연구용 렌즈를 제조하는 ㈜홍익산업이 수립한 활동별 원가집계와 원가동인들은 다음과 같다.

활 동	제조간접비 예산	원가동인	예정원가 동인수	활동별 배부율
기계준비작업활동	₩300,000	준비횟수	100회	₩3,000/준비횟수
재료처리활동	20,000	원재료무게	10,000kg	₩1/kg
위험폐기물통제활동	50,000	위험폐기물무게	10,000kg	₩5/kg
품질관리활동	75,000	검사횟수	1,000회	₩75/검사
기타제조활동	200,000	기계시간	20,000시간	₩10/기계시간
합 계	645,000			

렌즈 1,000상자 주문에 대하여 다음과 같은 활동으로 생산하였다.

• 기계준비횟수	4회	• 원재료	10,000kg
• 위험폐기물	2,000kg	• 검사횟수	10회
• 기계시간	500시간	• 직접재료비	₩120,000
• 직접노무비	₩40,000		

[문9] 활동별 제조간접비 배부율을 적용하여 계산된 렌즈 1상자당 제조간접비는 얼마인가? (★)

① ₩20.30 ② ₩43.75 ③ ₩37.75 ④ ₩38.58 ⑤ ₩60.54

[문10] 기계시간에 근거한 단일의 예정제조간접비 배부율을 사용하여 주문된 렌즈 생산에 배부되어야 할 제조간접비는 얼마인가? (★)

① ₩16,125 ② ₩32,250 ③ ₩20,375 ④ ₩14,125 ⑤ 정답 없음

[문11] 홍익화원은 호텔과 다른 상점에 화환을 공급하는 전문업체이다. 회사는 활동원가시스템하에서 매년 인건비 ₩80,000, 기타비용 ₩50,000 등 총 ₩130,000의 제조간접비를 사용하는 것으로 나타났으며, 1년 동안 화환을 150개 만들었으며, 배달은 50회가 이루어졌다. 자원소비의 배분은 다음과 같다.

	화환제작	배 달	기 타	합 계
인 건 비	50%	40%	10%	100%
기타비용	55%	15%	30%	100%

활동원가시스템에 의한 화환제작의 개당 제조간접비와 배달의 회당 제조간접비는 얼마인가? (★★)

① 화환제작 ₩450 배달 ₩395 ② 화환제작 ₩450 배달 ₩790
③ 화환제작 ₩670 배달 ₩400 ④ 화환제작 ₩670 배달 ₩395
⑤ 화환제작 ₩130 배달 ₩790

[문12] 활동기준원가계산 (★★)

㈜국세는 활동기준원가계산 방법에 의하여 제품의 가공원가를 계산하고 있다. ㈜국세의 각 활동과 활동별 원가배부율은 다음과 같다.

활 동	원가동인	단위당 배부율
재료처리	부품수	₩ 10
기계작업	기계시간	120
조립작업	조립시간	75
검 사	검사시간	100

제품A 1단위를 제조하기 위해서는 부품 200개, 기계작업 10시간, 조립작업 20시간, 검사 5시간이 요구된다. ㈜국세는 50단위의 제품A를 단위당 ₩50,000에 판매하여 ₩1,500,000의 매출총이익을 달성하였다. 이 경우, 제품A의 단위당 직접재료비는 얼마인가? (단, 기초재고자산과 기말재고산은 없다고 가정한다.) (세무사 2012)

① ₩5,200 ② ₩14,800 ③ ₩15,250 ④ ₩20,000 ⑤ ₩30,000

[문13] 활동기준원가계산 (★★)

다음은 단일제품을 생산하여 판매하는 ㈜국세의 연간 활동원가 예산자료와 4월의 활동원가 자료이다.

– 연간 활동원가 예산자료

활 동	활동원가	원가동인	원가동인수량
재료이동	₩5,000,000	이동횟수	1,000회
성 형	3,000,000	제품생산량	24,000단위
도 색	1,500,000	직접노동시간	6,000시간
조 립	2,000,000	기계작업시간	2,000시간

– 4월 중에 생산한 제품의 활동원가 자료

제품생산량 : 2,000단위	직접노동시간 : 500시간
기계작업시간 : 200시간	

활동기준원가계산에 의할 경우, ㈜국세가 4월 중에 생산한 제품의 활동원가 금액은 ₩1,050,000으로 계산된다. ㈜국세가 4월 중 제품을 생산하는 과정에서 발생한 재료의 이동횟수는 얼마인가? (세무사 2011)

① 95회 ② 96회 ③ 97회 ④ 98회 ⑤ 99회

[문14] 전통적 원가계산 vs ABC 원가계산(Ⅰ) (★★)

㈜소정은 다양한 종류의 가구용품을 생산하고 있다. 과거에는 기계시간이라는 단일 배부기준을 적용하여 간접비를 배부하는 전통적인 방법을 사용하였으나 최근 들어 기계시간과 검사횟수 2가지를 기준으로 간접비를 배부하는 ABC시스템을 도입·활용하고 있다. 다음 자료는 ㈜소정의 2019년도 2가지 활동의 추정치와 간접비배부율이다.

올 3월에 처리한 작업 #305는 15기계시간과 2회의 검사가 필요했다. 만약 ABC 시스템 대신에 전통적 시스템을 따랐더라면 작업 #305에는 ABC 방식에 비해 얼마만큼 제조간접비가 과대 혹은 과소배부되었을까?

	활동의 추정치	기결정된 간접비배부율
기계시간	50,000시간	기계시간당 ₩8
검사횟수	3,000회	검사1회당 ₩40

① ₩120 과대배부 ② ₩80 과대배부 ③ ₩80 과소배부
④ ₩44 과대배부 ⑤ ₩44 과소배부

[문15] 전통적 원가계산 vs ABC 원가계산(Ⅱ) (★★)

㈜홍익은 다양한 종류의 가구용품을 생산하고 있다. 과거에는 기계시간이라는 단일 배부기준을 적용하여 간접비를 배부하는 전통적인 방법을 사용하였으나 최근 들어 셋업횟수와 검사시간 2가지를 기준으로 간접비를 배부하는 ABC시스템을 도입·활용하고 있다. 다음 자료는 ㈜홍익의 2019년도 10월 2가지 활동 수치와 각 활동별 단위당 간접비배부율이다.

	활동의 추정치	단위당 배부율
셋업횟수	200회	₩150
검사시간	1,000시간	₩20

2019년도 10월에 처리한 작업 #123은 총 50기계시간과 40회의 셋업 그리고 일정 시간의 검사를 필요로 했다. ABC시스템에 따른 작업 #123의 제조간접비 배부액을 (기계시간에 기초한) 전통적 시스템하의 제조간접비 배부액과 비교한 결과, ₩2,000 과소배부로 판명되었더라면 #123은 과연 몇 시간의 검사를 소요했을까? ㈜홍익의 10월 총 가동시간은 500시간이었다.

① 40시간 ② 50시간 ③ 60시간 ④ 80시간 ⑤ 100시간

[문16] 고객주문+고객관계관리 (★★★)

상품매매기업인 ㈜한국유통이 활동기준원가계산을 적용하여 간접원가(overheads)를 고객별로 배부하기 위해, 20X1년초에 수집한 연간 예산자료는 다음과 같다.

(1) 연간 간접원가

간접원가항목	금 액
급 여	₩1,200,000
판 매 비	₩800,000
계	₩2,000,000

(2) 활동별 간접원가 배부비율

간접원가항목	활 동		계
	고객주문처리	고객관계관리	
급 여	20%	80%	100%
판 매 비	40%	60%	100%

(3) 활동별 원가동인과 연간 활동량

활 동	원가동인	활동량
고객주문처리	고객주문횟수	500회
고객관계관리	고객수	50명

㈜한국유통은 20X1년 중 주요 고객인 ㈜대한이 20회의 주문을 할 것으로 예상하고 있다. ㈜대한의 주문 1회당 예상되는 평균매출액은 ₩20,000이며, 매출원가는 매출액의 75%이다. 활동기준원가계산을 적용하여 간접원가를 고객별로 배부하는 경우, ㈜한국유통이 20X1년 중 ㈜대한으로부터 얻을 것으로 예상할 수 있는 이익은 얼마인가? 단, 매출원가를 제외한 어떠한 직접원가도 발생하지 않는다. (KICPA 2015 1차)

① ₩46,300 ② ₩48,800 ③ ₩50,400
④ ₩52,600 ⑤ ₩54,500

주관식

[문1] 전통적 원가와 ABC(Ⅰ) (★★)

㈜홍익은 다양한 종류의 가구용품을 생산하고 있다. 과거에는 기계시간이라는 단일 배부기준을 적용하여 간접비를 배부하는 전통적인 방법을 사용하였으나 최근 들어 기계시간과 검사횟수 2가지를 기준으로 간접비를 배부하는 ABC시스템을 도입 · 활용하고 있다. 다음 자료는 ㈜홍익의 2019년도 2가지 활동 수치와 각 활동별 간접비이다.

	활동의 추정치	간접비발생액
기계시간	4,000시간	₩200,000
검사횟수	300회	₩120,000

올 10월에 처리한 작업 #123는 100기계시간과 일정 회수(X)의 검사를 필요로 했다. 만약 ABC시스템 대신에 전통적 시스템을 따랐더라면 작업 #123에는 ABC 방식에 비해 ₩1,000만큼 제조간접비가 과대배부되었을 것이다. 이 경우 #123는 과연 몇 회의 검사를 필요로 했는가?

[문2] ABC하의 고객수익성 분석 (★★)

㈜와우의 영업팀은 활동원가에 근거하여 고객의 수익성을 평가한다. 당기에 주문처리와 고객관리를 위해 수행한 활동 및 원가 자료는 다음과 같다. 긴급주문 처리를 위해서는 통상적인 주문처리 원가에 추가하여 1회당 ₩100의 원가가 발생한다.

활동 및 원가항목	원가
주문처리	₩70/1회 주문
긴급주문 처리를 위한 추가원가	₩100/1회 긴급주문
고객상담	₩450/1회 상담
고객관계관리	₩80,000/고객 1인

상기 원가 이외에 매출원가는 매출액의 80%에 해당한다. 당기 중에 ㈜와우의 주요 고객인 A와 관련하여 매출액 ₩500,000, 주문처리 횟수 300회(이 중 70%는 긴급주문임), 고객상담 횟수 140회가 발생하였다. 고객관계관리는 모든 고객에게 공통으로 적용된다. 회사가 고객 A로부터 얻은 이익(혹은 손실)은 얼마인가?

<자료 : KICPA 2010 1차 수정>

[문3] 전통적 원가와 ABC(II) (★★)

홍익기업은 전통적인 2단계 원가배분방법을 사용하고 있다. 1단계에서는 모든 공정제조간접비는 기계시간을 기초로 제품생산부서 A, B에 배분된다. 2단계에서는 직접노동시간을 기준으로 간접비를 제품 Deluxe와 Regular에 배분한다. 2019년의 홍익기업의 총공장제조간접비는 ₩1,000,000이었다. 제품생산부서 A, B의 기계시간은 각각 4,000시간과 16,000시간이고 직접노동시간은 각각 20,000시간과 10,000시간이다.
다음은 2019년 1월의 제품 Deluxe와 Regular에 대한 자료이다.

	Deluxe	Regular
판매단위	200개	800개
직접재료비의 단위 원가	₩100	₩50
시간당 직접노동임률	₩25	₩20
부서 A의 단위당 직접노동시간	2시간	2시간
부서 B의 단위당 직접노동시간	1시간	1시간

홍익기업은 활동기준원가시스템의 실행을 고려하고 있다. 이에 따라 홍익기업의 관리회계담당자는 활동원가분석에 필요한 다음과 같은 자료를 수집하였다.

활 동	원가동인	간접비 배부율	원가동인 사용	
			Deluxe	Regular
1. 재료의 이동	생산가동수	₩20	150회	300회
2. 기계준비	준비수	800	25번	50번
3. 검 사	단위수	30	200개	800개
4. 선 적	선적수	20	50번	100번

〈요구사항〉

1. 전통적 원가계산방법으로 2제품에 대한 단위당 원가를 계산하시오.
2. 활동기준원가계산방법으로 2제품에 대한 단위당 원가를 계산하시오.

[문4] ABC와 전통적 원가계산의 차이 (★★)

홍익주식회사는 제품 X와 제품 Y의 두 가지 제품을 생산하고 있는 회사이다. 홍익주식회사는 제품 Y시장에서 독점력을 행사하고 있으며, 경쟁회사인 합정주식회사가 제품 Y를 포기하고 제품 X 생산을 시도하려고 하고 있다. 동사는 이사회를 열어 회사의 향후 방향에 대해 토의하였다. 다음은 토의의 주요 내용이다.

이 이사 : 다른 회사들은 제품 Y의 생산에 별로 관심을 보이지 않고, 제품 X의 경쟁만이 점차 치열해지고 있는 상태이다.

김 사장 : 제품 Y의 수익성이 높으므로 제품 Y의 생산에 주력하고 제품 X의 생산은 점차적으로 줄여나가야 회사의 이익이 늘어날 것이다.

이 이사 : 제품 Y의 수익성은 좋으나 회사의 매출액의 20%밖에 차지하고 있지 못하므로 제품 X의 생산을 늘려야 이익극대화가 실현될 것이다.

박 이사 : 어제 생산부장과 회식자리에서 들은 바에 의하면 제품 Y의 생산준비시간이 무척 많이 길어 애로사항이 많다.

관리이사 : 올해 들어 많은 작업이 새 기계의 도입으로 획기적으로 줄어들었다.

다음은 당기 제품 및 매출과 관련된 자료이다(이 자료는 전통적인 원가배부방식으로 노동시간비율로 간접비를 배부한 것이다).

구 분	제품 X	제품 Y
매출액	₩240,000	₩60,000
매출원가	180,000	35,000
판매비와 관리비	20,000	8,000
순이익	40,000	17,000
생산수량	3,000개	500개
단위당 노동시간	2시간	3시간

총제조간접비 발생액은 ₩120,000이다.

한편, 제품 X와 제품 Y에 관련된 각 활동 및 관련원가는 다음과 같다.

활 동	원가동인	활동원가	총동인수	제품 X의 건수	제품 Y의 건수
A	A의 처리건수	₩30,000	1,500	500	1,000
B	B의 처리건수	10,000	1,000	500	500
C	C의 처리건수	20,000	2,000	500	1,500
D	D의 처리건수	35,000	2,000	1,500	500
E	E의 처리건수	15,000	1,000	750	250
F	F의 처리건수	10,000	1,000	250	750

〈요구사항〉

1. 전통적 원가배부방식에 의한 제조간접비 배부율을 구하시오.
2. 직접노무비의 400%를 제조간접비로 배부하였다고 가정할 경우(원가차이는 발생하지 않았음) 각 제품의 단위당 직접재료비는?(매출원가는 직접재료비, 직접노무비, 제조간접비로만 구성된다.)
3. ABC하의 각 제품의 총제조원가와 단위당 제조원가는 얼마인가?
4. ABC하의 각 제품제조원가와 전통적 원가배부방식에 의한 각 제품의 제조원가가 다른 이유

는 무엇인가? 소요활동과 관련지어 설명하시오.

5. 제품 Y의 수익성에 대한 의문을 제기할 수 있는 근거를 각 토의참여자의 대화 내용에서 찾아내어 3가지를 기술하시오.
6. 위에서 활동별 원가의 동인을 처리건수로만 계산하고 있는데, 이의 타당성에 대해 논하시오.

<자료 : KICPA, 1999년 2차 기출문제 수정>

[문5] 조업도중심 원가계산 대 ABC (★★)

고품질의 꽃병 생산에 명성 있는 홍익도자기㈜는 여러 지역에 공장을 갖고 있는데 이 중 이천공장에서는 두 가지 유형의 꽃병을 생산한다. 하나는 고풍스러운 디자인을 띤 고려식 꽃병과 다른 하나는 세련된 감각을 가미한 현대식 꽃병이다.

홍익도자기㈜의 사장인 김유미는 최근 들어 원가계산방식을 기존의 조업도중심 원가계산시스템에서 활동기준원가계산(ABC)시스템으로 전환하기로 결정하였다. 김유미 사장은 기업 전체에 ABC를 적용하기에 앞서 이천공장에서 생산하는 제품원가에 대한 영향을 평가하기를 원하였다.

이천공장이 선택된 이유 중의 하나는 다른 대부분의 공장은 적어도 12가지가 넘는 유형의 꽃병을 생산하는 데 비해 이천공장은 단 두 가지 유형의 꽃병만을 생산하여 영향 평가가 비교적 용이하기 때문이다.

원가계산방식을 ABC로 전환하는 효과를 평가하기 위하여 다음과 같은 자료들이 수집되었다.

유 형	수 량	주요원가*	기계시간	재료처리(운반횟수)	셋업횟수
고려식	200,000	₩700,000	50,000	700,000	100
현대식	50,000	150,000	12,500	100,000	50
관련원가	–	₩850,000	₩250,000**	₩300,000	₩450,000

* 주요원가는 직접재료비와 직접노무비의 합계임.

** 기계유지비

현행 시스템하에서는 기계시간을 기준으로 기계유지비, 재료처리비 및 셋업원가를 각 꽃병에 부과한다.

〈요구사항〉

1. 현행 단위기준 접근법을 활용하여 각 꽃병의 단위당 원가를 계산하시오.
2. ABC 접근법을 활용하여 각 꽃병의 단위당 원가를 계산하시오.
3. 김유미 사장이 JIT(적시생산방식)를 도입하기로 결정했다고 가정하시오. 두 제조 셀(cell), 즉 고려식 셀과 현대식 셀이 만들어지고 각 셀에 추적가능한 제조간접비는 다음과 같다.

셀	유지비용	재료처리	셋 업	합 계
고려식	₩210,000	₩260,000	₩300,000	₩770,000
현대식	40,000	40,000	150,000	230,000

현행 시스템하의 산출물과 주요원가는 기존 시스템하에서와 동일한 수준이라고 가정하라. JIT 시스템하의 각 꽃병의 단위당 원가를 계산하시오. 계산된 원가금액이 ABC로 계산된 원가보다 더욱 정확한가를 설명하시오.

[문6] 원가동인 및 제품원가 왜곡(I) (★★)

㈜홍익박스는 다양한 의약품포장용 전문박스를 생산하고 있다. 동사의 안양공장은 특수박스 생산에 따른 몇몇 수작업공정이 필요하기 때문에 반자동화되어 있다. 다음 자료는 안양공장의 원가시스템과 관련된 자료이다.

활동원가집합	제조간접비	원가동인	원가동인 수준(예산)	제조간접비 배부율
구매, 보관, 재료처리	₩200,000	재료비	₩1,000,000	재료비의 20%
엔지니어링 및 제품디자인	100,000	디자인시간	5,000시간	₩20/시간
생산준비비용	70,000	가동횟수	1,000회	₩70/회
기계감가 및 유지	300,000	기계시간	100,000시간	₩3/시간
공장 감가상각비, 보험 및 세금	200,000	기계시간	100,000시간	₩2/시간
기타 제조간접비	150,000	기계시간	100,000시간	₩1.50/시간
합 계	₩1,020,000			

최근 홍익박스는 다음과 같은 두 가지 주문을 받았다.

	주문품 A(20,000단위)	주문품 B(10,000단위)
직접노동시간	42시간	21시간
재료비	₩40,000	₩35,000
디자인시간	10시간	25시간
가동횟수	2회	4회
기계시간	24시간	20시간

〈요구사항〉

1. 두 가지 주문품 A, B에 배부될 제조간접비를 계산하시오.
2. 개별 주문품의 박스당 제조간접비를 계산하시오.
3. 안양공장은 직접노동시간에 기초한 단일제조간접비 예정배부율을 사용한다. 예산직접노동시간은 4,000시간이라 가정하고 아래 사항에 답하시오.
   (1) 직접노동시간당 제조간접비 예정배부율을 계산하시오.
   (2) 주문품 A, B에 배부될 제조간접비를 계산하시오.

(3) 개별 주문품의 박스당 제조간접비를 계산하시오.

4. 두 가지 방법(ABC 대 단일배부율법)으로 계산한 박스당 제조간접비금액이 큰 차이를 보이는 이유를 설명하시오.

<자료 : Hilton, 1994, 제5장>

[문7] 원가동인 및 제품원가 왜곡(II) (★★)

경문출판사는 요리책 출판을 준비하고 있다. 이번 요리책은 두 개의 버전으로 출판될 예정이다. 즉, 저렴한 가격의 보급판과 가죽표지로 만든 양장본(고급판)으로 만들 것이다. 요리책의 품질(완성도나 인쇄품질)을 높이기 위해 새로운 인쇄기계와 편집교정인력이 추가로 투입되었다. 이와 관련하여 발생한 제조간접비는 ₩500,000이고, 그 중 ₩200,000은 새로운 인쇄기계의 감가상각비이고, ₩300,000은 편집교정인건비이다. 그 밖에 요리책 출판과 관련된 자료는 다음과 같다.

	보급판	고급판
매 출 액	₩1,600,000	₩1,400,000
직 접 원 가	₩1,250,000	₩600,000
생 산 량	500,000권	350,000권
기 계 시 간	42,500시간	7,500시간
편집교정횟수	2,500회	12,500회

〈요구사항〉

1. 적절한 원가동인을 사용하여 제조간접비 ₩500,000을 보급판과 고급판에 배부하시오.
2. 경문출판사가 과거에 사용한 단일배부기준(기계시간)으로 제조간접비를 배부하였다면, 보급판 출판을 중단했을 것이다. 과연 이와 같은 의사결정이 타당한지 여부를 설명하시오.

[문8] ABC 원가계산 : 구매 관련 원가배분 (★★)

홍익공업은 활동기준원가계산(ABC)을 이용하여 제품원가를 계산한다. 구매(purchase) 및 입고/검수(receiving) 두 부서(즉, 원가중심점)의 특정 기간 동안의 활동 및 원가는 다음과 같다.

1. 자재 및 부품 총구매액 : ₩22,500,000
2. 매 생산가동(run 즉, 셋업)시 4번의 구매주문이 소요됨.
3. 동 기간의 총구매횟수는 400(참고로 생산가동 수에 따라 구매주문은 늘어난다. 즉, 자주 생산하는 제품이 높은 주문비를 부담한다.)

원가중심점별 구매간접비

구매부서	₩1,000,000
입고/검수부서	1,500,000
	₩2,500,000

원가동인은 두 가지를 사용한다. 첫째, 구매부서원가는 구매주문횟수로 둘째, 입고/검수부 활동원가의 40%는 구매주문건수와 관련되고 나머지 60%는 구매자재의 구입가격에 좌우된다고 가정한다. 비싼 자재일수록 포장풀기와 검수에 시간과 노력이 더 소요되기 때문이다.

제품A 관련 원가는 다음과 같다.

1. 생산가동횟수 : 3
2. 총 생산수량 : 2,000개
3. 제품A를 위한 자재구매액 : ₩2,000,000

〈요구사항〉

1. 위 자료를 이용한 ABC에 의한 두 원가동인별 구매 관련 간접비 배부율을 계산하라.
   ₩_______ /구매주문횟수, ₩_______ /구매금액 ₩1당
2. ABC시스템하의 제품A의 단위당 구매 관련 간접원가를 계산하라.

[문9] TDABC vs ABC (★★)

㈜와우는 전통적 ABC를 사용하여 고객지원부서의 확정고정원가(committed cost) ₩800,000을 활동에 배분한다. ㈜와우가 확정원가를 배부하기 위해 부서에 근무하는 종업원을 대상으로 설문조사를 하여 다음과 같은 자료를 수집하였다.

활동	종업원의 투입시간 비율	원가동인 소비량 추정
고객주문취급	75%	8,000 주문 횟수
고객불만처리	10%	400 불만처리 횟수
고객신용분석	15%	450 신용분석 횟수
	100%	

〈요구사항〉

1. 위 자료를 이용하여 활동동인당 배부율을 계산하라.
2. ㈜와우가 ABC 대신에 TDABC를 사용하여 확정원가 ₩800,000을 활동에 배부한다고 가정하자. TDABC를 사용할 경우 활동별 원가동인당 배부율을 계산하라. 단, 다음의 활동단위당 시간정보를 이용하고, 실제적 조업도(작업시간)는 20,000시간으로 가정하라.

활동	활동단위당 시간
고객주문취급	0.75시간
고객불만처리	3.5시간
고객신용분석	5.0시간

3. 당기에 실제로 소비된 활동소비량은 문제에서 제시한 추정소비량과 동일하다고 가정하자 (8,000번의 고객주문, 400회의 불만처리, 그리고 450회의 고객신용분석). TDABC를 사용하여 세 가지 활동에 배부된 확정원가와 활동별 유휴생산능력원가를 계산하라.

4. ㈜와우의 핵심고객 중의 하나인 갑(甲)고객을 위한 지원부서의 활동이 80번의 고객주문, 100회의 불만처리, 그리고 60회의 고객신용분석으로 이루어졌다고 가정하고 ABC와 TDABC에 의한 갑(甲)고객에게 할당된 원가를 계산하라.

5. 다음 회계연도의 활동소비량이 다음과 같이 변화되었다고 가정하자: 8,500번의 고객주문, 350회의 불만처리, 그리고 500회의 고객신용분석. TDABC를 사용하여 세 가지 활동에 배부된 확정원가와 활동별 유휴생산능력원가를 계산하라.

<자료 : AKMY(2012), 5-25 일부 수정>

C O S T   A C C O U N T I N G

PART 03

원가정보의 활용 :
관리적 목적의 원가정보시스템

제3부에서는 원가정보의 활용 측면을 다룬다. 고정비와 변동비 구분에 기초한 단기의사결정 모델인 CVP를 배운다. **CVP분석**에서는 판매가격에서 변동비를 차감한 공헌이익이라는 개념을 중심으로 손익분기점 분석, 목표이익을 달성하기 위한 판매량, 세금효과를 고려한 CVP모델, 다제품의 경우 등 점차 복잡한 모델을 다룬다.

제9장에서는 사전적 원가계산의 대표적인 기법인 **표준원가계산**을 배운다. 표준원가계산은 한정된 자원을 효율적으로 활용하도록 원가통제와 성과평가에 사용되어 온 관리기법이다. 사전에 정한 표준원가와 실제원가를 비교하여 차이를 계산하고 그 차이 발생 원인을 분석하는 기법을 배운다.

제10장 **변동원가계산**에서는 조업도에 따라 단위당 고정제조간접비가 달라지는 전통적인 제품원가계산방식(전부원가계산)의 한계점을 지적한다. 전부원가계산과 변동원가계산의 차이점과 이익조정 방법을 학습하면서 단기의사결정 지원 및 경영관리목적에 변동원가계산이 어떻게 유용한지를 이해하게 된다.

08

CVP(원가－조업도－이익) 분석

Learning Objectives

1 CVP분석의 핵심개념을 이해
2 공헌이익의 개념과 특징을 이해
3 손익분기점 및 목표이익 달성을 위한 판매량 공식을 터득
4 안전한계 개념을 터득
5 CVP분석의 가정과 한계점에 대한 이해
6 복수제품을 가정한 CVP분석을 배움
7 현금손익분기점에 대한 이해
8 민감도분석의 개념과 분석절차를 이해

Intro

이 장에서는 관리회계의 대표적 모델인 **CVP모델**을 소개한다. 대표적인 **단기이익계획모델**인 CVP모델은 기업의 원가구조와 수익구조에 대한 분해와 종합을 토대로 기업의 수익성, 즉 **이익체질**을 파악하게 한다. 기본적으로 고정비와 변동비라는 원가분류체계를 기반으로 하는 CVP분석은 특별주문의 수락 여부 및 가격결정 등 다양한 의사결정에 활용된다.

기본적 CVP모델에 대한 이해를 토대로 좀 더 복잡한 모델을 이해하는 것이 중요하다. 즉, 단일모델에서 다제품으로 그리고 세금효과를 배제한 모델에서 세금효과를 고려한 경우로 확대하는 것이 그것이다. CVP분석에서는 판매가격에서 변동비를 차감한 **공헌이익**이라는 개념이 중요한 위치를 차지한다.

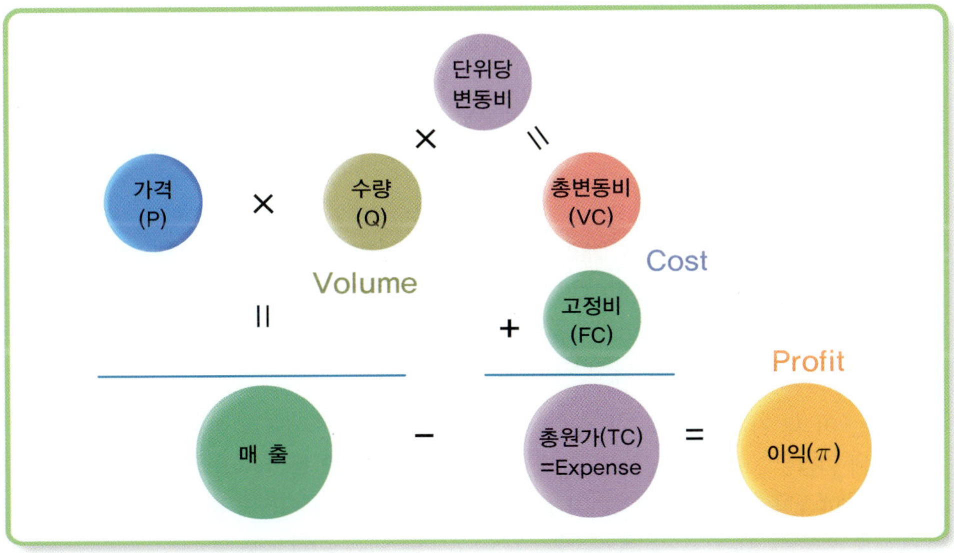

Storytelling

전북 전주에 가면 25가지 음식과 반찬까지 한 상차림이 단돈 2만원인 식당이 있다. 이 정도 양이면 4명이 충분히 먹을 수 있는 양이다. 많은 사람들이 "이러고도 남을까" 하고 고개를 갸웃거린다.

'족발 한 접시면 얼마고, 김치보쌈 원가가 얼마…'하고 계산해봤다. 하지만 업주들은 "그렇게 계산하면 머리만 아플 것"이라고 말한다.
오히려 사장은 "접시별로 원가계산을 하면 수지를 못 맞춘다"면서 "재료값과 하루 매출을 종합해 이윤이 얼마 남는지를 안다"고 말했다. 사장은 "많이 팔면 이윤은 남게 마련"이라면서 "우리는 박리다매인 만큼 하루 매출에 따라 손익여부가 달라진다"고 말했다.

결국 주인 입장에서는 가격경쟁력보다는 판매수량이 중요한 것이다. 수익성은 크지 않지만 많이 팔다보면 식당의 임차료 등 고정비를 회수할 수 있다는 이야기다.

다시 주인에게 물었다. "이 골목에는 이러한 한상차림집이 꽤 있는데 경쟁이 치열해지고 손님들의 취향이 바뀌어서 잘 찾지 않는다면 어떤 계획을 가지고 계신가요?"

"음, 그럴 때는 식당을 유지하기 위해서 지금 가격이 싸다고 하시면 가격을 올리거나 25가지 음식 수를 줄이거나 아니면, 미안하지만 식당 직원 몇 명을 내보내서 비용을 줄여야죠."

식당 주인이 이야기한 **세 가지 계획**은 비단 이 식당에만 적용되는 이야기가 아니라 일반적으로 적용 가능한 **단기의사결정계획**이다. 즉, 특정 이익을 유지하거나 달성하기 위해서는 (1) 가격(P)을 조정하는 방법과 (2) 재료비와 같은 변동비(VC)를 줄이는 방법 또한 (3) 인건비 등 고정비(FC)를 조정하는 방법이 있다.

문제는 이 세 가지 방법을 다 적용할 수는 없다는 것이다. 식당의 한상차림 가격을 올린다면 가격에 민감한 고객이 이탈할 수 있고, 25가지 음식 개수를 줄이거나 양을 줄인다면 그동안 많은 음식에 만족감을 느낀 고객이 이탈할 수 있다. 또한 식당 직원을 줄이거나 임차료가 저렴한 곳으로 식당을 옮겨 고정비를 줄이는 일도 고민해 봐야 한다.

따라서 최적의 의사결정을 하기 위한 분석이 필요한 것이다. 이러한 단기의사결정을 지원하는 방법이 바로 이번 장에서 이야기할 **CVP분석**이다.

제1절 CVP분석의 의의

1.1 CVP분석의 개요

우리는 제3장에서 원가를 변동가능성에 따라서 변동비(variable cost)와 고정비(fixed cost)로 구분할 수 있다는 점을 배웠다. 원가를 변동비와 고정비로 구분하는 원가행태별 분류 방식은 가장 오래된 것으로, 원가관리 및 가격결정 등 경영의사결정에 활용되고 있다. 여기서 **변동가능성**이란 조업도(volume)의 변화, 예를 들면 판매수량 또는 생산수량 등의 변화에 따라서 원가가 변화하는지를 의미한다.

변동비와 고정비의 분류를 근간으로 하는 일종의 의사결정 모델(관리회계모델)인 **CVP분석**은 기업에서 예산편성 및 손익분기점 분석 등 단기이익계획에 매우 유용하게 활용되고 있다. 조업도가 기업의 수익구조 및 원가구조(변동비 및 고정비의 비율)에 미치는 영향을 분석하는 CVP분석은 분석모형에서 기업의 원가, 조업도 및 이익 정보를 토대로 이루어지기 때문에 '원가(cost) – 조업도(volume) – 이익(profit) 분석' 또는 CVP분석이라 한다. 즉 CVP분석은 조업도, 원가구조, 판매가격의 변화에 따른 수익의 변화행태를 분석하면서 상호의 관계에 초점을 두는 단기적 의사결정(관리회계) 모델이다. 손익분기점 분석은 CVP분석의 대표적인 경우로 이익도 손실도 기록하지 않는 특수한 조업도 수준을 다룬다.

1.2 CVP분석의 기본가정과 한계

CVP분석을 위해서는 일정한 가정이 요구된다. CVP분석은 원래 단기이익계획이다. 따라서 복잡한 현실의 모든 여건적 상황을 모델에 반영할 수 없으며, 단순화된 가정을 전제로 분석을 수행한다. CVP모형은 비록 모든 현실적 상황을 반영하지는 못하지만 그래도 상당 부분 반영한 결과를 보여준다. 이하, 핵심적 기본가정을 소개한다.

① 고정비와 변동비 : 모든 원가는 고정비와 변동비로 구분된다. CVP모델은 원가행태를 근간으로 삼은 모델이다. 따라서 모든 원가는 고정비와 변동비로 구

분될 수 있다고 가정한다. 그러나 현실적으로 특정원가가 고정비에 해당되는지 또는 변동비 성격을 갖는지를 판단하기가 애매한 경우가 많다. 특히, 원가발생행태는 기업의 정책에 따라 바뀔 수 있을 뿐만 아니라 시간범위에 따라서도 바뀜을 유념해야 한다. CVP모델을 실제로 적용하기 위해서는 분석에 이용되는 관련원가항목의 원가범주(즉, 성격)에 관한 데이터베이스가 구축되어야 한다.

② 선형성(linearity) : 총수익곡선과 총원가곡선은 관련 범위 내에서 선형이다. 총수익곡선이 선형이라는 가정은 기업의 공급물량과 상관없이 단위당 가격은 일정하다는 완전경쟁시장을 가정하는 것을 말한다. 또한 선형의 총원가곡선은 투입요소(자재 및 인력 등)의 구매가격이나 생산성이 일정하여 단위당 변동비가 일정함을 의미한다.

③ 일정한 재고수준의 유지 : 생산량과 판매량은 일치한다. CVP모델에서 말하는 조업도란 판매수량을 의미한다. 따라서 생산량은 분석에서 제외된다. 보유재고의 처리상황에 따라 기간별 손익계산이 달라질 수 있음을 감안하여 기본적 CVP모델에서는 재고가 없거나 생산량과 판매량이 일치하여 재고수준의 변동이 없다고 가정한다.

④ 일정한 매출구성 : 복수제품의 매출구성은 일정하다. 기본적 CVP모델은 단일제품을 대상으로 마련한 것이다. 한편, 기본적 모델을 복수제품에 적용할 경우 이들 제품 간의 매출구성(sales mix: 판매믹스 혹은 제품믹스)이 일정하다고 가정한다. 현실적으로 매출구성은 경영정책 및 시장상황에 따라 수시로 바뀔 수 있음을 감안할 때 이러한 가정은 다소 무리이지만 복수제품에서 단 한 가지의 손익분기점 조업도의 산출을 위한 가정이다.

⑤ 화폐의 시간가치 무시 : CVP분석은 단기의사결정 모형으로 확실성의 가정하에 화폐의 시간적 가치를 무시한다.

CVP분석은 위에서 설명한 몇 가지 가정하에서 분석이 이루어지지만 현실적으로 이러한 가정들은 유지되기 쉽지 않다. 따라서 CVP분석의 기본적 가정은 곧 CVP분석의 한계라고 할 수 있다. 그럼에도 불구하고 단기간의 의사결정에는 매우 유용한 분석도구가 되고 있는데 그 이유는 뒤에서 설명할 민감도 분석으로 보완이 가능하기 때문이다.

1.3 핵심개념

CVP분석에 필수적으로 이용되는 핵심용어는 다음과 같다. 이들 용어는 CVP분석을 이해하는 데 중요하므로 각 용어의 정의 및 개념과 친해질 필요가 있다.

1. 조업도(volume)

CVP모델의 핵심변수인 조업도(volume)란 판매수량(sales volume)을 의미한다. 원래 조업도(操業度)란 의미는 생산시설능력(capacity)의 이용 정도를 의미하는 것으로 기계설비 등을 이용하여 제품을 생산하는 제조업체에 적합한 용어이다. 그러나 서비스업, 예를 들면 호텔이나 병원 등에서는 판매수량이란 용어의 사용이 부적합하기 때문에 모든 산업에서 보편적으로 사용할 수 있는 조업도란 용어가 사용된다. CVP분석은 생산된 생산량이 모두 판매된다고 가정하므로 생산량과 판매수량은 일치하며, 둘 다 조업도(volume)라고 표현하며 수량 또는 금액으로 표시한다.

> **TIP!**
> 병원이나 호텔에서는 조업도를 판매수량이 아닌 환자일수(patient days = 환자 × 일수) 또는 객실점유율 등과 같이 표시한다(〈표 8.1〉 참조).

2. 변동원가(variable cost)

변동원가(variable costs)란 조업도의 변동에 비례하여 총원가도 따라서 변동하는 원가를 의미한다. 제품생산량에 정비례하는 직접재료원가(DM), 직접노무원가(DL), 그리고 판매량에 비례하는 판매수수료 등이 대표적인 변동원가에 속한다. 단위당 변동원가는 조업도에 상관없이 일정한 것이 특징이다.

3. 고정원가(fixed cost)

고정원가(fixed costs)는 변동원가와 달리 조업도의 변동에 관계없이 총원가가 일정한 원가를 의미한다. 예를 들면 생산량과 무관하게 내용연수를 토대로 계산된 건물이나 기계장치에 대한 감가상각비, 보험료, 장기계약을 맺은 임차료 등이 대표적인 고정원가이다. 조업도와 관계없이 총고정원가(total fixed cost)는 일정하지만 단위당 고정원가(unit fixed cost)는 선형형태가 아니라 조업도의 증가에 반비례하여 곡선형태로 줄어든다.

표 8.1 업종별 대표적 조업도 측정치

Ⅰ. 제조업의 물량 단위 및 특징
- 석유화학 : Bbl(배럴) 1배럴(barrel) = 158.984ℓ
- 시멘트 : ton(톤)
- 반도체 : M-DRAM(메가 D-RAM) 환산량
- 자동차 : unit(대)
- 에너지 : BTU환산량(BTU equivalent)

Ⅱ. 서비스업종 및 기타
- 병 원 : 환자 × 일수(patient days)
- 비행사 : 좌석점유율 또는 승객마일수(passenger miles)
- 학 교 : 학생수 × 취득학점(student hours)
- 호 텔 : 객실점유율
- 프로스포츠 : 경기장 좌석점유율
- 식 당 : 판매그릇수
- 화물운송업 : 유료운행거리(revenue mile)

4. 공헌이익(contribution margin; CM)과 공헌이익률

> **TIP!**
> **공헌이익 vs. 매출총이익**
> 전통적인 포괄손익계산서에서 사용되는 매출총이익(gross margin)과 공헌이익은 비록 영어표현은 유사할지 언정 전혀 다른 개념이다. 매출액에서 매출원가를 차감하는 **매출총이익**에는 고정제조원가가 공제되는 반면 '변동판매비와 일반관리비'는 공제되지 않았다는 점이 **공헌이익**과 차이를 보인다.

CVP분석에서 **공헌이익**(contribution margin)은 일종의 마진 개념으로서 총수익(판매수량 × 판매가격)에서 총변동원가(판매수량 × 단위당 변동비)를 차감하고 남은 금액을 의미한다. 공헌이익이 커야 고정비(원가)를 빨리 회수하고 더 나아가서는 이익을 벌어들일 수 있는 것이다(이익창출에 기여). 공헌(contribution)이라는 용어가 사용되는 이유도 이 때문이다. 공헌이익의 산출은 다음과 같다.

공헌이익 = 매출액(total sales) − 변동원가(total variable cost) 또는
= 단위당 공헌이익(UCM) × 조업도(판매수량)(Q)

> **TIP!**
> CVP에서 조업도의 영어 표현인 Volume의 V가 변동비의 V와 중복되어 수량을 의미하는 Quantity의 Q로 표현된다.

공헌이익은 위에서처럼 총액으로 계산하기도 하지만 주로 CVP분석에서는 '**단위당 공헌이익**(Unit Contribution Margin: UCM)'을 구하여 활용한다. 단위당 공헌이익(UCM)이 공헌이익 계산에 보다 편리하기 때문이다. 단위당 공헌이익은 단위당 판매가격(P)에서 단위당 변동원가(unit variable cost)를 차감하여 계산한다. 단위당 공헌이익은 고정원가를 고려하기 전에 각 단위가 어느 정도의 이익을 제공하는지를 알려준다.

$$\textbf{단위당 공헌이익} = \text{단위당 판매가격(P)} - \text{단위당 변동원가}$$

또는

$$= \frac{\text{총공헌이익(CM)}}{\text{조업도(Q)}}$$

공헌이익은 단위당 금액 대신에 비율로도 나타낼 수 있는데, 이를 **공헌이익률**(Contribution Margin Ratio: CMR)이라고 한다. 공헌이익률(CMR)은 단위당 공헌이익을 단위당 판매가격으로 나눈 값이다. 공헌이익률은 (총)공헌이익을 총매출액(총수익)으로 나누어서 구할 수도 있다.

$$\textbf{공헌이익률} = \frac{\text{단위당 공헌이익}}{\text{단위당 판매가격}} = \frac{UCM}{P}$$

$$\textbf{공헌이익률} = \frac{\text{총공헌이익}}{\text{총수익(총매출액)}} = \frac{CM}{TR}$$

5. 변동비율(variable cost ratio)

변동비율은 전체 매출액 중에서 변동원가가 차지하는 비율을 의미한다. 변동비율은 총변동원가(VC)를 총매출액(TR)로 나누어 산출하거나 '1－공헌이익률'로 구할 수 있다.

> **TIP!**
> P=V+CM이고, 좌우를 P로 나누면
> $$\frac{P}{P} = \frac{V}{P} + \frac{CM}{P}$$
> 따라서
> $1 - \frac{V}{P} = \frac{CM}{P}$으로 1에서 변동비율을 차감한 것이 곧 공헌이익률이다

$$\textbf{변동비율} = \frac{\text{총변동원가(VC)}}{\text{총매출액(TR)}} \text{ 또는}$$

$$= \frac{\text{단위당 변동원가(V)}}{\text{판매가격(P)}} = (1 - \text{공헌이익률})$$

예제 8-1 **공헌이익, 단위당 공헌이익, 공헌이익률, 변동비율의 산출 예시**

㈜홍익은 단위당 판매가격이 ₩100이고, 단위당 변동원가가 ₩80인 제품을 생산하여 판매하고 있다. ㈜홍익은 제품 1,000개 판매를 목표로 하고 있으며 고정원가는 ₩10,000이다.

위의 자료를 기반으로 ㈜홍익의 공헌이익, 단위당 공헌이익, 공헌이익률 및 변동비율을 구하라.

풀이

단위당 공헌이익 = 판매가격(P) − 변동비(V) = ₩100 − ₩80 = ₩20

공헌이익 = 단위당 공헌이익(UCM) × 판매량(Q)

= ₩20 × 1,000개 = ₩20,000

$$\textbf{공헌이익률} = \frac{\text{단위당 공헌이익(UCM)}}{\text{가격(P)}} = \frac{₩20}{₩100} = 0.2 = 20\%$$

$$\textbf{변동비율} = \frac{\text{단위당 변동비(V)}}{\text{가격(P)}} = \frac{₩80}{₩100} = 0.8 = 80\% \text{ 또는}$$

$$(1 - \text{공헌이익률}) = (1 - 0.2) = 0.8 = 80\%$$

6. 손익분기점(Break-Even Point : BEP)

> **TIP!**
> **손익분기점**
> 손익분기점은 총수익=총비용인 판매량 또는 매출금액을 말한다.

비록 기업이 궁극적으로 도달하고자 하는 목표는 아닐지언정 CVP분석의 꽃이라고 할 수 있는 대표적인 조업도는 손익분기점(Break-Even Point : BEP)이다. **손익분기점**이란 총수익과 총원가(=비용)가 동일하여 이익도 손실도 기록되지 않는 조업도 크기를 의미한다. 손익분기점은 표현방식에 따라 판매수량[BEP(Q)] 또는 매출액[BEP(₩)]으로 표시된다. 기업은 손익분기점보다 높은 조업도 수준을 달성해야만 그때부터 이익을 내기 시작한다. 손익분기점을 구하는 방법은 여러 가지가 있으나 고정원가를 단위당 공헌이익으로 나누어 구하는 것이 대표적인 방법이다. 손익분기점을 그래프로 나타내면 총수익과 총원가가 교차하는 지점이 된다(<그림 8.1> 참조).

$$\textbf{손익분기점} = \frac{\text{고정원가}}{\text{단위당 공헌이익}}$$

그림 8.1
손익분기점 (Break–Even Point; BEP)

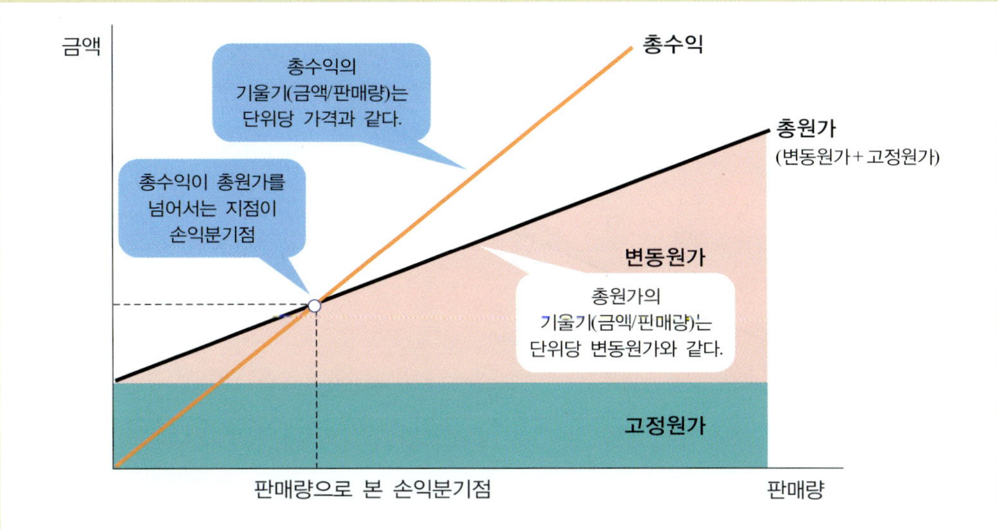

출처 : 강대준 · 신홍철, 『지금 당장 회계공부 시작하라』.

1.4 CVP(원가 – 조업도 – 이익)그래프와 PV(이익 – 조업도)그래프

CVP모델은 원가의 변동여부를 의미하는 고정비와 변동비의 분류, 즉 원가구조를 기반으로 조업도와 원가 및 수익 간의 상호관계를 분석하는 모형으로 조업도가 핵심적인 변수가 된다. 단 현실을 단순화시킨 일반적 CVP모델은 조업도만이 변하고, 나머지는 불변으로 가정한다(기본가정 참조). CVP(원가 – 조업도 – 이익)그래프는 핵심변수인 조업도와 원가 및 수익 간의 상호관계를 그래프로 표시한 것이다.

CVP그래프는 조업도라 불리는 판매수량에 판매가격을 곱하면 매출수익이 계산되고, 또한 판매량에 단위당 변동비를 곱하여 총변동비를 구한 후 이에 고정비를 합치면 총원가(비용)가 계산되어 앞서 구한 매출액과 대조하여 손익을 계산할 수 있다는 것을 그래프에서 잘 보여주고 있다. CVP그래프에서 손익분기점, 조업도의 변화에 따른 원가나 수익의 추세, 기업의 현재의 상황(위치)과 바람직한 미래의 방향 등을 쉽고, 명확하게 파악할 수 있는 장점을 가지고 있다. 추가적인 설명을 위하여 간략하나마 CVP그래프에 나타나고 있는 총수익(TR) 및 총원가(TC) 함수는 다음과 같이 표시할 수 있다.

그림 8.2
CVP(원가－조업도－이익)그래프

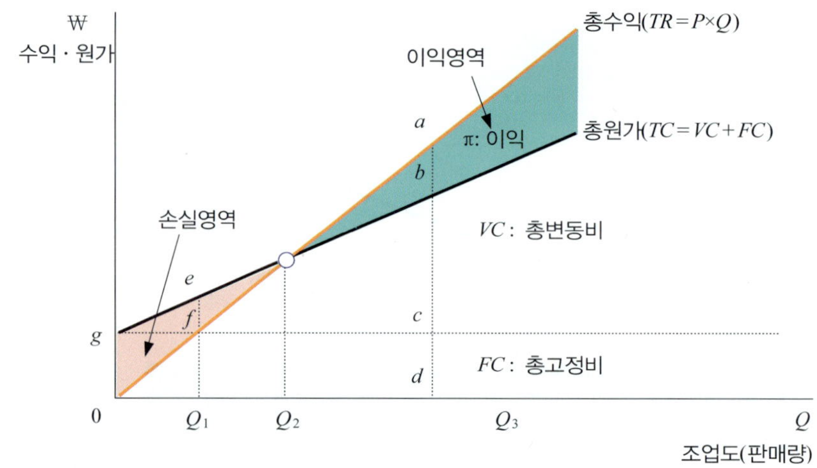

총수익(TR) = 단위당 판매가격 × 판매수량(조업도) = $P \times Q$
총원가(TC) = 변동비＋고정비 = 단위당 변동비 × 판매수량＋고정비
= $V \times Q + F$

반면, PV(이익－조업도)그래프는 총원가 및 수익곡선이 함께 표시되어 다소 복잡하게 보이는 CVP그래프를 조업도(경영활동)의 변화에 따라 이익이 어떻게 달라지는지를 볼 수 있도록 CVP그래프를 보다 단순화한 그래프이다. 즉 CVP그래프 중에서 이익과 조업도의 관계만을 간결하게 표시한 것이 이익－조업도 도표(profit－volume chart)이다. 이를 줄여서 PV chart 또는 PV그래프(graph)라고도 한다. PV그래프에서 이익(π)과 조업도의 관계를 함수로 표현하면 다음과 같다.

이익(π) = (총)공헌이익－고정비
= 단위당 공헌이익 × 판매수량 － 고정비
= UCM × $Q - F$

PV그래프의 작성원리는 간단하다. 먼저 조업도 수준이 영(zero)일 경우에는 고정비만큼의 손실이 발생할 것이기 때문에 동 금액을 손실로 기록한 후 한 단위 추가

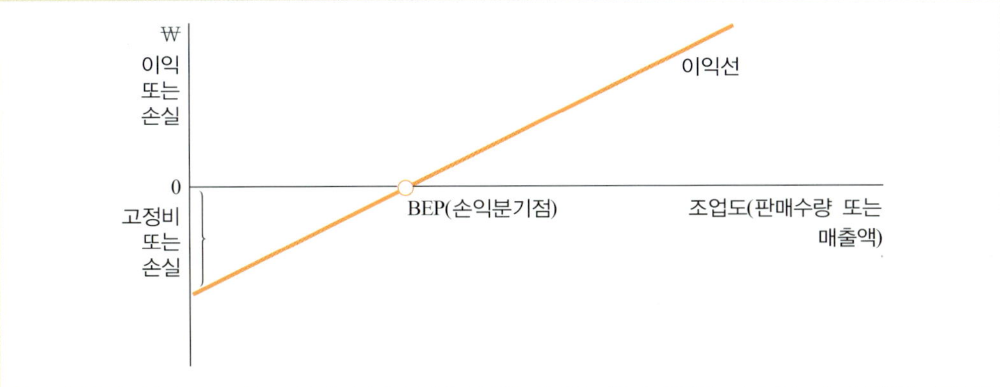

그림 8.3
이익-조업도 그래프(PV graph)

판매에 따른 단위당 공헌이익(unit contribution margin)을 기울기로 하는 직선, 즉 이익선(profit line)을 우상향 방향으로 그리면 된다. 만약 우측의 조업도를 판매량 대신 매출액으로 표시한다면 이익선의 기울기는 곧 공헌이익률(contribution margin ratio)을 나타낸다. 조업도를 어떻게 표시하든지 이익선의 기울기는 높은 것이 바람직하다. 왜냐하면 손익분기점이 낮아질 뿐만 아니라 추가판매가 이익증가에 기여하는 정도가 크기 때문이다.

PV그래프의 장점은 매우 간결하여 이해가 쉽다는 것이다. 특히, 전통적인 CVP 그래프에서 이익의 크기를 파악하기 위해서는 총수익에서 총원가를 차감하는 과정을 필요로 하는 반면 PV그래프에서는 직접 파악할 수 있기 때문이다. CVP그래프는 조업도가 원가 및 수익구조에 미치는 결과를 보여준다면 PV그래프는 원가 및 수익구조는 생략한 채 조업도 변경이 이익에 미치는 효과에만 초점을 맞춘다.

> **TIP!**
> **[한걸음 더]**
> PV그래프에서 이익선의 기울기는 x축의 조업도를 1) 판매수량으로 표시하면 단위당 공헌이익, 2) 매출액으로 표시하면 **단위당 공헌이익률**이다.

1.5 CVP분석의 유용성

조업도와 매출수익 및 원가와의 관계에 초점을 맞추는 CVP분석은 다양한 조업도 수준에서의 이익을 일목요연하게 보여줌으로써 제반 의사결정에 유용한 도구로 빈번히 활용된다. 그 대표적인 활용의 예를 들면 다음과 같다.

(1) 예산편성의 기초

기업의 운영활동계획을 숫자로 표현하는 것으로 정의되는 예산(budget)을 마련하기 위해서는 상이한 조업도 수준에서 발생할 원가를 파악하는 것이 필수적이다. 특히, 목표이익 달성을 염두에 둔 예산편성의 특성상 CVP분석은 예산편성의 핵심 도구이다.

(2) 단기적 경영의사결정 지원

> **TIP!**
> **증분원가**
> 증분원가(incremental cost)란 경영의사결정과정에서 비교대상의 대안에 비하여 원가가 증가하는 경우의 원가증가액을 말함.

단기적 경영의사결정은 관련원가의 분석을 통한 주로 증분원가분석을 통하여 이루어진다. 이때의 증분원가란 조업도 수준의 변동으로 인한 추가변동비로 파악되기 때문에 CVP분석과 밀접한 관계를 가지고 있다. 단기적 경영의사결정은 관리회계에서 다룬다.

(3) 성과평가

예산상의 산출물과 실적상의 산출물을 비교 및 분석하여 목표달성 여부를 점검하고, 분석결과를 미래의 예산에 반영하게 된다. 이러한 성과평가는 고정비와 변동비라는 원가행태를 위주로 한 원가분류 및 활동수준(즉, 조업도)을 감안한 변동예산을 통해 이루어진다. 따라서 올바른 성과평가를 위해서는 바뀐 환경(즉, 상이한 조업도)하에서 허용예산을 새로이 편성할 수 있는 도구를 필요로 하는데 이런 점에서 CVP모델은 유용성을 갖는다.

제2절 손익분기점 분석 및 목표이익 분석

2.1 손익분기점 계산

앞에서 손익분기점(break-even point)을 총비용(total cost)과 총수익(total sales)이 일치하여 이익도 손실도 기록되지 않는 조업도의 크기를 의미한다고 정의하였다. 또한 손익분기점은 표현방식에 따라서 판매수량 또는 매출액으로 표시할 수 있으며, 손익분기점은 기업의 경영에서 손실(loss)을 피하기 위하여 반드시 달성해야 하는 매출(조업도) 수준이 된다. 손익분기점의 계산은 총수익과 총비용을 CVP그래프에서 비교하거나 또는 고정원가와 공헌이익을 PV그래프에서 비교함으로써 구하는 그래프법 또는 도해법(graphic method)과 원가함수 및 수익함수 등 등식을 이용하여 손익분기점을 계산하는 등식법(equation method)이 있다. 그러나 도해법 또는 그래프법은 원하는 수치를 손쉽게 구하기 어려워 현실적으로 적용하기에는 부적합하여 공식법(또는 등식법)을 중심으로 설명하되 도해법에서 사용되는 도표를 가지고 보충설명을 하고자 한다.

1. 공식법(equation method)

공식법은 총수익에서 총원가를 차감하면 이익이 계산된다는 기본적인 이익관계식을 근간으로 손익분기점을 계산하는 것이다. 공식법을 설명하기 위해 다음과 같은 약어를 사용한다.

〈CVP공식 소개를 위한 약어〉	
π : 이익(profit)	Q : 판매수량(sales quantity)
TR : 총수익(total revenue)	P : 단위당 판매가격(unit selling price)
TC : 총원가(total cost)	V : 단위당 변동비(unit variable cost)
F : 총고정비(total fixed cost)	VC : 총변동비(total variable cost)
CM : 공헌이익(contribution margin)	UCM : 단위당 공헌이익(unit contribution margin)

위에서 정의한 약어를 이용하여 조업도(Q)가 수익 및 원가에 미치는 영향을 다음과 같은 과정을 통하여 정리하면 손익분기점 산출공식이 도출된다.

$$\text{총수익}(TR) = \text{단위당 판매단가} \times \text{판매량} = P \times Q \quad \cdots\cdots (8\cdot1)$$

한편 생산된 제품은 모두 판매된다고 가정하고, 아울러 제품단위당 변동비가 일정하다면 총원가는 다음과 같다.

$$\text{총원가}(TC) = \text{변동비} + \text{고정비} = V \times Q + F \quad \cdots\cdots (8\cdot2)$$

위의 두 식으로부터 이익을 구하면 다음과 같다.

$$\begin{aligned} \text{이익}(\pi) &= \text{총수익} - \text{총원가} = P \times Q - (V \times Q + F) \\ &= (P - V) \times Q - F \quad \cdots\cdots (8\cdot3) \end{aligned}$$

CVP관계식으로 불리는 식 (8·3)에서 $(P-V)$는 제품의 단위당 판매가격에서 단위당 변동비를 차감한 것으로 분석대상인 제품의 단위당 공헌이익이 된다. 단위당 공헌이익에 판매량을 곱하여 얻는 총공헌이익$[(P-V)\times Q]$은 총수익에서 총변동비를 차감한 금액과 같다.

위 식 (8·3)을 이용하면 손익분기점의 판매수량(Q^*)은 다음과 같이 구할 수 있다. 즉, 이익을 0(zero)로 놓고 정리하면

$$0 = (P-V) \times Q - F = (P-V) \times Q = F$$

$$\text{손익분기점의 판매수량 } Q^* = \frac{F}{(P-V)} = \frac{\text{고정비총액}}{\text{단위당 공헌이익}} = \frac{F}{UCM}^{1)} \quad \cdots\cdots (8\cdot 4)$$

위의 식 (8·4)에서와 같이 손익분기점의 판매수량은 고정비총액을 단위당 공헌이익으로 나누어 계산($\frac{F}{UCM}$)된다. 만약, 손익분기점을 매출액($BEP_{₩}$)으로 표시하고자 하면, 식 (8·4)에 판매가격 P를 곱한 후 정리하면 식 (8.5)가 된다.

$$BEP_{₩} = BEP_Q \times P = \left[\frac{F}{(P-V)}\right] \times P = \frac{F}{\left[\frac{(P-V)}{P}\right]}$$

$$= \frac{F}{CM\%} = \frac{\text{고정비}}{\text{공헌이익률}}^{2)} \quad \cdots\cdots (8\cdot 5)$$

TIP!
Fishbone chart (일명, 이시카와 차트)
문제점 또는 결과에 대한 원인을 하나의 뼈대 아래 시각적으로 표현하면서 발생 가능한 잠재적 원인을 찾아낼 때 사용하는 도표를 말한다. 그 모양이 생선뼈와 비슷하다고 하여 fishbone chart 또는 도표를 고안한 이시카와(Ishikawa) 교수의 이름을 따서 Ishikawa chart라고 한다.

참고로 식 (8·5)으로부터 손익분기점을 낮추기 위한 실행방안을 강구하여 보자. 손익분기점을 낮추기 위해서는 고정비를 감소시키거나 단위당 공헌이익(또는 공헌이익률)을 증가시켜야 하다. 이러한 원리에 따라 <그림 8.4>와 같은 실행방안을 강구할 수 있으며, 이러한 생선 뼈 모양의 도표를 Fishbone chart(일명, 이시카와 차트)라 한다.

---

1) **손익분기점**은 PV그래프와 공헌이익개념을 이용하여 도출할 수도 있다. PV그래프에서 손익분기점은 공헌이익(CM, 여기서는 총공헌이익)이 고정비(F)와 일치하는 조업도를 의미한다. 그러므로 $CM=F$ 여기서 $CM=Q\times UCM$이므로 $BEP_Q=\frac{F}{UCM}$이 도출된다.

2) 마찬가지 논리로 $BEP₩ = BEP_Q \times P = \left(\frac{F}{UCM}\right) \times P = \frac{F}{\left(\frac{UCM}{P}\right)} = \frac{F}{CM\%}$가 된다.

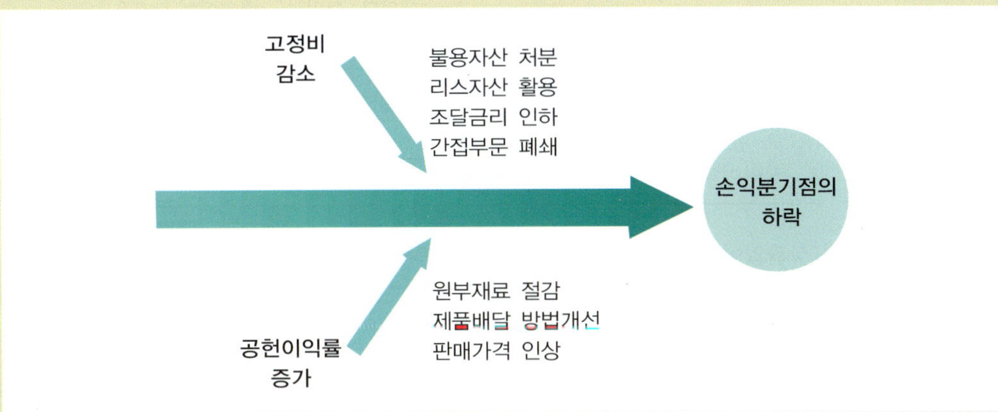

그림 8.4
손익분기점 하락을 위한 실행방안

예제 8-2 CVP분석 : 손익분기점

동양상사는 3월에 제품 400개를 생산·판매하였으며, 3월의 공헌이익계산서는 다음과 같다.

공헌이익계산서	
Ⅰ. 매 출 액	₩300,000
− Ⅱ. 변 동 비	180,000
Ⅲ. 공헌이익	₩120,000
− Ⅳ. 고 정 비	105,000
Ⅴ. 영업이익	₩15,000

위의 자료에 의해 다음을 분석하시오.

〈물음〉

1. 제품단위당 공헌이익을 구하시오.
2. 손익분기점 판매량은 몇 개인가?
3. 손익분기점 매출액은 얼마인가?

풀이

제품판매수량(Q^*)이 400개임을 이용하여 문제의 공헌이익계산서를 단위당으로 바꾸면 다음과 같다.

공헌이익계산서(3월)

		단위당 수치	매출액기준비율
Ⅰ. 매 출 액	₩300,000	₩750	1
Ⅱ. 변 동 비	180,000	450	0.6
Ⅲ. 공헌이익	₩120,000	₩300	0.4
Ⅳ. 고 정 비	105,000	262.5※	
Ⅴ. 영업이익	₩15,000	₩37.5	

※ 조업도와 상관없이 총액이 일정한 고정비는 총액으로만 의미를 갖는다. 단위당 수치는 단기 비교목적으로 구한 것이다.

1. **단위당 공헌이익** = 판매가격 − 단위당 변동비
 = ₩750 − ₩450
 = ₩300

2. **손익분기점 판매수량**(Q^*) $= \dfrac{F}{P-V}$
 = ₩105,000 ÷ ₩300
 = 350개

3. **손익분기점 매출액** = $\dfrac{\text{고정비}}{\text{공헌이익률}} = \dfrac{₩105{,}000}{0.4^{*1}}$
 = ₩262,500*2

 *1 공헌이익률 = ₩300(CM) ÷ ₩750(P) = 0.4
 *2 이 수치는 Q^*(=350개)에 판매가격(=750)을 곱해서도 구할 수 있다.

2.2. 목표이익 달성을 위한 조업도

1. 목표달성을 위한 조업도: 법인세를 고려하지 않는 경우

사실상 경영자는 손익분기점을 추구하기보다는 일정한 목표이익(TI : Target Income)을 달성하기 위해 실현해야 할 판매량 또는 매출액에 대해 관심을 갖는다. 목표이익은 총수익에서 총원가를 차감한 금액이므로 다음 식이 성립한다.

$$TI = (P - V) \times Q - F \quad \cdots\cdots (8 \cdot 6)$$

위의 식으로부터 목표이익 달성을 위한 판매량(TI_Q)은 다음과 같다.

$$TI_Q = \frac{F + TI}{P - V} \cdots\cdots (8 \cdot 7)$$

손익분기점의 경우와 마찬가지로 목표이익 달성을 위한 매출액($TI_{₩}$)을 구하기 위해서는 단위당 공헌이익 대신 공헌이익률로 나누면 된다.

$$TI_{₩} = \frac{F + TI}{CM\%} \cdots\cdots (8 \cdot 8)$$

이처럼 기업이 목표로 삼는 이익달성에 관한 계획수립을 이익계획(profit planning) 또는 활동계획(activity planning)이라고 부른다. 후자의 표현은 궁극적으로 이익실현이란 수익창출을 위한 각종 판매활동과 이를 위한 제반 생산 및 관리활동에 의해 이루어짐을 함축한 것이다. 흔히 목표이익은 일정한 금액으로 표시되기보다는 투하자본에 대한 일정비율(일명 투자수익률 또는 ROI)로 표시되거나 매출액의 일정비율(일명 매출이익률)로 표시된다. 전자의 경우, 목표이익을 수치로 계산한 후 공식(식 (8·7) 또는 식 (8·8))에 대입하여 해를 구할 수 있지만 후자처럼 매출이익률 형태로 제시된 경우에는 반드시 CVP관계식을 도출할 때 이용한 이익관계식을 활용해야 한다. 결코 CVP관련 공식을 이용해서는 구할 수 없는데 이는 목표이익 자체가 궁극적으로 구하고자 하는 미지수인 매출액의 함수(즉, 일정비율)로 나타나기 때문이다. 다음 예제에서 이를 다루도록 한다.

예제 8-3 CVP분석(II) : 목표이익 달성

<예제 8-2>의 수치를 이용하여 다음 문제를 풀어라. 단, 세금은 없다.

〈물음〉

1. 동양상사가 투하하는 자본(₩1,000,000)의 30%를 **목표이익**으로 삼을 경우 이를 달성하기 위한 판매수량은 몇 개인가?
2. 동양상사가 **매출액의 20%를 목표이익**으로 삼을 경우 이를 달성하기 위한 총매출액 및 판매수량은?

풀 이

1. 주어진 자료에 의하면 목표이익(TI) = ₩1,000,000×0.3
   = ₩300,000

   따라서 목표이익 달성을 위한 판매량 $TI_Q = \dfrac{105{,}000 + 300{,}000}{750 - 450} = 1{,}350$개

2. <요지> **총수익 - 총비용 = 이익**이라는 이익관계식을 이용해야 한다.
실현해야 할 매출액을 x라고 하면 변동비율이 0.6임을 감안하여

$$x-(105{,}000+0.6x) = 0.2x$$

따라서 $0.2x = 105{,}000$

$\therefore x = ₩525{,}000$

또한 TI_Q = ₩525,000 ÷ ₩750 = 700개

---

2. 목표달성을 위한 조업도와 세금의 영향: 법인세를 고려한 경우

이익을 추구하는 기업(영리조직)은 실현한 이익에 대해 세금을 내야 한다. 원가회계에서는 문제의 분석을 단순화하기 위해 단일세율 구조를 감안하여 세전이익(엄밀하게는 세전영업이익)에 일정한 세율(r)을 적용하여 세후이익을 구한다. 세금변수가 CVP모델에 추가될 경우, 손익분기점에서는 세전이익이 영(zero)인 바 세후이익도 영으로 세금이 미치는 효과는 없다. 그러나 목표이익이 세후목표이익으로 제시될 경우 앞서 소개한 목표이익을 달성하기 위한 조업도 산출공식을 적용하기 위해서는 식 (8·10)을 이용하여 세후목표이익을 세전목표이익으로 바꾸어야 한다.

$$\begin{aligned} \text{세후이익} &= \text{세전이익} - \text{세금} \\ &= \text{세전이익} - \text{세전이익} \times \text{세율} \\ &= \text{세전이익}(1-\text{세율}) \quad \cdots\cdots (8\cdot 9) \\ NI(AT) &= NI(BT)(1-r) \end{aligned}$$

또는 식 (8·9)를 이용하면

$$\text{세전이익} = \frac{\text{세후이익}}{1-r} \quad \cdots\cdots (8\cdot 10)$$

따라서 식 (8·7)에서 소개했던 세전목표이익을 달성하기 위한 판매량 대신 세후목표이익을 달성하기 위한 판매량($TI(AT)_{Q^*}$)은 식 (8·10)을 이용하여 세전목표이익을 계산한 후 이를 식 (8·9)에 대입함으로써 구한다. 이렇게 하여 구해진 공식에 의하면

$$\text{세후목표이익 달성을 위한 판매량} = \frac{\text{고정비} + \dfrac{\text{세후이익}}{1-\text{세율}}}{\text{단위당 공헌이익}}$$

또는

$$(TI(AT)_{Q^*}) = \frac{F + \dfrac{NI(AT)}{1-r}}{UCM} \quad \cdots\cdots (8\cdot 11)$$

예제 8-4 **세금을 고려한 CVP분석**

<예제 8-2>와 <예제 8-3>과 관련된 문제이다. 세율은 40%로 가정한다. <예제 8-3>의 물음 1과 2의 목표이익을 세금공제후이익($NI(AT)$)으로 가정하고 문제를 푸시오.

풀이

1. 세후목표이익 ₩300,000을 세전목표이익으로 바꾸면 다음과 같다.

$$NI(BT) = \frac{₩300,000}{1-0.4} = \frac{₩300,000}{0.6} = ₩500,000$$

따라서 목표이익 달성을 위한 판매량 $TI_Q = \frac{105,000 + 500,000}{750 - 450} = 2,016.7$개

2. 총수익-총비용 = 이익이라는 이익관계식에서 총비용에 세금을 고려하거나 이익을 세후이익 수치로 대체하면 된다.

$$[x - (105,000 + 0.6x)] \times (1 - 0.4) = 0.2x$$
$$0.04x = ₩63,000$$
$$x = ₩1,575,000$$

따라서 목표이익 달성을 위한 판매량은 다음과 같다.

$$TI_Q = ₩1,575,000 \div ₩750 = 2,100\text{개}$$

<요지> 물음 1이나 물음 2의 해답은 어느 경우나 <예제 8-3>의 해답보다는 크다. 이는 세금부담을 감안할 경우 당연한 결과이다.

2.3 CVP분석과 무차별점

1. 무차별점(1) : 개념의 이해

일반적으로 **무차별점**(indifference point)란 어떤 두 대안의 목적함수(예를 들면 총원가의 최소화 또는 총수익의 극대화 등)의 해를 찾으면서 두 대안의 결과가 무차별해지는 해(값)를 말한다. 예를 들어 어떤 기업이 생산공정의 원가절감을 위하여 현재

수작업으로 작업이 진행중인 공정을 자동화 공정으로 전환할 계획을 검토하고 있다면 경영진은 회사의 매출수준, 즉 조업도 수준에 따라서 어떤 생산공정이 유리한지를 파악해야 한다. 이 경우 경영진은 두 공정이 무차별해지는 조업도 수준을 찾고, 향후의 생산량을 정확히 예측할 수 있다면 자동화 공정이 현재의 수작업 공정에 비하여 유리한지를 판단할 수 있다. 구체적인 예를 들어 설명하면 다음과 같다.

회사의 자동화의 목적, 즉 목적함수는 총원가의 최소화이며, 각 공정과 관련된 총원가의 구조는 다음과 같다. 여기서 X란 생산량을 말한다.

수작업공정의 총원가 $= Y1 = 300 + 2X$

자동화공정의 총원가 $= Y2 = 500 + X$

자동화 공정의 경우, 생산효율성의 증대로 변동비(여기서는 직접노무비)는 낮아지지만 자동화로 인한 시설투자로 고정원가가 큰 폭으로 증가하게 된다. 무차별점은 두 대안($Y1$과 $Y2$)의 결과가 무차별해지는 조업도 수준의 생산량은 200단위가 되며 이를 그래프로 표시하면 다음과 같다.

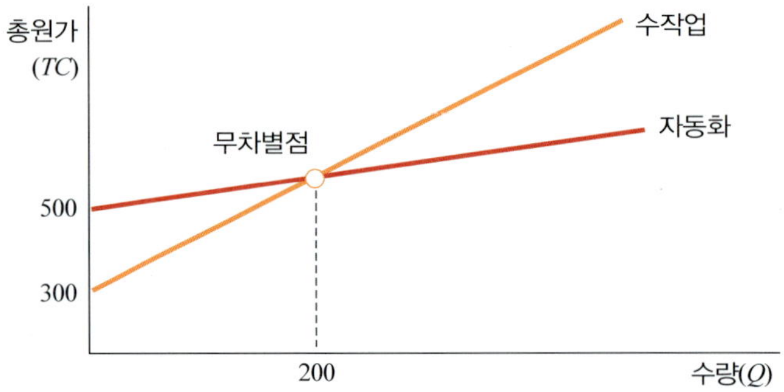

두 공정의 무차별 조업도 수준은 200단위이다. 따라서 미래의 예정 생산량이 200단위보다 크다면 회사의 사장은 공정의 자동화를 추진할 것이다. 왜냐하면 무차별점을 중심으로 오른쪽에 해당하는 조업도 수준에서는 자동화 공정의 총원가가 더 낮기 때문이다.

2. 무차별점(2): 대안간의 비교분석

무차별점은 CVP분석에서도 활용할 수 있다. 다음 그림은 원가구조가 다른 두 개의 제품 또는 기업의 '이익－조업도 그래프'이다. 여기서 두 개의 이익함수의 기울기가 다른 것은 원가구조, 즉 변동비와 고정비의 구조가 다르기 때문이다. 조업도

1,200은 두 대안이 무차별해지는 조업도 수준(무차별점)을 의미한다. CVP분석에서 무차별점을 기준으로 두 대안간의 비교 분석이 가능하다는 것이다.

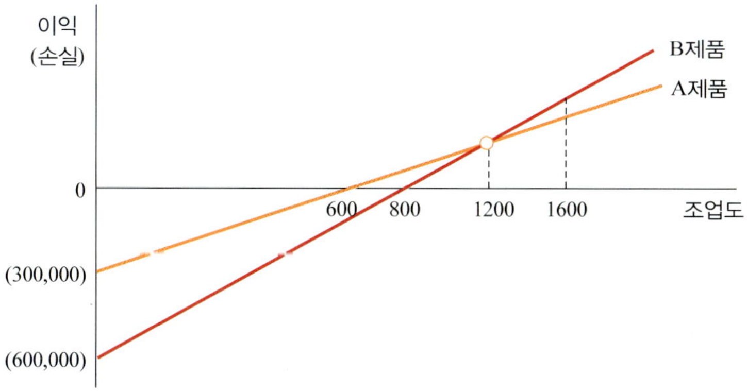

위의 PV그래프에서 무차별점인 조업도 1,200 우측의 판매량에서는 B가 더 유리함을 한눈에 알 수 있다. 왜냐하면 B의 이익이 A보다 더 크기 때문이다. 이와 같이 CVP분석에서 무차별점 분석은 둘 또는 그 이상의 대안을 비교분석하고, 조업도의 수준에 따라서 어떤 대안이 보다 유리한지를 판단할 수 있다.

<예제 8-5>는 원가구조가 다른 두 제품을 생산 및 판매하고 있는 한 기업을 가정하여 어떤 제품을 생산하는 것이 유리한지를 결정하는 문제이다.

> **TIP!**
> **[틀리기 쉬운 함정]**
> 두 대안의 평가과정에서 손익분기점이 낮은 대안이 항상 유리한 대안은 아니다. 그래프에서처럼 **무차별점**을 넘어선 조업도 수준에서는 B제품이 더 많은 이익을 실현한다. 이는 B안의 공헌이익률이 더 높기 때문이다. 두 대안의 의사결정은 손익분기점뿐만 아니라 원가구조와 조업도수준을 종합적으로 고려하여 결정해야 한다.

예제 8-5 무차별점(무차별 조업도 수준)의 확인

P사는 두 모형의 자동차를 생산하고 있다. 각 모형의 최대조업도는 1,500단위이다. 공정의 특수성으로 인해 1년에 한 종류의 모형밖에는 생산할 수 없는데, P사는 차기 판매량을 어떤 모형이든 900단위 내지 1,300단위를 예측하고 있다. 각 모형에 대한 예산자료는 다음과 같다.

	경주용 모형	여행용 모형
단위당 판매가격	₩880	₩800
단위당 변동가격	528	528

연간 총고정비는 경주용 모형을 생산할 때에는 ₩369,600이나 여행용 모형을 생산할 때에는 ₩316,800이다. P사의 법인세율은 40%이다.

〈요구사항〉

1. 두 자동차 모형 사이에 법인세 차감 후 순이익이 같아지는 매출액은 얼마인가?
2. 두 모형에 관계없이 연간 판매량이 1,200단위라면 P사는 어떤 모형을 선택할 것이고, 그 이유는 무엇인가?

풀이

1. 두 모형은 원가구조, 즉 고정원가와 변동원가의 구조가 다르기 때문에 먼저 각 모형의 공헌이익률을 구한 후 무차별이익 방정식을 세우는 것이 문제의 핵심이다. 법인세 차감후 순이익이 같아지는 수준의 매출액을 Y라고 놓고 해를 구하면

   경주용 모형의 공헌이익률 : (₩880 − ₩528) ÷ ₩880 = 0.4
   여행용 모형의 공헌이익률 : (₩800 − ₩528) ÷ ₩800 = 0.34
   매출액(Y) : $(0.4Y - ₩369,600) \times 0.6 = (0.34Y - ₩316,800) \times 0.6$
   ∴ Y = ₩880,000

2. 1,200단위의 조업도에서 각 제품의 법인세 차감후 순이익을 구한 후 결과를 비교하여 유리한 제품을 선택하거나 이익－조업도 도표를 이용하여 선택을 할 수 있다(별해 참조). 그러나 이 문제에서는 어느 제품을 생산하는가에 따라 고정비가 변하므로 단순히 단위당 공헌이익이 큰 경주형을 선택하면 틀리게 된다. 따라서 순이익을 기준으로 제품을 선택하여야 한다.

   1,200단위의 조업도에서 각 모형의 법인세차감전순이익은 다음과 같다.
   경주형 모형 : 1,200단위 × ₩352 − ₩369,600 = ₩52,800
   여행용 모형 : 1,200단위 × ₩272 − ₩316,800 = ₩9,600

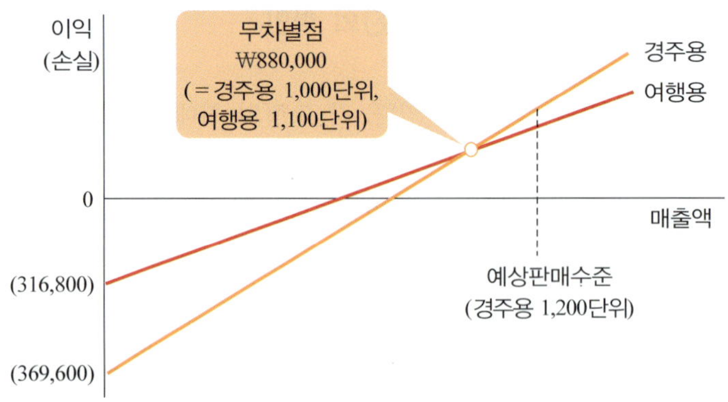

[별해] 상위 그림에서 1,200단위 판매량은 무차별점 우측에 위치하기 때문에 당연히 경주용 모형의 이익이 크다.

2.4 안전한계와 민감도분석

1. 안전한계(margin of safety)

지금까지 소개한 CVP분석의 핵심은 손익분기점이나 목표이익 달성을 위한 판매수준 등과 같은 다양한 조업도 수준(즉, 매출액규모)의 예측이라고 할 수 있다. 미래의 판매예측이 불확실한 것과 관련하여 기업의 이익계획에 유용한 개념으로는 안전한계(安全限界 ; margin of safety)를 꼽을 수 있다. 예상 또는 실제매출액이 손익분기점을 어느 정도 벗어나 있는가를 측정하는 안전한계란 기업의 이익구조 또는 안전성을 요약하는 지표이다. 달성가능 매출규모가 손익분기점으로부터 우측으로 벗어날수록 자칫 여건이 불리해지더라도(가령, 판매가격 인하나 판매량감소 또는 원가인상 등) 손실을 기록하지 않을 가능성이 어느 정도인가를 암시해주는 일종의 쿠션(cushion ; 일명, 충격완화) 개념이다. 즉, 안전한계는 이익달성의 위험정도를 나타내는 일종의 민감도분석(sensitivity analysis) 형태의 지표이다.

안전한계는 조업도처럼 금액 또는 수량으로 나타낼 수 있으나 주로 다음과 같이 계산되는 안전한계율(margin of safety ratio)로 이용된다.

$$\text{안전한계율} = \frac{\text{예산 또는 실제 조업도} - \text{손익분기점 조업도}}{\text{예산 또는 실제 조업도}} \cdots\cdots\cdots (8{\cdot}12)$$

<그림 8.5>에 예시된 동양상사의 안전한계는 ₩37,500(=₩300,000 – ₩262,500 또는 400개 – 350개 = 50개)이며 안전한계율은 $12.5\% = \left(\frac{₩37,500}{₩300,000}\right)$이다. 따라서 안전한계가 상대적으로 작은(즉, 안전한계율이 낮은) 편이다. 따라서 예상판매량에 차질이 빚어질 경우(가령, 20%에 달하는 80개의 판매량 감소가 이루어질 경우) 손익분기점에 달하지 못함은 물론 손실을 기록하게 되는 상당히 취약한 이익구조를 갖고 있음을 알 수 있다. 이러한 한계점을 극복하기 위해 기업은 앞서 <그림 8.4>의 Fishbone chart에서 제안된 바와 같은 조치를 통해 가급적 고정비 및 단위당 변동비를 낮추고 판매가격을 높이는 식으로 손익분기점을 낮추며 예상판매량을 늘림으로써 안전한계율을 높여야 한다.

> **TIP!**
> **안전한계(margin of safety)**
> 만약 중간고사에서 만점을 맞았다면 좋은 학점(성적)에 대한 **안전한계**는 '100점 – 반 평균점수'로 표현할 수 있다. 왜냐하면 혹 기말고사를 망치더라도 안전한계(점수) 덕분에 어느 정도의 최종학점은 기대할 수 있기 때문이다.

그림 8.5

동양상사의 CVP그래프 : 안전한계의 표시

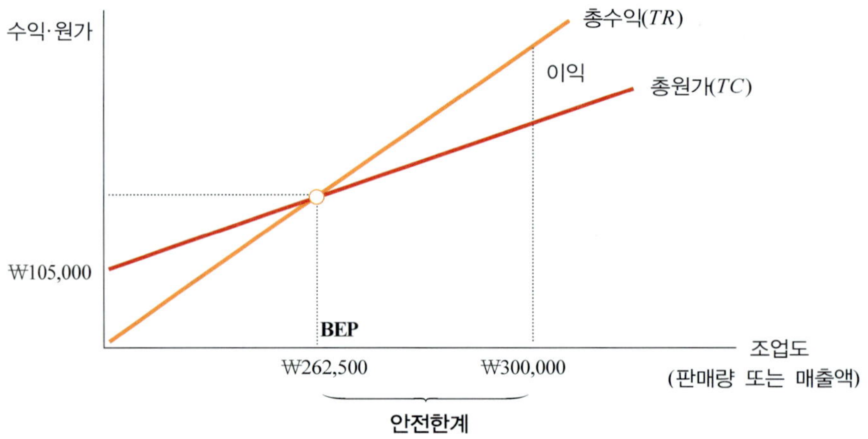

2. 민감도분석(sensitivity analysis)

지금까지 소개한 CVP모델은 단일 최선의 예측치(best estimate)에 기초하여 손익분기점이나 목표이익 달성을 위한 조업도 수준 등을 파악하였다. 그러나 이들 투입에 활용된 수치는 결코 확정적인 것은 아니다. 따라서 투입수치가 바뀌게 되면(엄격히 말하면, 수익 또는 원가구조가 바뀌게 되면) 손익분기점 및 이익 등의 수치 또한 바뀐다. 현실적으로 이들 투입변수의 실제수치가 당초 예상수치에서 벗어날 수 있다는 가능성을 고려할 때 단일 최선의 예측치에 기초한 CVP분석은 보완될 필요가 있다.

TIP!

민감도분석

CVP의 민감도분석(sensitivity analysis 또는 what-if analysis)의 정의에 대한 영어적 표현의 예시이다.

What if I could reduce fixed expense, how would profit change?

의사결정에서 이러한 불확실성(uncertainty)을 다루기 위해 널리 활용되는 방법이 민감도분석(sensitivity analysis)이다. 일명 what－if 분석이라고도 불리는 민감도분석은 CVP모델에서는 당초 예상수치(가격, 단위당 변동비, 총고정비 또는 조업도 수준 등)가 예상대로 실현되지 않을 경우 최종 이익수치는 어떻게 달라지는가를 분석 · 검토하는 것을 말한다. 위에서 소개한 안전한계도 민감도분석의 일종이라고 할 수 있다. 왜냐하면 예상조업도 수준이 바뀔 경우의 이익실현가능성에 초점을 맞추기 때문이다.

민감도분석은 경영자에게 유용한 정보를 제공한다. 특히, 특정 대안을 섣불리 선택하지 않게 하며 원가발생이 확정되기 전에 각 대안이 가져다 줄 효과를 이익 관점에서 면밀히 분석함으로써 최적선택이 가능하게 한다. 적지 않은 계산부담을 우려해 민감도분석의 활용을 주저했던 기업들도 요즈음은 흔해빠진 컴퓨터(특히, PC)의 스프레드시트 소프트웨어를 이용하여 매우 용이하게 민감도분석을 실시하고 있다.

분석의 핵심은 공헌이익계산서 형식을 이용한 대안간의 비교이다. 일반적인 CVP분석에서는 조업도(volume)만이 변한다는 가정하에 분석이 이루어지고 있으나 불확실성하의 현실적인 상황은 그렇지가 않다. 그러므로 기업의 경영진은 조업도 이외의 변수, 가령 판매가격, 변동원가, 고정원가가 동시에 변하는 경우를 가정하여 그들의 변화가 기업의 이익계획에 얼마나 영향을 미치는가에 대한 분석(민감도분석) 활용방안에 관심을 가져야 한다. 이론적으로 CVP분석에 활용되는 변수 모두가 동시에 변할 수 있다. 그러나 우선 가격과 조업도의 동시변화가 기업의 영업이익에 얼마나 영향을 미치는지를 다음의 <예제 8-6>을 통하여 알아본다.

TIP!

[한걸음 더]

구 분		단위당 공헌이익	손익분기점
단위당 판매가격(P)	↑	↑	↓
단위당 판매가격(P)	↓	↓	↑
단위당 변동원가(V)	↑	↓	↑
단위당 변동원가(V)	↓	↑	↓
고정원가(F)	↑	－	↑
고정원가(F)	↓	－	↓

출처: 김진환 · 유성용, 『원가회계』 참조 수정

예제 8-6 CVP분석을 이용한 신 정책 타당성 검토: 민감도 분석

㈜와우는 제품 A를 생산 및 판매하고 있다. ㈜와우는 현재 동 제품을 판매가격 ₩100에 연간 20,000개를 판매하고 있으나 회사의 수익증대를 위하여 **판매가격 10% 인상안**을 검토하고 있다. 현행 자료에 대한 분석 및 시장조사결과, 판매가격을 10% 인상하면 제품 A의 **판매수량은 20%가 감소**할 것으로 예상된다. 제품의 원가정보는 다음과 같다.

■ 제품 A의 단위당 변동비는 ₩50이고, 총 고정비는 ₩550,000이다.

〈요구사항〉
만약 A제품의 판매가격을 10% 인상하는 경우, 판매수량이 20% 감소할 것으로 예상된다면 ㈜와우의 **가격인상**은 바람직한 것인가?

풀 이

일반적인 CVP분석에서는 조업도(volume)만이 변한다는 가정하에 분석이 이루어진다. 그러나 이 예제는 불확실성하에서 조업도 이외의 다른 요소, 즉 여기서는 판매가격의 변화가 기업의 이익계획에 얼마나 영향을 미치는가에 대한 분석(민감도분석)을 요구하고 있다. 우선 두 대안의 영업이익을 공헌이익계산서를 이용하여 구하면 다음과 같다.

(단위: 1,000원)

	기존안	가격인상안
Ⅰ. 매 출	₩2,000 (@100×20,000)	₩1,760 (@110×16,000)
－Ⅱ. 변동비	1,000 (@50×20,000)	800 (@50×16,000)
Ⅲ. 공헌이익	1,000	960
－Ⅳ. 고정비	550	550
Ⅴ. 영업이익	₩450	₩410

결론: 가격인상으로 ㈜와우의 이익이 ₩40,000 감소하므로 가격인상을 하지 않는 것이 좋다.
(별해) 동 문제는 Cost/benefit분석을 통하여 풀 수도 있다.

• 장점: 가격인상의 긍정적 효과
  160,000 (₩10×16,000) ← 단위당 추가 공헌이익의 증가
• 단점: 수량감소의 부정적 효과
  200,000 (₩50×4,000) ← 단위당 공헌이익의 감소

결론: 부정적 효과가 ₩40,000 더 크므로 가격인상을 하지 않는다.

위의 예제에서 보듯이 조업도 이외의 요소, 즉 단위당 판매가격의 인상이나 인하, 단위당 변동원가의 증가 또는 감소, 그리고 고정원가의 증가나 감소는 단위당 공헌이익에 영향을 미칠 뿐만 아니라 손익분기점은 물론 기업의 영업이익에도 영향을 미치게 된다. 따라서 CVP분석을 공부하는 학생이나 기업에서 원가회계 실무를 담당하는 사람은 이러한 조업도 이외의 요소들의 관계를 이해할 필요가 있다.

최근의 CVP분석에 관한 각종 시험문제는 CVP분석에 필요한 정보를 직접 제공하는 대신에, 주어진 정보를 통해 주어지지 않은 정보를 구해서 풀어야 하는 형태로 출제되고 있다. 공인회계사와 같은 고급시험을 준비하는 학생은 이러한 문제의 유형에도 대응할 수 있는 준비가 필요하다.

다음에 소개하는 예제는 CVP분석에 핵심인 고정비 정보를 구하는 것에 초점을 맞춘 문제이다.

예제 8-7 CVP분석: 세금효과

홍익상사의 10월 보고서는 다음과 같다.

매출액	₩140,000
총비용	190,000
손 실	(₩50,000)

홍익상사의 공헌이익률은 현행판매단가 ₩20(단위당)을 감안할 때 40%이다.

〈요구사항〉

1. 손익분기점(BEP) 매출액은?
2. 만약 한 개당 ₩18씩에 10,000단위를 판매할 경우의 손익은?
3. 홍익상사는 현재 제품판매가격을 변경하고자 한다. 회사경영진이 세후 (월)₩15,000의 이익을 실현하고자 한다면 10,000개의 예상판매량에 대해 얼마의 판매단가를 적용해야 하는가? 세율은 40%로 가정한다.

풀이

1. 단위당 변동비 = ₩20×(1－40%) = ₩12

   현재(10월) 판매량 = ₩140,000 ÷ ₩20 = 7,000단위

   고정비 = 총비용－변동비 = ₩190,000－₩12×7,000단위 = ₩106,000

   따라서 손익분기점 매출액 = 고정비 ÷ 공헌이익률

   = ₩106,000 ÷ 40% = ₩265,000

2. π = (₩18－₩12) × 10,000단위－₩106,000 = (₩46,000)

3. 세전 목표이익 = $\frac{₩15,000}{1-0.4}$ = ₩25,000

   판매단가를 P라 하면

   (P－₩12) × 10,000단위－₩106,000 = ₩25,000

   따라서 P = ₩25.1

제3절 기본적 CVP모형의 확장

3.1 다제품(복수제품)의 CVP분석

지금까지의 CVP분석은 단일제품을 가정하였다. 그러나 현실적으로 대부분의 기업들은 두 가지 이상의 복수제품을 제조・판매하는 것이 일반적이다. 실제로 여러 제품을 취급하는 기업의 경우 최종적인 복수제품의 판매믹스에 따라 이익이 달라진다. 왜냐하면 동일한 판매수량이라도 공헌이익률이 높은 제품의 판매비율이 높은 경우가 그렇지 않은 경우에 비해 이익이 높기 때문이다. 따라서 이러한 제품믹스의 변화를 가정할 경우 손익분기점의 수 또한 제품믹스의 경우 수만큼 존재한다.

이를 감안하여 다제품의 경우를 CVP모델에 반영할 경우에는 일정한 판매믹스(sales mix ; 일명, 매출구성 또는 제품믹스)를 가정함으로써 복잡성을 줄인다. 즉, 무수한 손익분기점 집합 중 특정 제품믹스에 기초한 단일손익분기점 판매량을 구하는 것을 가정하는 것이다.

복수제품의 CVP분석에서는 다음 두 가지 방식을 적용할 수 있다. 하나는 가중평균법이고, 다른 하나는 꾸러미법이다. 이하에서는 이 두 가지 방법을 소개한다.

1. 가중평균법(일명, 가중평균공헌이익법)

가중평균법은 사전에 정해진 제품믹스를 토대로 가중평균 단위당 공헌이익을 구한 후 이 수치를 이용하여 마치 단일제품인 경우처럼 앞서 설명한 식을 이용하여 손익분기점이나 목표이익 달성 조업도를 구한다. 이렇게 구한 조업도에 제품별 믹스비율을 곱하면 최종적으로 원하는 각 제품별 판매수량이 구해진다. 이때 단위당 가중평균 공헌이익은 각 제품별 공헌이익에 믹스비율을 곱하여 계산하거나 가중평균 판매가격에서 가중평균 변동비를 차감하여 계산해도 결과는 동일하다. 한 가지 방법(가령, 가중평균법)을 이용하고 다른 방법은 검산목적으로 활용함이 일반적이다(<예제 8-8> 참조).

2. 꾸러미법

꾸러미법은 가중평균법에서 구한 수치가 현실적인 의미를 갖지 못한다는 인식에서 비롯된 것이다. 즉, 단위당 가중평균 공헌이익은 결코 독자적으로는 의미를 갖지 못한다. 왜냐하면 A, B 두 제품을 가정할 경우 실제판매에서 실현되는 공헌이익은 A제품 단위당 공헌이익이거나 B제품 단위당 공헌이익 중의 하나일 뿐이지 결코 단위당 가중평균 공헌이익이 아니기 때문이다. 따라서 현실적인 의미를 갖는 최소한의 제품집합은 믹스비율(가령 A : B가 2 : 1)을 감안할 때 <그림 8.6>과 같은 꾸러미(basket) 형태를 상정할 수 있다.

위의 꾸러미를 분석단위로 삼을 경우 분석은 다음과 같이 이루어진다. 먼저 꾸러미 단위당 공헌이익을 계산한 후 총고정비를 이 수치로 나누어 손익분기점을 위한 꾸러미 판매수량을 계산한다. 이후 꾸러미에 포함된 제품별 수량(즉, A는 2, B는 1)을 곱하여 제품별 손익분기점 판매량을 구한다.

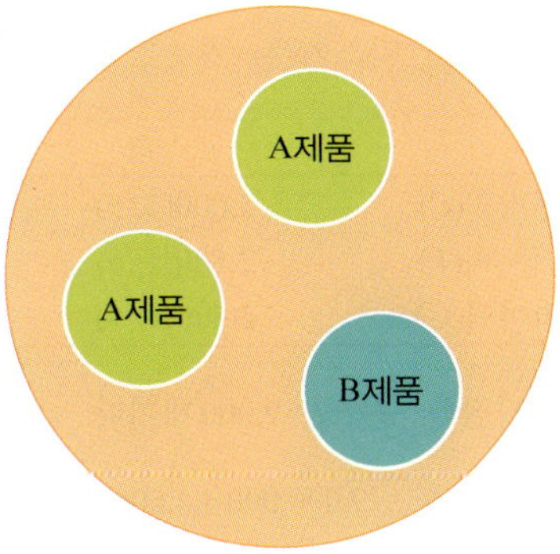

그림 8.6
2 : 1 믹스비율을 감안한 최소단위의 꾸러미

한 가지 유의할 점은 위에서 설명한 두 방법은 항시 동일한 결과를 제시한다는 것이다. 그러나 자칫 마지막 단계에서 믹스비율을 곱하는 대신 꾸러미에 포함된 제품별 수량을 곱하는(또는 반대의) 우(愚)를 범하지 않도록 유의해야 한다. 다음에 소개하는 <예제 8-8>은 두 가지 방법에 따른 해법을 비교하고 있다.

예제 8-8 다제품의 CVP분석 : 가중평균법 대 꾸러미법

판매수량으로 볼 때 1 : 4의 비율로 두 가지 제품을 판매하고 있는 아남문구의 자료를 이용하여 다음 물음에 답하시오. 단, 법인세율은 40%이다.

	포스터		카 드	
단위당 판매가격		₩5,000/장		₩8,000/박스
단위당 변 동 비				
제 조	₩1,500		₩2,000	
판 매	1,000	₩2,500	1,000	₩3,000
단위당 공헌이익		**₩2,500**		**₩5,000**
개별제품고정비		₩9,000,000		₩4,500,000
제품공통고정비			₩27,000,000	

〈물음〉

1. 손익분기점에 도달하기 위한 제품별 판매수량은 얼마인가?
2. 회사가 목표로 삼는 ₩16,200,000의 세후이익을 달성하기 위한 제품별 판매수량은 얼마인가?

풀이

1. (1) 가중평균법

위의 자료를 토대로(1 : 4의 믹스기준) 가중평균 공헌이익을 구하면 ₩4,500이다.

	포스터	카 드	가중치
단위당 판매가격(P)	5,000(1/5)	8,000(4/5)	7,400
단위당 변 동 비(V)	2,500(1/5)	3,000(4/5)	2,900
단위당 공헌이익(CM)	**2,500(1/5)**	**5,000(4/5)**	**4,500**

이를 토대로 손익분기점을 구하면 9,000개이다.

$$\textbf{손익분기점 판매량}(\text{BEP}) = \frac{9{,}000{,}000 + 4{,}500{,}000 + 27{,}000{,}000}{4{,}500} = 9{,}000\text{개}$$

따라서 **제품별 손익분기점 판매량**은 다음과 같다.

포스터 : 1,800장(= 9,000 × 1/5)
카 드 : 7,200박스(= 9,000 × 4/5)

위의 예제에서는 각 제품별로 추적가능한 별도의 고정비가 존재하지 않고 공통고정비만이 존재하는 경우를 가정하였다. 그러나 현실적으로 기업이 다제품을 취급할 경우에는 공통고정비 이외에도 각 제품에 직접 부과할 수 있는 개별고정비가 발생하기 마련이다. 기업이미지 광고나 영업판매사무소 임차비용 등의 마케팅코스트 등은 대표적인 공통고정비의 일례이다. 그러나 특정제품만을 위한 제조설비나 배송을 위한 물류시설 고정비 등은 개별고정비에 해당한다.

다제품의 CVP분석에서는 개별고정비나 공통고정비 모두가 회수되어야만 손익분기점이나 목표이익을 달성할 수 있기 때문에 공통고정비의 배분은 그다지 문제되지 않는다. 그러나 제품별 손익분기점을 별도로 계산할 경우에는 제품에 추적가능한 개별고정비만을 고려하여 손익분기점을 구하면 비록 제품별로는 손실이 발생하지 않는 경우에도 회사 전체적으로는 공통고정비가 회수되지 못하여 그만큼 손실이 발생한다. 이를 해소하기 위해 공통고정비를 제품별로 적절히 배분할 경우 배분방법에 따라 제품별 손익분기점은 달라진다. 이 점을 감안하여 다제품의 상황에서는 개별제품의 손익분기점을 별도로 구하는 것이 그다지 의미를 갖지 못한다.

(2) 꾸러미법

현실적으로 의미를 갖는 최소 꾸러미는 1개의 포스터와 4박스의 카드로 이루어진다. 따라서 **꾸러미당 공헌이익**은 ₩22,500이다. 이를 이용하여 손익분기점 꾸러미수(x)를 구하면

$$x = \frac{40{,}500{,}000}{22{,}500} = 1{,}800\text{꾸러미이다.}$$

따라서 제품별 손익분기점 판매량은 다음과 같다.

포스터 : 1,800장(= 1,800 × 1)
카 드 : 7,200박스(= 1,800 × 4)

TIP!

[틀리기 쉬운 함정]

복수제품의 CVP 문제를 풀 때 다음과 같은 점을 유의해야 한다. 만약 개별제품의 가격 및 변동원가 정보가 제시된 경우 이들 개별 정보를 가중평균해서 구한 공헌이익이 가중평균가격 대비 얼마인지를 (믹스 비율을 이용해) 계산한 **가중평균공헌이익률**을 활용해야 한다. 자칫 (편리하다는 이유로) 개별 제품의 공헌이익률을 구한 후 이를 믹스 비율로 가중평균하여 구한 수치는 복수 제품간 가격 차이가 존재하는 한 동일하지 않다. 가령, 제품 A(판매가격: 1,000 변동비: 100)와 제품 B(판매가격: 200,000, 변동비: 120,000)가 2:1 비율로 팔릴 경우 **올바른 가중평균공헌이익률**은 0.405(= 81,800÷202,000)이다. 그러나 자칫 제품 A의 공헌이익률인 0.9와 제품 B의 공헌이익률인 0.4를 2 : 1 비율로 계산하면 0.733(= $\frac{2.2}{3}$)이란 높은 수치가 나온다. 이 수치는 잘못된 것이다. 왜냐하면 제품가격이 상대적으로 낮은 제품 A의 비율이 전체 비율(즉, 매출액 단위(가령, 1원)당 공헌이익이 차지하는 비율로 정의되는 공헌이익률)을 왜곡하기 때문이다. 간혹 문제에서 제품별로 개별 수치를 주지 않고 공헌이익률 정보만을 제시할 경우에는 매출액단위당 기여하는 비율을 제시한 것이기 때문에 단순히 믹스 비율을 적용하여 계산하면 된다.

꾸러미(basket)

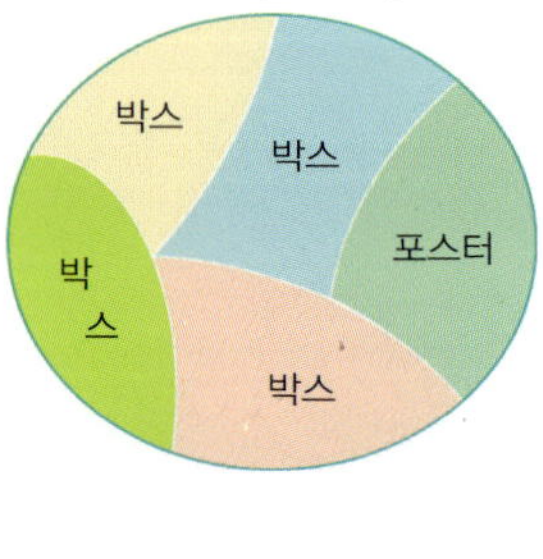

2. ₩16,200,000의 세후목표이익을 세전이익으로 환산하면

$$\frac{₩16{,}200{,}000}{1-0.4} = ₩27{,}000{,}000\text{이다.}$$

따라서 손익분기점 판매량은 꾸러미법에 의할 경우

$$\frac{₩40{,}500{,}000+₩27{,}000{,}000}{₩22{,}500} = 3{,}000\text{꾸러미이다.}$$

따라서 목표이익을 달성하기 위한 제품별 판매수량은 다음과 같다.

포스터 : 3,000장(=3,000×1)

카　드 : 12,000박스(=3,000×4)

3.2 현금분기점(현금 BEP)

전통적인 CVP분석에서는 현금유입이나 유출의 시점에 상관없이 수익이나 비용을 비교하는 가운데 손익분기점이나 이익을 계산하였다. 대부분의 경우 수익발생과 현금유입시점 그리고 비용발생과 현금유출시점이 각각 일치하는 것으로 가정하는 것이 그다지 문제되지 않는다. 그러나 이러한 가정이 적합하지 않은 기업이나 결손누적 등으로 자금압박을 받는 기업들은 조업도의 변화가 이익에 미치는 효과보다는 현금에 미치는 효과에 보다 큰 관심을 갖는다. IMF시대하에 성장보다는 도산방지 및 생존을 염려했던 기업의 경우를 떠올리면 쉽게 이해할 수 있다.

현금기준에 의한 CVP분석에서는 손익분기점에만 초점을 두는 것이 일반적이다.[3] 왜냐하면 도산방지 등 최소한의 현금유입가능성을 타진하는 경우에만 전통적 모델을 수정할 필요가 있기 때문이다. 이처럼 현금유입액과 현금유출액이 일치되는 조업도 수준, 즉 판매량 또는 매출액을 **현금분기점**(cash break-even point) 또는 **현금흐름분기점**이라고 부른다.

현금분기점은 법인세를 고려하는 경우와 이를 고려하지 않는 경우로 나누어 다음과 같이 공식화할 수 있다.

① 법인세를 고려하지 않는 경우

$$\text{현금 BEP} = \frac{\text{고정비} - \text{비현금지출원가}}{\text{단위당 공헌이익}} \quad \cdots\cdots (8\cdot13)$$

3) 수익 또는 원가 발생시점과 현금흐름이 불일치되는 경우 중 대표적인 것으로는 고정설비자산의 **감가상각비**를 들 수 있다. 감가상각비는 비록 비용으로 잡힐지언정 현금지출을 수반하지 않기 때문에 현금분기점 계산시 고려되는 고정비에서 제외된다.

식 (8·13)을 전통적인 BEP공식과 비교하면 현금지출이 없는 고정비가 존재할 경우의 BEP는 상대적으로 낮다는 것을 알 수 있다.

② 법인세를 고려할 경우

$$\text{현금 BEP} = \frac{\text{고정비} - \dfrac{\text{비현금지출원가}}{1 - \text{세율}}}{\text{단위당 공헌이익}} \quad \cdots\cdots (8\cdot 14)$$

식 (8·14)에 대해서는 한 가지 유의할 점이 있다. 즉, 분자의 경우 비현금지출원가에만 1 – 세율로 나누어준다는 점이다. 따라서 식 (8·13)과 비교할 경우 법인세를 고려한 현금 BEP는 상대적으로 낮다. 왜냐하면 비현금지출비용은 세금부담을 줄여 현금유출을 감소시키기 때문이다.[4)]

TIP!

감가상각비의 감세효과(depreciation tax shield)

현금지출을 수반하지는 않지만 다른 비용항목처럼 세금을 줄이는 효과를 말한다. Tax shield라는 용어는 1940년대 자본예산편성을 소개하던 하버드대학교 수업시간에 학생의 입에서 나온 용어를 담당교수가 채택하면서부터 사용되기 시작하였다.

예제 8–9 감가상각비감세효과를 고려한 세후현금흐름의 비교

매년 감가상각비를 제외하고는 동일한 영업이익을 기록하고 영업이익(₩2,000)은 현금유입액과 일치하는 두 회사(A사와 B사)가 있다고 가정하자. 제조업체인 B사는 서비스업체인 A사와 달리 매기 ₩500의 감가상각비를 손익계산서에 계상한다. 법인세율은 40%로 가정하고 양사의 세후영업현금흐름을 비교하시오.

풀 이

	A사(서비스업) : Ⅰ	B사(제조업) : Ⅱ	차이(Ⅰ–Ⅱ)
• 현금영업이익(감가상각비 제외)	₩2,000	₩2,000	–
• 감가상각비	0	(500)	500
• 법인세차감전 순이익	2,000	1,500	500
• 법인세(40%)	(800)	(600)	200
• 법인세차감후 순이익	1,200	900	300
• 감가상각비	0	500	(500)
• 영업활동 현금유입액	₩1,200	₩1,400	(200)

4) 식 (8·14)는 다음과 같은 현금유입액과 현금유출액을 일치시킴으로써 구해진다. 제2절에서 정의한 약자를 이용하여 나타낸다. 단, 매출액과 변동비는 현금유입, 유출과 일치하는 것으로 그리고 FC는 비현금지출을 포함하는 총고정비로 가정한다.

$$\text{현금유입액} = PQ - (PQ - VQ - FC) \times r \quad \cdots\cdots (A1)$$

$$\text{현금유출액} = VQ + FC - \text{비현금지출원가} \quad \cdots\cdots (A2)$$

A1과 A2를 일치시킨 후 Q에 관해 정리하면 식 (8·14)가 구해진다.

양사 간의 세후영업현금흐름의 차이(₩200)는 감가상각비 감세효과(₩500×0.4＝₩200)와 일치한다. 이는 곧 B사의 세후영업현금흐름은 다음과 같이 법인세차감후 현금영업이익에 감가상각비 감세효과를 합하여 구할 수 있음을 의미한다.

법인세차감후 현금영업이익 [₩2000×(1－0.4)]	₩1,200
＋ **감가상각비 감세효과** [₩500×0.4]	＋200
＝ 세후영업현금흐름	₩1,400

예제 8-10 **CVP분석 : 현금분기점**

모나미㈜는 한 제품만을 생산·판매하고 있다. 제품의 단위당 판매가격은 ₩20이고 단위당 변동비는 ₩12이다. 연간 총고정비는 ₩160,000인데 이 중에는 감가상각비(공장설비 및 물류시설 등)가 ₩48,000 포함되어 있다. 감가상각비를 제외하고는 현금지출과 원가발생의 시점이 동일하다고 가정한다.

〈물음〉

1. 전통적인 손익분기점 판매량은 얼마인가?
2. 현금흐름에 기준한 손익분기점(즉, **현금분기점**) 판매량은 얼마인가? 단, 세금이 없다고 가정한다.
3. 세율 40%를 감안할 경우 물음 2의 답은 얼마인가?

풀 이

1. 손익분기점 판매량 $= \dfrac{₩160{,}000}{₩20 - ₩12} = 20{,}000$개

2. 현금분기점(세금부재) $= \dfrac{₩160{,}000 - ₩48{,}000}{₩20 - ₩12} = 14{,}000$개

3. 현금분기점(세금존재) $= \dfrac{₩160{,}000 - \dfrac{₩48{,}000}{1 - 0.4}}{₩20 - ₩12} = 10{,}000$개

종합 예제 CVP에 기초한 분석: 홍익전자(주)의 사례

홍익전자㈜는 개당 가격에 ₩65,000인 DRAM을 제작 · 판매하고 있으며 이와 관련된 자료는 다음과 같다.

구 분	개당 변동비	연간 고정비
직접재료비	₩20,000	–
직접노무비	15,000	–
제조간접비	5,000	₩250,000,000
판매관리비	5,000	50,000,000
계	₩45,000	₩300,000,000

〈요구사항〉

1. 손익분기점이 되는 판매수량과 매출액을 구하면 얼마인가?
2. 판매수량이 10,000대인 경우에 이익은 얼마인가?
3. 판매가격이 15% 하락하면 BEP 수량은 얼마로 변하는가?
4. 직접노무비가 10% 증가하면 BEP 수량은 얼마로 변하는가?
5. 2020년도의 예상판매량이 25,000개라면 안전한계(또는 안전여유)는 얼마인가? (수량·금액으로 표시할 것)
6. 2020년도에 ₩50,000,000의 이익을 얻기 위해 필요한 판매수량은 얼마인가?
7. 법인세율이 40%일 경우에 세금차감후 순이익이 ₩50,000,000으로 되기 위해서 필요한 세차감전 순이익과 판매수량은 얼마인가?
8. 고정제조간접비 중 현금지출이 없는 원가(감가상각비 등)가 ₩50,000,000이면 현금분기점(Cash BEP)은 몇 개인가?

〈자료: KICPA, 1962, 2차 수정〉

풀이

TIP! 판매량이 바뀌면 매출액, 총변동비, 총공헌이익이 모두 바뀐다. 학생들이 문제를 풀 때 매출액 변동은 잘 계산하지만 변동비 변동을 놓치는 경우가 많다. "단위당 공헌이익 x 판매량"으로 총공헌이익을 계산하여 매출액과 변동비 변동을 확인하는 것도 계산실수를 방지하는 한 방법이다.

1.

P(판매가격)	₩65,000
$-V$(변동비)	(45,000)
CM(공헌이익)	₩20,000 (단위당)

$$\therefore BEP_Q = \frac{₩300,000,000}{₩20,000} = 15,000\text{개}$$

$$BEP_₩ = 15,000 \times ₩65,000 = ₩975,000,000$$

$$\text{또는 } 300,000,000 \div \frac{20}{65} = ₩975,000,000$$

2. (10,000 − 15,000)개 × 20,000* = (100,000,000) 즉, 손실

* 단위당 공헌이익

3.

$P' = 65{,}000 \times (1-0.15) =$	₩55,250
$-V =$	(45,000)
CM' (변경 후의 단위당 공헌이익)	₩10,250

$$\therefore BEP_{Q'} = \frac{₩300{,}000{,}000}{₩10{,}250} \fallingdotseq 29{,}269\text{개로 증가}$$

4.

$P =$	₩65,000
$-V' = 45{,}000 + 15{,}000 \times 0.1 =$	(46,500)
CM'	₩18,500

$$\therefore BEP_{Q'} = \frac{₩300{,}000{,}000}{₩18{,}500} = 16{,}217\text{개}$$

5. $MS_Q = 25{,}000 - 15{,}000^* = 10{,}000$개
   * BEP_Q (손익분기점 판매량)
   $MS_S = 25{,}000 \times ₩65{,}000 - ₩975{,}000{,}000^* = ₩650{,}000{,}000$
   * $BEP_{₩}$ (손익분기점 매출액)

6. $TI_Q = \dfrac{₩50{,}000{,}000 + ₩300{,}000{,}000}{₩20{,}000} = 17{,}500$개

7. ① 목표세전이익 $= \dfrac{₩50{,}000{,}000}{1-0.4} = ₩83{,}333{,}333$

   ② $TI_Q = \dfrac{₩83{,}333{,}333 + ₩300{,}000{,}000}{₩20{,}000} = 19{,}167$개

8. 현금분기점 $= \dfrac{₩300{,}000{,}000 - ₩50{,}000{,}000}{₩20{,}000} = 12{,}500$개

영화와 CVP분석

2011년 <조선명탐정: 각시투구꽃의 비밀>이라는 영화가 개봉하기 전, 주연배우 김명민 씨의 한 측근은 신문 인터뷰에서 "시나리오가 좋아 김명민 씨가 기존의 영화보다 낮은 금액에 출연을 결심했을 정도로 애착이 큰 작품"이라고 했다. 실제로 알려진 바로도 김명민 씨는 제작사의 입장을 고려해서 원래 받기로 한 출연료에서 약 20%를 삭감하고 촬영에 임했다고 한다. 대신 김명민 씨는 줄어든 출연료를 보전받기 위해 영화가 손익분기점인 '220만 관객'을 넘을 경우 관객 1명당 100원씩 추가수입을 받는 **러닝개런티** 계약을 맺었다고 한다.

결론은 어떻게 됐을까? <조선명탐정>은 480만 명을 동원하며 역대 한국영화 흥행순위 20위 안에 기록될 정도로 흥행에 성공했다. 덕분에 김명민 씨는 당초보다 많은 총 6억 원가량의 출연료를 받게 됐다고 한다. 마치 영화의 흥행을 예상이라도 한 것처럼 기막힌 의사결정을 한 셈이다.

이것을 회계학적으로 이야기하면, 변동원가와 고정원가를 분석해 관객수를 예측하여 본인의 이익을 극대화한 것이라 할 수 있다. 관리회계에서는 이를 '**CVP분석**'이라고 한다. 원가(Cost)와 조업도(Volume)가 이익(Profit)에 어떤 영향을 미치는지를 분석한다는 뜻이다.

왠지 말이 어렵지만, CVP분석의 대표적인 사례가 바로 회의시간에 지긋지긋하게 듣는 그 **손익분기점**(BEP) 도출이다. 이제부터 변동원가는 뭐고 고정원가는 뭔지 차근차근 알아보도록 하자.

영화 <조선명탐정>의 **누적관객수**는 약 **480만 명**으로 1인당 8,000원의 관람가격을 기준으로 하면 384억 원 정도의 매출을 달성했다는 것을 알 수 있다. 손익분기점의 관객수가 220만 명이었고 이때의 **손익분기점 매출액**은 **176억 원**이므로, 영화는 208억 원이라는 금액을 남긴 것이 된다. 이때 영화는 208억 원의 안전한계를 달성했다고 할 수 있다.

'**안전한계**(Margin of Safety)'는 예상 또는 실제 매출액이 손익분기점을 어느 정도 벗어나 있는지를 의미하는데, 기업의 이익구조 또는 안전성을 요약하는 지표가 된다. 시장상황이 좋지 않더라도 예상되는 안전한계가 높다면 손해를 볼 가능성도 줄어든다. 일종의 쿠션 역할을 하는 것이다. 그만큼 의사결정이 쉬워지는 것이다.

배우 김명민 씨는 손익분기점 관객수 220만 명을 초과하는 관객마다 100원의 러닝 개런티 계약을 맺었다. 그 결과 계산대로라면 고정 개런티 3억 원에 러닝개런티 2억6,000만 원((480만 명 - 220만 명)*100원)을 추가하여 총 5억6,000만 원 정도를 받게 되었을 것이다. 김명민 씨가 철저한 CVP분석을 통해 이러한 계약을 맺은 것인지는 모르겠지만, 만약 잘못된 분석에 의해 당초 계획대로 고정 개런티 3억6,000만 원만 받기로 계약을 맺었다면 어땠을까? 아마 <조선명탐정> 2편의 출연을 기분 좋게 결정하지는 못하지 않았을까?

(출처: 『지금 당장 회계공부 시작하라』, 강대준 · 신홍철 (2012), 한빛비즈)

간단한 그래프를 이용하여 러닝개런티 옵션을 비교해 보기

앞의 손익분기점 분석에 사용된 핵심 자료를 정리하면 다음과 같다.

1. 영화 손익분기점 : 관객 220만 명
2. 실제 누적관객 수 : 480만 명
3. 관객 1인당 공헌이익 : 3,000원

영화배우 김명민이 <조선명탐정> 출연료와 관련하여 다음과 같은 옵션을 제안받았다고 가정하자.

- 옵션 #1 **고정 3억 원에 손익분기점 초과 관객 1인당 100원**(실제 계약안)
- 옵션 #2 손익분기점에 도달하기까지는 전혀 출연료를 받지 않는 대신에 **손익분기점 초과 관객 1인당 300원**을 받는 안(제2안)
- 옵션 #3 처음부터 **관객 1명당 150원**을 받는 안(제3안)

위의 자료를 토대로 만약 김명민이 상기 3가지 옵션 중 한 가지를 택할 수 있었다면 어느 대안이 가장 바람직했을까? 이에 대한 답은 간단한 등식 비교로도 구할 수 있지만 좌측(Y축)을 출연료로 우측(X축)을 관객 수로 하는 그래프를 활용하면 쉽게 구할 수 있다. 누적 관객수 480만명의 경우 **제2안**을 택했을 경우 가장 많은 출연료(7억8천만 원)를 받을 수 있다. 결국 예상 관객수를 얼마나 정확하게 예측할 수 있는가에 따라 희비가 달리는 것이다.

(추가 가능한 분석) 만약 이러한 분석을 확장해 과연 최종 관객수가 얼마일 경우 제2안과 3안의 출연료가 같을지가 궁금하다면 간단한 수식(가령, y = a + bx 유형의 식)을 이용해 계산할 수 있다.

주) 이처럼 두 대안이 동일한 결과(즉, 선호도)를 보이는 조업도 수준을 **무차별점**(indifference point)라고 한다.

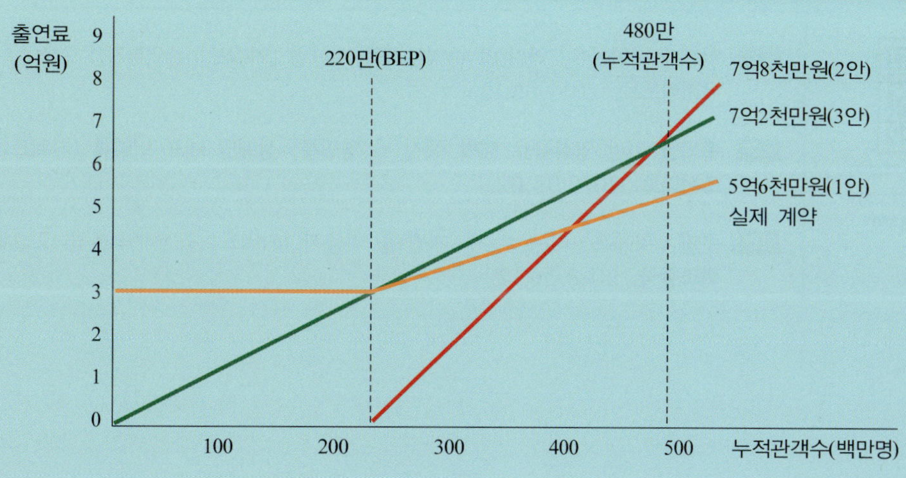

요 약

1. 이 장에서는 관리회계의 대표적 모델이자 이 책에서 최초로 소개하는 모델인 CVP모델을 소개하였다. 대표적인 단기 이익계획모델인 **CVP모델**은 기업의 원가구조와 수익구조에 대한 분해와 종합을 토대로 기업의 수익성, 즉 이익체질을 파악하게 한다. 기본적으로 고정비와 변동비라는 원가분류체계를 기반으로 하는 **CVP분석**은 특별주문의 수락 여부 및 가격결정 등 다양한 의사결정에 활용된다.
2. 기본적 CVP모델에 대한 이해를 토대로 좀 더 복잡한 모델을 이해하는 것이 중요하다. 즉, **단일모델**에서 **다제품**으로 그리고 **세금효과를 배제한 모델**에서 세금효과를 고려한 경우로 확대하는 것이 그것이다. CVP분석에서는 판매가격에서 변동비를 차감한 공헌이익이라는 개념이 중요한 위치를 차지한다.

핵심 용어

- 도해법
- 공식법
- 공헌이익
- 안전한계
- 꾸러미법
- 민감도분석
- 가중평균법
- 현금분기점
- 손익분기점(BEP)
- 이익·조업도(PV)그래프
- 원가·조업도·이익(CVP)분석
- 조업도
- 공헌이익률
- 변동비율
- 목표이익
- 무차별점

Reading materials

원가회계 전문가되기
http://cafe.naver.com/newcosting.cafe

- 어딘가 석연찮은 '역린'의 손익분기점 계산법 (키워드: 손익분기점, 관객수)
  무비리포트, 2014.05.13.
- 쪽박날 거란 영화들로 대박 행진… '명필름' 심재명 대표 인터뷰 (키워드: 손익분기점)
  조선일보, 2012.06.02.
- 쿠팡 · 위메프 · 티몬, 누가 '치킨'을 먹을까 (키워드: 공헌이익 분석, 고정비)
  비즈한국, 2018.06.12.

단답식 개념문제

01. 매출총이익(gross margin)과 공헌이익(contribution margin)은 영어표현은 유사할지언정 전혀 다른 개념이다. 그러나 전통적 손익계산서의 □□□□□□□와 공헌이익 접근방식 손익계산서의 □□□□□ 및 □□□가 우연히 일치하는 경우 매출총이익과 공헌이익이 일치하게 된다.

02. 예상 또는 실제매출액이 손익분기점을 어느 정도 벗어나 있는지를 측정하는 □□□□는 기업의 이익구조 또는 □□□을 요약하는 지표이다.

03. 현금□□□과 현금□□□이 일치하는 조업도 수준, 즉 판매량 또는 매출액을 현금분기점(cash break-even point)이라고 부른다.

[문1] 원가 - 조업도 - 이익(CVP)분석의 기본적인 가정을 설명하시오.

[문2] CVP분석을 다른 용어로는 CVP관계라고 하는데 관계(relationship)라는 용어를 사용하는 이유를 설명하시오.

[문3] CVP그래프를 그릴 때 변동비를 먼저 표시하고 그 위에 고정비를 합쳐서 총원가선을 표시하는 것이 고정비를 먼저 표시하고 그 위에 변동비를 합쳐 총원가를 나타내는 방법보다 더 바람직한 이유는 무엇인가?

[문4] 공헌이익접근법을 주장하는 사람들은 고정비가 중요하지 않다고 생각한다. 이에 동의하는가?

[문5] 안전한계와 민감도분석 간의 관련성을 설명하시오.

[문6] 매출원가가 변동비만으로 구성되는 소매업에서도 매출총이익은 공헌이익과 일치하지는 않는다는 주장이 옳은지를 설명하시오.

[문7] 이익 - 조업도그래프에서 X축을 매출액과 판매수량으로 표시할 때의 기울기는 각각 무엇을 의미하는가?

[문8] 회계적 관점의 CVP그래프와 경제학적 관점의 CVP그래프의 주된 차이점은 무엇인가?

[문9] 손익분기점(BEP) 분석은 매우 훌륭한 것이다. 당신은 변동비에 대해서만 주의를 집중하면 된다. 고정비는 문제되지 않는다. 이 말에 동의하는가?

[문10] 법인세의 존재 여부가 손익분기점에 영향을 미치는가?

[문11] 법인세가 목표이익을 달성하기 위한 매출조업도에 영향을 미치는가?

[문12] 전통적인 손익분기점보다 현금흐름분기점이 낮은 것이 일반적이다. 그 이유를 설명하시오.

[문13] 이익-조업도그래프(PV graph)와 CVP그래프의 차이점을 세 가지만 설명하시오.

[문14] 복수제품의 CVP분석 방법 두 가지를 설명하시오.

[문15] 복수제품의 CVP분석시 단일제품의 CVP분석에 비해 추가되는 핵심가정은 무엇인가?

[문16] CVP분석에서 배분된 고정비는 어떻게 취급되는가?

[문17] 민감도분석은 CVP분석의 어떤 한계점을 보완하기 위한 것인가?

연습문제

객관식

[문1] CVP분석 : 이론 (★)

일반적으로 손익분기점 분석에서 고려하지 않는 가정은?

① 판매가격은 일정범위 내에서는 변동하지 않는다.

② 모든 원가는 고정비와 변동비로 나누어질 수 있다.

③ 수익과 원가형태는 관련범위 내에서 곡선이다.

④ 원가요소, 능률, 생산성은 일정범위 내에서 변동하지 않는다.

⑤ 단위당 판매가격은 판매량에 관계없이 일정하다.

[문2] CVP분석 : 이론 (★★)

원가 - 조업도 - 이익 분석과 관련된 설명으로 옳지 않은 것은? (단, 답지항에서 변동되는 조건 외의 다른 조건은 일정하다고 가정한다.) (세무사 2016)

① 계단원가(준고정비)가 존재하면 손익분기점은 반드시 계단 수(구간 수)만큼 존재한다.

② 법인세율이 증가하면 같은 세후 목표이익을 달성하기 위한 판매량이 많아진다.

③ 단위당 변동원가가 작아지면 손익분기점이 낮아진다.

④ 공헌이익률이 증가하면 목표이익을 달성하기 위한 매출액이 작아진다.

⑤ 법인세율이 증가해도 손익분기점은 바뀌지 않는다.

[문3] 손익분기점에 영향을 미치는 요인 : 개념 (★★)

다음은 손익분기점의 크기에 영향을 미칠 수 있는 것이다. 이들 중 손익분기점이 높아지게 되는 경우만을 제대로 모은 것은?

a. 변동비율의 증가 b. 총고정비의 증가 c. 단위당 판매가격의 증가

① a ② b ③ a, b ④ b, c ⑤ a, b, c

[문4] 원가–조업도–이익도표(CVP그래프) (★★)

다음 그림은 원가 – 조업도 – 이익도표이다. 조업도는 매출액이다. '변동비 ÷ 매출액'과 '고정비 ÷ 매출액'에 대하여 A점과 B점을 비교해 보면?

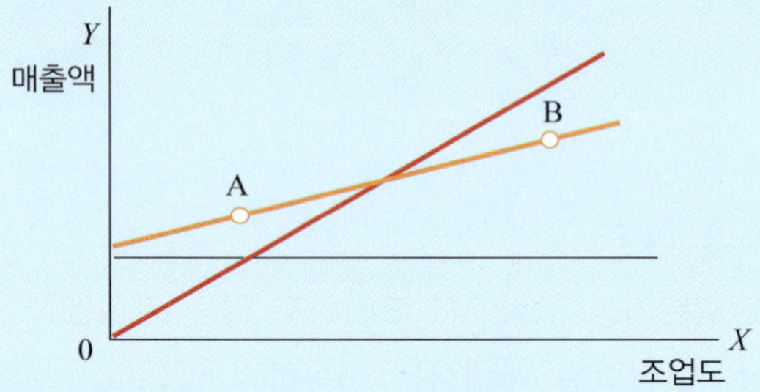

	'변동비 ÷ 매출액'	'고정비 ÷ 매출액'
①	A = B	A < B
②	A > B	A > B
③	A > B	A < B
④	A < B	A = B
⑤	A = B	A > B

[문5] 손익분기점 : 역산 (★)

명성회사의 손익분기점 매출액(BEP)이 ₩1,000,000 공헌이익률이 40%, 2019년도 영업이익이 ₩250,000일 경우 2019년도 매출액을 계산하면?

① ₩1,625,000 ② ₩1,375,000 ③ ₩1,700,000 ④ ₩1,083,333 ⑤ ₩1,600,000

[문6] 목표이익 : 역산 (★★)

㈜세무는 단일 제품을 생산 · 판매하고 있으며, 단위당 변동비는 ₩400이고, 손익분기매출액은 ₩100,000이고, 공헌이익률은 20%이다. 목표이익 ₩80,000을 달성하기 위한 제품의 생산 · 판매량은? (세무사 2013)

① 1,000단위 ② 1,100단위 ③ 1,200단위 ④ 1,300단위 ⑤ 1,400단위

[문7] 목표이익을 달성하기 위한 판매가격 (★★)

서희회사는 자동차부속품 30,000단위를 시중에 판매할 것을 계획하고 있다. 이때 고정비는 ₩3,000,000이고 변동비는 매출액의 60%라고 하자. ₩2,000,000의 영업이익을 실현하기 위해서 단위당 판매가격을 얼마로 설정해야 하는가?

① ₩125.00 ② ₩166.77 ③ ₩277.77 ④ ₩312.50 ⑤ ₩416.67

[문8] CVP분석 : 고정비 계산 (★★)

제품 R의 예상판매량은 200단위이며, 기타 관련된 예산자료는 다음과 같다.

단위당 변동비	₩350
공헌이익률	30%
BEP매출액	₩100,000

판매원의 고정월급을 인상하면 제품 R의 판매량을 50단위만큼 증가시킬 수 있다 50단위의 제품 R을 추가생산 · 판매하여 250단위 전체로부터 얻는 순이익이 50단위 매출액의 10%가 되게 하려면 고정월급을 최대한 얼마만큼 인상할 수 있는가?

① ₩5,000 ② ₩5,750 ③ ₩6,750 ④ ₩1,250

[문9] 민감도분석 (★★)

단일제품을 판매하는 A사는 3월 총매출액(다른 수익은 없음) ₩70,000이 총비용 ₩91,000보다 작아 결과적으로 ₩21,000의 손실을 기록했다. A사 제품의 현재 판매단가는 단위당 ₩100, 공헌이익률은 20%이다. A사는 상황을 타개하기 위해 대대적인 판촉활동과 가격인상을 병행하기로 했다. 이로 인해 고정판매원가는 ₩15,000만큼 늘어나게 되지만 단위당 변동원가는 변하지 않는다. A사가 세후 ₩28,000의 이익을 실현하려면 예상 판매량이 1,000개일 경우 판매가격은 얼마로 책정되어야 하는가? (단, 세율은 30%로 가정한다.)

① ₩170 ② ₩155 ③ ₩158 ④ ₩131 ⑤ ₩144

[문10] 복수제품의 CVP분석(I) : 손익분기점 (★★)

고성공업은 제품 X, Y, Z를 생산하고 있다. 이 회사제품은 Z제품 1개당 X제품 3개, X제품 1개당 Y제품 2개를 판매한다. 단위당 공헌이익은 X, Y, Z제품 각각 ₩1, ₩1.5, ₩3이다. 연간 고정비는 ₩600,000이다. 주어진 자료를 사용할 경우 손익분기점에서 X제품 몇 개를 판매하여야 하는가?

① 12,000개 ② 40,000개 ③ 120,000개 ④ 55,814개 ⑤ 34,333개

[문11] 복수제품의 CVP분석(II) : 목표이익 (★★)

㈜세무는 제품 A(공헌이익률 50%)와 제품 B(공헌이익률 30%) 두 제품만을 생산 · 판매하는데, 두 제품 간 매출액의 상대적 비율은 일정하게 유지된다. ㈜세무의

20×1년 매출액 총액은 ₩7,000,000, 총고정비는 ₩1,750,000으로 예측하고 있으며, 예상 영업이익은 ₩700,000으로 설정하였다. ㈜세무가 20×1년의 예상 영업이익을 달성하기 위한 제품 A와 제품 B의 매출액은? (세무사 2016)

	제품 A	제품 B
①	₩700,000	₩6,300,000
②	₩840,000	₩6,160,000
③	₩1,750,000	₩5,250,000
④	₩2,800,000	₩4,200,000
⑤	₩3,150,000	₩3,850,000

※ 다음은 문제 [12～13]에 관련된 자료이다.

와우전자는 박스당 ₩2,000에 임시 디스크를 판매할 예정이며, 한 박스는 한 단위로 간주된다. 이 디스크의 원가는 단위당 ₩500이고, 회사는 곧 개최되는 컴퓨터 쇼 행사에서 하나의 부스(booth)를 임차하여 판매할 계획이다. 부스 임차에 따른 대가지불과 관련하여 와우전자는 다음의 3가지 대안을 갖고 있다.

- 대안1 : 고정 수수료 ₩300,000 지불
- 대안2 : ₩100,000의 고정 수수료와 판매수익의 10% 지불
- 대안3 : 판매수익의 25% 지불

[문12] 대안간의 비교 (★)

위에서 소개한 세 가지 대안과 관련한 다음의 보기 중 잘못된 것은?

① 판매량에 따라 어느 대안을 택하느냐의 의사결정 결과는 달라진다.

② 대안별 영업이익은 다를 것이다.

③ 팔다 남은 디스크를 전량 반환할 수 있다면 와우전자가 디스크를 전혀 판매하지 못하더라도 손익분기점을 달성할 수 있는 대안이 최소한 한 가지가 있다.

④ 모든 대안에는 고정비가 포함되어 있다.

⑤ 정답 없음

[문13] 무차별점(Ⅰ) (★★)

대안1과 대안2의 영업이익이 무차별해질 판매량은 얼마인가?

① 200단위 ② 400단위 ③ 600단위 ④ 800단위 ⑤ 1,000단위

[문14] 무차별점(II) (★★)

㈜세무는 20×1년에 제품 A를 생산하기로 결정하였다. 제품 A의 20×1년 생산량과 판매량은 일치하며, 기초 및 기말재공품은 없다. 제품 A는 노동집약적 방법 또는 자본집약적 방법으로 생산 가능하며, 생산방법에 따라 품질과 판매가격의 차이는 없다. 각 생산방법에 의한 예상제조원가는 다음과 같다.

	노동집약적 생산방법	자본집약적 생산방법
단위당 변동제조원가	₩300	₩250
연간 고정제조간접원가	₩2,100,000	₩3,100,000

㈜세무는 제품 A 판매가격을 단위당 ₩600으로 책정하고, 제조원가 외에 단위당 변동판매관리비 ₩50과 연간 고정판매관리비 ₩1,400,000이 발생될 것으로 예상하였다. ㈜세무가 20×1년에 노동집약적 생산방법을 택할 경우 손익분기점 판매량(A)과 두 생산방법 간에 영업이익의 차이가 발생하지 않는 판매량(B)은 각각 얼마인가? (세무사 2016)

	(A)	(B)		(A)	(B)
①	8,400단위	20,000단위	②	10,000단위	15,000단위
③	10,000단위	20,000단위	④	14,000단위	15,000단위
⑤	14,000단위	20,000단위			

[문15] 목표이익과 민감도분석 (★★★)

㈜갑의 신제품 개발팀은 신제품을 위한 다양한 제품 사양을 개발하였다. ㈜갑은 개발한 제품 사양이 모두 포함된 신제품 A를 제조할 것인지 아니면 제품 사양들 중 일부가 제외된 신제품 B를 제조할 것인지를 결정하고자 한다. 어느 신제품을 생산하여 출시하더라도 생산 및 판매와 관련된 예상고정원가 총액은 ₩2,000,000이며, 신제품의 목표이익률은 판매가격의 30%이다.

신제품 A와 신제품 B의 생산 및 판매와 관련된 추가 자료는 다음과 같다.

	신제품 A	신제품 B
단위당 예상판매가격	₩5,000	₩4,000
단위당 예상변동원가	₩2,500	₩1,900
예상생산 · 판매량	?	2,500단위

다음 설명 중 옳지 않은 것은? (KICPA 2012)

① 신제품 A의 단위당 목표원가는 ₩3,500이다.

② ㈜갑은 신제품 A의 단위당 목표원가를 달성하기 위해 최소한 2,000단위 이상을 생산 · 판매하여야 한다.
③ 신제품 B의 단위당 목표원가는 ₩2,800이다.
④ 신제품 B를 생산 · 판매하면 목표이익률을 달성할 수 있다.
⑤ 만약 신제품 A의 예상생산 · 판매량이 2,000단위 이상이면, ㈜갑은 신제품 B 대신 신제품 A를 생산 · 판매하는 것이 유리하다.

[문16] CVP분석 종합 (★★)

㈜세무의 2019년 연간 실제 매출액은 ₩100,000이고 연간 실제 고정원가는 ₩30,000이며, 변동원가율은 60%, 법인세율은 20%이다. 다음 설명 중 옳은 것은? (세무사 2013 수정)

① 당기순이익 ₩12,000을 달성하기 위한 목표매출액은 ₩112,500이다.
② 당기순이익은 ₩10,000이다.
③ 판매량이 5% 증가하면 세전영업이익은 ₩1,600 증가한다.
④ 안전한계율(M/S비율)은 33.3%이다.
⑤ 손익분기매출액은 ₩70,000이다.

주관식

[문1] CVP + 목표이익을 달성하기 위한 판매량 : 법인세 고려 (★★)

다음은 단일제품을 생산하고 있는 ㈜홍익의 2019년도 10월 중 원가와 관련된 자료이다. 단, 생산설비는 충분히 크며, 법인세율은 40%이다.

(1) 단위당 판매가격	₩200	(2) 단위당 직접재료비	₩20
(3) 단위당 직접노무비	40	(4) 단위당 변동제조간접비	30
(5) 단위당 변동판매비	50	(6) 월간 고정비총액	60,000

〈요구사항〉

1. ㈜홍익의 손익분기점(BEP) 매출액은 얼마인가?
2. ㈜홍익이 목표이익을 세후 ₩61,200으로 설정하였다면 세후 목표이익을 달성하기 위한 10월의 판매량은 얼마인가? 단, 생산량과 판매량은 일치한다고 가정한다.

[문2] 안전한계 (★)

와우㈜의 2019년 경영성과를 요약하면 다음과 같다.

- 매 출 액 : ₩2,000,000
- 매출원가 : 변동비율 45% 고정비 ₩420,000
- 판매비와 관리비 : 변동비율 15% 고정비 ₩130,000
- 영업이익 : ₩250,000

〈요구사항〉

2019년의 안전한계(margin of safety) 비율은?

[문3] 복수제품하의 CVP분석(I) (★★)

T회사는 두 제품 A와 B만을 생산한다. 각 제품의 매출액은 이 회사 총매출액의 60%와 40%에 해당된다. 매출액에 대한 변동비는 제품 A가 60%, 제품 B가 85%이다. 총고정비는 ₩150,000이며, 그 밖의 다른 비용은 없다.

〈요구사항〉

1. 손익분기점 매출액은 얼마인가?
2. 총고정비가 30%만큼 증가한다고 가정할 때, ₩9,000의 순이익을 얻기 위하여 필요한 매출액은 얼마인가?

[문4] 복수제품의 CVP분석(II) (★★)

홍익주식회사는 두 종류의 제품 A와 B를 생산 · 판매하고 있다. 2019년도에 이 회사의 법인세차감후 순이익은 총매출액의 10%이었다. 제품 A와 B의 총매출액에 대한 기여도는 각각 50%씩이다. 그 밖의 관련정보는 다음과 같다.

	A	B
단위당 판매가격	₩100	₩200
단위당 변동비	60	150
단위당 공헌이익	40	50
연간 총고정비	₩90,000	
법인세율	60%	

이 회사는 2019년 한 해 동안 제품 A와 B를 각각 몇 단위씩 판매하였겠는가? 그리고 세후순이익은 얼마였겠는가?

[문5] 안전한계율 및 목표이익 달성 (★★)

ABC사는 한 종류의 제품을 제조 · 판매하고 있으며 2019년도의 자료는 다음과 같다.

매출액(1,000단위)		₩1,000,000
매출원가		
직접재료비	₩100,000	
직접노무비	200,000	
변동제조간접비	100,000	
고정제조간접비	280,000	680,000
매출총이익		320,000
판매비와 관리비		
변동비	100,000	
고정비	190,000	290,000
영업이익		30,000

〈요구사항〉

1. 안전한계율을 계산하시오.
2. 만약 매출이 현재보다 20% 감소하면 최종이익은 어떻게 되는가?
3. 영업이익을 현재보다 2배로 늘리기 위해서는 판매량은 몇 % 증가해야 하는가?

<자료 : KICPA, 1981, 2차 일부 수정>

[문6] 현금흐름과 CVP분석 (★★)

해숙주식회사는 컴퓨터부품을 생산하고 있다. 이 회사는 2019년도에 55,000개의 부품을 판매하였으며 손익계산서는 다음과 같다.

Ⅰ. 매출액	₩1,100,000,000
Ⅱ. 변동제조비	330,000,000
Ⅲ. 고정제조비	430,000,000
Ⅳ. 변동판매관리비	110,000,000
Ⅴ. 고정판매관리비	90,000,000
Ⅵ. 법인세차감전 순이익	140,000,000
Ⅶ. 법인세(40%)	56,000,000
Ⅷ. 당기순이익	₩84,000,000

〈요구사항〉

1. 이 회사의 변동비는 모두 현금지출비용이고 고정비에는 감가상각비 등 비현금지출비용이 ₩178,000,000이 포함되어 있다. 현금분기점을 구하시오. (단, 법인세효과를 무시한다.)
2. 원가구조가 2019년도와 동일하다고 가정하고 2020년도에 ₩120,000,000의 당기순이익을 얻기 위한 매출액을 구하시오.

[문7] 손익분기점 + 현금분기점 (★★)

와우회사의 2019년 예상판매량은 20,000단위이다. 제품생산과 관련된 자료는 다음과 같다.

• 단위당 판매가격(P)	₩100
• 단위당 변동제조비(V)	₩55
• 연간고정제조간접비	₩400,000(감가상각비 ₩140,000 포함)
• 판매비와 관리비	
• 단위당 변동비	₩20
• 연간고정비	₩200,000(감가상각비 ₩100,000 포함)

참고로 회사의 법인세율은 40%이다.

〈요구사항〉

와우회사의 손익분기점, 법인세를 무시한 현금분기점 및 법인세를 고려한 현금분기점은 각각 얼마인가?

[문8] CVP분석 : 세금효과 (★★)

㈜국세는 단일제품을 생산하고 있으며, 주문받은 수량만을 생산하여 해당 연도에 모두 판매한다. ㈜국세의 법인세율은 40% 단일세율이며, 관련 자료는 다음과 같다.

	2018년	2019년
매출액	₩2,000,000	₩2,500,000
제품단위당 변동원가	600	720
총고정원가	400,000	510,000

㈜국세의 2018년 세후이익은 ₩240,000이며, 2019년 세후이익은 2018년보다 10% 증가하였다. ㈜국세의 2019년 공헌이익률은 얼마인가? (세무사 2011)

09

표준원가계산

Learning Objectives

1 표준원가의 개념 및 역사적 발전을 이해
2 주요 원가항목별 표준설정 및 차이를 비교
3 차이분석의 개념 및 틀을 이해
4 변동예산 개념을 이용한 새로운 표준설정의 필요성 및 방법 터득
5 차이를 가격차이와 수량차이로 분해하는 능력을 학습
6 변동제조간접비와 고정제조간접비의 차이분석의 틀을 이해
7 원가차이를 유리한 차이와 불리한 차이로 판단하는 방법을 배움
8 새로운 환경에서 강조될 새로운 차이분석의 틀을 이해함
9 조업도차이 개념을 이해

Intro

통제란 계획과 더불어 경영기능의 핵심이다. 일반적으로 통제기능은 원가통제와 성과평가를 핵심축으로 삼고 있다. 이 장의 주제인 표준원가계산은 **원가중심점**(cost center)이라는 책임회계단위를 대상으로 한 원가관리와 성과평가를 다룬다. **표준원가계산**은 한정된 경영자원을 효율적으로 활용하도록 종업원을 독려하기 위한 목적으로 경영진이 오래전부터 활용해 온 관리기법이다. 그동안은 주로 투입과 산출간의 관계가 비교적 명확히 파악될 수 있는 제조업을 중심으로 활용되어 왔으나 최근에는 병원과 컨설팅회사와 같은 서비스업에도 적용된다.

표준원가계산의 핵심은 **변동예산**이다. 변동예산은 원가행태의 개념을 근간으로 하고 있다. 제조부문을 중심으로 실제원가와 표준원가의 차이를 가격차이와 수량차이로 분해하여 차이의 원인을 파악하고 그 대안을 모색하는 기초적인 이해는 후속과목인 관리회계에서 다룰 보다 복잡하고 다양한 차이분석을 이해하는 데 매우 유용하다.

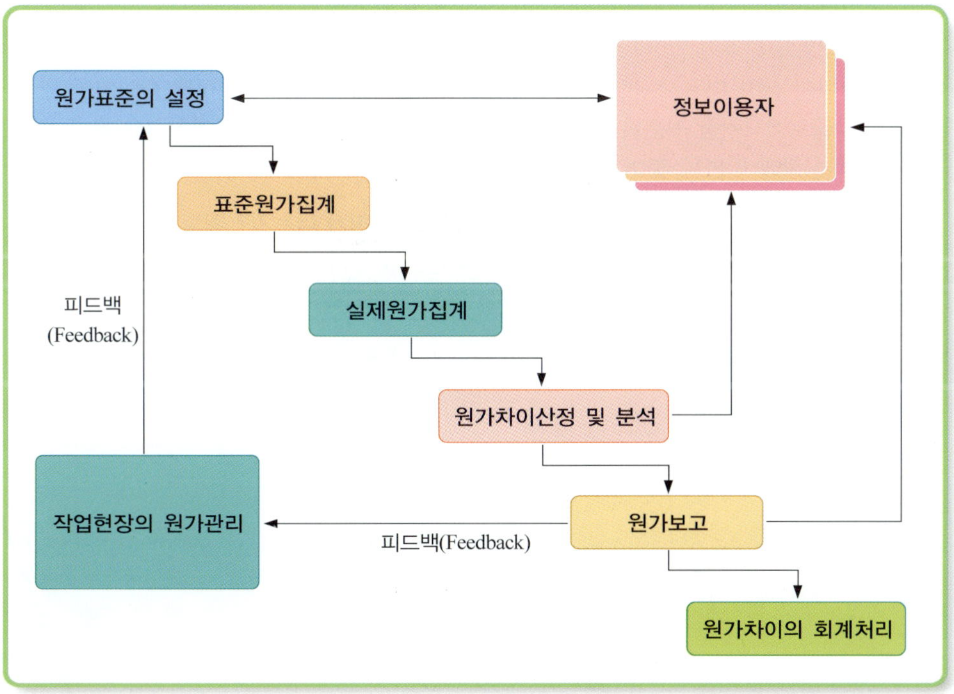

Storytelling

골프 코스의 각 홀에는 그 홀에서 몇 번 만에 쳐야 하는가 하는 표준, 즉 기준타수인 **파**(Par)가 있다. '파3홀'이라고 하면 세 번만 공을 쳐서 홀인(hole in)하는 것이 표준인 코스다. 골프는 상대방보다 적은 타수로 홀인을 하면 이기게 되므로, 경기에 참여하는 골퍼들은 머릿속에 이 표준을 생각하면서 이 표준보다 적은 타수를 치기 위해 노력한다.

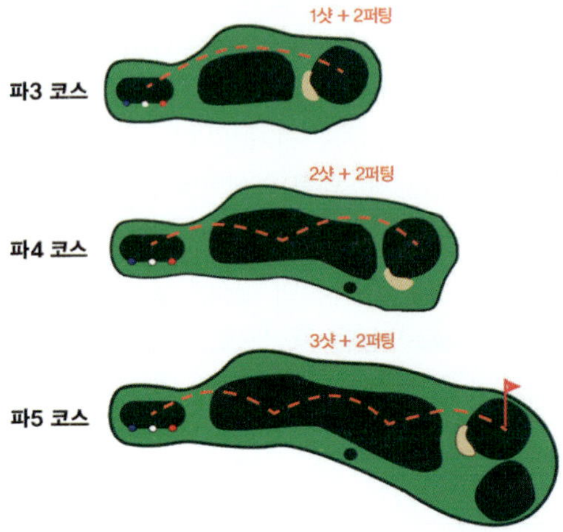

그러나 표준을 달성하려고 노력한다고 항상 파를 기록하는 것은 아니다. 오히려 표준보다 더 잘할 수도 있다. 규정타수보다 1타 적으면 **버디**(Birdy), 2타 적으면 **이글**(Eagle), 3타 적으면 **알바트로스**(Albatross)이다. 그러면 상대보다 적은 타수로 공을 넣은 것이므로 승리에 가까워진다. 이러한 차이는 '**유리한 차이**'를 의미한다. 반면에 '**불리한 차이**'도 발생한다. 각 홀에서 규정타수보다 1타를 더 많이 치면 **보기**(Bogey), 2타 더 많이 치면 **더블 보기**(Double Bogey), 3타 더 많이 치면 **트리플 보기**(Triple Bogey)가 된다. 이렇게 되면 상대보다 타수가 많아지므로 패배할 확률이 높아진다. 이처럼 '불리한 차이'가 발생했다면 이를 본보기 삼아 더욱 스윙연습을 하고 철저히 코스를 분석해서 차이를 줄이기 위해 노력할 것이다. 골프에서처럼 기준과 실제 결과와의 차이 크기는 물론, 유·불리한 방향을 동시에 고려하여 각 상황에 이름을 붙여 놓는 것은 기업경영에도 도움이 된다.

재료원가가 표준투입량(또는 표준구매량)과 얼마나 차이가 나는가? 매출액이 전년도와 얼마나 차이가 발생했는가? 광고비 등 관리비용은 설정된 예산과 얼마나 달라졌는가? 이런 차이점들을 분석하다 보면 기업경영이 보다 나아질 것은 분명하다.

자료 : 〈지금 당장 회계공부 시작하라〉 수정 인용

제1절 표준원가계산의 의의

"과거를 관리해 온 사람은 미래 또한 관리할 수 있다."
-조지 오웰(George Orwell)-

1.1 표준원가계산의 대두 배경

최근 경영에서는 지속적 프로세스 개선(CPI : Continuous Process Improvement)이 중요한 이슈로 꼽힌다. 마치 스포츠에서 더 나은 성과를 위해 '보다 멀리, 보다 빨리, 보다 높이'를 외치듯이 기업도 경쟁에서 살아남기 위해 '보다 좋게, 보다 싸게, 보다 빨리'를 위해 노력하는 것이다. 여기에 핵심성공요인(CSF), 가치사슬, 내외부적 균형 등도 경영의 주요 관심사로 꼽힌다.

즉, 성공적인 기업의 공통점은 어느 산업에 속하든지 보다 나은 미래를 위해 끊임없이 개선을 추구하는 자세이다. 미래를 사전에 예측하고 그 예측과 실제를 정기적으로 비교 · 평가하면서 그 가운데 유용한 피드백을 얻고자 노력하는 것이다. 이런 기업은 과거로부터 한수 배움으로써 미래를 보다 용이하게 통제할 수 있을 것이다. 이를 위한 대표적인 관리기법으로 표준원가계산을 꼽을 수 있다.

18세기 대두된 산업혁명 이후 공장제조업이 정착된 이래로 표준원가계산(standard costing)만큼 원가관리 측면에서 오랫동안 중요성을 차지했던 것은 없었다고 해도 과언이 아니다. 원가관리를 논할 때에는 표준원가계산이 먼저 떠오를 정도로 표준원가계산은 대표적인 원가관리기법으로 생성 · 발전되어 온 것이다. 즉, 당초 외부보고 및 가격산정의 목적으로 도입한 제조공정에서의 제품원가계산이 어느 정도 체계를 갖추게 됨에 따라 자연히 관심은 효율적인 작업수행을 통한 생산성 향상에 두게 되었다. 또한 실제원가계산(일명, 사후원가계산)이 안고 있는 여러 가지 원가관리상의 결점들(가령, 조업도에 따른 원가의 변동성, 원가정보의 지연 및 부적절한 원가능률의 측정기준 등)을 보완하기 위한 목적에서 사전원가계산이 필요하게 되었다. 사전원가계산의 필요성은 원가 마인드를 가진 영국 및 미국의 엔지니어 등을 중심으로 비교적 일찍이 인식되었다. 회계적 마인드를 지닌 이들 엔지니어의 노력으로 각 공장마다 표준원가가 설정 · 활용되기 시작하였으며 이후 작업연구(motion study) 및 시간연구(time study)를 바탕으로 한 테일러(F. Taylor)의 과학적 관리법과 접목되어 표준원가계산은 제조업체의 대표적인 원가관리기법으로서 꽃을 피우게 되었다.

1.2 표준원가계산의 정의 및 유용성

> **TIP!**
> **예정원가의 일종인 표준원가**
> 1906년의 John Whitmore나 1909년의 Harrington, Emerson 등은 표준원가에 대한 상세한 해설을 담은 논문을 통해 **예정원가**의 사고를 강조하였는데 이때부터 표준원가계산은 원가관리상 주된 관리기법으로 자리잡게 되었다.

표준원가계산은 실제원가계산이 갖는 원가관리상의 결점을 개선하기 위하여 대두된 대표적인 관리회계기법이다. 이러한 표준원가계산이 특정 기업의 공식적인 회계제도(accounting system)와 유기적으로 연결되어 상시적(常時的)인 분석(즉, 제품원가계산 및 원가차이 분석)이 가능한 경우 이를 표준원가계산제도라고 부른다.

표준원가계산의 핵심인 표준원가(standard cost)는 '특정한 상황에서 발생할 원가의 예측치'로서 사전에 과학적인 방법에 의해서 결정되는 원가이다. 또한 표준원가는 '목표원가(target cost)의 성격을 지녀 목표달성이 가능한 작업조건하에서 마땅히 얻어져야 할 원가'이다. 표준원가는 제품별 혹은 원가중심점별로 설정될 수 있으나 일반적으로 제품의 원가요소별로 사전에 그 표준을 설정하고 그것에 의하여 산출된 표준원가를 실제원가와 비교하여 그 차이(variance : 일명, 원가차이)를 분석함으로써 경영자로 하여금 과거의 성과를 평가하고 미래의 성과를 향상시키도록 하는데 유용하다.

오랫동안 표준원가계산은 원가관리에서 그 효험을 발휘해 왔다. 매 기간 반복수행되는 작업에서 발생되는 원가가 과학적으로 산정한 표준원가에 근접하도록 노력하는 것은 곧 관리가 존재함을 의미하기 때문이다. 또한 표준과 실적의 비교를 통해 계산되는 원가차이(cost variance) 정보는 회계정보의 세 가지 기능 중 주의환기(attention directing)기능을 수행한다. 즉, 기업은 피드백정보인 원가차이정보를 통해 파악된 문제를 해결하기 위해 적시에 시정조치를 취하게 된다. 이 밖에도 표준원가는 재공품 및 제품 등의 재고자산평가(그리고 매출원가 산정)의 기초자료로 이용되어 재무제표 작성을 용이하게 할 뿐만 아니라 보다 합리적이고 객관적인 예산편성을 가능하게 하는 장점을 지닌다.

표준원가계산은 제조기업에서 주로 이용되며 종합원가계산을 채택하는 기업에 보다 효율적으로 적용될 수 있다. 왜냐하면 동일제품을 대량으로 반복생산하는 경우 표준원가계산의 핵심인 합리적인 물량표준을 설정하는 것이 비교적 용이하기 때문이다. 그러나 표준원가계산제도는 결코 제조기업에만 도입가능한 것은 아니다.

그림 9.1 실제원가계산 제도와 표준원가계산제도

실제원가계산제도	표준원가계산제도
• 기중에는 원가기표를 하지 않고 수량만 관리 • 월말에는 일괄적으로 원가 산정 (적시 원가정보 제공 미흡) • 목표원가관리 등이 이루어지지 않고 계산된 실적원가만 조회 가능 • 다양한 원가관리 정보제공 미흡	• 표준을 설정하여 기중에 수량 및 금액관리 가능 • 월말에 실적원가를 계산하여 표준원가와 차이 분석 • 차이분석을 통해 합리적인 관리의사결정 지원 • 목표원가관리를 통하여 원가절감 실시 가능

은행이나 병원 등과 같은 서비스업체 및 정부단위 또는 교육기관 등과 같은 비영리 조직에도 적용될 수 있는 관리회계기법이다.

1.3 표준원가계산의 도입목적

앞서 설명한 것처럼 당초 공장의 원가관리목적으로 대두된 표준원가계산은 제품 또는 서비스 원가계산을 통한 재무제표 작성은 물론 합리적이고 객관적인 예산편성의 기초자료를 제공함으로써 변동예산(flexible budgeting)을 가능하게 할 뿐만 아니라 차이분석을 통한 피드백정보 제공과 아울러 기장사무의 간략화와 신속화를 지원하는 다목적시스템이다.

표준원가계산의 목적을 비교적 일찍이 공식적으로 표명한 바 있는 미국의 관리회계인협회(IMA)가 발간한 보고서상에 열거된 목적을 소개하면 다음과 같다.[1)]

① 원가관리 및 통제를 효과적으로 한다.
② 재고자산의 평가와 매출원가산정의 기초자료를 제공한다.
③ 예산편성 및 가격계산에 필요한 기초자료를 제공한다.
④ 가격결정 및 기타 경영계획수립에 필요한 기초자료를 제공한다.
⑤ 기장절차의 간소화와 신속화를 촉진한다.

1) 이들 다섯 가지 목적은 크게 ① 계획기능, ② 통제기능, ③ 제품원가계산기능으로 요약되기도 한다.

그림 9.2

표준원가계산 시스템의 절차

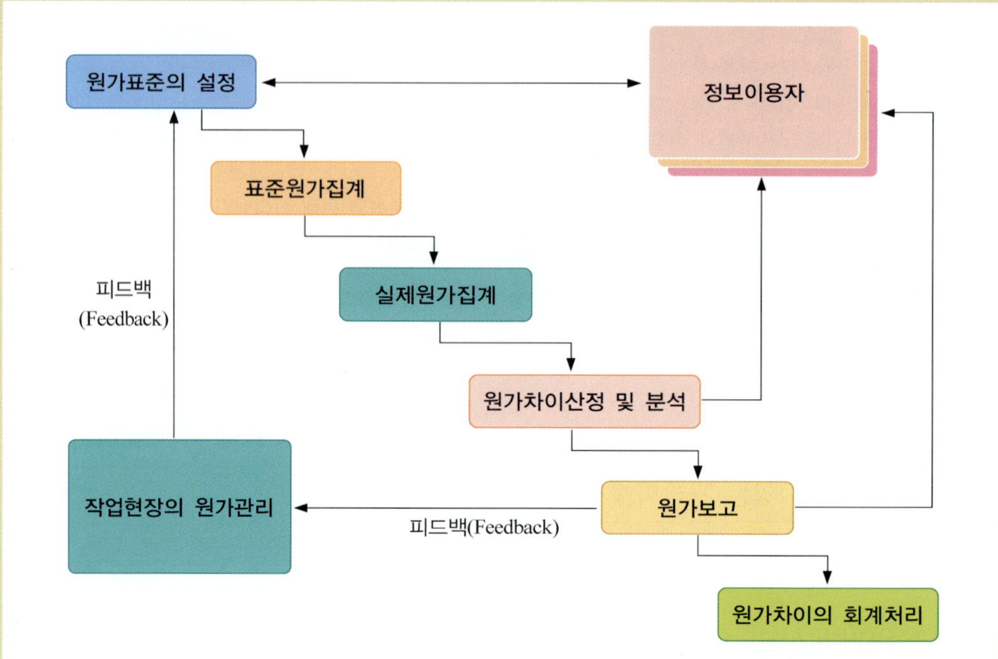

표준원가는 표준을 설정함에 소요되는 최초투자, 즉 시간과 노력 때문에 대부분 다른 원가계산제도에 비해 운영비가 높을 것으로 생각한다. 그러나 일단 표준원가계산제도가 도입된 이후에 발생하는 운영비용은 '실제원가계산제도'에 비해 오히려 적다. 기장사무의 신속화라는 장점은 환경변화와 무관하게 미래에도 계속해서 강조될 것이다. 그러나 표준원가계산의 본질적인 목적인 원가관리는 새로운 현실에 맞게끔 변형된 형태로 강조되어야 한다.

제2절 표준원가의 설정

2.1 표준원가의 유형

1. 표준원가의 종류

표준(standard)은 비교기준의 측정치를 지칭하는 벤치마크의 일종으로 성과평가 및 통제의 핵심적 판단기준이 된다. 경영활동의 효율성 정도를 평가하는 데 유용하게 활용되는 표준은 시간, 품질, 수량 등 다양한 형태의 측정치로 표현될 수 있다. 그러나 표준원가계산에서는 이처럼 다양한 척도로 표현될 수 있는 표준을 화폐액으로 통일한 표준원가를 이용한다.

표준원가의 종류는 표준원가를 설정할 때에 가격, 능률, 조업도와 경영자의 목표에 관한 다양한 수준에서 어떠한 수치를 택하는가에 따라 이상적 표준, 정상적 표준, 현실적 표준으로 나눌 수 있다.

(1) 이상적 표준

이상적 표준(ideal standards)이란 기존의 설비와 제조공정에서 정상적인 기계고장, 정상감손 및 근로자의 휴식시간 등을 고려하지 않고 최선의 조건하에서만 달성할 수 있는 이상적인 목표이다. 이러한 이상적 표준은 이를 달성하는 경우가 거의 없기 때문에 항상 불리한 차이가 발생되며, 이에 따라 종업원의 동기부여에 역효과를 초래한다. 또한 실제원가와의 차이가 크게 발생하므로 재고자산평가나 매출원가산정에 적합하지 않다. 그러나 이상적 표준이 전혀 의미가 없는 것은 아니고 현실적 표준을 설정하기 위한 출발점으로서의 의미를 갖는다.

(2) 정상적 표준

정상적 표준(normal standards)이란 정상적인 조업수준이나 능률수준에 대하여 설정된 표준원가로서, 여기서 정상이란 경영활동에서 이상 또는 우발적인 상황을 제거한 것을 의미한다. 정상적 표준은 경영에 있어 비교적 장기간에 이르는 과거의 실적치를 통계적으로 평균화하고 여기에 미래의 예상추세를 감안하여 결정된다. 따라서 경영상태가 예측가능하고 안정된 경우에는 재고자산가액 산정과 매출원가계

> **TIP!**
>
> **표준(standard)의 어원?**
>
> 영어의 **standard**는 표준규격, 품질, 자격 기준을 의미한다. '평평하게 펴다'는 뜻인 라틴어 extendere에서 왔다. '늘리다'라는 영어단어 extend, 천을 팽팽하게 잡아당겨 비바람을 막는 tent, 현을 당겨서 음의 높낮이를 맞춘다는 뜻인 tuning과 같은 어원이다.
>
> 군대의 부대 깃발을 편다는 뜻에서 **'기준점'** 또는 **'표준'**이라는 뜻으로 발전했다. 중세 프랑스 군주들은 적군이 침략해 오면 자신의 문장이 새겨진 깃발을 꺼내 광장에 매달았다. 예비군들이 소집할 장소를 표시하는 것이었다. 평상시에 둘둘 말려 있던 깃발을 꺼내 펴다, 즉 extendere 한다고 해서, 이 깃발을 **standard**라고 불렀다. 오늘날도 군대 용어로 standard는 **'부대 깃발'**을 뜻한다. 이후 20세기 미국 석유 사업가 록펠러가 '소비자의 표준 기대치를 바꿀 만한 양질의 석유'를 생산한다는 의미에서 회사 이름을 '스탠더드 오일(Standard Oil)'이라 부르면서 Standard는 **'표준'**, **'품질'**, **'자격 기준'** 등의 비즈니스 용어로 사용되기 시작했다.
>
> (출처 : Weekly BIZ, 2013.11.16., 인문학으로 배우는 비즈니스 영어, 조승연 대표)

산에 가장 적합하며 원가관리를 위한 성과평가의 척도가 될 수 있다.

(3) 현실적 표준

현실적 표준(practical standards)이란 경영의 실제활동에서 열심히 노력하면 달성될 것으로 기대되는 표준원가이다. 이는 정상적인 기계고장과 근로자의 휴식시간을 허용하며, 작업에 참여하는 평균적인 근로자들이 합리적이면서 매우 효율적으로 노력을 하면 달성될 수 있는 표준이다. 이러한 현실적 표준과 실제원가와의 차이는 정상에서 벗어난 비효율로서 차이발생에 대해 경영자의 주의를 환기시키는 신호가 된다는 점에서 경영자에게 매우 유용하다.

현실적 표준은 설정내용에 따라서 원가관리에 더욱 적합할 수 있고 예산관리에도 유용하게 이용될 수 있다. 현재 표준원가계산제도에서의 표준원가라 하면 일반적으로 현실적 표준원가를 의미한다.

2. 가격표준과 수량표준

표준원가는 일반적으로 개별 원가요소별로 수량표준과 가격표준을 이용하여 사전에 확정된다.

표준원가(SC) = 수량표준(SQ) × 가격표준(SP)

다음에 제시하는 사례(<표 9.1> 참조)는 표준원가계산을 도입한 전형적인 제조기업의 표준원가 정보를 요약한 것이다.

표 9.1 원가 및 생산보고서 : 홍익공업(주) (2019년 3월)

A. 표준원가 : 단위제품 생산시

	표준수량(SQ)		표준가격(SP)		표준원가(SC)
• 직접재료비	1kg	×	₩1,500	=	₩1,500
• 직접노무비	2시간	×	3,000	=	6,000
• 변동제조간접비	2시간	×	600	=	1,200
소계 : 변동제조원가					₩8,700
• 예산고정제조간접비(월간)					₩240,000

B. 실제제조원가

— 추후 제시될 것을 감안하여 생략함 —

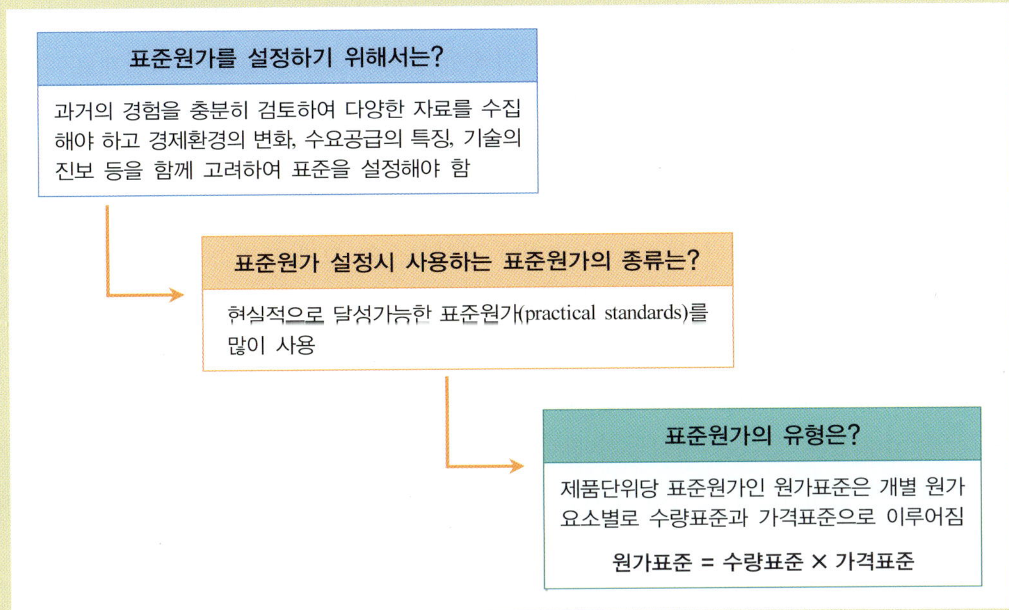

그림 9.3 표준원가계산 적용상의 핵심 질문 유형

표준원가계산의 유용성은 얼마나 정확하고 신뢰할 수 있는 원가표준을 설정하는가에 좌우된다. 따라서 표준원가의 설정에 있어서는 수량표준은 물론 가격표준의 두 요인을 모두 합리적으로 고려하여야 한다. 수량표준은 제품 및 제조공정에 관한 과학적이고 통계적인 조사·분석을 토대로, 그리고 가격표준은 시장가격의 장기적 예측을 바탕으로 경제적 구입량·거래관습 등을 고려하여 결정해야 한다. 이하에서는 원가요소별로 표준원가의 설정과정 및 유의사항을 설명한다.

3. 원가요소별 표준원가의 설정

(1) 직접재료비 표준

대부분의 경우 직접재료비는 제조원가 중 중요한 부분을 차지한다. 이처럼 중요성을 갖는 직접재료비의 표준을 설정하기 위해서는 단위산출물에 소요되는 수량표준과 구입원가를 의미하는 가격표준을 동시에 고려하여야 한다.

수량표준에는 생산량의 크기에 따른 규모의 경제(economy of scale) 효과와 아울러 생산시 발생할 공손이 반영되어야 한다. 표준원가의 설정대상이 되는 생산묶음

(즉, 원가계산단위)의 크기는 생산공정과 제품의 특징에 따라 달라지는데, 일반적으로 제품 1단위가 표준으로 이용된다. 원가계산단위의 크기(가령, 라면 1박스)가 결정되면 투입-산출 관계식을 기초로 원가계산단위의 생산에 필요한 직접재료 수량이 결정된다.

한편, 아무리 주의를 기울여 가장 효율적으로 작업이 이루어지더라도 어느 정도의 공손이나 감손은 불가피하게 발생할 수 있다. 이러한 정상공손이나 정상감손은 표준설정시에 반영되어야 한다. 그러나 정상공손의 크기도 기술진보 또는 종업원의 교육 및 훈련에 따라 점차 줄어들 수 있음을 유념하여 수시로 변경되어야 한다. 반도체의 경우 장비개선 및 종업원의 숙련에 의해 웨이퍼(wafer) 가공수율이 해가 갈수록 높이지는 것을 상기하면 쉽게 이해할 수 있다.

수량표준 설정은 생산공정에 대한 올바른 이해를 필요로 하며 표준설정절차가 복잡한 편이다. 이에 비해 매입할인 등을 고려하여 외부시장가격을 적절히 조정해주면 되는 가격표준 설정은 비교적 쉬운 편이다.

(2) 직접노무비 표준

직접노무비 표준은 가격표준인 표준임률과 수량표준인 표준노동시간을 기초로 설정된다. 생산작업자에 지급되는 인건비를 지칭하는 표준임률(standard labor rate)은 임금뿐만 아니라 복리후생비 등 노동인력 투입과 관련된 부수적 원가도 고려해서 설정되어야 한다.

표준임률 설정은 생각보다 어려운 편이다. 왜냐하면 부서 또는 종업원별로 임금수준이 천차만별일 뿐만 아니라 작업자의 숙련도 또한 차이를 보이기 때문이다. 그러나 실무에서는 편의상 동일부서의 종업원에 대해서는 단일의 표준임률을 설정한다.

표준노동시간은 제품 1단위 생산에 소요되는 예상노동시간을 말한다. 생산공정이 비교적 안정적인 경우 인력투입량과 실물생산량과의 관계에 초점을 맞춘 산업공학적 연구(즉, 시간연구와 동작연구)에 기초하여 표준노동시간은 비교적 용이하게 설정될 수 있다. 그러나 생산공정이 불안정하거나 투입과 산출 간의 공학적 관계를 예측하기 어려운 경우에는 과거 수치의 평균을 이용하여 표준을 설정하기도 한다. 과거 평균치를 이용한 표준설정은 자칫 과거의 작업비능률이 표준에 그대로 포함될 수 있다는 한계점을 갖는다.

(3) 제조간접비 표준

직접재료비와 직접노무비를 제외한 나머지 제조원가로 정의되는 제조간접비는 무수히 다양한 원가항목으로 구성된다. 제조간접비 표준을 설정하려면 일차적으로 각 제조간접비가 어느 곳에서 발생하고 누구에 의해 주로 관리가능한지를 감안하여 해당 제조간접비항목을 각 원가중심점별로 할당하는 것이 필요하다. 할당결과에 따라 제조간접비 표준의 정확성과 타당성이 좌우된다. 개별 제조간접비항목이 각 원가중심점에 할당된 후에는 조업도수준별로 원가항목과 측정기준과의 관계를 토대로 제조간접비 표준이 결정된다.

어떠한 측정기준을 제조간접비항목에 적용할 것인가는 각 원가항목의 중요성에 따라 달라진다. 즉, 중요한 원가항목에 대해서는 당해 원가항목을 가장 잘 설명해 주는 별도의 측정기준을 선택할 필요가 있지만, 중요하지 않은 원가항목들은 하나의 그룹으로 묶어 그룹에 대해서 단일의 측정기준을 선택하여도 무방하다. 일반적으로 변동제조간접비는 편의상 하나의 독립변수(즉, 직접노동시간 혹은 기계시간)에 의해 결정되는 것으로 가정하고 표준을 설정한다.

4. 표준원가산정의 기초자료

(1) 비재무적 측정치의 활용

표준원가시스템에서 사용되는 측정치는 대부분 화폐단위로 표현되는 재무적 측정치이다. 그러나 비재무적 측정치도 표준원가시스템에서 중요한 역할을 한다. 경영자들은 원가를 관리하는 것이 아니라 활동을 관리하기 때문이다. 경영자는 기업의 목표를 달성하기 위해 전략적으로 중요한 모든 활동들을 통제해야 한다. 이런 활동 중에는 재무적 측정치로는 나타낼 수 없는 친절한 서비스, 적시배달, 품질 등이 있다. 예를 들어, 맥도날드사의 경영진은 품질(Q), 서비스(S), 청결(C : Cleanness) 및 가치(V : Value)를 핵심 성공요인으로 간주하고 있다. 그러나 이 요인 중 어떤 것도 재무적 측정치와 직접적으로 관련된 것은 없다.

(2) 표준설정의 원천

기업들은 기업경영에 적합한 표준을 결정하는 데 있어서 다양한 원천을 이용한다. 이 원천들 중에는 활동분석, 역사적 자료, 유사기업의 표준(벤치마킹의 경우), 시장예측(타겟코스팅을 도입한 경우) 및 전략적 결정 등이 포함된다.

제3절 차이분석

3.1 차이분석의 개관

1. 차이분석의 필요성

일단 표준이 마련되었다면 그 다음 단계는 차이분석을 실시하는 것이다. 실제수치와 벤치마크를 비교하는 것이 차이분석(variance analysis)이다. 따라서 원가관리목적으로 실제원가와 표준원가의 차이를 비교 · 분석하는 표준원가차이분석(standard cost variance analysis)은 차이분석의 일종이다.

차이분석이 의미를 갖는 것은 예외관리원칙(MBE : Management by Exception)이 적용되기 때문이다. 예외관리원칙은 경영진으로 하여금 실제원가가 표준원가로부터 크게 벗어나는 원가항목에만 특별한 주의를 기울이게 함으로써 자료의 홍수로부터 벗어나 시간을 효율적으로 활용할 수 있게 한다.

이것은 일상생활에서도 자주 쓰이는 방법이다. 예를 들어 친구들끼리 친목모임을 갖게 되면 행사를 진행한 후에 비용을 참여자들에게 청구할 수도 있지만, 여러 번 모임을 갖다 보면 미리 예산을 짜고 회비를 걷을 수 있을 것이다. 이렇게 걷은 회비는 모자를 수도 있고 남을 수도 있다. 즉, 차이가 생길 수 있는 것이다. 하지만 예산(표준)을 설정하고 예산 범위에서 소요비용을 쓰다 보면 과다한 비용지출을 줄일 수 있고, 참여인원을 미리 예측해서 음식을 주문하는 등 모두가 즐기기 좋게 모

그림 9.4
차이분석의 핵심

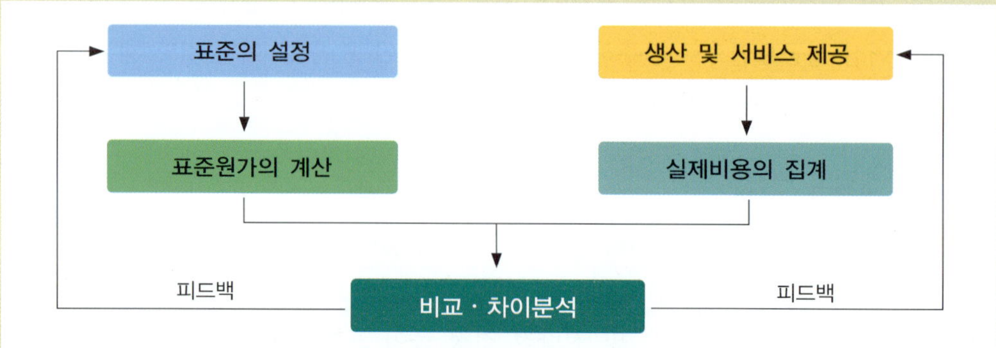

차이분석의 탄생과 역사

차이분석은 영국 산업혁명 이후 공장제공업이 태동할 때 만들어졌다. 산업혁명 초기의 원가회계정보는 제조업체가 생산한 제품원가를 파악하는 정도로밖에 활용되지 않았다. 더군다나 당시에는 주로 단일공정에 의한 단일제품이 생산되었기 때문에 복잡성도 높지 않았다. 그러나 점차 복잡한 공정을 거쳐 다양한 제품을 생산하기 시작하면서 간접비를 배분해야 할 필요성은 물론, 보유기계를 효율적으로 활용하기 위해 체계적 관리에 관심을 갖기 시작했다. 과학적 관리법으로 유명한 **테일러**(F. Taylor)의 시간관리 및 동작연구의 탄생도 이와 맥을 같이한다.

19세기 말부터 주로 엔지니어들이 주축이 되어 **표준원가**(standard cost) 개념을 사용되기 시작했다. 작업을 효율적으로 수행할 경우 예상되는 재료투입량과 작업시간을 설정한 후 실제 실적을 이와 비교하는 것이다. 그래서 재료가격이나 수량 차이, 노무비나 작업시간 차이 등 불리한 차이가 발생할 경우 그 원인을 파악하거나 작업자의 개선의지를 북돋기 위한 목적이었다.

이후 표준원가 **차이분석**은 다양한 분야로 확대되었다. 수익중심점, 이익중심점, 투자중심점 등 다양한 조직단위로 확대된 것은 물론 제품믹스 차이, 시장점유율 및 시장 크기 차이, 생산성 차이 등 다양한 항목으로도 확장되었다.

임이 운영될 것이다. 만약 이번 모임에서 예산을 초과하는 비용이 발생했다면, 무엇이 원인이었는지를 꼼꼼히 따져보고 문제점을 보완함으로써 다음 모임을 더 알차게 준비할 수 있을 것이다.

2. 원가차이의 발생원인 및 유형

원가차이분석은 분석목적을 감안하여 원가회계담당자에 의해 다양한 형태로 수행된다. 그러나 일반적으로는 원가발생장소인 원가중심점별로 원가요소에 초점을 맞추어 이루어진다. 따라서 원가차이분석에는 원가요소에 차이발생원인을 조합한 다양한 원가차이항목들이 등장한다.

다음에 열거하는 차이항목의 예시는 원가차이가 기본적으로 가격요인과 수량요인의 두 가지로 구성됨을 잘 보여준다. 한 가지 명심할 점은 가격요인과 수량요인

표 9.2 원가차이의 가격요인과 수량요인으로의 분류

원가요소	가격요인에 기인	수량요인에 기인
직접재료비(DM)	가격차이	수량차이
직접노무비(DL)	임률차이	시간차이
변동제조간접비(VOH)	소비차이	능률차이
고정제조간접비(FOH)	소비차이	–

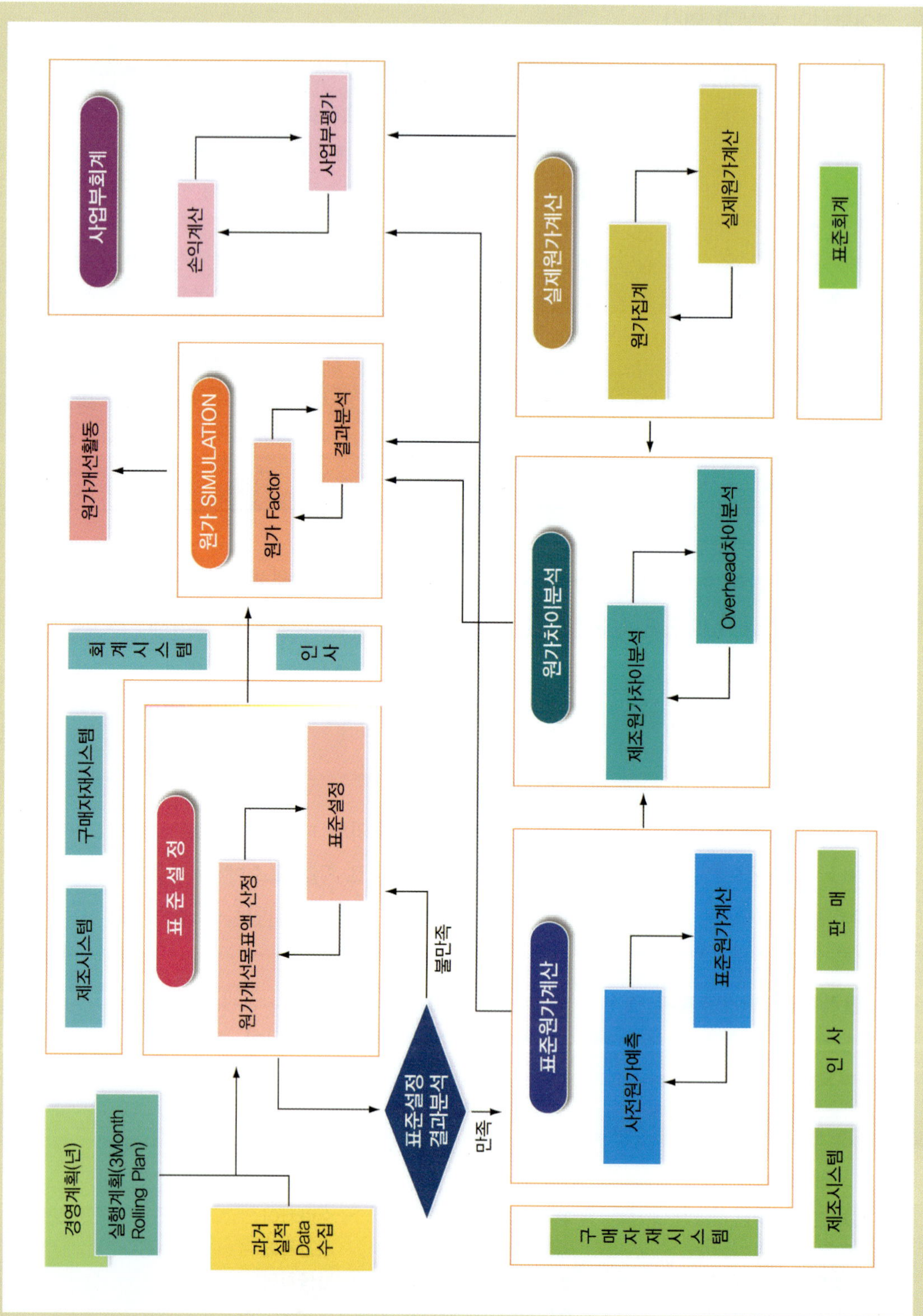

그림 9.5 국내기업의 표준원가계산시스템 사례 예시

의 명칭이 원가요소별로 상이하다는 것이다. 가령, 직접노무비의 경우 직접노무비 가격이라는 용어 대신에 임률이라는 실무에서 잘 알려진 용어를 사용하는 것이다. 외국 교과서에서도 상이한 명칭을 사용하는데 기본적으로 능률에 관한 의미를 담고 의사소통이 가능하다면 무방하다.

3.2 제조부문의 원가차이분석

1. 직접재료비 차이분석

(1) 직접재료비 차이분석의 공식

직접재료비 차이는 실제직접재료비(DM)에서 변동예산에서 구한 표준직접재료비를 차감하여 구한다.

> **TIP!**
> **변동예산이란?**
> 당초에 계획한 생산량과 실제 생산량이 다를 경우, 만약 실제 생산량으로 계획대로 효율적으로 생산하였다면 발생하였을(즉, 사전에 정해진 표준원가대로 실제 생산량을 만들었을 때 허용가능한) 원가를 다시 계산한 것이다. **변동예산**은 월말이나 기말에 실제 생산량이 확정된 후에 실제 생산량에 허용되는 표준(또는 예산)을 말한다.

직접재료비 차이 = 실제직접재료비 − 표준직접재료비

$$= (AP \times AQ) - (SP \times SQ) \quad \cdots\cdots \quad (9\cdot1)$$

단, SQ는 실제산출물에 허용된 표준수량임.

위에서 구한 총차이는 다음 공식처럼 계산되는 가격차이와 수량차이로 분해된다. 아래 식에서 이를 자세히 설명한다.

직접재료비 가격차이 = 실제직접재료비 − 실제수량의 표준원가

$$= (AP \times AQ) - (SP \times AQ)$$

$$= (AP - SP) \times AQ \quad \cdots\cdots \quad (9\cdot2)$$

직접재료비 수량차이 = 실제수량의 표준원가 − 표준수량의 표준원가

$$= (SP \times AQ) - (SP \times SQ)$$

$$= (AQ - SQ) \times SP \quad \cdots\cdots \quad (9\cdot3)$$

위의 식에서 보는 바와 같이 직접재료비 가격차이는 재료의 실제가격과 표준가격이 차이를 보일 때 발생하며 가격차이가 총원가에 미치는 효과를 실제직접재료수량에 적용하여 구한다. 한편, 수량차이는 재료의 실제소비량과 표준소비량이 차이를 보일 경우 발생한다. 수량차이는 이미 가격요인이 가격차이로 분리된 점을 감안하여 표준가격을 적용하여 계산된다. 직접재료비 수량차이는 직접재료비 사용차이

(usage variance) 또는 능률차이(efficiency variance)로도 불린다.

(2) 직접재료비차이 인식시점 : 구입가격차이 vs 소비가격차이

위에서 소개한 직접재료비차이 계산공식은 직접재료의 사용, 즉 소비를 가정한 것이다. 즉, 구입시점에서는 일단 실제가격으로 장부에 기록하였다가 생산에서 소비될 때 표준가격이 적용되었다. 현실적으로는 직접재료의 구입시점과 소비시점 간에는 차이를 보이는 것이 일반적이다. 물론 적시생산방식(JIT)이 도입되어 구입과 동시에 생산공정에 투입되는 특수한 경우도 가능하지만 이는 예외적이다. 제3장에서 직접재료가 구입되는 경우 직접재료(또는 원재료)라는 별도의 재고자산계정에 기록하고 차후공정에 투입되는 시점에서 직접재료비라는 제조원가의 발생으로 인식되어 재공품계정에 기록된다고 설명한 것도 이런 실무를 반영한 것이다.

직접재료비 차이분석은 과연 언제 실시하는 것이 바람직할까? 이는 곧 차이의 장부상의 기록, 즉 인식시점의 이슈에 해당한다. 차이정보의 유용성을 감안하면 차이는 가급적 빨리 인식하는 것이 좋다. 따라서 구입시점에 계산이 가능한 직접재료비 가격차이는 소비시점까지 미룰 필요 없이 구입 즉시 계산이 가능하다. 이렇게 계산된 직접재료비 가격차이는 재료구입가격차이(material purchase price variance)라고 부른다. 구입가격차이를 즉시 계산하게 되면 구매부문의 성과를 조기에 파악할 수 있을 뿐만 아니라 필요한 경우 시정조치를 신속히 취할 수 있다.

직접재료비가격차이를 소비시점 대신 구입시점에서 인식하게 되면 직접재료계정은 표준원가로 기록되어 기장사무가 간소화된다. <표 9.3>의 계정관계도는 이를 잘 보여주고 있다. 아울러 결합차이를 고려하지 않아도 되는 이점이 있다. 왜냐하면 결합차이란 가격차이와 수량차이가 동시에 존재할 때 의미를 갖는데 구입시점

표 9.3 계정관계도 : 구입시점에서 가격차이 인식의 경우(불리한 차이 가정)

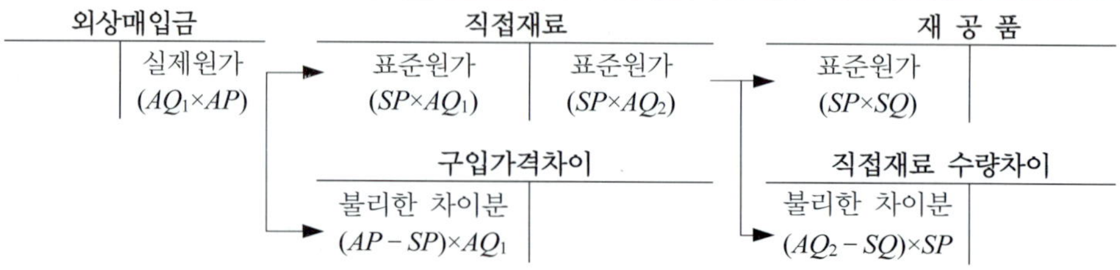

AQ_1 : 실제구입수량 AQ_2 : 실제투입수량(= 소비수량)

에 인식하는 경우 가격차이만 존재하고 수량차이는 나중에 소비시점에서야 계산되기 때문이다.

예제 9-1 직접재료비 가격차이 및 수량차이

표준원가계산시스템을 도입하고 있는 홍익공업(주)이 A제품 생산에 사용하는 재료 중의 하나인 재료 #153에 관한 자료는 다음과 같다.

킬로그램(kg)당 표준가격(SP)	₩150
킬로그램(kg)당 실제가격(AP)	₩170
실제생산량에 허용된 표준수량(SQ)	100 kg
실제소비수량(AQ)	110 kg
실제 구입수량	120 kg

> **TIP!** 직접재료비 가격차이는 **실제구입량**에 기초하여 구하는 반면, 직접재료비 수량차이는 **실제투입량(소비량)**에 기초하여 구한다. 직접재료의 구입량과 투입량(소비량)이 같을 경우에는 이러한 구분이 필요없다.

〈물음〉 위의 자료를 이용하여 세부질문에 답하시오.

1. 만약 원재료(일명, 직접재료 : stores)계정이 <u>표준가격으로 기록</u>된다면 **재료비 가격차이**는 얼마로 계산되는가?
2. 만약 원재료계정이 <u>실제가격으로 기록</u>된다면 **재료비 가격차이**는 얼마로 계산되는가?
3. **재료비 수량차이**는 얼마인가?
4. **원재료 계정**이 <u>표준가격으로 기록</u>된다고 가정하고 ① 재료구입시점과 ② 재료사용시점에서 필요한 분개를 다음 빈칸에 적절한 계정명칭과 수치를 채워 답하시오.

   ① 재료구입시점

   (차) 원 재 료 ________ (대) 외상매입금 ________
   ____

   ② 재료사용시점

   (차) 재 공 품 ________ (대) 원 재 료 ________
   ____

풀 이

1. ₩2,400(이는 사실상 **재료구입가격차이**임)
   원재료계정을 표준가격으로 유지한다는 것은 곧 **가격차이를 <u>구입시점</u>에 인식한다는 것**이다. 따라서 구입가격차이는 다음과 같이 계산된다.

   $$(AP-SP)\times AQ(\text{구입수량}) = (₩170-₩150)\times 120 = ₩2,400$$

2. ₩2,200(이는 **재료소비가격차이**임)
   원재료계정을 실제가격으로 유지한다는 것은 곧 **가격차이를 <u>소비시점</u>에 인식한다는 것**이다. 따라서 재료비가격차이는 다음과 같이 계산된다.

$$(AP-SP) \times AQ(\text{소비수량}) = (₩170-₩150) \times 110 = ₩2,200$$

3. ₩1,500(수량차이는 가격차이의 인식시점과 무관함)
허용된 수량과 소비수량의 비교에 초점을 두어 다음과 같이 계산된다.

$$(AQ-SQ) \times SP = (110-100) \times ₩150 = ₩1,500$$

4. ① 재료구입시점 :

(차)	원 재 료	18,000	(대)	외상매입금	20,400
	재료비가격차이	2,400			

② 재료 사용시점 :

(차)	재 공 품	15,000	(대)	원 재 료	16,500
	재료비수량차이	1,500			

TIP!

위의 질문 4.의 경우, 만약 원재료가격이 실제가격으로 기록되는 경우의 재료사용시점의 분개는 다음과 같다.

(차)	재공품	15,000	(대) 원재료	18,700
	재료비 가격차이	2,200		
	재료비 수량차이	1,500		

(3) 직접재료비차이의 해석

직접재료비 가격차이와 수량차이(이하, 능률차이)는 나름대로 유용한 정보를 갖고 있다. 그러나 이들 차이가 발생하는 원인에 대한 올바른 이해가 전제되지 않으면 차이정보에 대해 잘못된 해석을 내릴 수 있다.

직접재료비 가격차이는 ① 재료시장의 상황변화, ② 구입재료의 품질수준, ③ 계획구입 대 긴급구입, ④ 구매부문의 성과(협상능력) 등에 의해 발생한다. 한편, 직접재료비 능률차이는 ① 생산공정에서의 예외적 상황발생, ② 구입재료의 품질수준, ③ 생산기술의 변화, ④ 생산부문의 작업성과 등에 의해 발생한다.

위에서 예시한 바와 같은 다양한 발생원인을 감안하면 차이정보를 성과평가나 시정조치 목적으로 활용할 때 다음과 같은 점을 유념해야 한다.

① 가격차이와 능률차이 간에 존재하는 상충관계(trade-off)이다. 가격차이나 능률차이가 불리하거나 또는 유리한 결과를 보였다고 해서 반드시 특정 부문의 성과가 좋거나 나쁘다는 것을 의미하지는 않는다. 왜냐하면 가격차이와 능률차이가 품질 때문에 발생할 수 있기 때문이다. 즉, 당초 표준에서 설정한 수준보다 낮은 품질의 재료를 구입하여 유리한 구입가격차이를 기록하더라도 낮은 품질로 인해 생산작업에서는 자재소비량이 늘어 불리한 능률차이가 발생한다.

② 차이의 책임소재에 대한 판단은 조심스럽게 내려야 한다. 일반적으로 가격차이에 대하여는 구매담당자가 책임을 진다. 그러나 최종구입가격은 구입수량, 운송방법, 품질, 대금지급방법(현금/어음 및 매입할인의 활용) 등 여러 가지 요소에 의해 좌우됨을 감안할 때 이들 요소 중 구매담당자가 통제가능한 요소에 의해 야기된 차이와 그렇지 않은 차이를 구별하여 성과평가시 고려하여야 한

TIP!

불리한 차이, 유리한 차이로 구분하는 이유

가격차이를 "원가가 더 많이/적게" 발생하였다고 하기보다는 **"불리한/유리한"** 차이가 발생하였다고 해석하는 이유는 무엇일까? 수량차이를 "작업자가 재료를 더 많이/적게 사용하였다"라고 설명하기보다는 **"불리한/유리한"** 차이가 발생하였다고 해석하는 이유는 무엇일까?

차이분석 목적이 다양한 차이발생 원인을 밝히는 것이기 때문이다.

다. 가령, 생산부문의 일정변경에 따라 긴급히 자재를 구입하게 되어 할인기회를 놓치거나 비싼 운송비를 부담하여 불리한 차이가 발생한 경우 이 차이는 구매부문보다는 이를 야기한 생산부문에 반영하는 것이 책임회계 관점에서 볼 때 보다 합리적이다.

한편, 능률차이는 전형적으로 생산부문의 소관사항이다. 가령, 감독소홀이나 공구사용의 미숙으로 인한 자재불량의 발생이 그것이다. 그러나 구입자재의 품질수준의 변화나 홍수 등 특별상황 발생에 따른 자재소비량의 증가는 성과평가시 별도로 고려될 필요가 있다.

③ 표준 자체가 비현실적으로 설정되어 발생한 차이는 다른 차이처럼 시정조치를 통해 제거할 수 있는 것이 아니다. 따라서 이들 항목은 성과평가시 구분하여 해석되어야 하며 차후의 표준설정시 반영되어야 한다.

> **TIP!**
> **피드백의 6가지 용도**
> 분석결과를 활용해 개선을 추구하는 것으로 정의되는 **피드백의 용도**는 다음과 같이 6가지로 요약된다.
> ① 목표의 수정
> ② 예측방법의 변경
> ③ 새로운 대안의 모색
> ④ 운영방식의 변경
> ⑤ 의사결정방법의 변경
> ⑥ 성과측정 및 보상 방법의 변경
>
> 옆의 ③은 여섯 번째와 첫 번째 피드백 유형에 해당한다.

2. 직접노무비 차이분석

직접노무비 차이분석은 기본적으로 직접재료비 차이분석과 동일하다. 재고로 보관이 가능한 재료와 달리 구입과 사용이 동시에 이루어지는 인적자원의 소비형태로 원가가 발생한다는 점만 특이할 뿐 차이계산공식과 해석에서는 전혀 차이가 없다. 심지어는 결합차이의 처리도 동일하다.

직접노무비차이는 실제직접노무비(DL)에서 변동예산에서 구한 표준직접노무비를 차감하여 구한다.

$$\begin{aligned}\textbf{직접노무비차이} &= \text{실제직접노무비} - \text{표준직접노무비} \\ &= (AR \times AH) - (SR \times SH) \quad \cdots\cdots (9\cdot4)\end{aligned}$$

여기서 AR : 실제임률
AH : 실제노동시간
SR : 표준임률
SH : 실제산출물에 허용된 표준노동시간

위에서 구한 총차이는 다음 공식처럼 계산되는 가격차이(임률차이로 불림)와 수량차이(시간차이로 불림)로 분해된다.

$$\begin{aligned}\textbf{직접노무비 임률차이} &= \text{실제직접노무비} - \text{실제노동시간의 표준원가} \\ &= (AR \times AH) - (SR \times AH) \\ &= (AR - SR) \times AH \quad \cdots\cdots (9\cdot5)\end{aligned}$$

$$\text{직접노무비 시간차이} = \text{실제노동시간 표준원가} - \text{표준노동시간 표준원가}$$
$$= (SR \times AH) - (SR \times SH)$$
$$= (AH - SH) \times SR \quad \cdots\cdots (9\cdot6)$$

예제 9-2 직접노무비 임률차이 및 시간차이

표준원가계산시스템을 도입하고 있는 홍익공업(주)의 다음 자료를 토대로 직접노무비의 차이분석을 행하시오.

〈자료〉 홍익공업의 2019년 3월

1. 생산량
   - 실제생산량 : 100개
   - 예산생산량 : 120개
2. 직접노동시간 및 **직접노무비**
   - 실제작업시간 : 90시간
   - 실제발생 직접노무비 : ₩288,000
3. **표준직접노무비**(단위당) : 1단위 생산에 소요되는 노동시간은 1시간이고, 1시간당 임률은 ₩3,000이다.
   - ₩3,000×1시간 = ₩3,000
4. **변동제조간접비** : 표준직접노무비에 비례하여 배부(20%)
   - 실제발생액 : ₩63,000
   - 예산액 : ₩60,000(= 100×₩3,000×0.2)
5. **고정제조간접비**
   - 실제발생액 : ₩250,000
   - 예산액 : ₩240,000

> **TIP!**
> 직접노무비 차이분석에서 실제발생 총노무비만 있어도 임률차이를 계산할 수 있다. 총노무비를 실제작업시간으로 나누면 **실제임률**이 계산된다. 하지만 실제노무비와 '표준임률 x 실제작업시간'의 차이로 임률차이를 분석하기 때문에 굳이 실제임률을 계산할 필요는 없다.

> **TIP!**
> 표준작업시간은 항상 실제생산량에 기초하여 계산된다는 점을 명심하자. 즉 '실제생산량 x 단위당 표준작업시간'으로 계산한다.

> **TIP!**
> **(F), (U) 의미는?**
> (F) : Favorable, 유리한 차이
> (U) : Unfavorable, 불리한 차이

풀이

실제원가		변동예산
실제임률×실제작업시간	표준임률×실제작업시간	표준임률×표준작업시간*
$(AR \times AH)$	$(SR \times AH)$	$(SR \times SH)$
= ₩3,200×90	= ₩3,000×90	= ₩3,000×100*
= ₩288,000	= ₩270,000	= ₩300,000
직접노무비 임률차이 **₩18,000(U)**	직접노무비 시간차이 **₩30,000(F)**	

* 실제 생산량에 허용된 작업시간으로 100개×1시간=100시간.

직접노무비 임률차이와 시간차이는 나름대로 유용한 정보를 갖고 있다. 그러나 이들 차이가 발생하는 원인에 대한 올바른 이해가 전제되지 않으면 차이정보에 대해 잘못된 해석을 내릴 수 있다.

직접노무비 임률차이는 ① 노사협상에 따른 임금의 변화, ② 직접노동인력의 투입방식의 변화(가령, 숙련공 대신에 저숙련공의 투입), ③ 작업량의 폭주로 인한 초과근무에 따른 초과근무수당의 지급 등에 의해 발생한다. 한편, 직접노무비 시간차이는 ① 생산공정에서의 예외적 상황발생, ② 작업인력의 품질수준, ③ 생산기술의 변화, ④ 생산부문의 작업성과 등에 의해 발생한다.

앞에서 예시한 바와 같은 다양한 원인으로 발생하는 차이정보를 해석할 때 다음과 같은 점을 유념해야 한다.

① 직접재료와 직접노동인력 그리고 기계 등과 같은 상이한 원가요소간에 존재하는 상호관련성(inter-dependency)을 올바로 이해해야 한다. 가령, 직접노무비 시간차이와 직접재료비 수량차이 간에 존재하는 상호관련성이 그것이다. 즉, 일정량의 산출물 생산에 소요되는 작업시간은 작업자의 기술수준이나 의욕 등의 요소뿐만 아니라 사용재료의 품질수준 그리고 심지어는 사용하는 기계상태에 의해서도 좌우된다. 표준보다 낮은 품질수준의 자재를 사용하거나 제대로 보수되지 못한 기계를 사용할 경우 흔히 작업시간은 보다 길어진다. 따라서 직접노무비 시간차이가 불리한(또는 유리한) 결과를 보였다고 해서 반드시 생산부문관리자의 성과가 나쁘다고(또는 훌륭하다고) 해석해서는 안 된다. 전자의 자재불량은 구매부문이 그리고 기계의 불량상태는 설비관리부서의 책임사항이 될 가능성이 높다.

② 직접노무비 임률차이와 시간차이간에 가능한 상충관계(trade-off)이다. 즉, 표준보다 고임률의 숙련공을 투입하는 경우 비록 임률차이는 불리하게 기록되지만 시간차이는 유리하게 나타날 수 있다. 이러한 상충관계를 감안하여 생산부문관리자는 작업인력의 배합을 결정해야 할 뿐만 아니라 차이분석에서도 양차이의 순효과에 관심을 기울여야 한다.

③ 차이의 책임소재에 대한 판단은 조심스럽게 내려야 한다. 일반적으로 임률차이는 생산담당자의 책임범위에서 제외된다. 왜냐하면 임률은 최고경영자의 결정사항이기 때문이다. 다만, 숙련공과 비숙련공의 최적배합의 실패에서 비롯된 차이에 대해서는 책임이 부과된다. 이에 반해 능률차이는 전형적으로 생산부문의 책임사항이다. 작업인력에 대한 적절한 교육 및 훈련의 생략 그

리고 감독소홀이나 일정계획수립상의 문제로부터 비롯되는 불리한 차이에 대해서는 책임을 진다.

3. 제조간접비 차이분석

(1) 제조간접비 차이분석의 개관

제조간접비 차이분석은 기본적으로 직접재료비나 직접노무비 차이분석과 성격을 달리한다. 왜냐하면 변동비 성격의 직접재료비나 직접노무비와는 달리 제조간접비에는 변동제조간접비와 고정제조간접비라는 이질적인 성격의 원가가 섞여 있기 때문이다. 이런 상이한 성격을 감안하여 제조간접비 차이분석은 양자를 구분하여 차이분석을 행한 후 이를 종합하는 식으로 이루어진다.

수도광열비, 엔지니어링지원비, 간접재료비 등 무수히 다양한 변동비 항목으로 구성되는 변동제조간접비는 직접재료비나 직접노무비와 달리 원가표준을 설정하기가 쉽지 않다. 그러나 굳이 비교를 한다면 변동제조간접비 차이분석은 직접노무비 차이분석에 보다 가깝다. 왜냐하면 작업능률에 따라 소요시간이 차이나고 이것이 곧 변동제조간접비 발생규모를 좌우하는 것이 일반적이기 때문이다. 다만 이질적 성격의 다양한 항목으로 구성되는 변동제조간접비의 특징을 감안하여 차이명칭은 직접노무비의 경우와 다소 차이를 보인다.

한편, 조업도에 무관하게 총액이 일정한 고정제조간접비는 변동예산 개념이 적용되지 않는다. 이런 점에서 직접재료비나 직접노무비 그리고 변동제조간접비의 차이분석에서는 존재하지 않는 독특한 차이, 즉 조업도차이가 강조된다.

(2) 변동제조간접비 차이분석

변동제조간접비차이는 실제변동제조간접비와 변동예산에서 구한 실제활동수준, 즉 실제투입 또는 산출수준에 허용되는 변동제조간접비와의 차이로 계산된다.

TIP!
변동제조간접비 배부율
변동제조간접비 배부율이라는 용어는 상이한 성격의 다양한 척도로 표시되는 변동제조간접비항목을 대표하는 기준으로 표시된 가격을 지칭하는 것은 아니다. 흔히, 직접노동시간이나 기계시간 등이 기준으로 이용되는데, 이들 기준이 늘어나면 배부율을 곱한 수치만큼의 변동제조간접비가 늘어나는 것으로 가정하는 것을 말한다.

$$\text{변동제조간접비차이} = \text{실제변동제조간접비} - \text{표준변동제조간접비}$$
$$= (AR \times AH) - (SR \times SH) \quad \cdots\cdots (9 \cdot 7)$$

여기서 SR : 단위투입물당 표준변동제조간접비 배부율
AR : 단위투입물당 실제변동제조간접비 배부율
SH : 실제산출물에 허용된 표준투입물(가령, 노동시간)
AH : 실제산출물에 허용된 실제투입물

위에서 구한 변동제조간접비 총차이는 다음 공식에 따라 계산되는 소비차이(spending variance)와 능률차이(efficiency variance)로 분해된다.

$$
\begin{aligned}
\textbf{변동제조간접비 소비차이} &= \text{실제변동제조간접비} - \text{실제투입량의 표준원가} \\
&= (AR \times AH) - (SR \times AH) \\
&= (AR - SR) \times AH \quad \cdots\cdots\cdots \quad (9 \cdot 8)
\end{aligned}
$$

$$
\begin{aligned}
\textbf{변동제조간접비 능률차이} &= \text{실제투입량의 표준원가} - \text{표준변동제조간접비} \\
&= (SR \times AH) - (SR \times SH) \\
&= (AH - SH) \times SR \quad \cdots\cdots\cdots \quad (9 \cdot 9)
\end{aligned}
$$

위의 계산공식을 그림으로 나타내면 다음과 같다.

〈변동제조간접비 차이분석〉

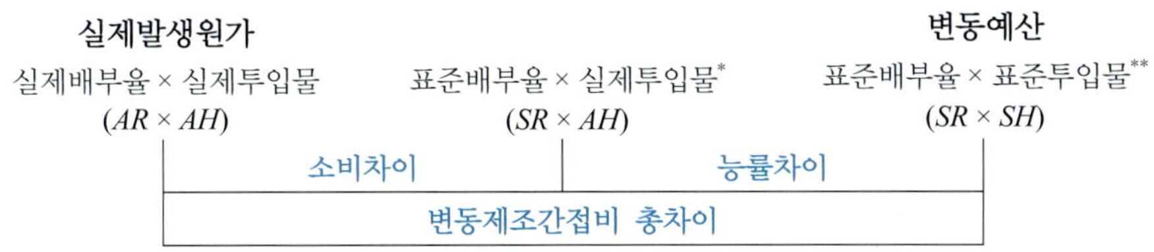

* 실제투입수준에 기초한 변동예산에 해당함.
** 실제산출수준에 근거한 변동예산에 해당함.

변동제조간접비 소비차이는 변동제조간접비 실제발생액과 실제투입물 수준에 허용된 변동제조간접비와의 차이를 나타낸다. 직접재료비 가격차이가 가격차이를 실제수량에 곱하여 계산되는 것처럼 변동제조간접비 소비차이 역시 가격차이에 해당하는 실제배부율과 표준배부율간의 차이에 실제투입물을 곱하여 구한다. 여기서 실제투입물 수준이란 직접노동시간이나 기계시간처럼 다양한 변동제조간접비항목을 대표하는 측정기준의 투입수준을 말한다.

변동제조간접비 차이분석에서는 가격차이란 용어 대신에 소비차이라는 용어를 사용한다. 그 이유는 다음 두 가지로 설명할 수 있다.

첫째, 변동제조간접비는 다양한 이질적인 원가항목으로 구성되기 때문이다. 가령, kWh당 지불하는 전력비, 톤당 계산하는 수도료, 개수로 표시될 공장소모품, 시간당 계산되는 간접노무비 등 매우 상이한 측정단위로 표현되는 항목들로 구성된다. 한 마디로 모든 변동제조간접비 항목에 공통적으로 적용될 수 있는 자연스런 측정단위는 존재하지 않는다. 따라서 단위당 가격에 해당하는 실제배부율(AR)이나 표준배부율(SR)은 총발생액이나 변동예산을 변동제조간접비항목을 가장 잘 대표할 수 있는 측정단위(가령, 노동시간 또는 기계시간)로 나누어 구한 수치에 불과하기 때문에 가격 대신에 배부율(application rate)이라는 용어를 사용한다.

앞에서 소개한 공식이나 그림에서는 마치 변동제조간접비 실제발생액이 가격요인에 해당하는 실제배부율(AR)과 실제투입물(AH)로 분해되고 이를 이용하여 소비차이가 계산되는 것처럼 보여주지만 실제로 소비차이는 단순히 실제투입에 기초한 표준원가를 실제발생액으로부터 차감하여 구한다. 이처럼 직접재료비나 직접노무비와 달리 굳이 실제발생액을 가격요인과 수량요인으로 구별하지 않는 이유는 ① 실제로 변동제조간접비 발생이 선택된 배부기준(가령, 노동시간 또는 기계시간) 단위로 구입되지 않는다는 점과 ② 구분하는 것이 이들 변동제조간접비를 관리하는 데 결코 도움을 주지 않기 때문이다.

둘째, 소비차이는 가격요인과 수량요인 양자에 의해 발생될 수 있다. 가령, 전력비를 예로 들어 설명해 보자. 전력비 소비차이는 실제전력비와 산출물생산을 위해 실제로 사용된 전력에 표준전력단가를 적용한 수치와의 차이로 계산된다. 이 때 전자가 후자보다 커서 불리한 소비차이가 계산되었다고 하자. 이런 불리한 차이는 두 가지 원인에서 비롯될 수 있다. ① 단위당(kWh) 전력요금이 표준가격보다 올랐기 때문이다. 이는 **가격요인**에 해당한다. ② 실제로 투입된 전력량이 실제산출물에 허용된 전력량보다 많았기 때문에 할증요금이 적용되어 전력비가 늘어날 수 있다. 수량요인에 해당하는 이 차이는 작업능률에 의해 좌우된다.[2)]

TIP!

과소비의 의의

지나치게 외식을 자주하거나 쓸데없이 고가의 물건(가령, 명품) 구입에 돈을 헤프게 쓰는 경우 **과소비**란 표현을 쓴다. 그만큼 빈도와 같은 수량 측면은 물론, 가격의 수준이 동시에 과소비 여부를 결정짓는다.

이처럼 소비차이가 가격요인 이외에 수량(즉, 능률요인)에 의해 야기됨을 감안하여 소비차이(spending variance)라는 명칭으로 불린다. 이는 현실에서 과소비(過消費)란 용어가 지나치게 비싼 음식을 외식하는 경우와 같은 가격요인뿐만 아니라 지나치게 자주 외식하는 소위 수량요인까지를 포함하여 사용되는 점을 고려하면 쉽게 이해할 수 있다.

한편, 변동제조간접비 능률차이(VOH efficiency variance)는 실제조업도에 허용된 표준변동제조간접비와 표준조업도에 허용된 변동제조간접비와의 차이이다. 여기서 표준조업도란 실제산출물 생산에 허용된 조업도를 말한다. 따라서 표준조업도에 허용된 변동제조간접비는 변동예산에 해당한다.

능률차이를 올바로 해석하는 것은 매우 중요하다. 능률차이는 자칫 변동제조간

---

2) 여기서는 전력이라는 단일항목을 다소 무리하게 예를 들었지만 현실에서는 무수히 다양한 항목으로 구성된 변동제조간접비의 실제원가는 가격요인과 수량요인들로 인해 두 번째 칼럼의 금액과 다소 차이를 보인다.

접비 구성항목을 얼마나 능률적으로 사용 또는 관리했는가를 나타내는 것으로 이해하기 쉽다. 그러나 그렇지 않다. 실제로 능률차이는 실제조업도와 표준조업도의 차이에 초점을 맞추어 변동제조간접비 배부율산정의 기준으로 채택된 투입요소(가령, 노동시간 또는 기계시간)를 얼마나 효율적으로 사용하였는가를 나타낸다. 예를 들면, 직접노동시간이 변동제조간접비 배부기준으로 선정되었을 경우 능률차이는 실제사용된 직접노동시간과 표준직접노동시간의 차이, 즉 노동시간의 효율적인 사용 여부에 좌우된다. 따라서 전력소비량을 줄이고 공장소모품 소비를 줄인 경우에도 실제투입된 직접노동시간이 표준시간보다 증가한 경우에는 불리한 능률차이가 기록된다.

요컨대, 변동제조간접비 능률차이의 유용성은 배부기준이 얼마나 의미 있게 선정되는가에 달려 있다. 이런 특징 때문에 변동제조간접비 차이분석은 앞서 직접노무비 차이분석과 유사하며 능률차이라는 동일한 명칭을 사용한다. 또한 직접노동시간이 배부기준으로 선정된 경우에는 직접노무비 능률차이와 변동제조간접비 능률차이는 비록 수치는 차이를 보일지언정 차이결과는 항상 동일한 방향을 나타낸다.

예제 9-3 변동제조간접비 소비차이 및 능률차이

표준원가계산시스템을 도입하고 있는 홍익공업㈜에 관한 <예제 9-2>의 자료를 토대로 변동제조간접비의 차이분석을 하시오.

풀 이

실제원가		변동예산
실제배부율×실제작업시간	표준배부율×실제작업시간	표준배부율×표준작업시간*
$(AR \times AH)$	$(SR \times AH)$	$(SR \times SH)$
= ₩700×90	= ₩600×90	= ₩600×100*
= ₩63,000	= ₩54,000	= ₩60,000
변동제조간접비 소비차이 **₩9,000(U)**	변동제조간접비 능률차이 **₩6,000(F)**	

* 실제생산량에 허용된 직접노동시간을 의미함. 왜냐하면 변동제조간접비는 직접노동시간에 비례한다고 가정하였기 때문임.

(3) 고정제조간접비의 차이분석

앞서 다룬 변동제조간접비는 비록 완벽하지는 못하더라도 대표성을 갖는 배부기준을 이용하여 나름대로 투입물과 산출물간의 관계를 파악하고 이를 토대로 능률차이를 계산하였다. 그러나 고정제조간접비는 이러한 관계를 갖지 못한다. 왜냐하면 고정제조간접비는 산출량에 무관하게 총액이 일정하게 발생하기 때문이다. 따라서 고정제조간접비는 실제산출물수준(즉, 실제조업도)이 당초 예정한 산출물수준(즉, 예정조업도)과 차이를 보이더라도 변동예산 개념에 따라 새로운 허용예산을 구할 필요가 없다. 이런 의미에서 당초 작성한 예산을 고정예산(static budget)이라고 한다. 이는 곧 고정제조간접비 차이분석에서는 능률차이가 존재하지 않음을 의미한다.

TIP!
고정예산이란?
당초에 계획한 생산량이나 판매량에 기초하여 편성된 원가(수익)예산을 말한다. **사전 목표**라고 생각하면 된다.

고정제조간접비차이는 소비(예산)차이와 조업도차이로 대별된다. 고정제조간접비 소비차이(일명, 예산차이)는 실제발생한 고정제조간접비와 당초 설정한 일정액의 고정제조간접비예산(lump sum budgeted amount)과의 차이를 말한다. 실제조업도가 예정조업도 또는 실제산출물에 허용된 표준조업도와 차이를 보이더라도 변동예산 개념에 따라 새로운 허용예산을 구해 이를 활용할 필요가 없다는 점에서 고정제조간접비 소비차이는 일종의 정태적 예산차이(static budget variance : 고정예산차이로 번역됨)이다.

고정제조간접비 소비차이 또한 변동제조간접비 소비차이처럼 가격요인과 수량요인 양자(그러나 주로 가격요인)에 의해 발생한다. 가령, 공장임차료(또는 보험료)를 예로 들어보자. 이 원가는 조업도와 무관하게 일정하게 발생하는 고정제조간접비의 일종이다. 그러나 실제공장임차료는 물가상승에 기인한 임차료인상이나 기업의 필요에 의해 임차면적의 추가로 인한 임차료증가 등으로 인해 당초 예상한 임차료보다 증가할 수 있다. 전자는 가격요인에 해당하고 후자는 수량요인에 해당한다. 이처럼 소비차이는 당초 마련한 예산과 실제발생액을 비교하여 계산됨을 감안하여 예산차이(budget variance)라고도 부른다.

한편, 조업도차이는 고정제조간접비에만 존재하는 독특한 차이항목이다. 조업도차이를 이해하기 위해서는 제4장에서 설명한 예정배부율 개념을 상기할 필요가 있다. 제4장에서 고정제조간접비 예정배부율의 활용이 필요한 이유를 정상원가계산(normal costing)을 통해 설명한 바 있다. 즉, 실제원가를 파악하기 이전에 제품단위당 원가를 계산하기 위해서는 생산량 크기에 상관없이 일정한 고정제조간접비를 마치 변동비처럼 간주하여 부과하지 않으면 안 된다. 이때 고정제조간접비를 변동비처럼 처리하기 위해 사용하는 개념이 **예정조업도** 또는 **기준조업도**(denominator level)이다.

기준조업도는 고정제조간접비 예정배부율을 구하기 위해 사용된다. 또한 이렇게 구한 예정배부율이 실제제품원가계산에 이용되기 때문에 기준조업도는 고정제조간접비를 제품에 배부하기 위한 배부기준에 해당한다. '분모'라는 뜻의 denominator란 영어명칭이 시사하는 바와 같이 고정제조간접비 예정배부율은 예산총액을 기준조업도로 나누어 구한다.

$$\textbf{고정제조간접비 예정배부율} = \frac{\text{고정제조간접비 예산총액}}{\text{기준조업도(또는 예정조업도)}} \cdots\cdots (9 \cdot 10)$$

예정배부율을 이용하면 실제원가가 집계되기 전이라도 제품원가계산이 이루어질 수 있다. 이처럼 예정배부율계산에 적용되는 기준조업도로는 직접노동시간, 직접노무비, 기계시간 등이 주로 이용된다. 이들은 ① 여러 제품에 공통적으로 적용될 수 있고, ② 고정비발생의 원인인 기계시설의 활용 정도와 관련성이 높으며, ③ 자료수집이 비교적 용이하다는 등 배부기준 선정시 고려되어야 하는 세 가지 요건에 잘 부합하기 때문이다.

고정제조간접비 예정배부율을 제품원가계산목적으로 표준원가계산에 이용하는 경우 기준조업도가 실제산출물에 허용되는 조업도를 의미하는 표준조업도와 일치하지 않으면 고정제조간접비 예산액과 배부액은 차이를 보이게 된다. 이는 <그림 9.6>에 요약되어 있다.

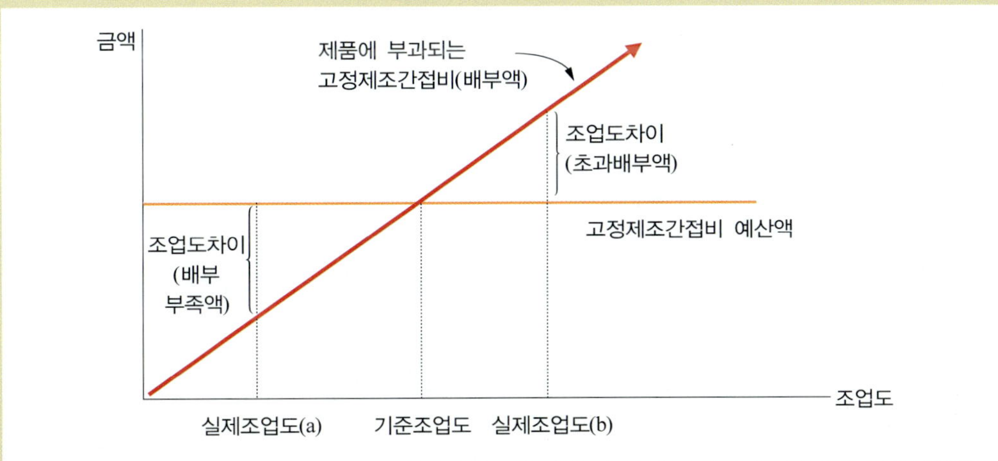

그림 9.6 고정제조간접비 조업도차이 : 예산과 배부액의 비교

이처럼 배부액과 예산액간의 차이를 조업도차이(production volume variance)라고 부른다. 이를 식으로 나타내면 다음과 같다.

고정제조간접비조업도차이

= 고정제조간접비 예산액 − 고정제조간접비배부액

= (예정배부율 × 기준조업도) − (예정배부율 × 표준조업도) ·············· (9·11)

위에서 설명한 고정제조간접비 차이계산 공식을 그림으로 나타내면 다음과 같다.

〈고정제조간접비 차이분석〉

실제발생원가	예산금액*		변동예산**	배부금액***
총액으로 파악됨 (분해가 불가능함)	총액으로 설정됨 (분해가 무의미함)	=	예산금액과 동일함 (예산수정이 불필요)	(SR_F×SH)
소비차이		=	조업도차이	
고정제조간접비 총차이 = 배부차이(초과/부족)				

* 당초 설정한 원시 또는 고정예산(static budget)임.

** 실제산출수준이 바뀌더라도 고정제조간접비예산은 안 바뀜.

*** SR_F는 고정제조간접비 예정배부율로서 예산액을 기준조업도(가령, 직접노동시간)로 나누어 구한다. 한편, SH란 실제산출물에 허용된 표준배부기준으로 예정배부율 계산시 이용된 배부기준으로 표시된다. 따라서 SR_F×SH는 제품원가계산을 위한 고정제조간접비 배부액이다.

제품원가계산목적에서 고정제조간접비를 제품단위당 금액으로 파악함으로써 발생하는 조업도차이를 해석할 때 다음과 같은 점을 유념해야 한다.

첫째, 조업도차이가 불리하게 또는 유리하게 계산되었다고 해서 반드시 생산부문관리자의 성과가 나쁘다고 또는 훌륭하다고 해석해서는 안 된다. 조업도차이는 단순히 실제활동수준(표준조업도)과 예정활동수준(기준조업도) 간의 차이를 알려 줄 뿐이다. 요컨대, **조업도차이는 원가관리성과에 관한 정보를 담기보다는 마케팅에 관한 정보를 담고 있다.** 왜냐하면 판매가 부진하면 자연히 생산이 줄어들어 고정시설의 활용도는 낮아지게 마련이다. 이 경우 줄어든 생산량에 상관없이 고정제조간접비는 일정하여 단위당 고정제조간접비는 늘어나고 제품원가 또한 높아지는데 이것이 곧 불리한 조업도차이로 반영된다. 이를 감안하여 조업도차이는 마케팅차이(marketing variance)로도 불린다.

둘째, 조업도차이 일부는 생산부문관리자의 잘못으로부터 발생할 수 있다. 가령, 일정계획을 잘못 수립하거나 종업원 관리소홀로 인해 시설활용이 차질을 빚어 기준조업도에 미달하는 경우이다. 이런 이유로 발생한 조업도차이는 관리자의 통제범위에 포함시킬 수 있다. 그러나 현실적으로 조업도차이는 기준조업도 수치에 의해 좌우된다. 즉, 기준조업도가 실제조업도와 차이를 보일수록 조업도차이는 커진다. 따라서 예산수립시 설정된 기준조업도 자체가 비현실적인 경우에서 발생하는 조업도차이는 생산부문관리자의 시설활용효율성에 관한 정보를 담고 있는 것은 아니다.

굳이 조업도차이를 시설활용의 최적활용에서 벗어나는 정도에 관한 정보로 활용하기 위해서는 다음 두 가지 조건이 충족되는 가운데 제품단위당 공헌이익정보를 이용할 수 있어야 한다.

① 기준조업도는 연간기대조업도로서 실제생산현실을 잘 반영한 것이다.
② 만약 미활용시설(unused capacity)이 존재할 경우 그만큼 시장수요는 존재한다.

이들 두 가지 조건이 충족되고 단위당 공헌이익 수치가 당초 예정한 조업도수준을 달성하지 못함으로써 발생하게 되는 기회비용으로 파악될 경우 조업도차이는 시설활용의 효율성에 관한 정보역할을 한다. 이렇게 구한 차이는 시설능력차이(capacity variance) 또는 커패서티 차이라고 부른다.

예제 9-4 고정제조간접비 차이분석 : 예산(소비)차이 및 조업도차이

표준원가계산시스템을 도입하고 있는 홍익공업(주)의 <예제 9-2>의 자료를 토대로 고정제조간접비의 차이분석을 행하시오.

> **TIP!**
> 고정제조간접비 소비차이는 고정제조간접비 실제발생액과 예산액 차이로 구하면 간단하다. 그러나 간혹 고정제조간접비 예산액이 주어지지 않을 경우에는,
>
> **고정제조간접비 예정배부율** = $\frac{\text{고정제조간접비 예산액}}{\text{기준조업도(또는 예정조업도)}}$
>
> 식을 이용하여 고정제조간접비 예산액을 계산하면 된다.

풀이

고정제조간접비 실제발생액	고정제조간접비 예산액	고정제조간접비 배부액
(분해가 불가능함)	(분해가 무의미함)	($SR_F \times SH$)
	= ₩2,000*×120	= ₩2,000×100**
= ₩250,000	= ₩240,000	= ₩200,000

소비차이 ₩10,000(U) | 조업도차이 ₩40,000(U)

총차이 ₩50,000(U)

* 고정제조간접비 총예산액(₩240,000)을 기준조업도(120시간)로 나눈 것으로 예정배부율을 의미함.

** *SH*는 실제생산량에 허용된 표준작업시간으로 예정배부율 계산시 이용된 배부기준으로 표시됨.

그림 9.7
4분법에 의한 차이분석

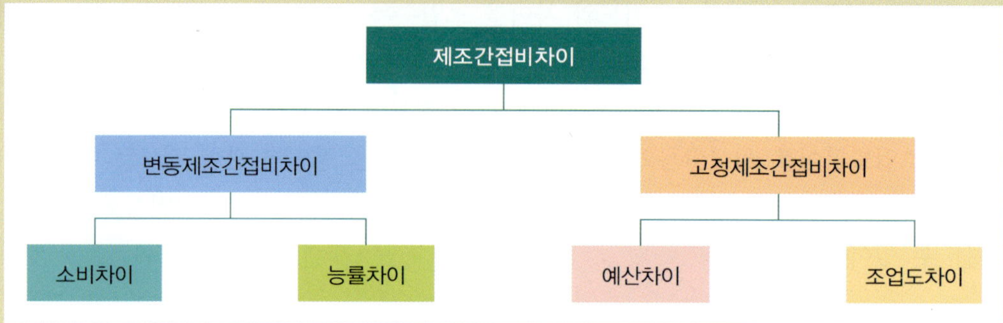

(4) 제조간접비 차이분석방법의 비교

지금까지는 변동제조간접비와 고정제조간접비의 상이한 성격을 감안하여 이들을 구분하는 가운데 차이분석을 설명하였다. 이 경우 존재하는 차이항목은 모두 네 가지이다. 즉, ① 변동제조간접비 소비차이, ② 변동제조간접비 능률차이, ③ 고정제조간접비 예산(또는 소비)차이, ④ 고정제조간접비 조업도차이가 그것이다. 이처럼 4개의 차이항목을 이용하여 변동제조간접비와 고정제조간접비의 차이분석을 별개로 행하는 방법을 4분법(four-way analysis)이라고 부른다.

한편, 2분법(two-way analysis)이란 제조간접비를 변동비와 고정비로 구분하지 않는 가운데 제조간접비차이를 ① 예산차이, ② 조업도차이의 두 가지로 구분하는 방법이다. 3분법(three-way analysis)이란 제조간접비 총차이를 ① 예산차이(=소비차이), ② 능률차이 및 ③ 조업도차이의 세 가지로 구분하는 방법이다. 실무상 제조간접비를 변동비와 고정비로 구분하여 파악하는 것이 쉽지 않을 때 제조간접비 총액을 고정비와 변동비로 구분하지 않고 그대로 활용하여 원가차이를 계산한다.

이하 2분법과 3분법에 따른 제조간접비 차이분석을 그림으로 예시하면 다음과 같다.

〈총제조간접비 차이분석 : 2분법 대 3분법〉

<table>
<tr><th></th><th>실제제조간접비
(총액으로 파악됨)</th><th>변동예산
(실제투입물기준)
(SR×AH)*</th><th>변동예산
(실제산출물기준)
(SR×SH)**</th><th>배부금액
(SR×SH)***</th></tr>
<tr><td>3분법</td><td colspan="3">소비차이 | 능률차이 | 조업도차이</td><td></td></tr>
<tr><td>2분법</td><td colspan="3">예산차이(= 관리기능차이) | 조업도차이</td><td></td></tr>
</table>

* 당초 설정한 원시 또는 고정예산(static budget)임.
** 실제산출수준이 바뀌더라도 고정제조간접비예산은 안 바뀜.
*** *SR*은 **제조간접비 예정배부율**로서 변동제조간접비 예정배부율과 고정제조간접비 예정배부율의 합계이다. 한편, *SH*란 예정배부율 계산시 변동제조간법비와 고정제조간접비에 공통으로 이용된 배부기준으로 표시한 **실제산출물에 허용된 표준투입량(즉, 표준배부기준)**을 말한다. 따라서 *SR*×*SH*는 제품원가계산을 위한 제조간접비의 총배부액을 지칭한다.

제4절 표준원가제도의 유용성 제고방안

1. 새로운 차이분석의 도입: 전통적 차이항목의 수정 및 보완

1980년대 후반부터 진보적 제조환경하에서 더 이상 유용한 정보를 제공하지 못한다는 이유로 비난받아 온 표준원가계산제도에 대한 기존의 비난은 크게 3가지로 요약된다.

① 차이항목이 진부하다는 것이다.
② 최근 강조되는 지속적 개선을 도모하지 못한다는 것이다.
③ 전통적인 차이항목을 이용한 책임회계제도는 부문간의 협조를 도모하기보다는 내부갈등을 야기한다는 점이다.

TIP!
*'원가회계가 생산성의 최대의 적'*이라는 Goldratt의 지적은 전통적인 차이항목이 갖는 한계를 지적한 것이다.

과연 이와 같은 비난으로부터 벗어나서 차이분석의 유용성을 높일 수 있는 방법은 무엇일까? 그것은 종전처럼 당초 마련한 정태적 표준 대신에 동태적 표준을 이용하여 차이계산을 하고 책임회계하에서의 보고는 경영진이 관심을 기울여야 할 특정 분야에 집중되도록 하는 것이다. 무엇보다도 표준원가계산제도란 기업의 재무적 및 운영적 상황을 관리회계적으로 연결하는 통제시스템임을 유념할 필요가 있다.

일반적으로 표준원가계산에서 분석되는 주된 차이항목은 가격차이 및 능률차이이다. 최근 강조되는 품질에 관한 차이분석은 빠져 있다. 이와 관련하여 전통적 차이항목에 원재료 주문차이(raw-material ordering variance)와 품질차이(quality variance) 등을 추가할 필요가 있다. 가령, 원재료 주문차이는 적정재고수준을 유지함을 목표로 삼는 기업에게 유용한 항목으로 납품업체의 성과에 대한 유용한 정보를 제공한다. 실제주문액과 납품액을 비교하는 식으로 구하는 이 차이정보는 불필요한 재고누적 및 재고부족에 대한 경고정보를 제공한다.

원재료 주문차이 = (원재료 주문수량 − 실제납품수량) × 표준가격

또한 원재료 가격차이를 과거와 같이 구입수량이나 공정에의 투입수량을 토대로 표준가격에 곱하여 구하는 대신 구입수량과 실제이용수량과의 차이를 이용하여 계산하면 재고수준의 증감을 계산해 낼 수 있다. 이러한 차이정보는 JIT(적시생산시스템)를 추구하는 기업에게 유용하다.

원재료 가격차이 = (원재료 구입수량 − 실제이용수량) × 표준가격

앞의 두 가지 차이는 적시에 적정량의 자재공급을 책임지는 구매부문관리자의 의사결정 및 이들을 대상으로 한 성과평가에 유용하다. 이 밖에도 재료의 보관기간 및 재고고갈에 따른 손실부분 등이 차이분석에 반영되도록 할 필요가 있다.

전통적인 능률(또는 수량)차이가 갖는 한계에도 유의할 필요가 있다. 종전의 능률차이는 실제소비한 재료와 완성품생산에 허용된 표준수량과의 차이로 계산하였으나 사실상 이들 차이는 품질과 능률요인의 복합적 결과인 셈이다. 즉, 품질이 열악한 재료의 경우 실제이용된 재료수량이 허용수량을 훨씬 초과하게 된다. 이러한 재료수량 또는 능률차이 중 품질에 기인한 부분을 별도로 파악하기 위한 품질차이는 규격에 미달한 완성품 수량과 합격품과의 차이에 표준원가를 곱하여 계산된다.

품질차이 = (규격에 미달한 완성품 수량 − 합격품수량) × 표준원가

이는 종전의 경우 능률차이에 파묻혔던 것이다. 그러나 과거의 투입중심의 분석에서 산출물 분석으로 초점을 옮기는 가운데 품질차이를 일단 합격품을 대상으로 분석함으로써 보다 의미 있는 성과평가용 정보를 이용할 수 있게 된다.

위에서 소개한 두 가지 추가적 차이분석 예는 전통적인 표준원가계산제도가 새로운 제조환경하에서 더 이상 무용지물(無用之物)이라기보다는 기업의 실정에 맞도록 적절히 수정할 경우 여전히 유용한 관리회계수단이 될 수 있음을 뒷받침하는 것이다.

TIP!

Backflush Costing(역류원가계산)

JIT생산방식하의 제품원가계산방식으로, 총제조원가를 완성품(즉, 판매량)과 기말재공품에 역순으로 배부함으로써 제품원가를 계산하는 일종의 표준원가시스템이다.

Backflush란 용어는 전통적인 원가흐름과는 반대로 사후에 공제하는 식으로 원가계산이 이루어짐을 강조하는 것이다.

출처 : 신홍철(1993), 『관리회계의 혁신』, p.200.

2. ABC와 표준원가계산

일부에는 ABC가 표준원가계산을 마치 대체하는 것처럼(즉, 상호 배타적인 것으로) 이야기하고 있으나 사실상 양자는 상호 병행될 수 있을 뿐만 아니라 오히려 보완적일 가능성이 높다.

사실상 **표준원가**는 성과평가목적에서 실적치와 비교가 되는 기준(일종의 baseline) 역할을 수행하는데 이러한 표준원가의 산정은 업종 및 제조공정의 특징 등 작업여건을 충분히 고려하는 가운데 이루어져야 한다. 따라서 특정 활동을 요하는 제품 및 서비스의 원가를 보다 정확히 파악하기 위하여 간접비 배분의 정교함을 꾀하는 ABC의 실행상 단위당 실제활동원가와 사전에 산정된 단위활동 표준원가를 대조할 경우 경영진은 과연 당초 기대한 성과를 달성하고 있는가를 파악함에 유용한 정보를 구할 수 있다. 아울러 이러한 단위당 활동원가를 토대로 제품 또는 서비스의 실제원가와 표준원가를 상호 대조할 수 있는 것이다.

활동기준 표준원가시스템(Activity-Based Standard Cost System)이란 명칭으로 불리지는 않았으나 과거 오랫동안 ABC와 표준원가 계산을 상호 접목시킨 방식은 건설회계시스템에서 쉽게 찾아볼 수 있다. 즉, 건설프로젝트는 전형적으로 주요 사업과 부수적 사업 및 동 사업 내의 다양한 활동들로 세분될 수 있는데 동 프로젝트의 시기, 원가추정 및 실제원가의 보고 등은 수행되는 활동에 좌우되는 것이다. 공사진행 중의 성과는 실제원가 및 소요기간을 예산(또는 추정)수치와 비교하는 가운데 특정 활동에 수행한 하청업체에 대한 보상액 또는 벌금 등을 결정지운다.

제조업체의 경우 수행되는 활동 및 동 활동에 의한 생산물에 대한 측정이 건설업체와는 상이한 방식으로 이루어지는 것이 일반적이나 원가계획 및 성과동기 목적으로 계획수치와 실적치를 대조하는 기본개념은 차이가 없다. 1990년부터 ABC를 본격적으로 도입한 바 있는 반도체 생산업체인 아남산업㈜의 경우, 고객의 주문이행에 소요되는 각 활동별 원가를 표준원가형태로 사전에 파악한 자료를 데이터베이스화하여 사전 가격협상시 기초자료로 삼을 뿐만 아니라 사후에 실제 활동원가와 대조하는 차이분석을 동시에 실시하고 있다. 이를 그들은 CMC(Cost Model Costing ; 일명, 제품원가계산모델)라고 지칭하는데 CMC는 미리 계산된 각 활동과 패키지의 표준원가를 토대로 각 제품의 사양이나 고객의 요구를 감안한 원가를 산정하게 해주는 것이다.

요컨대, 비록 경영상의 재무 및 비재무적 측정치(즉, 시그널)가 상호 불일치될 경우라도 시그널을 해석하고 또한 시그널에 반응을 보이는 것은 회계적 이슈라기보다

스타벅스, 맥도날드, 존슨앤존슨에 차이분석이 필요한 이유

회계와 관련된 많은 과정 중에서 실제성과를 예산성과와 비교하는 것처럼 경영자에게 관심과 걱정을 끌어내는 일은 별로 없다. 그 이유는 경영자는 협상에 의해 결정된 예산을 달성할 책임이 있고, 동료들에게 실패한 것으로 보이는 것을 원하지 않기 때문이다. 그러나 차이분석의 주요 목적은 책임을 전가하는 것이 아니라 배우기 위한 것이며, 궁극적으로는 개선이 이루어지도록 조화시키는 것이 최고경영자와 회계담당자의 책임인 것이다.

스타벅스의 경영자는 새로 운영하는 상점의 매출이 기대치에 도달하거나 초과하도록 할 책임이 있다. 2004년 3월 계획된 매출 증가율은 연 12%로 월 수익증가로는 $494,000,000에 해당하는 금액이었다. **스타벅스**는 2004년 현재 세계적으로 약 8,000개의 상점이 있으며 앞으로 25,000개로 늘릴 계획인데 이는 맥도날드의 상점수에 근접하는 숫자이다. 관리회계담당자는 직접 예산성과를 수립하고 각 상점의 실제 성과를 감독하고 있다.

스타벅스, **맥도날드** 또는 어떤 회사이든지 관리회계담당자는 차이에 대하여 분명하고 정확하게 설명할 수 있어야 한다. 그들은 이러한 일이 건설적이며, 도움이 되도록 신중하게 행해야 한다. 단순히 문제점을 지적하는 대신 차이의 이유를 이해하고 해결책을 찾고 문제점을 극복하기 위한 계획을 수립해야 한다. 관리회계담당자는 부정적인 성과에 집착하기보다는 긍정적인 결과를 논해야 한다. 이상적으로는, 예산성과와 실제성과와의 차이분석은 전사적으로 도입되어서 책임을 분담하고 조직의 각 부문으로부터 아이디어가 모아져야 한다. 예를 들면 **맥도날드**는 **스타벅스**와의 치열한 경쟁 때문에 커피를 체계적으로 고급화시키고 있다.

관리회계담당자가 차이분석을 학습의 기회로 삼는 또 다른 조직은 거대 제약회사이며 일상소비품 제조회사인 존슨앤존슨이다. **존슨앤존슨**은 고도의 분업화된 조직으로 수백 개의 자회사를 통하여 운영되고 있다. 자회사의 관리회계담당자는 경영자가 문제점을 찾아내고 수정하는 데 차이를 이용한다. 이러한 일은 자회사의 모든 고위경영자들이 함께 모이는 회의에서 행해진다. **존슨앤존슨**의 한 임원이 다음과 같이 말했다. "경영자들은 원가, 추세, 생산효율성, 마케팅계획, 그리고 경쟁적인 상황에 대하여 깊이 검토하도록 요구받는다. 이 차이분석 회의는 우리에게 영업변화의 상승국면과 하강국면을 바라보아야 하고, 또 어떻게 반응해야 하는지와 창조적인 생각을 하게 해준다."

이처럼 차이분석은 조직의 성공을 좌우한다. 관리회계담당자는 주저없이 숫자를 정확하게 제시하고 성과에 대하여 현실적으로 받아들이도록 설득해야 한다. 과거의 실수로부터 배우고 바로 수정하도록 하는 것은 관리회계담당자가 동기부여자, 의사소통자 및 협력자의 역할을 성공적으로 수행할 때 이루어진다.

[출처 : Planning and Control System, Harvard Business School case number 9-187-081]

는 경영, 즉 전략적 이슈라고 할 수 있다. 관리회계담당자는 경영팀의 일부로서 생산 및 운영부서장들로 하여금 지속적인 개선을 가져올 올바른 활동에 집중하도록 도와주고 이들 활동이 얼마나 잘 수행되었는가에 관한 피드백을 제공하는 참된 정보제공원의 역할을 담당해야 한다.

아무리 제조환경이 급격히 바뀌었다 하더라도 표준제품을 대량생산하기 위해서는 부품을 비롯한 작업공정 및 절차는 물론 개별 작업에 대한 표준화가 필수적이다.

그런데 표준원가계산은 이들을 표준화하지 않고서는 도입될 수가 없다. 따라서 표준원가계산은 제조에 관련되는 모든 요소를 종합적으로 검토하지 않으면 안 되게 하는 순기능을 갖는다. 그러나 한 가지 유의할 점은 표준원가계산보다도 우수한 원가관리방식이 존재한다면 굳이 표준원가계산에 의한 원가관리를 고집할 필요가 없다는 것이다. 즉, 제조공정상 발생하는 문제를 물량적인 측면에서 파악하고 이를 초래한 근본원인(즉, 원가동인 : cost driver)에 대한 관리를 통해 원가의 직접적인 절감을 꾀하는 것이 바람직하다.

종합예제 표준원가 차이분석

와우공업은 A제품을 생산하고 있다. 이 회사는 생산활동을 평가하기 위하여 표준원가계산제도를 실시하고 있다. A제품 1단위를 생산하기 위한 표준원가표와 관련자료는 아래와 같다.

표 준 원 가 표

직접재료비(목재 50단위, @20)	₩1,000
직접노무비(3시간, @600)	1,800
제조간접비	
변동제조간접비(3시간, @100)	300
고정제조간접비(3시간, @50)	150
A제품 단위당 표준원가	₩3,250

2019년 10월 A제품을 400개 생산하였다. 이에 관련된 실제거래내용은 다음과 같다.

재료구입액(25,000단위, @21)	₩525,000
재료사용액(19,000단위)	
직접노무비(1,100시간, @590)	649,000
제조간접비	
변동제조간접비	130,000
고정제조간접비	71,000

이 회사는 변동예산제도를 채택하고 있다. 따라서 이 회사의 고정제조간접비배부율은 변동예산에 나타난 것에 의한다. 변동예산은 보면 월간 직접노동시간은 1,400시간으로 되어 있고, 이 수준에서의 변동제조간접비는 ₩140,000이며 고정제조간접비는 ₩70,000으로 되어 있다.

〈요구사항〉

위의 자료에 의하여 다음의 원가차이를 계산하시오(단, 유리차이인 경우에는 (F), 불리차이인 경우에는 (U)를 원가차이액에 표시할 것).

1. 구입가격차이와 재료수량차이
2. 직접노무비에 대한 임률차이와 시간차이
3. (1) 고정제조간접비에 대한 예산차이
   (2) 고정제조간접비에 대한 조업도차이
   (3) 변동제조간접비에 대한 소비차이
   (4) 변동제조간접비에 대한 능률차이

<자료 : KICPA, 1976, 3차>

풀이

1. (1) **구입가격차이**
   ₩525,000 − ₩20×25,000단위 = ₩25,000(U)
   (2) 재료수량차이
   ₩20×19,000단위 − ₩20×50단위×400개 = ₩20,000(F)

2. (1) **임률차이**
   ₩649,000 − ₩600×1,100시간 = ₩11,000(F)
   (2) **시간차이**
   ₩600×1,100시간 − ₩600×3시간×400개 = ₩60,000(F)

3. (1) 고정제조간접비에 대한 **예산차이**
   ₩71,000 − ₩70,000 = ₩1,000(U)
   (2) 고정제조간접비에 대한 **조업도차이**
   ₩70,000 − ₩50×3시간×400개 = ₩10,000(U)
   (3) 변동제조간접비에 대한 **소비차이**
   ₩130,000 − ₩100×1,100시간 = ₩20,000(U)
   (4) 변동제조간접비에 대한 **능률차이**
   ₩100×1,100시간 − ₩100×3시간×400개 = ₩10,000(F)

요 약

1. **표준원가계산**은 원가중심점이라는 책임회계단위를 대상으로 원가관리와 성과평가를 다루는 대표적인 통제기법이다. 구체적으로 표준원가계산은 주로 투입과 산출간의 관계가 비교적 명확히 파악될 수 있는 제조업을 중심으로 한정된 경영자원을 효율적으로 활용하도록 종업원을 독려하기 위한 경영진이 오래전부터 활용해 온 관리기법이다.
2. 표준원가계산의 핵심은 **변동예산**이다. 표준원가는 원가행태의 개념을 근간으로 하여 최선을 다했을 때에 실행가능한 원가를 과학적인 방법으로 추정하여 설정된다. 이들 표준원가를 단위개념으로 활용하여 총액으로 표시되는 예산이 편성되기도 한다.
3. 원가표준은 기본적으로 가격표준과 물량(즉, 수량)표준으로 구성된다. 따라서 표준원가계산에서 이용되는 대부분의 차이항목은 **가격요인**이나 **수량요인**과 관련 맺는다. 구체적으로 직접재료비차이는 재료가격차이와 재료수량차이로 그리고 직접노무비차이는 임률차이와 능률차이로 구분된다.
4. 한편, 여러 가지 이질적인 항목들로 구성된 **제조간접비**는 고정비와 변동비가 섞여 있기 때문에 다른 차이항목에 비해 분해가 쉽지 않다. **소비차이, 능률차이** 그리고 **조업도차이**로 구분하는 소위 3분법이 주로 사용된다. 소비차이는 변동제조간접비와 고정제조간접비에 동시에 적용되지만 능률차이는 변동제조간접비에만 그리고 조업도차이는 고정제조간접비에만 관련맺는다.
5. 표준원가계산은 원가관리목적 이외에도 **재무제표 작성**을 위한 목적으로도 활용된다. 실제원가를 파악하기 전에 간편하게 제품원가를 예정원가로서 파악하게 해주는 표준원가계산을 복식부기제도와 연결하여 사용할 경우 기말에 외부보고용 재무제표를 작성하기 위해 실제원가로 조정해주는 작업이 필요하다.

핵심 용어

• 표준원가	• 가격표준	• 수량표준	• 예외관리	• 차이분석
• 2분법	• 3분법	• 소비차이	• 예산차이	• 원가차이
• 시간차이	• 능률차이	• 조업도차이	• 예정조업도	• 마케팅차이
• 시설능력차이	• 정상원가계산	• 표준원가계산제도	• 임률차이	• 가격차이

Reading materials

원가회계 전문가되기
http://cafe.naver.com/newcosting.cafe

- 포철의 관리회계시스템 구축과 표준원가시스템 (키워드: 표준원가)
- 서울시 품셈기준 바꿔 30억 예산절감 (키워드: 품셈기준, 예산절감)
  헤럴드생생, 2009.09.28.
- '적자더미' 서울버스 준공영제 칼 댄다. (키워드: 표준원가)
  파이낸셜뉴스, 2011.06.09.

단답식 개념문제

01. 표준원가는 일반적으로 개별 원가요소별로 □□표준과 □□표준을 이용하여 사전에 확정된다.

02. □□□□□□(MBE : management by exception)은 경영진으로 하여금 실제원가가 표준원가로부터 크게 벗어나는 원가항목에만 특별히 주의를 기울이게 하는 경영관리기법이다.

03. 변동제조간접비 □□차이는 실제배부율과 표준배부율간의 차이에 실제투입물을 곱하여 구한다.

04. 고정제조간접비 소비차이는 고정제조간접비의 실제발생액과 □□액과의 차이를 말하고, 고정제조간접비 □□□차이는 □□액과 고정제조간접비배부액간의 차이를 말한다.

[문1] 표준원가란 무엇인가? 표준원가의 세 가지 용도를 설명하시오.

[문2] 달성하기 어려운 표준이나 동기부여를 위한 표준을 결정했을 때 그 결과로 나타나는 문제는 무엇인가?

[문3] 예산금액과 표준금액의 관계는 무엇인가?

[문4] 표준원가의 4가지 목적을 열거하시오.

[문5] 직접재료 가격차이와 직접재료 능률차이가 다른 시점에서 계산되는 이유를 설명하시오.

[문6] 지속적인 개선(CPI)이라는 기법이 표준원가의 설정과정에 어떻게 통합되는지를 설명하시오.

[문7] 표준원가의 차이항목 중 가격요인과 관련된 명칭 몇 가지를 언급하시오.

[문8] 표준원가의 차이항목 중 수량요인과 관련된 명칭 몇 가지를 언급하시오.

[문9] 직접재료비 가격차이는 언제 인식하는 것이 바람직한지를 성과평가와 관련하여 설명하시오.

[문10] 변동간접제조비 소비차이는 몇 가지 요인들에 의해 영향을 받는다. 이 주장이 갖는 의미를 설명하시오.

[문11] 변동예산 차이금액과 고정간접제조비의 소비차이 금액이 같은 이유는 무엇인가?

[문12] 조업도차이가 유휴생산능력에 대한 기회비용을 측정하는 데 적절하지 못한 이유는 무엇인가?

[문13] 표준원가차이 항목들 중 생산부문관리자의 성과평가목적을 위한 보고서에서 제외되어야 할 차이는 어떠한 것들인지를 지적하시오(힌트 : 생산부문관리자의 관할범위를 벗어나는 항목들을 열거하면 됨).

[문14] 4분법 차이분석이 2분법, 3분법 차이분석과 차이나는 점을 설명하시오.

[문15] 표준원가의 차이항목들 상호간에 존재할 수 있는 상충관계의 예를 들고 이들이 성과평가상 어떻게 다루어져야 하는지를 설명하시오.

[문16] 조업도차이를 설명하고 그것이 발생하는 이유를 설명하시오.

연습문제

객관식

[문1] 다음 중 표준원가계산제도를 이용하는 이유가 아닌 것은? (★)

① 효과적인 원가통제 ② 제조기술의 향상
③ 예산의 편성 ④ 기장사무의 신속화

[문2] 표준원가를 현실적으로 달성하기 매우 어렵게 설정하는 경우에 나타나는 결과와 가장 거리가 먼 것은? (★)

① 대부분의 차이가 불리한 것으로 나타난다.
② 표준을 달성하기 쉽게 설정하는 경우보다 원가가 더 잘 통제된다.
③ 종업원들이 강하게 동기부여된다.
④ 제조능률이 향상된다.

[문3] 표준원가와 표준원가계산제도에 대한 다음 설명 중 올바른 것은? (★)

① 표준원가는 이상적인 상황에서만 달성가능한 추정치이다.
② 표준에서 벗어나는 차이는 모두 검토하여야 한다.
③ 표준원가는 원가절감을 위한 원가통제를 포함한다.
④ 중요한 불리한 차이들은 모두 조사하여야 하나, 중요한 유리한 차이들은 조사할 필요가 없다.

[문4] 다음 표준원가계산제도와 관련된 설명 중 틀린 것을 모두 고르시오. (★★)

ㄱ. 종합원가계산제도에서 적용할 수 있다.
ㄴ. 직접재료원가 가격차이를 원재료 구입시점에서 분리하든 사용시점에서 분리하든 직접재료원가 능률차이에는 영향을 주지 않는다.
ㄷ. 원가발생의 예외를 관리하여 통제하기에는 적절하지 않은 원가계산방법이다.
ㄹ. 기말에 원가차이를 매출원가에서 조정할 경우 불리한 차이는 매출원가에서 차감하고 유리한 차이는 매출원가에 가산한다.
ㅁ. 전부원가계산제도에서도 적용할 수 있다.

① ㄱ, ㄴ ② ㄱ, ㄷ ③ ㄴ, ㄷ ④ ㄷ, ㄹ

[문5] 초과근무시간에 대한 임금지급으로 발생한 직접노무원가 초과지급액은 다음 중 어떤 형태의 원가차이인가? 단, 근무시간당 임률은 일정하다. (★★)

① 직접노무원가 가격차이　　② 직접노무원가 능률차이

③ 제조간접원가 능률차이　　④ 제조간접원가 조업도차이

[문6] 생산부문관리자의 성과평가목적을 위한 보고서에서 제외되어야 할 차이 항목 3가지는? (힌트 : 생산부문관리자의 책임범위를 벗어나는 항목들을 열거)

(a) 직접재료비 가격차이　　(b) 직접재료 수량차이

(c) 직접노부비 임률차이　　(d) 직접노무비 시간차이

(e) 변동제조간접비 소비차이　　(f) 변동제조간접비 능률차이

(g) 고정제조간접비 소비차이　　(h) 조업도 차이

① (a), (c), (e)　② (c), (g), (h)　③ (a), (c), (h)　④ (c), (e), (g)

[문7] 다음 표준원가계산과 관련된 문장들 중 타당하지 않은 문장은?

① 제조간접비의 과대 또는 과소 배부의 이유 두 가지는 분모이유와 분자이유로 구분되는데 전자(분모이유)는 예정배부율 산정시의 예정생산량과 실제생산량이 차이나는 것을, 후자(분자이유)는 실제제조간접비가 예산제조간접비와 차이남을 지칭한다.

② 표준원가계산은 종합원가계산과 결합하여 사용될 수 있다.

③ 조업도 차이는 일명, 마케팅 차이라고도 불린다.

④ 실제노동시간이 허용(표준)시간보다 적을 경우 직접노무비 및 변동제조간접비 차이 양자 모두 유리한 차이를 보이는데 항시 직접노무비 차이가 변동제조간접비 차이보다 크다.

⑤ 변동제조간접비 소비차이는 단순히 실제원가로부터 실제투입물의 표준원가를 차감함으로써 계산되는데 이 경우 후자는 다른 원가요소의 차이분석과는 달리 가격과 수량으로 구분되지 않는다. 그 이유는 다양한 변동제조간접비 항목들은 변동제조간접비 예정배부율 산정기준(즉, denominator)으로 정해진 직접노동시간 또는 기계시간 등과 같은 단위로 구입되지 않을 뿐만 아니라 그러한 구분(즉, 가격과 수량으로의)이 변동제조간접비 통제에 별로 유용하지 않기 때문이다.

[문8] 제조간접비 차이분석 (★★)

㈜국세는 표준원가제도를 채택하고 있으며, 제품 5,000단위를 기준으로 제조간접비에 대한 표준을 설정하고 있다. ㈜국세의 원가에 관한 자료는 다음과 같다.

제조간접비 예산	₩1,800,000 + ₩100 × 기계시간
제품단위당 표준기계시간	5시간
실제변동제조간접비 발생액	₩5,000,000
실제고정제조간접비 발생액	2,000,000
실제기계시간	51,000시간
실제생산량	10,000단위

㈜국세가 4분법을 이용하여 제조간접비에 대한 차이분석을 수행할 경우에 유리한 차이가 발생하는 것으로 나열된 것은? (세무사 2012)

① 소비차이, 능률차이 ② 능률차이, 예산차이
③ 예산차이, 조업도 차이 ④ 소비차이, 예산차이
⑤ 소비차이, 조업도차이

[문9] 직접재료비 차이분석 (★★★)

㈜세무는 표준원가제도를 채택하고 있다. 2019년 직접재료원가와 관련된 표준 및 실제원가 자료가 다음과 같을 때, 2019년의 실제 제품생산량은 몇 단위인가? (세무사 2013)

- 실제발생 직접재료원가	₩28,000
- 직접재료 단위당 실제구입원가	₩35
- 제품단위당 표준재료투입량	9개
- 직접재료원가 가격차이	₩4,000 불리
- 직접재료원가 수량차이	₩3,000 유리

① 90단위 ② 96단위 ③ 100단위 ④ 106단위 ⑤ 110단위

[문10] 직접노무비 차이분석 (★★)

표준원가를 사용하는 ㈜세무의 20×1년 직접노무원가에 대한 자료가 다음과 같을 때, 20×1년 예상 제품생산량은? (세무사 2017)

직접노무원가 고정예산	₩896,400
직접노무원가 실제발생액	₩1,166,400
단위당 표준 직접노무시간	83시간
단위당 실제 직접노무시간	81시간
실제 제품생산량	300개
임률차이	₩437,400 (불리)

① 300개 ② 350개 ③ 360개 ④ 400개 ⑤ 450개

[문11] 고정제조간접비 차이분석 (★★)

단일 제품을 제조 · 판매하는 ㈜세무의 20×1년 관련 자료는 다음과 같다. ㈜세무가 고정제조간접원가 표준배부율을 계산할 때 사용한 연간 예산 고정제조간접원가는? (세무사 2017)

실제 제품생산량	45,000단위
제품단위당 표준직접노무시간	2시간
예상 총직접노무시간(기준 조업도)	72,000시간
실제발생 고정제조간접원가	₩66,000
조업도차이	₩16,200 (유리)

① ₩62,600 ② ₩64,800 ③ ₩66,000 ④ ₩68,400 ⑤ ₩70,200

주관식

[문1] 제조간접비 차이분석(3분법) (★★)

한국공업의 원가자료에서 발췌한 제조간접비에 대한 원가정보는 다음과 같다.

실제제조간접비	₩150,000	실제고정제조간접비	₩72,000
예산고정제조간접비	70,000	표준작업시간	3,800
작업시간당 변동간접비	25		

〈요구사항〉

3분법에 의한 차이분석 중 유리한 소비차이가 ₩7,500일 때 실제작업시간은 얼마인가?

[문2] 재료비 차이분석 (★)

다음 자료를 토대로 요구사항에 답하시오.

실제재료구입량	50,000파운드
표준가격하의 재고증가액	₩19,800
파운드당 표준가격	₩9.90
재료가격차이 (유리)	₩45,000
재료수량차이 (불리)	₩9,900
단위당 허용 표준파운드	2.35파운드

〈요구사항〉

1. 파운드당 실제가격(AP)은 얼마인가?
2. 실제 생산수량은 얼마인가?

[문3] 제조간접비 차이분석 (★★)

㈜홍익캐비넷의 2019년도 단위당 표준원가자료는 다음과 같다.

변동제조간접비(4시간 × ₩8)	₩32
고정제조간접비(4시간 × ₩10)	₩40

표준은 20,000기계시간의 조업도를 기준으로 설정되었다. 2019년도 생산계획량은 5,000단위이나 실제생산량은 5,100단위이며 실제원가와 기계시간은 아래와 같다.

변동제조간접비	₩165,750
고정제조간접비	₩205,000
기계시간	19,800

〈요구사항〉

1. 고정제조간접비 조업도차이를 구하시오.
2. 2019년도 재공품재고에 배부될 총제조간접비를 구하시오.
3. 변동제조긴접비 소비차이를 구히시오.
4. 변동제조간접비 능률차이를 구하시오.

[문4] 제조간접비 차이분석 (★★)

다음 자료는 표준원가계산을 채택하고 있는 와우㈜의 지난달 제조간접비의 내역이다.

고정제조간접비 예산(budgeted fixed overhead)	₩60,000
조업도차이(volume variance)	10,000(U)
소비차이(spending variance)	3,000(U)
능률차이(efficiency variance)	8,000(F)
생산수량에 허용된 표준직접노동시간	20,000시간
실제직접노동시간	18,000시간

〈요구사항〉

1. 직접노동시간당 표준변동제조간접비율은?
2. 실제생산에 허용되는 총제조간접비 예산액은?
3. 실제작업시간에 기초한 총제조간접비 예산액은?
4. 기준조업도(denominator activity)는?

5. 실제제조간접비 발생액은?
6. 제조간접비 표준배부액(applied)은?

[문5] 완성품과 기말재공품의 평가 (★★)

ABC사는 대형시계의 부품을 만드는 데 표준원가계산을 채택하고 있다. 시계부품 중의 하나에 대한 제1공정의 6월분 제조활동을 요약하면 다음과 같다.

기초재공품	없음
6월의 생산착수량	1,300개
기말재공품(직접재료비 100%, 가공비 70%)	200개
단위당 표준원가	
직접재료비	₩6
가공비	10
6월의 실제발생원가	
직접재료비	8,050
가공비	12,960

〈요구사항〉

1. 6월의 다음 공정 대체제품의 표준원가와 기말재공품의 표준원가를 계산하시오.
2. 6월의 직접재료비 총차이와 가공비 총차이를 계산하시오.

<자료 : HFD, 1991, p.587>

[문6] 표준원가차이분석 (★★)

표준원가계산을 사용하고 있는 ㈜까사미아의 2019년도 표준 및 예산수립에 관한 자료는 다음과 같다.

- 제품 단위당 표준직접노무시간은 0.5시간이며, 표준임률은 시간당 ₩1,000이다.
- 제조간접원가 예산액 = ₩30,000 + ₩600 × 표준직접노무시간
- 변동제조간접원가 및 고정제조간접원가 배부기준은 직접노무시간이다.
- 고정제조간접원가 배부를 위한 연간 기준조업도는 제품생산량 150단위이다.

한편, 2019년 말 원가차이를 분석한 결과는 다음과 같다.

• 직접노무원가 임률차이	₩4,500	불리
• 변동제조간접원가 능률차이	₩6,000	불리
• 고정제조간접원가 조업도차이	₩2,000	유리

제시된 자료에 의할 때, (1) 고정제조간접비 배부율은? (2) 허용표준노동시간은? (3) 직접노무원가의 시간당 실제임률은 얼마인가? (KICPA 2011 일부수정)

[문7] 표준원가계산과 종합원가계산 (★★★)

홍익회사의 2019년도 표준원가 및 실제원가는 다음과 같다.

단위당 표준원가		
직접재료 A(3단위, @4)	₩12	
직접재료 B(2단위, @5)	10	
직접노무비(2시간, @5)	10	
변동제조간접비(2시간, @8)	16	
고정제조간접비(2시간, @7)	14	
	₩62	
실제원가발생액		
원재료사용 A : 20,000단위, @5		
B : 15,000단위, @5		
직접노무비 : 13,000시간 @6		₩78,000
변동제조간접비 :		100,000
고정제조간접비 :		95,000

한편, 고정제조간접비예산은 ₩90,000이고, 실제생산량은 5,000단위, 기초재공품은 없다. 기말재공품수량은 800단위(60% 완성), 재료는 공장시점에 투입된다. 재료 A와 B의 표준배합비율은 3 : 2이다.

〈요구사항〉

1. 다음 각각의 원가차이를 구하시오.
   ① 직접재료비차이(수율, 배합차이 포함) ② 직접노무비차이
   ③ 변동제조간접비차이 ④ 고정제조간접비차이
2. 완성품과 기말재공품원가를 구하고 원가계산표를 작성하시오.

<자료 : KICPA, 1991년 2차>

[문8] 표준종합원가계산 차이분석(AICPA 수정) (★★★)

홍익기업은 단일제품을 생산하고 있다. 회사는 생산활동을 분석하는 데 종합원가를 사용하고 있으며 재무제표 보고목적에는 실제원가를 사용하고 있다. 완성품환산량을 기초로 한 표준원가는 다음과 같다.

단위당 직접재료비	1kg × @10 =	₩10
단위당 직접노무비	2시간 × @4 =	8
단위당 제조간접비	2시간 × @1.25 =	2.5

4월의 생산에 허용된 표준시간에 대한 제조간접비의 변동예산은 ₩30,000이다. 4월의 자료는 다음과 같다.

① 기초재공품은 2,500단위이며, 재료비는 100% 완성되고 직접노무비 및 제조간접비는 40% 완성되었다.

② 4월중에 추가로 10,000단위가 착수되었다.

③ 기말재공품은 2,000단위이며, 재료비는 100% 완성되고 직접노무비 및 제조간접비는 40% 완성되었다.

④ 4월중의 실제발생원가는 다음과 같다.

구입 및 사용한 재료비(11,000kg)	₩121,000
직접노무비(25,000시간)	105,575
제조간접비	31,930

〈요구사항〉

1. 4월중에 제조한 재료비 및 가공비의 완성품환산량을 구하시오.
2. 4월중의 모든 제조원가에 대하여 차이분석을 하시오(2분법을 이용할 것).

[문9] 차이분석 (★★)

다음은 홍익공업의 3월 제품X 생산에 관한 자료이다. 빈칸을 적절한 수치로 채우시오.

실제생산량은 300개이다.

직접재료비 : 3월 구매량은 전부 생산에 투입되었다고 가정한다.

- 단위당 표준원가 : ___(a)___ 파운드, $3.2/파운드
- 실제원가 : 1,830파운드 투입에 총원가는 ___(b)___
- 실제생산에 허용된 원가는 $5,760
- 재료가격차이 : $183(F)
- 재료수량차이 : ___(c)___

직접노무비

- 단위당 표준원가 : 2시간, $7.00/시간
- 실제임률 : $7.25/시간
- 실제총원가 : ___(d)___
- 노무비임률차이 : ___(e)___
- 노무비능률차이 : $140(U)

변동제조간접비

- 단위당 표준원가 : ___(f)___ 시간, $4.00/직접노동시간
- 실제총원가 : $2,250
- 변동제조간접비 소비차이 : ___(g)___
- 변동제조간접비 능률차이 : ___(h)___

10 변동원가계산

Learning Objectives

1 전부원가계산과 변동원가계산의 차이를 이해
2 변동원가계산의 기능을 이해
3 외부보고목적을 위한 변동원가계산의 조정방법을 터득

Intro

변동원가계산의 핵심은 고정원가 vs 변동원가라는 원가행태에 따른 원가분류이다. 변동원가계산은 재고자산의 보유로 인한 미래의 회피가능한 원가는 변동제조원가임을 감안하여 조업도의 변화에 무관하게 일정액이 발생하는 고정제조간접비를 제품원가에 포함시키는 대신에 기간비용으로 처리한다.

변동원가계산은 외부보고목적상 전부원가계산에 대조되는 대체적 원가계산방식이기보다는 경영관리상의 필요성에서 대두된 혁신적인 개념이다. 오늘날에도 여전히 다양한 형태로 활용되고 있다. 이 장에서는 **관리적 의사결정**에 변동원가계산을 활용하는 데 있어서 유의하여야 할 현실적 문제를 중점적으로 다룬다.

전통적 손익계산서(AC)			공헌이익접근방식하의 손익계산서(VC)		
Ⅰ. 매출액(sales)		×××	Ⅰ. 매출액(sales)		×××
− Ⅱ. 매출원가(COGS)			− Ⅱ. 변동제조원가(v. mfg cost)		
기초제품재고액	××		기초제품재고액	××	
+ 당기제품제조원가(COGM)	××		+ 당기제품제조원가	××	
총판매가능원가	××		총판매가능원가	××	
− 기말제품재고액	××	×××	− 기말제품재고액	××	×××
Ⅲ. **매출총이익**(gross margin)		×××	Ⅲ. **제조공헌이익**(mfg CM)		×××
− Ⅳ. 판매관리비(S&A)		×××	− Ⅳ. 변동판매관리비		×××
Ⅴ. 영업이익(operating income)		×××	Ⅴ. **총공헌이익**(CM)		×××
			− Ⅵ. 고정원가(fixed cost)		
			• 고정제조원가	××	
			• 고정판매비	××	
			• 고정일반관리비	××	×××
			Ⅶ. 영업이익(operating income)		×××

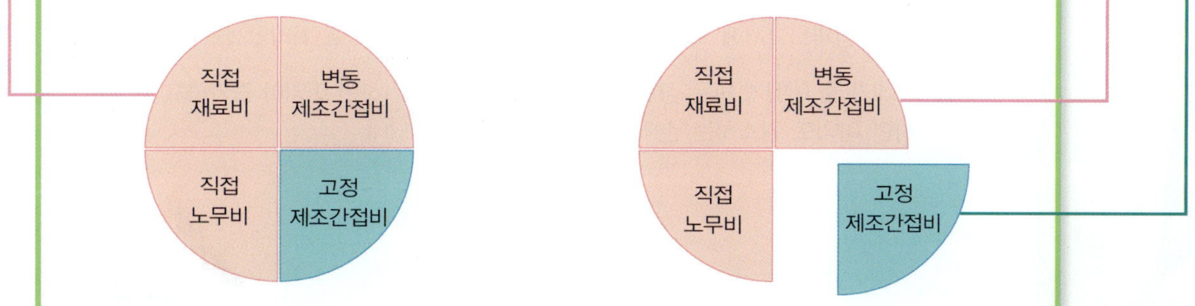

Storytelling

사 장: (매우 화가 나고 흥분한 상태) 이건 말도 안 돼! 10월 실적이 도저히 이해가 안 돼! 매출이 지난 9월보다 1,000만원 이상 증가했는데도 이익이 9월보다 200만원 떨어졌다고. 이 보고서 회계팀장이 작성한 보고서인가?

회 계: (다소 긴장하였지만 침착한 상태) 네, 제가 작성한 회계 보고서가 맞습니다.

사 장: 도대체, 왜! 매출액이 증가하면 이익도 증가해야 되는데, 이번 달의 경우 적어도 300만원 이상 이익이 증대되어야 하는데, 여기에는 오히려 200만원 감소되었다니……. 더군다나 이번 달에 판매가격을 낮춘 것도 아니고 판매비를 초과지출한 것도 아니잖아.

회 계: 사장님 말씀이 맞습니다만, 이번 달에는 판매량의 절반만 생산하고 그동안의 쌓인 재고를 모두 처리했기 때문입니다. 이 과정에서 **고정제조간접비**를 9월 대비 절반으로 줄어든 생산품에 모두 부과하게 되었고, 9월 말 재고자산에 포함되었던 고정제조간접비가 이번 10월달에 (판매와 더불어) 모두 매출원가라는 비용으로 처리되는 바람에 영업이익이 오히려 마이너스가 된 것입니다.

사 장: 그래? 그럼, 당신의 (표준)원가시스템이 이상하군. 도대체 왜, 고정제조간접비를 비용 대신에 (재고자산에 포함되는) 제품원가로 인식해야 하는데?

회 계: 저희 (표준)원가시스템에서는 고정제조간접비를 항상 제품원가계산에 포함하도록 하고 있습니다. 이것이 규칙입니다.

사 장: 그렇다면 그런 원가계산시스템을 갖다 버리도록 하게. 나는 **생산량이 어쨌든 상관없이 매출이 증가하면 이익이 증가하고, 매출이 감소하면 이익도 감소하는 손익계산서**를 원하네. 10월 성과보고를 하면서 매번 요상한 고정제조간접비의 영향을 이사회에 설명하는데 너무 지쳤다네.

회 계: 10월 성과보고서에 **고정제조간접비**를 과감하게 비용으로 처리할까요?

사 장: 자네가 뭘 어떻게 하든 상관하지 않겠네. 매출이 증가하면 이익이 증가하고, 매출이 감소하면 이익도 감소하는 손익보고서를 가져다주면 되네.

제1절 변동원가계산의 의의

1.1 변동원가계산의 대두

다음은 스키장에 아버지 자동차를 빌려서 친구들과 다녀오려는 아들과 아버지 사이에 오가는 대화이다.

아 들 : 아버지, 다음 주 2박 3일간 강원도 평창으로 친구들과 스키장 다녀오겠습니다. 스키장비를 짊어지고 대중교통을 이용하는 것보다 주차장에 놀고 있는 아버지 승용차를 빌리는 것이 좋을 것 같습니다. 아버지, 승용차 빌려주세요.

아버지 : 내 차가 주차장에 놀고 있다고? 내 차는 주말에 마트 장 보고, 나들이할 때 사용하고 있는데……. 다음 주 언제 갈 예정인데?

아 들 : 주말요금이 너무 비싸서 저희들은 화, 수, 목에 다녀올 계획입니다. 주중에는 차를 안 사용하시니까 제가 빌리겠습니다. 물론 주유비는 제가 부담하겠습니다.

아버지 : 기름값만 부담하겠다고? 기름값은 당연히 너희들이 부담해야 하는 것이고, 자동차 보험료도 일부 부담해야지. 또 타이어도 마모되고 자동차가 더러워지는데……. 자동차 보험료와 감가상각비, 기타 유지수선비를 포함하여 자동차 사용료 5만원을 내고 빌려가도록 해라.

아 들 : 아버지, 저희가 무슨 돈이 있다고 5만 원을 더 내라고 하시나요? **보험료**나 **자동차 감가상각비**는 제가 사용하든 안 하든 발생하는 것이잖아요? 아버지 입장에서는 보험료나 감가상각비, 세차비 등은 매월 지불하는 고정비이고, 기름값만이 주행거리와 비례해서 발생하는 변동비 아닌가요? 저는 기름값만 부담하고 평창에 다녀오겠습니다.

아버지 : 자동차 보험료, 등록세, 재산세를 납부하지 않으면 자동차 주행을 할 수 없다. 또 보험의 경우도 운전자 특약을 하면 더 저렴한데도 불구하고 오늘 같은 상황이 올 것을 대비하여 운전자 범위를 한정하지 않아 비싼 보험료를 냈다. 원칙적으로 자동차 운행을 위해 지출한 경비 전부를 감안하여 **자동차 대여비**를 계산해야 하지만, 대략 5만원만 부담하라고 하는데 뭐가 문제냐?

여러분은 누구의 말이 더 타당하다고 생각하는가? 아버지의 입장은 전부원가계산의 입장이고, 아들의 입장은 변동원가계산의 입장이다.

기업의 경우도 위와 비슷한 갈등을 겪을 수 있다. 이 장 도입부의 Stroytelling은 1936년 J. N. Harris가 논문을 통해 **고정제조간접비**를 제품원가에서 제외시키는 새로운 제품원가계산방식을 권장할 때 논문 도입 부분에서 소개한 것이다. 그 당시에는 주로 외부보고목적의 재무제표 작성상 필요한 재고자산평가와 매출원가계산을 위한 제품원가계산이 주된 관심사였다. 판매가격은 제품제조에 소요된 원가 이상으로 설정되어야 하며 매출원가에는 고정제조간접비를 비롯한 모든 투입원가가 포함되어야만 하는 것으로 믿고 있었다.

제조기업의 내부보고(internal reporting)와 관련된 핵심적인 의사결정 중의 하나는 고정제조간접비(fixed manufacturing overhead ; 이하, 필요시 FOH로 칭함)를 어떻게 다룰 것인가이다. 왜냐하면 고정제조간접비의 처리에 따라 기말재공품 및 완제품 등 재고자산금액과 기간손익계산이 달라지기 때문이다.

고정비란 조업도 수준의 변동에 상관없이 총원가가 일정하게 발생하는 원가를 말한다. 따라서 단위당 고정비는 생산량의 증가에 따라 비선형적으로 체감한다. 이는 곧 조업도 수준에 따라 단위당 고정비가 변동함을 의미한다.

변동원가계산은 CVP분석과 변동예산(flexible budget)을 내부보고목적으로 확장한 개념이다. 조업도에 따라 단위당 원가가 바뀌는 고정제조간접비를 제품원가에 포함하는 전통적인 원가계산방식하에서는 관리목적의 영업성과 분석이 쉽지 않은데 이런 단점을 해결하고자 제안된 것이 곧 변동원가계산이다.

TIP!

변동예산이란?

당초에 계획한 생산량과 실제 생산량이 다를 경우, 만약 실제 생산량으로 계획대로 효율적으로 생산하였다면 발생하였을(즉, 사전에 정해진 표준원가대로 실제 생산량을 만들었을 때 허용가능한) 원가를 다시 계산한 것이다. **변동예산**은 월말이나 기말에 실제 생산량이 확정된 후에 실제 생산량에 허용되는 표준(또는 예산)을 말한다.

1.2 변동원가계산의 정의

변동원가계산은 조업도 수준에 따른 제품원가의 변동성을 해소하고 CVP분석을 일상적으로 활용하고자 하는 목적으로 고정비와 변동비 구분을 복식부기제도에 도입하고 고정제조간접비를 발생 즉시 기간비용으로 처리하는 제품원가계산방식을 의미한다. 변동원가계산은 고정제조간접비를 제품원가에 포함하는 전부원가계산과 대조된다.

양 방식의 차이는 결국 고정제조간접비를 언제 비용으로 인식하는가의 기간귀속문제(timing of expenses)로 요약된다. 전부원가계산에서는 고정제조간접비를 제품원가의 일부로 간주하여 판매되기 전까지는 재고자산으로 간주하고 제품이 판매되는 시점에 비로소 매출원가로 비용처리한다. 반면에 변동원가계산에서는 변동제조원가만으로 제품원가를 산정하고 고정제조간접비는 발생 즉시 해당 기간에 전부 비용으로 처리한다.

1.3 변동원가계산의 특징

전통적인 전부원가계산과 대조되는 변동원가계산의 특징은 다음과 같이 요약할 수 있다.

1. 원가의 고정비와 변동비 구분

변동원가계산에서는 제조원가뿐만 아니라 판매비 및 일반관리비 등 모든 원가를 조업도, 즉 활동수준(activity level)의 변화와의 관련 여부에 따라 고정비와 변동비로 구분한다. 경영관리상 미래의 특정 상황에서 예상되는 원가를 파악하기 위한 목적에서 원가행태 및 변동예산의 개념이 도입되었고 변동원가계산은 CVP분석이나 변동예산 개념을 자연스럽게 확장한 데서 연유되었다는 점을 감안하면 모든 관련원가를 고정비와 변동비로 구분하는 것은 필수적이다.

TIP!
변동원가 ≠ 직접원가
변동원가는 생산량에 따라 총원가가 변하는 원가이다.
직접원가는 제품이나 서비스 등 원가계산 대상에 직접 부과할 수 있는 원가이다.

TIP!
변동원가계산의 미래는?
자동화를 비롯한 생산환경의 변화는 변동원가계산의 중요성을 감소시킨다. 그 이유는 총제조원가 중 변동비 비중이 줄어들고 고정제조간접비를 묶어서 기간비용 처리하는 것이 점차 증가하는 고정제조간접비 통제에 유용하지 못하기 때문이다.

2. 부분원가계산의 일종

변동원가계산은 제조활동에서 발생한 변동원가만으로 제품원가를 산정한다. 따라서 고정제조원가를 비롯한 모든 제조원가를 제품원가에 포함하는 전부원가와 비교하면 부분원가계산의 일종이다. 변동원가계산목적상 활용하는 변동원가는 경제학에서의 한계원가(marginal cost) 그리고 회계학에서의 증분원가(incremental cost) 또는 회피가능원가(avoidable cost)와 가까운 개념이다.

3. 모든 고정비는 기간비용으로 처리됨

변동원가계산에서는 판매 및 일반관리상의 고정비뿐만 아니라 제조상의 고정비까지 발생하는 기간에 당기비용으로 처리한다. 따라서 생산량이 판매량을 초과하여 재고자산이 증가하는 경우, 고정제조원가 일부를 기말재고에 포함시키는 전부원가계산에 비하여 비용화되는 금액이 커지고 그 결과 당기순이익이 줄어든다. 이는 뒤에서 설명할 변동원가계산하의 영업이익은 판매량에 정비례하지만 전부원가계산하의 영업이익은 생산량과 판매량의 함수관계로 결정된다는 특징과 관련된다.

4. 내부보고 및 외부보고에 동시에 활용될 수 있는 기록방법

변동원가계산은 고정비와 변동비 구분 및 공헌이익 개념에 기초한 내부보고목적의 관리적 원가계산기법이다. 비록 변동원가계산이 내부보고를 지향하더라도 기말에 약간의 조정을 가하면 전부원가계산 방식에 의한 외부보고목적의 재무제표 작성이 가능하다(후반부에 설명할 변동원가계산이익의 조정 참조).

또한 변동원가계산은 회계정보의 유용성 제고 측면에서 권장할 만하다. 왜냐하면 공헌이익방식에 의한 손익계산서는 원가행태에 관한 자료를 추가로 담아내어 외부정보이용자들로 하여금 분석대상 기업의 원가 및 수익구조에 대한 이해를 높이기 때문이다.

반면, 전부원가계산은 직접재료비, 직접노무비, 변동제조간접비, 고정제조간접비 모두를 제품원가에 포함시켜야 한다는 입장으로 외부보고 목적과 부합되는 방법이다. 과거 제품생산을 위해 발생한 모든 원가를 집계하여 매출원가와 기말재고에 배분하면, 재고자산에는 잠재가치가 모두 반영되고 고정제조간접비도 당해 손익에 개별대응되게 된다.

전부원가계산과 변동원가계산의 차이는 ① 재고자산가액 결정과 관련한 자산의 본질에 대한 인식의 차이와 ② 기간손익산정상의 기본적 사고의 차이로 <표 10.1>과 같이 요약될 수 있다.

표 10.1 전부원가계산 주창자와 변동원가계산 주창자의 기본적 사고 대조

	전부원가계산 주창자	변동원가계산 주창자
재고자산원가배분	역사적 원가지향적	미래지향적
자산의 정의	용역잠재력의 집합	원가회피능력(concept of cost avoidance)
외부보고	변동원가계산의 외부보고목적에의 활용상 제약 강조	외부보고목적에의 유용성 강조 (원가구조·이익구조 공개)
제품원가산정상의 고려기간	장기적인 제품단위원가 사고	단기적 사고
수익·비용대응	제품대응	기간대응

제2절 변동원가계산과 전부원가계산의 비교

2.1 기간손익계산의 차이

앞서 양 계산방법은 기간손익 산정상 필연적으로 차이를 보이게 마련이며 그 이유는 재고자산평가방법상의 차이와 고정제조원가의 기간비용처리시점(timing)의 차이에 기인한다고 언급한 바 있다. 이를 보다 구체적으로 이해할 수 있도록 간단한 계산사례를 소개한다.

예제 10-1 **전부원가계산과 변동원가계산하의 손익계산 비교(1)**
- 월별 생산량이 동일한 경우

㈜홍익은 단일제품(츄러스)을 생산하고 있으며, 제품생산과 관련하여 이용가능한 정보는 다음과 같다.

연간생산량	50,000개
단위당 변동원가	
직접재료비	₩5
직접노무비	3
변동제조간접비	2
변동판매비와 관리비	3
연간고정원가	
고정제조간접비	₩200,000
고정판매비와 관리비	100,000

〈요구사항〉

1. 전부원가계산과 변동원가계산으로 각각 단위당 제품원가를 계산하시오.
2. 2019년 기초재고가 없고 ㈜홍익의 생산량이 50,000개, 판매는 40,000개이고, 단위당 판매가격은 30원이다. 전부원가계산과 변동원가계산에서의 영업이익을 구하시오.
3. 2020년 기초재고가 10,000개이고, 생산량이 50,000개, 판매는 60,000개, 단위당 판매가격은 30원이다. 전부원가계산과 변동원가계산에서의 영업이익을 구하시오.

풀이

1. 단위당 제품원가

	전부원가계산	변동원가계산
직접재료비	₩ 5	₩ 5
직접노무비	3	3
변동 제조간접비	2	2
고정 제조간접비	4	−
단위당 제품원가	₩14	₩10

2. 〈2019년 전부원가계산에서의 영업이익〉

①매출액	40,000개×30원 = ₩1,200,000
②매출원가	560,000
기초재고액	0
+ 당기제조원가	50,000개×14원 = 700,000
− 기말재고액	10,000개×14원 = 140,000
③**매출총이익**(=① − ②)	**640,000**
④변동 판매비와 관리비	40,000개×3원 = 120,000
⑤고정 판매비와 관리비	100,000
⑥**영업이익**(=③ − ④ − ⑤)	₩420,000

TIP!

[실수하기 쉬운 계산오류]

제조원가는 단위당 제조원가 x **생산량**으로 계산한다.

변동판매관리비는 단위당 판매관리비 x **판매량**으로 계산한다.

제조원가와 판매관리비의 계산 기준이 각각 생산량과 판매량인 것을 꼭 기억하자!

〈2019년 변동원가계산에서의 영업이익〉

①매출액	40,000개×30원 = ₩1,200,000
②변동원가	520,000
기초재고액	0
+ 당기제조원가	50,000개×10원 = 500,000
− 기말재고액	10,000개×10원 = 100,000
= 변동매출원가	400,000
+ 변동 판매비와 관리비	40,000개×3원 = 120,000
= ③**공헌이익**(=① − ②)	**680,000**
④고정 제조간접비	200,000
⑤고정 판매비와 관리비	100,000
⑥**영업이익**(=③ − ④ − ⑤)	₩380,000

3. 〈2020년 전부원가계산에서의 영업이익〉

①매출액	60,000개×30원 = ₩1,800,000
②매출원가	840,000
기초재고액	10,000개×14원 = 140,000
+ 당기제조원가	50,000개×14원 = 700,000
− 기말재고액	0
③**매출총이익**(=① − ②)	**960,000**
④변동 판매비와 관리비	60,000개×3원 = 180,000

⑤고정 판매비와 관리비	100,000
⑥영업이익(=③-④-⑤)	₩680,000

〈2020년 변동원가계산에서의 영업이익〉

①매출액	60,000개×30원 = ₩1,800,000
②변동원가	780,000
기초재고액	10,000개×10원 = 100,000
+당기제조원가	50,000개×10원 = 500,000
-기말재고액	0
=변동매출원가	600,000
+변동 판매비와 관리비	60,000개×3원 = 180,000
③**공헌이익**(=①-②)	**1,020,000**
④고정 제조간접비	200,000
⑤고정 판매비와 관리비	100,000
⑥**영업이익**(=③-④-⑤)	₩720,000

㈜홍익의 단위당 제품원가가 전부원가계산에서는 ₩14, 변동원가계산에서는 ₩10으로 다르게 산출되는 이유는 무엇인가? 고정제조간접비 ₩200,000이 생산된 50,000개 츄러스에 배부된 ₩4의 차이이다. 전부원가계산에는 고정제조간접비 배부액 ₩4 제품원가계산에 포함시키고, 변동원가계산에서는 ₩200,000 전액을 당기 비용처리하기 때문에 변동원가계산에서의 단위당 제품원가가 ₩4 적게 계산된다.

그렇다면, <예제 10-1>의 2019년과 2020년 ㈜홍익의 전부원가계산과 변동원가계산하에서의 영업이익이 각각 ₩40,000 차이가 발생한 원인은 무엇인가? 이 역시 고정제조간접비 때문이다. 전부원가계산에서는 고정제조간접비를 단위당 ₩4 제품원가에 배부하여 2019년 비용처리된 매출원가는 ₩560,000, 기말재고액은 ₩140,000으로 계상하였다. 고정제조간접비 ₩200,000이 매출원가에 ₩160,000, 기말재고액에 ₩40,000 배부된 것이다. 그러나 변동원가계산에서는 고정제조간접비 ₩200,000을 전액 비용처리하여, 매출원가의 차감항목인 기말재고액이 ₩100,000으로 계상되었다. 따라서 비용이 전부원가계산보다 ₩40,000 더 크게 산출되는 결과가 나오게 된 것이다. 즉, 고정제조간접비 ₩40,000을 재고자산처리한 전부원가계산 영업이익 ₩420,000보다 고정제조간접비 전액을 비용처리한 변동원가계산의 영업이익이 ₩40,000 더 적은 ₩380,000으로 계산된다.

마찬가지로, 2020년의 ㈜홍익의 영업이익 차이는 전부원가계산에서 기초재고액에 포함된 고정제조간접비 배부액 ₩40,000(단위당 ₩4)의 비용처리 때문에 발생한

TIP!

도덕적 해이(moral hazard) 가능성

전부원가계산에서는 필요한 수량보다 더 많이 생산하여 인위적인 이익을 기록할 수도 있다. 왜냐하면 기말에 재고로 남는 판매초과분에도 고정제조간접비가 배분되기 때문이다. 물론 이러한 편법은 단기적으로만 가능하다.

표 10.2 전부원가계산과 변동원가계산의 영업이익 비교

원가계산방법	2019년도	2020년도	합 계
전부원가계산	₩420,000	₩680,000	₩1,100,000
변동원가계산	₩380,000	₩720,000	₩1,100,000

다. 변동원가계산에서는 고정제조간접비를 당해 ₩200,000만 비용처리하지만, 전부원가계산에서는 당해 고정제조간접비 전액(기말재고가 없으므로)과 기초의 고정제조간접비를 모두 매출원가로 계산하기 때문에 영업이익이 변동원가계산 영업이익 ₩720,000보다 ₩40,000 적은 ₩680,000이 된다. 2020년의 경우가 본 장 Storytelling의 사장과 회계담당자의 대화 사례와 일맥상통한다.

그러나 2019년과 2020년 전체의 영업이익은 전부원가계산이나 변동원가계산이나 같게 된다. 왜냐하면 전부원가계산과 변동원가계산의 차이는 단지 고정제조간접비를 기간비용처리하느냐, 제품원가계에 포함시키느냐 일뿐 장기적 관점에서의 영업이익은 같아질 수밖에 없다.

만약 판매량은 동일한데 생산량이 달라질 경우 영업이익은 어떻게 차이가 나는지 다음 <예제 10-2>를 통해 알아보자.

예제 10-2 전부원가계산과 변동원가계산하의 손익계산 비교(2) – 월별 판매량이 동일한 경우

신촌식품㈜는 손만두를 생산, 판매하고 있다. 2019년 1월, 2월, 3월의 생산활동 내역은 다음과 같다.

	1월	2월	3월
생산량	400개	500개	300개
판매량	400개	400개	400개
직접재료비(단위당)	₩200	₩200	₩200
직접노무비(단위당)	100	100	100
제조간접비			
변동제조간접비(단위당)	100	100	100
고정제조간접비(총액)	70,000	70,000	70,000
변동 판매비와 관리비	50	50	50
고정 판매비와 관리비	10,000	10,000	10,000

1월의 기초재고는 없고, 매월 만두재료는 남기지 않고 모두 만두생산에 투입하고 냉동하여 판매하고 있다. 직접노무비는 생산량에 비례하는 것으로 생각하고, 재고자산 평가

는 선입선출법을 사용한다. 1월부터 3월까지 손만두의 단위당 판매가격은 3,000원이다.

(1) 전부원가계산과 변동원가계산에 의한 월별 손만두의 단위당 제품원가는 얼마인가?

(2) 전부원가계산과 변동원가계산에 의한 월별 손익계산서를 작성하시오.

풀 이

(1) 월별 제품원가 : 전부원가계산 vs. 변동원가계산

〈전부원가계산에 의한 월별 제품원가〉

	1월	2월	3월
생산량	**400개**	**500개**	**300개**
직접재료비	₩200×400＝₩80,000	₩200×500＝₩100,000	₩200×300＝₩60,000
직접노무비	100×400＝40,000	100×500＝50,000	100×300＝30,000
제조간접비			
변동제조간접비(단위당)	100×400＝40,000	100×500＝50,000	100×300＝30,000
고정제조간접비(총액)	70,000	70,000	70,000
합계	**₩230,000**	**₩270,000**	**₩190,000**
단위당 제품원가	**₩575**	**₩540**	**₩633**

〈변동원가계산에 의한 월별 제품원가〉

	1월	2월	3월
생산량	**400개**	**500개**	**300개**
직접재료비	₩200×400＝₩80,000	₩200×500＝₩100,000	₩200×300＝₩60,000
직접노무비	100×400＝40,000	100×500＝50,000	100×300＝30,000
제조간접비			
변동제조간접비(단위당)	100×400＝40,000	100×500＝50,000	100×300＝30,000
합계	**₩160,000**	**₩200,000**	**₩120,000**
단위당 제품원가	**₩400**	**₩400**	**₩400**

(2) 월별 손익계산서 : 전부원가계산 vs. 변동원가계산

〈전부원가계산 월별 손익계산서〉

	1월	2월	3월
매출액	₩3,000×400개＝₩1,200,000	₩1,200,000	₩1,200,000
매출원가	230,000	216,000	244,000
기초재고액	0	0	54,000
＋당기제조원가	230,000	270,000	190,000
－기말재고액	0	54,000	0
매출총이익	**970,000**	**984,000**	**956,000**
판매비와 관리비	30,000(＝50×400개＋10,000)	30,000	30,000
영업이익	**₩940,000**	**₩954,000**	**₩926,000**

〈변동원가계산 월별 손익계산서〉

	1월	2월	3월
매출액	3,000×400개 = ₩1,200,000	₩1,200,000	₩1,200,000
변동원가	180,000	180,000	180,000
변동매출원가	160,000	160,000	160,000
기초재고액	0	0	40,000
+ 당기제조원가	160,000	200,000	120,000
− 기말재고액	0	40,000	0
변동 판매비와 관리비	50×400개 = 20,000	20,000	20,000
공헌이익	**1,020,000**	**1,020,000**	**1,020,000**
고정제조간접비	70,000	70,000	70,000
고정판매비와 관리비	10,000	10,000	10,000
영업이익	**₩940,000**	**₩940,000**	**₩940,000**

TIP!

전부원가계산과 변동원가계산의 영업이익 차이는 왜 발생하는가?

전부원가계산에서 기초재고와 기말재고에 포함되어 있는 고정제조간접비(FOH) 때문에 발생한다.

<예제 10-2>에서 보듯이 전부원가계산에서는 단위당 제품원가가 생산량에 변화에 따라 달라진다. 변동원가계산에서는 단위당 제품원가가 400원으로 월별 동일하게 계산된다. 단위당 제품원가가 다르게 계산되는 이유는 고정제조간접비의 배부 때문이다. 생산량이 고정제조간접비 배부액에 영향을 미치고, 이는 단위당 제품원가에 영향을 미치고, 이는 또다시 손익계산서상의 매출원가에 영향을 미치게 된다. 생산량과 판매량이 일치하는 경우(가령, 1월)에는 두 방법간의 영업이익차이가 발생하지 않는다. 그러나 생산량이 판매량보다 많을 경우에는(가령, 2월) 고정제조간접비 배부액 중 일부가 기말재고로 자산처리되어 매출원가가 감소되어 영업이익이 변동원가계산의 것보다 크게 계상된다. 반대로, 생산량이 판매량보다 적을 경우, 전기에 자산처리된 고정제조간접비 배부액이 매출원가 가산되어 영업이익이 변동원가계산의 것보다 작게 계상된다.

표 10.3 전부원가계산과 변동원가계산의 이익비교 (단위 : 원)

구 분 \ 기 간	1월	2월	3월	합 계
A. 전부원가계산	₩940,000	₩954,000	₩926,000	₩2,820,000
B. 변동원가계산	940,000	940,000	940,000	2,820,000
C. 차이(= A − B)	0	14,000	(14,000)	−
<참고사항>				
매출액(₩)	1,200,000	1,200,000	1,200,000	3,600,000
생산량(개)	400	500	300	1,200
판매량(개)	400	400	400	1,200

생산량과 판매량의 크기에 따라 영업이익이 전부원가계산과 변동원가계산에서 어떻게 달라지는지를 <표 10.4>에 요약하였다.

표 10.4 생산량과 판매량에 따른 전부원계산과 변동원가계산의 영업이익 관계

구 분	영업이익
생산량 > 판매량	전부원가계산 > 변동원가계산
생산량 = 판매량	전부원가계산 = 변동원가계산
생산량 < 판매량	전부원가계산 < 변동원가계산

제3절 외부보고목적을 위한 변동원가계산의 조정

앞서 전부원가계산은 일반적으로 인정된 회계원칙(GAAP)과 일치하는 재무제표 작성이 용이한 반면, 변동원가계산을 채택한 기업은 '재고자산조정' 계정 등을 이용하여 기말에 재고자산 또는 매출원가를 전부원가수치로 쉽게 조정할 수 있다.

외부보고와 관련된 이슈는 ① 변동제조원가만으로 재고자산을 평가하는 변동원가계산방식이 사회적인 승인을 얻고 있는가(가령, 세법 등에서 허용하는가)와 ② 재무보고관점상 전부원가계산방식과 변동원가계산방식 중 과연 어느 것이 보다 올바른 기간손익산정을 가능하게 하는가라는 두 가지로 요약할 수 있다. 현실적으로 변동원가계산방식에 의한 재고자산평가(즉, 재무상태표 작성과 관련 맺음) 및 기간손익산정(즉, 손익계산서 작성과 관련됨)이 외부보고에서 인정되지 않을 경우 내부적으로 변동원가계산방식을 채택해 온 기업이 전부원가계산에 따라 재무제표를 작성 · 보고할 때의 문제는 필요한 조정을 ① 언제, ② 어떻게 실시하는가이다.

3.1 회계연도말의 조정계산

1. 조정시점(when)

미국의 경우 내부적으로 변동원가계산을 채택하는 기업의 경우 매월 또는 분기별로 조정할 것을 권고하고 있으나 일반적으로 6개월 또는 1년에 한 번씩 하는 것

으로 충분하다.

일본 「원가계산기준」에서는 구체적인 언급을 하는 대신에 원가차이의 회계처리에 준한다고 설명하고 있다. 따라서 연도말 조정계산이 이루어지는 것으로 해석할 수 있다. 일본의 「원가계산기준」에 의한 원가차이의 처리는 개별원가계산의 경우 매출원가와 기말재고자산에 제조지시서별 또는 과목별로 배부하고 종합원가계산의 경우 매출원가와 기말재고자산에 과목별로 배부하도록 하고 있다.

우리나라의 경우 '원가차이의 처리'는 앞에서 설명한 일본기준과 동일하다.

2. 조정방법(how)

조정을 구체적으로 어떻게 행하는가와 관련해서는 ① 일괄적으로 행하는가 또는 개별적(혹은 단계적)으로 행하는가, ② 손익계산서상 조정을 매출원가에서 조정하는가 또는 영업이익에서 조정하는가, 그리고 ③ 조정을 장부상의 구체적인 계정을 활용하여 처리하는가 등이 주된 관심사이다.

우리나라 및 일본의 경우, 개별원가계산 상황하에서의 이익조정은 실제전부원가계산상 제조간접비를 배부하는 것과 유사한 단계식 조정법을 따른다. 그리고 종합원가계산 상황하에서의 이익조정은 고정제조간접비 총액을 일괄적으로 기말재고자산과 매출원가에 배분하는 소위 총괄조정법을 따른다.

3. 조정액의 손익계산상 처리

전부원가계산(AC)하의 이익과 변동원가계산(VC)하의 이익간의 차이는 다음과 같이 표시할 수 있다.

$$
\begin{aligned}
&\text{전부원가계산하의 영업이익} - \text{변동원가계산하의 영업이익} \\
&\quad = NI_{AC} - NI_{VC} \\
&\quad = AC\text{하의 기말재고자산 속에 포함된 } FOH \\
&\qquad - AC\text{하의 기초재고자산 속에 포함된 } FOH \qquad \cdots\cdots (10\cdot1)
\end{aligned}
$$

여기서 NI = 영업이익
FOH = 고정제조간접비

식 (10·1)은 전부원가계산에서는 고정제조간접비(FOH)가 자산으로 간주되기 때문에 변동원가계산이익을 조정하기 위해서는 재고자산에 포함된 고정제조간접비의 변동분 만큼을 전부원가계산이익에 가감해야 함을 의미한다.

만약 변동원가계산의 이익을 전부원가계산의 이익으로 조정한다면 위의 식을 변형하여 다음과 같이 구할 수 있다.

변동원가계산의 이익	×××
(−)기초재고자산에 포함된 고정제조간접비	(×××)
(+)기말재고자산에 포함된 고정제조간접비	×××
(=)전부원가계산의 이익	×××

이해를 돕기 위해 계산예제를 이용하여 설명하면 다음과 같다.

예제 10-3 전부원가계산이익의 변동원가계산이익으로의 조정

<예제 10-2>의 결과를 이용하여 전부원가계산의 영업이익을 변동원가계산의 영업이익으로 조정하시오.

풀이

	1월	2월	3월
전부원가계산의 영업이익	₩940,000	₩954,000	₩926,000
기말재고자산 속에 포함된 FOH*	0	(14,000)**	0
기초재고자산 속에 포함된 FOH	0	0	14,000
변동원가계산의 영업이익	₩940,000	₩940,000	₩940,000

* FOH : 고정제조간접비
** 2월 FOH 배부율 = ₩70,000/500개 = ₩140, 기말재고수량 100개×₩140 = ₩14,000

초변동원가계산

직접재료비와 직접노무비는 생산량에 비례하여 증감하는 변동원가이다. 하지만 실제 공장현장에서는 노사협정이나 근로계약 등을 제약으로 생산량 감소에 비례하여 노동시간을 함부로 단축시키기도 어렵고, 생산량 증대로 인해 초과근무나 인원보강을 자유롭게 하기도 어렵다. 따라서 단기적 사고에서 볼 때 직접노무비는 고정비 성격이 강하다. 직접재료비를 제외한 나머지 직접노무비, 변동제조간접비, 고정제조간접비를 기간비용 처리하자는 것이 **초변동원가계산**(일명, 스루풋 원가계산)이다. 지나치게 많은 재고나 병목공정을 효과적으로 관리하는 방안으로 제안된 **제약이론**(TOC : Theory of Constraints)에서 소개된 원가계산방식이다. 자세한 내용은 소설형식으로 제약이론과 초변동원가계산 개념을 설명한 [The Goal]을 참고하기 바란다.

표 10.5 전통적 손익계산서(전부원가계산) 대 공헌이익접근방식에 의한 손익계산서(변동원가계산) : 예시

전통적 손익계산서(AC)			공헌이익접근방식하의 손익계산서(VC)		
Ⅰ. 매출액(sales)		×××	Ⅰ. 매출액(sales)		×××
− Ⅱ. 매출원가(COGS)			− Ⅱ. 변동제조원가(v. mfg cost)		
기초제품재고액*1	××		기초제품재고액*1	××	
+ 당기제품제조원가(COGM)*2	××		+ 당기제품제조원가*2	××	
총판매가능원가	××		총판매가능원가	××	
− 기말제품재고액*3	××	×××	− 기말제품재고액*3	××	×××
Ⅲ. **매출총이익**(gross margin)		×××	Ⅲ. 제조공헌이익(mfg CM)		×××
− Ⅳ. 판매관리비*4(S&A)		×××	− Ⅳ. 변동판매관리비		×××
Ⅴ. 영업이익(operating income)		×××	Ⅴ. **총공헌이익**(CM)		×××
			− Ⅵ. 고정원가(fixed cost)		
			• 고정제조원가	××	
			• 고정판매비	××	
			• 고정일반관리비	××	×××
			Ⅶ. 영업이익(operating income)		×××

주) *1, *2, *3 : 모두 고정제조간접비까지를 포함한 전부원가로 평가
*4 : 고정비와 변동비 양자를 포함.
COGS : Cost of Goods Sold
COGM : Cost of Goods Manufactured

주) *1, *2, *3 : 모두 변동원가만으로 계산
mfg : manufacturing
CM : Contribution Margin
v : variable

종합 예제

전부원가계산과 변동원가계산의 비교

홍익제조회사의 제3/4분기 생산 및 원가자료는 다음과 같다.

구 분	7월	8월	9월
판매수량(개)	900	1,200	1,100
생산수량(개)	1,000	1,200	800
고정제조원가	₩120,000	₩120,000	₩120,000
고정관리비	80,000	80,000	80,000

각 단위당 판매가격은 ₩850이며, 단위당 변동제조원가는 다음과 같다.

구 분	금 액
직접재료비	₩150
직접노무비	240
변동제조간접비	180

또한 홍익제조회사는 각 판매단위당 1%의 판매수수료를 지급하고 있다. 7월초의 재고는 300단위이고, 전부원가계산에 의하면 단위당 원가는 ₩650이고, 변동원가계산에 의하면 단위당 원가는 ₩570이다. 기말재고는 선입선출법(FIFO)으로 평가한다.

〈요구사항〉

1. 전부원가계산방법에 따라 각 월의 손익계산서를 작성하시오.
2. 변동원가계산방법에 따라 각 월의 손익계산서를 작성하시오.
3. 변동원가계산의 이익을 전부원가계산의 이익으로 조정하시오.

풀이

1. 전부원가계산방식하의 월간 손익계산서

	7월	8월	9월
Ⅰ. 매출액	₩765,000	₩1,020,000	₩935,000
Ⅱ. 매출원가	609,000*	812,000*	772,000*
Ⅲ. 매출총이익	156,000	208,000	163,000
Ⅳ. 판매비와관리비	87,650**	90,200**	89,350**
Ⅴ. 영업이익	68,350	117,800	73,650

*

	7월	8월	9월
기초재고	₩195,000	₩276,000	₩268,000
당기제조	690,000	804,000	576,000
기말재고	(276,000)	(268,000)	(72,000)
매출원가	609,000	812,000	772,000

**

	7월	8월	9월
고정비	₩80,000	₩80,000	₩80,000
변동비	7,650	10,200	9,350
계	87,650	90,200	89,350

2. 변동원가계산방식하의 월간 손익계산서

	7월	8월	9월
Ⅰ. 매출액	₩765,000	₩1,020,000	₩935,000
Ⅱ. 변동비	520,650*	694,200*	636,350*
Ⅲ. 공헌이익	244,350	325,800	298,650
Ⅳ. 고정비	200,000	200,000	200,000
Ⅴ. 총영업이익	44,350	125,800	98,650

*

	7월	8월	9월
변동제조원가	₩513,000	₩684,000	₩627,000
변동판매비	7,650	10,200	9,350
계	520,650	694,200	636,350

3. 전부원가계산방법에 의한 순이익과 변동원가계산방법에 의한 순이익 차이조정

	7월	8월	9월
(1) **변동원가계산하의 순이익**	₩44,350	₩125,800	₩98,650
(2) 기초재고에 포함된 고정제조간접비	(24,000)	(48,000)	(40,000)
(3) 기말재고에 포함된 고정제조간접비	48,000	40,000	15,000
(4) **전부원가계산하의 순이익**	68,350	117,800	73,650

부록 전부원가계산하의 손익분기점 분석

1. 손익분기점 계산: 전부원가계산 방식 vs. 변동원가계산 방식

제8장에서 소개한 CVP분석에서 손익분기점은 하나였다. 왜냐하면 이익은 판매량에 좌우되고 모든 고정비는 발생 즉시 비용처리하는 것을(이밖에도 생산량과 판매량이 일치하여 일정한 재고수준을 유지한다고) 가정했기 때문이다. 요컨대 전형적인 CVP분석은 변동원가계산을 전제한 것이다.

그러나 앞서 이러한 기본 가정을 달리함으로써 변동원가계산과 전부원가계산하의 이익이 달리 계산됨을 배웠다. 양 계산방식하의 이익은 생산량과 판매량이 일치하지 않을 경우(따라서 재고가 쌓이거나 기초 재고를 소진하는 경우) 차이가 난다. 왜냐하면 당기발생제조원가에 대한 비용인식 시점을 달리 하기 때문이다. 전부원가계산에서는 생산 후 판매되지 않은 제품(재고자산) 원가에는 당기 발생 제조원가 중 해당 재고에 속하는 고정제조원가를 자산처리한다. 즉, 손익계산서상의 비용인식시점이 (전액 발생 즉시 당기 비용처리하는 변동원가계산과 달리) 이월되는 것이다. 이러한 전부원가계산 방식은 전통적인 기능별 손익계산서가 따르는 방식이다.

이러한 가정 때문에 전부원가계산 방식으로 손익분기점을 계산할 경우 판매량뿐만 아니라 생산량도 손익분기점에 영향을 미치게 된다. 즉, 변동원가계산의 이익

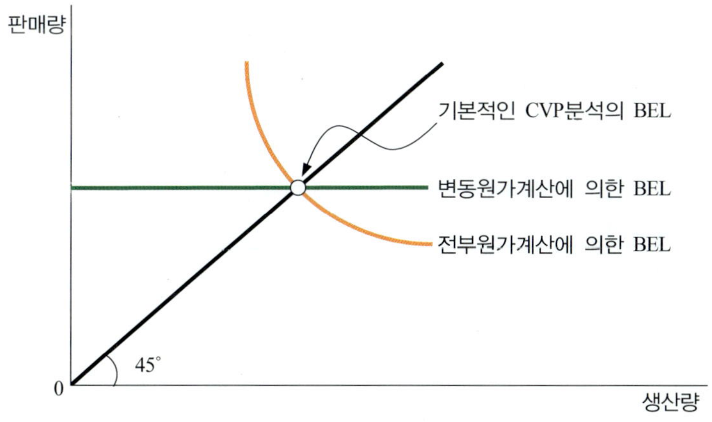

그림 10A.1 전부원가계산하의 손익분기선: 실제원가계산 가정

은 판매량만으로 좌우되는, 즉 $\pi = f$(판매량)이다. 반면에 전부원가계산하의 이익은 $\pi = f$(판매량, 생산량)으로 표시된다. 따라서 전부원가계산하의 손익분기점 판매량은 생산량에 따라 달라져 여러 개의 손익분기점이 존재한다. 이처럼 생산량의 변화에 따른 손익분기점 판매량의 변화를 나타내는 선을 손익분기선(BEL : Break-Even Line)이라 부른다. 앞의 <그림 10A.1>이 이를 잘 나타낸다. 이하 전부원가계산하의 손익분기점 분석을 구하는 방식을 소개한다.

2. 전부원가계산 방식하의 손익분기점 계산

손익분기점의 산출을 공식법(또는 등식법)을 이용하여 정리하면 다음과 같다.

$$
\begin{aligned}
\text{이익}(\pi) &= \text{총수익}(TR) - \text{총비용}(TC)\\
&= \text{가격} \times \text{판매량} - \left(\text{변동비} \times \text{판매량} + \frac{\text{고정제조원가}}{\text{생산량}} \times \text{판매량} + \text{고정판매비와관리비}\right)\\
&= \text{판매량} \times \left(\text{가격} - \text{변동비} - \frac{\text{고정제조원가}}{\text{생산량}}\right) - \text{고정판매비와관리비}
\end{aligned}
$$

손익분기점은 위 식에서 이익이 0(zero)이므로 정리하면 전부원가계산하의 손익분기점은 다음과 같이 정리할 수 있다.

$$
BEP(Q)_{AC} = \frac{\text{고정판매비와관리비}}{\text{가격} - \text{변동비} - \dfrac{\text{고정제조원가}}{\text{생산량}}}
$$

예제 10A-1 **전부원가계산 방식하의 손익분기점 계산: 실제원가계산 사례**

전부원가계산제도를 채택하고 있는 (주)홍익의 2019년도 10월 실제 자료이다.

• 판매단가(P)	₩3,000
• 변동제조원가(DM, DL)	1,500
• 변동판매비	500
• 고정제조원가	2,400,000
• 고정판매비및관리비	1,120,000

〈요구사항〉

1. 생산량이 12,000단위인 경우의 손익분기점을 구하시오.

2. 생산량이 8,000단위인 경우의 손익분기점을 구하시오.

풀이

1. $$BEP(Q)_{AC} = \frac{\text{고정판매비와관리비}}{\text{가격} - \text{변동비} - \frac{\text{고정제조원가}}{\text{생산량}}}$$

$$= \frac{1,120,000}{3,000 - 2,000 - \frac{2,400,000}{12,000}} = 1,400\text{단위}$$

결국 실제생산량이 12,000개였을 때 전부원가계산에 의한 손익분기점 판매수량은 1,400단위가 된다.[1] 생산량 중 상당부분이 재고로 쌓이게 되는 상황이다.

[검증] 전통적인 전부원가계산 방식의 손익계산서 작성을 통해 이익 = 0 확인
생산량이 12,000단위 경우의 BEP(Q)를 포괄손익계산서를 이용하여 검증하면 다음과 같다.

	Ⅰ. 매출액	1,400개 × ₩3,000	₩4,200,000
−	Ⅱ. 매출원가	1,400개 × (₩1,500 + 2,400,000 ÷ 12,000개)	2,380,000
	Ⅲ. 매출총이익		1,820,000
−	Ⅳ. 판매관리비	1,400개 × ₩500 + ₩1,120,000	1,820,000
	Ⅴ. 당기순이익		0

[별해] CVP 기본 관계식인 총수익−총비용 = 이익을 이용하여 계산하기
손익분기점 판매수량을 x라 하면
매출 = 매출원가 + 판매관리비(고정비 + 변동비)
매출원가 = 총제조원가(고정비 + 변동비) = 단위당 제조원가 × 판매수량(x)
₩3,000x = (₩1,500 + ₩2,400,000 ÷ 12,000개)x + (500x + ₩1,120,000)
∴ x = 1,400단위

2. 같은 방법으로 풀면 손익분기점은 1,600단위가 된다. 12,000단위보다 적은 생산량하에서는 단위당 고정제조원가가 높아져 위 계산식상 분모수치가 적어지기 때문이다.

---

1) 참고로 변동원가계산에 의한 손익분기점[$BEP(Q)_{VC}$]은 3,520단위이다. 산출과정은 아래와 같다. 생산량과 무관하기 때문에 1, 2번 답은 동일하다.

$$BEP(Q)_{VC} = \text{고정비} \div \text{단위당 공헌이익}$$

$$= \frac{₩2,400,000 + 1,120,000}{₩3,000 - 1,500 - 500} = 3,520\text{단위}$$

3. 전부원가계산 방식하의 손익분기점 계산(기준조업도를 가정할 경우)

전부원가계산하의 BEP 계산 문제에서 자주 등장하는 경우는 예정(기준) 조업도를 가정하는 것이다. 이 경우 추가적으로 고려할 사항은 조업도차이이다. <예제 10A-1>에서처럼 실제원가계산 대신에 예정원가계산(즉, 정상원가계산 또는 표준원가계산)을 가정하는 것이다. 전부원가계산제도를 채택하고 있는 기업이 예정원가계산을 적용할 경우 기준조업도와 실제 생산량이 다른 경우 조업도차이(volume variance)가 발생한다. 조업도 차이는 유불리 방향에 따라 매출원가 등에 가감하여 비용을 조정해야 함은 앞서 배운 바 있다(표준원가계산 참조). 즉, 실제 생산량이 판매량보다 큰 경우 기준조업도로 계산된 단위당 고정제조간접비배부율(FOH)에 수량 차이를 곱하여 계산되는 조업도 차이는 당기 비용에서 차감하고 반대의 경우에는 당기비용(가령, 매출원가)에 부가한다. 따라서 전부원가계산 방식하의 손익분기점 공식은 이러한 조업도차이 조정을 반영한 다음과 같은 산출식으로도 구할 수 있다.

$$BEP(Q)_{AC} = \frac{\text{고정판매비와관리비} \pm \text{조업도차이}}{\text{가격} - \text{변동비} - \text{고정제조간접비 배부율}}$$

위 식을 전형적인 손익분기점 공식(즉, $\frac{F}{UCM}$)과 비교하면 분자는 총고정비 대신에 고정판매비와관리비에 조업도차이를 조정한 수치로 표시된다. 분모의 단위당 공헌이익 대신에 단위당 매출총이익 수치를 계산하기 때문에 미회수비용에 해당하는 고정판매비와관리비만이 분자에 포함된다. 또한 예정배부율을 적용했기 때문에 유불리한 조업도차이를 추가로 감안해야 하는 것이다.

요 약

1. 이 장에서는 전통적 제품원가계산방식과 상이한 새로운 제품원가계산방식을 다루었다. 고정제조간접비(엄밀히 말하면 고정제조원가)를 제품원가에 포함시킨 후에 판매시점에 매출원가로 기간비용처리하는 전통적인 전부원가계산방식에 대응되는 변동원가계산이 그것이다. **변동원가계산**은 고정제조원가를 발생 즉시 기간비용으로 처리하며 변동제조원가만으로 제품원가를 계산하는 또 다른 제품원가계산 방식이다. 변동원가계산 개념이 대두된 당시에 직접재료비와 직접노무비가 주된 변동제조원가인 점을 감안하여 종전에는 직접원가계산이라고 불렀다.
2. 변동원가계산의 핵심은 고정비 vs 변동비라는 **원가행태**에 따른 원가분류이다. 조업도의 변화에 무관하게 일정액이 발생하는 고정제조원가를 제품원가에 포함시키지 않는 이유는 재고자산의 보유로 인한 미래의 회피가능한 원가는 변동제조원가뿐이라는 논리적 판단에 기초한 것이다.
3. **변동원가계산**은 외부보고목적상 전부원가계산에 대조되는 대체적 원가계산방식이기보다는 경영관리상의 필요성에서 대두된 혁신적인 개념이다. 관리회계에서 다룰 사업부별 보고서(일명, **세그먼트보고서**)가 이러한 변동원가계산방식에 기초하여 성과평가를 비롯한 수익성 분석 등 다양한 목적으로 활용되고 있다.

핵심 용어

- 변동원가계산
- 직접원가계산
- 전부원가계산
- 기간귀속문제
- 이익조정
- 초변동원가계산
- 고정제조간접비

Reading materials

원가회계 전문가되기
http://cafe.naver.com/newcosting.cafe

- 짐작했었지만… 아이폰 마진 이렇게 높아? (키워드: 고정비, 변동가격)
  메가뉴스, 2012.07.30.
- "오비맥주만 있어요"…하이트가 식당서 사라진 이유는 (키워드: 재고수준, 시세차익)
  연합뉴스, 2016.12.02.
- '퍼블릭 vs. 프라이빗' 어느 클라우드가 더 저렴할까? (키워드: 전부원가계산하의 손익분기점)
  CIO Korea, 2016.10.21.

단답식 개념문제

01. 변동원가계산은 조업도 수준에 따른 제품원가의 변동성을 해소하고 CVP분석을 일상적으로 활용하고자 하는 목적으로 □□□□□□□를 발생 즉시 기간비용으로 처리하는 제품원가계산방식이다.

02. 직접재료비를 제외한 나머지 직접노무비, 변동제조간접비, 고정제조간접비를 기간비용처리하고자 하는 것이 □□□원가계산(일명, 스루풋 원가계산)이다.

03. 생산량이 판매량보다 많을 경우, 전부원가계산의 영업이익은 고정제조간접비 배부액 중 일부가 기말재고로 □□처리되어 매출원가가 감소되어 변동원가계산의 영업이익보다 □□ 계상된다.

[문1] "변동원가계산과 전부원가계산의 핵심적인 차이점은 고정제조간접비이다." 이 주장에 동의하는가? 설명하시오.

[문2] 변동원가계산 손익계산서와 전부원가계산 손익계산서의 주된 차이점은 무엇인가?

[문3] 재고수준이 늘어날 때 변동원가계산과 전부원가계산방식 중 어떤 방식하의 이익이 더 크게 계산되는가? 그 이유와 함께 답하시오.

[문4] 대부분의 관리자가 전부원가계산에 비해 변동원가계산방식을 선호하는 이유는 무엇인가?

[문5] 전부원가계산하에서 손익분기점에 영향을 주는 세 가지 요인을 열거하시오.

[문6] 변동원가계산방식의 손익계산서는 다른 용어로 무엇이라고 부르는가?

[문7] 공헌이익방식의 손익계산서에서는 조업도차이가 존재하지 않는다. 그 이유는 무엇인가?

[문8] 변동원가계산으로 산정된 이익수치를 기말에 전부원가계산방식의 이익수치로 바꾸기 위한 방법을 설명하시오.

[문9] 변동원가계산을 과거에는 직접원가계산(direct costing)으로 불렀다. 이 명칭이 갖는 약점은 무엇인가? 직접원가 vs. 간접원가, 그리고 고정원가 vs. 변동원가의 분류기준(제2장 참조)을 감안하여 답하시오.

[문10] "생산량이 판매량보다 커서 재고가 쌓일 경우 전부원가계산하의 영업이익은 변동원가계산하의 영업이익보다 항시 크다"라는 주장에 동의하는가?

연습문제

객관식

[문1] 전부원가계산과 변동원가계산에 대한 설명으로 옳은 것은? (세무사 2013) (★★)

① 변동원가계산의 영업이익은 판매량뿐만 아니라 생산량에 따라서도 좌우된다.
② 전부원가계산 하에서는 생산과잉으로 인한 바람직하지 못한 재고의 누적을 막을 수 있다.
③ 전부원가계산에 의해 매출원가가 표시되는 손익계산서는 성격별 포괄손익계산서라고 한다.
④ 초변동원가계산은 직접재료원가와 직접노무원가만 재고가능원가로 처리한다.
⑤ 변동원가계산은 정상원가계산, 표준원가계산, 개별원가계산, 종합원가계산을 사용하는 기업에 적용할 수 있다.

[문2] 변동원가계산의 유용성에 대한 다음의 설명 중 옳지 않은 것은? (KICPA 2013) (★★)

① 변동원가계산 손익계산서에는 이익계획 및 의사결정 목적에 유용하도록 변동비와 고정비가 분리되고 공헌이익이 보고된다.
② 변동원가계산에서는 일반적으로 고정제조간접비를 기간비용으로 처리한다.
③ 변동원가계산에서는 판매량과 생산량의 관계에 신경을 쓸 필요없이 판매량에 기초해서 공헌이익을 계산한다.
④ 변동원가계산에 의해 가격을 결정하더라도 장기적으로 고정비를 회수하지 못할 위험은 없다.
⑤ 제품의 재고수준을 높이거나 낮춤으로써 이익을 조정할 수 있는 가능성은 없다.

[문3] 다음 중 전부원가계산과 변동원가계산의 설명으로 틀린 것은? (★)

① 전부원가계산은 원가를 고정비와 변동비로 반드시 구분할 필요가 없지만, 변동원가계산은 분류가 반드시 필요하다.
② 재고가 없는 경우에는 전부원가계산방식과 변동원가계산방식의 이익은 동일하게 나타난다.
③ 전부원가계산과 변동원가계산에 의한 이익의 차이는 고정비의 단위당 생산

원가가 전부원가계산에서는 기말재고에 잔존하기 때문이다

④ 판매량과 이익이 비례해야 한다는 개념에서는 전부원가계산방식이 타당하다.

⑤ 전부원가계산은 고정제조간접비가 제품생산을 위해 발생되는 원가이므로 제품에 부과되어야 한다는 입장이다.

[문4] 다음 변동원가계산에 의한 손익계산서와 관련된 설명 중 잘못된 것은? (★★)

① 기초재고가 있었더라도 기말재고가 없는 경우에는 전부원가계산 방식과 변동원가계산 방식의 이익은 동일하다.

② 공헌이익접근 방식의 손익계산서에서는 조업도 차이가 발생하지 않는다.

③ 변동원가계산이란 용어 대신 직접원가계산으로 부르는 것은 잘못된 것이다.

④ 변동원가계산제도하에서 공장건물의 감가상각비는 제품원가에 해당하지 않는다.

[문5] 다음 중 생산량과 판매량의 차이에 의하여 전부원가계산방식과 변동원가계산방식의 이익 차이에 영향을 주는 설명으로 바른 것을 모두 나열한 것은? (★★)

1. 생산량이 판매량보다 큰 경우 전부원가계산방식의 이익이 변동원가계산방식의 이익보다 높게 나타난다.
2. 생산량과 판매량이 동일하면 전부원가계산방식의 이익과 변동원가계산방식의 이익이 동일하게 나타난다.
3. 생산량이 판매량보다 큰 경우 전부원가계산방식의 이익이 변동원가계산방식의 이익보다 낮게 나타난다.
4. 생산량이 판매량보다 적은 경우 전부원가계산방식의 이익이 변동원가계산방식의 이익보다 높게 나타난다.
5. 생산량이 판매량보다 적은 경우 전부원가계산방식의 이익이 변동원가계산방식의 이익보다 낮게 나타난다.

① 3, 4　② 2, 5　③ 1, 3, 4　④ 1, 2, 5　⑤ 1, 2

[문6] 다음은 ㈜미래는 2019년 초에 영업을 개시한 회사로 영업과 관련한 자료이다. ㈜미래의 변동원가계산순이익 1,350,000원이라면 몇 단위의 제품을 판매하였는가? (★★)

2019년의 생산량은 3,000단위이며, 생산과 판매에 관한 자료는 다음과 같다.

	제품단위당 변동비	고정비
직접재료비	500원	-
직접노무비	400원	-
제조간접비	250원	300,000원
판매관리비	150원	100,000원

제품단위당 판매가격은 2,000원이다.

① 2,000단위 ② 2,250단위 ③ 2,500단위 ④ 2,750단위 ⑤ 2,800단위

[문7] ㈜홍익의 2019년 사업연도의 수익 및 원가자료는 다음과 같다. 변동원가계산에 의한 영업이익은 얼마인가? (★)

- 매 출 액 : 12,000,000원
- 변동제조원가 : 5,000,000원
- 고정제조원가 : 3,500,000원
- 변동판매관리비 : 1,500,000원
- 고정판매관리비 : 2,000,000원
- 판 매 량 : 80,000단위
- 생 산 량 : 100,000단위

① 1,000,000원 ② 1,500,000원 ③ 2,000,000원
④ 2,500,000원 ⑤ 2,750,000원

[문8] ㈜백석상사는 2019년 1월 1일 영업을 개시하였으며, 단일의 제품을 생산하여 개당 1,000원씩에 판매하고 있다. ㈜백석상사는 실제원가시스템으로 원가를 계산하고 있다. 2019년 12월 31일 현재 재공품계정의 잔액은 없으며, 84,200단위를 판매하였다. 2019년 제조원가와 기간비용에 대한 자료는 다음과 같다. ㈜백석상사의 변동원가계산 방법에 의한 영업이익은 얼마인가? (★★)

	고정원가	변동원가
직접재료원가		단위당 200원
직접노무원가		단위당 125원
제조간접원가	12,450,000원	단위당 75원
판 매 비	7,280,000원	단위당 100원

① 22,070,000원 ② 22,170,000원 ③ 22,270,000원
④ 22,370,000원 ⑤ 22,470,000원

[문9] 당사의 제조원가와 관련된 자료는 다음과 같다. 전부원가계산과 변동원가계산상의 영업이익의 차이로 올바른 것은? (★★)

- 기초재공품재고액 : 3,000,000원 (고정제조간접비 1,200,000원 포함)
- 기말재공품재고액 : 2,500,000원 (고정제조간접비 900,000원 포함)
- 기초제품재고액 : 2,000,000원 (고정제조간접비 900,000원 포함)
- 기말제품재고액 : 1,200,000원 (고정제조간접비 400,000원 포함)
- 직접재료원가 : 3,500,000원
- 직접노무원가 : 4,200,000원
- 제조간접비 : 3,300,000원

① 600,000원 ② 700,000원 ③ 800,000원
④ 900,000원 ⑤ 1,000,000원

[문10] 다음은 ㈜동양금속의 제조원가와 생산 및 판매량에 관한 자료이다.

제조간접원가		
	단위당 변동원가 :	₩1,000
	고정원가 :	₩3,000,000
생산 및 판매량		
	기초제품재고량 :	2,000개
	생산량 :	18,000개
	판매량 :	19,000개

고정제조간접원가 배부율을 계산하기 위한 기준조업도는 20,000개이며, 과대 또는 과소 배부된 제조간접원가는 전액 매출원가에서 조정된다. 변동원가계산에 의한 순이익이 ₩6,000,000일 때 전부원가계산에 의한 순이익은 얼마인가? 단, 고정제조간접원가 배부율은 기초제품과 당기제품에 동일하게 적용된다. (★★)

① ₩5,850,000 ② ₩5,950,000 ③ ₩6,050,000
④ ₩6,150,000 ⑤ ₩6,250,000

※ 다음은 문제 [11~12]에 관련된 자료이다.

금강회사는 2019년 1월 1일 영업을 개시하였다. 이 회사는 단위당 ₩10에 판매되는 한 제품을 생산하고 있다. 2019년 동안 100,000단위가 생산되고 80,000단위가 판매되었다. 2019년 중에 발생한 제조원가 및 판매비와 관리비는 다음과 같다.

구 분	고정비	변동비(단위당)
직접재료비	-	₩2.0
직접노무비	-	1.25
제조간접비	₩120,000	0.75
판매관리비	70,000	1.00

[문11] 변동원가계산에 의한 2019년 영업이익은 얼마인가? (★)

① ₩114,000 ② ₩210,000 ③ ₩234,000
④ ₩252,000 ⑤ ₩330,000

[문12] 전부원가계산에 의한 2019년 12월 31일 현재의 제품재고 및 영업이익은 얼마인가? (★)

	제 품	영업이익
①	₩104,000	₩186,000
②	₩80,000	₩242,000
③	₩80,000	₩186,000
④	₩104,000	₩234,000
⑤	₩134,000	₩234,000

[문13] 아래 자료에 근거한 다음 설명 중 옳지 않은 것은? (KICPA 2012) (★★★)

	실제	표준
주요(기초)원가	₩170,000	₩150,000
변동제조간접원가	₩471,500	₩400,000
기계시간당 변동제조간접원가 배부율	₩23	₩20
제품단위당 기계시간	41시간	40시간

① 변동제조간접원가 표준배부율과 예정배부율이 같다면, 정상원가계산에 의한 총변동제조원가는 ₩580,000이다.
② 예상생산량 600개에 대한 예산 총변동제조원가는 ₩660,000이다.
③ 변동제조간접원가 총차이는 ₩71,500(불리)이다.
④ 변동제조간접원가 능률차이는 ₩11,500(불리)이다.
⑤ 기본(기초)원가의 변동예산차이는 ₩20,000(불리)이다.

주관식

[문1] 변동원가계산하의 영업이익계산(Ⅰ) (★)

㈜국세의 2019년도 전부원가계산에 의한 영업이익은 ₩1,000,000이다. ㈜국세의 원가자료가 다음과 같을 경우 2019년도 변동원가계산에 의한 영업이익은 얼마인가? (단, 원가요소 금액은 총액이다.) (세무사 2012)

	수량(단위)	직접재료비	직접노무비	변동제조간접비	고정제조간접비
기초재공품	200	₩50,000	₩30,000	₩20,000	₩240,000
기초제품	400	100,000	70,000	40,000	700,000
기말재공품	500	100,000	65,000	25,000	500,000
기말제품	300	75,000	90,000	35,000	600,000
매출원가	1,000	1,000,000	750,000	650,000	2,000,000

[문2] 변동원가계산하의 영업이익 계산(Ⅱ) (★★)

홍익사는 2019년 1월 1일에 영업을 시작하였다. 이 회사는 단일제품을 생산·판매하는데 2019년 한 해 동안 총 2,000개를 생산하였다. 단위당 판매가격은 ₩1,800이다. 그 밖에 2019년에 발생한 원가정보는 다음과 같다.

	고정비(총액)	변동비(단위당)
직 접 재 료 비	−	₩300
직 접 노 무 비	−	250
제 조 간 접 비	₩300,000	150
판매 및 관리비	200,000	200

〈요구사항〉

1. 홍익사의 2019년 한 해 동안의 총판매량이 1,500개일 경우 변동원가계산하의 영업이익은 얼마인가?
2. 전부원가계산하의 2019년도 영업이익이 변동원가계산하의 영업이익에 비해 ₩300,000만큼 많았다면 이 회사의 2019년 판매량은 몇 개였는가?

<자료 : 1987년 CPA 기출문제>

[문3] 변동원가계산 대 전부원가계산(종합원가계산) (★★)

마포㈜는 선입선출법에 의한 실제원가계산제도를 사용하고 있다. 2월중 전부원가제도하의 영업이익이 ₩1,000,000으로 계산되었다면 변동원가계산에 의한 영업이익은 얼마인가? (1월 기초재고는 없다고 가정한다)

	1월	2월
생 산 량	8,000단위	9,000단위
판 매 량	7,000	10,000
고 정 제 조 비	₩1,600,000	₩1,620,000
고 정 판 매 비	800,000	900,000

<자료 : 1998년 CPA 기출문제>

[문4] 변동원가계산과 전부원가계산의 영업이익 비교 (★★★)

홍익기계㈜는 내부의사결정목적으로는 변동원가계산을 외부보고목적으로는 전부원가계산을 사용하고 있다. 실제발생한 제품단위당 원가는 다음과 같다.

직접재료비(1단위당 0.5kg)	₩1,500
직접노무비	3,000
변동제조간접비	500
고정제조간접비	550

1. 직접재료는 기초시점에서 투입되며 가공비는 공정 전체에 걸쳐 계속 발생한다.
2. 당기에 매입한 직접재료 12,000kg 중 11,000kg이 공정에 투입되었다.
3. 기초재고와 기말재고에 관련된 내용은 다음과 같다.

	원재료	재공품	제 품
기초재고	2,000kg	500개(50%)	850개
기말재고	3,000kg	750개(40%)	600개

4. 제품단위당 판매가격은 ₩10,000이다.
5. 재고자산평가시 선입선출법을 사용하며 전기에도 단위당 원가는 당기와 동일하다고 가정한다.

〈요구사항〉

1. 전부원가계산 손익계산서를 작성하시오.
2. 변동원가계산을 사용할 때 공헌이익과 영업이익은 얼마인가?
3. 전부원가계산과 변동원가계산의 영업손익의 차이를 자세히 분석하시오.

<자료 : KICPA, 1993년 2차>

[문5] 전부원가계산과 변동원가계산의 비교(Ⅰ) (★★)

바론화학주식회사는 초강력 페인트 제거기를 생산하는 업체이다. 지난해에는 8,000배럴을 생산하였고 단위당 ₩60의 가격으로 7,500배럴을 판매하였다. 지난해 발생한 원가항목별 총액은 다음과 같다.

직접재료비(단위기준원가)	₩24,000
직접노무비(단위기준원가)	80,000
제조간접비(단위기준원가)	19,200
마케팅 및 관리비(단위기준원가)	24,800
제조간접비(시설관련원가)	120,000
마케팅 및 관리비(시설관련원가)	110,000

기초재고는 없었다.

〈요구사항〉

1. 전부원가계산하의 매출원가와 영업이익은 얼마인가?
2. 변동원가계산하의 변동매출원가와 영업이익은 얼마인가?

[문6] 전부원가계산하의 CVP분석 (★★★)

전부원가계산제도를 채택하고 있는 ㈜홍익의 2020년도 예산편성을 위한 자료이다. 손익분기점 판매수량은 얼마인가? 단, 실제생산량은 11,000개이다.

판매단가		₩3,000
제품단위원가		₩1,600
변동비	₩1,500	
고정비	₩100	
(기준조업도 10,000개 기준)		
변동판매비		₩500/단위
고정판매비 및 일반관리비		₩1,000,000

<자료 : 1995년 CTA 기출문제 수정>

[문7] 고정예산과 변동예산 비교 (★★)

㈜갑은 단일제품을 생산·판매한다. ㈜갑은 표준원가를 이용하여 종합예산을 편성한다. 다음은 ㈜갑의 2019년 2월 중 생산과 관련된 자료이다.

- 표준 및 예상조업도에 관한 자료 :
  - 직접재료비 : 제품 단위당 10kg, kg당 ₩50
  - 직접노무비 : 제품 단위당 3시간, 시간당 ₩250
  - 변동제조간접비 : 직접노무시간을 기준으로 배부하며, 배부율은 직접노무시간당 ₩120
  - 고정제조간접비 월 예산액 : ₩132,600
  - 예상조업도 : 780 직접노무시간

- 실제원가 및 실제조업도에 관한 자료 :
  - 직접재료비 : 2,300kg 구입 및 전량 사용, kg당 ₩55
  - 직접노무비 : 740시간, 시간당 ₩260
  - 변동제조간접비 발생액 : ₩90,000
  - 고정제조간접비 발생액 : ₩130,000
  - 실제생산수량 : 240단위

㈜갑이 2019년 2월초 작성한 종합예산의 총제조원가 금액과 2019년 2월말 작성한 변동예산의 총제조원가 금액은 각각 얼마인가? (KICPA 2012)

[문8] 전부원가계산과 변동원가계산 (★★)

2019년 초에 설립된 ㈜국세는 노트북을 제조하여 판매하고 있다. ㈜국세는 재고자산의 원가흐름 가정으로 선입선출법을 적용하여, 실제원가계산으로 제품원가를 산출한다. ㈜국세의 매월 최대 제품생산능력은 1,000대이며, 2019년 1월과 2월의 원가자료는 다음과 같다.

구 분	1월	2월
생산량	900대	800대
판매량	800대	?
고정제조간접원가	₩180,000	₩200,000

2월의 전부원가계산하의 영업이익이 변동원가계산하의 영업이익보다 ₩20,000만큼 큰 경우, ㈜국세의 2월 말 제품재고수량은 얼마인가? (단, 매월 말 재공품은 없는 것으로 가정한다.) (세무사 2011)

[문9] 전부원가계산과 변동원가계산과의 비교(II) (★★)

홍익제조회사의 2020년 제3/4분기 생산 및 원가자료는 다음과 같다.

구 분	7월	8월	9월
판매수량(개)	90	140	120
생산수량(개)	100	200	140
고정제조원가	₩10,000	₩10,000	₩10,000
고정판매관리비	2,000	2,000	2,000

각 단위당 판매가격은 ₩200이며, 단위당 변동제조원가는 다음과 같다.

구 분	금 액
직접재료비	₩15
직접노무비	25
변동제조간접비	10

또한 홍익제조회사는 각 판매단위당 10%(=₩20)의 판매수수료를 지급하고 있다. 7월 초의 재고는 20단위이고, 전부원가계산에 의하면 단위당 원가는 ₩140이고, 변동원가계산에 의하면 단위당 원가는 ₩50이다. 기말재고는 선입선출법(FIFO)으로 평가한다.

〈요구사항〉

전부원가계산과 변동원가계산하의 7월과 8월의 영업이익을 계산하라.

PART 04

원가관리 목적의 정보 활용 : 전략적 원가관리

제4부에서는 전략적 원가관리기법을 소개한다.

제11장에서는 전략적 원가관리 개념을 소개하면서 **품질코스팅**과 **ABM**을 다룬다. 품질코스팅의 대두 배경과 4가지 품질코스팅의 유형을 살펴보고, 제7장에서 다룬 ABC의 원가동인 개념을 원가관리로 확장하여 비부가가치적 낭비를 제거하는 ABM을 설명한다.

제12장에서는 전향적인 원가관리기법인 **타겟코스팅**과 장기적 관점의 원가계산 기법인 **수명주기원가계산**을 다룬다. 여기서 타겟코스팅은 시장가격으로부터 출발하여 목표이익을 실현할 수 있도록 제품설계 및 제조에 초점을 맞춘 전략적 종합이익계획시스템으로 설명한다. 수명주기원가계산은 제조 이전의 전방단계는 물론 제조 이후의 후방단계에서 발생할 원가까지를 관리대상으로 삼는 원가관리기법이다.

11 전략적 원가관리(I): 품질코스팅 및 ABM

Learning Objectives

1 전략적 원가관리의 개념과 핵심요소를 파악
2 품질코스팅의 대두 배경과 핵심 개념을 터득
3 네 가지 품질코스트 유형을 배움
4 품질 개념과 TQM의 특징을 이해
5 품질코스트보고서의 양식과 역할을 터득
6 ABM을 이용한 원가관리를 배움
7 전략적 원가배분의 개념을 소개

Intro

제 1부에서 원가회계의 핵심 요소 중의 하나로 **원가관리**를 꼽은 바 있다. 그러나 글로벌 경쟁환경하에서는 보다 전사적이고 동시에 통합적인 원가관리가 필요하게 되었다. 이러한 새로운 차원의 원가관리를 통칭하여 **전략적 원가관리**라고 부른다.

1980년대 부각된 **품질코스팅**은 품질경제성의 추구와 실질적이고 효과적인 품질관리활동의 추진 등의 문제를 동시에 해결할 수 있는 경영기법으로 관리회계적 성격을 강하게 갖는 생산관리와 관리회계의 공통영역이다.

ABM(활동기준원가관리)은 제7장에서 소개한 ABC(활동기준원가계산)의 장점을 원가관리에 초점을 맞춘 것으로 원가동인에 대한 이해를 토대로 불필요한 활동 및 비부가가치적 활동의 제거를 꾀하는 대표적인 원가절감 기법이다.

	전통적 원가회계 패러다임	전략적 원가관리 패러다임
Ⅰ. 원가분석방법 – 최선의 방식 –	• 주요 분석대상 –제품 –고객 –기능 • 주로 내부적 요인에 초점	• Value-chain 단계별 원가분석 –회사도 그 중 일부로 간주 • 주로 외부적 요인에 초점 • 부가가치는 매우 좁은 개념으로 간주됨
Ⅱ. 원가분석의 목적	• 전략적 이슈와 무관한 적용 –기록계산(scorekeeping) –주의환기(attention directing) –문제해결(problem solving)	• 전략에 따라 분석목적 바뀜 –원가우위전략 –제품차별화전략 –집중화전략 등
Ⅲ. 원가행태에 대한 이해방법	• 원가를 산출량(조업도)의 함수관계로 파악 –고정비 vs. 변동비	• 원가동인 관점에서 접근 –구조적 원가동인 –실행적 원가동인

자료 : Shank(1989), p.62 ; 신홍철(1993), 제12장.

Storytelling

사례 #1 **쓰레기종량제를 이용한 국가적 원가절감(낭비동인과 비용부담 주체의 일체화) (혹은 인과 관계적 낭비부담?)**

1995년 1월부터 시행된 **쓰레기종량제**는 우리 생활에 커다란 영향을 미쳤다. 과거엔 집집마다 매월 일정액을 내면 배출량에 신경 쓰지 않아도 됐는데 종량제 시행으로 배출량에 민감해지게 된 것이다. 환경부 통계에 의하면 종량제 시행 10년간 재활용률은 15.4%에서 49.1%로 증가하고 매립률은 81.1%에서 36.4%로 감소해 이를 사회경제적 비용으로 환산하면 8조원 이상이라고 한다.

웬만한 가정집의 종량제봉투 값이라야 한 달에 비싼 커피 몇 잔 값에 지나지 않을지 모른다. 일반 쓰레기는 재활용쓰레기보다 훨씬 적으니 재활용에 열심히 참여할수록 절약금액은 늘어나게 마련이다. 종량제의 성공적 안착엔 높아진 환경보호의식도 도움이 됐겠지만 쓰레기 처리 과정에서 개인적으로 관심이 없어 생기던 국가적 낭비를 **종량제봉투를 통해 눈에 보이는 개인적 낭비로 전환시켰기 때문**일 것이다.

개인이나 회사, 국가 할 것 없이 낭비적 요소는 널려 있다. 대부분 눈에 보이는 작은 낭비엔 신경쓰면서 큰 낭비는 지나치기 십상이다. 보험업의 경우 IT 개발비용이 전체예산의 5~20%로 상당히 높은 편이다. 회사마다 폭주하는 개발 요청을 선별하는데 여념이 없지만 개발 후 효과에 대한 관리는 부족해 보인다. 수정 개발을 하는 일도 잦다.

개발 후 개발 대비 사용의 편익이 거의 없거나 수정을 하게 될 때 누구 혹은 어느 부서에 책임이 있는지 관리하고 그 관리된 정보를 공유한다면 낭비는 크게 줄어들 게 틀림없다. 모든 낭비는 관리되면서 사람들의 시야에 들어와 인지된 뒤에야 감소되게 마련이다. 쓰레기종량제처럼 낭비를 눈에 보이게 해 스스로 낭비를 줄이도록 유도하는 관리가 사회 전체로 퍼져나갔으면 싶다.

(출처 : 김선구 카디프생명보험부사장, "쓰레기종량제 봉투의 교훈"(한경 2009년 9월 24일) 중 일부)

Tip 쓰레기봉투에 특수형광잉크 칠하는 이유는?

우리나라는 2011년부터 홀로그램이나 특수형광잉크 등 **'짝퉁 방지 처리'**가 된 종량제봉투 사용을 시작했다. 거의 100만장이 훨씬 넘는 짝퉁 봉투 유통을 막기 위해 지자체들은 위조방지대책 마련에 부심해 왔는데 종량제봉투 판매가 지자체 주요 세원의 하나이기 때문이다. 20ℓ짜리 봉투 한 장의 제작비는 60원 정도지만 350~400원 정도에 팔린다. 10%의 판매수수료를 제외한 차액이 지자체의 청소 재정으로 들어가는 것이다. (2010년 경향신문 기사 참조)

사례 #2 **항공사들의 원가절감을 위한 고육책**

활주로에 내리자마자 엔진 4개 가운데 하나를 끄는 **대한항공**. 과거 수십 년간 비행기가 멈출 때까지 활주로에서도 엔진 4개를 모두 돌렸지만 이제는 엔진 3개만으로 활주로를 운행한다. 또한 비행을 마치고 남는 물이 의외로 많다는 점에 착안하여 비행시간과 승객 수, 물 사용량을 수백 번 입력하고 분석한 끝에 최적화된 탑재용수의 양을 찾는 데 성공했다. 한편, 비행기를 가볍게 하면 기름이 덜 먹힌다는 점에 주목한 **아시아나항공**과 **제주항공**은 승객들의 수하물 무게를 23kg에서 20kg으로 줄였다.

항공사의 원가 중에 기름값이 차지하는 비중은 30% 가량으로 항공업계에서는 '항공유 절약'과 '원가절감'은 사실상 같은 단어다. 보다 극단적인 사례로는 화물기의 조종실 부분과 꼬리날개 부분, 동체의 회사명과 로고만 남기고 나머지 부분은 페인트칠을 모두 벗겨낸 이른바 '**누드 화물기**'로 변신한 **캐세이퍼시픽**이 있다. 조종실과 꼬리 부분 도색도 벗겨내려고 했으나 대머리 독수리 같은 모양이 되는 바람에 참았다고 한다. 이렇게 벗겨낸 페인트의 무게는 약 200kg. 성인 남자 승객 3명분의 무게에 불과하지만 1년 동안 비행기 한 대당 약 2억원을 절약할 수 있다.

(출처 : 2007년 6월 7일자 이데일리 이진우 기자 기사 일부 수정 발췌)

사례 #3 **겉 다르고 속 다른 소주병 – 'JINRO(진로)' 글자가 양각돼 있는 소주병에 롯데주류에서 만든 '처음처럼' 소주가 담겨 있다 –**

이상하다. 분명 부산에서 주로 파는 C1 소주를 만드는 회사 이름 **DAESUN(대선)**이 양각된 유리병인데 참이슬 종이띠가 덧씌워져 있다. 왜 이런 소주병이 발견되는 걸까?

전국의 주당(酒黨)들은 때로 눈을 의심한다. 역시 우리가 맨 정신이 아닌가 보다. 하지만 이런 술병엔 어쩔 수 없는 사연이 있다. 한국용기순환협회 관계자는 **"재활용 소주병이 다른 회사로 공급되며 생긴 일"**이라고 말했다. 소주병 재활용은 2003년에 도입된 **생산자 책임 재활용 제도** 때문에 일어난다. (포장재를 사용하는 회사는) **재활용 가능한 폐기물을 일정량 이상 재활용해야 한다**라는 내용을 담고 있다. 도입 초기엔 소주병의 용량(360mℓ)과 높이만 맞으면 제조사에 상관없이 재활용됐다. 그러다가 전국 10개 소주 제조사가 2010년 소주병의 모양을 통일하기로 결정했다.

소주병을 슈퍼마켓에 갖다주면 40원을 돌려준다. 이런 식으로 모인 병은 분류·수거·세척·소독 등의 과정을 거쳐 다시 쓸 수 있는 병으로 태어난다. **재활용** 과정은 한국용기순환협회가 담당한다. 소주 제조사는 이 병을 협회에서 구입한 다음 소주를 담고 스티커를 붙여 판다. 소주 회사가 재사용 병에 내는 돈은 한 병당 150원 정도로 새 병보다 약간 싸다. 유통되는 소주의 4분의 3 정도가 재활용 병에 담겨 있다. 소주병은 평균 아홉 번 쓰인다.

주류업계 관계자는 "레이블과 병에 새겨진 회사 이름이 다른 소주병은 2010년 이전에 만들어진 병이다. 현재 유통되는 소주병의 10분의 1 정도가 이런 병인데 수명이 다 되어가므로 내년 정도면 보기 어려워질 것"이라고 말했다.

(출처: 한국용기순환협회 2013년 6월 10일자 성현주 기자 글)

제1절 전략적 원가관리의 개관

전략적 원가절감은 광범위한 기술 및 인적자원의 통합전략이라고 정의되는 경영전략의 일환으로 간주되어야 한다.

– Shields와 Young(1992) –

1.1 원가관리의 의의

1. 원가관리의 정의

기업경영의 목적은 고객에게 높은 가치를 제공하는 가운데 이익을 실현하는 것이다. 고객의 가치는 원가, 품질, 납기 등 상호 관련된 요소들의 함수관계로 규정된다. 고객에게 제공되는 제품이나 서비스의 가치가 높게 평가될수록 수익은 커지며 이를 수행함에 소요된 원가는 낮을수록 이익은 커진다. 따라서 기업이 높은 이익을 달성하기 위해서는 항시 그들이 제공하는 제품과 서비스의 진정한 원가를 파악함은 물론, 이를 줄이기 위한 방안을 강구해야만 한다(제1장에서 소개한 생존부등식 참조).

이처럼 원가를 낮추기 위한 기업의 노력을 원가관리라 한다. 원가관리(cost management)는 학술적으로 '원가를 기술적으로 다루거나 지휘하는 것' 또는 '원가절감 목표를 정하고 그 실시를 위한 계획을 수립하고 이의 실행을 유도하는 일체의 관리 활동, 즉 이익관리의 일부'로 정의된다(제1장 참조). 따라서 원가관리는 원가의 기록, 분류, 검증 및 보고체계를 의미하는 '원가계산'과 다르며 그 이상을 의미한다. 즉, 기업이 경쟁우위를 확보하기 위한 목적으로 채택하는 다양한 경영수단 중의 하나로 핵심적인 역할을 담당한다.

제조를 비롯한 조직 운영활동(계획, 지휘, 통제)과 관련 의사결정을 지원하기 위한 정보제공이 원가관리의 주목적이다. 이러한 원가관리는 조직환경 및 운영기술 등과 상호 연계되어 시너지효과가 일어나도록 체계적으로 이루어질 필요가 있다. 이러한 유기적 연계는 <그림 11.1>이 잘 요약하고 있다.

그림 11.1
원가관리상 고려요소

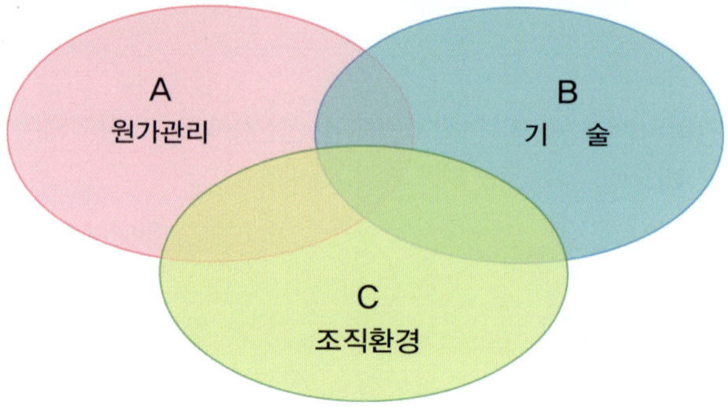

자료 : 신홍철(1993), 제10장.

2. 원가관리의 유사개념

원가관리와 유사한 용어 중 개념상의 차이를 갖는 것에는 제1장에서 소개한 원가통제, 원가절감, 원가분석, 원가기획 등 다양하다. 이들을 간략히 설명한다.

경영에서 통제(control)란 당초 계획한 대로 일이 이루어지도록 조치를 취하는 것을 말한다. 따라서 원가통제(cost control)는 실적치가 당초 계획된 원가수치와 일치되도록 하기 위하여 수행되는 활동으로 원가관리의 핵심을 이룬다. 원가통제 역시 원가표준의 설정(plan) 이후 실행(do), 원가보고(see) 및 필요한 경우의 시정조치(act)에 이르기까지 4단계 경영순환과정을 거쳐 이루어지는데 표준원가계산, OR (Operation Research), IE(Industrial Engineering), VE(Value Engineering) 등이 주된 실행개념이다.

원가절감(cost reduction)은 원가관리의 일환으로 기존에 달성된 원가수준 이하로 기업경영이 이루어지게끔 재료와 인력 등 기업경영수행상의 투입요소를 줄이는 것을 말한다. 과거에는 조립 및 결합공정에서의 시간단축 및 인력감축 등 소위 생산성 향상을 통해 원가절감을 실현해 왔다. 그러나 오늘날은 수명주기원가계산의 아이디어를 통해 신제품도입 전부터 계획하는 소위 장기적인 목표하에 이루어진다.

원가분석(cost analysis)이란 '각 의사결정대안의 비교 및 성과평가 등 원가관리 목적상 수행되는 정보분석'을 지칭한다. 원가분석이 원가관리를 실천하기 위한 필수적인 수단인 점을 감안하여 일반적으로 원가분석과 원가관리는 동일시된다. 왜냐하면 원가관리가 원가분석보다 넓은 개념인 것은 사실이지만 올바른 원가분석 없이 원가관리가 제대로 이루어질 수 없기 때문이다. 이 장에서도 두 개념을 혼용

자동차 연비 측정을 통한 휘발유 원가관리 – 원가분석과 원가관리 –

고유가 시대에 자동차 보유자가 기름값을 줄이기 위해 값싼 주유소를 찾아다니는 것 못지않게 신경 써야 할 부분은 **자동차 연비**(燃比: gas mileage)의 변화가 없는지를 정기적으로 분석하는 것이다. 휘발유 주입시마다 차계부를 이용하여 기록하면 리터당 운행 거리로 측정되는 연비는 쉽게 측정가능하다.

물론 연비는 차량 구입시 차종이나 엔진크기에 따라 좌우된다. 그러나 적정 타이어 공기압, 트렁크의 적재량 등과 같은 사소한 차이 및 일부 부품의 작동 이상에서 차이를 보인다. 따라서 정기적인 분석을 통해 연비 수치가 갑자기 줄어들었음을 알게 될 경우, 적시에 엔진이나 관련 부품의 이상 여부를 체크한 후 적절한 조치를 취해 연비를 높일 수 있다.

참고로 정부가 자동차의 공인 연비 수치를 공시하도록 하는 이유는 자동차 제조업체로 하여금 차량 보유기간 동안의 총 유류비용을 줄이기 위한 방안을 사전 설계부터 강구하도록(소비자들에게도 휘발유 소비량이 높은 차의 구입을 자제하도록) 동기부여를 꾀하기 위한 것이다. 비록 **하이브리드 자동차**의 초기 구입가격이 높지만 일정 기간 동안의 유류비 절감으로 만회할 수 있음을 상기하기 바란다(제12장의 **수명주기원가계산** 참조).

하여 사용한다(아래에 소개하는 자동차 연비관리 박스기사 참조).

제품이 일단 설계되면 원가발생의 조건이 거의 확정된다. 만약 제조 및 유지보수 원가를 낮추고자 한다면 처음부터 희망하는 원가수준을 설계단계에서부터 설정하고 관리해야 한다. 영화제작의 경우도 마찬가지이다. 2013년 8월 초에 개봉한 '설국열차'의 봉준호 감독도 총 430억 원이라는 영화제작비 한도 내에서 완성도 높은 영화를 제작하지 않으면 안 되었다. 자연히 제작과정에서 원가절감 아이디어(가령, 실감나는 흔들림 장면 촬영을 위한 기법 도입)를 비롯한 원가기획이 필수적이었다.

> **TIP!**
> **확정원가(committed cost)**
> 제품수명주기상 제품기획 및 설계단계에서 의사결정이 총원가발생규모를 결정짓는다. 대체로 제품수명주기 동안 발생하는 총원가의 95%가 제조 이전의 단계에서 이미 확정(committed)된다고 한다.

이러한 전향적인 원가관리 노력이 원가기획(cost planning)이다. 원가기획은 '기업의 전략수행상 가장 바람직한 방향으로 원가가 발생되게끔 제품의 설계, 개발, 나아가서는 상품기획단계로 거슬러 올라가(제품개발을 계획하는 과정에서) 원가를 만드는 활동'으로 정의된다. 제12장에서 다룰 타겟코스팅과 수명주기원가계산(LCC : Life-Cycle Costing)은 이와 관련 맺는다.

1.2 전략적 원가관리의 대두 배경, 정의 및 특징

제8장에서 배운 공헌이익에 기초한 CVP분석은 단기 이익계획 및 분석에는 매우 유용한 기법이다. 그러나 고정비를 불변으로 가정하고 너무 단기적인 관점을 강조한다는 한계를 지닌다. 또한 공헌이익에 기초해 가격결정을 내릴 경우 지나치게 낮은 가격을 책정하고 자칫 고정비의 회수를 등한시하여 장기적으로 기업의 재투자에 필요한 충분한 현금 흐름을 창출하지 못하여 도산할 수 있다(Braniff 항공사 도산사례 참고).

> **TIP!**
>
> **브라니프(Brainiff) 항공사의 도산사례**
>
> 항공사의 경우 소위 '**브라니프 오류(Braniff fallacy)**' 사례가 자주 회자된다. 브라니프 항공사는 비행기 운행의 경우 승객 1인당 관련 변동비가 거의 제로라는 사실에 집착해 빈 좌석을 그대로 방치한 채 운행하기보다는 변동비를 상회하는 가격으로 티켓을 판매하여 단기 공헌이익 창출에 매진하였다. 그 결과 티켓판매는 늘었지만 고정비 회수에 충분한 수익을 창출하지 못해 도산하였다. 브라니프 사례는 할인판매를 통한 단기매출을 장려하는 분위기가 지속될 경우 결국 장기적 성격의 고정회수비에 필요한 충분한 현금흐름을 창출하지 못해 도산에 이르게 됨을 시사한다.

실제로 기업 실무에서 대부분의 원가관리 관련 의사결정은 전략에서부터 원가발생에 영향을 미칠 여러 요소를 종합하여 이루어진다. 또한 전략적 의사결정은 필연적으로 고정비의 변화를 초래한다. 가령, 자동화를 행하거나 신규 사업을 타사로부터 인수하거나 새로운 지점을 개설하는 경우가 그렇다[아래 박스의 사우스웨스트 항공사의 **turn-around time**(일명, 회항시간 또는 공항체류시간) 관리 참조].

1980년대를 시점으로 고객 욕구의 다양화와 제품수명주기의 단축, 생산공정에서 자동화 및 컴퓨터를 활용한 첨단제조기술의 도입 및 훨씬 더 치열해진 경쟁환경은 종전에 비해 훨씬 정확한 제품원가정보는 물론, 기업목표와 일치되는 보다 탁월한 원가관리가 필요하게 되었다(제1장 경영환경변화가 원가회계에 미친 영향 참조). 더 이상 낮은 원가로 제품을 생산하여 타 회사와 경쟁하는 것이 바람직하지 않게 되었으며 고객이 가치있게 생각하는 특별사양이나 서비스를 제공하는 소위 차별화 전략을 추구하는 기업에서도 이들 추가 편익을 제공함에 따른 증분원가를 가격상승을 통해 충분히 회수할 수 있음을 확신할 필요가 있게 되었다.

Turn-around time 단축을 통한 커패서티의 최대활용

미국의 경우, 대규모 항공사를 포함한 대부분의 항공사는 적자를 면치 못해온 반면, 상대적으로 소규모 항공사인 **Southwest Airlines(사우스웨스트 항공)**는 줄곧 뛰어난 경영성과를 실현해 왔다. 그 이유는 무엇일까? 해답은 **Southwest Airlines**가 거의 100%에 가까운 시설능력을 활용한다는 데 있다. 즉, 비행기 좌석 대부분을 유료승객으로 채우고 있다는 것이다.

그 결과 **Southwest Airlines**는 경쟁사에 비해 승객 1mile당 고정비가 매우 낮다. 이는 곧 다른 항공사에 비해 높은 이익을 실현할 수 있음을 의미한다. 이로써 경쟁사에 비해 매우 경쟁적인 가격을 제시할 수 있게 되고 그 결과, 타사에 비해 많은 좌석을 채우게 된다. 이를 가능하게 하는 원동력 중 하나는 공항에 도착한 후 새로이 승객을 싣고 출발할 때까지의 소요시간(일명, **turn-around time**)이 타사에 비해 현저히 낮다는 점이다.

이처럼 전략에 대한 고려하에 단기적 관점의 원가관리가 갖는 한계를 극복하는 원가관리를 전략적 원가관리(strategic cost management)라고 부른다. '전략적'이란 용어가 사용될 때는 (i) 단기보다는 장기적 관점을, (ii) 부문보다는 전사적 관점을 그리고 (iii) 상충되는 여러 전략 요소를 동시에 고려하는 통합적 접근을 강조한다고 생각하면 된다. 따라서 흔히 전략적 원가관리는 통합적 혹은 전사적 원가관리로 부른다.

학술적으로 '전략적 원가관리'는 전략경영의 순환주기의 특정 단계 또는 여러 단계에 있어서 관리목적상 원가정보를 구체적으로 활용하는 것으로 정의된다. 이 과정에서 원가분석에 초점을 두는 경우 '전략적 원가분석(strategic cost analysis)'이라고 부른다. 이러한 전략적 원가관리 및 원가분석은 다음과 같은 특징을 갖는다.

① 종전의 단기분석 위주의 관련원가분석에 비해 보다 유용한 원가정보를 창출하는 일종의 정보시스템이다.

② 전략적 요소에 대한 고려가 보다 공식적으로 명백히 이루어지는 가운데 광범위한 원가분석이 실시된다.

③ 전통적인 원가시스템을 한 차원 높여 기업의 원가구조를 보다 잘 이해하는 가운데 제조, 판매, 수송 등 경영관리기능간의 유기적 관계를 광범위하게 그리고 장기적인 시각에서 파악할 수 있게 한다.

④ 지속적인 경쟁상의 우위를 확보하기 위한 목적으로 활용된다.

<표 11.1>은 전통적 원가회계 패러다임과 전략적 원가관리를 대조하고 있다.

1.3 전략적 원가관리의 핵심개념

전략적 원가관리의 핵심개념으로는 ① 가치사슬분석, ② 전략적 자리매김, ③ 원가동인이 꼽힌다. 이들 세 가지 핵심 개념을 설명하도록 한다.

1. 가치사슬분석(value-chain analysis)

어떤 종류의 사업을 수행하는 기업이든지 특정기업의 가치사슬은 '주요 원자재의 공급원에서 고객에게 전달되는 최종제품 또는 서비스에 이르기까지 상호 연결되는 일련의 가치창조활동'으로 정의된다. 전략연구가인 Porter(1985)에 의해 제시된 바 있는 가치사슬분석의 개념은 원가관리에 관한 사고를 어떻게 조직화할 것인가? 즉, 원가관리노력의 초점에 관해 적지 않은 시사를 하였다. 구매에서 판매 사이의

표 11.1 전통적 원가회계 패러다임 대 전략적 원가관리 패러다임

	전통적 원가회계 패러다임	전략적 원가관리 패러다임
Ⅰ. 원가분석방법 – 최선의 방식 –	• 주요 분석대상 – 제품 – 고객 – 기능 • 주로 내부적 요인에 초점 • '부가가치'가 주된 개념	• 전반적 value-chain상의 매 단계 관점에서 원가를 분석 – 회사도 그 중 일부로 간주 • 주로 외부적 요인에 초점 • 부가가치는 매우 좁은 개념으로 간주됨
Ⅱ. 원가분석의 목적	• 전략적 이슈와 무관하게 적용되는 다음 3가지 목적이 중심임 – 기록계산(scorekeeping) – 주의환기(attention directing) – 문제해결(problem solving)	• 비록 좌측의 3가지 목적은 항시 존재. 그러나 기업의 원가관리시스템의 디자인은 기본적으로 기업의 전략적 위치설정에 따라 현격히 바뀔 수 있음 – 원가우위전략 – 제품차별화전략 – 집중화전략 ⋮
Ⅲ. 원가행태에 대한 이해방법	• 원가를 산출량(조업도)의 함수관계로 파악 – 변동비 – 고정비 – 준고정비 – 혼합비	• 원가를 경쟁방식과 관련한 구조적 요인에 대한 전략적 선택과 선택안의 실행과 관련된 경영기술의 함수로 간주 – 구조적 원가동인 – 실행적 원가동인 – 상황적 원가동인

자료 : Shank(1989), p.62 ; 신홍철(1993), 제12장.

부가가치를 최대화하는 데 초점을 두던 종전의 부가가치적 관점에서 탈피하여 제품개발에서 최종고객에의 운송에 이르기까지 모든 가치창출활동과 연결되는 가운데 원가분석 및 관리가 이루어져야 함을 당연시하게 되었다(제1장의 <그림 1.2> 참조).

2. 전략적 자리매김(strategic positioning)

원가관리가 기업 내에서 어떠한 역할을 수행하는가를 올바로 인식하는 가운데 원가관리시스템은 설계되고 운영되어야 한다. 전략적 포지셔닝(일명, 전략적 자리매김)은 각 기업이 선택하는 전략에 따라 각기 다른 원가분석이 요구됨을 강조한다. 가령, 성숙기에 이른 일용품을 판매하는 기업이 원가우위전략(cost leadership)을 택하고 있다면 공학적으로 계산된 표준제조원가가 주된 관심사항이다. 그러나 급격한 성장 및 시장에서의 변화를 감안하여 제품차별화전략을 채택하고 있는 기업의 경우 표준원가계산의 유용성은 훨씬 줄어들 것이다.

3. 원가동인(cost driver)

앞서 제7장의 ABC에서 원가동인의 개념을 소개한 바 있다. 원가를 발생시키는 요인을 의미하는 원가동인은 원가행태에 대한 이해를 높인다. 특정 상황하에서 작업수행상 필요한 원가동인들 간의 상호작용을 올바로 이해할 경우 경영자는 기업의 전략적 포지셔닝을 바람직한 방향으로 설정할 수 있다. 가령, 부품 수 증가로 인한 복잡성을 관리하고자 할 경우, 제품 설계자로 하여금 부품수의 감소를 설계에 반영하도록 평가시스템을 통해 동기부여할 수 있다. 요컨대 과거 의사결정결과인 구조적 원가동인 및 실행적 원가동인의 선택에 의해 현행 원가위치가 좌우되는 것이다(<표 11.2> 참조).

<표 11.2>의 구조적 원가동인은 많다고 해서 반드시 좋은 것이 아니라는 점에서 많을수록 좋은 실행적 원가동인과 차이를 보인다. 가령, 지나치게 많은 경험은 오히려 적은 경험의 경우보다 불리할 수가 있으며(변화를 꺼린다는 점에서) 지나치게 다양한 제품라인보다는 단순화된 경우가 좋을 수 있다는 것이다. 구조적 원가동인으로는 규모, 범주, 기술 등이 꼽힌다.

TIP!
액센트 자동차 컬러 개발팀의 경우 29세 이상은 팀원이 될 수 없었다. 왜냐하면 나이가 많을 경우 과감한 색상 선정 등 변화에 주저할 수 있다고 판단해서이다. 요컨대 나이를 일종의 구조적 원가동인으로 간주한 것이다.

한편, 실행적 원가동인은 구조적 원가동인과는 달리 주어진 구조적 원가동인에서는 보다 많은 것이 항상 좋다는 소위 기업성과와 같은 방향으로 움직이는 특성을 갖는다. 가령, 기업규모나 범주 등이 확정된 상태에서 시설이용률이 높을수록 단위당 원가가 낮아지는 장점을 갖는다.

원가동인 개념이 가치사슬 관점에서 전략적 원가관리에 시사하는 몇 가지를 요약하면 다음과 같다. 첫째, 생산수량(즉, 조업도) 그 자체는 원가행태의 다양함을 파악하는데 별반 도움이 되지 못한다. 오히려 다수의 원가동인이 유용성을 발휘한다. 원가동인들은 가치활동별로 상이한 것이 일반적이다. 예를 들면, 주문건수는 검수활동, 작업준비수는 생산통제활동, 그리고 선적처리건수는 선적활동의 각 원가동인이 된다. 둘째, 무엇이 기본적 원가동인에 해당되는지에 대해서는 누구도 말할 수 없다. 다만 원가행태를 전략적 관점에서 바라보는 사람들은 모두 "조업도만으로는 원가행태의 주요한 측면을 포착할 수 없다"는 주장에는 동의한다. 셋째, 단기간의 조업도 변화에 따라 일어날 원가변화보다는 기업의 경쟁상황에 적합한 제반 원가동인(가령, 규모나 범주)별로 기업의 경쟁위치가 원가포지션에 어떠한 영향을 미치는가에 대해 관심을 둔다. 즉, 기업의 포지션을 올바로 이해하기 위해 각 원가동인별로 별도의 원가분석이 행해진다.

표 11.2 구조적 원가동인과 실행적 원가동인

구 분	기 준	내 용
구조적 원가동인	• 규모(scale)	• 제조, 연구개발, 마케팅 등에 대한 투자규모는 어느 정도가 바람직한가?
	• 범주(scope)	• 어느 정보의 수직적 통합이 필요한가? 수평적 통합은 규모보다 더 관련을 맺고 있음.
	• 경험(experience)	• 기업이 현재 수행하고 있는 활동을 과거에 몇 번이나 수행해 본 경험이 있는가?
	• 기술(technology)	• 기업의 가치사슬의 매 단계에서 이용될 공정기술은 무엇인가?
	• 복잡성(complexity)	• 고객에게 제공할 제품 및 서비스 계열의 다양성
실행적 원가동인	• 종업원 몰입 (workforce involvement)	• 지속적인 개선을 위한 작업자의 헌신
	• 전사적 품질관리 (total quality management)	• 제품의 품질에 관한 신념 및 달성
	• 시설이용률 (capacity utilization)	• 공장건설 및 규모에 대한 선택
	• 공장배치상의 효율 (plant layout efficiency)	• 현행 규범에 비추어 본 공장배치상의 효율
	• 제품사양 (product configurations)	• 디자인 및 구성상의 유효성
	• 납품업체 또는 고객과의 연계	• 가치사슬에 따른 연계의 최대한 활용

1.4 전략적 원가관리의 실행

앞서 소개한 세 가지 핵심개념을 특징으로 하는 전략적 원가관리는 기업의 원가 경쟁력을 유지할 수 있는 지침을 제공한다. 기본적으로 기업운영상 낮은 원가를 확보함은 매우 중요하다. 특히, 시장이 성숙기나 쇠퇴기에 처한 경우 낮은 원가는 기업에게 상당한 유연성을 제공한다. 그러나 전략적 원가관리는 결코 단기적인 해결 방안이 아니라 기업이 처한 환경이 좋을 때나 나쁠 때나 지속적으로 이루어져야 하는 장기적 실천프로그램이어야 한다.

실무에서 전략적 원가관리방식을 채택함에 있어서는 상당한 조직적 · 행동적 변화를 필요로 한다. 그 이유는 장기적 통제가능원가는 개인이나 그룹 또는 소규모의 팀에서 조직 전체에 이르기까지 결국 종업원에 의해 좌우되기 때문이다. 이를테면, 부품 수 감소를 장려하기 위한 제품 설계자의 인센티브 시스템을 상기하기 바란다. 일부 기업은 부품 수의 감소뿐만 아니라 공용부품이 총 부품에서 차지하는 비율까지를 고려하여 설계자의 원가절감 효과를 평가하여 보상한다.

이하에서는 전략적 원가관리의 핵심적 기법 중 일부를 소개한다. 1980년대 중반 이후 대두된 품질코스팅과 ABM(활동기준원가관리)가 그것이다. 이들을 각각 별도의 절로 다룬다. 전향적 원가관리기법인 타겟코스팅과 장기적인 원가집계 및 관리를 강조하는 수명주기원가계산은 제12장에서 다룬다.

제2절 품질코스팅

전사적 품질경영(TQM)이란 평범한 일을 비범하게 수행하는 것이다. – Reily(1992) –

2.1 품질코스팅의 대두 배경 및 개관

오늘날 **품질**은 시간, 납기 등과 더불어 **핵심성공요인**(CSF : Critical Success Factor) 중의 하나로 꼽힌다. 품질을 제대로 관리하지 않고서는 더 이상 살아남을 수 없게 되었다. 왜냐하면 비가격경쟁요소를 통한 경쟁우위확보가 중요한 오늘날 품질관리는 생산성 향상을 통해 이익창출에 결정적 역할을 하기 때문이다. 품질은 더 이상의 선택사항이 아니라 생존을 위한 필수물이다. 이러한 중요성은 **TQM(Total Quality Management, 전사적 품질경영)**이 1970년대 이후 대표적인 경영혁신기법으로 기업실무에서 가장 많이 회자되고 있음을 보더라도 잘 알 수 있다.

이처럼 품질관리가 중요성을 갖게 됨에 따라 기업이 수행하는 총체적인 품질관리활동의 평가를 통한 최적의 자원배분이 중요해진다. 전통적 품질관리활동은 품질관리활동에 대한 면밀한 경제성 평가를 결여한 채 주로 불량품단위를 중심으로 형식적이고 외부과시적인 활동이 주를 이루었다. 즉, 개별 부문의 목표달성에 관심을 두는 가운데 개별 품질코스트의 항목에 초점을 두었다.

품질경영에 있어서는 과연 품질관리프로그램이 제 효과를 내는지 그리고 품질관리상 낭비요소가 없는지를 정기적으로 파악할 필요가 있다. 이러한 목적에서 관심을 끌게 된 것이 품질관리와 관련된 원가, 즉 **품질코스트**(cost of quality)이다. 품질성과를 통제하고 적시에 적절한 의사결정을 내리기 위해서는 품질코스트를 체계적으로 집계 · 분석하는 정보시스템을 가동해야 한다. 이를 **품질코스트시스템**이라고 부른다. 품질코스트는 예방원가, 평가원가, 내부실패원가, 외부실패원가 네 가지로 분류한다.

2.2 품질코스트의 정의 및 분류

1. 품질코스트의 정의

품질코스트는 '소비자가 요구하는 품질을 실현시키기 위해 발생되는 모든 원가'로 정의된다. 이를 파악하는 **품질코스팅**(quality costing)은 '품질코스트의 측정을 다루는 것' 또는 '품질관리활동과 관련하여 발생되는 제반 비용을 기간비용으로 간주함으로써 야기될 잠재적 관리불량 등 경영상의 제 문제점을 수치로 파악하고 경영자로 하여금 이에 대한 대책을 강구하여 기업의 이익증진에 공헌하는 기법'으로 정의된다. 요컨대, 품질코스팅은 품질경제성의 추구와 실질적이고 효과적인 품질관리활동의 추진 등의 문제를 동시에 해결할 수 있는 경영기법으로 관리회계적 성격을 강하게 갖는 생산관리와 원가회계의 공통영역이다.

품질코스트 측정이 체계적으로 자리잡게 되면 품질코스팅은 정기적인 보고 시스템으로 자리잡게 된다. 이러한 정보시스템을 지칭하는 **품질코스팅시스템**은 '품질코스트의 체계적인 기록 · 보고를 통해 품질개선활동의 우선순위를 식별하게 하고 아울러 품질은 모두의 책임이라는 사고를 강조하는 효과적인 정보시스템'으로 정의된다.

2. 품질코스트의 분류

품질코스트의 분류는 품질코스트의 범위를 어떻게 규정하는가를 전제로 이루어진다. 가령, 제품생산과 관련된 코스트만을 대상으로 하는가? 아니면 제품의 수명기간 동안의 모든 코스트를 포함할 것인가이다. 현재로서는 모든 코스트를 포함하는 총체적 품질코스트 분류가 일반적이다.

또한 품질코스트는 관점에 따라 생산자품질코스트와 사용자품질코스트로 대별된다. 운영품질 또는 직접품질코스트라고도 불리는 **생산자품질코스트**는 처음부터 올바로 생산되지 못함으로써 생산자가 부담해야 할 코스트를 말한다. **사용자품질코스트**는 사용적합성이라는 개념하에서 제품이 제기능을 발휘하지 못함으로써 소비자가 부담하는 코스트를 의미한다. 이 중 생산자품질코스트 관점의 4대 분류체계를 소개하면 다음과 같다.

① **예방코스트**(prevention cost)이다. 이는 재화나 서비스에 불량품질이 포함되는 것을 방지하기 위한 코스트와 설계시방에의 불일치제품이 생산되는 것을 방지하는 데 소요된 코스트를 말한다. 가령, QC서클운영 및 교육 · 훈련에 따른

숨겨진 공장(hidden factory)

전통적인 품질접근방식은 불량품질을 작업자의 문제로 간주하고 만약, 불량품 발생시 품질검사강화의 방법으로 해결하고자 하는 소위 '**선생산 후재작업**(先生産 後再作業)'방식이다. 이러한 방식을 따를 경우 불량품으로 인해 야기되는 공장전체의 혼란과 더불어 공장 내 대부분의 공간이 재작업 대상의 불량품처리를 위해 사용된다. Miller와 Vollman(1980)은 이를 **숨겨진 공장**(hidden factory)으로 불렀다. 처음부터 제대로 작업했을 경우, 즉 품질관리가 제대로 이루어졌더라면 재작업과 같은 비부가가치 작업을 위한 공간이나 인력이 불필요하다는 것을 비꼰 용어이다.

비용 등이 이에 속한다.

② 평가코스트(appraisal cost)이다. 이는 설계시방과 일치되지 못하는 불합격품이 고객에게 공급되지 않도록 하기 위한 재화나 서비스의 측정 · 평가 검사 등과 관련된 코스트를 말한다.

③ 실패코스트(failure cost)이다. 이는 다시 소비자에게 인도되는 시점 이전에 발생하는 코스트를 의미하는 내부실패코스트(internal failure cost)와 고객에의 인도 이후에 발생하는 코스트인 외부실패코스트(external failure cost)로 세분된다. 내부실패코스트에는 파손품코스트, 재작업코스트 및 재작업품의 검사비용에서 하위등급으로 평가됨에 따른 기회손실까지 다양한 코스트가 포함된다. 한편, 외부실패코스트는 보증수리 및 교환에 따른 코스트, 클레임비용 등을 포함하는데 불량품질로 인한 생산자명성의 실추로 야기되는 미래 판매상실분의 측정(즉, 기회비용)이 어려운 편이다.

> **TIP!**
> **[유의하기!]**
> 평가라는 단어가 포함되었다고 곧 평가코스트에 해당하는 것은 아니다. 납품업체의 자격심사 및 공급품질의 수준을 평가하기 위한 노력은 예방코스트에 해당한다.

이러한 실패코스트가 과거에 문제되지 않았던 이유는 무엇일까? 이에 대한 답으로는 이들 불량품코스트(즉, 작업폐물, 낭비, 재작업 등)가 표준원가시스템상 정상적 허용치 속에 반영되어 불량률이 급격히 늘어나지 않는 한 불량품코스트를 정상품코스트에 배부하고 이는 다시 판매가격에 반영되어 시장에 판매될 수 있다고 판단하였기 때문이다.

예제 11-1 품질예방원가 및 외부실패원가

농업용 양수기를 제조하여 판매하는 ㈜해풍의 2019년도 품질활동과 관련된 자료는 아래와 같다. 품질예방원가 및 외부실패원가는 각각 얼마인가?

활 동	금액	활 동	금액
1. 품질방침 기획 및 선포활동	₩240	7. 제품 품질검사/시험활동	₩350
2. 선적 전 발견한 부적합품 재작업	400	8. 원부자재 공급자 평가활동	110
3. 반품 재작업	200	9. 반품재검사활동	220
4. 예방적 설비 보수 및 유지	150	10. 품질교육 및 훈련활동	120
5. 미래 판매기회상실의 기회비용	80	11. 품질엔지니어링	130
6. 고객으로부터의 반품 운반비용	120	12. 고객지원센터 인력의 인건비	180

풀 이

상기 자료를 토대로 4가지 유형의 품질코스는 다음과 같다.

1. **예방비용** : ₩750(1, 4, 8, 10, 11)
2. **평가비용** : ₩350(7)
3. **내부실패비용** : ₩400(2)
4. **외부실패비용** : ₩800(3, 5, 6, 9, 12)

<주> 8. 공급자 평가활동은 자격미달의 공급자를 제외시키기 위한 예방비용에 속한다.

2.3 품질코스트 관련 핵심 품질기법

1. 전통적 품질관리(QC) vs 전사적 품질경영(TQM)

(1) 전통적 품질관리(QC)

생산관리 분야에서 품질에 대한 접근방식은 크게 전통적 품질관리(QC : Quality Control)와 전사적 품질경영(TQM : Total Quality Management)으로 대별된다. 전통적 품질관리(QC)를 주장하는 학자들은 총품질코스트의 합을 최소로 하는 적합품질의 적정수준이 존재한다고 주장한다. 대표적인 학자로는 쥬란(J. Juran)을 꼽을 수 있다. 그에 따르면 정기적이고 지속적인 품질코스트 분석이 중요성을 갖는다고 주장한다. 쥬란의 관점을 취하면 품질코스트를 측정하고 감시하는 데 적합한 분석틀은 앞서 소개한 ① 예방코스트, ② 평가코스트, ③ 내부실패코스트, ④ 외부실패코스트 등 네 가지 분류체계이다.[1)]

처음 두 가지 항목의 일치코스트(즉, 예방코스트와 평가코스트)는 제품의 결함으로 측정된 품질수준과 정(+)의 관계에 있다. 즉, 예방과 평가활동에 많은 금액을 지

1) 품질코스트란 표현 대신에 품질원가 또는 품질비용이라는 표현도 자주 사용된다.

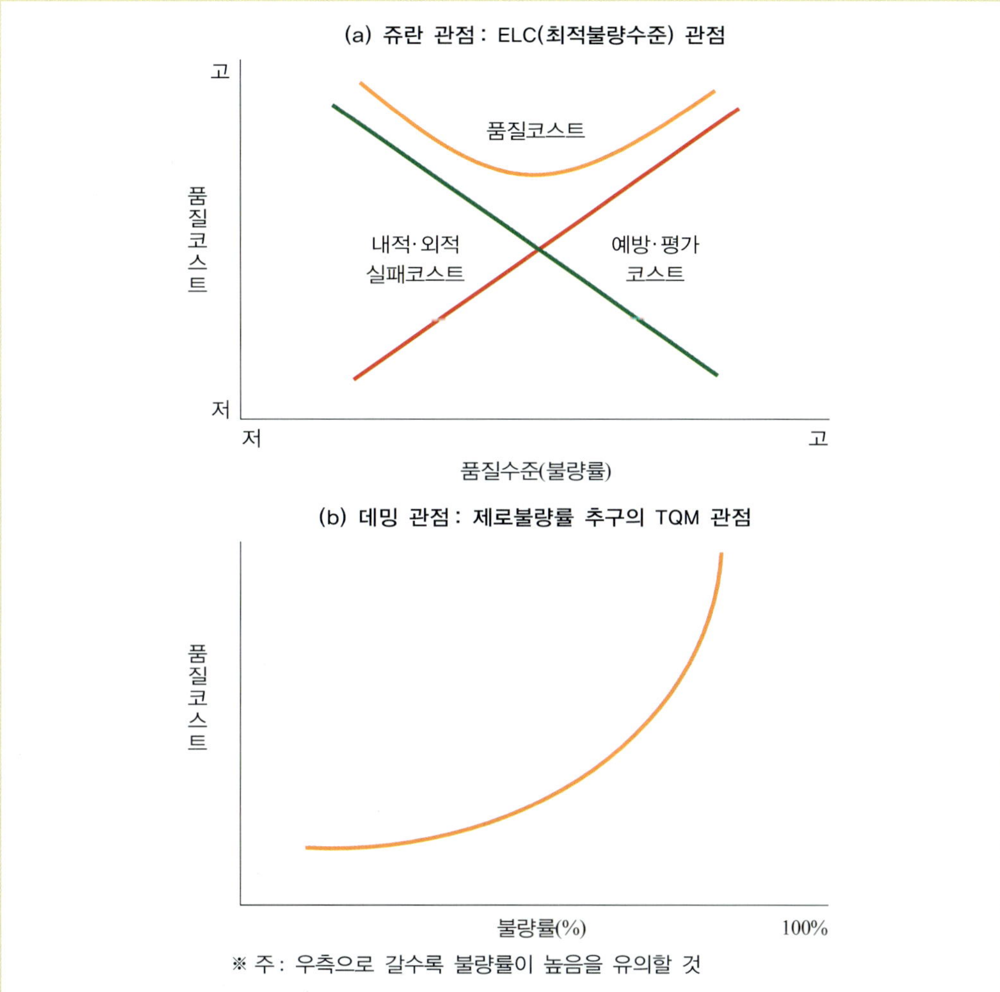

그림 11.2
품질수준과 품질코스트와의 관계 : 쥬란 관점 대 데밍 관점

출할수록 품질의 수준은 높아진다. 한편, 마지막 두 가지 항목(즉, 내부실패와 외부실패코스트)은 품질수준과 음(－)의 관계를 가려 품질수준이 낮을수록, 결함이 많을수록 제품이 공장에서 떠나기 전후를 막론하고 제품의 실패코스트는 커지게 된다. 이러한 항목간의 관계로 인하여 총코스트곡선은 U자 형태를 가지게 된다(<그림 11.2>의 상단부분 참조). 따라서 효과적이고 전략적인 품질관리수단은 품질수준과 지출액의 4가지 항목이 총품질코스트를 최소화하는 포인트를 선택하는 것이다.

요컨대 쥬란을 비롯한 전통학자들은 품질코스트와 불량률간의 상충관계(trade-off)를 가정하고 '너무 높은' 품질수준을 유지하는 것이 개념적으로나 전략적으로 불가능하다고 주장한다. 이처럼 품질코스트간의 상충관계를 감안하여 품질코스트의 최적화가 가능하다는 관점을 따르는 전략을 전통적 관점의 ECL(Economic Conformance Level : 최적불량률 수준)전략이라고 부른다. 마치 재고관리기법인 EOQ(Economic Order Quantity)모델에서 주문비용과 보관비용 간의 상충관계를 감안하여 최적주문량 크기를 파악하는 것과 같다. 이러한 전통적 관점하에서의 품질코스트 분석은 단순히 품질을 비재무적으로 측정하는 것을 벗어나 지속적인 관리통제의 도구로 활용된다.

(2) 전사적 품질경영(TQM)

일부 학자들은 품질코스트 분석이 전적으로 시간낭비라고 생각한다. 대표적인 학자로는 (지금은 타계한) 품질분야의 대가였던 데밍(E. Deming)이 꼽힌다. 데밍은 일을 그릇되게 수행한 것에 따른 원가를 파악하는 데 소요되는 시간은 오히려 처음부터 일을 제대로 수행하는 것에 쓰여야 한다고 주장한다. 이처럼 불량률 제로(0)를 추구하는 접근 방식을 전사적 품질경영(TQM)이라고 부른다. 데밍은 품질에 대한 원가분석을 오도된 시간의 낭비라고 간주한다. <그림 11.2>의 하단부의 TQM 관점에서 본 코스트 상반관계는 이를 잘 보여주고 있다

"품질은 비용이 들지 않는다(quality is free)"는 입장에서 불량률 제로를 목표로 삼는 것이 오히려 비용관점에서 바람직하다고 주장하는 제로불량률 추구의 TQM 관점에서는 처음부터 제품을 제대로 생산하는 것을 강조한다. 즉, 불량품의 발생에 따른 진정한 비용은 실제로 측정되는 비용의 여섯 배에 달한다는 통계수치를 토대로 불량품생산 및 재작업 등에 자원을 낭비하는 것보다 불량률 제로(0)를 목표로 삼는 것이 오히려 비용적인 면에서 바람직하다고 주장한다. 이들 관점에서는 품질코스트 분석은 시간과 돈의 낭비로 여긴다.

TQM의 특징은 크게 다음 5가지로 요약가능하다.

첫째, 제로 불량률(zero-defect)의 추구이다. 즉, 합격품질의 수준은 불량률 제로를 의미하며 품질이란 결코 '검사되어야(inspected in) 하는 것'이 아니라 '설계되어야(to be designed in) 하는 것'이라는 인식을 바탕에 깔고 있다.

둘째, 제조가능성(manufacturability)을 염두에 두는 설계의 강조이다. 즉, 제조과정에서의 하자발생을 줄이는 노력을 설계상 반영한다. 깜깜한 상황에도 작업이 가능한 소위 'lightless factory'를 추구한다. 이를 위해 자동화를 강조하고 처음부터 인간의 실수가능성을 배제하고자 노력한다.

셋째, 20/80 룰(rule)의 강조이다. 초반의 설계가 전체적인 불량수준을 좌우함을

강조하는 20/80 룰은 마치 재고관리 원칙인 파레토 법칙을 빗댄 것이다. 다구치방식에 의한 품질에 강한 설계가 강조된다.

넷째, 경영자와 종업원의 몰입이 강조된다. 우리나라 삼성전자가 일부 하자가 발견된 수출 직전의 휴대폰을 종업원이 보는 앞에서 전량파기했던 것도 품질에 대한 양보란 있을 수 없다는 '삼성전자 철학'을 공유하기 위해서였다. 또한 종업원의 현장에서의 자율적인 대응 즉, 임파워먼트(empowerment)를 강조한다. 참고로 미국 AT & T사는 발주 6개월 전에 제품시방서(製品示方書)를 송부한 후 협력업체 사장이 세부적인 품질관리체계에 대한 사항을 알고 있는지를 체크함으로써 관련 경영진의 현장참여를 강조한다.

다섯째, 고객참여를 통한 욕구반영이다. 불량이란 최종 사용자인 고객의 입장에서 수용하지 않을 때 발생한다는 인식하에 불량률 제로의 추구는 고객지향적이다.

2. 6시그마

경영관리 과정에서는 재무정보 못지않게 비재무정보가 유용성을 발휘한다. 품질관리에서도 마찬가지이다. 불량률의 경우 종전에는 %로 나타냈었다. 또한 품질코스트는 품질관리에 소요되는 비용(일명, 품질코스트)을 금액으로 나타낸 대표적인 재무정보이다. 그러나 구성원에 대한 동기부여(불량으로 인한 낭비 절감 노력을 경주하도록) 차원에서는 ppm(parts per million) 같은 척도가 매우 효과적이다.

1ppm은 제품 100만 개를 생산하면 그 중 불량품이 1개 있다는 뜻이다. 수치만 놓고 보면 불량률 0.0001%와 1ppm은 동일한 결과를 나타낸다. 그러나 품질개선에 대한 의지를 유도하는 데에는 '불량률 0.0001%'보다 '100만개 중의 1개'라는 수치가 훨씬 강력하다. 즉, ppm은 종전의 불량률에 대한 종업원의 인식을 보다 강화하기 위해 도입한 척도이다.

또 다른 품질관리척도를 강조하는 것으로는 식스 시그마(Six Sigma) 운동을 꼽을 수 있다. 이는 통계적 지식을 이용해 품질관리를 한 단계 업그레이드한 것이다. 식스 시그마는 통계척도인 σ(시그마)를 이용하여 품질수준을 정량적으로 평가한 것으로 품질수준이 6σ를 달성하는 것은 불량률 3.4ppm 이하로 유지함을 의미한다. 통계학에서 다루는 정규분포상 평균으로부터의 벗어난 정도를 의미하는 표준편차(σ : standard deviation)를 품질관리에 적용하는 기법이다.

참고로 제품 제조혁신 차원에서 식스 시그마 활동을 강조하고 있는 LG전자는 소프트웨어 · 콘텐츠 분야를 포함한 전사차원으로 확대한다. 공장 제조과정은 물론

6시그마(six sigma) – 기업경쟁우위 확보를 위한 고객중심의 품질경영 –

6시그마 경영혁신기법의 창시자인 해리 박사는 6시그마에 대한 특징을 다음 3가지로 요약한다. 첫째, **6시그마는 '통계적 측정치'**이다. 모든 경영활동을 객관적인 통계수치로 나타낸다. 따라서 제품이나 업종, 업무 및 생산프로세스가 다르더라도 비교할 수 있다. 고객만족의 달성정도와 발행, 위치 등을 정확히 알 수 있게 해준다. '제품과 서비스 공정의 적합성을 재는 탁월한 척도'인 셈이다. 둘째, **'기업전략'**이다. 6시그마는 경쟁우위를 갖게 해준다. 시그마수준을 높이는 만큼 제품의 품질이 높아지고 원가는 떨어진다. 그 결과 고객만족 경영을 달성할 수 있다. 셋째, **'철학'**이다. 6시그마는 사고방식을 바꿔버린다.

참고로 해리 박사가 강조하는 **6시그마의 6가지 금언**은 다음과 같다.

- 살아있는 질문을 던져라. (방향과 비전 정립)
- 새롭게 생각하라. (혁신의 전제)
- 공정능력을 인식하라. (품질향상의 관리)
- 시그마는 측정수단이다. (고객만족도 평가)
- 품질은 설계 때부터 만들어진다. (비용절감의 효과)
- 전문가가 필요하다. (6시그마의 인프라)

〈자료 : 한국경제신문, 1999. 6. 29.〉

지원부문 등 경영 전반에 효율성을 높이면서 최고 품질 정책을 보다 강화하겠다는 취지에서이다. 회사 관계자는 "하드웨어, 생산 위주에 적용하던 식스 시그마를 소프트웨어는 물론 서비스, 연구개발 등으로 확산하자는 게 핵심"이라며 "스마트폰용 소프트웨어와 TV서비스 등을 포함한 소프트웨어 영역을 중심으로 혁신 적용대상, 추진과제 선정 등을 진행 중"이라고 말했다. LG전자는 식스 시그마 확대를 통해 전반적 제품의 품질 경쟁력이 높아지는 것은 물론이고 비용절감에도 크게 기여할 수 있을 것으로 기대한다(전자신문 2012년 3월 30일자 기사 수정인용).

2.4 품질코스트보고서 : 정의 및 품질코스트 분석

1. 품질코스트보고서의 정의

위에서 언급한 품질코스트의 측정목적을 달성하기 위해서는 품질코스트에 관한 자료의 수집·보고 등이 체계적으로 이루어질 필요가 있다. 조직단위, 제품 등 관심부문별로 품질코스트에 관한 정보를 정기적으로 요약·보고하는 데 이용되는 수단이 **품질코스트보고서**이다. 이러한 품질코스트보고서가 상시적으로 작성될 수 있도록 전통적인 원가계산시스템이 갖는 한계점을 보완하는 목적에서 새로이 등장된 정보시스템을 품질코스트시스템이라고 한다. **품질코스트시스템**은 '품질코스트의 계획, 실행, 검토, 조치단계의 순환사이클'로 정의될 수 있다. 이는 생산활동에 있어서

Bowling for dollars

품질코스트의 중요성과 관련하여 미국 제조업체 재무담당자는 다음과 같이 주장한다.

"지연되고 통합된 재무정보가 갖는 문제점은 부문관리자를 일 분마다 핀을 향해 볼링공을 던지는 볼링선수로 생각하여 설명할 수 있다. 즉, 우리는 볼링선수가 매번 몇 개의 핀을 쓰러트렸는지를 알게 하는 대신 월말에 장부를 마감하고 나서 특정 월중에 몇 개의 핀을 쓰러트렸는가를 계산하고 표준과 비교하고 그 차이를 볼링선수에게 보고하는 방법을 택할 수 있다. 만약 표준에 밑도는 점수가 나왔을 시 볼링선수에게 그 이유에 대해 적절한 설명을 하도록 요구하고 다음 달에는 더 잘할 수 있도록 격려하는 것은 곧 지연되고 통합된 재무정보시스템에 해당한다. 우리는 이러한 보고시스템으로는 결코 세계적인 볼링선수를 배출할 수 없음을 깨닫기 시작했다."

〈자료: R. S. Kaplan, Harvard Business School Case, "Texas Eastman Company"〉

의 제반 품질관련코스트를 체계적으로 다룸으로써 품질의 지속적인 향상 및 이익증가를 위한 효과적인 수단으로 활용된다.

2. 품질코스트의 분석: 비율분석과 상호관계분석

품질코스트보고서가 작성되면 품질관리활동의 결과에 대한 분석을 통해 품질목표달성의 정도 및 개선가능영역을 파악한다. 이런 목적으로 수행되는 품질코스트분석은 '몇 가지 분석방법을 통해 품질관련활동에 필요한 정보를 산출하는 일련의 과정'을 의미한다. 가령, 자동화로 인한 품질코스트의 감소 여부나 제품판매량의 계절적 변동에 따른 변화가 품질코스트에 미치는 영향 등을 파악하는 것이다.

대표적인 품질코스트 분석방법은 비율분석과 상호관계분석을 들 수 있다. 비율분석(ratio analysis)은 품질코스트의 상대적 구성비율분석과 분석기준 대비 품질코스트비율분석을 포함한다. 한편, 상호관계분석은 실패코스트와 예방 및 평가코스트간의 관계를 규명하는 것이다.

2.5 품질코스트 정보의 한계점

품질코스트보고서가 잘 활용될 경우 여러 가지 장점을 갖는다. 그러나 품질코스트 정보 또한 다음과 같은 한계점을 갖는다.

① 품질코스트의 측정 및 보고 그 자체가 품질문제를 해결해 주지 않는다. 품질개

선을 위해서는 별도의 경영활동이 필요하며 품질코스트분석이란 단지 보다 나은 품질과 생산성을 위한 하나의 도구에 불과하다. "품질코스트정보가 품질관리활동 전부를 평가하지 못하는 경우가 많다."라는 지적은 이를 뒷받침한다.

② 품질코스트정보는 경영자로 하여금 단기적 품질코스트의 절감이라는 그릇된 목표를 세우게 할 우려가 있다. 예방코스트 및 평가코스트의 감축을 통해 단기적 비용절감을 꾀할 경우 장기적으로 실패코스트가 증가할 가능성이 크다. 품질코스트의 감소는 성공적인 품질관리의 결과로 이루어짐을 명심해야 한다.

③ 노력과 성과가 동일 기간 내에 대응되기 어렵다. 품질개선프로그램의 효과는 일정한 시차를 두고 나타나는 것이 일반적이다. 효과적인 품질관리란 적절한 시기에 실패코스트에 대한 투자에서 예방 및 평가 쪽으로 관심을 전환하는 것을 포함한다.

④ 중요한 품질코스트가 빠지거나 부적합한 코스트가 포함될 가능성이 있다. 전자의 예로는 기회비용을 고려하지 못하는 경우를, 그리고 후자의 예로는 제품의 진부화로 인한 비용 또는 소비자의 요구에 따른 시방변경으로 인한 재작업비용 등을 들 수 있다.

2.6 ABC와 품질코스트 : 활동기준 품질코스트

전통적 품질코스트보고서(이하, COQ보고서)는 활동과 관련된 비용을 제대로 보고하지 못하는 단점을 갖는다. 이에 반해서 활동기준에 의한 COQ보고서는 비록 비용은 통제될 수 없으나 비용을 발생시키는 장본인인 활동을 통제하는 데 중점을 두고 품질코스트와 활동을 관련지움으로써 COQ보고의 유용성을 높인다.

이처럼 '실패'에 초점을 두는 활동기준 COQ보고서를 활용할 경우 '파상효과원가(ripple effect cost)'를 이용하여 실제 혹은 잠재적 실패로 초래될 활동을 강조하는 가운데 품질관리를 실시할 수 있다. 활동기준 COQ보고는 파상효과의 개념에 근거한 품질개선활동을 관리하기 위한 유용한 도구이다. 파상효과란 마치 한곳에서 고무줄을 건드릴 경우 고무줄로 연결된 다른 곳에 커다란 또는 작은 파장이 생기는 것처럼 특정 분야의 품질불량이 다른 부문의 활동을 유발하여 원가를 발생하게 하는 것을 말한다. 가령, 불량품으로 반품이 일어날 경우 반품을 실어오기 위한 차량운반비 및 재작업비 등이 파상코스트의 일종이다.

제3절 ABM(활동기준원가관리)

3.1 ABM의 의의

ABC를 이용하여 조직의 제반 운영활동을 개선하는 것을 활동기준원가관리(ABM : Activity-Based Management)라고 부른다. ABC가 원가를 발생시키는 장본인에 해당하는 활동을 중심으로 보다 인과관계에 충실한 원가계산에 초점을 맞추는 것에 비해 ABM은 활동관리를 통한 원가절감에 초점을 맞춘다.

일반적으로 원가절감은 활동의 변화를 통해서 이루어진다. 따라서 경영진이 구성원에게 원가절감을 요구해도 실제로 활동이 변화되지 않고서는 원가절감 목표를 달성할 수 없다.

ABM은 가치사슬과 밀접한 관련을 맺는다. 왜냐하면 앞서 가치사슬이란 연구개발에서 물류에 이르기까지 경영 전반에 걸친 부가가치활동의 묶음으로 정의한 바 있는데 ABM은 가치사슬에서 수행되는 제반 운영활동에 대한 분석을 통해 과연 특정 활동이 부가가치 활동인지를 검토하는 식으로 전개되기 때문이다. 이 과정에서 비부가가치 활동으로 파악된 활동들은 제거 또는 최소화 대상이 된다. 이런 변화를 통한 원가관리가 곧 ABM이다.

ABM의 핵심적 활동 분류는 부가가치 활동과 비부가가치 활동이다. <그림 11.3>에서 보는 것처럼 활동은 크게 부가가치 활동(value-added activity)과 비부가가치 활동(non-value-added activity)으로 구분된다. 이 중 ABM의 관심 대상인 비부가가

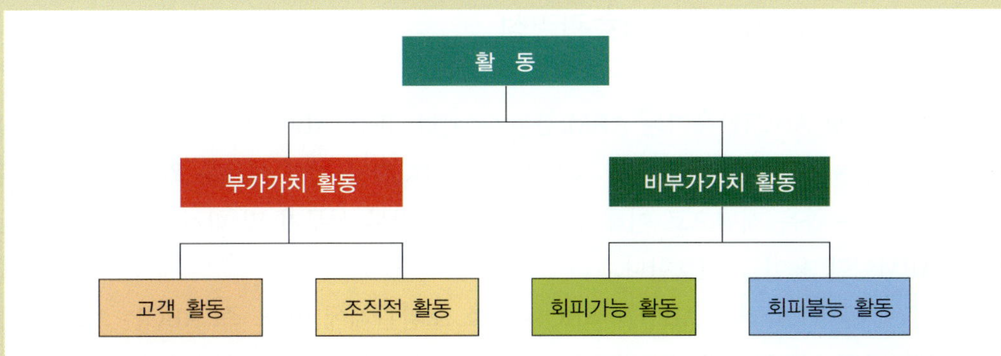

그림 11.3 활동의 분류 : 부가가치 활동과 비부가가치 활동

표 11.3 GE사 의료기구조립 공장의 비부가가치 활동 및 원가동인

비부가가치 활동	원가동인 예
1. 자재보관 및 유지 : 작업장 내의 원자재 및 재공품재고	• 재고배치 • 입고보관절차 • 조립순서 • 제품단위당 개별부품수
2. 긴급자재처리	• 재고잔량 착오 • 주문오류(착오) • 자재 수율상 변동성 • 스케줄 변경
3. 자재이동	• 공장배치(layout) • 자재 취급도구
4. 재작업	• 조립실수 • 취급상의 부주의로 인한 손상 • 공급품질
5. 검사/확인	• 품질문제 • 요원훈련 • 제품설계

치 활동은 회피가능 활동과 회피불능 활동으로 구분된다. 회피가능 활동은 동 활동을 생략해도 조직성과에 전혀 문제없는 것으로 낭비성 활동을 말한다. 불량으로 인한 재작업, 대기, 불필요한 주문의 취소 등이 대표적인 예이다. 회피불능 활동은 경영과정상 생략할 수는 없지만 그렇다고 이를 반복하거나 오랜 시간에 걸쳐 수행할 경우 낭비가 발생하는 활동을 말한다. 작업일정 수립(scheduling)이 대표적인 예이다(<표 11.3>의 GE 사례 참조).

3.2 ABC와 ABM의 상호관련성

사실상 ABC란 용어는 ABM(활동기준관리) 또는 ABCM(활동기준원가관리) 등을 총칭하는 포괄적인 용어이다. 그러나 자칫 ABC란 용어가 새로운 원가계산방식만을 의미하는 좁은 개념으로 이해될 것을 염려한 일부 실무가 및 학자들은 ABC보다는 ABM이란 용어를 선호한다.

<그림 11.4>처럼 ABM과 ABC는 상호 보완관계에 있다. 즉, ABC는 기초정보를 제공하고 ABM은 제공된 정보를 활용하여 지속적인 개선을 목적으로 다양한 분석

그림 11.4 ABC와 ABM의 관계

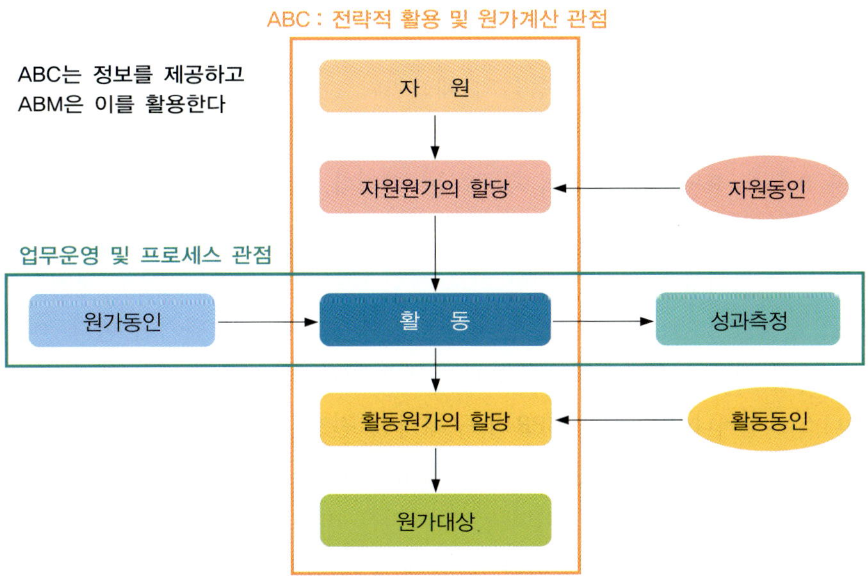

구 분	ABC	ABM
목 적	전략적 의사결정	일상 운영적 의사결정
원가에 대한 결정	원가는 얼마인가?	원가는 왜 발생하는가?
활동의 수준	개략적인 수준	상세한 수준

자료: CAM-I(Expanded ABC Model).

을 행하는 것이다. 제7장에서 원가동인이란 '작업량을 결정하고 해당 활동을 수행하는 데 요구되는 노력의 정도를 결정하는 요소'라고 정의한 바 있다. 원가동인은 자원의 소비정도 추적을 통해 원가대상의 원가계산에 활용된다. 뿐만 아니라 정기적인 내부 성과보고 및 분석에서는 기업이 수행한 활동 및 이들 활동이 달성한 결과가 분석된다. 이런 성과분석을 통해 특정 활동이 얼마나 잘 완수되었는지 그리고 어떠한 활동을 개선할지를 알 수 있다.

이처럼 ABM은 활동에 기초한 ABC정보를 활용함으로써 지속적인 개선과정의 방향을 잡을 수 있게 한다는 점에서 상호 관련을 맺는다. 이를 빗대어 '동전의 양면'이라고도 부른다. 요컨대 ABC정보는 가장 수익성이 높은 활동으로 자원을 배분하는 소위 수익성 분석에 유용할 뿐만 아니라 작업수행방법의 개선에도 도움을 준다.

3.3 원가절감 및 경영혁신을 위한 수단으로서의 ABM

비부가가치 활동의 제거를 통한 원가절감은 ABM의 주요 관심사항이다. 이를 달성하는 최선의 방법은 활동들의 배합이나 순서의 변화를 통해 불필요한 활동을 줄이거나 동일한 작업을 가급적 적은 수의 활동으로 수행하는 것이다. BPR(Business Process Reengineering)이 추구하는 바이다.

전략경영상 가장 관심을 기울여야 할 분야는 기업경영 수행과정, 즉 프로세스이다. '특정 목적을 달성하기 위한 상호 관련 맺는 활동의 집합'으로 정의되는 프로세스를 끊임없이 검토하는 가운데 지속적인 개선을 추구해 나가야 한다. 이처럼 개선 목적으로 기존의 업무수행방식을 백지상태에서 재검토하는 기법이 곧 BPR(일명, 비즈니스 리엔지니어링)이다. BPR의 구체적인 전개 핵심 수단이 곧 ABM이다.

과거 전통적인 원가절감은 주로 보유 인력이나 시설을 줄이는 직접적인 해결책을 선호해 왔다. 그러나 이와 같은 해결은 비록 단기적으로 효과가 있을지 모르나 장기적으로는 대개 실패한다. 다음에 소개하는 다섯 가지 지침은 활동관리, 즉 ABM을 통한 진정한 원가절감을 꾀하는 방법이다(Turney, 1991).

① 시간과 노력을 감축한다. 기계작동 준비시간 등 활동수행에 필요한 시간과 노력을 감축하는 것으로 공구배치, 교육훈련의 개선 등의 효과를 가져올 수 있다.

② 불필요한 활동을 제거한다. 불필요한 자재의 보관, 이동 등을 제거하기 위한 적시생산방식(JIT)의 추구철학이 이와 관련을 맺는다.

③ 저원가활동을 선택한다. 제품이나 생산공정의 설계 및 기획단계에서 가급적 최저원가를 소요하는 활동(가령, 자동부품삽입 등)을 선택한다.

④ 가능한 경우 활동을 공유한다. 가급적 부품 수를 줄이기 위해 제품디자이너들로 하여금 신제품의 디자인에 공통부품을 사용하도록 요청하는 것이 일례이다.

⑤ 미활용 자원을 재배치한다. 아무리 활동의 양을 줄인다고 해도 그 자체로 동 활동에 투입되는 설비나 인원이 줄어들지는 않는다. 따라서 미활용되는 자원을 처리하는 의사결정(가령, 다른 활동에의 재배치 또는 해고 등)이 뒤따라야만 효과를 볼 수 있게 된다. 이처럼 활동 양을 줄인다고 해서(가령, 한 사람의 작업시간이 20% 줄었다고 해서 그 사람을 당장 줄일 수는 없는 것처럼) 당장 현금흐름이 좋아지지 않는 점을 빗대어 ABM에 의한 초기 활동량 감소효과를 블루달러(blue dollar), 반면에 활동의 재배치 등을 통해 달성된 최종 재무성과 개선은 그린달러(green dollar)로 부른다.

ABM을 이용한 원가절감 사례 – Weyerhaeuser 및 John-Deere Component Works(JDCW) 사례

1980년대에 미국회사들은 수백만의 시간급 노동자를 해고하고 자리를 없앰으로써 노무비를 절감하고자 하였다. 그러나 1990년대에는 과도한 간접비를 줄이는 쪽으로 방향을 전환하였다. 한 조사에 의하면 **간접비용**은 미국제조업의 경우 26%, 서유럽의 경우 21%이고 일본의 경우 18%를 차지하는 것으로 나타났다. **GM**, **듀폰**(Du Pont) 같은 상당수의 기업들은 여전히 간접비와 힘거운 싸움을 하고 있다.

미국의 **Weyerhaeuser**사도 인력 감축 대신에 ABC를 도입하여 구성원이 수행하는 각 **직무**(task ; 가령, 우편물 개봉과 전화응답과 같은 하찮은 것이더라도)에 원가를 추적하여 낭비를 파악하게 되었다. 이처럼 작업프로세스를 분석함으로써 불필요한 작업(redundancy)과 비부가가치 활동을 대폭 줄일 수 있었다. 비록 목재와 종이가격 하락으로 매출이 줄어들었음에도 간접비가 1989년의 9.7%에서 1991년에는 9.65%로 거의 동일한 수준을 유지할 수 있었던 것은 ABC의 덕분이다.

트랙터부품을 제조하는 미국 아이오와주의 워털루에 소재한 **John-Deere Component Works(JDCW)**를 역시 초기에는 전통적인 제품원가시스템이 제품의 다양성 및 복잡성에 따른 원가를 제대로 파악하지 못하는 한계를 극복하고자 ABC를 도입하였다. 기대 효과를 거둔 후에는 새로운 제품원가계산이 제품 및 공정에 관한 의사결정에 미치는 영향을 감안하여 원가절감을 위한 동기부여 차원으로 ABM을 전개하였다.

3.4 제조사이클효율 : 대표적인 비부가가치 활동 측정치

제품은 일반적으로 조립부문(assembly)과 완성부문(finishing)을 거쳐 완성된다. 각 부문에서 수행되는 활동은 전형적으로 입고(receiving), 품질검사(inspection), 보관, 대기(waiting), 셋업, **조립작업**(assembly), 검사를 위한 이동(moving), 완성 부문으로의 이동을 위한 대기(waiting) 등 부가가치 활동과 비부가가치 활동으로 구성된다. 완성부문에서의 활동 또한 조립부문과 거의 유사하다. 조립부문에서 옮겨온 반제품의 입고(receiving), 작업장으로의 이동(moving), 셋업, **완성작업**(finishing), 품질검사, **포장**(packaging), 선적장으로의 이동(moving to dock), 보관, 선적(shipping) 등 부가가치 활동과 비부가가치 활동으로 구성된다.

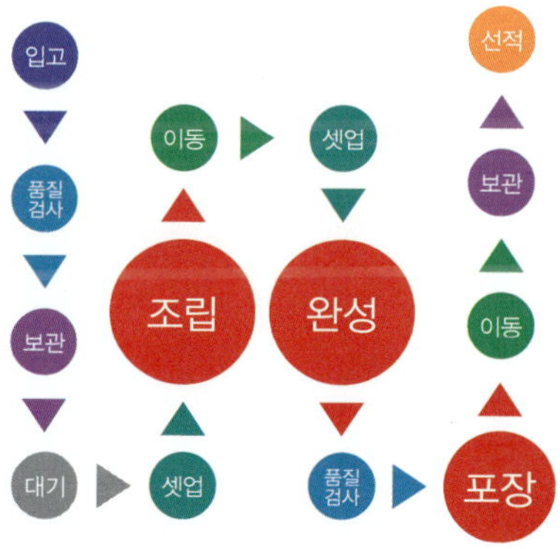

앞서 부가가치 활동은 고객이 기꺼이 그 가치를 인정해 대가를 지불하고자 하는 활동으로 정의한 바 있다. 따라서 위 조립부문과 완성부문에서의 부가가치 활동은 조립, 완성 및 포장(위에서 고딕으로 표시한 부분)에 불과하다. 나머지 활동은 비부가가치 활동에 속한다. 왜냐하면 이들 활동은 처음부터 제대로 생산이 이루어질 경우 불필요하거나(가령, 품질검사) 자동화나 공정 설계를 통해 잘 설계될 경우 회피가능한 활동들(가령, 이동, 보관, 대기 등)이다.

부가가치 활동인지 비부가가치 활동인지를 구분하려면 "과연 내가 해당 활동을 반복한다고 해서 고객이 그 대가를 지불할 것인가?"라는 질문을 해보고 그 대답이 "No"일 경우, 혹은 "고객에 제공되는 가치의 희생 없이 특정 활동은 회피가능할까?"라는 질문을 해보고 그 대답이 "Yes"일 경우에는 비부가가치 활동에 해당한다. 따라서 품질검사는 대표적으로 비부가가치 활동에 속한다. 상당수의 학생들은 "불량품을 품질검사 없이 시장에 내보내는 것보다 품질검사를 통해 불량품을 걸러내는 것이 기업에게 유리한 부가가치 활동이다"라고 주장한다. 물론 품질관리 수준이 열악한 경우 품질관리활동은 필요하다. 그러나 처음부터 불량품 없이 한 번에 합격품을 생산할 수 있는 설계를 하고 작업이 이루어지면 품질검사는 불필요할 뿐만 아니라 고객은 우리가 품질검사를 반복한다고 해서 그 활동을 의미있게 생각하면서 동 활동에 소요된 코스트를 가격으로 보상하지는 않는다.

이러한 비부가가치 활동으로 인한 낭비요소를 파악하기 위한 대표적인 지표가 **제조사이클효율**(MCE : Manufacturing Cycle Time Efficiency)이다. 제조사이클효율은 총 제조사이클타임 중 부가가치 활동에 소요된 시간이 차지하는 비율을 말한다.

$$\text{제조사이클효율(MCE)} = \frac{\text{부가가치시간}}{\text{제조사이클타임}} \quad \cdots\cdots\cdots\cdots (11 \cdot 1)$$

제조주기로도 불리는 **제조사이클타임**(MCT : Manufacturing Cycle Time)이란 가장 좁게는 원재료의 공정투입에서부터 최종제품을 완성하여 고객이나 판매업자에게 판매하기 위해 선적 대기상태까지 소요되는 시간, 즉 가치사슬단계 중 제조활동 수행에 소요되는 시간을 말한다. 따라서 제조사이클타임에는 조립 및 마무리 공정 등 부가가치 활동에 소요되는 시간뿐만 아니라 자재이동, 생산공정 중 대기, 검사 및 선적시까지 완성품을 창고에 보관(storing) 등 비부가가치 활동에 소요되는 시간을 포함한다. 한편, **사이클타임**은 고객으로부터의 주문 접수시점부터 고객에의 최종 배달에 소요되는 시간을 말한다. 일명, **고객대응시간**(customer response time)이라고 할 수 있는 사이클타임은 제조사이클타임보다 길다. 왜냐하면 제조사이클타임에 제조활동 개시 이전의 활동에 소요되는 시간과 제품(또는 서비스)을 고객에게 배달할 때까지 소요된 시간이 추가되기 때문이다(<그림 11.5> 참조).

<그림 11.5>에서 보는 것처럼 고객으로부터의 주문이 판매부문에 접수된 후 동 주문이 생산부문에 전달되기까지 그리고 생산부문이 동 주문을 접수한 후에도 자재

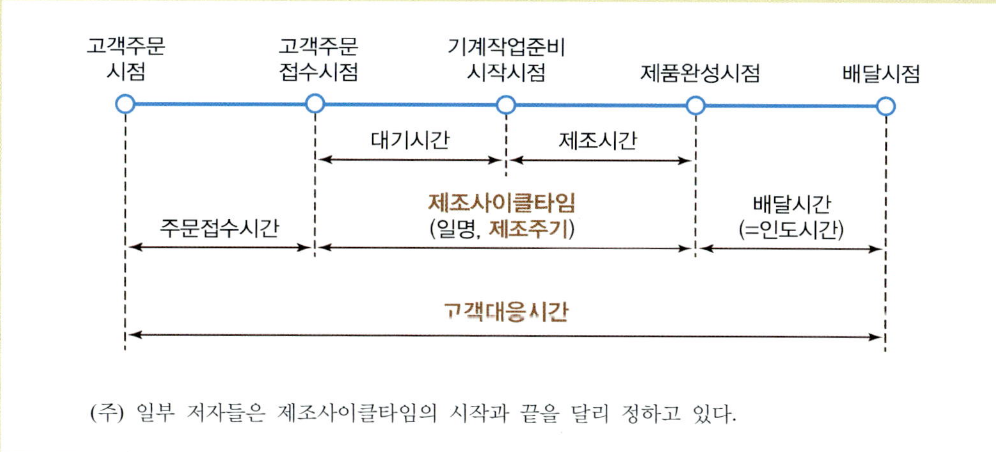

그림 11.5
고객대응시간 및 제조사이클타임의 구성요소

가 작업장에 공급되기까지 대기하기도 하면서 실제 작업시작 전까지의 시간이 고객대응시간에 포함된다. 물론 생산작업 중간에도 (정전이나 작업상의 문제로 인해) 공정이 중단되어 대기시간이 발생하기도 한다. 자재입고시점부터 최종 선적시까지 (입고자재의 품질검사, 보관, 대기, 셋업, 이동, 완성품 품질검사 등) 매우 다양한 비부가가치 활동이 이루어짐은 본 3.4절 도입부 우측 박스 그림에 잘 예시되어 있다. 가령, 의사의 진찰을 받기 위해 병원을 방문해 **9분**에 걸쳐 서류를 작성하고 **20분** 대기한 후에 **11분** 동안 진료를 받았을 경우의 **MCE**는 **0.275**(=11/40)이다. 전형적인 제조업 상황은 다음 <예제 11-2>를 참조하기 바란다.

예제 11-2 제조사이클타임과 제조사이클효율

㈜와우는 TV를 생산하여 판매하는 회사로서 시장점유율은 26%로서 전체시장에서 2위를 차지하고 있다. 2019년을 맞아 ㈜와우의 김철용 사장은 시장점유율의 확대를 통해 동종업계에서 1위를 차지하는 것을 목표로 정했다. 시장점유율의 확대를 위해서는 고객이 원하는 적기에 납품을 해야 하며 이를 위해서는 TV 생산시간을 줄이는 것이 중요한 관건이라고 생각한 김철용 사장은 TV 생산시간을 주의 깊게 관찰하였다. 지난해의 제품 한 단위 생산(또는 주문 한 건 처리)에 투입된 시간은 다음과 같다.

	일수
공정시간	3.0
검사시간	0.3
이동시간	0.5
보관시간	4.0

TV는 생산이 완료되는 즉시 선적된다고 가정한다.

〈물음〉

1. 제조사이클타임(MCT)을 계산하시오.
2. 제조사이클효율(MCE)을 계산하시오.
3. 비부가가치 활동에 소비된 생산시간의 비율은 얼마인가?

풀 이

1. **제조사이클타임** = 공정시간 + 검사시간 + 이동시간 + 보관시간
   = 3.0일 + 0.3일 + 0.5일 + 4.0일
   = 7.8일
2. 공정시간만이 부가가치시간이다. 따라서 **제조사이클효율**은 다음과 같다.

$$\text{제조사이클효율}(MCE) = \frac{\text{부가가치시간}}{\text{제조사이클타임}} = \frac{3.0\text{일}}{7.8\text{일}}$$

$$= 0.38 \text{ 또는 } 38\%$$

3. 제조사이클효율이 38%이므로 총생산시간의 62%는 **비부가가치 활동**에 소비된 것이다.

(주) 제조사이클타임 계산시 시작점과 최종점은 교과서별로 다소 차이를 보인다. 만약 <예제 11-2>에 자재취급시간이 추가되면 **MCE**는 더 낮은 수치가 될 것이고 교재 연습문제 9번에서처럼 **생산공정 중 대기시간**은 제조사이클타임에 포함되지만 생산 전 대기시간은 제외된다. 참고로 **품질검사**가 비부가가치 활동인 이유는 처음부터 제대로 생산할 경우 품질검사는 불필요하고 동 활동을 반복한다고 해서 고객이 기꺼이 대가를 추가 지급하지 않음을 상기하면 된다.

ISO인증과 품질경영

품질경영의 인증 관련 대표적인 제도로는 국제적 품질인증기구인 ISO의 9001, 20000 인증과 QS-9000 등이 꼽힌다.

국제표준화기구(ISO : International Standards Organization)를 지칭하는 ISO는 사전에 엄격한 기준을 정해놓고, 해당 기준을 만족하면 해당 제품에 인증을 부여한다. 국가간의 거래가 보편화된 오늘날 구매자의 혼란을 덜어주기 위해 사신들이 성한 엄격한 기준을 통과한 제품이라는 일종의 보증을 하는 셈이다. 따라서 제품 수출을 위해서는 자사제품의 ISO인증이 필수인 시대가 되었다. 대표적인 인증 종류로는 **ISO 9001**(품질경영시스템)과 **ISO 14001**(환경경영시스템)이 있다.

ISO 9001은 국제표준화기구(ISO)에서 제정한 품질경영시스템에 관한 국제표준으로서, 고객에게 제공되는 제품이나 서비스 실현 체계가 규정된 요구사항을 만족하고 있음을 제3자 인증기관에서 객관적으로 평가하여 인증해 주는 제도이다 2000.12.15자로 ISO 9000패밀리 표준이 보다 고객 지향적인 내용과 프로세스 접근방법 도입으로 개정되었으며 국제적으로 인정받을 수 있는 품질보증에 대한 기준을 설정하여 국가간 기술장벽을 제거하고 상호 인정할 수 있는 여건을 조성하여 세계시장에서 공급자와 수요자 모두에게 품질에 대한 신뢰감을 제공하는 것을 목적으로 한다(KSA 홈페이지 참조).

인증에 필요한 핵심적 요구사항 중의 하나는 **정기적인 경영검토**(management review)이다. 경영진의 검토를 위해 사용되는 대표적인 성과측정치는 계획과 비교한 전체 수익성뿐만 아니라 스크랩, 적시배달(on-time delivery), 반품(customer return), 생산성, 가동중단시간(downtime) 등이다. 품질인증을 위한 심사과정을 거친 미국 실무담당자의 다음 주장은 품질인증의 특징을 잘 요약한다.

> "저의 전 직장 역시 인증을 받았었습니다. 회계의 예산기능 및 계약검토 프로세스에 대한 감사를 받았었습니다. 핵심은 귀사가 품질시스템(Quality System)을 어떻게 정의하느냐에 달려 있습니다. ISO와 QS 품질시스템은 곧 기업의 모든 정책들과 절차들이라는 사고를 바탕에 깔고 있습니다. 그러나 제 생각에는 많은 회사들이 감사받는 부분에만 관심을 집중해 왔었고 지금도 그렇게 하고 있습니다. 핵심 측정치는 측정할 필요가 있다고 생각되는 회사의 주요 성과를 대상으로 개발되어야 합니다."
>
> (자료 : 신홍철, 2001 참조)

종합예제 품질코스트(COQ)

홍익산업은 관개용 스프링쿨러를 제작하는 업체이다. 당사는 2019년도에 수행한 품질관리프로그램을 평가하고자 다음과 같은 자료를 수집하였다. 계산 편의상 비현실적이라고 여겨질 단순한 수치를 사용하였다.

불량품 생산량	10,000대
재작업 수량	9,000대
반환된 불량품 수량	200대
평가코스트	₩16,000
예방코스트	₩24,000

대당 재작업원가	₩8
대당 고객환불원가	₩12
대당 정상품이익	₩15
단위 불량품 판매이익	₩5

〈요구사항〉

다음 사항에 답하시오.

1. 2019년도에 불량품을 판매함으로써 손해본 금액은 얼마인가?
2. 2019년도의 총실패코스트를 계산하시오.
3. 2019년도의 총품질코스트를 계산하시오.
4. 홍익산업이 1,000단위의 불량품을 대상으로 재작업을 하지 않은 이유를 설명하시오.

<자료 : RBK, 1999, 제12장 문제 수정>

풀이

1. 불량품 판매로 인한 손실, 즉 외부실패코스트를 계산하려면 아래처럼 가격할인 적용(대당 ₩5의 이익 발생을 추정) 판매량을 파악하는 것이 필요하다.

불량품 생산량	10,000대
− 재작업수량	9,000대
− 반환된 불량품수량	200대
− 가격할인*	800대

* 추정 대당 ₩5의 이익

불량품 판매로 인한 손실(외부실패코스트)

(1) 고객환불원가* ₩12×200대 =	₩2,400
(2) 불량품판매로 인한 기회손실 (₩15 − ₩5)×800대 =	8,000
계	₩10,400

* 고객환불원가는 반품처리에 소요되는 원가 또는 고객에 대한 보상원가를 의미한다.

2. **총실패코스트 = 내부실패코스트 + 외부실패코스트**

(1) 내부실패코스트

재작업원가 : ₩8×9,000대 = ₩72,000

(2) 총실패코스트 = ₩72,000 + ₩10,400(1번 문제) = ₩82,400

3. **총품질코스트**

(1) 예방코스트	₩24,000
(2) 평가코스트	16,000
(3) 총실패코스트	82,400
계	₩122,400

4. 재작업에 소요되는 코스트는 반품처리비용(₩12) 및 재작업원가(₩8)가 소요되지만 가격할인은 대당 ₩10의 기회손실이 발생하므로 상대적으로 판매된 1,000단위에 대해서 재작업하지 않는 것이 유리하다. 그러나 장기적 관점에서 기업이미지 실추, 고객의 재구매동기 상실 등의 기회비용이 발생한다.

요 약

1. **품질**은 원가, 시간 등과 더불어 핵심성공요인(CSF)에 속한다. 품질은 더 이상의 선택사항이 아니라 생존을 위한 필수물이다. 즉, 품질을 제대로 관리하지 않고서는 더 이상 살아남을 수 없고 품질경쟁력을 갖춘 제품이나 서비스를 공급하는 것이야말로 장기적인 수익성을 확보하는 지름길이기 때문이다.
2. 품질경영을 지원하는 대표적인 원가회계 도구로는 **품질코스팅**을 꼽을 수 있다. 품질관련활동에 소요되는 원가를 체계적으로 수집 · 파악 · 분석하는 측정 시스템을 의미하는 품질코스팅에서는 대표적인 품질코스트를 4가지로 구분한다. ① 예방코스트, ② 평가코스트, ③ 내부실패코스트, ④ 외부실패코스트가 그것이다. 품질경영에 있어서는 과연 품질관리프로그램이 제 효과를 내는지 그리고 품질관리상 낭비요소가 없는지를 파악할 필요가 있는데 품질코스팅은 이를 지원한다.
3. ABC에서 배운 원가동인을 원가관리 목적으로 활용하는 것이 **ABM(활동기준 원가관리)**이다. 비즈니스 리엔지니어링의 핵심수단인 ABM은 비부가가치 활동의 식별 및 관리에 초점을 맞춘다.

핵심 용어

- 전략적 원가관리
- 가치사슬분석
- 전략적 자리매김
- 원가동인
- 평가코스트
- 실패코스트
- 예방코스트
- 파상효과
- 전사적 품질경영(TQM)
- 품질코스팅시스템
- 생산자 품질코스트
- 사용자 품질코스트
- 품질코스트보고서
- 구조적 원가동인
- ABM(활동기준원가관리)
- 6시그마
- 실행적 원가동인
- 제조사이클효율

Reading materials

원가회계 전문가되기
http://cafe.naver.com/newcosting.cafe

- '전략적 원가회계' 권위 '난다' 美듀크대 교수 대담 (키워드: 전략적 원가관리, 핵심성과지표) 동아일보, 2008.04.19.
- 도요타, '카이젠'을 카이젠한다 (키워드: 품질, 원가절감) 이투데이뉴스, 2011.11.24.
- How Dr Pepper Cuts Costs. And Keeps Cutting. (키워드: MCE, 제조사이클타임, 카이젠) Wall Street Journal, 2016.02.21.

단답식 개념문제

01. 전략적 원가관리의 3대 핵심 개념은 (1) □□□□□□, (2) 전략적 □□□□, (3) □□□□으로 요약된다.

02. 4대 품질코스트는 (1) □□코스트, (2) □□코스트, (3) □□실패코스트, (4) □□실패코스트로 분류된다. 이 중에서 가장 측정이 어려운 것은 □□실패코스트이다.

03. 대표적인 비부가가치 활동 측정치인 □□□□□□□은 총 제조사이클타임 중 부가가치 활동에 소요된 시간이 차지하는 비율로 측정된다.

04. '품질은 비용이 들지 않는다'는 입장에서 불량률 제로를 목표로 삼는 경영관리기법을 □□□ □□□□(TQM)이라고 한다.

[문1] 품질코스팅의 정의를 내리시오.

[문2] 숨겨진 공장이란 용어는 누가 무엇을 강조하기 위해 고안한 용어인가?

[문3] TQM(전사적 품질경영)을 정의내리고 핵심적 특징 몇 가지를 설명하시오.

[문4] 예방코스트에 속하는 예를 두 가지 이상 언급하시오.

[문5] 내부실패코스트와 외부실패코스트를 구분·설명하시오.

[문6] 비재무적 품질측정치의 예를 몇 가지 들어 설명하시오.

[문7] 네 가지 유형의 품질코스트 중 TQM 초기단계에 늘어나는 코스트는 어떤 것들이며 성공적인 TQM 결과 후반단계에 향후 줄어드는 코스트는 어떤 것들인지 그 이유와 함께 설명하시오.

[문8] 품질코스트보고서(COQ)가 품질개선프로그램에서 수행하는 역할은 무엇인지 설명하시오.

[문9] ABM이 ABC와 차이를 보이는 바는 무엇인가?

[문10] 구조적 원가동인에 속하는 예를 3가지만 꼽으시오.

[문11] 비부가가치 활동은 크게 회피가능 활동과 회피불능 활동으로 구분된다. 회피불능 활동에 속하는 비부가가치 활동의 예를 드시오. 또한 이런 활동을 대상으로 하는 관리포인트는 무엇인가?

연습문제

객관식

[문1] 다음 보기 중 전략적 원가관리의 3대 핵심 요소에 속하지 않는 것은? (★)

① 가치사슬 ② 전략적 포지셔닝

③ 공헌이익분석 ④ ABC

[문2] 비부가가치 활동(NVA)

다음 보기 중 비부가가치 활동에 해당하는 것을 고르시오. (★★)

1. 일정계획수립(scheduling)	2. 자재 이동	3. 긴급 자재 주문
4. 입고 자재 품질검사	5. 조립활동	6. 타공정 이동전 보관
7. 완성작업	8. 작업 중 대기	9. 선적 대기
10. 완성품 품질검사	11. 설비 보수	12. 고객불만처리

[문3] 연결형 : 아래 각 문장은 박스 속의 어느 용어에 관한 것인지 말하라. (★)

A. 활동분석	B. ABC	C. 배치수준 원가
D. 제조사이클타임	E. 비부가가치 활동	F. 부가가치 활동
G. 원가동인	H. 단위기준 원가	

1. _______ 생산량 증가와 더불어 늘어나는 원가(가령, 재료비, 수도광열비 등)
2. _______ 원가를 활동에 연계하여 원가를 계산하는 방식
3. _______ 기업에서 수행되는 활동을 부가가치 활동과 비부가가치 활동으로 구분함
4. _______ 원재료의 수령에서 제품 완성 후 고객에게 전달하기 위해 선적 대기상태까지 소요되는 시간
5. _______ 제품이나 서비스의 가치를 높이는 활동
6. _______ 줄이거나 없앤다고 해도 고객에의 가치를 희생하지 않는 활동
7. _______ 셋업이나 이동 활동 등
8. _______ 특정 자원의 소비를 유발해 원가를 발생시키는 요소들

[문4] 활동기준품질코스트 시스템이 강조하는 바는? (★★)

① 직접적 품질비용 ② 파상효과를 감안한 간접품질원가
③ 내부실패비용의 측정 ④ 외부실패비용 중 기회비용의 측정

[문5] 품질원가에 관한 설명으로 옳지 않은 것은? (세무사 2012) (★★)

① 일반적으로 원재료 검사비용은 예방원가로 분류한다.
② 일반적으로 보증기간 내 수리와 교환은 외부실패원가로 분류한다.
③ 품질원가는 제품의 품질에 문제가 발생한 경우 이를 해결하기 위하여 발생하는 원가를 포함한다.
④ 허용품질수준관점(acceptable quality level view)에서는 통제원가와 실패원가 사이에 부(−)의 관계가 있는 것으로 본다.
⑤ 무결점수준관점(zero defects view)에서는 불량률이 0(zero)이 될 때 품질원가가 최소가 되므로, 불량률이 0이 되도록 품질원가를 관리해야 한다고 본다.

[문6] 납품업체의 자격승인 및 품질평가와 관련된 비용은 다음 보기 중 어디에 속하는가? (★)

① 예방비용 ② 평가비용 ③ 내부실패비용 ④ 외부실패비용

[문7] 포드자동차의 CAC(고객지원센터)에서 근무하는 인력의 인건비는 다음 보기 중 어디에 속하는가? (★)

① 예방비용 ② 평가비용 ③ 내부실패비용 ④ 외부실패비용

※ 다음은 문제 [8～10]과 관련된 자료이다.

㈜와우는 고도의 자동화공정을 갖고 있다. 최근 몇 달 동안 ㈜와우의 생산관련 자료는 다음과 같다.

생산공정 중 대기시간	2시간
공정시간	6
검사시간	3
생산 전 대기시간	4
이동시간	1

[문8] ㈜와우의 제조사이클 시간은 얼마인가? (★)

① 6시간 ② 8시간 ③ 10시간 ④ 12시간 ⑤ 16시간

[문9] ㈜와우의 제조사이클 효율은 얼마인가? (★★)

① 0.10(또는 10%) ② 0.25(또는 25%) ③ 0.50(또는 50%)
④ 0.60(또는 60%) ⑤ 0.75(또는 75%)

[문10] 비부가가치 활동에 소비된 생산시간의 비율은 얼마인가? (★★)

① 90% ② 75% ③ 50% ④ 40% ⑤ 25%

[문11] 활동기준원가관리(ABM)와 활동기준원가계산(ABC)에 관한 다음 문장 중 맞는 것을 제대로 모은 것은? (★★)

(a) 상호 긴밀히 연계되어 활용되는 것이 일반적이다.
(b) 기업의 목적에 따라 둘 중의 하나를 우선적으로 도입하기도 한다.
(c) 동시에 사용될 수 없다.

① a ② b ③ c ④ a, b ⑤ 모두 틀림

[문12] 다음은 활동기준원가계산(ABC) 및 활동기준원가관리(ABM)와 관련된 설명이다. 이 중 ABM과 관련된 문장들은? (★)

a. 전체 발생원가 중 상당부분을 차지하는 원가의 식별 및 추적을 강조한다.
b. 기업에서 발생하는 핵심 활동원가를 동 원가를 발생시킨 장본인에 해당하는 제품에 부과하는 경향이 높다.
c. 핵심 활동들의 원가를 파악하는 것은 경영자들이 불필요한 원가를 평가하는데 도움을 준다.

① a ② a, b ③ a, c ④ a, b, c ⑤ b, c

[문13] 다음 네 가지 보기 중 배치(batch) 수준 활동의 예만을 제대로 모은 것은? (★)

a. 기계 준비(setup) b. 자재 취급
c. 설비보험(equipment insurance) d. 설비 감가상각

① a ② b ③ c ④ a, b ⑤ a, c

[문14] ㈜국세는 김치냉장고를 생산하여 판매한다. ㈜국세의 원가관리담당자는 2019년에 생산한 김치냉장고 2,000대의 품질원가를 분석하여, 다음과 같은 품질원가보고서를 작성하였다.

구분		품질원가
내부실패원가	반품재작업	₩40,000
	불량품재작업	20,000
예방원가	보증수리원가	100,000
	설계엔지니어링	20,000
평가원가	예상설비점검	20,000
	재공품검사	20,000
외부실패원가	제품검사	30,000
	클레임 제기로 인한 추정 손해배상액	200,000
계		₩450,000

그런데 원가관리담당자가 작성한 품질원가보고서를 검토하던 ㈜국세의 경영자는 보고서에 품질원가 구분상 오류가 있음을 발견하였다. ㈜국세의 경영자는 원가관리담당자에게 보고서의 오류를 수정하도록 지시하였다. 오류가 수정된 품질원가보고서에 근거한 다음 설명 중 옳지 않은 것은? (세무사 2011) (★★)

① 내부실패원가는 ₩60,000이다.

② 예방원가는 ₩40,000이다.

③ 외부실패원가는 ₩340,000이다.

④ 평가원가는 ₩50,000이다.

⑤ 실패원가 대비 통제원가(예방 및 평가원가) 비율은 25%이다.

[문15] ㈜하나는 당기에 제품 A를 1,500단위, 제품 B를 1,000단위, 제품 C를 500단위 생산하였으며, 이와 관련하여 기계절삭작업에 ₩100,000, 조립작업에 ₩80,000, 품질검사에 ₩40,000의 제조간접원가가 소요되었다. 활동기준원가계산을 시행하고 있으며, 관련 자료는 아래와 같다. 다음 중 옳지 않은 것은? (KICPA 2013) (★★)

구분	원가동인	제품 A	제품 B	제품 C
기계절삭작업	기계시간	2,240	3,380	4,380
조립작업	조립시간	330	660	1,010
품질검사	횟수	12	13	15

① 제품 B 전체에 배부되는 기계절삭작업 활동원가는 제품 A 전체에 배부되는 기계절삭작업 활동원가의 약 1.5배이다.

② 제품 B 전체에 배부되는 조립작업 활동원가보다 제품 C 전체에 배부되는 조립작업 활동원가가 더 크다.

③ 제품 A 전체에 배부되는 품질검사 활동원가보다 제품 C 전체에 배부되는 품질검사 활동원가가 25% 더 크다.

④ 제품 단위당 총활동원가가 가장 큰 것은 제품 C이다.

⑤ 각 제품의 단위당 활동원가를 계산하면, 제품 A는 ₩31.73, 제품 B는 ₩73.20, 제품 C는 ₩138.40이다.

[문16] 다음 보기 중 적절하지 않은 것은? (★★)

① 품질원가계산에서 낭비, 재가공, 폐품원가 등은 외부실패원가에 해당한다.

② ABM은 비부가가치 원가를 계산할 수 있게 한다.

③ 품질원가계산(Quality Costing)은 통제원가(예방 및 평가원가)와 실패원가를 포함한 품질 관련 원가를 최소화시키면서 품질수준을 최대화하는데 목적이 있다.

④ 전사적 품질관리(TQM)의 도입 후 내부실패원가와 외부실패원가의 상충관계(trade-off)에 입각하여 품질원가를 분석하고, 적절한 불량률은 허용해야 하는 것으로 인식이 변화하였다.

⑤ 활동기준관리(ABM)를 통해 파악된 비부가가치 활동에는 검사, 이동, 대기, 저장 등의 활동이 있다.

[문17] 다음 보기 중 적절하지 않은 것은? (★★)

① 품질원가계산(quality costing)에서 품질관리계획수립, 품질관리보고서의 작성, 품질관리기술개발, 품질개선을 위한 토의원가 등은 품질원가 중 평가원가에 해당한다.

② 활동기준경영(ABM : activity-based management)은 활동분석을 통하여 파악된 정보를 토대로 활동과 프로세스의 개선을 통한 가치창출능력 증대에 초점을 두고 있다.

③ 활동기준원가계산에서는 제품의 생산을 위하여 사용한 자원만을 제품원가에 포함시키고 미사용된 자원은 기간비용으로 처리한다.

④ 총원가 중 간접원가가 차지하는 비중이 높고 다품종 소량생산체제를 유지하고 있는 기업의 경우 활동기준원가계산을 도입함으로써 보다 정확한 원가를 도출할 수 있다.

주관식

[문1] 품질코스트+비재무적 품질측정치 (★★)

LG전자는 스무디와 콰이티라는 두 가지 형태의 냉장고를 생산하고 있다. 각각의 냉장고에 대한 정보는 다음과 같다.

(단위 : 천원)

	스무디	콰이티
생산 및 판매수량	10,000대	5,000대
판매가격(대당)	₩2,000	₩1,500
대당 변동비	₩1,200	₩800
설계공학에 소비한 시간	6,000	1,000
대당 시험 및 검사시간	1	0.5
공장에서 재작업이 이루어진 비율	5%	10%
냉장고 한 대당 재작업 비용	₩500	₩400
소비자 소재지에서 수선된 비율	4%	8%
냉장고 한 대당 수선비용	₩600	₩450
불량품질에 기인한 미래 예상판매상실분	–	300대

상이한 활동에 소요되는 시간당 임률은 다음과 같다.

설 계	시간당 ₩75,000
시험 및 검사	시간당 ₩40,000

〈요구사항〉

1. 스무디와 콰이티 제품별 품질코스트를 예방, 평가, 내부실패 그리고 외부실패코스트 유형으로 분류하여 계산하시오.
2. 각 냉장고 유형별로 개별 품질코스트가 매출액에서 차지하는 비율을 계산하시오.
3. 스무디와 콰이티의 품질코스트를 비교하고 논평하시오.
4. LG전자가 전사적 품질관리(TQM) 노력의 일환으로 모니터하게 될 비재무적 품질측정치의 예를 두 가지만 제시하시오.

<자료 : HFD, 1994, pp.23~27 수정>

[문2] 품질원가보고서에 의한 관리 (★★)

당신은 LG산전의 품질담당 매니저이다. 생산담당 매니저인 강재규가 당신에게 품질코스트 보고서를 작성할 수 있는 품질코스팅시스템을 도입하는 데 협조해 달라고 요청을 했다. 강재규는 또한 이 보고서를 어떻게 사용하는가에 대해서도 알고 싶어하고 있다.

〈요구사항〉

1. 품질코스트의 범주를 기술하시오. 어떤 종류의 원가들이 각 범주에 포함되는가?
2. 주어진 품질코스트 범주하에서 강재규는 각 범주를 어떻게 관리하는 노력을 해야 하는가?
3. 한 범주를 관리하는 것이 다른 범주의 관리에 어떤 영향을 주는가?

[문3] MCE(제조사이클효율) (★★)

가산(주)의 TV사업부의 책임자인 조성인은 제조사이클효율(MCE)의 증가방안을 고려중이다. 예산이 한정되어 있어 그는 MCE를 셀(cell)생산을 통해 증진시킬 방법을 모색하고 있다. TV사업부의 생산책임자인 김진수는 단위생산에 대해 연구를 해 왔는바 조업중단을 최소화하면서 기계와 종업원을 재배치해 MCE를 향상시킬 수 있다고 주장하고 있다. 조성인은 이 주장에 대해 회의적이어서 생산책임자에게 생산의 일부분만 재배치해 보라고 하였다. 조성인은 생산성이 적어도 12%는 향상되어야 만족할 수 있다고 말했다. 재배치 전과 후의 MCE 자료는 다음과 같다(ABKY, p.444, 8-44).

시간범주	재배치 전	재배치 후
공정	70	30
검사	30	15
이동	45	10
저장	55	20

〈요구사항〉

MCE의 변화가 TV사업부 책임자를 만족시킬 수 있는가? (힌트) 재배치 후의 MCE 향상률을 계산하여 답하라.

[문4] ABM(활동기준원가관리): 부가가치 활동 vs 비부가가치 활동 (★★)

홍익가구는 3가지 유형의 의자를 생산하는 전문가구업체이다. 작년에 생산한 제품 관련 자료는 다음과 같다.

	A형(일반)	B형(보급)	C형(고급)
생산량(개)	10,000개	5,000개	4,000개
제조원가(단위: 원) 100개(배치묶음당)			
1. 직접재료비	₩1,500,000	₩1,700,000	₩2,500,000
2. 가공비			
A. 성형부문(molding)			
셋업	400,000	500,000	600,000
생산작업	500,000	600,000	800,000
패브릭 부문으로 이동*	100,000	100,000	100,000
B. 패브릭부문(fabric)			
셋업	150,000	175,000	190,000
생산작업	600,000	800,000	1,000,000
조립 부문으로 이동*	100,000	100,000	100,000
C. 조립부문			
조립작업	500,000	750,000	1,000,000
포장 부문으로 이동*	100,000	100,000	100,000
D. 포장부문			
포장작업	300,000	400,000	500,000
합 계	₩4,250,000	₩5,225,000	₩6,890,000

* 부문 이동시 유형에 상관없이 개당 1,000원 발생

〈요구사항〉

1. 제품별로 배치(batch)당 수행되는 총부가가치활동과 총비부가치활동을 파악하시오.
2. 제품별 단위당 원가를 재료비, 부가가치활동원가, 비부가가치활동원가로 구분하여 제시하시오.
3. 만약 배치 크기를 500단위로 늘릴 경우 연간 총원가절감액은 얼마가 되는가? 이 경우 배치 크기를 늘리기 전에 고려해야 할 사항들은 무엇인지 언급하시오.
4. 홍익가구 경영진은 제품 유형별로 별도의 자동화 기계를 이용하여 생산하는 것을 고려중이다. 새로운 방식에서는 셋업과 타 부문으로의 이동이 불필요해진다. 그러나 이를 위해서는 고도의 전문설비를 임대해야만 한다. 이러한 변화가 타당성을 인정받으려면 연간 원가절감액은 최소 얼마가 되어야 하는가?

<출처 : MDH, 2000, s-23 수정>

[문5] 미사용 활동원가와 ABM (★★★)

2019년 1월 1일에 개업한 ㈜사문은 두 종류의 제품(X, Y)을 생산하고 있다. ㈜사문은 각 제품의 생산묶음(batch)마다 생산준비활동의 1회씩 수행하는데, 생산준비활동에 대한 원가동인(배부기준)은 생산준비횟수이다. 2019년 한 해 동안 제품 X와 제품 Y의 생산량 및 생산묶음당 제품수량은 각각 다음과 같다.

	제품 X	제품 Y
생산량	1,250개	800개
생산묶음당 제품수량	25개	10개

한편, ㈜사문은 생산준비활동 미사용능력(unused capacity)에 대한 원가(미사용 생산준비활동원가)를 계산하여 동 원가는 각 제품에 배부되지 않도록 하는 것이 관리 목적상 유용할 것으로 판단하고 있다. 미사용 생산준비활동원가를 제외할 때, 제품 X와 제품 Y에 배부되는 생산준비활동원가의 합계액은 ₩1,690,000이다. 또한 미사용 생산준비활동원가를 제외할 때, 제품 X에 배부되는 생산준비활동원가는 ₩100,000만큼 줄어든다는 사실도 확인하였다.

현재의 인원과 설비로 수행할 수 있는 연간 최대 생산준비횟수는 얼마인가? (단, 생산준비활동원가는 전액 고정원가이다.) (KICPA 2011)

[문6] 품질코스팅 (★★)

㈜와우는 원재료 검사방법을 바꾸지 않을 경우 2019년에 총 ₩1,000,000의 평가비용이 발생할 것으로 예상하고 있다. 그러나 ₩150,000의 훈련비용과 ₩400,000의 장비임차료를 수반하는 새로운 검사방법을 도입할 경우 ₩100,000의 고정평가비용과 원재료 단위당 ₩2의 변동평가비를 절감할 수 있다.

㈜와우의 내부실패원가는 완성된 불량품 단위당 평균 ₩400이다. 2019년 한 해 동안 완성품의 10%는 재작업을 해야만 했으며 이러한 추세는 2020년에도 계속될 전망이다. ㈜와우의 외부실패수량은 평균적으로 총판매수량의 2%인데 외부실패원가는 불량품 단위당 평균 ₩1,000이다. 모든 작업은 JIT(Just-In-Time) 방식으로 처리됨에 따라 ㈜와우는 재고자산을 보유하고 있지 않다. 원재료 수량과 완성품 수량은 2 : 1의 관계를 유지한다(즉, 완성품 하나에 원재료 2단위 소요됨).

〈요구사항〉

1. 200,000단위의 원재료를 구입한 2019년에 새로운 검사방법을 도입할 경우 (종전 방식에 비해) 평가원가는 어떻게 달라질 것인가?
2. 새로운 검사방법이 도입될 경우 재작업 대상 제품수량이 20% 감소된다면 ㈜와우가 200,000단위의 원재료를 구입할 경우 내부실패원가는 어떻게 달라지는가?
3. 새로운 검사방법으로 인해 소비자에게 도달되는 불량품의 수량이 40% 수준으로 낮아졌다면(즉, 종전에 비해 60% 감소하였다면) 200,000단위 원재료를 구입할 경우 외부실패원가는 얼마나 변화하겠는가?

12

전략적 원가관리(II): 타겟코스팅 및 수명주기원가계산

Learning Objectives

1 타겟코스팅의 정의와 절차를 이해
2 타겟코스팅을 이용한 전략적 원가관리의 성공사례를 학습
3 타겟코스팅의 핵심적 실행원칙을 파악
4 카이젠코스팅과 타겟코스팅의 차이를 이해
5 수명주기원가계산의 대두 배경 및 특징
6 수명주기원가계산이 전통적 원가관리를 어떻게 보완하는지를 이해

타겟코스팅은 기업경영에 대한 종전 원칙들을 근원적으로 개혁한 새로운 전략이다. **종합적 이익계획 시스템**으로서의 타겟코스팅 전략은 종전과 달리 제품생산이 시작되기 전에 원가관리를 시작해야 한다는 논리를 기반으로 삼고 있다. 치열한 가격경쟁 상황 속에서 등장한 타겟코스팅 전략은 무엇보다도 고객니즈를 감안하여 전략의 모습과 방향을 결정해 나간다.

또한 **타겟코스팅**은 기업 내 모든 부서의 적극적 참여를 필요로 하며, 원가절감 및 판매량 증대를 위해 궁극적으로는 공급업자 · 판매업자 · 재활용업자와 같은 기업외부의 이해관계자들까지도 모두 참여시키고자 하는 차원 높은 경쟁전략이다. 타겟코스팅에서는 조직구성원 모두를 동등하게 중요한 존재로 보는 한편, 원가절감노력도 모든 구성원들의 공동책임이라는 사실을 강조한다.

−존 J. 듀튼(John J. Dutton), 진보적 원가관리 리더십그룹의 Senior Manager−

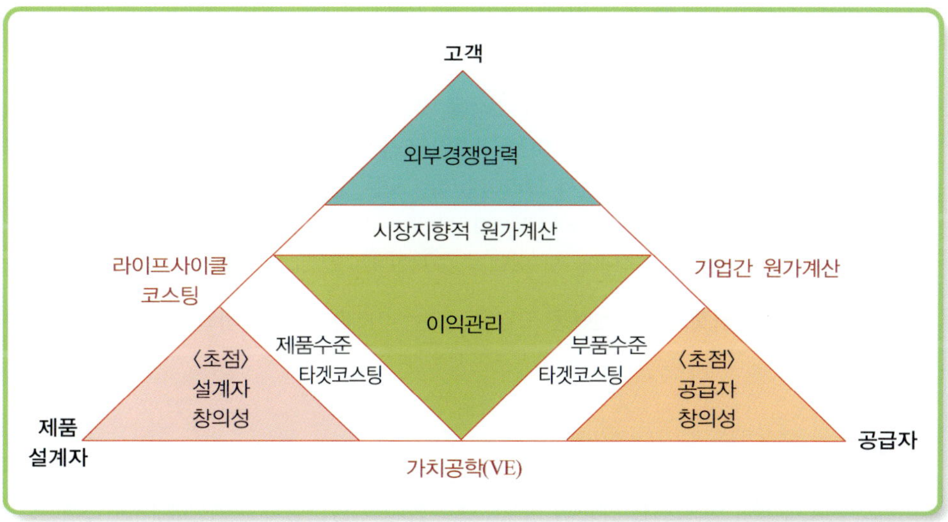

자료 : Cooper와 Slagmulder(1997), 제1장, p.9.

사례 #1 크라이슬러의 Neon 신차 개발 프로젝트

크라이슬러의 타켓코스팅 전략

1990년은 **크라이슬러**에게 있어 극히 어려운 해였다. 지난 10여년간 미국 자동차 3사는 일본 및 유럽산 자동차의 물결로 인해 계속적으로 고통을 겪어왔지만, 이 해의 경쟁은 정말 최악이었다. 비록 품질 면에서는 다른 경쟁기업들을 따라잡는 데 성공했음에도 불구하고, 크라이슬러는 신차 발표 타이밍을 적절히 맞추지 못하는 바람에 엄청난 손해를 입었는 데다가, 사람들은 아직 크라이슬러의 향상된 품질을 알아보지 못하고 있었다. 그럼에도 불구하고 극심한 경쟁 때문에 크라이슬러는 자사 자동차에 계속 신기술과 신사양을 부가해 나가지 않으면 안 되는 상황에 몰려 있었고, 엔화 강세에도 불구하고 일본 자동차들은 미국내 시장점유율을 끈질기게 유지하고 있었다.

크라이슬러는 심각한 현금고갈 상태에 빠졌고, 수익률은 날로 저하되었으며, 덩달아 주가도 10달러로 바닥을 치고 있었다. 모든 정황이 불리하게 돌아가고 있었다. 크라이슬러의 유일한 희망은 조만간 회복되겠거니 하는 믿음이 전부였다. 그리고는 아무것도 없었다. 결국 크라이슬러는 1970년대에 빠진 바 있었던 위기에 다시 한 번 봉착하게 된 것이다. 그 때는 다행히 새로 출시했던 K자동차 모델과 미니벤이 성공을 거둬 크라이슬러를 구했었다. 그러나 이번에는 달랐다 히트상품만으로는 부족했고 그 이상의 것이 필요했다. 종전의 경영 프로세스를 던져버리고 새로운 프루세스를 도입하는 식의 과감한 경영전략이 필요했다.

이에 **크라이슬러**는 **프로세스의 개혁**에 초점을 맞추기로 하고, **타켓코스팅**(Target Costing)을 가장 핵심적인 전략으로 채택했다. 마침 저가격대 승용차시장을 파고들 목적으로 개발하려 했던 소형차 네온(Neon)을 포함해서 크라이슬러는 모든 종류의 신제품개발 노력에 타켓코스팅 전략을 도입했다. 이 전략으로 인해 네온 프로젝트는 1990년 후반에 시작되었음에도 불구하고 3년도 채 지나지 않은 1994년에 첫 모델을 출시할 수 있었다.

네온 프로젝트에 타켓코스팅 전략을 도입한 성과는 아래에 요약된 바와 같이 매우 놀라운 것이었다.

〈네온의 성과〉

- 조수석 에어백 및 강력한 엔진의 장착으로 자동차의 안전성과 주행성에 대한 소비자들의 요구를 대거 충족시킬 수 있었음.
- 개발소요기간을 현저히 단축시킬 수 있었음. 제품컨셉에서 시장출시까지 단지 31개월만 소요됨.
- 당초 예상보다 훨씬 적은 투자로 개발을 완료할 수 있었음.
- 순이익을 내는 보기 드문 소형차의 하나로 각광을 받음.
- 1994년도 '올해의 자동차'로 선정됨.

그 결과 1990년에 10달러에 불과하던 **크라이슬러** 주가는 네온 출시 1년만인 1995년에 무려 54달러로 치솟았다. 이 해의 매출액은 1990년에 비해 70%, 시장점유율은 2.1 %가 상승했지만 순이익과 현금수준은 거의 400% 가까이 향상되었다 1990년에 0.33%에 불과했던 매출액이익률은 1995년에는 7.1%로 개선되었다. 이런 증거들은 크라이슬러의 **타켓코스팅 전략**이 원가를 관리하는 데 있어 얼마나 효과적이었는지를 단적으로 말해주고 있다. 그러나 이것이 전부는 아니었다. 크라이슬러의 타켓코스팅 전략은 조직 자체를 엄청나게 변화시켰다. 그렇게도 효과적이라고 인정되는 **범기능팀**(cross-functional team ; 일명, 다기능팀) 조직을 탄생시켰고, **제품설계 내지 공정설계를 현저히 단순화시키는 논리를 창출해 냈으며, 심지어 엔지니어들까지도 원가에 미칠 영향을 고려하여 공학적 설계를 하는 조직문화를 정착시켰다.** 뿐만 아니라 제조공정상의 종업원들은 항상 생산성 향상 방안이 없는지를 탐구하는 자세를 갖게 되었고, 비용과 시간을 많이 소요하는 작업(가령, 공정 교체시)을 찾아내 제거하려는 태도를 갖게 되었으며, 제품설계와 같은 제품개발의 초기단계부터 고객, 공급업자, 판매업자의 의견을 참작하고 반영하는 조직문화를 뿌리내리게 해주었다.

(출처 : "타겟코스팅: 전략적 원가관리의 뉴프론티어", 신홍철/이택수 공역, 1998, 명경사, 1-3쪽).

사례 #2 국산 중대형차 중 수리비가 덜 드는 차는?

2011년 자동차기술연구소가 국산 중 · 대형 승용차와 SUV(스포츠 유틸리티 차량) 등 총 8대를 대상으로 시속 15km 속도로 정면 · 후면 충돌시험을 실시한 후 수리비를 산정한 결과에 의하면 국산 중 · 대형 승용차 중 **수리비**가 덜 드는 차는 **기아차**의 K5(중형차), **GM대우**의 알페온(대형차)으로 분석됐다. 관련 기사는 다음과 같다

"실험 결과에 따르면 **중형 승용차**의 경우 기아차 K5의 수리비가 195만7,000원으로 가장 낮았으며, 현대차 YF쏘나타는 205만3,000원, 르노삼성 뉴SM5는 365만8,000원 순이었다. 대형 승용차는 GM대우 알페온의 수리비가 202만6,000원으로 기아차 K7의 263만원, 현대차 그랜저HG의 278만9,000원보다 낮았다. **SUV**는 기아차 스포티지R의 수리비가 244만6,000원으로 현대차 투싼iX의 수리비 361만8,000원보다 저렴했다.

자동차 수리비는 차량의 충격흡수 장치 구조와 부품가격 등에 따라 차이가 나는 것으로 분석됐다. 즉, 엔진 주위에 충격 흡수를 위한 완충장치를 설치한 차량의 경우, 그렇지 않은 경우에 비해 차량 손상이 적고 수리비도 적게 들었다. 또 차량을 가볍게 만들기 위해 알루미늄 재질을 사용한 **뉴SM5**의 보닛(후드 · 속칭 본네트)가격은 동급 차량의 스틸 재질 보닛에 비해 부품 가격이 2배 이상 높았다. 보험개발원은 **수리비 최소화를 위해 신차의 설계 단계부터 주요 부품의 충격흡수성능 최적화, 경량화 부품 가격 적정화 등을 고려해야 한다**고 지적했다."

(출처 : 조선일보 2011.1.21. 기사 참조)

제1절 타겟코스팅

"카이젠의 핵심은 아주 간단하다. 카이젠은 **개선**을 의미한다. 좀 더 구체적으로 말하면 경영자와 노동자 모두를 포괄하는 지속적 개선이라고 정의할 수 있다. 카이젠 철학은 우리의 삶(일터, 사회, 가정 어디에서든)이 끊임없이 개선될 만한 가치가 있다는 가정에서 출발한다."

– 마사키 이마이(Masaki Imai) –

"변화하는 것과 개선하는 것은 서로 다른 개념이다." – 독일 속담 –

1.1 생존의 삼각축 : 타겟코스팅 대두 배경

오늘날 극심한 글로벌 경쟁환경하의 기업들은 고객이 원하는 기능을 담은 고품질의 제품을 저렴한 원가로 개발하는 능력을 갖추지 않고서는 더 이상 살아남기 어렵게 되었다. 한때 품질로서나 낮은 원가만으로도 경쟁우위를 지닐 수 있었던 시대도 있었으나 이제 원가와 가격, 품질 그리고 고객의 욕구를 반영하는 기능성(functionality)은 성장 · 번영의 보증수표가 아니라 생존을 위한 기본요건(일명, 생존의 삼각축 : survival triplet)으로 간주되고 있다. 원가우위전략과 차별화전략의 생존영역이 붕괴되고 있음을 린(lean)기업의 생존영역을 통해 잘 시사하고 있는 <그림 12.1>이 이를 잘 요약한다. 즉, 종전에는 낮은 원가로 승부를 거는 원가우위전략 추구기업의 생존영역(연두색)과 차별화전략(파란색) 추구기업의 생존영역이 별도로 존재했었지만 린기업에서는 낮은 원가로 고품질의 높은 가능성을 담은 제품을 공급하지 않으면 안 되게 된 것이다.[1)]

> **TIP!**
> **린(lean)기업**
> 린(lean)기업이란 JIT 생산방식에 기반하여 낭비(과잉재고, 대기 등)를 체계적으로 파악하여 제거하여 군더더기 없는 기업을 말한다.

흔히 혁신(innovation)은 기본적으로 환경의 변화에 대응하기 위해 조직의 경영방식을 새롭게 바꾸는 총체적인 노력을 의미한다. 혁신에 대한 정의는 학자마다 다소 차이를 보인다. 그러나 혁신의 대상은 제품혁신, 기술혁신, 공정혁신에서 경영혁신 및 조직혁신에 이르기까지 매우 광범위하고 지속적인 혁신(특히, 코스트 혁신)을 꾀하지 않고서는 기업이 더 이상 생존 · 발전할 수 없음에는 이론이 없다.

이러한 시점에 일본이 신제품개발을 축으로 한 원가우위전략을 강조하는 과정

---

1) 이러한 전략을 **대립전략**(confrontation strategy)이라고 부른다.

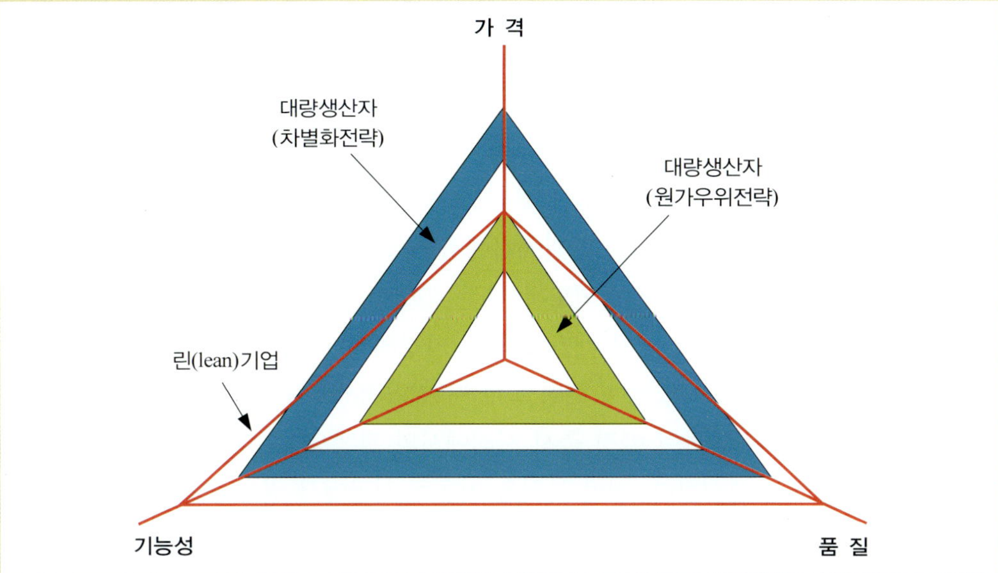

그림 12.1 원가우위와 차별화전략의 생존영역 붕괴

자료 : Cooper와 Slagmulder(1997), 제1장, p.35.

에서 근본적인 원가관리시스템의 구축일환으로 체계화한 타겟코스팅(target costing ; 일명, 원가기획)은 중요성을 갖는다. 왜냐하면 위험과 불확실성이 그 어느 때보다도 높은 오늘날, 사전기획은 물론 끊임없는 혁신과 지속적인 개선노력이 매우 중요하기 때문이다. 타겟코스팅은 수명주기 전체에 걸친 제품의 총원가의 80~95%가량이 제조 이전의 전방단계에서 확정된다는 사실을 핵심개념으로 한다. 전향적인 성격의 원류관리(原流管理)를 특징으로 갖는 타겟코스팅은 대표적인 전략적 원가관리 기법이다. 이하에서는 타겟코스팅을 보다 자세히 소개한다.

1.2 타겟코스팅의 의의 : 정의, 논리, 대두 배경 및 특징

1. 타겟코스팅의 정의

오늘날 품질 및 기술선도만을 강조하는 전통적 경영전략은 더 이상 기업에게 장기적 경영우위를 제공하지 못한다. 이제는 품질, 원가, 타이밍이라는 세 가지 중요한 전략적 핵심요소 모두를 통합하는 가운데 가장 효과적인 원가관리전략을 전개하지 않으면 안 된다. 이런 목적으로 대두된 전략적 원가관리기법이 곧 타겟코스팅이다. 일명, 원가기획 또는 목표원가계산으로도 불리는 타겟코스팅은 기업경영에 대한 종전 원칙들을 근원적으로 개혁한 새로운 전략이다(<표 12.1> 타겟코스팅의 특징(실무상의 기본원칙) 참조).

학술적으로 타겟코스팅은 '제품개발 및 프로젝트 수행의 가장 초기단계에서 원가관리를 유도하며, 제품수명주기 및 프로젝트 수행기간 전기간에 걸쳐 원가관리를 적용하는 가운데 시장가격과의 관계하에서 사전원가기획(cost planning)을 취함으로써 당초 의도한 이익이 실현되도록 하는 종합적 이익계획시스템'으로 정의된다.

자동차 업체(H사)의 신차 개발 사례를 가정해 보자. H사는 개발 중인 신차가 전체 제품포트폴리오(소형, 중형 대형 등)에서 전략적으로 차지하는 바(일명, 전략적 포지셔닝)를 미리 감안하여 예정 출시 시점에서의 경쟁상태, 소비자의 니즈 및 감당가능한 가격 등을 분석한다. 이런 분석을 기초로 시장에서 경쟁력을 갖는 목표 가격을 산정한다. 동 목표 가격에서 회사가 요구하는 투자 대비 목표이익을 차감하면 허용원가가 산정된다. 바로 이 허용원가로 신제품을 생산하기 위한 온갖 방안을 강구하는데 이런 전체과정이 곧 타겟코스팅이다.

2. 타겟코스팅의 논리 및 대두 배경

종합적 이익계획시스템으로서의 타겟코스팅전략은 종전과 달리 제품생산이 착수되기 전에 원가관리를 시작해야 한다는 논리를 기반으로 삼고 있다. 치열한 가격경쟁상황 속에서 등장한 타겟코스팅전략은 무엇보다도 고객니즈를 끊임없이 중시하고 관찰하면서 전략의 모습과 방향을 설정해 나간다. 또한 타겟코스팅은 기업내 모든 부서의 적극적 참여를 필요로 하며 원가절감 및 판매증대를 위해 궁극적으로는 공급자, 판매업자, 재활용업자와 같은 외부조직들까지도 모두 자사조직의 일부 내지 자사의 진정한 파트너로 간주하는 차원 높은 경쟁전략이다. 가령, 크라이슬러사의 회계담당자는 (겨울철에 Nova Scotia에서 실시된) 신차 충돌테스트에 직접 참여함으로써 제품이 생산되기 전에 그 신차의 원가형성에 관여함으로써 주인의식을 남보다 강하게 가질 수 있었다.

CHRYSLER

타겟코스팅이 오늘날 중요성을 갖는 이유는 경쟁심화, 급격한 시장 및 기술변화하에서 짧은 제품수명주기를 특징으로 하는 오늘날의 기업환경하에서 전통적인 원가관리방식은 적합성을 상실하게 되었기 때문이다. 즉, 종전의 원가가산 가격결정방식은 통하지 않게 되었으며 내일의 시장을 전망하면서 고객집단을 생각하고 가격

웅진코웨이의 정수기 렌탈 사업 – 서비스업에서의 타겟코스팅 적용 사례 –

1989년 창립된 웅진코웨이는 1997년 외환위기 경제 한파로 인해 매출액이 급감하자 렌탈 시스템과 코디 시스템을 도입하여 돌파구를 마련하고자 했다. 궁지에 몰린 상황에서 도입한 새로운 전략은 먹혀들었다. 즉, 코디를 이용한 사전 서비스가 렌탈 마케팅을 성공적으로 이끌었다. 정기점검과 필터 교환이 필수적인 정수기 제품 특성을 고려해 코디가 직접 소비자를 방문 관리하는 서비스는 소비자들 사이에서 폭발적인 호응을 얻었다. 새 시스템 도입 후 10년 동안은 매출액이 12배 이상 급성장하는 불황속 성장 신화를 일구었다.

사실상 렌탈 서비스의 도입은 정수기 가격이 만만치 않아 구입을 꺼렸던 **소비자가 과연 감당가능한 가격은 얼마인가를 분석하는 과정에서 타겟코스팅 아이디어를 적용한 최초의 사례**이다. 즉, 정수기를 구입하는 대신에 매달 일정액을 납부하는 소위 렌탈식으로 판매한다면 구입할 의사가 있음을 알아낸 후 이를 실행에 옮긴 것이다. 이후 렌털 서비스는 날로 확장되어 요즈음은 어린이 장난감에서 유모차에 이르기까지 셀 수 없을 정도이다.

을 전망하는 소위 전향적 가격결정이 불가피해진 것이다.

그렇다면 "왜 이제서야 원가에 주목하는가?"라는 질문이 제기될 수 있다. 그 대답은 오늘날 글로벌시장에서는 제품도입 후에 규모를 확장할 시간이 없기 때문에 제품설계단계부터 원가경쟁력을 확보하지 않으면 안 되기 때문이다. 그래야 모조품의 기선을 제압할 수 있다. 일례로, single-lens reflex 카메라 선도기업인 일본의 올림푸스사는 타겟코스팅을 도입하여 제품설계자와 제조기술자들이 추정생산원가가 목표원가를 초과하지 않는다는 것을 증명한 경우에만 카메라가 제조될 수 있도록 방침을 세웠다. 이로써 변화가 심한 시장에서 제품원가가 경쟁력을 유지할 수 있었다.

실제로 올림푸스사는 18개월 내에 도전적인 가격으로 제품개발을 완료한다는 목표를 세운 바 있는데 신규 제안모델 중 단지 20%만이 첫 번째 관문을 통과하였다고 한다. 그 이유는 추가사양의 원가-효익 분석이 결여되었기 때문이다. 이제는 제품수명주기분석을 정기적으로 실시함으로써 신제품설계에 채택된 중요한 신기술의 원가계산이 가능하다. 이로써 제품사양에 대한 기술의 기여가치를 계산하게 되었을 뿐만 아니라 생산원가 감소노력을 통해 경쟁력 있는 원가 만들기가 가능하게 되었다.

OLYMPUS
Your Vision, Our Future

TIP!

올림푸스의 원가절감

올림푸스가 타겟코스팅 아이디어를 적용해 원가절감을 도모한 대표적인 분야는 ① 부품수의 감축(예: 카메라 셔터부품 105개를 56개로 줄임)을 통한 원가 58%의 감축, ② 노동집약적인 기계조작 제거 및 ③ 금속 또는 유리를 플라스틱으로 대체함으로써의 재료비절감 등이다.

3. 타겟코스팅의 특징 : 실무적용상의 핵심 원칙

타겟코스팅의 실무상의 전개 원칙은 크게 6가지로 요약된다(<표 12.1> 참조). 이중 핵심은 시장중심의 가격만들기(원칙 #1)와 철저하게 고객에게 초점을 맞춘다는 것(원칙#2) 2가지이다. 특히 고객에 대해 진정 제대로 이해하고 있음을 잘 보여주는 사례로는 코카콜라를 꼽을 수 있다.

과거 코카콜라 CEO는 "코카콜라의 최대의 적이 무엇인가?"라는 질문에 대한 답으로 물(water)을 꼽은 바 있다. 왜냐하면 인간이 마시는 음료의 90% 이상이 물이기 때문에 코카콜라의 매출을 늘리기 위해서는 가급적 인간이 마시는 음료를 코카콜라가 제공할 수 있어야 하기 때문이다.

이러한 논리는 올림푸스와 같은 카메라 제조업체의 경쟁자로는 흔히 니콘이나 삼성 같은 동종업체를 꼽기 쉽지만 실제로는 고객이 보유한 현금을 사용할 수 있는 음향기기나 휴대폰, 자전거 등 모두가 경쟁대상이 될 수 있음을 상기해야 한다. 2002년 월드컵 당시 각본 없는 드라마로 불렸던 축구경기가 진행되는 동안 영화관이 텅텅 빈 경우를 떠올려 보라.

TIP!

진정한 고객 파악하기

미국의 USA TODAY 신문사의 최초 여성 편집장은 자신의 경쟁업체를 뉴욕타임즈나 월스트리트저널 등을 꼽는 대신에 "Any channel which delivers information(정보를 제공하는 모든 채널)"로 꼽은 바 있다.

표 12.1 타겟코스팅의 특징(실무상의 기본원칙)

〈원칙 # 1〉	**Price led Costing(가격중심의 원가만들기)** – 시장가격으로부터 허용원가를 도출한다.
〈원칙 # 2〉	**Focus on Customers(고객관점)** – 철저하게 고객에 초점을 맞춘다.
〈원칙 # 3〉	**Focus on Design(사전설계 강조)** – 제품 및 공정에 관한 사전설계를 중시한다.
〈원칙 # 4〉	**Cross Functional Involvement(범능적 팀 활용)** – 신제품개발에 다양한 요원의 팀워크를 강조한다.
〈원칙 # 5〉	**Life Cycle Orientation(제품수명주기관점)** – 수명주기 전체에 걸친 총원가의 절감에 초점을 맞춘다.
〈원칙 # 6〉	**Value Chain Management(가치사슬관점)** – 원가관리상 외부의 가치사슬을 적극 활용한다.

1.3 타겟코스팅의 프로세스 및 효과

1. 타겟코스팅의 프로세스

타겟코스팅 프로세스는 크게 목표원가의 설정과 달성국면으로 대별된다. 목표원가의 설정국면은 목표원가를 설정한 후 완제품에서 하위부품단위로 분해하는 과정을 그리고 달성국면은 목표원가의 달성 여부 평가에 초점을 맞추어 하위부품단위로부터 완제품방향으로 통합하는 것을 지칭한다. 타겟코스팅이 제대로 효과를 보기 위해서는 타겟코스팅의 지원도구 중 일부분인 단편적 도구만을 사용하는 대신에 전체를 모두 사용해야 하며 동시에 <표 12.1>에서 요약한 6개 실무상 기본원칙과 이들이 기초한 논리적 기반 모두에 충실해야 한다.

타겟코스팅 설정국면의 핵심인 목표원가는 시장가격으로부터 기업이 필요로 하는 목표이익(일명, 필수이익)을 차감하여 구한다. 이는 식 (12·1)처럼 나타낼 수 있다.

목표원가 = (출시시점의) 예상시장가격 − 목표이익 ·················· (12·1)

식 (12·1)의 핵심적 수치 중의 하나인 타겟코스팅전략하의 시장가격은 흔히 ① 고객의 욕구와 취향, ② 고객의 수용가능성, ③ 경쟁분석, ④ 목표시장 점유율 등을 종합적으로 고려하여 결정한다. 참고로 <그림 12.2>는 타겟코스팅하의 목표원가 설정에 고려되는 요인을 잘 요약한다.

반면에 목표이익은 기업 차원의 거시적 전략과 개별 제품 차원의 미시적 계획을 잘 결합하여 설정한다. 기업 차원에서는 계획된 제품믹스하의 예상매출액과 기업이 필요로 하는 매출이익률(ROS : Return On Sales)을 감안하여 목표이익을 정한다. 가령, 자동차업체의 경우 신차(가령, K9)의 전략적 포지셔닝을 감안하여 중장기적인 판매예측하에 전사적 지원 정도를 결정하여 연도별 목표이익을 결정한다. 때로는 목표매출이익률을 정함에 있어 총자산이익률(ROA)이나 자기자본이익률(ROE)을 보조적으로 활용하기도 한다.

타겟코스팅의 두 번째 국면인 목표원가의 달성은 ① 목표원가와 현행방식하의 추정원가간의 갭(gap)의 파악, ② 갭을 줄일 수 있는 원가절감 설계안의 창출, ③ 설계안에 따라 생산에 착수하고 이후 지속적 개선노력을 전개하는 세 단계를 통해 이루어진다. 세 번째 단계가 곧 다음 1.4절에서 설명하는 카이젠코스팅이다. 달성국면에서는 VE(가치공학) 및 QFD(품질기능전개 : Quality Function Deployment)와 같은

TIP!

QFD(Quality Function Deployment)

QFD는 전형적으로 경쟁기업, 고객사양, 기능(또는 컴포넌트)이라는 세 변수가 갖는 연관성을 고려하여 각각에 관한 정보를 매트릭스형태로 체계적으로 배열하는 도구이다. 제품기능 정보를 고객사양 정보와 결합함에 QFD 매트릭스가 유용하게 사용된다.

그림 12.2

허용가능한 목표원가의 설정

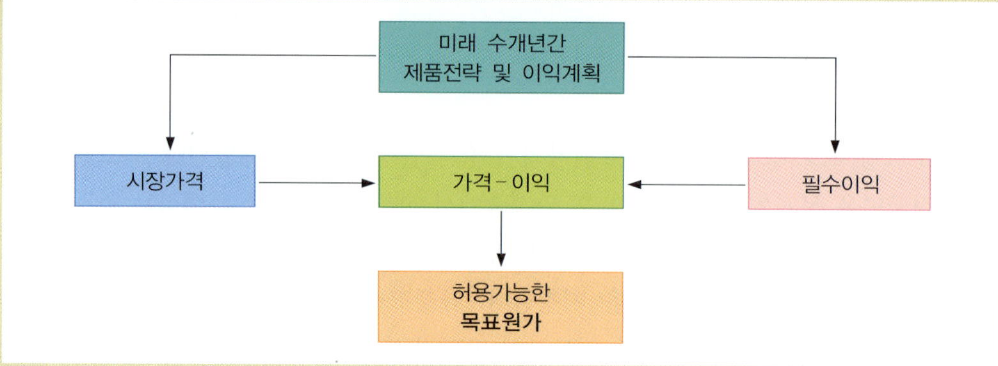

자료 : 타겟코스팅(1998), 신홍철·이택수 공역 제4장 참조.

각종 기법들이 이용된다.

2. 타겟코스팅의 효과

타겟코스팅을 통해 성공을 거둔 기업은 일본(니산자동차, 고마쓰, 샤프, 올림푸스 등)은 물론 미국(캐터필러와 보잉, 크라이슬러 등) 및 유럽(벤츠, 베네통)에 이르기까지 매우 광범위하다. 특히, 크라이슬러(Chrysler)는 네온(Neon)이라는 신차개발에 타겟코스팅을 적용하여 현저히 낮은 개발소요기간(31개월)의 달성뿐만 아니라(매출액 70% 상승 및 시장점유율 2.1% 상승 그리고 순이익과 현금수준 약 400% 상승이라는) 뛰어난 재무성과를 기록한 바 있다. 크라이슬러를 비롯한 선진 자동차메이커들이 채택하고 있는 제품라인업전략(일명, 플랫폼전략)은 어떻게 하면 시대적 과제인 제품다양화와 원가절감을 동시에 달성하느냐 하는 고민해결 방안으로 마련된 것이다. 플랫폼전략은 한 모델의 플랫폼을 독자개발한 후 이를 기초로 다양한 제품모델을 개발해 나가는 방식으로 풀라인전략(full-line)에 따른 원가부담을 규모의 경제달성으로 해결하는 방식을 의미한다.

타겟코스팅은 오늘날의 시대적 과제인 제품다양화와 원가절감을 동시에 달성하기 위한 방안으로 효과가 크다. 뿐만 아니라 창조적 문제해결을 위한 조직화 또는 조직혁신에도 유용하다. 신제품 출시기간의 단축을 유도하기 위한 동기부여 목적으로 휴렛팩커드사는 BET(Break-Even Time : 손익분기시간)라는 신규 성과측정치를 도입하였다. BET는 현금유출의 발생 시점에 상관없이 아이디어 태동부터

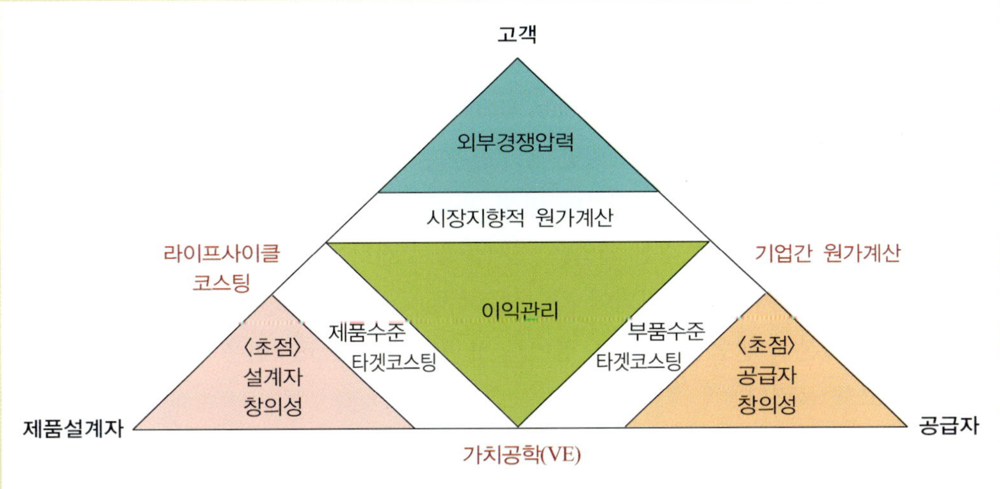

그림 12.3
타겟코스팅 트라이앵글

자료 : Cooper와 Slagmulder(1997), 제1장, p.9.

프로젝트의 시장 진출을 통해 벌어들이는 총 현금유입액과 그때까지 지출된 현금유출이 같아지는 시점까지의 기간을 의미한다. 대표적인 전략적 성과측정치인 BET는 처음부터 상이한 팀원들이 머리를 맞대어 부품설계 및 공정설계를 동시에 진행시키는 가운데 성공적인 프로젝트 추진을 통해 시간단축을 꾀할 것을 강조한다.

BET의 단축을 위해서는 상이한 기능의 팀원들이 처음부터 함께 모여 제약조건 및 타 부서의 요구사항을 고려하는 가운데 단편적 정보를 처리하기 위하여 긴밀한 쌍방향의 의사소통을 전개해야 한다. 이처럼 전향적 원가절감을 **범기능팀**(cross-functional team) 형태로 조직화하여 전개하는 타겟코스팅에서는 (협력업체를 포함한) 팀원 상호간의 의사소통은 물론, 목표원가 달성을 위한 과업요구사항에 대처하는 과정에서 상호작용이 강조된다. <그림 12.3>은 종합적 이익관리시스템인 타겟코스팅의 세 가지 핵심측면인 ① 고객, ② 제품설계자, ③ 공급자와 이를 실행하는 데 관련되는 핵심기법을 잘 요약한다.

TIP!

BET(Break-Even Time)

BET는 투자안의 탄생시점부터 기간을 계산한다. 그러나 자본예산 편성기법의 하나인 회수기간법은 최초 현금유출액이 이루어진 때부터 기간을 측정한다는 점에서 그리고 BET는 현금유입액과 현금유출액을 누적할 때 화폐의 시간가치를 고려하지만 회수기간법은 화폐의 시간가치를 고려치 않는다는 차이를 보인다(보다 자세한 내용은 신관리회계 교재 제11장 참조).

1.4 카이젠코스팅

타겟코스팅 절차를 거치는 동안 수차례에 걸친 설계 및 엔지니어링 변경과 VE(Value Engineering) 및 VA(Value Analysis)와 같은 원가절감방안을 강구하여 최대한 견적원가(estimated cost ; 일명, 추정원가)를 낮추는 노력을 기울였어도 대부분의 경우 견적원가는 허용목표원가에 비해 다소 높게 마련이다. 그렇다고 신제품개발을 포기할 수도 없다. 그 대신 기업은 신제품을 추진하는 가운데 부족한 원가절감 갭을 메운다. 이때 이용되는 기법이 카이젠코스팅(kaizen costing)이다. 개선(改善)이란 한자어의 일본식 발음을 그대로 영어로 표현한 카이젠코스팅은 지속적개선원가계산이라고도 불린다.

타겟코스팅은 제조 이전의 전방단계에서의 원가절감을 강조한다. 반면에 카이젠코스팅은 생산이 시작된 후에 제조단계에서의 지속적인 원가절감을 강조한다(<그림 12.4> 참조). 생산단계에서는 이미 제품의 설계 및 공정이 확정된 상태이기 때문에 원가절감을 위해 커다란 변화를 시도하는 것이 어려울 뿐만 아니라 비용도 많이 든다. 따라서 이 단계에서는 대규모 혁신보다는 규모가 작지만 지속적인 공정개선을 의미하는 카이젠코스팅이 효과적이다. 왜냐하면 생산이 개시되기 시작한 후에는 작

그림 12.4

LCC, 타겟코스팅, 카이젠코스팅과 최신 관리회계기법

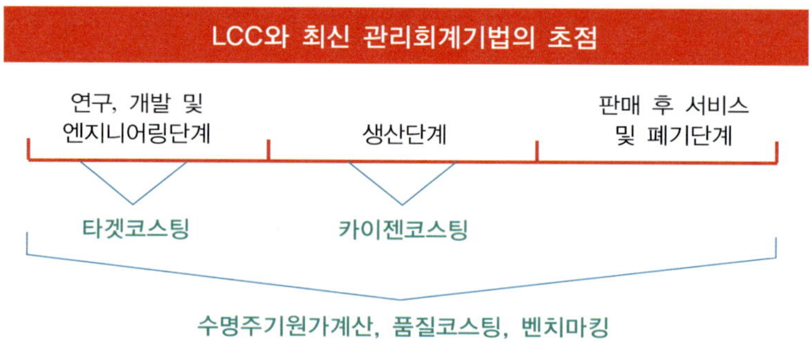

- 타겟코스팅은 연구·개발 및 엔지니어링단계에서 원가절감에 초점을 둔다.
- 카이젠코스팅은 생산단계에서 원가절감에 초점을 둔다.
- LCC는 수명주기 전체에 걸친 원가를 계산하고 최소화하고자 한다.
- 품질코스팅은 제품수명주기 전단계에서 불량품질에 기인한 원가를 계산한다.
- 벤치마킹은 다른 조직의 관리회계방법 중 무엇을 벤치마킹하느냐에 따라 제품과 관련된 세 단계 모두에 적용된다.

자료 : ABKY(1997), 제13장 그림 일부 수정.

업현장의 일선요원들이 원가절감에 대한 아이디어를 제일 많이 갖고 있기 때문이다. 이를 감안하여 대부분의 기업들은 공정이나 작업방식의 개선에 관한 종업원제안을 독려하고 인사고과 및 보상에 반영한다.

생산공정의 지속적 개선, 원가절감목표의 월별 수정 등을 통해 원가절감을 최우선과제로 삼는 카이젠코스팅은 작업자들이 원가절감을 위한 지식을 가장 잘 알고 있다고 가정한다. 한편, 실제원가 대비 목표원가 비교를 통한 원가차이분석 등을 행하는 것을 특징으로 하는 표준원가계산은 현생산공정의 안정성을 기반으로 원가통제를 실시하는 기법이다. 표준원가계산에서는 원가절감을 위한 지식을 제일 많이 가지고 있는 사람으로 각자의 기능에 관한 전문지식을 갖고 있는 엔지니어와 경영자를 들고 있다. 이런 점에서 두 방법은 차이를 보인다.

카이젠코스팅은 끊임없이 공정 개선 및 원가 절감 노력을 경주해 온 일본기업들이 오랫동안 애용해 온 기법이다. 도요타나 이스주 자동차(Isuzu Motors)와 같은 일본 자동차업체가 대표적이다. 카이젠코스팅은 휴렛팩커드나 모토로라 등과 같은 미국의 기업에서도 흔히 목격된다. 카이젠코스팅을 실행하려면 프로세스 매핑을 비롯한 지속적 개선기법을 활용해야 한다. 카이젠코스팅에서는 개선원가절감 목표를 각 원가요소별로 책정한다. 가령, 자동차업체의 경우, 대당 구매부품 단가, 직접재료비, 직접노무비 및 노동시간 그리고 사무용 소모품 등을 대상으로 월간 절감목표를 설정하고 매월 실적과 목표를 비교하여 차이를 계산하고 유리 또는 불리함의 여부를 파악한다.

1.5 타겟코스팅과 ABC의 관계

전통적인 원가관리는 단기적 관점에서 주로 제조부문 중심으로 이루어져 왔다. 이와 달리 전략적 원가관리는 장기적 관점에서 가치사슬 전반에 걸친 원가절감을 중심으로 한 전사적 원가관리를 강조한다. 전략적 원가관리의 3대 핵심개념은 ABC의 핵심인 원가동인, 가치사슬, 전략적 자리매김이다. 전략적 원가관리기법인 ABC는 타겟코스팅 전개상 중요한 역할을 수행한다. 코스트테이블(cost table), 사양별 원가계산 및 기능별 원가계산, 공정별 원가계산과 같은 타겟코스팅의 핵심도구(즉, 이들이 없으면 타겟코스팅의 실행이 거의 불가능해지는 도구)가 ABC와 직결될 뿐만 아니라 ABC 자체가 CAD/CAM, 파레토분석 등과 더불어 기타의 지원도구(즉, 타겟코스팅뿐만 아니라 다른 프로세스를 지원하는 데도 필요한 도구)에 해당되기 때문이다.

타겟코스팅의 실행과정(즉, 달성국면)에서는 코스트혁신의 진행 정도를 가시화할 필요가 있는데 ABC는 이를 가능하게 하는 기초적 정보를 제공한다. 특히, ABC는 각 부분(자사는 물론 외부 협력업체를 포함)들이 자신에게만 중요한 상이한 분석단위 사용을 자제하도록 하고 원가동인과 핵심성공요인(CSF) 간의 상충관계(trade-off) 파악에 대한 이해를 토대로 총체적 원가절감을 강조하여 타겟코스팅이 성공할 수 있게 한다. 일본의 중장비 제조업체인 고마쓰는 협력업체를 통한 원가절감의 대표적 성공기업이다. 이들은 협력업체들로 하여금 기능표와 코스트테이블의 적극적 활용을 통해 이미 목표달성한 부품들 대상으로는 원가절감의 숨겨진 기회를 추구하도록 하고 다른 부품들에 대해서는 코스트테이블을 토대로 모든 기술을 다해 가장 효율적인 설계를 독려한다.

요컨대, 수명주기 전체에 걸친 제품의 총원가의 80~95%가량이 제조 이전의 전방단계에서 확정된다는 일명, 원류관리를 핵심개념으로 하는 타켓코스팅과 인과관계 파악과 개선영역 지적에 주된 관심을 갖는 ABC는 궁극적인 원가혁신을 가능하게 하는 기초적인 정보제공을 담당하는 점에서 상호 보완효과를 갖는다.

1.6 타겟코스팅 전개상의 유의사항

원가관리시스템이 훌륭하다고 해서 이것이 곧 혁신의 성공을 보장하는 것은 결코 아니다. 이를 반영하듯이 타겟코스팅의 효과는 기업마다 차이를 보인다. 그 이유는 다른 분야의 혁신과 마찬가지로 원가관리분야의 혁신 또한 조직의 혁신성향 및 혁신 실천능력에 좌우되기 때문이다. 그러나 훌륭한 원가관리시스템이 혁신의 성과에 긍정적 영향을 미치는 것은 사실이다. 이를 감안하여 기업은 자사의 제품, 기술, 전략, 조직구조에 가장 바람직한 원가관리시스템은 무엇인가라는 근본적 질문을 제기하는 가운데 타겟코스팅을 추진할 필요가 있다. 혁신유형과 관계없이 혁신이 당초 기대한 성과를 거두려면 혁신과정은 체계적으로 관리되어야 하는데 타겟코스팅 또한 예외가 아니다.

상이한 팀원들간의 빈번한 회의를 거쳐 원가갭을 메우기 위한 방안을 수시로 강구해야 하는 타겟코스팅은 부문간의 갈등이 깊어지기 쉽다. 뿐만 아니라 체력 고갈 또한 상당하며(일명, burn-out) 엄청난 스트레스를 받는다. 이런 점에서 타겟코스팅

팀원들은 원가지식은 물론, 상당한 인내심을 필요로 한다. 이러한 고충을 감안하여 일부 일본 카메라 업체들은 타겟코스팅 요원들을 대상으로 안식년 휴가를 실시하고 있다.

예제 12-1 원가기준 가격결정과 타겟코스팅

㈜상암의 2019년도 공헌이익방식의 손익계산서(일명, 공헌이익계산서)는 다음과 같다.

공헌이익계산서

상암회사	2019. 1. 1.~2019. 12. 31.	
매출액(단위당 ₩12, 100,000단위)		₩1,200,000
변동비		
제 조	₩300,000	
판매관리	150,000	(450,000)
공헌이익		**₩750,000**
고정비		
제 조	₩400,000	
판매관리	200,000	(600,000)
순이익		**₩150,000**

㈜상암의 총자산은 ₩2,000,000이며 총자산에 대한 **연간기대수익률**은 10%이다.

〈물음〉

1. ㈜상암이 세운 2019년도 목표이익에 미달 또는 초과한 이익은 얼마인가?
2. 현행 판매수량과 원가구조가 유지된다고 가정할 경우, **연간 이익 ₩250,000**을 달성하려면 단위당 판매가격은 얼마로 책정되어야 하는가?
3. 시장조사결과 단위당 판매가격을 ₩9로 낮출 경우 판매수량은 연간 180,000단위로 증가한다고 한다. 가격인하안을 통해 연간이익 ₩250,000을 달성하기 위한 **목표원가**를 계산하시오. 아울러 계산된 목표원가를 달성하기 위한 ㈜상암의 원가구조상의 변화를 언급하시오.

<자료 : MDH(2000), 제9장 문제 수정 · 추가>

풀이

1.

목표 연간이익 (₩2,000,000×0.10)	₩200,000
실제 이익	(150,000)
목표이익 달성에 모자라는 이익액	₩50,000

2.

추정원가		
변동비	₩450,000	
고정비	600,000	₩1,050,000
목표이익		**250,000**
필요수익		₩1,300,000
판매수량		÷100,000
단위당 목표 판매가격		**₩13**

3.

추정수익 (180,000단위×₩9)	₩1,620,000
목표이익	(250,000)
목표원가	**₩1,370,000**

목표원가 중에서 고정비는 여전히 그대로 발생한다면 180,000개의 생산에 허용되는 변동비는 ₩770,000(=₩1,370,000−₩600,000)이다. 따라서 단위당 ₩0.2(=₩4.5−₩4.3)만큼의 원가절감안을 제조나 판매로부터 모색해야 한다.

* ₩770,000 ÷ 180,000 ≒ ₩4.3

제2절 수명주기원가계산

2.1 관점별 수명주기원가계산의 정의 및 특징

본절에서는 최근 실무에서 원가기획 및 원가관리의 효과적 수단으로 크게 관심이 대두되고 있는 수명주기원가계산(LCC : Life-Cycle Costing)을 소개한다. 그동안 마케팅분야 및 엔지니어링분야에서 관심의 대상이 되어온 동 기법은 '제품수명주기의 각 단계별 수익과 비용을 추정함과 동시에 각 단계별로 수익창출 및 원가절감을 위해 취해진 제반 활동의 결과를 평가하기 위한 장기적 시야의 사전예측 및 사후평가체계'라고 정의할 수 있다.

일반적으로 원가계산의 시야는 매우 좁다. 가령, 월별, 분기별 또는 연간 단위로 이루어지는 원가계산이 그렇다. 그러나 현실에서는 종종 장기적 관점에서 원가 계산을 바라볼 필요가 있다. 일례로 제품 설계 및 디자인을 서둘러 적은 비용으로 마무리할 경우 비록 개발기간 단축으로 원가절감이 가능하다. 그러나 판매후 수명주

백열등 사라진다 … 2013년부터 수입·생산금지

고효율 기기로 교체…年65만 가구 전력량 절감 효과

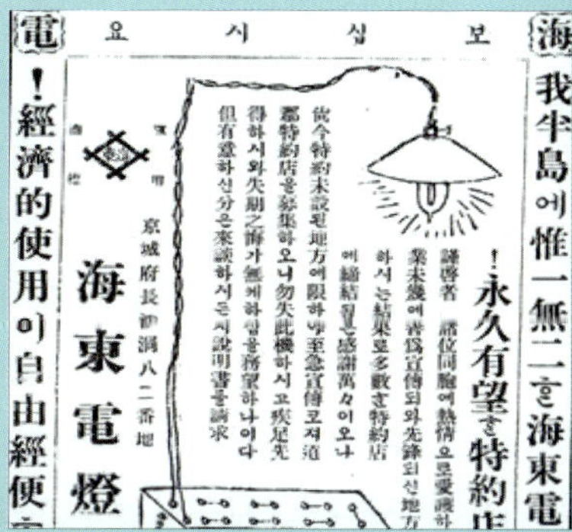

〈주〉 오른쪽 신문광고는 전등 판매가 '영구적으로 유망한 사업'이라며 전국 특약점을 모집한다고 알린 조선일보 1922년 12월 9일자에 실린 '해동전등'의 광고임.

2013년 1월부터 국내에서 백열전구 생산과 수입이 전면 금지된다. 1887년 경복궁 내 건청궁에서 첫 불을 밝혔던 백열등이 127년 만에 사라지는 것이다. 백열전구는 안정기내장형 램프, LED램프 등 고효율 조명기기로 전면 교체된다. 백열전구와 비교해 안정기내장형 램프는 66%, LED램프는 82%의 전기절감 효과가 있다. 연간 전기요금은 백열전구(60W)가 1만4,366원인 데 비해 안정기내장형 램프(20W)는 4,789원, LED램프(컨버터 내장형 8W)는 1,916원이다.

기 동안 마케팅 및 사후보수 비용 등은 실로 엄청날 수 있다(설계 또는 부품 문제로 대량 리콜 사태를 맞은 제조업체 참조). 따라서 현명한 경영자라면 단기 제조원가보다는 제품 수명주기 동안의 총원가에 기초한 수익성 분석 및 원가관리를 행한다.

구매자 또한 때론 장기적 관점이 필요하다. 대표적인 예가 군수물자 조달을 책임지는 국방부의 경우이다. 종종 최저입찰가로 구입한 무기들의 부품 가격이 워낙 비싸 구입부터 최종 폐기처분까지의 수명주기 총원가는 오히려 당초 구입한 무기보다 다른 대안이 유리한 것으로 밝혀지기도 한다.

위 박스에 소개하는 127년 만에 사라지는 백열등의 경우 비록 단위당 제조원가는 LED보다는 저렴해도 발열양의 단지 10%만 빛으로 전환시키는 태생적인 효율성 문제(연간 전기료 비교 수치 참조) 때문에 정부 차원에서 생산 및 수입을 금지하게 된 것이다. 이는 대표적으로 사용자 관점에서의 수명주기원가계산이 적용된 것이다.

수명주기원가계산(이하, LCC)의 핵심은 원가분석의 초점을 가치사슬 전반에 두라는 것이다. 산업 형태에 따라 제조 이전의 전방단계(일명, up-stream)의 관리가 중요한 경우가 있는가 하면(가령, 자동차, 의료기기나 컴퓨터 소프트웨어 등) 제조 이후의 후방단계(일명, down-stream) 관리가 중요한 업종(가령, 의류패션업이나 화장품업 등)도 있다. 잘못된 부품 때문에 판매 후 대량 리콜 사태로 휘청거렸던 기업들(도요타 및 미쉐린 타이어) 사례를 감안하면 진정 전략적 원가관리는 제품이나 서비스 수명주기 동안의 총체적 원가관리 형태로 전개되어야 한다.

제품이나 서비스의 수명주기 전체 걸친 원가절감을 지원하는 LCC는 종전에는 도입하지 않았던 새로운 원가관리시스템이다. LCC는 가치사슬하의 여러 활동 중 제조에 초점을 두는 종전 시스템과 달리 가치사슬 모든 단계를 고려한다. 특히 디자인 선택이 하방단계 흐름에서 원가에 미치는 효과에 집중한다. 그동안 필요에 의해 개별적으로 적용해 온 상이한 관점, 즉 마케팅 대 엔지니어링 또는 사용자 대 생산자관점을 단일체계로 통합·운영할 것을 강조한다.

LCC는 주로 제조업을 대상으로 제품수명주기원가계산(PLCC)으로 불리어왔다. 그러나 LCC의 개념은 서비스업에도 적용될 수 있기 때문에 제품이라는 용어를 생략한 수명주기원가계산(LCC)이 바람직하다고 본다. 또한 LCC이란 용어가 자칫 사후적인 원가집계, 즉 원가계산만을 강조하는 것처럼 보일 수 있다는 인식하에 일부는 **수명주기원가계산**(LCC)이란 용어 대신 **수명주기원가관리** 또는 줄여서 **수명주기관리**(life-cycle management)라는 용어를 선호한다.

2.2 관점별 수명주기원가계산과 대두 배경

LCC는 누구의 입장에서 관리되는가에 따라 크게 사용자 관점과 생산자 관점으로 대별된다. **사용자 입장을 강조한 LCC**는 '최초구입(또는 제작의뢰)시부터 최종처분에 이르기까지 해당 자산(즉, 제품)의 수명주기 전체의 원가를 측정·분석하기 위한 계산수법'으로 정의된다. 한편, **생산자 관점의 LCC**는 '위의 기간 동안 제품에 부과할 수 있는 원가를 추적·집계하는 방식' 또는 '다년간에 걸쳐 제품별, 기능별, 활동별, 원가요소별로 자료를 집계하여 기간비용으로 간주되는 제품개발비용을 제품에 부과 또는 배분하는 것'으로 정의될 수 있다.

일종의 장기프로젝트 원가계산이라 할 수 있는 LCC가 왜 최근에 와서 특히 제조업체들에 의해 중요성을 갖게 되었을까? 그 이유로는 오늘날의 제조환경이 제품의 수명단축을 비롯하여 급격한 제조기술적인 변화 및 국제경쟁의 심화 등 어려운 여건하에 있기 때문이라고 할 수 있다. 특히, 기업으로서는 신제품을 되도록 짧은 기간 내에 개발하여 시장에 판매할 목적에서 제품개발 라이프사이클을 관리하는 것이 어느 때보다도 중요해졌다. 사용자의 입장에서도 가전제품이나 컴퓨터시스템 등 하이테크제품의 경우에 취득 후의 운용 및 보수 등에 관련된 원가를 중요하게 인식한다. 따라서 현재의 여건하에서는 고객의 입장을 고려한 총체적 원가분석이 이루어지지 않고서는 기업이 살아남을 수 없게 되었다.

2.3 가치사슬관점에서 본 수명주기원가계산

생산자 입장에서의 원가관리 측면을 강조하는 LCC는 제품수명주기 초기단계에서의 의사결정, 즉 생산단계를 중심으로 할 때 전방단계(up-stream ; 일명, 제조 이전의 단계)의 의사결정이 후방단계(down-stream)에서의 원가발생을 결정짓는다는 장기적 원가발생상의 인과관계를 포착하는 것이 특징이다. 이처럼 소위 후방흐름에서의 원가발생의 장본인, 즉 원가동인은 제품수명주기상 전방단계에서의 의사결정임을 강조하는 소위 생산자관점은 <그림 12.5>가 잘 요약한다.

이 그림에서 윗부분의 굵은 선은 제품수명주기상 각 단계까지의 의사결정이 수명주기 동안의 총원가발생규모를 확정짓는(즉, committed cost) 정도를 나타내는 반면, 아랫부분의 굵은 선은 실제로 이루어진 현금지출누적액을 나타낸다. 따라서 그

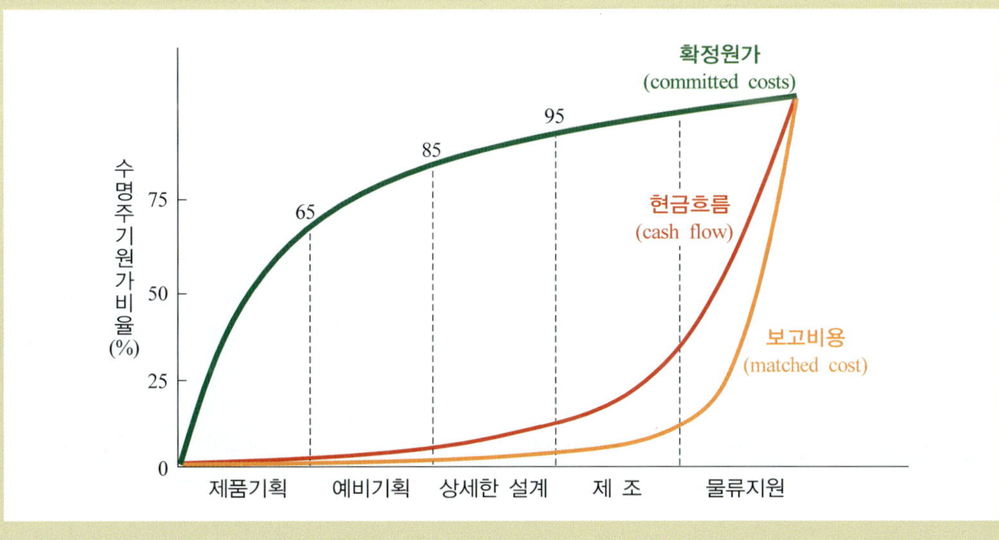

그림 12.5
제품수명주기 동안의 확정원가 및 발생원가

림에 따르면 제조단계 이전까지의 현금지출액은 단지 10%에 불과한 반면, 제품수명주기 동안 발생하는 총원가의 95%가 제조 이전의 단계에서 이미 확정됨을 알 수 있다.

2.4 수명주기원가계산과 타겟코스팅

LCC는 제품 또는 서비스의 수명주기 매 단계마다 모든 가치사슬단계에서 발생하는 수익과 비용에 대한 집계를 가능하게 하여 프로젝트 전체에 대한 이해를 높인다. LCC는 이처럼 사후적으로 발생하는 원가나 수익을 프로젝트별로 누적·집계하는 가운데 사후적 원가관리 및 전통적인 재무보고를 대신할 수 있다. 뿐만 아니라 LCC는 사전에 특정 프로젝트가 목표이익을 달성하기 위해서는 각 수명주기단계에서 개별 가치사슬 단계마다 허용되는 목표원가는 얼마인지를 파악하는 사전 관리수단으로서의 역할도 수행한다. 이런 특징은 타겟코스팅이나 전통적인 예산편성에서 적극 활용된다.

전략적 종합이익계획 시스템인 타겟코스팅을 통해 제품라인이 정해지면 기업은 프로젝트 수명주기에 걸친 예산을 편성하여 당초 정한 허용원가의 범위 내에서 원가가 발생하도록 관리해야 할 뿐만 아니라 실제로 이들 원가를 누적적으로 파악해야 한다. <표 12.2>는 타겟코스팅과정에서 흔히 작성되는 수명주기단계별로 매 가

표 12.2 가치사슬분석을 위한 타겟코스팅 : 예시

가치사슬	수명주기(라이프사이클)별 단계					
	디자인	도 입	성 장	성 숙	쇠 퇴	총 계
연구 및 개발	70%	10%	5%	5%	10%	100%
	₩109,375	₩15,625	₩7,813	₩7,813	₩15,625	₩156,250
마케팅	10%	40%	20%	10%	20%	100%
	₩12,500	₩50,000	₩25,000	₩12,500	₩25,000	₩125,000
생산* 및 판매	0%	10%	20%	60%	10%	100%
	₩0	₩31,250	₩62,500	₩187,500	₩31,250	₩312,500
고객서비스	0%	5%	15%	50%	30%	100%
	₩0	₩1,563	₩4,688	₩15,625	₩9,375	₩31,250
총 계	₩121,875	₩98,438	₩100,000	₩223,438	₩81,250	₩625,000

* 주문접수, 구매, 제조, 배달, 마감 포함.

치사슬 프로세스에서 허용되는 목표원가를 예시하고 있다.

<표 12.2>는 매 가치사슬 프로세스별로 각 수명주기단계가 수명주기 동안에 발생할 총원가에서 차지하는 비율을 표시하고 있다. 이처럼 프로젝트가 언제 어떤 가치사슬단계에서 얼마만큼의 원가가 발생하는지를 파악할 수 있는 경우 연구개발에 대한 투자증가와 성숙기에서의 후반 가치사슬(가령, 판매 및 애프터서비스)의 원가발생의 감소와 같은 상충관계를 분석할 수 있다. 최근 유명한 타이어 생산업체인 미쉐린이 연구개발과정에서 결정적인 하자를 방치한 결과 엄청난 리콜로 심각한 재정적 타격은 물론 시장점유율을 상실한 경우를 떠올리면 쉽게 이해할 수 있다.

앞에서 설명한 원가집계 차원을 확대하여 각 수명주기단계별로 수익을 집계하고 이를 누적하여 대조하면 프로젝트의 수명주기 단계별로 발생하는 이익수준은 물론 동 단계까지의 누적이익을 파악할 수 있다. <그림 12.6>은 이를 잘 보여주는 그림이다. 이 그림에 의하면 사례 프로젝트는 성장기에 접어들어서 비로소 흑자를 기록하게 되고 수익이나 비용 모두 성숙기에서 가장 크게 발생함을 알 수 있다.

그림 12.6
수명주기원가계산과 타겟코스팅

단 계	각 단계별			누 적		
	수 익	비 용	이 익	수 익	비 용	이 익
설 계	₩0	₩121,875	(₩121,875)	₩0	₩121,875	(₩121,875)
도 입	75,000	98,438	(23,438)	75,000	220,313	(145,313)
성 장	150,000	100,000	50,000	225,000	320,313	(95,313)
성 숙	450,000	223,438	226,563	675,000	543,750	131,250
쇠 퇴	75,000	81,250	(6,250)	₩750,000	₩625,000	₩125,000
총 계	₩750,000	₩625,000	₩125,000			

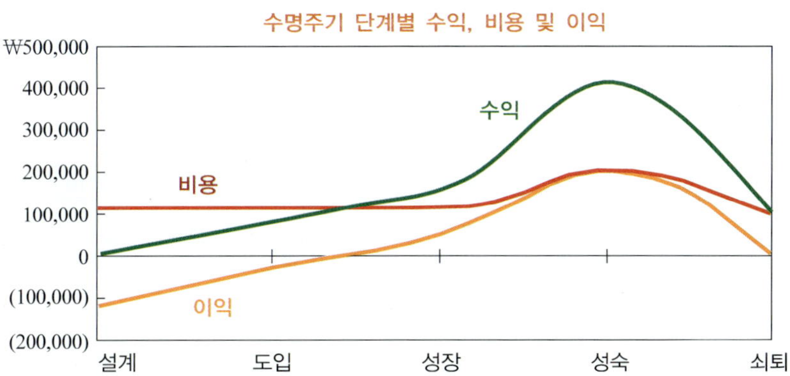

자료 : Mackay & Thomas(2000), 제10장, p.378.

예제 12-2 수명주기원가계산 및 보고

교육용 소프트웨어 개발회사인 ㈜홍익소프트는 기업들이 사내훈련용으로 사용할 수 있는 교육용 패키지를 시장에 선보였다. ㈜홍익소프트는 회계, 인사 등 20개 이상의 직무분야별 교육용 패키지를 개발 · 판매하고 있다. ㈜홍익소프트의 내부보고는 연도별 총수익과 비용을 강조하며 교육용 패키지별 수명주기에 걸친 수익성에 대한 체계적인 보고는 이루어지지 않고 있다.

최근에 새로이 패키지 편집자로 임명된 강철구 씨는 신혜원 씨가 개발한 '성공적 상업용 대출'이란 교육용 패키지를 평가하고 있다. 작가 신혜원 씨는 과거에 ㈜홍익소프트의 교육용 패키지인 현행 '성공적 소비자대출' 개발자이다. 신혜원 씨는 '성공적 소비자대출'의 개발비로 ₩35,000,000의 지원을 요청하였다. 강철구 씨는 이러한 요청에 회의적인 입장이다. 강철구 씨가 신혜원 씨에게 과거 교육용 패키지 개발에 지원해 준 최고의 금액은 ₩250,000,000이었다. ㈜홍익소프트의 재무제표에 대한 분석은 신혜원 씨의 요구가 정당한지를 평가하는 데 있어서 강철구 씨에게 별로 도움이 못 된다. <표 12.3>의 (2)~(7)열에는 6년에 걸친 '성공적 소비자대출'의 연도별 수익과 원가가 제시되어 있다.

표 12.3 성공적 소비자대출 교육용 패키지의 수명주기 수익과 원가

(단위 : 백만원)

수익/원가(1)	1년(2)	2년(3)	3년(4)	4년(5)	5년(6)	6년(7)	합계*(8)
수명주기 수익	₩0	₩0	₩300	₩1,030	₩820	₩370	₩2,520
수명주기 원가							
저자에 지급된 개발비	100	150	0	0	0	0	250
홍익소프트의 개발원가	2	98	40	0	0	0	140
홍익소프트의 제조원가	0	0	75	96	135	80	386
홍익소프트의 판매원가	0	15	120	100	35	28	298
홍익소프트의 유통 및 고객서비스 원가	0	5	40	30	15	12	102
저자에 지급되는 로열티	0	0	30	103	82	37	252
총수명주기원가	**₩102**	**₩268**	**₩305**	**₩329**	**₩267**	**₩157**	**₩1,428**
수명주기영업이익							₩1,092

* 이 표의 수명주기 수익과 원가를 계산함에 있어서 화폐의 시간가치는 고려되지 않았다.

〈물음〉

1. ㈜홍익소프트는 '성공적 소비자대출' 패키지로부터 이익을 실현하였는가? (단, 화폐의 시간가치는 고려하지 않는다)

2. 왜 강철구 씨는 신혜원 씨의 '성공적 소비자대출' 교육용 패키지 제안과 관련하여 제품수명주기 보고서가 유용하다고 생각하는가?

<자료 : HFD, 1991, 제2장 p.412 문제 일부 수정>

풀 이

1. <표 12.3>의 (8)열은 '성공적 소비자대출' 교육용 패키지 제안의 제품수명주기 수익과 제품수명주기 원가를 요약하고 있다. 총제품수명주기 영업이익은 ₩1,092백만이었다(화폐의 시간가치는 고려하지 않았다).

2. 강철구 씨는 개별적 교육용 패키지와 관련하여 많은 의사결정을 한다. 각 패키지의 제품수명주기는 수개년에 달한다. 수명주기 동안의 수익과 비용을 나타내는 **수명주기 보고서**는 개별 교육용 패키지의 전반적 수익성을 명확히 보여준다. 또한 보고서는 개별 교육용 패키지의 개발원가가 언제, 얼마만큼 발생하는지를 잘 보여준다. '성공적 소비자대출' 패키지의 비용항목을 분석하면 개발비가 상대적으로 높기는 하지만 3차연도부터 4년 동안의 높은 수익이 이를 충분히 상쇄하고도 남는다. 신혜원 씨가 교육용 패키지 개발사업에서 "돈을 벌기 위해서는 돈을 써야 해"라고 주장하는 것은 일리가 있다.

   전통적인 연차보고서는 각 패키지와 관련된 총비용과 수익 중의 일부분만을 반영한다. 더구나 ㈜홍익소프트의 연도별 손익계산서는 각 연도별 프로젝트당 비용이나 수익 대신에 단지 여러 프로젝트가 벌어들인 수익과 비용의 총액만을 보고한다.
   강철구 씨의 관점에서 중요한 것은 연차보고서를 이용하는가 아니면 제품별 수명주기보고서를 이용해야 하는가의 선택문제가 아니고, 현행 연차보고에서 제품별 수명주기에 기초한 예산이나 실적을 추가함으로써 자신의 의사결정이 한 차원 높아지는가의 여부이다.

종합 예제 타겟코스팅

㈜와우는 무선으로 조정가능한 신형 모형 자동차를 개발하였다. 동 모형자동차의 제품수명은 5년으로 예상한다. 시장조사 결과에 의하면 동 제품은 첫 3년간은 대당 300,000원을 받을 수 있지만 4차연도부터는 유행에 뒤져 대당 200,000으로 낮춰 팔아야 할 것으로 예상한다. 연도별 예상 판매량은 다음과 같다.

1차연도 :	2,000대
2차연도 :	3,000대
3차연도 :	4,000대
4차연도 :	4,200대
5차연도 :	1,800대
합 계	15,000대

관련 원가 자료 중 변동판매비는 수명주기 전체에 걸쳐 단위당 30,000원 그리고 고정판매관리비는 480,000,000원이 예상된다. ㈜와우는 판매가격의 20%를 목표이익으로 삼고 있다.

〈요구사항〉

1. 신형모형자동차의 수명주기 전체에 걸친 **목표원가**(target cost)는 얼마인가?
2. 만약 ㈜와우가 첫해에는 동 제품을 대당 ₩185,000에 생산할 수 있다면 후반 4년 동안의 **허용가능한 대당 제조원가**는 얼마인가?
3. 만약 ㈜와우의 엔지니어들이 현행 생산방식으로 예상한 단위당 제조원가가 ₩150,000이었다면 **원가절감**을 위해 ㈜와우는 어떤 노력을 기울여야 하는가?

(출처 : Davis and Davis, 2012)

풀 이

1. 1) 위 자료를 이용하여 수명주기 전체의 수익을 계산하면 다음과 같다.

1차연도 :	₩600,000,000	(= 2,000대 × ₩300,000)
2차연도 :	900,000,000	(= 3,000대 × ₩300,000)
3차연도 :	1,200,000,000	(= 4,000대 × ₩300,000)
4차연도 :	840,000,000	(= 4,200대 × ₩200,000)
5차연도 :	360,000,000	(= 1,800대 × ₩200,000)
합 계	₩3,900,000,000	

2) 수명주기 총 매출액을 총판매량으로 나누어 **대당 평균 판매가격**을 구한다.
즉, ₩3,900,000,000 ÷ 15,000대 = ₩260,000/대

3) 단위당 판매관리비(변동비 + 고정비)를 구하면 다음과 같다.
단위당 고정판매비 = ₩480,000,000 ÷ 15,000대 = ₩32,000/대
단위당 변동판매비 = ₩30,000/대
따라서 **단위당 판매관리비** = ₩32,000 + ₩30,000 = ₩62,000/대

4) 목표원가(TC: 단위당 목표 생산원가)는 다음 공식을 통해 구한다. 단, 목표이익은 가격의 20%로 설정되어 있는 바,

단위당 목표이익 = 평균판매가격 − (단위당 목표생산원가 + 단위당 판매비) ………… 식(1)
₩260,000 × 0.2 = ₩260,000 − (TC + ₩62,000)
따라서 ***TC* = ₩146,000/대**

2. 수명주기 전체의 허용원가는 ₩2,190,000,000(=₩146,000×15,000대)이고 1차연도 예상제조원가는 ₩370,000,000(=₩185,000×2,000대)이기 때문에 4년 동안의 허용원가는 ₩1,820,000,000이다. 따라서 차액인 ₩1,820,000,000을 13,000대(나머지 4년간 생산량)로 나누어 구하면 **₩140,000**이다.

3. 목표원가(₩146,000)보다 높은 추정원가(₩150,000)를 낮추기 위한 부품 수 감소나 부품 재료비 절감 방안을 비롯해 공정에서의 조립시간 단축을 위한 혁신 등을 강구해야 한다. 만약 이런 방안이 실천 불가능할 경우 목표이익률의 재조정 또는 (최악의 경우) 신제품의 포기까지 검토해야 할 것이다.

요 약

1. 앞선 제11장에서 **전략적 원가관리**는 제품이나 고객 또는 기능을 주된 원가분석 대상으로 삼고 주로 내부적 요인에 초점을 두는 전통적 관리회계 패러다임과는 달리 추구하는 전략을 이해하는 가운데 총체적 가치사슬상의 매 단계 관점에서 원가를 분석하고 외부적 요인에 초점을 맞추는 기법으로 정의내린 바 있다.

2. 대표적인 전략적 원가관리기법으로 일본의 원가기획개념에 해당하는 **타겟코스팅**은 벤치마킹을 통해 일본으로부터 한수 배운 서구기업들이 경영진으로 하여금 향후 경쟁이 전개될 시장에서 통용될 시장가격으로부터 출발하여 기업이 희망하는 목표이익을 실현할 수 있는 수준으로 제품설계 및 제조를 통해 혁신적인 원가만들기를 강조하기 위해 만들어낸 용어이다. 타겟코스팅의 핵심기법은 **VE**(가치공학)와 **코스트테이블**이다. 타겟코스팅이 효과를 거두려면 CFT(Cross-Functional Team : 다기능팀)를 이용한 내부의 역량 결집은 물론, 납품업체 및 고객을 포함한 확장가치사슬 관점에서 접근해야 한다. 타겟코스팅은 전방단계의 원가절감 노력(특히, 설계자)을 강조하는 반면에 생산공정에서의 지속적인 원가절감을 의미하는 카이젠코스팅은 작업현장 요원들의 원가절감 지식을 강조한다.

3. **수명주기원가계산**(LCC)은 제품 또는 서비스 수명주기전체에 걸친 총원가를 절감할 것을 강조하는 소위 장기적인 원가관리기법이다. 종전의 전통적인 원가관리가 제조 및 물류 단계에서 발생하는 원가를 강조한 것에 비해 LCC는 연구개발, 디자인, 엔지니어링과 같은 제조 이전의 전방단계(일명, up-stream단계)와 후방의 판매 및 애프터서비스까지를 관리대상으로 삼는다. 특히, 전방단계에서의 사전관리가 후일 후방단계에 미칠 영향을 사전에 분석하는 것을 강조한다.

핵심 용어

- 가치사슬
- 생존의 삼각축
- 수명주기원가관리
- BET(손익분기시간)
- 코스트테이블
- 수명주기원가계산(LCC)
- 원가기획
- 전략적 원가관리
- 타겟코스팅
- 사용자 관점
- 확정원가
- 카이젠코스팅
- 생산자 관점
- 범기능팀

Reading materials

원가회계 전문가되기
http://cafe.naver.com/newcosting.cafe

- '마케팅 월드컵' 어떤 기업이 웃나 (키워드: 타겟코스팅) 동아일보, 2014.06.12.
- 기업들 새로운 원가절감 방법…설계 바꾸고 구매처도 변경 (키워드: 원가절감, 사전설계 강조) 매경이코노미, 2008.03.12.
- 팀 쿡이 말한 마진 적은 애플…아이폰X, 순이익 65% 육박 (키워드: 가격결정, 부품가격 인상 반영) OSEN, 2017.09.17.

단답식 개념문제

01. 일본에서는 원가기획으로 불리는 □□□□□은 경영진으로 하여금 향후 경쟁이 전개될 시장에서 통용될 시장가격으로부터 출발하여 기업이 희망하는 목표이익을 실현할 수 있도록 제품설계 및 제조를 통해 혁신적인 원가만들기를 강조하는 전략적 종합이익계획시스템이다.

02. □□□□원가계산(영어 약자: □□□)은 제품 또는 서비스 수명주기 전체에 걸친 총원가를 절감할 것을 강조하는 소위 장기적인 원가관리기법이다. 종전에 비해 제조 이전의 전방단계는 물론 제조 이후의 후방단계에서 발생할 원가까지를 관리대상으로 삼을 것을 강조한다.

03. 휴렛팩커드가 신제품조기출시를 강조하기 위해 도입한 □□□□□□(영어 약자: □□□)이라는 신규 성과측정치는 현금유출의 발생 시점에 상관없이 아이디어 태동부터 프로젝트의 시장 진출을 통해 벌어들이는 총 현금유입액과 그때까지 지출된 현금유출액이 같아지는 시점까지의 기간을 의미한다.

04. 타겟코스팅은 제조 이전의 전방단계에서의 원가절감을 강조하는 반면, □□□코스팅은 제조단계에서의 지속적인 원가절감을 강조한다.

[문1] "회계시스템 자체는 원가관리가 아니다." 이 말에 동의하는가? 그 이유를 설명하시오.

[문2] 미국의 휴렛팩커드사가 아이디어 태동시점부터 CFT의 활용을 통해 신제품의 출시기간을 단축시키기 위해 종업원을 대상으로 한 동기부여목적으로 고안한 대표적인 전략적 성과측정치를 무엇이라고 하는가?

[문3] 전략적 성과측정치인 손익분기기간(break even time)은 투자예산편성의 회수기간과 어떻게 차이나는지를 설명하시오.

[문4] 신제품개발시간을 단축시키는 것에 관심이 증가되는 이유는 무엇인가?

[문5] 손익분기시간(BET)이 신제품개발시간과 관련하여 갖는 이점은 무엇인가?

[문6] 타겟코스팅에서는 경쟁자를 생산자 관점 대신에 고객 관점에서 파악할 것을 강조한다. 참고로 코카콜라 회장이 꼽은 자신들의 최대 경쟁자는 무엇인가?

[문7] 어떤 유형의 기업에서 타겟코스팅이 효과를 발휘할 것인지를 그 이유와 함께 설명하시오.

[문8] 수명주기원가계산 접근법이 전통적인 제품원가계산과 어떻게 다른가?

[문9] 수명주기원가계산 접근법을 사용하는 데서 발생하는 효익은 무엇인가?

[문10] 전통적인 회계가 원가를 관리하기 위해 제품의 수명주기 중 어디에 초점을 맞추는가? 이러한 방법의 문제점은 무엇인가?

[문11] 제품의 수명주기 동안 발생하는 확정원가와 실제 발생한 원가 사이의 관계 및 원가관리에 대해 갖는 시사점을 설명하시오.

[문12] 타겟코스팅이 전통적인 원가절감방법과는 어떻게 다른가? 설명하시오.

[문13] 타겟코스팅 관계를 등식의 형태로 표시하시오. 이 등식이 원가절감에 관련된 다른 두 가지 전통적인 등식과 어떻게 다른가? 왜 이것이 중요한가?

[문14] 가치엔지니어링(VE)과 타겟코스팅 사이의 관계는 무엇인가?

[문15] 타겟코스팅에서 목표이익을 산정하기 위하여 가장 널리 사용되는 이익률 측정치는 무엇인가?

[문16] 행태적인 관점에서 볼 때 타겟코스팅시스템의 시행상의 문제점은 무엇인가?

[문17] 카이젠코스팅과 표준원가계산을 구별짓는 요소는 무엇인가?

[문18] 타겟코스팅과 카이젠코스팅의 주된 차이점은 무엇인가?

[문19] 카이젠코스팅접근법에 의하면 원가절감에 가장 적합한 지식을 가진 사람은 누구인가? 왜 그런가?

[문20] 카이젠코스팅의 의미는 무엇인가? 제품의 수명주기 중 카이젠코스팅이 가장 잘 적용될 수 있는 단계는 무엇인가? 왜 그런가?

[문21] 당신의 상사가 당신에게 다른 조직의 타겟코스팅시스템을 벤치마킹하라고 요청했을 때, 당신은 어떠한 요소에 대한 정보를 수집하겠는가? 왜 그런가?

연습문제

객관식

[문1] 다음은 생산사이클의 여러 단계이다. 다음 중 카이젠코스팅이 활용되는 단계는? (★)

① 설계단계 ② 개발단계 ③ 제조단계
④ 예측단계 ⑤ 마케팅단계

[문2] 수명주기예산과 수명주기원가의 차이점을 잘 설명하고 있는 것은? (★)

① 수명주기예산은 수익과 원가를 포함하고 수명주기원가는 원가만을 포함한다.
② 수명주기예산은 회사의 모든 제품을 포함하지만 수명주기원가는 단지 개별 제품에 대한 것이다.
③ 수명주기예산은 제품의 개발과 생산을 포함하는 반면 수명주기원가는 단지 생산활동만을 포함한다.
④ 수명주기예산은 단일 회계기간과 총금액으로 작성되지만 수명주기원가는 단위원가 개념으로 파악된다.
⑤ 정답 없음.

[문3] 타겟코스팅(target costing)에 대한 설명으로 옳지 않는 것은? (★)

① 목표원가는 기업이 내부적으로 기술진이나 생산담당자들의 분석평가에 의하여 설정하는 부가가치표준과는 상이할 수 있다.
② 목표원가는 외부시장환경과 경쟁업체의 대응 정도 등을 고려하여 기업이 목표로 설정한 시장점유율의 유지 또는 목표로 하는 이익을 달성하기 위하여 전략적인 차원에서 책정하는 원가이다.
③ 목표원가는 목표가격에서 목표이익을 차감하여 결정한다.
④ 목표원가계산 기법은 원가우위(cost leadership) 전략과 연계하여 실시할 수 있다.
⑤ 목표원가계산은 표준원가계산과 마찬가지로 제조단계에서의 원가절감을 강조한다.

[문4] 전략적 원가관리 기법에 관한 설명으로 옳은 것을 모두 고른 것은? (세무사 2011 수정) (★★)

> ㄱ. 목표원가계산(Target costing)을 생산단계에 적용하는 경우 효과가 가장 크게 나타난다.
> ㄴ. 카이젠원가계산(Kaizen costing)에서는 프로세스를 개선시키는데 가장 크게 공헌할 수 있는 조직구성원은 경영자와 공학자라고 가정한다.
> ㄷ. 품질원가계산(Quality costing)은 통제원가(예방 및 평가원가)와 실패원가를 포함한 품질관련원가를 최소화시키면서 품질수준을 최대화시키는데 목적이 있다.
> ㄹ. 수명주기원가계산(Life cycle costing)과 품질원가계산을 환경문제에 적용하면, 탄소배출량을 줄이면서 환경관련원가도 절감할 수 있다.

① ㄱ, ㄷ　② ㄴ, ㄹ　③ ㄷ, ㄹ
④ ㄱ, ㄴ, ㄷ　⑤ ㄱ, ㄴ, ㄹ

[문5] 전략적 원가관리에 관한 설명으로 옳지 않은 것은? (KICPA 2015 1차) (★★)

① 적시생산시스템(JIT)은 짧아진 제품수명 및 제품의 다양성에 따라 증가하는 재고관리비용 등을 감소시키는 방안으로 유용하며, 초변동원가계산(throughput costing)을 사용하여 제품원가를 계산한다.
② 목표원가계산(target costing)은 컴퓨터, 자동차 등 조립형 산업에서 주로 활용되는 것으로서, 시장중심의 목표원가와 생산중심의 표준원가와의 차이를 줄이려는 노력을 원가절감의 일차적 대상으로 삼고 기술개발과 디자인 등에 주력한다.
③ 카이젠원가계산(kaizen costing)은 제조단계에서의 원가절감에 초점을 맞추고 있다.
④ 제약이론(theory of constraints)은 기업의 목표를 달성하는 과정에서 병목공정을 파악하여 이를 집중적으로 관리하고 개선해서 기업의 성과를 높이는 방법이다.

[문6] 전략적 원가관리에 관한 다음 설명 중 옳은 것은? (KICPA 2014, 2016 일부 수정) (★★)

① 제품수명주기원가계산은 특정 제품이 고안된 시점부터 폐기되는 시점까지의 모든 원가를 식별하여 측정한다.
② 제품수명주기원가계산은 시장상황의 검토를 통하여 예상되는 제품의 목표가격을 확인한 후 기업이 필요로 하는 목표이익을 차감하여 결정된다.

③ 카이젠원가계산(kaizen costing)은 제조 이전의 전방단계에서의 지속적인 원가절감을 강조한다.

④ 적시재고시스템(JIT: just-in-time inventory system)은 공장 내에 재고가 거의 없기 때문에 원재료 계정을 별도로 철저하게 기록 · 관리해야 한다.

⑤ 제품수명주기원가계산(product life-cycle costing)은 제조이후단계에서 대부분의 제품원가가 결정된다는 인식을 토대로 생산단계와 마케팅단계에서 원가절감을 강조한다.

[문7] 다음 문장들 중 옳지 않거나 타당치 못한 문장은? (★★)

① 카이젠코스팅은 소규모 증분적 개선을 위주로 원가절감을 추진하는 반면 타겟코스팅은 보다 광범위하고 대량의 원가절감을 강조한다.

② BET는 회수기간법과 동일하게 화폐의 시간가치를 고려치 않는다.

③ BET는 현금유출액이 발생하는 시점에 상관없이 투자안의 아이디어 탄생시점에서 기간을 계산하지만 회수기간법은 최초 현금유출액이 이루어진 때부터 기간을 측정한다.

④ 수명주기예산은 수익과 원가를 포함하고 수명주기원가는 원가만을 포함한다.

주관식

[문1] 수명주기원가 (★★)

다음과 같은 상황을 고려해 보시오. 당신의 매니저가 당신에게 "나는 왜 모든 사람들이 제품원가를 결정하는 데 수명주기원가 접근법에 대해 얘기하고 있는지 모르겠다. 내가 생각하기로는 이 새로운 접근법은 시간과 노력의 낭비이다. 우리는 잘 알고 있는 전통적인 접근법에 매달려야 한다."라고 말했다.

〈요구사항〉

매니저의 견해를 비판하는 메모를 작성하시오. 수명주기원가 접근법을 사용하는 데서 발생하는 효익을 메모에 포함시키시오.

[문2] 타겟코스팅 : 실행에 관련된 문제 (★★)

SK Telecom의 매니저인 임하룡은 타겟코스팅시스템을 도입하는 것을 고려하고 있다. 여러 매니저들이 그들에게 타겟코스팅을 도입하는 것에 대한 우려를 표명하였다.

〈요구사항〉

타겟코스팅의 전문가인 당신은 이러한 우려를 극복하는 방법에 대해 토의하도록 요청을 받았다. 타겟코스팅에 대해 매니저들이 가지고 있는 우려를 논의하는 메모를 작성하라. 이 메모에 당신이 어떻게 이들 우려를 극복할지에 대한 논의를 포함하시오.

[문3] 카이젠코스팅 : 행태적인 문제 (★★)

카이젠코스팅은 여러 일본회사들이 원가를 절감하는 데 매우 효과적이라고 여기고 있는 방법이다.

〈요구사항〉

행태적인 관점에서 다음 질문에 답하시오.

1. 카이젠코스팅을 실행하는 데 가장 큰 문제는 무엇인가?
2. 관리자들이 이러한 문제점을 어떻게 극복할 수 있는가?

[문4] 타겟코스팅과 서비스조직 (★★)

당신이 큰 은행의 매니저라고 가정하라. 타겟코스팅이라는 관리회계방법에 대해서 들은 바가 있어, 당신은 이 방법이 은행에 적용될 수 있는지에 대해 생각해 보고 있다. 특히, 당신은 어떻게 정보를 얻기 위해 다른 조직들을 벤치마크할 것인가를 결정하려고 하고 있다.

〈요구사항〉

타겟코스팅이 은행에 적용될 수 있는가? 어떠한 제품과 서비스에 타겟코스팅이 적용될 수 있는가?

[문5] 타겟코스팅 (★)

마케팅조사를 토대로 조명기기를 생산하는 신광조명은 야외조명 제품라인을 보완하기 위한 새로운 야외조명 고정장치를 생산하기로 결정하였다. 이 장치는 목표가격인 ₩10,000에 판매될 수 있으며 연간 예상판매량은 3,000개이다. 신광조명은 20%의 매출이익률을 목표로 삼고 있다. 이때 신광조명의 단위당 목표원가는 얼마인가?

[문6] 타겟코스팅 (★)

최근 정부가 국경일에 국기 게양을 강조하는 반면에 각 가정집이나 아파트에서는 국기를 꽂을 깃대(flagpole)가 부족하다는 기사를 접한 ㈜신촌은 신제품으로 가정용 깃대를 생산할 것을 검토중이다. 자체 시장조사 결과 가정용 깃대는 단위당 ₩175에 판매가능한 것으로 밝혀졌다. 깃대 판매에는 단위당 ₩25의 변동판매비와 연간 ₩400,000의 고정판매관리비가 소요될 것으로 추정된다. ㈜신촌은 연간 5,000개의 가정용 깃대 생산능력을 가지고 있다. ㈜신촌은 깃대 생산으로 단위당 ₩20의 이익을 달성할 경우에만 가정용 깃대 생산을 시작할 것이다.

〈요구사항〉

1. ㈜신촌이 가정용 깃대 제품을 출시할 것을 결정하려면 목표제조원가는 대당 얼마가 되어야 하는가?
2. 깃대 생산에 단위당 ₩80의 원가가 소요될 것으로 기업은 추정하고 있다. ㈜신촌은 어떤 조치를 취하겠는가?

<자료 : RBK, 1999, 제12장 연습문제 수정>

[문7] 타겟코스팅과 목표원가 (★★)

㈜홍익산업은 전원주택소유자를 위해 새로운 통나무 절단기계를 개발하려고 한다. 시장조사 결과 통나무 절단기계는 1대당 ₩500의 소매가격으로 5,000대를 판매할 수 있다고 한다. 판매는 카탈로그 전문회사에서 대행해 주는 데 연간 ₩2,000의 고정수수료와 판매대수당 ₩50의 변동수수료를 지급해야 한다. 통나무 절단기계의 제조에 필요한 원재료의 원가는 단위당 ₩95이다.

〈요구사항〉

㈜홍익산업이 최종판매가격의 10%의 이익을 희망할 경우 이를 달성하도록 허용될 단위당 제조원가 및 일반관리비를 합친 목표원가는 얼마가 되어야 하는가?

<자료 : MDH, 2000, 제9장 문제 수정>

[문8] 카이젠코스팅 (★★)

카메라를 생산하는 ㈜홍익테크노의 안양공장의 경우 원가통제가 경영진의 주요 관심사항이 되고 있다. 다음은 2018년과 2019년의 단위당 실제원가이다.

	2018년	2019년
• 직접재료비 :		
– 플라스틱 케이스	₩4.00	₩3.80
– 렌즈 세트	17.00	17.20
– 전자부품 세트	6.00	5.40
– 필름 트랙	12.00	10.00
• 직접노무비	32.00 (1.6시간)	30.00 (1.5시간)
• 제조간접비		
– 변동비	8.00 (100,000단위기준)	7.10 (120,000단위기준)
– 고정비	2.00	1.90

홍익테크노는 렌즈세트를 제외한 모든 카메라부품을 자체생산하고 있다. 동사는 과거

에는 타겟코스팅을 사용하여 왔으나 점차 격해지는 글로벌 가격경쟁에 대응할 수 없게 되었음을 감안하여 2019년초 원가절감을 목표로 지속적인 개선프로그램, 즉 카이젠코스팅을 병행 실행하기로 하였다.

〈요구사항〉

홍익테크노가 카이젠코스팅 프로그램의 1차년도 목표를 2018년 대비 10% 원가절감으로 정했다면 과연 홍익테크노는 2019년에 단위당 원가절감목표를 달성할 수 있었는가? 구체적 수치와 함께 적절한 설명을 제시하시오.

<자료 : MDH, 2000, 제9장 문제 수정>

[문9] 수명주기원가계산을 통한 제품강조 (★★)

㈜와우컴은 자신들이 현재 팔고 있는 소프트웨어제품의 수익성과 가격정책을 검토하고 있다. ㈜와우컴의 소프트웨어사업부는 공학자들을 위한 다음 세 가지 소프트웨어를 개발해 왔다.

- EE-46 : 전기공학자들을 위한 패키지
- ME-83 : 기계공학자들을 위한 패키지
- KE-17 : 산업공학자들을 위한 패키지

"요람에서 무덤까지"를 표방하는 수명주기원가계산(LCC) 관점에서 각 패키지의 2년에 걸친 관련자료는 다음과 같다.

		판매수량	
패키지	판매가격(천원)	1차년도	2차년도
EE-46	₩250	2,000	8,000
ME-83	300	2,000	3,000
KE-17	200	5,000	3,000

2년 후에 재고는 없다고 가정한다. ㈜와우컴은 소프트웨어 사업에서 어떤 제품라인을 강조할 것인지를 결정하고자 한다. 과거 2년간 소프트웨어 사업부문의 수익성은 형편없었다. 특히, ㈜와우컴은 각 사업부가 지출하는 연구개발비의 증가에 촉각을 곤두세우고 있다. 한 소프트웨어 분석가는 최근 패키지의 하나인 KE-17의 연구개발비를 삭감해야 한다고 지적한 바 있다.

지난 주 소프트웨어 사업부 책임자인 Nancy Sullivan은 제품수명주기원가관리(LCCM)에 관한 세미나에 참석하였다. 세미나에서는 수명주기 보고에 관한 주제가 다루어졌다. Nancy는 자신의 사업부에 이 접근방법을 사용하기로 결심하였다. 다음 자료는 Nancy가 EE-46, ME-83, 그리고 KE-17 패키지와 관련하여 수집한 수명주기수익과 원가정보이다.

(단위 : 천원)

	EE-46		ME-83		KE-17	
	1년	2년	1년	2년	1년	2년
매 출	₩500	₩2,000	₩600	₩900	₩1,000	₩600
비 용						
연구개발비	700	0	450	0	240	0
설계원가	185	15	110	10	80	16
제조원가	75	225	105	105	143	65
판매원가	140	360	120	150	240	208
유통원가	15	60	24	36	60	36
고객서비스	50	325	45	105	220	388

〈요구사항〉

1. 제품수명주기이익계산서는 전통적인 연도별 손익계산서와 어떻게 다른가? 제품수명주기 보고형식을 사용하는 효익은 무엇인가?
2. 소프트웨어 패키지별 제품수명주기이익계산서를 작성하시오. 어떤 패키지의 수익성이 가장 높은가? 그리고 어떤 패키지의 수익성이 가장 낮은가?
3. 소프트웨어 패키지별 원가구조상의 차이점을 설명하시오.

<자료 : HFD, 1989, 제12장 문제 12~29 수정>

[문10] 타겟코스팅, 가치공학(VE), ABC (★★★)

홍익전자는 텔레비전 제조에 필요한 두 가지 구성부품, 즉 트바즈와 프리미아를 제조하고 있다.

- 트 바 즈 : 개당 ₩40.6의 판매가격으로 50,000개를 생산, 판매
- 프리미아 : 개당 ₩60의 판매가격으로 25,000개를 생산, 판매

홍익전자는 모든 연구개발비와 디자인비용을 엔지니어링원가에 포함시키고 있다. 홍익전자는 마케팅, 물류 및 고객지원비용이 전혀 발생하지 않는다고 가정한다.

	트바즈	프리미아	합 계
직접재료비(변동)	₩850,000	₩600,000	₩1,450,000
직접노무비(변동)	300,000	200,000	500,000
직접기계가동비(고정)	150,000	100,000	250,000
제조간접비			
기계가동준비원가			86,250
검사원가			487,500
엔지니어링원가			450,000
소 계			1,023,750
총원가			₩3,223,750

홍익전자의 경영진은 활동원가집합, 각 활동별 원가동인 그리고 각 간접원가 집합에 대한 원가동인별 단위당 원가를 다음과 같이 파악하였다.

제조활동	활동의 내용	원가동인	원가동인의 단위당원가
1. 생산준비	제품의 새로운 정량 작업단위(batch)를 제작하기 위한 기계의 준비	생산준비시간	₩25/생산준비시간
2. 검 사	부품과 최종제품을 검사(홍익전자는 트바즈와 프리미아의 각 부분을 개별적으로 검사함)	검사시간	₩2/검사시간
3. 엔지니어링	제품과 공정을 디자인하고 원활한 작동을 책임짐	제품과 공정의 복잡성	원가는 별도의 조사를 통하여 부과됨

장기적인 관점에서 홍익전자의 경영진은 직접재료비와 직접노무비를 트바즈와 프리미아의 생산수량에 따라 변동하는 것으로 보고 있다. 각 제품의 직접 기계사용원가는 시간에 따라 변하지 않는 장기고정비용이다. 간접원가는 선택된 원가동인에 따라 변화한다고 가정한다. 예를 들면, 생산준비비용은 생산준비시간의 수에 따라 달라진다. 추가적인 정보는 다음과 같다.

	트바즈	프리미아
1. 정량생산(batch) 규모	500단위	200단위
2. 정량생산단위당 생산준비시간	12시간	18시간
3. 생산단위당 검사시간	2.5시간	4.75시간
4. 제품관련 엔지니어링 원가	₩170,000	₩280,000

홍익전자는 트바즈의 가격을 인하하라는 경쟁압력을 받고 있고 현행가격 ₩40.60보다 훨씬 낮은 ₩34.80을 목표가격으로 설정하였다. 홍익전자의 당면과제는 트바즈의 원가를 감축하는 것이다. 이와 관련하여 홍익전자의 엔지니어는 트바즈를 뉴트바즈로 대체하기 위한 새로운 제품디자인과 공정개선안을 제출하였다. 새로운 디자인은 제품품질을 향상시킬 것이며 작업공손과 작업폐물을 줄일 것으로 기대된다. 가격인하로 인해 홍익전자의 현재 판매량이 늘어날 것으로 기대할 수는 없을 것이다(그러나 가격을 인하하지 않는다면 판매량은 감소하게 될 것이다).

홍익전자가 새로운 디자인을 적용함으로써 기대되는 효과는 다음과 같다.

① 뉴트바즈의 직접재료비는 단위당 ₩2 감소

② 뉴트바즈의 직접노무비는 단위당 ₩0.50 감소

③ 뉴트바즈의 단위당 검사시간은 0.5시간 단축

④ 뉴트바즈의 제조를 위한 기계사용시간은 20분 감소될 것으로 기대된다. 현행 기계를 이용하여 한 단위의 트바즈를 제조하는 데는 1시간이 소요되는데 이 기계가 뉴

트바즈의 생산에 전담 배치될 것이다.

⑤ 뉴트바즈의 생산준비작업에는 7시간이 소요된다.

⑥ 엔지니어링 원가는 불변으로 가정한다.

뉴트바즈의 배치(batch) 크기는 트바즈와 동일하다고 가정한다. 만약 홍익전자가 새 디자인을 실행하기 위해 추가적인 자원이 필요하다면 필요한 만큼의 추가자원이 보충될 수 있다고 가정한다. 나아가서 뉴트바즈에 대한 단위당 원가동인의 원가는 트바즈의 원가동인 원가와 동일하다고 가정한다.

〈요구사항〉

1. ABC방식을 이용하여 트바즈와 프리미아의 단위당 제품원가를 계산하시오.
2. 트바즈의 단위당 전부원가에 대한 마크업(이익가산)률은 얼마인가?
3. 홍익전자가 트바즈에 적용했던 단위당 전부원가의 마크업률을 뉴트바즈에게 동일하게 적용한다면 뉴트바즈의 목표원가는 얼마인가?
4. 뉴트바즈 디자인은 홍익전자가 세운 원가절감목표를 달성할 수 있을 것인가?
5. 트바즈에 대해 적용했던 동일한 비율의 단위당 전부원가의 마크업률이 뉴트바즈에 적용된다면 홍익전자는 뉴트바즈에 대하여 얼마의 가격을 책정하겠는가?
6. 뉴트바즈에 대하여 얼마의 가격이 적용되어야 하며 뉴트바즈에 대하여 취해져야 할 다음 조치는 무엇인가?

<자료 : HFD, 1994, 제23장 연습문제 수정>

TIP!

마크업(mark-up)이란?

마크업이란 가격결정시 기본이 되는 원가에 일정비율로 곱해지는 마진폭을 의미한다. 백화점 같은 소매업의 경우 흔히 구매원가의 일정비율(가령, 200%)을 추가하여 최종 판매가격을 책정한다. 가령, 한 벌에 200,000원의 숙녀복을 구입한 후 400%의 마크업을 적용하면 판매가격은 1,000,000원이 된다. 마크업에 관해서는 신관리회계 교재(2019) 제5장을 참조하면 된다.

참고문헌
Reference

A. 주요 참고문헌

1. 신홍철, 『(전략적 관점을 강조한) 관리회계』, 경문사 2001.
2. 강대준 · 신홍철, 『지금 당장 회계공부 시작하라』, 한빛비즈, 2012.
3. 신홍철 · 이주원 · 강대준, 『新관리회계』, 경문사, 2014.
4. 신홍철 · 정영기, 『IFRS 회계학원론』, 도서출판 청람, 2013.
5. 신홍철, 『관리회계의 혁신: 성공기업을 위한 전략적 관리회계의 실행』, 경문사, 1993.
6. 신홍철, 「TDABC에 관한 소고」, 상업교육연구, 2015.

B. 기타 참고문헌

1) 국내문헌

권용찬, 『원가관리회계』, 무역경영사, 1992.

김성기, 『원가 · 관리회계연습』, 경문사, 1990.

______, 『현대관리회계』, 다산출판사, 1988.

______, 『현대원가회계』, 경문사, 1986.

김진환, 유성용, 『원가회계』, 명경사, 2012.

박호근, 『관리회계연습』, 법문사, 1992.

신홍철 · 이택수 공역, 『타겟코스팅: 전략적 원가관리의 뉴프론티어』, 명경사, 1998.

요시카와 다케오外 2인, 신홍철 · 배병한(역), 『ABC 회계혁명』, 21세기북스, 1995.

이광우, 『원가관리회계』, 도서출판 홍, 1997.

이동욱, 『원가관리회계연습』, 도서출판 홍, 1997.

이승주, 『경영전략 실천 매뉴얼』, Sigma Insight Group, 1999.

정준수, 『경영원가계산』, 경문사, 1992.

조동성 역, 『경쟁우위』, 교보문고, 1991.

2) 해외문헌

Atkinson, Anthony A., Rajiv D. Banker, Robert S. Kaplan, and S. Mark Young, *Management Accounting*, Prentice-Hall, 1997. 본문표기 ABKY, 1997

Atkinson, Anthony A., Robert S. Kaplan, Ella M. Matsumura, and S. Mark Young, *Management Accounting*, Pearson Education, 2012(6th). 본문표기 AKMY, 2012

CAM-I Target Core Group, *Target Costing: The Next Frontier in Strategic Cost Management*, McGraw-Hill Book Co., 1997.

______, Implementing Capacity Cost Management Systems, IMA Arthur Anderson LLP, CAM-I, 2000.

Cecily A. Raiborn, Jesse T. Barfield, and Michael R. Kinney, *Management Accounting*,

West Publishing Company, 1996.

Cooper, R., and R, Slagmulder, *Target Costing and Value Engineering*, Portland : Productivity Press, 1997.

Davis, Charles E. and Elizabeth Davis, *Management Accounting*, John Wiley & Sons, Inc., 2012.

Edward J. Blocher, Kung H, Chen, and Thomas W. Lin, *Cost Management: A Strategic Emphasis*, Irwin/McGraw-Hill, 1999.

George Stalk, Jr. and Thomas M. Hout, *Competing Against Time: How Time-based Competition Is Reshaping Global Markets*, The Free Press, 1990.

Hilton, Ronald W., *Managerial Accounting*, McGraw-Hill, 1994.

Horngren, Charles T., George Foster and Srikant M. Datar, *Cost Accounting : Managerial Emphasis*, Prentice-Hall, 1989. 본문표기 HFD, 1989

______, *Cost Accounting : Managerial Emphasis,* Prentice-Hall, 1991. 본문표기 HFD, 1991

______, *Cost Accounting : Managerial Emphasis,* Prentice-Hall, 1994. 본문표기 HFD, 1994

______, *Cost Accounting : Managerial Emphasis*, Prentice-Hall, 1997. 본문표기 HFD, 1997

______, *Cost Accounting : Managerial Emphasis*, Prentice-Hall, 2000. 본문표기 HFD, 2000

______, *Cost Accounting : Managerial Emphasis*, Prentice-Hall, 2006. 본문표기 HFD, 2006

Ian C. Gregory and Simon B. Rawling, *Profit from Time: Speed Up Business Improvement by Implementing Time Compression*, Macmillan Press, 1997.

James T. Mackay and Michael F. Thomas, *Management Accounting: A Road of Discovery*, South-Western College Publishing, 2000.

Jerry J. Weygandt, Donald E. Kieso, and Paul D. Kimmel, *Management Accounting: Tools for Business Decision Making*, John Wiley & Sons, Inc., 1999.

Mackay, James T. and Michael F. Thomas, *Management Accounting : A Road of Discovery*, South-Western College Publishing, 2000.

McNair, C. J. and Richard Vangermeersch, *Total Capacity Management: Optimizing at the Operational, Tactical, and Strategical Levels*, St. Lucie Press, 1998.

______ and The CAM-I Cost Management Integration Team, *Value Quest: Driving Profit and Performance by Integrating Strategic Management Processes*, CAM-I, 2000.

Michael Maher, *Cost Accounting: Creating Value for Management*, Irwin/McGraw-Hill, 1997.

Michael Maher and Edward B. Deakin, *Cost Accounting*, Irwin, 1994.

Morse, Wayne J. and Harold P. Roth, *Cost Accounting: Processing, Evaulating and Using Cost Data*, Addison Wesley Publishing Company, 1989. 본문표기 Morse & Roth, 1989

Morse, Wayne J., James R. David, and A. L. Hartgraves, *Management Accounting*, Addison Wesley Publishing Company, 1984.

______, *Management Accounting : A Strategic Accounting*, South-Western College Publishing, 2000. 본문표기 MDH, 2000

Porter, M. E., *Competitive Advantage*, The Free Press, 1985.

Rayborne, Cecily A., Jesse T. Barfield, and Michael R. Kinney, *Management Accounting*, West Publishing Company, 1999. 본문표기 RBK, 1999

Robert W. Ingram, Thomas L. Albright, and John W. Hill, *Managerial Accounting: Information for Decisions*, South-Western College Publishing, 1997.

Ronald W. Hilton, *Managerial Accounting*, McGraw-Hill, 1994.

Shank, J. K. and V. Govindarajan, *Strategic Cost Analysis*, Irwin, 1989.

______, *Solutions Manual to Accompany Managerial Accounting*, McGraw-Hill, 1994.

Szychta, A., Time-Driven Activity-Based Costing in Service Industries, *Social Science*, Nr.1(67), 2010.

Turney, Peter B. B., *Common Cents*, Cost Technology Hillsboro, OR, 1991.

Wayne J. Morse, James R. David, and Al L. Hartgraves, *Management Accounting*, Addison Wesley Publishing Company, 1984.

______, *Management Accounting: A Strategic Accounting*, South-Western College Publishing, 2000.

Key Figures

연습문제수치해답

제1장 원가회계의 세상 속으로

객관식

[문1] ③ [문2] ③ [문3] ⑤ [문4] ①

주관식

[문1] ① 기록계산기능 : (1), (3)
② 주의환기기능 : (2), (5), (6), (7), (8)
③ 문제해결기능 : (4)

[문2] (1) 기록계산기능(score-keeping)
(2) 문제해결기능(problem-solving)
(3) 주의환기기능(attention-directing)

[문3] ① 다품종 소량생산 방식 ② 늘어남 ③ T
④ Well-designed is half sold

제2장 원가와 원가계산의 기본

객관식

[문1] ③ [문2] ① [문3] ③ [문4] ③ [문5] ① [문6] ②
[문7] ② [문8] ⑤ [문9] F

주관식

[문1] (1) 변동비 (2) 고정비 (3) 준고정비(계단식)
(4) 혼합비 (5) 고정비 (6) 혼합비 (7) 변동비

[문2] ① 가공비 ₩570,000
② 재고가능원가(제조원가) ₩830,000
③ 제조원가(재고가능원가) ₩830,000
④ 변동제조원가 ₩680,000
⑤ 총고정비 ₩420,000
⑥ 주요 원가(기초원가) ₩560,000
⑦ 제조직접비 ₩560,000
⑧ 총변동비 ₩770,000
⑨ 제품원가(제조원가) ₩830,000

[문3] ① 재고가능원가 ₩330,000
② 제조원가 ₩330,000
③ 변동제조원가 ₩280,000
④ 가공원가 ₩250,000
⑤ 제품원가 ₩1,810,000

[문4] ① 재고가능원가 ₩900,000
② 주요원가 ₩550,000
③ 당기총제조원가 ₩900,000
④ 총변동원가 ₩430,000
⑤ 가공비 ₩750,000
⑥ 변동제조원가 ₩300,000
⑦ 제품원가 ₩900,000

제3장 원가흐름과 원가추정

객관식

[문1] ③ [문2] ① [문3] ② [문4] ② [문5] ② [문6] ②
[문7] ④ [문8] ③ [문9] ⑤ [문10] ① [문11] ③ [문12] ④

주관식

[문1] ₩365,000

[문2] 1~2. 해답집 참조
3. 당기제품제조원가 ₩90,000
4. 당기순손실 ₩5,000

[문3] 1. 당기제품제조원가 ₩79,500
2. 당기순이익 ₩7,200 제조원가명세서 및 손익계산서는 해답집 참조

[문4] Y = 150,000 + 110X

[문5] 1. 제조간접비의 단위당 변동비(v) ₩0.5/₩1(직접노무비)
2. 고정비(F) ₩9,000
3. 간접재료비 ₩4,640, 간접노무비 ₩10,960

[문6] 10월 제조간접비 중 수선유지비 추정액 ₩20,200

[문7] ₩2,274,000

[문8] 1. 산포도는 해답집 참조
2. 기계작업시간당 변동수선비 ₩0.33/기계시간, 월별 고정수선비 ₩16.67

[문9] 추가직접노동시간 936시간

[문10] ₩6,832,000

[문11] 합계(DM+DL) = ₩318,696

[문12] 1~2. 해답집 참조
3. ₩3,195,250 4. ₩2,017,750

[문13] 해답집 참조

제4장 개별원가계산

객관식

[문1] ③ [문2] ④ [문3] ① [문4] ② [문5] ① [문6] ①
[문7] ③ [문8] ④ [문9] ④ [문10] ② [문11] ② [문12] ④

주관식

[문1] (1) 직접노무비 ₩882,000
(2) 총원가 ₩1,911,000

[문2] ₩750,000

[문3] 1. 완성품제조원가 ₩77,700
2. 제조간접비 과소배부금액 ₩2,000

[문4] 1. 기계시간 2. 예정배부액 ₩30,975

[문5] 1. A부문 ₩1.125/직접노무비, B부문 ₩7.5/기계시간
2. ₩267 3. ₩24.65
4. A부문 ₩32,000 과소배부, B부문 ₩24,000 과대배부, 전체 ₩8,000 과소배부
5. 원가정보의 지연과 고정제조간접비의 변동성 해소
6. 부족배부액을 의미

[문6] 1. ₩177,447 2. 18,800단위

[문7] 해답집 참조

제5장 종합원가계산

객관식

[문1] ③ [문2] ④ [문3] ④ [문4] ① [문5] ④ [문6] ⑤
[문7] ② [문8] ② [문9] ③ [문10] ②

주관식

[문1] 직접재료비 2,000단위, 가공비 2,000단위

[문2] 해답집 참조. 완성품환산량은 1) 평균법: 직접재료비 135,500단위, 가공비 129,500단위
2) 선입선출법: 직접재료비 119,500단위, 가공비 117,500단위

[문3] 1. 직접재료비 ₩7,000, 가공비 ₩50,000
2. 직접재료비 ₩10,000, 가공비 ₩69,000

[문4] 해답집 참조
1) 평균법: 완성품원가 ₩250,450, 기말재공품원가 ₩53,250
2) 선입선출법: 완성품원가 ₩250,510, 기말재공품원가 ₩53,190

[문5] 해답집 참조
1) 평균법: 완성품원가 ₩443,829, 기말재공품원가 ₩395,371
2) 선입선출법: 완성품원가 ₩455,564, 기말재공품원가 ₩383,636

[문6] 해답집 참조
1) 평균법: 완성품원가 ₩43,520, 기말재공품원가 ₩6,240
2) 선입선출법: 완성품원가 ₩43,469, 기말재공품원가 ₩6,291

[문7] 완성품원가 ₩2,243,000, 월말재공품원가 ₩558,500, 비정상공손원가 ₩8,500

[문8] ₩153,600

[문9] ₩7,896,000

제6장 결합원가계산

객관식

[문1] ② [문2] ③ [문3] ④ [문4] ⑤ [문5] ② [문6] ①

[문7] ③ [문8] ③ [문9] ④

주관식

[문1] 1. X=₩30,000, Y=₩20,000, Z=₩10,000
2. X=₩24,000, Y=₩21,000, Z=₩15,000

[문2] 1. $3,636,364 2. $4,000,000

[문3] ₩28,625

[문4] ₩3,600,000

[문5] ₩12,000

[문6] ₩30,000

[문7] ₩80,000

[문8] 1. 해답집 참조
2. 프로용 ₩35,000, 일반용 ₩24,750

제7장 ABC 활동기준원가계산

객관식

[문1] ① [문2] ③ [문3] ⑤ [문4] ④ [문5] ④ [문6] ③ [문7] ③ [문8] ③ [문9] ③ [문10] ① [문11] ② [문12] ② [문13] ① [문14] ⑤ [문15] ② [문16] ②

주관식

[문1] 5회

[문2] 손실 ₩85,000

[문3] 1. Deluxe ₩275, Regular ₩210
2. Deluxe ₩325, Regular ₩200

[문4] 1. ₩16/직접노동시간
2. 제품 X ₩20, 제품 Y ₩10
3. 제품 X: 총 ₩144,000/단위당 ₩48, 제품 Y: 총 ₩71,000/단위당 ₩142
4. 공정이 복잡한 경우 전통적 원가계산은 제품의 원가를 과소계상
5. 해답집 참조 6. 해답집 참조

[문5] 1. 고려식 ₩7.50, 현대식 ₩7.00
2. 고려식 ₩7.31, 현대식 ₩7.75
3. 고려식 ₩7.35, 현대식 ₩7.60

[문6] 1. 주문품 A ₩8,496, 주문품 B ₩7,910
2. 주문품 A ₩0.4248/박스, 주문품 B ₩0.791/박스
3. (1) ₩255/시간 (2) 주문품 A ₩10,710, 주문품 B ₩5,355 (3) 주문품 A ₩0.5355/박스, 주문품 B ₩0.5355/박스
4. 주문품간의 직접노동시간사용량을 반영하지 못함. 예정배부율의 부정확성

[문7] 1. 보급판 ₩220,000, 고급판 ₩280,000
2. 잘못된 의사결정이다. 원가동인별로 배부하면 보급판은 ₩130,000의 이익발생

[문8] 1. ₩4,000/구매횟수, ₩0.04/구매금액 ₩1당
2. ₩64

[문9] 1. 고객주문취급 ₩56.25, 고객불만처리 ₩150, 고객신용분석 ₩200
2. 고객주문취급 ₩45, 고객불만처리 ₩210, 고객신용분석 ₩180
3. 고객주문취급 ₩360,000, 고객불만처리 ₩84,000, 고객신용분석 ₩81,000, 유휴생산능력원가 ₩75,000
4. ABC ₩31,500, TDABC ₩35,400
5. 고객주문취급 ₩382,500, 고객불만처리 ₩73,500, 고객신용분석 ₩90,000, 유휴생산능력원가 ₩54,000

제8장 CVP(원가-조업도-이익) 분석

객관식

[문1] ③ [문2] ① [문3] ③ [문4] ⑤ [문5] ① [문6] ① [문7] ⑤ [문8] ① [문9] ① [문10] ③ [문11] ③ [문12] ④ [문13] ⑤ [문14] ⑤ [문15] ⑤ [문16] ①

주관식

[문1] 1. ₩200,000 2. 2,700단위

[문2] 31.25%

[문3] 1. ₩500,000 2. ₩680,000

[문4] 제품 A의 판매수량은 6,000개, 제품 B의 판매수

량은 3,000개, 세후순이익 ₩120,000

[문5] 1. 6% 2. △₩70,000(영업손실)

3. 6% (판매량 1,060단위)

[문6] 1. 28,500개 2. ₩1,200,000,000

[문7] 일반적 손익분기점 24,000개,

법인세를 무시한 현금분기점 14,400개,

법인세를 고려한 현금분기점 8,000개

[문8] 공헌이익률 = 0.38(38%)

제9장 표준원가계산

객관식

[문1] ② [문2] ③ [문3] ③ [문4] ④ [문5] ② [문6] ③

[문7] ④ [문8] ⑤ [문9] ③ [문10] ③ [문11] ②

주관식

[문1] 3,500시간

[문2] 1. ₩9/파운드 2. 20,000단위

[문3] 1. 조업도차이 ₩4,000(F)

2. 배부될 총제조간접비 ₩367,200

3. 변동제조간접비 소비차이 : ₩7,350 불리

4. 변동제조간접비 능률차이 : ₩4,800 유리

[문4] 1. ₩4/시간 2. ₩140,000 3. ₩132,000

4. 24,000시간 5. ₩135,000 6. ₩130,000

[문5] 1. (1) 완성품(다음 공정 대체품)원가 ₩17,600

(2) 기말재공품 원가 ₩2,600

2. (1) 직접재료비 총차이 ₩250(U)

(2) 가공비 총차이 ₩560(U)

[문6] (1) ₩400/시간 (2) 80시간 (3) 실제임률(AP) = ₩1,050

[문7] 1. ① 직접재료비 가격차이 20,000(U),

배합차이 1,000(U), 수율차이 26,400(U),

능률차이 27,400(U)

② 직접노무비 임률(가격)차이 13,000(U),

시간(능률)차이 10,200(U)

③ 변동제조간접비 소비차이 4,000(F),

능률차이 16,320(U)

④ 고정제조간접비 예산차이 5,000(U),

조업도차이 13,280(U)

2. 완성품원가 ₩310,000 기말재공품원가 ₩36,800

원가계산표는 해답집 참조

[문8] 1. 완성품환산량 재료비 10,000개, 가공비 10,300개

2. 직접재료비 가격차이 ₩11,000(U), 능률차이 ₩10,000(U)

직접노무비 임률차이 ₩5,575(U), 능률차이 ₩17,600(U)

제조간접비 예산차이 ₩1,930(U), 조업도차이 ₩4,250(U)

[문9] (a) ₤1,800 (b) $5,856 (c) $96(U) (d) $4,495

(e) $155(U) (f) 600 (g) $230(F) (h) $80(U)

제10장 변동원가계산

객관식

[문1] ⑤ [문2] ④ [문 3] ④ [문4] ① [문5] ④ [문6] ③

[문7] ① [문8] ④ [문9] ③ [문10] ① [문11] ② [문12] ④

[문13] ④

주관식

[문1] ₩840,000

[문2] 1. ₩850,000

2. 판매량은 0 ∵생산량 = 기말재고 = 2,000개

[문3] ₩1,200,000

[문4] 1. 해답집 참조

2. 공헌이익 ₩110,000,000, 영업이익 ₩98,010,000

3. 영업손익 차이조정

Ⅰ. 변동원가계산하의 당기순이익		₩98,010,000
Ⅱ. 기말재고자산에 포함된 고정제조간접비		
1. 재공품 : 750×0.4×550 =	₩165,000	
2. 제　품 : 600×550 =	330,000	495,000
Ⅲ. 기초재고자산에 포함된 고정제조간접비		
1. 재공품 : 500×0.5×550 =	137,500	
2. 제　품 : 850×550 =	467,500	(605,000)
Ⅳ. 전부원가계산하의 순이익		97,900,000

[문5] 1. 전부원가계산하의 매출원가 ₩228,000,

영업이익 ₩87,200

2. 변동원가계산하의 매출원가 ₩115,500,

영업이익 ₩79,700

[문6] 1,000개

[문7] (1) 2월초 종합예산 총제조원가 ₩551,200
(2) 2월말 변동예산 총제조원가 ₩519,000

[문8] 160대

[문9] 전부원가계산 7월 ₩900, 8월 ₩7,700
변동원가계산 7월 ₩(300), 8월 ₩6,200

제11장 전략적 원가관리(I) : 품질코스팅 및 ABM

객관식

[문1] ③ [문2] 5, 7번을 제외한 모든 활동은 비부가가치 활동이다.

[문3] 1. H, 2. B, 3. A, 4. D, 5. F, 6. E, 7. C, 8. G

[문4] ② [문5] ① [문6] ① [문7] ④ [문8] ④ [문9] ③
[문10] ③ [문11] ④ [문12] ③ [문13] ④ [문14] ①
[문15] ⑤ [문16] ① [문17] ③

주관식

[문1] 해답집 참조

[문2] 해답집 참조

[문3] 14.3%

[문4] 1. 해답집 참조
2. A형 ₩29,000, B형 ₩52,250, C형 ₩68,900
3. ₩96,280,000
4. ₩177,350,000

[문5] 150회

[문6] 1. ₩50,000 증가 2. ₩800,000 감소
3. ₩1,200,000 감소

제12장 전략적 원가관리(II) : 타겟코스팅 및 수명주기 원가계산

객관식

[문1] ③ [문2] ① [문3] ⑤ [문4] ③ [문5] ① [문6] ①
[문7] ②

주관식

[문1] 해답집 참조

[문2] 해답집 참조

[문3] 해답집 참조

[문4] 해답집 참조

[문5] ₩24,000,000

[문6] 1. ₩50
2. 가정용 깃대를 생산하지 않거나 단위당 ₩30의 원가절감 방안을 강구

[문7] ₩399.6

[문8] 해답집 참조

[문9] 1. 제품수명주기이익계산서는 사전적인 관리 관점이다.
2. 수익성 순위

영업이익		영업이익/수익	
1. EE-46	₩350,000	1. ME-83	16.0%
2. ME-83	240,000	2. EE-46	14.0%
3. KE-17	(96,000)	3. KE-17	(6.0%)

3. 해답집 참조

[문10] 1. 트바즈 ₩35.00, 프리미아 ₩58.95
2. 16%
3. ₩30
4. 달성하지 못한다.
5. ₩36.25
6. 목표가격을 ₩34.80으로 해야 한다. ₩36.25(원가가산가격)으로 가격을 설정한다면, 원가동인 단위당 원가를 절감해야 한다.

찾아보기
INDEX

찾아보기 INDEX

[저자소개]

신홍철(申洪哲) shinhc53@gmail.com

[학력]

서울대학교 경영학과, 동 대학원 회계학 전공, 미국 텍사스주립대학교(The University of Texas, at Austin) (회계학박사: 관리회계전공)

[경력]

(주)유공 및 (주)선경 근무
미국 텍사스주립대학교 및 하와이대학교 교환교수
홍익대학교 경영대학원 및 세무대학원 원장
행정고시 및 공인회계사 시험 출제위원
홍익대학교 경영학과 교수
BSC 연구회 회장(2000년 이후 ~ 현재)

[주요 저서 및 역서]

『관리회계의 혁신－성공기업을 위한 전략적 관리회계의 실행』, 경문사, 1993.
『(전략적 관점을 강조한) 관리회계』, 경문사, 2001.
『IFRS 회계학원론』(공저), 도서출판 청람, 2013.
『지금 당장 회계공부 시작하라』(공저), 한빛비즈, 2013.
『新관리회계』(공저), 경문사, 2014. 등 총 21권의 저역서

이주원(李周媛) 87jwlee@hanmail.net

[학력]

이화여자대학교 법정대학, 이화여자대학교 경영학대학원(석사과정, 박사과정)

[경력]

백석예술대학교 교수

[주요 논문 및 저서]

「국내기업의 ABC(Activity Based Costing) 실행과 활용수준에 미치는 영향요인에 관한 연구」, 2004.
「영업관리부문에서의 ABC도입 사례연구」, 2005.
「BSC의 효과에 관한 연구 : 커뮤니케이션, 역할갈등, 보상시스템을 중심으로」, 2007.
「한국조폐공사 BSC 성과관리시스템의 운영이 조직유효성에 미치는 영향」, 2010.
「농림부의 통합성과 관리시스템에 관한 사례연구」, 2008.
『新관리회계』(공저), 경문사, 2014. 등 다수

강대준(Dae-Jun, Kang) djkangCPA@gmail.com

[학력]

홍익대학교 경영학부, 성균관대학교 경영전문대학원(석사과정, 회계전공)

[경력]

공인회계사, 세무사
삼일회계법인 근무(회계감사, 경영컨설팅)
인사이트파트너스 대표이사
대우조선해양 공과대학 경영학 겸임교수
삼성그룹, 현대자동차그룹, 현대중공업그룹, 두산그룹, 한화그룹, LG전자 등 기업 원가분석 과정 강의
국가공인 재경관리사 시험 출제위원

[주요 저서]

『게임으로 배우는 원가마인드』, 삼일회계법인, 2007.
『지금 당장 회계공부 시작하라』(공저), 한빛비즈, 2012.
『재경관리사 원가관리회계』(공저), 삼일인포마인, 2012.
『IFRS회계학원론 스터디가이드』(공저), 청람, 2013.
『新관리회계』(공저), 경문사, 2014. 등

新원가회계 – 3판 –

저 자	신홍철 · 이주원 · 강대준
발행자	한헌주
발행처	도서출판 **경문사**
	서울특별시 서대문구 독립문로 21-9
	전화 738-7035 FAX. 722-4678
	E-mail : kmsp@korea.com
	홈페이지 : http://www.kmsp.co.kr
등 록	1995년 11월 9일 제300-1995-138호

2013년 8월 19일 초판발행
2014년 7월 22일 2 판발행
2019년 2월 20일 3 판발행

정가 15,000 원

ISBN 978 89-420-0896-4 93320

Cost Accou

원가 정보 산출

사전적 원가정보 활용

- **원가계산**
  - 정상원가계산 **(4장)**
  - 변동원가계산 **(10장)**
  - 표준원가계산 **(9장)**
- **원가추정 (3장)**
  - 추정기법 (고저점법..)
  - 학습곡선

사후적 원가정보 활용

- **업종별 구분**
  - 개별원가계산 **(4장)**
  - 종합원가계산 **(5장)**
  - 작업별원가계산**(6장)**
  - 결합원가계산 **(6장)**
- **자원소비 형태 및 조직단위별 구분 (2장)**
  - 제품별 구분
  - 부문별 구분
  - 요소별 분류
- **전통적 vs. 새로운 방식**
  - 활동기준원가계산 (ABC) **(7장)**

원

운영적 활용

단 기 (Short term

- 변동원가계산 **(10**
- 추가가공(결합원가)
- 학습곡선의 활용 (
- CVP분석 (
- 차이분석 (
- 관련원가 분석 (

장 기 (Long term

- 자본예산(설비교체)
  (11장

新원가회계의 장 번호는 빨간색으로, 新관리회계의 장 번호는 파란색으로 표